U0909786

东莞文库 | 概览

东莞明伦堂史料选编

东莞图书馆 东莞市档案馆 编

国家图书馆出版社

图书在版编目（CIP）数据

东莞明伦堂史料选编 / 东莞图书馆，东莞市档案馆编.—北京：国家图书馆出版社，2020.10

（东莞文库概览）

ISBN 978-7-5013-7042-9

Ⅰ. ①东… Ⅱ. ①东… ②东… Ⅲ. ①书院—史料—东莞 Ⅳ. ①G649.299.653

中国版本图书馆CIP数据核字（2020）第150266号

书　　名　东莞明伦堂史料选编

著　　者　东莞图书馆　东莞市档案馆　编

责任编辑　潘　竹

封面设计　邢　毅

出版发行　国家图书馆出版社（北京市西城区文津街 7 号　100034）

（原书目文献出版社　北京图书馆出版社）

010-66114536　63802249　nlcpress@nlc.cn（邮购）

网　　址　http://www.nlcpress.com

经　　销　新华书店

印　　装　北京金康利印刷有限公司

版　　次　2020 年 10 月第 1 版　2020 年 10 月第 1 次印刷

开　　本　710 × 1000（毫米）　1/16

印　　张　26

书　　号　ISBN 978-7-5013-7042-9

定　　价　400.00 元

版权所有　侵权必究

本书如有印装质量问题，请与读者服务部（010-66126156）联系调换。

《东莞文库概览》编委会

主　任：　杨晓棠　中共东莞市委常委、宣传部部长

副主任：　陆世强　东莞市文化广电旅游体育局局长

委　员：　张志清　国家图书馆副馆长、国家古籍保护中心副主任，研究馆员

王惠君　广东省立中山图书馆馆长，研究馆员

杨宝霖　东莞文史专家

李炳球　东莞市人大常委会教科文卫工作委员会主任

王旭辉　东莞市文化广电旅游体育局二级调研员、东莞图书馆理事会理事长

余建民　东莞市文化广电旅游体育局二级调研员

倪俊明　广东省立中山图书馆副馆长，研究馆员

李东来　东莞图书馆馆长，研究馆员

冯　玲　东莞图书馆副馆长，研究馆员

李映嫦　东莞图书馆副馆长，研究馆员

蔡　冰　东莞图书馆副馆长，研究馆员

莫启仪　东莞图书馆副馆长，副研究馆员

《东莞明伦堂史料选编》编委会

策　划：杨晓棠

主　编：李东来

副主编：蔡　冰　陈美婵　钟敬忠

总 序

东莞作为岭南文化的发源地，中国近代史的开篇地，东江抗日的根据地，中国改革开放的先行地，遗存了大量的地方文献。这些地方文献是东莞历史的印记，是东莞城市发展的缩影，是东莞城市文明的硕果。东莞图书馆作为东莞地方文献的保存中心，始终把东莞地方文献建设作为工作重点。自2005年开始，在全面系统搜集、整理东莞地方文献的实践中，就确立了建设“东莞文库”，并将之打造成为东莞地区种类齐全、数量最多、保存完整、利用便捷的东莞地方文献宝库的战略目标。

2005年，东莞图书馆在文化新城战略的驱动下，充分利用新馆开馆的契机，开启了“东莞文库”建设与调研的征程。一方面，以东莞地方文献建设与服务专题阅览室——东莞书屋为抓手，通过与馆配供应商、各级政府机关、社会机构、企业与个人建立密切联系，通过关注与跟踪东莞地方报纸、电视、网站等媒体出版动态、报道等方式，建立起覆盖东莞地区的地方文献征集网络，全面搜集东莞正式和非正式出版物。另一方面，组织专人，摸清家底，对馆藏地方文献进行全面系统地疏理，编辑出版了《东莞图书馆馆藏地方文献目录》。2007年，东莞图书馆又牵头与东莞市博物馆、鸦片战争博物馆、可园博物馆、东莞理工学院图书馆、莞城图书馆、东莞展览馆、东江纵队纪念馆等单位合作，对全市地方文献收藏存量情况进行摸底调研，编辑了《东莞典籍联合目录》。2009年，东莞图书馆又组织专人通过大海捞针般地查询国家图书馆、广东省立中山图书馆、香港中央图书馆、澳门中央图书馆、台北“国家图书馆”和北京大学图书馆、清华大学图书馆、中山大学图书馆以及中国科学院文献情报中心、南京第二历史档案馆等五十多个省、市、高校图书馆、博物馆、档案馆的馆藏目录及各类古籍网站上东莞地方文献的留存线索，编辑了《市外东莞历史文献目录》。东莞图书馆对东莞地方文献全覆盖式的调研，不仅为全面、系统地征集东莞地方文献明确了方向，而且也为“东莞文库”的建设奠定了基础。

2010年，东莞图书馆又借全国“古籍保护中心”建设的东风，充分利用“东莞典籍保护中心”成立的契机，启动了东莞历史文献收集、整理工程。在东莞市财政局、东莞市文化广电新闻出版局的大力支持下，东莞图书馆将散落于市外的东莞历史文献（1949年以前）作为收集重点。该时间段的历史文献由于年代久远，均是各单位的珍藏，收集过程实属不易。在此类文献的收集过程中，东莞图书馆得到了国家图书馆、广东省立中山图书馆、北京大学图书馆、上海图书馆、中山大学图书馆等单位的大力支持和帮助，得以将四百余种珍贵的东莞历史文献影印、复制回馆。在此，对以上各相助图书馆谨致谢忱！此外，东莞图书馆还定期通过“孔夫子旧书网”等网站购买缺藏的东莞历史文献，为建设“种类齐全、数量最多”的“东莞文库”打下了坚实的文献基础。

2012年，东莞图书馆在东莞历史文化名城建设的号角声中再次起程，联合专业机构，将收集到的东莞地方文献全部数字化，以打造多媒体、全文检索模式的“东莞文库”数字化服务平台。截止2018年底，“东莞文库”收录全文检索的东莞地方文献总量五万五千余种，涵括图书、报纸、期刊、视频等各种载体文献。以用户不仅可以全文检索所需文献，以电子书的形式阅览文献，以页面的形式下载文献，以段落的形式摘录文献，以主题的形式抓取文献，还可以通过交互方式自行上传东莞地方文献信息。“东莞文库”的建设，为系统、永久性地保存东莞地方文献，为人们方便快捷地利用东莞地方文献提供了一个崭新的平台。

东莞图书馆对地方文献的收集不是为“集”而“藏”，而是为“集”而“承”，为“集”而“用”，为“集”而“传”。近几年来，为了更加充分地展示东莞历史文化的魅力，让更多的市民深刻感悟东莞历史文化底蕴，增强文化自信，提升城市认同感和自豪感，东莞图书馆不断从“东莞文库”中挖掘历史文化精华，进行二次文献开发。在相继编辑出版了《虎门新歌》《名人笔下的东莞》《雕塑东莞》《伦明全集》后，又组织专人编辑《东莞文库概览》。《东莞文库概览》共八册，分别为《东莞地方文献目录总览》、《东莞文库典籍图录》、《江皋小筑集》、［民国］《茶山乡志》、《伦明手稿》、《梅村唱和二集》、《东莞旬报（创刊号）·东莞博物图书馆特刊》、《东莞明伦堂史料选编》。其中，《江皋小筑集》由明代东莞举人李元弼辑录，《四库全书总目提要·存目》有著录；《梅村唱和二集》原版为清乾隆刻本，是清朝乾隆元年（1736）被举为博学鸿词和孝廉方正而力辞不就的东莞著名诗人钟映雪的诗集；《伦明手稿》为清末和民国年间稿本，是中国近代著名东莞籍藏书家、版本学家、目录学家伦明的诗文手稿；［民国］《茶山乡志》是东莞最早的民国时期乡镇地方志；《东莞旬报》是清末和民国期间东莞现存最早的报纸；《东莞明伦堂史料选编》是清末至民国期间东莞明伦堂建设与发展的史料。《东莞文库概览》分别以目录、图录和原文影印等三种方式揭示和展示“东莞文库”，旨在让更多的读者知晓“东莞文库”，利用“

东莞文库”，宣传“东莞文库”。

清明灵秀的东莞，人文得以化成，人才得以成长，城市得以发展。东莞图书馆将继续完善东莞地方文献的宝库“东莞文库”的建设，继续做好东莞地方文献的保护和传承，为弘扬东莞文化出力，为东莞人才成长提供精神之粮，为城市发展储备文化动能。

编者

2019 年 4 月

前　言

明伦堂是中国封建社会设于文庙、书院和学宫等地，用于读书、讲学、弘道的场所，承担着封建社会明伦教化及储才养士的教育职能。

清道光二十五年（1845）前，东莞明伦堂与全国各地明伦堂无异，是传承千年的教育机构。道光二十五年始，东莞明伦堂逐步拥有了珠江口万顷沙六百七十余顷沙田公产后，由一个教育品牌逐渐演变成为一个拥有巨额财富和武装力量的封建地方组织。该组织在振兴东莞教育、培养人才、改善医疗、兴修交通水利、赈灾济民等方面投入较大，为清末至民国时期的东莞民生做出了一定的贡献。直至1949年新中国成立后，东莞明伦堂被东莞县政府接收，才画上了历史的句号。

东莞明伦堂巨额财富和巨大影响均来自于万顷沙沙田公产，而东莞士绅争取万顷沙沙田的过程则十分曲折。正如清末莞籍探花陈伯陶在《东莞县志》卷九十九《沙田志一》中所述："吾邑向无公产，今则万顷洋沙合草水白坦数且达六百七十余顷，全为邑有前人苦心经营，赴义忘身，或辱拘囚，或撄奏革，或被诬蔑，而维持公产之志，先后一辙。"据史料记载，自道光十八年（1838）始，东莞士绅陈龙安、方文炳、何鲲、陈荣光等四人在柏贵等几任县令和其他士绅的支持下，与沙田主顺德龙山人温植亭、沙田大耕家番禺沙湾人郭进祥等以及番禺官方势力，围绕东莞和番禺交界的万顷沙沙田拥有权进行了十余年的争讼。至道光二十五年，诉讼获胜，广东巡抚将万顷沙四十顷沙田拨给东莞士绅承佃，这是东莞明伦堂拥有万顷沙沙田公产的开端。虽然广东巡抚已将沙坦归属进行了划分，但双方仍然纷争不断。道光二十九年（1849），广州知府再次勘明地界，并开涌分界，将界河东北一带原由香山佃户承佃的九十五余顷沙坦划归东莞。此后，东莞士绅通过买受、接佃、缴价承升、报承等方式不断拓展沙田面积，至清光绪十四年（1888），已扩充至二百四十一顷。光绪十二年（1886），时任两广总督张之洞设立沙田总局，重新清丈沙田时，发现东莞明伦堂有一百三十余顷没有交税的溢田。按照规定，需补缴屯价花息二十余万两。由于当时东莞明伦堂经费有限，只分批缴银四万两。光绪十四年，张之洞将一百三十余顷溢田中的八十余顷充公，拨作广雅书院公产。光绪三十年（1904），两广总督岑春煊公开拍卖广雅官田，东莞明伦堂买回官筑屯田九顷九十亩；宣统三年（1911），两广总督张鸣岐再次公开拍卖广雅官田，东莞明伦堂绅董陈伯陶等缴银十万两，买回三十顷；1914年，东莞明伦堂绅董尹庆举、叶觉迈等缴价承回五十顷，至此，拨充广雅书院的沙田又全部重归东莞明伦堂。光绪三十二年（1906），东莞明伦堂沙田公产还经历了“割县置厅”危机。是年，广东水陆提督李准建议两广总督岑春煊划割东莞缺口和中堂两司（当时东莞分捕厅、戎厅、缺口司、中堂司、京山司五属）以及香山县靠近东莞部分区域另置新厅，直属广东省，以加强虎门防务。该建议如果施行，该区域内的万顷沙沙田将全部割给新厅，这对于东莞明伦堂来说，损失巨大。为此，经陈景梁、钟菁华、陈伯陶、尹庆举、张其淦等东莞士绅多方努力，最终化解此次危机。此后，东莞明伦堂在历任绅董的经营下，至宣统三年，已拥有沙田六百七十余顷。

东莞明伦堂拥有万顷沙沙田公产后，其管理机构经历了安良局时期、沙田经理局时期和沙田经理局整理委员会时期。在安良局时期（清末至1911年），局内设“首席值理”主持工作，“首席值理”下设“局绅”，称为“值理”，俗称“坐局”。“坐局”一般由进士或有名望的举人担任，偶尔也有贡生或秀才充当。安良局内，承担具体工作的有账房。账房内有文案一至二人，杂役若干人，均为“值理”提供服务。1911年，辛亥革命爆发后，原主持安良局的士绅纷纷逃往香港、澳门或海外，东莞第一任县长黄侠毅委派同盟会会员、曾参加过黄花岗起义的陈哲梅主持东莞明伦堂工作，1911至1928年东莞明伦堂由此进入沙田经理局时期。沙田经理局设总董、董事和评议员等职，总董由县中名流推荐，再由县长委任。1917年前后，东莞明伦堂由广东省财政厅管理，总董由广东省省长任命，但基本上由莞籍人士主持，办公地点由东莞县城迁往广州。阮明新是第一位由时任省长张锦芳任命的总董。在沙田经理局时期，由于政局动荡，东莞明伦堂总董变更频繁，李章达、黄侠毅、孙绳武、陈晴峰、叶少华、刘植庭、陈孚木、李家英等人均在背后势力的支持下担任过明伦堂的总董。1928年，以徐景唐、李扬敬、蒋光鼐、王应榆等为代表的莞籍人士掌握了军政实权，东莞明伦堂管理权自此为这批莞籍军官所掌握。他们成立了沙田经理局整理委员会，设委员长一人，委员十人。抗日战争时期，伪政府在广州设立伪东莞明伦堂沙田经理局整理委员会，与迁往曲江的原沙田经理局整理委员会并存。抗日战争胜利后，曲江的东莞明伦堂接管了广州的伪东莞明伦堂，直到1949年解放。

清末民初，时局动乱，万顷沙沙匪、盗匪猖獗，抢劫勒索沙田承佃者的事件经常发生。为了保护沙田及耕佃者利益，1915年，东莞明伦堂成立了沙田自卫局，主要负责万顷沙耕田保护、各项租税的征收、检验批约以及执行明伦堂管理机构其他决策与指令。沙田自卫局局长由总董任命，自卫局一切事务由局长负责。自卫局设立总队，下设特务队、一大队、二大队，每个大队下又设四个中队。1949 年 10 月新中国成立后，自卫大队起义，落下最后的帷幕。

东莞明伦堂万顷沙沙田经营实行“总佃制”。“总佃制”就是沙田业主把沙田整体或分区批租给一个或若干个总佃人，总佃再把沙田承佃给其他佃户，其他佃户还可以再租佃给更多小佃户。在安良局时期，为了鼓励邑内有财势的士绅出资承批和开垦沙坦，东莞明伦堂通过宽予期限、减免租息等优惠条款进行批约。由于实行优惠低租批约，加上邑内事务支出甚多，以及买回拨充广雅书院沙田等耗费巨大，再加上财务管理混乱，以致东莞明伦堂逐年积累债务较多。为改变这种状况，东莞明伦堂进行了加租、永不借款及逐年还债等改革，并建立了独立的财务制度，预算和决算逐步达到平衡。抗战结束后，东莞明伦堂决定将全部批约收回重批，并趁广东省财政厅重新清丈沙田之机，把所有“银租围”改为“谷租围”。1946 年，东莞明伦堂拟订了《东莞明伦堂董事会投田章程》，并将大部分旧约废除，重新开投。这些措施，使得东莞明伦堂沙田经营不断改善，收入也不断提高。

东莞明伦堂利用沙田收入，为当时东莞民生建设做出了一定贡献。一是承担起了推广东莞学务的责任。［民国］《东莞县志》记载：“所有邑中书院广额膏火，文武岁科考生童卷资册金，乡会试卷资，京官旅费，文武会式公车等项，皆出于此。”1947 年，东莞明伦堂董事长袁良骅在《东莞教育问题》一文中披露，东莞 90% 的教育经费都由东莞明伦堂负担，东莞明伦堂用于教育经费占明伦堂总收入的 70%。东莞明伦堂长期承担东莞中学和石龙中学各种费用，并投资合建了虎门中学、常平中学、明生中学、莞旅中学、万顷沙小学等，补助全县小学二百余间。东莞明伦堂教育经费支出主要有三项：第一项支出是学校教育经费，主要用于支付学校日常运营费以及教师薪酬等。

第二项支出为留学津贴及奖励金，清末东莞人到省城或赴京赶考，明伦堂会发给程仪，考中还送公车费，放出任官另送旅费。民国以后，到西欧、美国、日本等地留学的学生，每年都送一定的留学津贴；到北京、广州等地读书的学生，每年都根据学习成绩给予一定的奖励金。第三项支出是教育预备费，主要用于修建校舍、校具、图书馆等设施设备以及临时支出新办中小学开办费、社教费、宣传费等。二是积极参与莞邑医疗卫生方面的建设。资助兴建虎门医院；与普济医院合作建设西医施医赠药所，合办护士助产学校；1934 至 1942 年间，由东莞明伦堂资助，东莞医院及普济医院分别开办了六期助产士与护士培训班，共培训了一百多人；合资兴建了万顷沙医院。此外，还资助东莞医院、稍潭麻风院、普济医院、赠医留产所、普济医院附设护士助产学校等卫生单位。三是注重慈善事业方面的投入。1941 年，东莞明伦堂成立了东莞明伦堂施赈委员会，制订了《东莞明伦堂施赈委员会组织章程》。1942 年，东莞明伦堂成立了万顷沙善社。东莞明伦堂每年都有慈善经费预算，不仅负责东莞救济院的日常经费开支，而且在灾害之年，还要发放赈灾款，在县内各地施粥，发放寒衣等。四是积极筹建县内公路。1929 至 1930 年，东莞明伦堂组织建设了莞龙公路、莞太公路两大交通要道。此外，还参与修筑了惠樟路（惠州至东莞樟木头）、宝太路（宝安至太平）太平段（太平至长安霄边）以及莞樟路（莞城至樟木头）等公路。五是积极参与东莞水利工程建设。东莞明伦堂沙田经理局整理委员会成立了水利组，设立了水利专账，主要参与了怀德水库、寒溪河涝整治工程、南畲塱排水工程、潼湖局部排水工程、东岸排水涵洞工程、峡口水闸工程、修围工程、碧桃涌水利工程等水利建设。其中，怀德水库是当时全省最早兴建且为最大的水库。

为了全方位展示东莞明伦堂这段独特的历史画卷，为东莞文化名城建设增光添彩，东莞图书馆组织专人在挖掘和整理自身馆藏的基础上，还积极查找线索，前往国家图书馆、广东省立中山图书馆、孙中山文献馆、中山市档案馆等单位，有目的、有重点地复制、摘抄相关史料和档案，期冀为《东莞明伦堂史料选编》提供更全面、更翔实的资料。作为合编单位的东莞市档案馆，全力支持，为本书提供了关键性的档案资料。此外，本书还参考一些专家、学者的著述和研究，在此，一并表示感谢。

《东莞明伦堂史料选编》主要包括“东莞明伦堂的历史概况”“东莞明伦堂的沙田公产”“东莞明伦堂的管理机构”“东莞明伦堂的武装力量”“东莞明伦堂的经营方式”“东莞明伦堂的财务制度”“东莞明伦堂与东莞地方建设”等内容。东莞明伦堂跨越时间长，很多历史事件由于年代久远、战乱、政权更替以及管理组织变更等原因，导致没有档案记载或档案消失，已无法考证。由于资料不全或编者水平所限，失误之处难以避免，敬请各位方家不吝指正。

编者

2019 年 4 月

编辑说明

《东莞明伦堂史料选编》旨在揭示东莞明伦堂历史概况，展现其在清末至民国时期的发展变迁以及在东莞社会发展中的作用。

一、本书在体例上不拘泥于罗列史料，而是在展示史料的基础上，对史料的内容进行说明，便于读者更系统地了解东莞明伦堂历史，从而更好地实现本书弘扬东莞历史文化的初衷。

二、东莞明伦堂在清末至民国三十年代以前遗存的史料非常缺乏。本书选用清末史料以［民国］《东莞县志》之《沙田志》为主，民国初期史料以东莞明伦堂在《广州民国日报》刊登的广告、启事、公鉴以及《广东公报》相关文件为主，1930年以后的史料以东莞市档案馆、中山市档案馆所存的原始档案以及广东省立中山图书馆、东莞图书馆所藏的东莞明伦堂内部资料为主。

三、本书部分内容在缺乏原始史料时，引用了《广东文史资料》第16辑叶少华《我所知道的东莞明伦堂》以及《东莞明伦堂史料》（集成）的部分内容。这两篇文章为回忆性质文章，由于时代局限，内容的客观性和准确性可能存在偏差，但叶少华作为东莞明伦堂管理者和经历者，其回忆具有一定的史料参考价值。

四、为了更好地完善本书内容，本书还参考了《东莞教育志》《东莞交通志》《东莞水利志》等志书以及研究东莞明伦堂及沙田的著述。

目 录

东莞明伦堂的历史概况

明伦堂是中国封建社会设于文庙、书院、学宫等地，用于读书、讲学、弘道的场所，承担着封建社会明伦教化及储才养士的教育职能。“明伦”即阐明并教导人们懂得人与人之间的伦理道德标准。东莞明伦堂在清道光二十五年（1845）前，和全国各地明伦堂一样，是明伦教化、储才养士、士人聚集论事的中心。清道光二十五年始，东莞明伦堂逐步拥有珠江口万顷沙六百七十余顷沙田公产后，由一个教育机构逐渐演变成为一个拥有巨额财富和武装力量的封建地方组织。

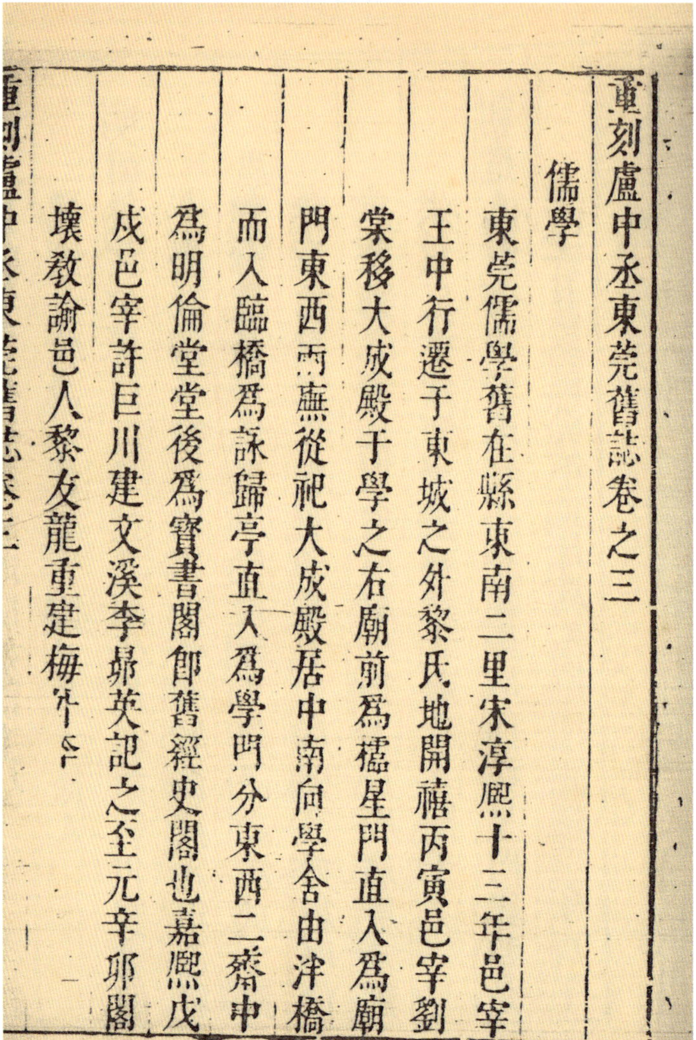

重刻盧中丞東莞舊志卷之三

儒學

東莞儒學舊在縣東南二里宋淳熙十三年邑宰王中行遷于東城之外黎氏地開禧丙寅邑宰劉棠移大成殿于學之右廟前爲櫺星門直入爲廟門東西兩廡從祀大成殿居中南向學舍由泮橋而入臨橋爲詠歸亭直入爲學門分東西二齋中爲明倫堂堂後爲寶書閣卽舊經史閣也嘉熙戊戌邑宰許巨川建文溪李昴英記之至元辛卯閣壞教諭邑人黎友龍重建梅竹七

重刻盧中丞東莞舊志卷之三

东莞明伦堂最早出现于何时，尚未发现有史料明确记载。根据明卢祥《重刻卢中丞东莞旧志》卷三《儒学》记载：“东莞儒学旧在县东南二里，宋淳熙十三年（1186），邑宰王中行迁于东城之外黎氏地。开禧丙寅（1206）邑宰刘棠移大成殿于学之右，庙前为棂星门，直入为庙门，东西两庑从祀，大成殿居中，南向学舍由泮桥而入，临桥为咏归亭，直入为学门，分东西二斋，中为明伦堂……”这说明东莞明伦堂在宋淳熙十三年（1186）已经在东莞学宫中存在了。【（明）卢祥：《重刻卢中丞东莞旧志》卷三《儒学》，第1页】

○遷學記 周志脉 新志脉

東莞故郡也後爲監郡址監榜猶在及爲縣地較賦

東莞志卷之六 藝文 政事 宰 王中行

縣長材秀民之戟藝有司者信他邑士而館之宜稱邑

左三里許有閩于榛菅間者曰學也棟宇綿蕞絃

誦寂寥今幾何年哉余領邑未閱月士襜然前曰歲

久室老學宜新莽聚獸逸地宜革詰其地以一二對鳩

衆往覘與故址相唯呵其孰湛達敏謹按唐史志東

廣名山二邑之黃嶺其一也官廨釋剎之直是者率

非正有山自東矯而南去邑餘百步正與黃嶺相

賓主中夷外曠地屬黎氏予一叩得之若天造地設

有待焉遂進邑士答之曰茲欲本也既得卜不容以

豐儉計于是樽用儲贏徙而新之斂工市材一畢

东莞县令王中行在《迁学记》中，详细记载了迁建学宫的原因和寻找新学宫地址的过程：“邑左三里许，有闯于榛菅间者，曰学也。栋宇绵蕞，弦诵寂寥，今几何年哉？余领邑未阅月，士襜然前曰：‘岁久室老，学宜新；莽聚兽逸，地宜革。’诘其地，以一二对，鸠众往觇……有山自东矫而南，去邑余百步，正与黄岭相宾主，中夷外旷，地属黎氏，予一叩得之，若天造地设有待焉。”【（宋）王中行：《迁学记》，［崇祯］《东莞县志》卷六《艺文·政事》，第 70 页】

外真門廡殿堂層而立翼廡為齋兩相向因直廬
而閣之與堂綴職掌有位庖廩有所祭具故不如式
一切更而足之下至席榻亦集向之荒者治痺者敞
險者豁闕者備視故規豈直什伯歟學成尚以都養
廬粥公田輟綱租民畝失籍者悉歸學歲入倍于
曩且增弟子員以充之自經始至訖工凡再稔而後
就其為邑土地無絲髮蔪士于此而不專專講習尚
可他諉耶大凡遂庠黌庠一為秀異設于他民若
無與于衛仁摩義乃根于此者古之學明倫而已讀
史作文餘習也環黌遂以居孰不在人倫中敬目擊心
東莞志卷之六　藝文　政事　七十一
化務此以啓其機耳然則淬礪成就固為秀異然服
于他民者幸無曰邑學之無意于我云是役也邑尉涑
穎寶先後之余則揭陽王中行也淳熙戊申八月記

东莞县令王中行在《迁学记》中还详细叙述了兴建新学宫的情形："门庑殿堂层而立，翼庑为斋两相向，因直庐而阁之与堂缀，职掌有位，庖廪有所，祭具故不如式，一切更而足之，下至席榻亦集。向之荒者治，痹者敞，险者豁，阙者备，视故规岂直什伯欤？学成，尚以都养庐，粥公田，辍纲租，民亩失籍者，悉归学。岁入倍于曩，且增弟子员以充之。"【（宋）王中行：《迁学记》，［崇祯］《东莞县志》卷六《艺文·政事》，第71页】

自王中行于淳熙十三年（1186）迁建新学宫，至1953年拆毁止，学宫地址历七百六十余年没变。

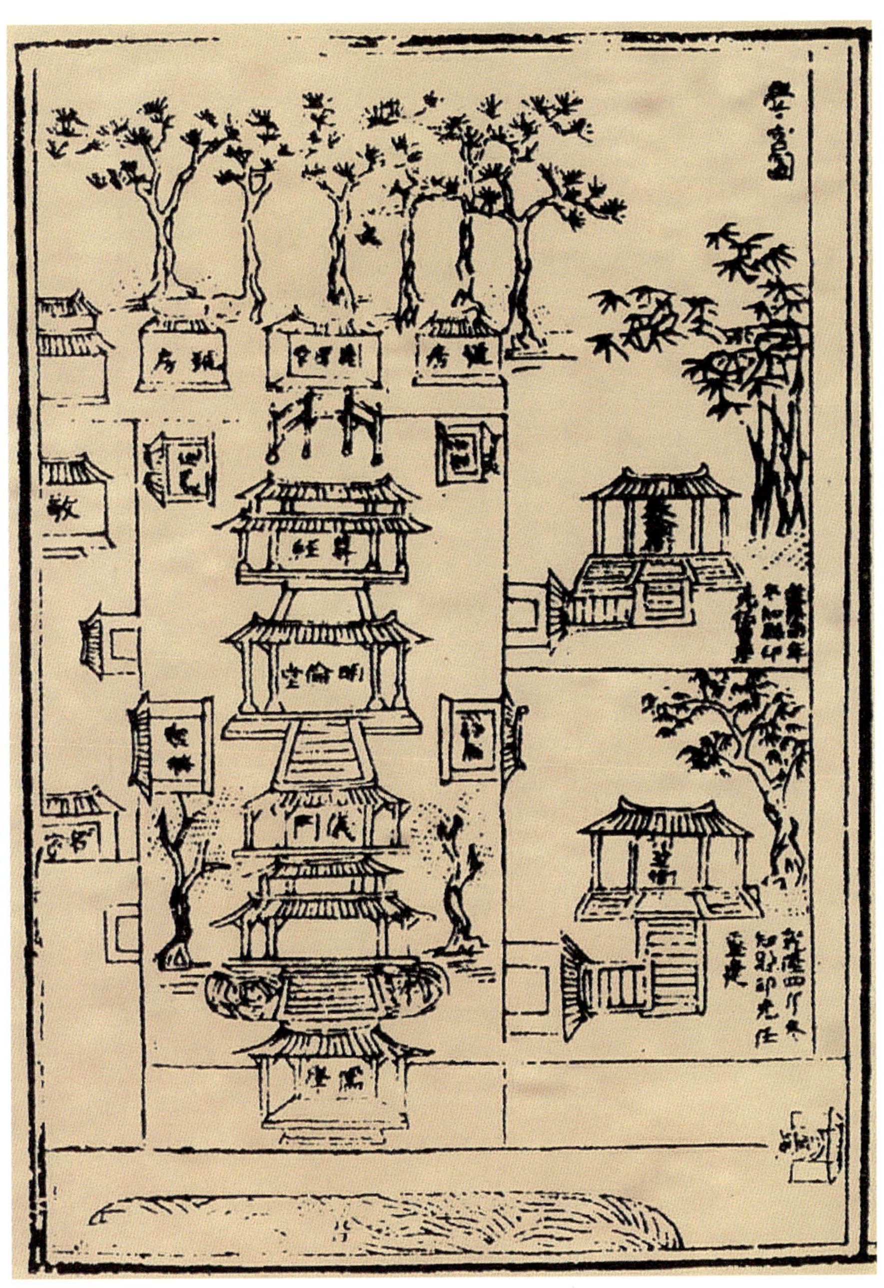

根据东莞学宫平面图，东莞明伦堂位于学宫中心位置【［雍正］《东莞县志》卷一】

東莞縣志卷十七

建置略二 學宮 社學 書院 義學 學堂附

學宮

邑之學宮舊在縣東南二里許宋湻熙十三年縣令王中行卜遷縣學邑人黎晦獻地始改建於東城外開熙二年縣令劉棠移大成殿于學右嘉定十四年改學從廟向嘉熙二年知縣許巨川修建學宮創寶書閣卽舊經史閣也直陵閣文溪李昴英記嘉熙四年知縣趙善鄘重建大成殿桂州判官李高記宋季閣燬于兵元至元二十八年宋校書黎友龍重建宋進士李春叟記大德五年廉訪使趙興祖檄縣彭振修葺明洪武三年詔興學校越八年知縣詹勗重修廣庠教授羅文煥記十四年廟學災三十年貢士莊恭奏聞詔遣人材鄧祖賢督工重建洪熙元年知縣李貞再加修葺正統四年通判王玘重建講堂六年知縣王尙瑞修葺殿廡闢射圃修觀德亭創立書樓號舍浚泮池建致遠亭侍郎陳璉記天順

［民国］《东莞县志》卷十七《建置略二·学宫》记载了东莞学宫在王中行迁建后，因时代变迁及各种灾害不断损毁和反复修建的历史：“开熙二年，县令刘棠移大成殿于学右”；“嘉熙二年，知县许巨川修建学宫，创宝书阁即旧经史阁也”；“大德五年，廉访使赵兴祖檄县彭振修葺”；“明洪武三年，诏兴学校。越八年，知县詹勖重修”；“（正统）六年，知县王尚瑞修葺殿庑，辟射圃，修观德亭，创立书楼、号舍，浚泮池，建致远亭”。**【陈伯陶：［民国］《东莞县志》卷十七《建置略二·学宫》，第 1 页】**

東莞縣志 卷十七

七年知縣吳中重修明倫堂號房堂後復建會饌堂學士錢溥記成化二
年知縣范倫重修廟學大學士邱濬記成化十六年訓導金禎修廣明倫堂
堂後建敬義堂移饌堂于敬義堂之後學士江朝宗記弘治二年監察御史
曾昂副使涂昇僉事王希旦重修文廟戟門櫺星門及兩廡儒學大
門十七年知縣陳寍重修明倫堂及兩齋道義門正德十三年教諭
鄒珠重建明倫堂仰高亭尚書王縝記訓導方輅建東西齋參政鍾勃記十五
年教諭劉蘭建儀門及倉庫嘉靖四年知縣李性創射圃亭於明倫
堂東北十七年御史王德溢修廣兩齋二十四年教諭毛羽建國家
元氣坊評事謝邦信記二十八年知縣孫學古重修廟學建敬一箴亭尚書湛若
水詹事黃佐記四十年訓導周藎臣倡建尊經閣布政鍾卿記四十一年知縣喬
誥復修啓聖祠東西廡及泮橋學門萬歷二十八年署縣提舉劉復
初以廟學之南民居破碎衝射形家所忌議築長垣遮護經營未就
知縣翁汝遇繼成之崇禎八年知縣汪運光重修殿廡門堂及亭閣

“天顺七年，知县吴中重修明伦堂、号房，堂后复建会馔堂”；“成化十六年，训导金祯修广明伦堂”；“（弘治）十七年，知县陈宁重修明伦堂及两斋道义门。正德十三年，教谕邹珠重建明伦堂仰高亭”；“崇祯八年，知县汪运光重修殿庑、门堂及亭阁、诸祠，重建教谕廨，新创土地祠于戟门东”。【陈伯陶：［民国］《东莞县志》卷十七《建置略二 · 学宫》，第 1 页】

諸祠重建教諭廨新創土地祠于戟門東知州溫可貞捐修鄉賢祠知縣汪運光侍郎李覺斯記教諭錢夢蘭重建觀德亭三益亭御史溫皋謨吏科都郭九鼎記張志國朝順治十二年邑人蔡元眞重飾先聖先賢木主康熙十九年知縣裘孔武捐俸修兩廡明倫堂二十八年知縣郭文炳捐俸修戟門櫺星門重建啓聖祠雍正元年知縣于梓奉　旨更啓聖祠爲崇聖祠追封啓聖公以上五代王爵建新祠合祀維時廟學久不修自正殿明倫堂戟門櫺星等門與名宦鄉賢諸祠日即傾圮尊經閣倒塌不支雍正七年知縣周天成始以次捐貲修葺擇其尤敝壞者一新之得還舊規惟敬一亭教諭訓導二宅尙未收復周志乾隆四年知縣印光任重建儒學兩廨於明倫堂左偏舊址彭志印光任重建儒學公廨記十六年知縣周儒修大成殿及兩廡四十九年知縣戴求仁重修明倫堂規制大備彭志咸豐後教諭宅圮借住鄉賢祠采訪冊光緒三十一年八月　諭城鄉徧設蒙小學堂逾年改明倫堂爲高等小

東莞縣志　卷十七　二

“康熙十九年，知县裘孔武捐俸修两庑、明伦堂”；“（乾隆）四十九年，知县戴求仁重修明伦堂，规制大备”；“光绪三十一年八月，谕城乡遍设蒙小学堂。逾年，改明伦堂为高等小学校”。【陈伯陶：［民国］《东莞县志》卷十七《建置略二·学宫》，第 2 页】

修東莞學記 佚○戴府志注云未見

東莞縣古晉郡地大物衆館多士而教育之不宜庳且陋宋淳熙戊
申揭陽王中行宰是邑始遷學址繼是堂構者踵相接右廟左學制
侔成均翼翼宮牆殆甲他邑中更兵火官舍民廬蕩爲灰燼而吾夫
子之居巋然獨存意金石絲竹有相之者歟本朝崇儒重道前代爲
有光凡郡縣廟學廢者畢興陋者畢葺獨吾邑學歲久屋老未有出
一手新之者大德辛丑廉訪分司趙公興祖至邑擿吏奸除民瘼顛
岸爲之蘇息乃十一月朔率僚吏杜毅楊榮張綺拜孔廟躋公堂周
廊廡徘徊咨嗟顧諸生而言曰茲化本也奈何蕪穢若是其何以敦
薄俗吾所職者刑也古者刑以弼教教化明則刑可措矣且勉勵學
校吾事也其可後乃飭縣尹彭振庀其事期以浹旬訖役遂出材於
學傭匠於官督工於儒令下而斧者鋸者操墁者丹雘者奔走先後
如期而工告備焉諸生舉酒相慶以爲數十年不能起之廢而公一
旦新之公可謂大造於邦人士矣抑學校之建非徒歡士顏而已蓋
將使之漸仁摩義人人有士君子之行此公所望於士而士亦所以
自重其身者也雖然作而不記後代何觀文學掾鄧君元圭以記筆
屬予予不敢辭於是乎書
大德壬寅夏五月前東莞縣主簿翟龕記

宋翟龛的《修东莞学记》中记载元大德辛丑（1301），廉访分司赵兴祖至东莞，率僚吏拜孔庙，见学宫颓败，曰："兹化本也，奈何芜秽若是，其何以敦薄俗……乃饬县尹彭振庀其事，期以浃旬讫。"后县尹彭振如期而工，诸生举酒相庆。

【（宋）翟龛：《修东莞学记》，［民国］《东莞县志》卷九十一《金石略三》，第 3-4 页】

重修儒學記　羅文煥

洪武三年　詔天下府州縣開設學較邑學舍庳陋

東莞志卷之六　藝文　政事　今

弗稱前未遑及五年秋七月詹令至設施次第先之
以諸祀壇壝嚴祭報之本奉典祀也推人户甲乙以均
力役之征重民事也期年間政行百廢用興遠邇稱
善方擬建廟學明教化適海瀕不逞之徒嘯聚弄兵
乃率衆窮涉險阻討而擒之正其罪于有司從有逋
逃之卒遠萃淵藪則又設策散離勢而歸之還其籍
于軍府于是耕牧得安邑境寧謐七年甲寅正月乃
撤殿堂門廡而重建之爰築爰斲爰塈爰堊次年三
月告成禮殿峻峙像設肅雍軒豁弘敞兩廡翼如泛
祀有位講堂齋廬列置有序誦詩讀書生徒歡集學
知所向得其道推之以善天下可也令名勖字勖之
饒郡人洪武乙卯廣州儒學教授羅文煥撰

明罗文焕《重修儒学记》记载明洪武三年（1370），诏天下府州县开设学校。洪武七年（1374），东莞县令詹勖重修学宫，曰：“七年甲寅正月，乃撤殿堂门庑而重建之，爰筑爰斫，爰墍爰垩，次年三月告成。”【（明）罗文焕：《重修儒学记》，［崇祯］《东莞县志》卷六《艺文·政事》，第 80 页】

〇重修儒學記　周志缺　郭志續　陳璉

東莞晉寶安郡，至隋為縣，屬廣州。宋始有學，舊在縣左二里許。淳熙中，邑宰揭陽王中行遷于今所，今左學右廟者。則莆田劉棠重加修飾者，則後儀趙善鄘。嘉熙中，溫陵許巨川首創經史閣，文溪李昂英記之。元季閣毀于兵燹，邑士黎友龍重建，前進士李春叟記之。若曰邑宰能注意學較，其知所重乎。國朝洪武三年，詔天下郡邑開設學較。五年，鄱陽詹晶來

東莞志卷之六　藝文　政事

為知縣，祗承德意，以興學為任。歲辛酉，厄于回祿，蕩然一空。是後有司因循，止建講堂、兩齋、倉廚而已。歲遇丁祭，在講堂舉事，于禮弗宜。三十年丁丑，貢士莊恭具聞于朝，工部遣人于故址建禮殿、兩廡、戟門、櫺星門，始備，惟講堂諸所則仍其舊。後禮殿棟梁榱桷蠹朽，毀于颶風。洪熙元年，知縣李貞重加修建。正統四年，府倅王君琨攝學職，講堂傾圮，屬縣丞周武、主簿盧崑從新創建。六年夏，山陰王尚瑞來知邑事，覩殿廡諸所未完整者，加意修飾，咸極精緻。復闢射圃地，修觀德亭，新構書樓二所，諸生號房二十間。

明陈琏《重修儒学记》记述了自宋至明正统年间，东莞学宫反复修建情况。并着重介绍了明正统六年（1441），东莞县令王尚瑞修建学宫情况："六年夏，山阴王尚瑞来知邑事，睹殿庑诸所未完整者，加意修饰，咸极精致。复辟射圃地，修观德亭，新构书楼二所，诸生号房二十间。"【（明）陈琏：《重修儒学记》，［崇祯］《东莞县志》卷六《艺文·政事》，第 81 页】

復浚泮池建攀桂亭規制弘敞遂與廟學稱蓋得興學崇化之意矣前教諭何恕訓導歐克常林僑皆有從臾之功具書請記以垂永久予義不敢辭因曰吾夫子有聖德而無其位著書立言垂憲萬世者以德不以功也國朝興學之科傚乎成周其教也以學行其試也以文藝洪惟皇上嗣膺寶曆大新學政分任憲臣專職得人為用雖三代之盛未或過之學者宜[illegible]朝廷之恩天子之教潛心經術期造于成德達才之域他日列職中外當竭忠誠建勳業立名節庶無負國家建學育才之意吾道與有光焉

“复浚泮池，建攀桂亭，规制弘敞，遂与庙学称。盖得兴学崇化之意矣！前教谕何恕，训导欧克，常林侨皆有从臾之功，具书请记，以垂永久。”【（明）陈琏：《重修儒学记》，［崇祯］《东莞县志》卷六《艺文·政事》，第 82 页】

口儒學重脩明倫堂記　祁順
學較明倫地也，人倫明而風俗之淳漓、治道之隆
替繫焉。東莞儒學，自宋淳臨熙戊申徙今所。國初
東莞志卷之六　藝文　政事　公奕
以來，位置規模，寢以雄傑，惟明倫堂尚卑隘弗稱。司
訓金先生禎，白于提學僉憲趙公瑤，慨然欲拓而新
之。公為經畫，俾倡于衆，于是鳩工庀材，躬自程督，因
前堂三間增而為五，後堂則創為兩堂，中隙貫以通
廊，其旁翼以兩廂，宏敞堅美，師生之遊息，經籍祭器
之儲咸得所矣。先生顏其後堂曰敬義，復采經傳格
言，大書前後堂壁，欲學者嘗接乎目，警乎心，而進脩
不怠也。落成，市舶提舉前學士江公已記之，復徵于
予言。考邑學自前興脩，皆出賢有司之力，若宋王中
行、趙善鄉、許巨川不過數人，至我朝則唐侯晶、李

明祁顺《儒学重修明伦堂记》也记载了明成化十六年（1480），东莞训导金祯扩修明伦堂的情况，曰："东莞儒学，自宋淳（临）熙戊申徙今所。国初以来，位置规模，寝以雄杰，唯明伦堂尚卑隘弗称。司训金先生祯，白于提学佥宪赵公瑶，慨然欲拓而新之。公为经画，俾倡于众，于是鸠工庀材，躬自程督，因前堂三间增而为五，后堂则创为两堂，中隙贯以通廊，其旁翼以两厢，宏敞坚美，师生之游息，经籍祭器之储咸得所矣。先生颜其后堂曰：'敬义'，复采经传格言，大书前后堂壁。欲学者尝接乎目，警乎心，而进修不怠也。"【（明）祁顺：《儒学重修明伦堂记》，［崇祯］《东莞县志》卷六《艺文·政事》，第 86 页】

東莞縣大脩儒學記　李覺斯

國家氣運關乎人文其儲養則在學校自文武途分而目士者曰文弱士而俱文弱也國家安所賴而養之為余誦泮水之什則文德武功備矣夫淮夷之攸服爾猶之武固以至獻功獻琛皆于泮宮焉頌則泮宮之脩寧値運茹群居趋蹌咕嗶地哉然治亂與時興廢與地定亂脩廢與人機若相待焉吾莞學宮自宋淳熙間邑侯王中行遷建于東廓四百年来脩廢相尋在宋則刘棠趙善鄘許巨川在明則詹侯勖李侯貞王侯尚瑞吳侯中孫侯學古翁侯汝遇皆建脩

明李觉斯在《东莞县大修儒学记》中也记载了东莞历朝修建学宫的情况，曰：“吾莞学宫自宋淳熙间邑侯王中行迁建于东廓，四百年来，修废相寻。在宋则刘棠、赵善鄘、许巨川，在明则詹侯勖、李侯贞、王侯尚瑞、吴侯中、孙侯学古、翁侯汝遇，皆建修最大者。”【（明）李觉斯：《东莞县大修儒学记》，［崇祯］《东莞县志》卷六《艺文·政事》，第 94-97 页】

最大者迄今又數十年而傾圮朽蠹幾于不支矣廣陵汪侯初至慨然作新時適蕉符嘯聚奸豪横逆擾人越人殆無休日海寇劉香耽耽窺伺侯亟謀諸鄉紳練鄉兵固城守羅材儲器以寢亂萌又謹捕巨寇巨蠹置之法于是人無越志而香賊不敢犯旋亦授首政日平刑日清民居攸寧而修學之役乃興侯諮諸署學孝廉錢君錢君曰失令不修育材何地請得竭橐佐焉幸選擇為政者侯曰匪君曷任遂捐俸百金贖鍰百金畀錢師出入師虞里居溫大夫念大修工費非千餘緡不可醵金處不應手也因倡慈因紳

《东莞县大修儒学记》中还记载了明末崇祯年间，学宫日渐荒芜，而又重修的情况，曰：“迄今又数十年，而倾圮朽蠹，几于不支矣。广陵汪侯初至，慨然作新。”东莞县令汪运光在平定海寇之后，捐廉银百两，大修学宫：“侯咨诸署学孝廉钱君，钱君曰：‘失令不修，育材何地？请得竭橐佐焉，幸选择为政者。’侯曰：‘匪君曷任’，遂捐俸百金，赎锾百金。”【（明）李觉斯：《东莞县大修儒学记》，［崇祯］《东莞县志》卷六《艺文·政事》，第94–97页】

東莞志卷之六　藝文　政事　九十五

捐公會金二百且請自修鄉賢祠不動公帑以先好
義者官師士民則之爭輸其贏爰鳩工庀材若正殿
若兩廡兩齋若戟门若欞星门若泮橋若明倫堂若
尊經閣若啓聖宮若六箴亭若名宦祠若分教兩衙
皆撤故易新大加脩葺若長教衙齋則從新鼎建焉
設土地祠于戟门之東前所無也衣法袍咸錢師尸
之賴黃兩司訓左右之經費出納耆民古甘兩任之
彥士李仲惇等綱紀之經始于乙亥之夏五閱一載
而告成侯與錢師徵記于余遜辭不獲余考學宮地
脉從梧桐山西南趨海連起蓮峰大嶺諸山其東北

李觉斯在《东莞县大修儒学记》中还记载了明末崇祯年间，温家围人温可贞曰：“捐公会金二百，且请自修乡贤祠，不动公帑，以先好义者。官师士民则之，争输其赢，爰鸠工庀材，若正殿，若两庑两斋，若戟门，若棂星门，若泮桥，若明伦堂，若尊经阁，若启圣宫，若六箴亭，若名宦祠，若分教两衙，皆撤故易新，大加修葺。”【（明）李觉斯：《东莞县大修儒学记》，［崇祯］《东莞县志》卷六《艺文·政事》，第 95 页】

邑令周儒大修文廟自記

○按碑今存文云竊惟聖人之道如日月經天江河緯地馨香俎豆亘萬古而無極昌黎韓氏稱句龍與棄佐享土穀功德故自有次第是爲不刊至論也我聖朝文運昌隆光天之下丕冒海隅出日自辟雝首善而外若郡若州若邑咸仰體聖天子重道崇儒至意虔祀頖宮輝煌松桷宮墻萬仞幷雲漢昭回猗歟盛哉東莞隸羊城大邑徵文考獻夙稱冠冕嶺南學宮建於城東里許挹丹鳳金鼇之勝占壬山癸水之奇屏障蒼虬帶環碧沼廟貌巋然聳秀絕特自前代以逮本朝偉喆挺生理學勳名文章氣節彪炳丹青磊落相望蓋賢關聖域之所鍾孕良不誣也惟是瀕海之區颶風暴雨歲時間作榱題丹艧圮黜是虞余承乏茲土方不勝瞻仰徬徨于時鄉大夫暨諸衿士慨然謀所以崇起而煥新者司馬李君培厚明府翟君張極學博封君溉相偕前請余遂捐薪首倡並爲文以勸助事關鉅典靡不踴躍奮興捐貲恐後夫聖人之道具存六經凡修已治人之要聖功王道之全俾萬世奉爲法式者至矣盡矣學者尊所聞而高明行所知而光大宗廟百官之美富江漢秋陽之輝潔登山觀海極天下之巨麗而無憾矣豈惟是有梃有爲之巍煥云爾哉顧以育才重地恢閎奕奕之規以瞻以肅衆志樂成當亦宣聖所嘉予者爾是役也鳩工庀材經始於辛未之七月鞏址基鞏棟宇皆撤故而易新雖制仍由舊而大成殿崇聖祠以及戟門櫺星門舞臺皆增高拓廣氣象軒昂文明昭朗於昔有加至若修復文昌之祠闢路於左右築垣於後山翼兩軒於櫺星之側創更衣之亭移改名宦鄉賢土地諸祠是皆相度所宜而增修更易者落成於甲戌之七月既諏吉行釋奠禮且鐫石以示後焉其督理効勤者孝廉孫君士登明經游君逢祥鄧君以桂羅君士璮文學張君達焯例宜並書云而是三歲間邑之赴春秋棘闈試者撥元魁登甲第方蟬聯而鵠起趾美有光固宜闔邑之人情相與歡欣稱慶而重有望於將來者未艾也余既樂觀其盛爰鄭重推明聖人之道論茲多士抑尤有厚期者濟濟莘莘其乘此先甲重光踴躍奮興之氣爭自濯磨日新月盛競競焉恪守其聖人垂訓之旨精研而切究之身體而力行之期於處則有守出則有猷行見珪璋特達黼黻大廷潤蒼生以霖雨燭史册以榮光庶有以仰副聖朝棫樸菁莪之雅化而所爲景行前賢滋恢地望者亦於是乎在也豈不休哉卽謂今日更新之舉是亦振興鼓舞之一機也可夫

周儒在《邑令周儒大修文庙自记》中记载了清乾隆十六年（1751）知县周儒重修大成殿及殿前两庑，乾隆四十九年（1784），知县戴求仁重修明伦堂等情况。**【（清）周儒：《邑令周儒大修文庙自记》，［民国］《东莞县志》卷十七《建置略》，第7页】**

上图为清末东莞《学宫图》，左为孔庙，右为学宫，明伦堂位于学宫中央【陈伯陶：《东莞县志》卷首】

东莞明伦堂的沙田公产

珠江口沙田是由珠江水系携带的泥沙杂质入海淤积而成的沙坦经人工改造而成。明清时期，由于珠江水系上游毁林造地，烧木取炭，水土流失现象严重，江水携带大量泥沙在出海口形成沙坦越来越快。屈大均《广东新语》卷二记载："或数年或数十年，辄有浮生。"[1]由于新成的沙坦无主，且经过开发成为沙田后有大利可图，因此成为各方势力争夺的目标。东莞明伦堂拥有万顷沙670余顷沙田公产，这与东莞本地乡绅长期努力、苦心经营密不可分。

① （清）屈大均：《广东新语》卷二《地语・沙田》。

東莞縣志卷九十九

沙田志一 公牘一

沙田志事畧序

吾邑向無公產今則萬頃洋沙合草水白坦數且達六百七十餘頃全爲邑有前人苦心經營赴義忘身或辱拘囚或攖奏革或被誣衊而維持公產之志先後一轍雖得賢宰官之助然非諸公艱苦卓絕曷克臻此總其所歷當分爲四大時期道光十八年邑人朱國英方儀輝等來城晤陳公雲亭方公瑚洲何公耘劬陳公百木謂南沙村前海中浮有沙坦邑之大利在是盍圖之僉曰善因商之合邑文武紳士由梁公應上等以合邑名義稟請給予學宮爲嘗產時順邑溫承鈞等以大鰲沙名目向香山縣承越界佔築纏訟數年二十年二月邑侯栢會同委員候補縣陳前詣勘明地屬東莞同日陳方何陳四先生舟泊南沙村前被溫承鈞等擄捉越解是年三月復委即用

東莞縣志 卷九十九 一

陈伯陶《东莞县志》卷九十九《沙田志一》记载：“吾邑向无公产，今则万顷洋沙合草水白坦数且达六百七十余顷，全为邑有前人苦心经营，赴义忘身，或辱拘囚，或撄奏革，或被诬蔑，而维持公产之志，先后一辙。虽得贤宰官之助，然非诸公艰苦卓绝，曷克臻此。总其所历，当分为四大时期。道光十八年，邑人朱国英、方仪辉等来城晤陈公云亭、方公瑚洲、何公耘劬、陈公百木[①]，谓南沙村前海中浮有沙坦，邑之大利在是，盍图之，佥曰善。因商之合邑文武绅士，由梁公应上等以合邑名义，禀请给予学宫为尝产。”**【陈伯陶：《东莞县志》卷九十九《沙田志一》，第 1 页】**

① 陈龙安，字云亭，清道光二年（1822）武进士；方文炳，字荣君，号瑚洲，清道光十五年（1835）顺天府副贡；何鲲，字耘劬，清道光元年（1821）举人；陈荣光，字秀标，号百木。

一、沙田公产初步确立

具公呈原任湖南新寧縣知縣梁達時封職黎鴻漸舉人丁炳然何
鯤鍾林等
爲海漸成田聯叩恩准勘詳給予學宮以杜私爭以裕公用事竊見
粵疆濱海常多生長之浮沙莞邑辦公素乏豫儲之公費凡遇事關
教養急欲舉行無如人盡窶貧莫能捐助惟新田不歸諸通邑故盛
典遠遜于他邦此固衆紳士所仰屋而籌抑亦慈父母所畫地而計
也茲查虎頭門外龍穴洲邊當重溟浩淼之中有積淤綿延之處土
名正江沙洲東至龍穴北至南沙西南俱至海當朔望水落之時微
露沙脊雖風雨浪興之際不湧濤頭行見揚塵是井疆之有可畫結
成堅壤非潮汐之所能衝問水則莫測津涯罔慮其阻礙商船也望
洋則茫無畔岸無憂其激射民田也固吾圉而闢作遠郊無他族以
逼爭此土闢就溝塍萬畝則粟米納而國餉彌豐招來耒耜千夫則
守望嚴而海防愈密倘任爲曠土必致豪强爭墾而訟獄繁惟取以

清道光十八年（1838）十一月二十八日，原任湖南新宁县知县的东莞乡绅梁达时及黎鸿渐、丁炳然、何鲲、钟林等文武绅士向东莞知县侯之翰呈文请求勘探正江沙洲（后改名万顷沙），并拨给东莞学宫当作公产，曰：“为海渐成田，联叩恩准勘详，给予学宫，以杜私争，以裕公用事……查虎头门外，龙穴洲边，当重溟浩淼之中，有积淤绵延之处，土名正江沙洲。”【陈伯陶：《东莞县志》卷九十九《沙田志一》，第 2 页】

充公總歸學校批耕而財用足紳等已乘巨艦同泛洪濤所見之泥塗悉屬本邑之疆界欲因天地自然之利永爲宮牆不竭之源謹會議聯詞繪圖註說上呈明鑒伏懇恩施駕履勘之樓船錄丈量之畝段詳請上憲給予學宮編入華都二啚五甲史公戶內准紳等選撥良農試種鹹草俟後日成田然後計畝陞科則壤成賦從此廣斥之饒得供闔邑之用上增賦稅下絕覬覦防禦有資蓄積可恃一舉叶理推正士以持籌五屬皆沾立公規而管庫各均出入合酌盈虛變貧瘠而爲富饒將義學義倉可廣建于四境焉被潤澤而大豐美思善政善教咸永頌于千秋焉凡所指陳皆有利而無害共輸情實非假公以濟私惟望俯順輿情大興土物克俾我疆我理士民懽樂利之休敬祈爾公爾侯竹帛著勳名之盛恭赴

老父師大老爺台前伏乞恩准施行計粘圖說一紙呈電

道光十八年十一月二十八日

東莞縣志 卷九十九 三

“绅等已乘巨舰，同泛洪涛，所见之泥涂，悉属本邑之疆界，欲因天地自然之利，永为宫墙不竭之源。谨会议联词，绘图注说，上呈明鉴。” 这是记载东莞士绅争取万顷沙沙田公产的起始记录。【陈伯陶：《东莞县志》卷九十九《沙田志一》，第 3 页】

東莞縣侯批　據呈撥給土名正江洲是否實係新漲有無關礙水道及他人物業候出示曉諭并飭該處保老地鄰確查赴案訊取供結詣勘核奪繪圖附（按邑憲名之翰順天宛平人廩貢）

特授東莞縣正堂加十級紀錄十次侯爲海漸成田等事現據原任新寧縣梁達時封職黎鴻漸舉人丁炳然何鯤鍾林等聯同通邑文武紳士呈稱虎頭門外龍穴海濱有新漲土名正江沙洲一段東至龍穴北至南沙西南俱至海無礙水道擬選良農試積鹹草一俟成田另行承陞編入華都二啚五甲史公戶內撥歸通邑學校公用作育人材并建義學義倉等情繪圖具稟到縣據此除批揭示外并飭傳該處保老地鄰確查赴案訊取供結詣勘核奪外合行出示曉諭爲此示諭諸色人等知悉便查明該沙是否實係新漲沙坦有無關礙水道及他人物業許即赴稟本縣以憑核奪各宜凜遵毋違特示

道光十八年十二月二十日示

道光十八年（1838）十二月二十日，东莞知县侯之翰据东莞乡绅梁达时及黎鸿渐、丁炳然、何鲲、钟林等文武绅士的呈文批示：“据呈拨给土名正江洲是否实系新涨，有无关碍水道及他人物业。”并饬该处保老、地邻确查，绘图为据。【陈伯陶：《东莞县志》卷九十九《沙田志一》，第 3 页】

具公呈前湖南寶慶府新寧縣知縣梁達時等
為洲荷勘明懇賜通詳立案給予學宮試種鹹草事竊南沙村外正江海面新生浮沙昨奉硃票傳集紳士等暨保老地鄰書役圖丈隨
憲駕於本月十六日乘舟至洲勘得該洲東至龍穴北至南沙村西南俱至海煙波浩淼橫無際涯其可抵篙之處縱橫十餘里均屬東莞地方淺深不等當海潮落盡露出坦形用丈繩牽量東橫三百九十弓西橫四百三十弓中橫六百七十弓南長九百零四弓北長九百三十六弓積零五十萬零零四百八十步稅二十頃零八十五畝三分三釐三毫三絲三忽即可施工試種鹹草懇恩通詳上憲請給莞邑學宮種植鹹草俟漸次成田堪蒔禾稻即呈請陞科編入華都二啚五甲史公戶內輸粮日後四旁有子母沙脚接生亦即隨時報承歸公墾闢上增賦稅下杜私爭中亦可為五屬教養之需與一切營造之用伏乞具文申請并求出示張掛南沙鄉嚴諭附近居民蛋戶毋得在沙上捕魚耗竊鹹草幸邀俯准則一縣編氓咸沾利澤三門流水盡是恩波矣恭赴
老父師大老爺台前恩准施行
東莞縣侯批　候詳奉行飭遵未便濫禁採捕致傷漁業
按原稿注云十九年五月十六日縣憲侯親詣勘明十八日
謝勘并遞此呈

東莞縣志　卷九十九　五

道光十九年（1839）五月十八日，东莞知县侯之翰亲自与东莞士绅一起丈量勘查万顷沙后，东莞士绅梁达时等呈报丈量勘查结果，并请求将万顷沙“给予学宫……升科编入华都二图五甲史公户内输粮……则一县编氓咸沾利泽”。

【陈伯陶：［民国］《东莞县志》卷九十九《沙田志一》，第 4–5 页】

供稱伊係香山縣潭洲人該圍之第四第五段係南海佛山鄧嘉言
張炳華向順德龍山溫豫順堂即溫植亭承批圍築伊受雇在圍管
理賬目其第一段與第二段基圍係溫植亭批與番禺縣之郭進祥
圍築佃耕第三段基圍係溫植亭批與香山縣黃角之王居榮圍築
佃耕等供據此卑職伏查廣東水道東江龍川河源之水由惠州流
入東莞從大小虎三門口等處而出北江湖南郴瀧之水與南雄諸
派合於韶州流至三水縣又與廣東西江之水從肇慶來者會同流
注香山蕉門獨子山而出是東西北三江之水皆滙於南沙村之南
同歸巨海萬頃沙正當各江合流緊要之衝設各江潦水驟漲下流
不能暢消一時宣洩不及上游之省垣與各縣即不免有淹沒之虞
且溫豫順堂即溫植亭於十八年十一月間始行私築迄今不過十
數個月已有五六十頃之多且該基週圍現又淤積成坦從此隨淤
隨築不數年後必至滄海盡變桑田將來水患有不可問者幸該坦

東莞縣志 卷九十九 十四

在东莞士绅争取万顷沙时，该沙坦实际上已被“顺邑温承钧等以大鰽沙名目向香山瞒承越界占筑”[①]，温植亭，即温承钧，将该沙坦划为五段，以批佃的方式分段承包。第一段与第二段承包给番禺县的郭进祥围筑耕佃，并于道光十八年（1838）十一月筑堤围垦；第三段承包给香山县黄角之、王居荣耕佃；第四段与第五段承包给南海邓嘉言、张炳华耕佃。**【陈伯陶：［民国］《东莞县志》卷九十九《沙田志一》，第 14 页】**

① ［民国］《东莞县志》卷九十九《沙田志一》，第 1 页

東莞縣志　卷九十九

具呈耆民何廣超（年六十六歲大汾鄉人）陳仕進（年五十六歲曲海鄉人）葉建德（年六十二歲到滘鄉人）

為違禁圈築約拆抗延叩乞移拘押拆免釀巨灾事竊莞邑水道東承惠潮增城西接南順香山諸水滙注虎頭門外經南沙村之南而出海實為宣洩要區近因淤淺以致水灾疊見歷奉大憲委員巡視河道督拆堤壩並嚴諭永禁圈築各在案去年十一月有番禺案犯郭進祥攞聳土豪郭亞寶等在邑屬南沙鄉之南興工圈築堤壩約長三四千丈踞為己有（蟻）等恐妨干礙河流向阻伊稱果有干礙情愿毀拆不料本年四五六月三見水灾低下田廬皆成巨浸加之東南兩江盛漲陡至經月始消田禾浸沒黎民阻饑實因（祥）等圈築所致無奈再求毀拆殊伊恃黨羽多衆反肆惡言相加幸值福星新政慈愛重農迫叩崇轅迅賜移番禺縣提解歸案押令將前圈築圍壩毀拆以資宣洩頂祝切赴

道光十九年（1839）九月，东莞县民何广超、陈仕进、叶建德等状告番禺人郭进祥违禁越界圈筑万顷沙而阻碍水道的呈函【陈伯陶：［民国］《东莞县志》卷九十九《沙田志一》，第5页】

計開　郭進祥係蛋戶違禁擺縴圍築圍壩干礙水道積案逸犯住番禺縣沙灣村　郭亞寶係聽從圍築佔爲已有土豪住番禺縣沙灣村

道光十九年九月初八日

東莞縣柏批　郭進祥等既于上年十一月間在該處圍築堤壩何廣超等因何不即控告以致本年四五兩月東西兩江潦水陡漲田廬被淹究竟郭進祥等圈築處所是否本係伊等稅業抑係霸佔官荒未據何廣超等切實聲明并未繪圖呈驗仰中堂司就近迅赴該處確切查明繪圖註說申復察奪按邑憲名貴正黃旗蒙古人

具呈耆民何廣超陳士進葉建德年籍在卷爲復築堤兇粘叩飛簽拘禁事緣蟻具控郭進祥郭亞寶等去年在邑屬南沙村之南圈築堤壩干礙水道以致今夏水漲宣洩緩延淹沒田廬不少奉憲批行中堂司查勘詳覆詎伊等愍不畏法現又加工築作勢至河道愈難宣洩爲禍匪輕前月十八日蟻等復向理阻

東莞縣志　卷九十九　六

道光十九年（1839）九月，东莞知县柏贵根据何广超等人状告郭进祥违禁越界圈筑万顷沙而阻碍水道的呈函，要求中堂司就近迅赴该处确切查明。【陈伯陶：［民国］《东莞县志》卷九十九《沙田志一》，第 6 页】

伊竟逞兇喝毆幸梁越常在旁勸救不致受傷如此恃豪越境圈築
違禁壑鄰關係民生迫粘繪圖叩乞憲天飛簽拘禁幷移番禺縣提
解郭進祥等歸案押令拆毀免釀水灾沾恩切赴

計開　郭進祥（係違禁從亞寶圈築蛋戶）郭亞寶（係出本同郭進祥越境圈築干礙水道土豪俱住番禺縣）

（沙灣村）

道光十九年十月初三日

東莞縣柏批　是否郭進祥現又興工加築候行催中堂司迅即詣
勘申復一面移喚究斷

中堂司詳文　爲違禁圈築約拆抗延等事本年十一月初一日奉
憲台批據何廣超等呈控郭進祥等在邑內南沙村之南圈築堤壩
干礙河流等情一案仰職確切查明繪圖註說申覆察奪等因幷將
原呈印發到職奉此遵即飭役傳出何廣超葉建德等赴案帶同圖
匠親指控處所勘明該坦係在缺口司屬南沙村之南土名萬頃沙

清道光十九年（1839）十月三日，东莞知县柏贵严令拆除郭进祥等的违禁设施，并下发拘传郭进祥的批文【陈伯陶：［民国］《东莞县志》卷九十九《沙田志一》，第 6 页】

又名萬丈沙郭進祥等用椿石圍築堤壩週圍廣三千餘丈約六十餘頃俱種禾稻現經收割北距莞屬南沙村約十五里西南距香山屬獨子山約五十里南至大海東南至莞屬龍穴山東莞屬沙角山正當通省東西兩江合流出海之處四圍海面俱屬東莞地方該坦東堤外另有新淤積成坦相連三段皆種鹹草更與南沙龍穴相近沿堤現有三四百人興築莊屋沙船排列軍器鼓衆咆哮不果前進傳質勘畢繪圖註說附卷訊據何廣超供 小的 今年六十六歲是大汾鄉人據葉建德供 小的 今年六十二歲是到滘鄉人又同供 小的 們俱是耕種農民因近年有番禺縣積案沙棍郭進祥們在南沙村對面土名萬頃沙私行墾種禾稻去年冬月興工用椿石砌築堤壩阻塞河流 小的 們知覺往阻他約拆不拆至今年四五六月盛漲難消疊釀水災闔邑田廬均被淹沒是以 小的 們赴縣告狀不意郭進祥們自九月至今又多雇工匠愈築愈寬將來水患不淺農業何安

東莞縣志 卷九十九 七

道光十九年（1839）十二月，中堂司调查郭进祥围禁圈筑情况的呈文【陈伯陶：［民国］《东莞县志》卷九十九《沙田志一》，第 7 页】

今蒙仁台詣勘懇即詳請飭拘郭進祥們到案押令將堤壩毀拆免釀水災闔邑農民就沾恩了等供據此卑職伏查廣東水道東江龍川河源之水由惠州流入東莞從大小虎三門口等處而出北江湖南郴瀧之水與南雄諸派合于韶州流至三水縣又與廣西西江之水肇慶來者會同流注香山蕉山獨子山等處而出是東西兩江皆滙於南沙村之南同歸巨海萬頃沙正當兩江合流緊要之衝該圍東堤外新淤積坦三段約一百餘頃種植鹹草而草坦之外又有低淤之沙約成百頃每遇潮汐退去沙坦互露舟楫均難行動誠恐日久侵佔愈築愈寬下流不能宣洩若雨多漲盛兩江三省洪流奔赴至此難於暢消不無淹沒田廬之虞大與水道有礙似應俯順輿情將該堤外新淤積成坦一律永遠示禁種植任水冲坍不准再行越築以免水患至該沙已築堤壩係用椿石圈築堅固廣三千餘丈勢難拆除天地自然生成之利但查郭進祥籍隸番禺未據帶到質否

（续上页）【同上】

赴憲轅報承有案及有無詳領藩照爲據并稅畝是否照依年限遵照淸丈陞科抑或籍有別縣印照影射濛混應詳請澈底根究以昭核實是否允協合將勘訊緣由具文申覆憲台察核爲此備由同奉發原呈一紙勘圖一紙具申伏乞照詳施行須至書册者

道光十九年十一月十八日中堂司楊如溶申詳按楊順天宛平人監生

具呈耆民何廣超年六十六歲陳仕進年五十六歲葉建德年六十二歲係東莞縣中堂司民籍

爲越境違禁圍築礙流抗移不到粘叩檄提歸案押拆免釀水灾事竊莞邑水道東承惠潮增城西接南順香山諸水滙注虎頭門三門口蕉門經南沙村之南而出大海實爲宣洩要區近因新淤積淺叠見水灾道光十五年奉大憲委夏道台巡視河岸督拆堤壩嚴示永禁并現奉撫院怡大人諭飭不准香山縣胡乙藜于新漲水白坦報墾任水冲坍各在案距十八年十一月番禺案犯郭進祥土豪郭亞

東莞縣志　卷九十九　八

（续上页）【陈伯陶：［民国］《东莞县志》卷九十九《沙田志一》，第 8 页】

寶越境在蟻邑內貼近南沙村前于新積水白坦胆用樁石興工圍築廣三千餘丈以圖種植蟻等慮礙河流曾向阻止依稱果有干礙情愿毀拆殊本年四五六月水灾三見低下田廬皆成巨浸加之東西兩江洪濤驟至不能疏暢田禾淹沒黎民阻饑實因伊等圍築貽害不已再喚毀拆竟恃黨衆不惟弗恤反加工愈築愈寬迫蟻赴縣迭控委勘繪圖註說詳覆屬實准移解究奈伊倚隔屬抗傳不到現又糾衆數百排列軍器日增圍築似此違禁壑鄰誠恐來春盛潦關係民生非小因粘縣批繪圖叩憲迅檄番禺縣移解郭進祥等歸案押拆疏流免釀水灾沾恩切赴

計粘縣批圖形共二紙呈電

計開　郭進祥係越境違禁圍築堤壩干礙河流蛋戶　郭亞寶係出本同郭進祥越境違禁圍築以圖種植土豪俱番禺縣沙灣司沙灣村人

道光十九年十二月初三日

（续上页）【同上】

廣州府珠批　查閱粘抄縣批以郭進祥等圍築處所是否係其稅業抑係官荒未據呈明已委中堂司就近勘查并准移喚究斷是否郭進祥等抗傳不到糾衆增築仰東莞縣立即勘查明確傳差移提集訊分別押拆定斷具詳控關阻礙水道毋任延訟滋事爲要粘抄并發按府憲名珠爾抗阿

具呈耆民何廣超陳仕進葉建德係東莞縣中堂司民籍寓惠愛街何氏書舍

呈爲越境違禁圍築礙流粘叩檄拘押拆免釀水災事竊莞邑水道東承惠潮增城西接南順香山諸水滙注虎頭門三門口蕉門經南沙村前出海實爲宣洩要區嘉慶年間因海氛暫塞蕉門致南沙村前一帶已形淤淺近新漲疊積屢見水災道光十五年夏道憲巡視督拆礙流堤壩嚴禁圍築現撫憲仁憲不准香山胡乙藜報墾新漲白坦任水冲坍疏流各在案十八年十一月番禺案犯郭進祥土豪郭亞

東莞縣志　卷九十九　九

道光十九年（1939）十二月，东莞耆民何广超、陈仕进、叶建德等状告番禺人郭进祥违禁越界圈筑万顷沙而阻碍水道的呈函以及广州知府珠尔抗阿严令调查的批文【陈伯陶：［民国］《东莞县志》卷九十九《沙田志一》，第9页】

寶越境在敝邑南沙村前新積水坦違禁私用椿石圍築廣三千餘丈種植蟻慮礙河流曾向阻止伊稱有礙願拆本年四五六月邑屬水灾三見加之東西兩江洪濤驟至低下田廬淹浸黎民阻饑實因伊圍築礙流貽害蟻再喚拆伊恃黨衆不恤反加工愈築愈寬蟻赴縣控委勘繪圖註說詳覆准移拘究伊又恃隔縣抗傳現糾衆數百排列軍器增築迫赴府控蒙批在案似此壑鄰誠恐來春盛潦關係非小因粘叩憲檄拘郭進祥等歸案押拆疏流免釀水灾至是否稅業官荒飭縣查明有無報承詳核沾恩切赴

計粘府批圖形共二紙

計開 郭進祥係越境違禁圍築堤壩干礙河流積案蛋戶 郭亞寶係出本同郭進祥越境違禁圍築以圖種植土豪俱住番禺縣沙灣司沙灣村

道光十九年十二月十八日 按此通稟督撫藩憲

藩憲熊批 郭進祥等于南沙村前圍築圍基如果有礙水道應即

（续上页）【同上】

拆毀仰東莞縣查明辦理具報事關水利毋稍徇延粘件暨圖幷發按藩憲名常錞

撫憲怡批　南沙村前一帶地方爲東西潦水宣洩要區郭進祥等乃敢違禁圍築致礙河流實屬不法事關水利亟應委員查明督拆免貽鉅患仰布政司迅速即遴委幹員會同東莞縣親詣確勘如果有礙水道即勒限督令拆除具報一面飭行番禺縣迅將郭進祥等拘案移解備質毋任延匿粘抄幷發按撫憲名怡良

督憲鄧批　水道宜疏而不宜塞苟有所礙雖積坦亦例禁築壆所以防民大患也據呈郭進祥等圍築該縣南沙村前新積水坦廣三千丈有奇如果屬實無論稅業官荒試問水道從何宣洩決難玩視仰布政司立即遴委幹員馳赴東莞會同縣認眞查勘明確分別禁拆具報速即拿究毋延圖抄幷發按督憲名廷楨

具呈耆民何廣超陳仕進葉建德年籍在卷

東莞縣志　卷九十九　十

广东省藩台熊常錞、巡抚怡良、总督邓廷桢等严令调查、拆除违禁设施和拘传郭进祥的批文【陈伯陶：［民国］《东莞县志》卷九十九《沙田志一》，第 10 页】

爲控復增築粘叩勘拆事緣蟻等具控郭進祥等越境違禁私用椿石在邑屬南沙村前圍築礙流一案茲奉督部堂委員陳大老爺會同仁天親詣勘拆蟻等伺候引勘伏思堤壩新築與舊築不同倘係舊築坭塊必無縫罅且堤身必多種竹木生成濃蔭新築坭塊必坼裂堤身雖有樹木亦不甚長大難瞞憲勘況郭進祥等屢奉移提乃敢藐抗不到案控後復雇工增築不止將來水道愈難宣洩則內河上流溢漲爲災關係田廬非小迫粘撫部院鈞批就叩行輿迅即會勘拆毀疏流沾恩切赴

計粘撫憲鈞批一紙呈電

按此呈起勘時所遞故未奉批又同時增城縣老民劉孔章陳達昭博羅縣老民周逢春姚鎮邦以塞流壑鄰損人利己在柏邑憲呈控奉批南沙村前一帶沙坦現經會同委員勘明委係干礙水道已具稟大憲嚴飭拆除

（续上页）【同上】

具呈生員陳榮光年五十歲中堂屬川槎村離城四十里
爲礮傷搶擄叩乞驗明幷賜委員會營起拘究辦事緣生隨武進士
陳龍安舉人何鯤副貢方文炳往南沙村催収明倫堂簽題工金適
遇仁憲同委員會勘萬頃沙生等十八晚黃昏時候泊舟萬頃沙對
面南沙村外候潮該沙內突出看沙快艇二隻約匪四五十人掉近
生船點放火礮打傷生左臂墮水匪等隨即過船將陳龍安何鯤方
文炳及家丁一名船夫六名擄去蛋艇四五人赴救亦被礮下水幸
農民何廣超等聞喊禀憲即開小艇援救生回船始悉搶擄伏思生
左臂礮傷入骨性命堪虞陳龍安等被擄亦生死莫卜而匪船從萬
頃沙來顯係郭進祥等遷怒故行搶擄迫得匍叩驗明幷乞賜委員
會營前去該沙將安等起出嚴拘匪等究明立使逞兇傷人搶擄分
別究辦至衣物銀両容査核另呈粘單叩追沾恩切赴
道光二十年二月十九日酉刻傳

道光二十年（1840）二月十八日晚，郭进祥在东莞南沙村掳掠东莞士绅武进士陈龙安、举人何鲲、副贡方文炳等人，把香山和东莞两县争夺沙田事件推向高潮。【陈伯陶：［民国］《东莞县志》卷九十九《沙田志一》，第 11 页】

東莞縣志　卷九十九

東莞縣柏批　傷經驗明候飭差并移營嚴緝搶擄匪徒務獲一面查起該進士陳龍安等帶案以憑訊奪驗供單附

按二月二十一日另有禀呈陳委員詞同

具禀蟻民何驥陳瑞方恩俱東莞縣民籍

爲兇刼傷擄叩乞委員會營起拘按究事緣蟻邑大修學宮尊經閣明倫堂等處蟻等家主武進士陳龍安舉人何鯤副貢方文炳同生員陳榮光於本月中旬往缺口屬催収明倫堂簽題工金十九晚陳榮光負傷回來説伊與蟻等家主十八日到南沙村収銀適値陳委員會同縣主勘拆萬頃沙新築塞水基圍官船泊在沙邊蟻等家主船泊萬頃沙對面南沙村外候潮靜更時候有看沙快艇二隻點放火礮攏近過船强刼銀物將蟻等家主陳龍安何鯤方文炳並炳家丁一名船夫六名擄去榮被礮傷落水再詢農民何廣超陳仕進等無異蟻等伏思家主係因催収明倫堂簽題工金無故被擄未卜生

东莞何骥、陈瑞、方恩等控诉郭进祥掳掠人质的呈文以及东莞知县柏贵严令调查、缉拿匪徒的批文【陈伯陶：[民国]《东莞县志》卷九十九《沙田志一》，第 11 页】

死情實切膚查萬頃沙係在東莞南沙村前現有沙棍郭進祥等越佔違禁被何廣超等控奉列憲委員勘拆而匪船從萬頃沙來顯係祥等遷怒統匪行兇刼擄業經稟明縣主驗傷起回但祥等恃居別縣伏乞霜威迅賜委員會營前往起出家主并拘匪黨究辦免致一人礮傷十人被擄事有不測沾恩切赴

計開

郭進祥　郭亞寶　溫植亭　鄧嘉善　張炳華　王居榮

道光二十年二月二十二日稟

府憲批　據控賊匪擄捉武進士陳龍安等並將生員陳榮光拒傷如果屬實大干法紀仰東莞縣迅速會營親赴弔放一面嚴拿賊匪務獲確審究明是否郭進祥挾嫌串擄分別詳辦粘抄并發

臬憲批　陳龍安等是否郭進祥等挾嫌擄刼仰廣州府飭縣查明分別會營嚴拘究辦並將被掠之陳龍安等先行提釋具報毋稍縱

東莞縣志　卷九十九　十二

广州知府、臬台严令调查、缉拿贼匪的批文【陈伯陶：[民国]《东莞县志》卷九十九《沙田志一》，第 12 页】

延抄粘并發

具稟監生陳謨四十六歲中堂司川槎村人

爲傷重命危叩迅拘辜究辦事緣本月二十日生胞兄陳榮光負傷回家稱與邑紳陳龍安等僱收南沙簽題明倫堂工金十八晚船泊萬頃沙對面南沙村前候潮黃昏後萬頃沙內突出快艇二隻載匪數十人攏近船邊轟礮擊傷左臂墮水匪等過船搜搶銀物擄捉紳士及家丁船夫而去幸隨勘農民何廣超陳仕進等聞喊稟憲飭艇救起十九日叩憲驗傷恩准㑹營拘究押辜在案但兄礮傷到骨醫藥罔效命甚危險忖仁憲與委員奉上憲勘拆郭進祥等塞水基圍船泊該沙遠盜斷不敢至而匪船自萬頃沙圍內突出顯係祥等遷怒率匪劫掠乞恩迅賜差會營勒限嚴拘祥等押辜究辦沾恩切赴

道光二十年二月二十三日

東莞縣柏批　昨准香山縣函稱據鄧瑞賢以匪艇焚寮搶劫擄捉

东莞监生陈谟控诉郭进祥掳掠人质的呈文【陈伯陶：［民国］《东莞县志》卷九十九《沙田志一》，第 12 页】

工人登時拿獲賊匪送究等詞揑報并將該紳士陳龍安等綑送經
香山縣訊出眞情函致查復當經本縣將此案始末情由切實致復
并嵩遺家人督帶役勇前往提解在案着俟解回原呈鄧瑞賢等及
該紳士到案聽候提同確審礮傷事主及擄人揑報實情從嚴懲辦
以儆兇横而肅法紀爾等仍自赴香山縣呈請移解回縣歸案訊辦
可也至該生員陳榮光傷已驗明速自醫痊投案候質
委員候補縣知縣陳裕垂東莞縣知縣柏貴謹稟
大人閣下 大老爺鈞座 敬稟者案照東莞縣民何廣超等赴前督憲呈控番禺
縣蛋戶郭進祥等在東莞縣南沙村前違禁私築基圍有礙東西宣
洩水道等情一案奉行 藩司憲台 檄委 卑職裕垂 前往東莞縣會同 卑職
柏貴 勘明該坦如果有礙水道分別禁拆具報等因 卑職裕垂 遵即
馳赴東莞縣會同 卑職柏貴 卷查本案先據何廣超等赴縣呈控并
控奉 藩司憲台 批行究拆業經移喚集勘在案茲奉前因當即遵照分別

東莞縣志 卷九十九 十三

道光二十年（1840）二月二十三日，东莞知县柏贵及候补知县陈裕垂向广东省藩台（即布政使）乔保纯上禀万顷沙沙田勘查情况及顺德人温植亭违禁越界围筑沙田而阻碍水道的呈函【陈伯陶：［民国］《东莞县志》卷九十九《沙田志一》，第 13 页】

催喚催提去後旋據喚出原告何廣超陳仕進葉建德到案惟郭進祥等未准番禺縣解到卑職等提訊何廣超等供與呈詞無異即於本月十八日帶同何廣超等前赴沙所勘得該坦坐落東莞縣屬南沙村之南土名萬頃沙又名萬丈沙自東至南一連五段約計六十餘頃第一段至第三段約四十八頃俱已種禾稻其第四第五兩段係屬草坦尚未圍築完竣基圍兩旁又皆淤積成坦其第一段圍基前面亦微露沙形各段基圍俱蓋有田寮該基北距南沙村約五十里西南距東香交界之獨子山約五十餘里南至大海東南至東莞之龍穴山東至東莞之沙角山西北直達順德之容奇正當省垣與上游各縣東西等江之水合流出海要區四圍海面皆東莞所屬勘畢繪圖并于第四段基寮內搜獲築圍章程與坦圖各兩紙賬簿兩本并圖書信字草賬等件隨查各圍田寮係在水中央誠恐匪類潛踪當將田寮先行焚燬又當場扭獲在圍管理賬目之楊志中訊據

（续上页）【同上】

供稱伊係香山縣潭洲人該圍之第四第五叚係南海佛山鄧嘉言
張炳華向順德龍山溫豫順堂即溫植亭承批圍築伊受雇在圍管
理賑目其第一叚與第二叚基圍係溫植亭批與番禺縣之郭進祥
圍築佃耕第三叚基圍係溫植亭批與香山縣黃角之王居榮圍築
佃耕等供據此卑職伏查廣東水道東江龍川河源之水由惠州流
入東莞從大小虎三門口等處而出北江湖南郴瀧之水與南雄諸
派合於韶州流至三水縣又與廣東西江之水從肇慶來者會同流
注香山蕉門獨子山而出是東西北三江之水皆滙於南沙村之南
同歸巨海萬頃沙正當各江合流緊要之衝設各江潦水驟漲下流
不能暢消一時宣洩不及上游之省垣與各縣即不免有淹沒之虞
且溫豫順堂即溫植亭於十八年十一月間始行私築迄今不過十
數個月已有五六十頃之多且該基週圍現又淤積成坦從此隨淤
隨築不數年後必至滄海盡變桑田將來水患有不可問者幸該坦

東莞縣志 卷九十九 十四

（续上页）【陈伯陶：［民国］《东莞县志》卷九十九《沙田志一》，第 14 页】

成築尙屬閱時未久拆毀尙易似應嚴押私築之溫植亭將該圍基迅速拆除淨盡並出示封禁永遠不許圍築以暢河流而杜水患除將搜獲水坦圖賬簿等項附卷一面分移各縣將溫植亭等解究外合將卑職等會勘南沙村前沙坦情形繪具勘圖稟覆憲台察核示遵再卑職于會稟之後即行回省面請訓示合併稟明除稟督撫憲外肅此叩稟伏乞鈞鑒卑職裕垂貴謹稟

計呈會勘坦圖一紙

道光二十年二月二十三日稟

藩憲喬批行廣府余　查南沙村前爲東西兩江滙注之區據奉勘明順德溫植亭該處覇佔淤積沙坦六十餘頃移批與鄧嘉善郭進祥王居榮圍築佃耕大爲閭閻之害仰廣州府立即嚴飭南海等縣差拘溫植亭等移解東莞訊明勒限拆除具報毋稍狗延仍候兩院憲批示此繳按府憲名保

广东省藩台（即布政使）乔保纯令广州知府指示南海等县派人捉拿温植亭等押解东莞进行讯问的批文【陈伯陶：［民国］《东莞县志》卷九十九《沙田志一》，第 14 页】

藩憲奉督憲批行檄文　爲檄飭遵照事道光二十年二月二十六日奉兩廣總督部堂林批據東莞縣柏令會同委員候補縣陳裕垂勘明何廣超等呈控郭進祥圍築東莞縣屬土名萬頃沙基圍委係有礙水道一案奉批據勘萬頃沙基圍正當省垣與上游各縣東西等江合流出海要區豈容築圍壅塞乃溫植亭胆敢私築不期十數月而成數十頃之多若任罔利營私水患更何可問仰東布政司速飭分移各縣將溫植亭等嚴拘解究一面押令將該圍迅速拆除淨盡並示封禁永遠不許圍築以暢河流而杜水患毋稍稽延此檄圖存等因奉此合就檄行爲此牌仰該府官吏遵照批行事理立即飛飭南海番禺順德香山等縣將溫植亭等嚴拘務獲移解東莞縣迅明究辦押令將圍基拆除淨盡毋稍稽延速速

藩憲奉撫憲批行檄文　爲檄飭遵照事道光二十年三月初五日奉巡撫廣東部院怡批據東莞縣柏令會同委員候補知縣陳裕垂

東莞縣志　卷九十九　十五

广东省藩台奉两广总督林则徐、广东巡抚怡良的批示所行的檄文，严令将温植亭等严拘解送东莞审讯及拆除其越界围筑的沙田【陈伯陶：［民国］《东莞县志》卷九十九《沙田志一》，第 15 页】

勘明何廣超等呈控郭進祥等圍築東莞縣屬土名萬頃沙基圍委係有礙水道一案奉批據稟已悉仰布政司速飭專差移拘私築之溫植亭到案押令迅將該圍基限日拆除淨盡以暢河流而杜水患并分飭各縣將溫植亭等嚴拿務獲解究仍將押拆完竣日期具覆察核并候督部堂批示檄勘圖存稟抄發等因奉此查本案先奉督憲批司業經轉行在案茲奉批前因合就檄行爲此牌仰該府官吏遵照批行事理立即飛飭專差移拘私築之溫植亭到案押令將圍基限日拆除淨盡毋稍稽延速速

一行廣州府三月十二日發行

具稟武進士陳龍安舉人何鯤副貢方文炳

爲礮械擄刼傷經驗明乞恩勒交追坐事緣武進士等沿鄉催收修學宮題項二月十八晚因擱淺南沙村外海旁被豪惡督駕快蟹二隻礮傷陳榮光即陳秀標及水手劉亞登落水械傷武進士等七人

（续上页）【同上】

過船綑毆禁辱衣物被刼一空二十一日溫承鈞等揑架焚刼親督
解轅蒙恩訊斥架揑并經在勘所驗明武進士等綑毆傷痕被擄地
方墳單附卷二十六日有東莞縣差王德等持票查起到寓始悉陳
榮光業經東莞縣主驗明兇傷右臂𠜾骨劉亞登尙無下落伏思焚
刼律有專條而反坐例無旁貸追叩勒限押鈞交出快艇各匪俾認
喝令放礮綑毆各兇將主揑首惡溫承鈞依律坐誣按辦及追刼去
贓物給領沾恩切赴

計粘失單一紙

道光二十年二月二十八日

香山縣吳批　陳龍安等互控搶擄殊屬不成事體所呈失事地方
究應歸何縣管轄必須兩縣會勘方能水落石出未便由縣提訊詳
辦候錄供稟請本府憲行提全案人証解省確審究辦失單附

按二月二十三日香山縣吳恩樹帶同兩造親詣萬頃沙勘

東莞縣志　卷九十九　十六

道光二十年（1840）二月二十八日，东莞武进士陈龙安、举人何鲲、副贡方文炳验伤及对被掳过程的陈述【陈伯陶：［民国］《东莞县志》卷九十九《沙田志一》，第 16 页】

踏陳龍安等在沙所遞一呈奉批候覆提質明究辦
道光二十年三月初三日
督憲林批 前據何廣超等以郭進祥等圈築礙流等情控經前部堂飭司遴委陳令會同東莞縣勘明萬頃沙基圍正當省垣與上游東西等江合流出海要區溫植亭與郭進祥等在彼私堵私築不期月而成數十頃之多應將該基圍逐段拆毀以祛水患並因各圍田寮在海中央誠恐匪類潛踪當將各田寮先行焚毀繪圖稟經本部堂批司飭移各縣將溫植亭等嚴拘解究一面押令該圍迅速拆除淨盡在案是此案勘燬由官與武進士陳龍安等毫無干涉如果郭進祥胆敢遷怒糾匪將陳龍安等平空刼擄致傷而溫承鈞即溫植亭復以强盜焚劫誣解則是奸徒罔利營私於前拂欲肆兇於後據呈洵堪髮指現在兩造既經香山縣帶候仰東按察司會同布政司作速按名提省仍分飭各縣勒拘郭進祥等務獲解案併押拆確究

道光二十年（1840），两广总督林则徐对温植亭越界圈筑沙田及郭进祥掳劫一案的批文：“督宪林批：前据何广超等以郭进祥等圈筑碍流等情控，经前部堂饬司遴委陈令会同东莞县勘明，万顷沙基围正当省垣与上游东西等江合流出海要区，温植亭与郭进祥等在彼私堵私筑，不期月而成数十顷之多，应将该基围逐段拆毁，以祛水患，并因各围田寮在海中央，诚恐匪类潜踪，当将各田寮先行焚毁，绘图禀经本部堂批司饬移各县，将温植亭等严拘解究，一面押令该围迅速拆除净尽在案。是此案勘毁由官，与武进士陈龙安等毫无干涉，如果郭进祥胆敢迁怒，纠匪将陈龙安等平空劫掳致伤，而温承钧即温植亭复以强盗焚劫诬解，则是奸徒罔利营私于前，拂欲肆凶于后，据呈洵堪发指。现在两造既经香山县带候，仰东按察司会同布政司作速按名提省，仍分饬各县勒拘郭进祥等，务获解案并押拆确究详办。此等土豪势恶，在所必除，勿任延纵。”由此，绑架事件的诉讼由东莞县获胜。【陈伯陶：［民国］《东莞县志》卷九十九《沙田志一》，第 16 页】

詳辦此等土豪勢惡在所必除勿任延縱粘抄并發按督憲名則徐莆田人

具呈監生陳謨年籍在卷

爲賄播抗提懇恩詳移歸案押辜坐誣事竊本年二月十八日奉憲會委員勘拆溫承鈞卽溫植亭等冒佔越築莞屬萬頃沙塞水基圍當將窩賊草寮先行焚燬詎鈞等遷怒竊兒生員陳榮光同武進士陳龍安等因催收明倫堂簽題工金是晚泊舟南沙村前候潮乃敢主糾賊衆駕快艇轟礮擊兒墮水擄刦陳龍安等而去十九日兒禀蒙驗明礮傷左臂到骨并禀委員轉詳究辦在案殊鈞等恃財播弄將陳龍安等誣以焚刦大題越解不經管轄之香山縣屢抗仁憲移提現奉撫院金批伏乞迅賜詳報俾早檄移溫承鈞等歸案押辜坐誣免被舞弊生端沾恩切赴計粘撫院金批一紙呈 電

計開 溫承鈞係冒佔越築邑屬萬頃沙基圍阻塞水道恨憲會委員燒伊窩賊草寮遷怒糾匪礮傷刦擄捏解恃財播弄抗提人現奉香山押候 郭進祥係聽溫承鈞圈築阻水基圍並礮傷擄刦蛋匪住番禺沙灣村

東莞縣志 卷九十九 十七

道光二十年（1840）三月十五日，东莞监生陈谟对温植亭越界圈筑沙田及郭进祥掳劫一案详情陈述的呈文【陈伯陶：［民国］《东莞县志》卷九十九《沙田志一》，第 17 页】

撫憲批　此案前據香山縣以兩造互控擄劫各執一詞其失事地
方又在兩縣交界稟請委勘提訊前來當經批司委員會勘并提省
審辦在案仰按察司會同布政司立即遴委幹員馳赴該處會同香
山東莞二縣查勘明確繪圖注說通稟一面轉飭廣州府親提全案
卷宗人証秉公確訊究明兩造孰虛孰實分別按擬詳辦毋稍諱飾

東莞縣志　卷九十九　十八

偏延粘抄并發
署理廣東等處提刑按察使司按察使兼管全省驛傳事務鹽運使
加三級紀錄六次陳爲飭遵事案奉兩廣總督部堂林批據香山縣
具稟職員溫承鈞等與獲解之陳龍安等互控大鰂沙萬頃沙圍寮
被劫焚擄提訊供情互異稟請提省審辦緣由奉批此案兩造互控
焚劫擄毆孰實孰虛提省委員澈底根究以期水落石出昨據陳瑞
來轅呈控當以現在兩造既經香山縣帶候已批司作速按名提省
仍分飭各縣勒拘郭進祥等務獲解究在案據稟前由仰東按察司
會同布政司立即行提此案卷宗及兩造應訊人等迅速解省委員
確審究辦并飭催令溫植亭即溫承鈞等繳出契據秉公核明稟奪
毋稍牽延仍候撫部院批示繳圖勘圖存奉此除咨藩司一體飭遵
并行廣州府香山縣遵照外合就檄行爲此牌仰該縣官吏立將此
案卷宗及兩造應訊人等迅速批解赴司以憑委員確審究辦毋稍
稽延速速須牌
道光二十年三月二十日戶北房承

道光二十年（1840）三月二十日，广东巡抚怡良对郭进祥掳劫一案的批文【陈伯陶：［民国］《东莞县志》卷九十九《沙田志一》，第 18 页】

稽延速速須牌
道光二十年三月二十日戶北房承
具呈誥封奉政大夫黎鴻漸前湖南新寧縣知縣梁達時舉人丁炳
然儒學訓導羅子彪等
爲辦公被刼越控故羈聯懇詳請委提歸案訊究事竊本邑學宮年
深朽壞自丁酉歲紳等倡率捐助大修集衆推舉公正紳士管理諸
務以武進士陳龍安舉人何鯤副貢方文炳生員陳榮光强健勤敏
同任勸捐催收之事因工程浩大財用不敷尙有明倫堂進德修業
兩齋未能去故取新本年二月安等特承舟赴缺口屬各鄉催收捐
項十八日至南沙村適値憲駕會陳委員勘拆郭進祥等塞水基圍
焚其窩匪田寮官船在萬頃沙邊安等船在南沙村前阻淺候潮不
意沙棍溫承鈞卽溫植亭與郭進祥等遷怒鑄謀肆兇率匪五六十
人飛艇至轟礮擊傷光左臂墮水搜刼財物毆擄安及鯤及炳并家

東莞縣志 卷九十九 十九

道光二十年（1840）三月二十日，东莞士绅黎鸿渐、梁达时、丁炳然、卢子彪等对掳劫一案详情陈述的呈文【陈伯陶：［民国］《东莞县志》卷九十九《沙田志一》，第 19 页】

丁船夫共十人誣爲焚刼强盜越解香山縣光幸憲船聞喊飭艇救起稟蒙驗明礮火透骨重傷移香提案不交安家人陳瑞等歷控列憲崇轅均批提究藐抗不解忖萬頃沙圍拆燬由官既與鄉收學校工金之紳士毫無干涉况鈞居順德安等船泊南沙此乃莞邑舊志所載老鄉距莞香交界之獨子岡五十餘里則人與地又與香山毫無干涉鈞等平空刼擄倒誣爲盜越境緝解固極譸張而香山縣以非所管轄狥情據案越俎代庖尤爲曖昧竊以重繕學宮爲一邑重大之典赴收題項實四人竭蹶之功乃礮傷生員擄誣紳士財物罄刼恣害久羈案牘曀霾全乖法紀衣冠塗炭大辱士林恠狀駭乎四鄰公憤深于五屬紳等同爲修學襄事豈容袖手旁觀理合聯叩仁階懇即據實通詳上憲請委賢員迅赴香山守提人卷歸案訊究以儆勢豪以彰風化闔邑沾恩切赴

道光二十年三月二十三日

（续上页）【同上】

東莞縣柏批　本案現奉臬憲轉奉制憲檄行在省審辦候將陳榮
光等呈控原卷與委員會勘萬頃沙卷宗喚齊應質人等一併批解
聽候歸案審辦
廣州府東莞縣知縣柏貴謹稟
大人閣下敬稟者案奉憲台檄行奉督憲批據香山縣具稟職員溫
承鈞等與獲解之陳龍安等互控大䲅沙萬頃沙圍寮被刧焚擄提
訊供情互異稟請提省審辦緣由檄飭立將此案卷宗及兩造應訊
人等迅速批解以憑委員確審究辦等因奉此卑職查本案先據卑
縣民何廣超等上控番禺縣蛋戶郭進祥等越境圈築有礙水道等
情奉前督憲批行藩司檄委候補知縣陳裕垂於本年二月十八日
會同卑職前詣勘明該水坦坐落卑縣屬南沙村之南離村一十五
里土名萬頃沙自東至西横亘數百丈約計六十餘頃正當省垣與
上游東西等江合流出海要區如遇各江潦水盛漲下流不能消暢

東莞縣志　卷九十九　二十

道光二十年（1840）三月二十八日，东莞县知柏贵对掳劫一案经过及事发后各方审核情形上禀广州府的呈文【陈伯陶：［民国］《东莞县志》卷九十九《沙田志一》，第20页】

東莞縣志　卷九十九

一時宣洩不及上游各處難免水患隨于該基圍田寮內扭獲楊志
中一名訊明該基圍係順德縣溫豫順堂即溫植亭批與南海民縣
鄧嘉善張炳華番禺縣民郭進祥香山縣民王居榮等分股圈築楊
志中係鄧嘉善雇在基圍帮理工築等情又于寮內搜出築圍章程
坦圖賬簿圖書信字等件當將楊志中交差帶案候提齊溫植亭鄧
嘉善等質訊查勘田寮在水中央匪類易于潛踪遂先將各田寮焚
燬並飭將查勘情形繪圖會稟各憲批示飭遵正在移提溫植亭等
訊究間旋據卑縣生員陳榮光稟稱伊隨同武進士陳龍安舉人何
鯤副貢方文炳往南沙村催收簽題明倫堂工金于十八晚黃昏時
候泊舟萬頃沙對面南沙村前等候潮水不料該沙內突出看沙快
艇二隻約匪四五十人掉近生船點放火礮生左臂受傷墮水時有
蛋船四五人救護亦被礮轟落水匪等當即過船擄捉陳龍安何鯤
方文炳及家丁一名船夫六名並搜搶船內衣物銀兩蜂擁而去生

（续上页）【同上】

幸農民何廣超聞喊援救得生乞驗究等情並據陳龍安家屬陳瑞等呈同前由當經提訊陳榮光與陳瑞等供與呈詞無異並驗明陳榮光左臂礮砂子傷痕飭令自行醫調一面會營緝拿去後隨准香山縣移稱順德縣職員溫承鈞呈稱伊與龍廷獻等買受治屬大鰂沙稅田分批與楊子中等搭寮耕種本年二月十八日被匪百餘人駕艇駛至各圍登岸進寮搜刼銀物擄捉工伴楊貴書等下艇駛逃追獲賊匪八人解究同日並據鄧瑞賢稟伊批耕大鰂沙廣豐圍于二月十八日被匪焚刼擄去工伴楊貴書陳亞禮二名各等情連解陳龍安何鯤方文炳等到縣現在提訊兩造各執一詞合移查覆等由卑職查溫承鈞據呈田寮被焚與卑職會同委員焚燬萬頃沙圍寮之月日相同其所稱擄捉工伴楊貴書陳亞禮二名雖卑職僅扭獲楊志中一名並無另有陳亞禮其人楊志忠與楊貴書雖名字互異而姓則相同其爲楊貴書即楊志中可知至溫承鈞所稱大鰂沙

東莞縣志　卷九十九　二十一

（续上页）【陈伯陶：［民国］《东莞县志》卷九十九《沙田志一》，第21页】

又與萬頃沙之坦名不同其鄧瑞賢所稱廣豐圍與在寮搜出賬薄圖書等件各有廣豐圍字樣相符其爲温承鈞因越境冒築有礙水道之圍基經官查辦帮理基工之楊志中又被拿獲其章程均經搜出日後拘案澈底根究無可狡賴遂見陳龍安等適在該基左近泊船候潮遂乘機擄捉以大鰂沙契據影射私築之沙坦赴香山縣控禀以爲訊究時飾卸地步并妄冀仍將該坦給與管業殊不思萬頃沙坦委係東莞縣所屬已經委員會同勘明確切地界難以移換且該基圍現在尚未圍築完竣查核在圍寮搜獲温豫順堂圈築基底章程塡明己亥年四月立字樣其爲並非久經陞科之大鰂沙老坦又不辨自明况該坦勘明有礙水道無論老坦新坦無論何縣所屬均應拆除當經備文移覆并移提温承鈞陳龍安等歸案查究廼香山縣仍以萬頃沙爲香山所屬係温承鈞承買稅坦不但不將温承鈞等移解並移催卑職覆勘移覆核辦嗣本月初三日又有劉李氏

（续上页）【同上】

呈稱伊子劉亞登向在王亞籍船雇工前月紳士陳龍安等雇王籍船往南沙村十八夜被溫承鈞糾衆刧擄陳龍安等連船夫一併擄去氏以男亦在擄內近接陳龍安信知男落水無踪乞即查究等情正在移香山縣解溫承鈞等訊究並將陳龍安等被擄各原由具稟間奉行前因除傳齊何廣超等及一干人等並將各卷宗另文批解外理合將本案始末情形並委員會勘坦圖稟候憲台察核再楊志中于本月十五日因患病取保醫調詎醫治不效于十七日因病身故當經驗明棺殮並移香山縣飭屬領埋各在案合並陳明肅此叩稟伏乞鈞鑒卑職謹稟按此稟臬憲

又同前事云云奉行前因除傳齊何廣超等並將各卷宗另文批解臬憲委員審辦外理合將本案始末情形具稟憲台察核並懇將委員陳裕垂會同卑職具稟查勘萬頃沙原稟俯賜批發下縣以便遵照辦理再卑職與委員會稟查勘該坦情形時陳榮光雖已將陳龍

東莞縣志　卷九十九　二十二

（续上页）【陈伯陶：［民国］《东莞县志》卷九十九《沙田志一》，第22页】

安等被擄緣由具禀到縣但未干涉何廣超控告郭進祥等越境圈築之案是以會禀內未經一併聲叙又楊志中於本月十五日因患病取保醫調詎醫治不效于十七日因病身死當經驗明棺殮並移香山縣飭屬領埋合併聲明除禀督撫藩臬糧府各憲外肅此禀叩

伏乞鈞鑒 卑職 謹禀

道光二十年三月二十八日通禀

特調東莞縣正堂加十級紀錄十次柏爲訂期移覆事現准貴縣關開奉藩臬二憲札開案奉撫憲札據香山縣具禀職員溫承鈞等與陳龍安互控大鰲沙萬頃沙圍寮被刼焚擄提訊供情互異禀請解省審辦緣由奉批仰即遴委幹員前往會同香山東莞二縣秉公查勘明確繪圖註說通禀察核仍候督部堂批示繳圖存奉此除飭委即用縣張繼鄒前往會勘外合札遵備札仰縣立即會同委員張令暨東莞縣秉公查勘兩沙地方究係如何區分何沙應歸何縣管轄繪

（续上页）【同上】

乃披閱全卷俱付闕如又二十五年領照輸耕二十九年開
涌分界其間互相爭執纏訟多年公牘呈詞不一而足僅存
二十九年署東莞縣崔署香山縣郭會詳一件其餘均無可
攷誠爲憾事茲就所存者編次之柏張兩邑侯陳何方陳四
先生及當時共事諸公排衆議忍恥辱破除私見爲一邑謀
樂利者已得其涯畧矣

署東莞縣崔敬修調署香山縣郭超凡爲會詳請給佃照耕輸事案
照東莞香山紳民互爭萬頃大鰂兩沙界址先於道光二十五年間
奉院憲奏明將該沙東北一帶撥給東莞紳士保佃歸屯四十頃由
前東莞縣詳請給照耕輸其餘各坦畆概歸香山原墾承佃均經前
香山縣分起勘詳給照承耕各在案嗣據香山縣佃戶李九齡等以
東莞不依原撥四至越界佔築等情控奉飭委候補府憲蔣督同東
莞香山二縣親詣該沙所開涌分界因莞紳方鎮清等仍以界址爭

广东省署东莞县崔敬修，调署香山县郭超凡请示曰：“案照东莞、香山绅民互争万顷大鲗两沙界址，先于道光二十五年间奉院宪奏明，将该沙东北一带拨给东莞绅士保佃归屯四十顷，由前东莞县详情给照耕输。其余各坦亩概归香山原垦承佃。”这说明东莞明伦堂已于1845年取得万顷沙沙田四十顷。【陈伯陶：［民国］《东莞县志》卷九十九《沙田志一》，第23页】

執致未勘分定斷復經卑職等勘訊明確香人已願退出該沙東北一帶歸莞承佃莞人亦願給還工本銀三千兩並認繳屯租即以楊子中等沙居中直下爲界卑職等因思本案事涉兩縣連年拖欠屯租皆以界址未清爲詞今既情愿此退彼承亟宜開涌分界庶可永斷葛藤屯租亦不致再滋藉口即經勒差傳齊各紳佃等赴沙開涌茲於四月初十日據差役傳集職員馮逢亨溫承保等舉人何鯤錢時新生員王書劉大觀蘇鴻逵等併弓算書匠坦鄰人等前來卑職等隨即會同帶赴沙所督率人夫眼同開涌分界即在楊子中圍脚官築屯田內東香分界田壆之下破中分界直至沙尾挑挖界河一道共長一千二百丈闊一十丈深五尺所有挨涌東北一帶之香佃陳德如等原承草水坦稅一十五頃梁立登等水白坦一十五頃李九齡白坦稅陸頃二十五畝梁裕豐白坦稅七頃九十一畝六分六鼇陳得田水白坦一十頃何醇醴等水白坦稅一十頃李鉞等水白

東莞縣志 卷九十九 二十四

道光二十九年（1849）四月，崔敬修、郭超凡亲赴万顷沙，再次勘明地界，开涌分界。两县在万顷沙中间开挖界河一道，直至沙尾。界河东北归东莞县管理，界河西南归香山县管理。界河东北一带原来由香山佃户承佃的九十五顷沙坦由东莞士绅何鲲等人承耕，东莞士绅赔偿工本银三千两给香山县佃户，并追缴自道光二十年（1840）以来的屯租。自此，东莞与珠江出海口相邻几个县之间的新界址得以确定。【陈伯陶：［民国］《东莞县志》卷九十九《沙田志一·公牍一》，第 24 页】

坦稅一十頃胡昌成等水白坦稅一十二頃胡宏業等水坦稅四頃
及界涌西南之香佃何智原承草坦稅五頃二十五畝因莞人業已
圍築成圍未便拆毀通共稅九十五頃四十一畝六分六釐統歸莞
人承佃按照各原案稅額由莞佃依期完納追出香山佃戶陳德如
等原領佃照繳銷其餘挨涌西南一帶各屯坦飭令香山各佃戶周
立文何禮信梁倘鵰胡五桂吳喆吳秉坤吳永繼王貴榮朱建利等
各照原案坵段四至照舊耕輪勘畢繪圖附卷隨據東莞紳士何鯤
劉大觀蘇鴻逵等保舉佃戶史志勤史兆豐史傳信史倘文同供小
的們俱係東莞縣屬殷實農民現在紳士何鯤等保保舉小的們接
承香山縣佃戶陳德如等原屯土名大鰂沙現改爲萬頃沙草坦一
十五頃又梁立登水白坦稅一十五頃李九齡白坦稅六頃二十五
畝梁裕豐白坦稅七頃九十一畝六分六釐陳得田水白坦稅一十
頃何醇醴等水白坦稅一十頃李鉞水坦稅一十頃胡昌成水坦稅

道光二十九年（1849）四月，东莞、香山两县在万顷沙中间开挖界河后，原来由香山佃户承佃的九十五顷四十一亩六分六厘沙坦统归东莞人承佃。【陈伯陶：［民国］《东莞县志》卷九十九《沙田志一·公牍一》，第24页】

为了纪念首先发起联名请领沙坦，并一直竭力组织争取沙田乃至亲赴万顷沙勘沙而遭掳打的陈龙安、方文炳、何鲲和陈荣光四人，东莞明伦堂在万顷沙自卫局旁设立了“四先生祠”（也称“四君子祠”），祠内还立有知县柏贵的长生禄位。清同治年间，还在东莞县城东正街“袁督师祠”旁建有“报功祠”，以祭祀“四君子”。与此同时，东莞明伦堂还为在“绑架事件”中被打死的农民设立“忠义祠”，发放银两慰问家属。此外，每年还从东莞明伦堂开支中列支银子或谷物，用于“四君子”酬劳和祭祀，一直延续到 1949 年。

1946 年，在东莞中学内，原址重建报功祠。“报功祠”三字为爱国将领蒋光鼐所题，“遗迹永留沙万顷，前徽崇祀庙千秋”为清末探花陈伯陶所书。报功祠现为容庚先生纪念馆。

報功費支出明細表

民國三十五年度

費別	摘要	穀額
四先生酬勞費	陳百木先生卅四年份酬勞費尾數	斤 2,130.00
,,	方瑚洲先生卅四年份酬勞費尾數	1,424.00
,,	陳雲亭先生卅五年份酬勞費	5,000.00
,,	何耘劬先生卅五年份酬勞費	5,000.00
,,	方瑚洲先生卅五年份酬勞費	5,001.00
,,	陳百木先生卅五年份酬勞費	5 000.00
魚埠酬勞	庚登榮三十四年份魚埠酬勞	263.00
,,	庚玉兆三十四年份魚埠酬勞	148.00
,,	泗和堂三十四年份魚埠酬勞	190 00
,,	王錳和三十四年份魚埠酬勞	692.00
,,	王光漢三十四年份魚埠酬勞	174.00
,,	三份裝三十四年份魚埠酬勞	132.00
酬勞銀谷	蘇鴻逵三十五年份酬勞銀谷	214.00
,,	陳禮富三十五年份酬勞銀谷	1,000.00
,,	方儀輝三十五年份酬勞銀谷	923.00
,,	朱光裕三十五年份酬勞銀谷	1,200.00
報功祭祀費	何左丞公祠卅五年份祭祀費	600.00
合計		29,091.00

東莞明倫堂董事會徵信錄　三九

1946年，东莞明伦堂支出的“四先生”酬劳费和祭祀费【《东莞明伦堂民国三十五年征信录》】

二、拓殖万顷沙沙田

東莞縣志　卷九十九

縣張前往會勘二十五年奉院憲奏明該沙東北歸莞承佃屯坦四
十頃官築屯田十頃後復互爭界址纏訟不休二十九年邑侯崔會
同香山縣郭勘訊明確開涌定界復劃撥香屯草水白坦九十五頃
零此吾邑承有沙田之始是爲第一時期咸豐九年至光緒十三年
買受王丁恆等補升稅四十一頃零接佃潘敬義等屯坦三十八頃
繳價承升李九齡等屯稅三十九頃零報承廣同豐等圍熟坦七十
九頃零報承仁安等圍草坦暨草坦側水白坦四十三頃零此二十
九年中雖少有風波無傷大局在事諸公如何公梅士等悉心籌畫
得寸得尺竟擴充至二百四十一頃零是爲第二時期光緒十四年
屯變案起大憲嚴令急如星火札委相繼於道萬頃沙應變屯坦一
百三十餘頃然欵鉅期促非咄嗟可辦遂有將田充公之舉僅將已
繳之欵給回田五十三頃零餘八十頃餘撥充廣雅經費又招承沙
尾草水白坦三百餘頃而廣雅之田復紛紛爭佃鄧公礪侯等大力

陈伯陶《东莞县志》卷九十九《沙田志一》记载：“咸丰九年至光绪十三年，买受王丁恒等补升税四十一顷零，接佃潘敬义等屯坦三十八顷，缴价承升李九龄等屯税三十九顷零，报承广同丰等围熟坦七十九顷零，报承仁安等围草坦暨草坦侧水白坦四十三顷零。此二十九年中，虽少有风波，无伤大局，在事诸公如何公梅士等悉心筹画，得寸得尺，竟扩充至二百四十一顷零，是为第二时期。”

【陈伯陶：［民国］《东莞县志》卷九十九《沙田志一》，第 1 页】

三、“沙田公产拨充广雅书院”事件

得寸得尺竟擴充至二百四十一頃零是爲第二時期光緒十四年
屯變案起大憲嚴令急如星火札委相繼於道萬頃沙應變屯坦一
百三十餘頃然欵鉅期促非咄嗟可辦遂有將田充公之舉僅將已
繳之欵給回田五十三頃零餘八十頃餘撥充廣雅經費又招承沙
尾草水白坦三百餘頃而廣雅之田復紛紛爭佃鄧公礪侯等大力
斡旋不惜以一已之功名相狥卒使田歸莞佃三百餘頃之草水白
坦亦歸邑承是爲第三時期光緒二十九年春局紳以負累日增乃
定攤還之法三十年岑督召變廣雅官田時局款未紓祇別買回官
築屯田九頃九十畝逮宣統三年張督陳藩復行召變計需款二十

据陈伯陶《东莞县志》卷九十九《沙田志一》记载：“光绪十四年，屯变案起，大宪严令，急如星火，札委相继于道，万顷沙应变屯坦一百三十余顷，然款钜期促，非咄嗟可办，遂有将田充公之举，仅将已缴之款给回田五十三顷零，余八十顷余拨充广雅经费，又招承沙尾草水白坦三百余顷。而广雅之田复纷纷争佃，邓公砺侯等大力斡旋，不惜以一已之功名相狗，卒使田归莞佃。三百余顷之草水白坦亦归邑承，是为第三时期。”【陈伯陶：[民国]《东莞县志》卷九十九《沙田志一》，第1-2页】

十一月戊申（初六日）（1889．11．28）

谕内阁。张之洞奏，劣绅欠缴屯田变价，把持违抗，据实奏参一折。广东东莞县万顷沙围田一百三十余顷。该处绅士承领三十余年，应缴屯价等项银两甚钜，迭经严催，迄未完缴。经张之洞确切查办，准将所缴银两抵扣外，仅令收回未缴价之八十余顷，拨作广雅书院常产。该绅等仍复抗不遵交，实属把持违抗，渔利妄为，自应从严惩处，以儆豪强。候选直隶州知州黎家崧、户部郎中何庆修，教谕郭庚吉、职员钱万选，均着一并革职，永不叙用。礼部主事邓佐槐着暂行革职，俟查办完竣后，察看有无阻挠情事，再行奏明请旨。

228

据史料记载，清光绪十二年（1886），清政府制定了《清查沿海沙田升科给照拟订章程》，时任两广总督张之洞据此清丈广东各地沙田。光绪十四年（1888），发现东莞明伦堂所属沙田一百三十余顷为新生溢田，应交纳屯价花息二十余万两，但东莞明伦堂只分批缴银三万余两。为此，光绪十五年（1889）十一月张之洞上奏："劣绅欠缴屯田变价，把持违抗，据实奏参一折。广东东莞县万顷沙围田一百三十余倾。该处绅士承领三十余年，应缴屯价等项银两甚钜，迭经严催，迄未完缴。经张之洞确切查办，准将所缴银两抵扣外，仅令收回未缴价之八十余顷，拨作广雅书院常产。该绅等仍复抗不遵交，实属把持违抗，渔利妄为，自应从严惩处，以儆豪强。候选直隶州知州黎家崧、户部郎中何庆修，教谕郭庚吉、职员钱万选，均着一并革职，永不叙用。礼部主事邓佐槐着暂行革职，俟查办完竣后，察看有无阻挠情事，再行奏明请旨。"【《清实录广东史料六》，第228页】

十五年十一月張之洞奏本年夏間迭據沙田局禀稱東莞明倫堂紳局承種之萬頃沙田圍中共計三百餘頃內有田一百三十餘頃乃係官屯變價該紳等承領三十餘年應繳屯價花息二十餘萬兩僅繳過銀三萬兩其餘所欠甚鉅延不繳完禀請嚴催當經臣飭催速繳該紳等置若罔聞其意視官之催追爲具文以已之延欠爲本分臣因該紳等所欠官項計銀十四萬兩有餘尚有承領博學館生息銀八萬兩又有承佃官田歷年積欠督糧道屯利銀一萬九千餘兩合計共銀二十六萬餘兩一時斷未能繳完徒事追呼難期清繳明倫堂紳局又向爲人所畏忌其田恐無他人敢承查有省城廣雅書院尚有臣籌捐發商生息銀十餘萬兩當經批令該紳等將田一百三十餘頃繳出歸入廣雅書院其所欠之銀十四萬有零即由廣雅書院代還此項屯田變價本係官田該紳等承領三十餘年收租已屬不少乃至今並未繳價即論民間買賣田業多年總無交價豈能將田土據爲己物亦只有由田主取回另售他主此時由官收回官田免其繳價由廣雅書院代還既非將其私置田產罰以充公又非勸令捐助辦理可謂和平該紳等初以爲延欠官租屯價官必無可如何閒臣決意澈辦乃與分局委員相商倒塡年月分批繳銀四萬兩以爲藉口之計至其餘之十萬餘兩及所欠屯利仍無影響此該紳等延欠租項舞弊朦混之實在情形也臣伏查沙田清丈給照升科係奉 諭旨飭辦屢准戶部咨催斷不容稍有延欠至此項屯田本係官物尤非沙田民業可比當經臣飭委奏調廣西知府石承霖前往會同署東莞縣知縣張璿切實開導乃該紳視地方官

“光绪十五年十一月，张之洞奏，本年夏间，迭据沙田局禀称，东莞明伦堂绅局承种之万顷沙田围中共计三百余顷内有田一百三十余顷乃系官屯变价。该绅等承领三十余年，应缴屯价花息二十余万两，仅缴过银三万两，其余所欠甚钜，延不缴完。禀请严摧。当经臣饬催速缴，该绅等置若罔闻……因该绅等所欠官项计银十四万两有余，尚有承领博学馆生息银八万两，又有承佃官田历年积欠督粮道屯利银一万九千余两，合计共银二十六万余两，一时断未能缴完……查有省城广雅尚有臣筹捐发商生息银十余万两，当经批令该绅等将田一百三十余顷缴出归入广雅书院，其所欠之银十四万有零，即由广雅书院代还。”【陈伯陶：［民国］《东莞县志》卷三十六《前事略八》，第 4–5 页】

銜調署東莞縣正堂張爲諭飭遵照事光緒十五年八月初三日奉
廣東沙田總局憲札開案奉兩廣總督部堂張批據該縣會同分局
委員具禀遵札勒限卑東莞縣明倫堂各紳將尙應繳萬頃沙屯變
價値溢坦花息銀十四萬餘兩於六月內繳清僅據請領文批擬先
批解洋銀四萬兩現尙未奉批迴不知有無延誤且現已逾限未據
禀報續繳可否量予展限籌繳抑照例將田歸官另召承領之處禀
乞批示祇遵等由奉批此次查辦沙田發給部照案經奏明辦理係
爲清賦便民所不便者惟豪强輩之自私自利耳此項明倫堂溢坦
該紳等久踞無稅之田不思趕緊繳息領照以爲衆倡乃敢藐玩功
令一味抗延使民等藉詞觀望以致辦理不能踴躍其爲暗中軟抗
阻撓大局顯然易見在該紳之敢於出此者不過以田係明倫堂出
名倚恃公產可不致查封召變耳查東莞明倫堂田產不過係該縣
紳士公局幷非全屬有關學校之用多係紳宦土豪依附託名寄挂

東莞縣志　卷一百　八

光绪十五年（1889）八月，广东沙田总局按照两广总督张之洞的批示饬令东莞明伦堂士绅六月内缴清万顷沙屯变价溢坦花息银的函【陈伯陶：［民国］《东莞县志》卷一百《沙田志二》，第 8 页】

雅書院照章繳價承領先將頃畝圖名開列報查該紳等現繳花息
四萬兩雖在二限期內惟非全完其田難以劃分是否堪以按照所
繳花息將田分拆給領抑應將銀發還其田全數充公以免牽絆俟
縣局會稟到日由該局妥議辦理具報仍候撫部院衙門批示繳等
因奉此並據該縣委具稟到局除札該縣分局會同該縣遵照辦理
合札嚴飭札到該縣即便遵照奉行事理刻即查明該明倫堂積欠
花息繳價各項屯田溢坦一律查封照例充公不准稍有徇隱致干
嚴參此田即歸入廣雅書院照章繳價承領先將頃畝圖名開列報
查該紳等現繳花息四萬兩雖在二限期內惟並非全完其田難以
劃分是否堪以按照所繳花息將田分拆給領抑應將銀發還其田
全數充公以免牽絆迅速分別查明該明倫堂歷次共繳過銀兩若
干分晰列單稟覆本總局以憑妥議詳覆毋稍違延等因到縣奉此
本委員並奉札委前因查明倫堂所繳花息逾限奉飭充公自應遵

東莞縣志 卷一百 九

照辦理合就諭飭諭就該局紳即便遵照立將明倫堂積欠花息繳
價各項屯田溢坦頃畝圖名及承佃人住址姓名逐一開列切勿稍
有隱匿並飭令該佃戶將批約繳驗以憑換給照單承耕輸租所有
原批年限及繳租數目照明倫堂紳原議辦理所繳花息四萬兩並
非全完其田難以劃分是否堪以按照所繳花息將田分拆給領抑
應將銀發還其田全數充公以免牽絆均即刻日詳細開列稟覆以
憑核辦切勿有遲切切特諭

光緒十五年八月初四日諭（按邑志名瑞甘肅古浪人監生）

具呈明倫堂沙局紳董舉人王清華內閣中書袁同熙教諭郭庚吉
舉人黃鑑瑩徐庚英鄧禮賢大挑知縣黎際春陳景梁內閣中書黎
鳳儀鍾煥文

呈爲遵諭籌繳瀝訴下情懇恩轉詳寬免充撥以順輿情而維全局
事竊紳等現奉鈞諭轉奉沙田總局憲札奉督憲批據縣委會稟緣

光绪十五年（1889）八月十三日，东莞明伦堂沙局绅董王清华、中阁中书教谕袁同熙、郭庚吉等士绅就万顷沙沙田欠税的辩诉及恳请不将沙田充公的呈函【陈伯陶：［民国］《东莞县志》卷一百《沙田志二》，第9页】

由仰卽會同查明該明倫堂積欠花息繳價各項屯田溢坦一律查封照例充公此田卽歸入廣雅書院照章繳價承領先將頃畝圖名開列報査該紳等現繳花息四萬兩雖在二限期內惟幷非全完其田難以劃分是否堪以按照所繳花息將田分拆給領抑應將銀發還其田全數充公以免牽絆由局妥議辦理諭飭遵照立將頃畝圖名及承佃人住址姓名逐一開列並飭佃戶將批約繳驗以憑按照承耕輸租刻日稟覆等因奉此捧誦之下闔邑慄惶伏查東莞邑學明倫堂爲全屬士林仰藉之地萬頃沙屯田坦畝爲明倫堂經管之業所有原承官屯民屯及接承香佃等項均係報承認領奉發執照按畝輸租並非無稅之田當道光年間承領之時均係水白坦畝至同治年間始得陸續圍築又經大憲委員勘明分界立案通詳並無霸耕之事且圍築工本既繁且鉅邑學向無公產皆稱貸而來是以召佃批耕必須寬予限期減免租息所企獲沾微利彌補欠款將來

（续上页）【陈伯陶：［民国］《东莞县志》卷一百《沙田志二》，第 10 页】

稍有盈餘可爲一邑經久之計並非自私自利依託附名况明倫堂
沙務各紳係由通邑五屬公舉與公局諸紳絕無干涉其平日鄉望
未孚品行不端者不令與聞其事紳等即有私業亦無抵近屯田尙
不致有豪强兼併之弊查明倫堂歲支款項所有邑中書院廣額膏
火文武歲科考生童卷資册金鄉會試卷資京官旅費文武會試公
車等項皆出於此雖非敢謂嘉惠士林然實有關全屬學校之用至
於捐辦紅單戰船增廣學額募勇復城防夷護省一切公舉有關大
局者無不竭力報効紳等食毛踐土斷不敢有違禁令自便私圖也
現奉飭繳屯變銀兩准予換給部照仰見大憲恩周薄海德及士民
無論如何籌維自必輸將踴躍當於上年十二月內籌繳銀三萬二
千兩本年五月奉諭勒限一個月內清完又於六月二十三日遵繳
銀四萬兩均蒙收存嗣於七月初十日遵繳銀五萬兩奉局傳諭因
已逾限原銀發還紳等萬分祇懼祇以數目過鉅籌措維艱一時未
能湊足非敢藐玩功令任意抗延茲奉查封充公益覺悚惶無地惟
下情莫達積累難償迫得披瀝上陳合詞呼籲翹叩仁恩俯念此項
沙田並非違禁應繳欵項并非抗延准將前繳五萬兩及未繳五萬
兩准期九月掃數清完恩免充公則闔邑士民同感鴻施永垂不朽
切赴
光緒十五年八月十三日禀

（续上页）【陈伯陶：［民国］《东莞县志》卷一百《沙田志二》，第10-11页】

按是年八月二十一日召集全邑開大會議生員蕭溥領銜聯同一百三十人以恩周作育情切向隅聯乞賞收屯價恩免充公以恤寒微而安學校等詞在廣府憲呈遞無効

兵部尚書兩廣總督部堂張爲嚴札飭遵事照得東莞縣明倫堂公局欠繳沙田屯變花息任意抗延爲數既多爲日又久前經本部堂批飭該縣及沙田分局將田劃出撥歸廣雅書院所有應繳變價花

東莞縣志 卷一百 十二

息即由廣雅書院撥還毋庸該局再繳辦理本極平允并飭委石守承霖前往督同縣局妥速辦理在案現據沙田局呈繳該守等迭次來函始則云明倫堂紳士赴省逗留不回繼則云經手紳士鄧佐槐何慶修黎家崧均來省具稟該紳等主使各佃戶躲匿不出并繳到寶安公所致該守等信函云此項屯田由道光年間保佃承築費工本數十萬等語嗣又據繳到該縣士民標貼長紅云合縣義舉仰給於斯各等語閱之殊堪詫異此項屯變論其始原是官田即有溢坦乃自官田溢出亦是官田該紳等既保佃承領自應繳息清楚方可作爲該縣明倫堂公局之田乃積欠多年并不照限遵繳則此時之撥廣雅書院在官只可謂之收回并不得謂之充公譬如民間買賣雖立合同并未付價即可云此貨係已之物乎該紳等佔據官田數十年來收租不下數十萬均應照數追繳乃猶欲霸踞官田不肯交出固謬橫之已極亦情理之全無且該縣公局之田共有三百餘頃

光绪十五年（1889）八月二十六日，兵部尚书两广总督张之洞斥责东莞士绅拖延抗缴沙田租税并请提押东莞士绅邓佐槐、何庆修、黎家崧等至广州府的特札【陈伯陶：［民国］《东莞县志》卷一百《沙田志二》，第 12 页】

本部堂準情酌理只按照畝價將欠繳花息之一百二十餘頃擬歸廣雅書院其餘二百餘頃仍留作該縣公產其待該縣公局紳民亦可謂之至平至厚矣該紳民等乃云絕我生機有是理乎至該紳等所稱費本數十萬一語尤爲荒謬絕倫承領官田既未繳息竟視爲已物修基築圍意欲爲子孫萬世之計揆之情理可乎不可能乎不能且該紳等均係批給與人其築圍工本亦均是承佃之人所出陸續扣租豈是該紳等所出如該紳等有此鉅款理應先繳田息方可築圍此等承佃扣租辦法通省皆知乃欲以此欺矇本部堂藉爲聳聽可謂愚妄之至者矣本部堂明知該邑士民所標長紅即係該紳等所貼不過借此爲詞縣中如責成經理則云衆怒所在不敢經管藉以爲推延地步且該處明倫堂公局不過託名學校向爲利藪各該紳管理事務把持侵蝕本部堂久有所聞特以無人告發不肯遂爲已甚該紳等必欲本部堂一一盡發其覆恐身家將不可保況屯

東莞縣志 卷一百 十三

（续上页）【陈伯陶：［民国］《东莞县志》卷一百《沙田志二》，第 13 页】

變本是官田既不繳價由官收回另撥與人于理固屬極順爲培植兩省士子之衆收回該縣一邑官田三分之一于情亦無不合斟酌盡善决定如此辦理斷不爲浮議妄談所搖奪該紳等敢于從中播弄則前年奏参之王葆眞即其前車之鑒恐猶不止於此該縣張令因循疲玩任令該紳士推延一籌莫展可謂無能之極大負本部堂調署委任之意合就嚴札飭遵札到該縣即便查明將藐法漁利覇佔官屯之鄧佐槐何慶修黎家崧三紳先行詳請奏參提省發交廣州府押追繳出批佃以外尚有何劣紳在內把持煽惑一併查明限三日內稟覆以憑辦理本部堂具簡濡筆以待毋庸稍延同干未便至該縣張令如再不知振作定行一併撤參决不寬貸凜之特札

光緒十五年八月二十六日（按張督名之洞直隸南皮人）

按此札語多强辭奪理當時邑紳亦逐條申辨如原札內開

該紳等既保佃承領自應繳息清楚方可作爲明倫堂公局

（续上页）【同上】

四、买回官府拨给广雅书院的沙田

幹旋不惜以一已之功名相殉卒使田歸莞佃三百餘頃之草水白坦亦歸邑承是爲第三時期光緒二十九年春局紳以負累日增乃定攤還之法三十年岑督召變廣雅官田時局款未紓祇別買回官築屯田九頃九十畝逮宣統三年張督陳藩復行召變計需款二十餘萬會攤還已畢陳公子礪等乃以揭約四年歸還法向邑紳富分借集有的款九月中旬繳銀拾萬兩零買回三十頃零餘俟續行借繳以事變而止然原案具在因之接續買回所謂失之東隅收之桑榆者也是爲第四時期總上四時期現已過去入款愈鉅用途亦愈寬然前哲所留貽萬頃汪洋日積日廣不乏可築之坦開源節流是所望於主持局務者茲將歷年公牘及稅畝圖名照契田圖編爲四卷其有未備者則加按語以說明之而先揭其大略於此邑人黃瀚華謹序

公牘一

東莞縣志　卷九十九　二

光绪三十年（1904），两广总督岑春煊召变广雅官田，当时东莞明伦堂因款项无着，只买回官筑屯田九顷九十亩。宣统三年（1911），两广总督张鸣岐再行召变，东莞士绅陈伯陶等交银十万两，买回三十顷。民国三年（1914），再由士绅尹庆举、叶觉迈缴价承回五十顷。至此，拨归广雅书院的沙田才全部重归东莞明伦堂。【陈伯陶：［民国］《东莞县志》卷九十九《沙田志一·公牍一》，第 2 页】

五、化解“割县置厅”危机

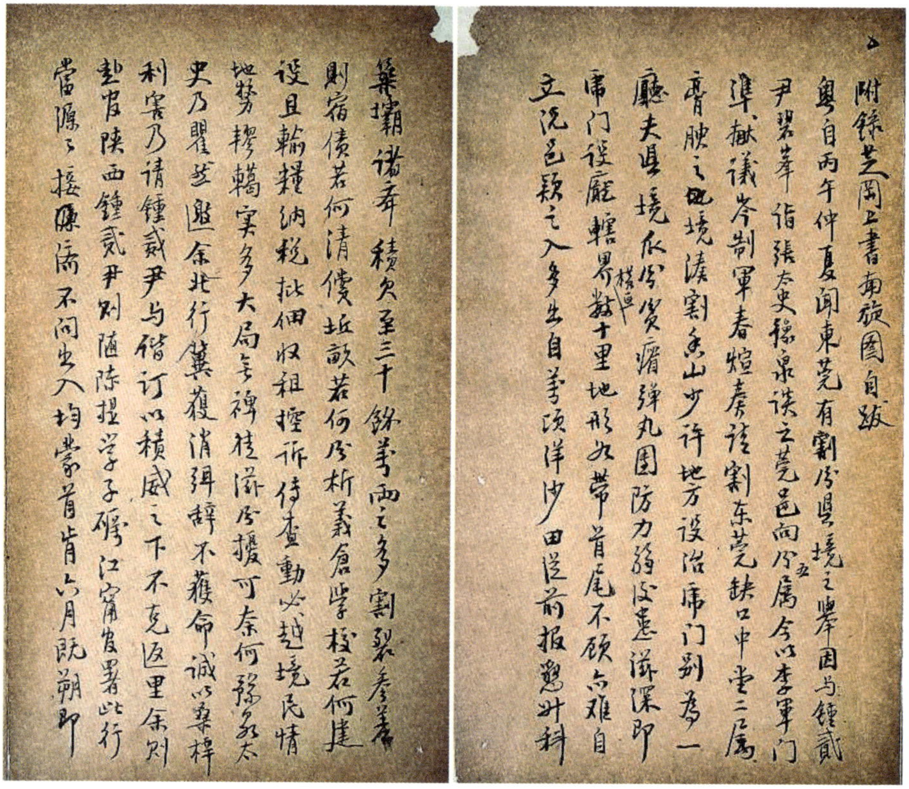
附録芝岡上書南旋圖自跋
粵自丙午仲夏聞東莞有割分县境之舉因与鍾貳
尹碧峯偕張太史鏡泉談之莞邑向分五属今以李軍门
準獻議岑制軍春煊奏請割东莞缺口中堂二属
膏腴之地境湊割香山少許地方設治虎门別为一
廳夫县境瓜分貧瘠弹丸团防力弱後患滋深即
虎门设廳轄界橫亘數十里地形如帶首尾不顾亦难自
立況邑款之入多出自萬顷洋沙田從前報墾升科
築壩諸舉積欠至三十餘萬兩之多割裂参差
則宿债若何清償坵畝若何分析義倉學校若何建
設且輸糧納税批佃收租控訴传查動必越境民情
地势轇轕实多大局無裨徒滋分擾太
史乃瞿然邀余北行冀獲消弭辭不獲命诚以桑梓
利害乃请鍾貳尹与偕订以積威之下不克返里余则
赴省陕西鍾貳尹則随陈提学子礪江甯省署此行
當源源接濟不問出入均常首肯六月既朔即

东莞士绅陈景梁《芝冈上书南旋图自跋》[①] 一文中对“割县置厅”有详细记述：“粤自丙午仲夏，闻东莞有割分县境之举……莞邑向分五属，今以李军门准献议岑制军春煊奏请割东莞缺口、中堂二属膏腴之境，凑割香山少许地方，设治虎门，别为一厅。夫县境瓜分，贫瘠弹丸，团防力弱，后患滋深。即虎门设厅，辖界横亘数十里，地形如带，首尾不顾，亦难自立。况邑款之入，多出自万顷洋沙田，从前报垦、升科、筑坝诸举，积欠至三十余万两之多。割裂参差，则宿债若何清偿？丘亩若何分析？义仓、学校若何建设？且输粮纳税，批佃收租，控诉传查，动必越境，民情地势，轇轕实多，大局无裨，徒滋分扰。”

① “芝冈”为陈景梁之字。此图片由东莞文史专家杨宝霖老师提供。

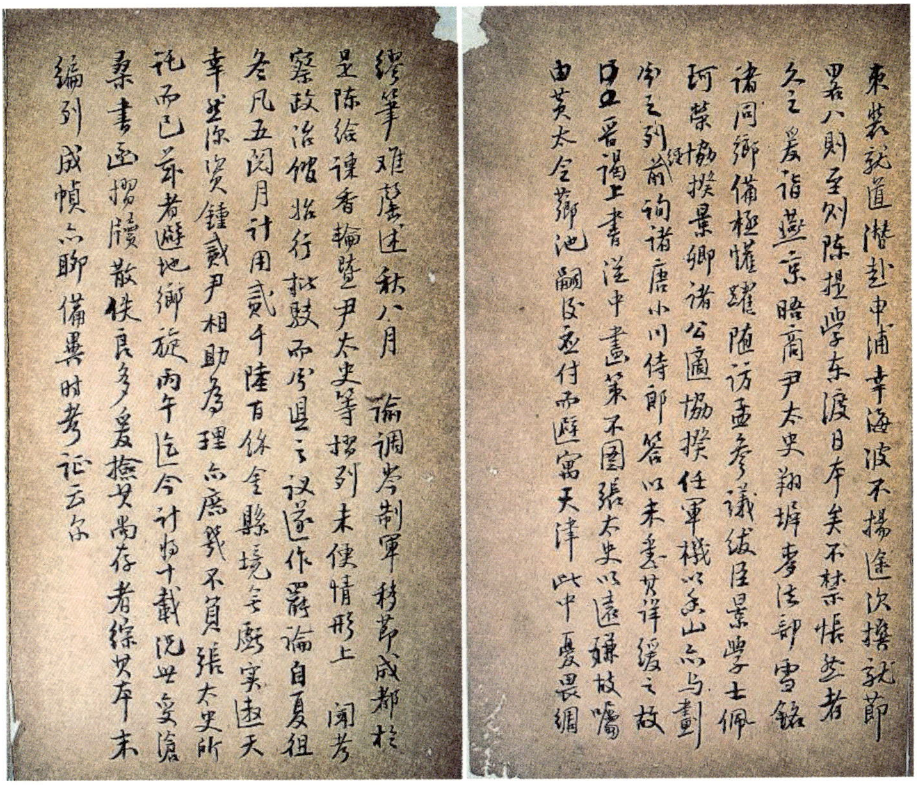

東裝就道潛赴申浦幸海波不揚途次擬就節
略八則至則陳提學東渡日本矣不禁悵然者
久之爰偕邀京曹商尹太史翔墀麥侍郎雪銘
諸同鄉備極懽躍隨訪孟參議紱臣景學士佩
珂榮協揆景卿諸公適協揆任軍機以本山亦與劃
策之列經前詢諸唐小川侍郎答以未悉其詳緩之故
日且晉謁上書從中畫策不圖張太史以遠嫌故囑
由吳太令鄉池嗣後函付而避寓天津此中變畏調

繆筆難罄述秋八月　諭調岑制軍移節成都於
是陳給諫香輪暨尹太史等據列未便情形上　聞岑
督政治館據行撥款而吾邑之議遂作罷論自夏徂
冬凡五閱月計用貳千陸百餘金縣境無虞實邀天
幸然除資鍾貳尹相助為理亦庶幾不負張太史所
託而已茲者避地鄉旋兩年迄今計將十載況世變滄
桑書函摺牘散佚良多爰檢其尚存者綜其本末
編列成帙亦聊備異時考證云爾

（续上页）

頃沙圍隄多潰 采訪冊

初三日 諭鴉片煙流毒中國著定限十年以內將洋土藥之害一律革除淨盡 東華續錄

十月二十三日考察政治館覆兩廣總督岑春煊奏改併廣東水師陸路兩提督爲水陸提督改虎門屯防同知爲捕盜同知分轄東莞香山兩縣捕務仍兼管屯防事宜 光緒新法令

先是七月二十五日邑編修尹慶舉等呈都察院代奏云呈爲割縣設廳諸多窒礙迅懇罷議免割以固形勢而順輿情恭摺聯呈代奏事前閱邸鈔得悉兩廣督臣岑春煊奏請將虎門屯防同知改爲撫民同知幷將東莞縣西北屬境及香山縣北境劃歸管轄等語原爲體察情形整頓地方起見倘於地勢民情實無防礙 職等何敢妄瀆惟中有不便者數端謹逐欵陳之查東莞縣屬迭經宋明分割幅幀已狹今再割十里膏腴所剩無非瘠土貧弱不能

光绪三十二年（1906）七月二十五日，翰林院编修尹庆举具本呈都察院代奏慈禧及光绪：“两广督臣岑春煊奏请将虎门屯防同知改为抚民同知，并将东莞县西北属境及香山县北境划归管辖。”【陈伯陶：［民国］《东莞县志》卷三十六《前事略八》，第 9 页】

自立其不便者一也惠州居縣上游素多伏莽一遇有警順流而
下東莞先受其衝實爲省城屏蔽前數年白芒花三多祝淡水迭
遭大亂均賴合邑民團甫能抵禦若剖割縣地勢分力薄藩籬莫
固後患滋深其不便者二也東莞中小學堂數十所常年經費甚
巨皆由合邑籌捐今縣境既分學費固屬難籌學生亦必各歸本
籍紛紛解散於學界進化大有阻礙其不便者三也莞屬石龍爲
惠潮嘉三府商賈總匯貨財雲集久爲匪黨垂涎若將縣境割分
恐兵單團弱萬一上游會匪乘機竊發暗與土匪勾通石龍必遭
蹂躪現在商民惴惴裹足不前商務大爲減色其不便者四也東
莞城附近皆弱小之村有事本不足衛咸豐甲寅之亂縣城失守
全賴虎門一帶大鄉督率練團收復今將各大鄉割歸廳屬勢必
彼疆此界秦越相視一旦莞屬有警則附城之鄉團防禦無力縣
境在在可危其不便者五也他如巡警工藝義倉皆合全邑經營

東莞縣志　卷三十六　十

尹庆举还列举了东莞割县置厅不利的理由：“东莞县属，迭经宋、明分割，幅员已狭，今再割十里膏腴，所剩无非瘠土，贫弱不能自立，其不便者一也。惠州居县上游，素多伏莽，一遇有警，顺流而下，东莞先受其冲，实为省城屏蔽，前数年白芒花、三多祝、淡水，屡遭大乱，均赖合邑民团，甫能抵御。若剖割县地，势分力薄，藩篱莫固，后患滋深，其不便者二也。东莞中小学堂数十所，常年经费甚巨，皆由合邑筹捐。今县境既分，学费固属难筹，学生亦必各归本籍，纷纷解散，于学界进化，大有阻碍，其不便者三也。莞属石龙、为惠、潮、嘉三府商贾总汇，货财云集，久为匪党垂涎，若将县境割分，恐兵单团弱，万一上游会匪乘机窃发，暗与土匪勾通，石龙必遭蹂躏，现在商民，惴惴裹足不前，商务大为减色，其不便者四也。东莞城附近，皆弱小之村，有事本不足卫。咸丰甲寅之乱，县城失守，全赖虎门一带大乡督率练团收复，今将各大乡割归厅属，势必彼疆此界，秦越相视，一旦莞属有警，则附城之乡团防御无力，县境在在可危，其不便者五也。他如巡警、工艺，义仓皆全邑经营，始有进步，倘或强分疆域，则团体溃散，要务孰与图成？况各乡各堡向皆筹有公产，为地方自治之用，一经分拆，将有同此乡堡或属县辖，或属厅辖，公产必议瓜分。东莞民风素悍，将来因此小利，往往械斗竞争，酿成大变，恐甲寅之祸，将见于今，此亦深为可虑也。”【陈伯陶：［民国］《东莞县志》卷三十六《前事略八》，第 10 页】

始漸有進步倘或强分疆域則團體潰散要務孰與圖成況各鄉各堡向皆籌有公產爲地方自治之用一經分析將有同此鄉堡或屬縣轄或屬廳轄公產必議瓜分東莞民風素悍將來因此小利往往械鬬競爭釀成大變恐甲寅之禍將見于今此亦深爲可慮也伏查督臣前奏割新寍設廣海縣已經政務處覆奏請無庸議奏
旨依議欽此欽仰莫名今東莞分割其窒礙較新寍更甚連日在籍紳商函電交馳均稱人心震動懇援新寍罷割之例俾得合邑相安職等不揣冒昧謹將割縣設廳窒礙情形披瀝上陳伏乞代奏
皇太后
皇上聖鑒謹呈二十八日奏
旨着政務處議奏欽此至是考察政治館附片云再准都察院代奏尹慶舉等呈稱割縣設廳諸多窒礙查虎門屯防同知現擬改爲捕盜同知無庸將東莞香山等縣屬劃歸管轄奉
旨知道了割縣設廳事出於水師提督李準亦邑人慫慂爲之李督於五月初旬并改水陸提督事合摺入奏中旬後邑紳電京官陳伯陶尹慶舉等設法挽回時伯陶於四月二十日外放江寍提學已陛辭矣卽走謁政務處大臣張尚書百熙力陳割縣不便狀張言須得京官奏請方可議駁伯陶商之慶舉慶舉力任其事六月初四日伯陶至滬適戴尚書鴻慈考察政治回國將入都伯陶復力懇其轉圜戴允諾會邑紳陳景梁鍾菁華亦以割縣爲瓜分沙田公產之機同入都上書慶舉因聯京官呈請都察院而景梁等別上書中堂陳其窒礙事遂中止○采訪冊

光绪三十二年(1906)七月，都察院代奏翰林院编修尹庆举等关于“割县置厅”的呈折于慈禧及光绪后，光绪批文：“知道了。”【陈伯陶：[民国]《东莞县志》卷三十六《前事略八》，第10-11页】

东莞探花陈伯陶将“割县置厅”之事描述如下：

“东莞古大县，宋代分香山。逮明万历间，复割万新安。分割地既蹙，远不如南番。所幸濒海滨，浑流浩漫漫。其间积膏腴，万顷涨沙滩。闻昔四先生（即陈龙安、方文炳、何鲲和陈荣光四人），出入历险艰。得之不自私，以为学宫田。多士既食报，科名各腾骞。时或遇兵荒，亦藉救祸患。谁欤觊其利？设厅在虎门。怂恿大吏奏，谋将公产吞。仆时值南斋，提学授外官。虽告张长沙，与戴南海言。考察亟东渡，未遽获转圜。（分县不便，余在京告张冶秋尚书，至沪，值戴少怀尚书归自海外，复告之。其后事不成，二公实有力焉，前序未之及，附记于此。）君乃投袂起，上书叩天阍。佐以钟贰尹，谋之尹词垣。瓜分计不遂，公产幸得完。其年冬十月，君束装南旋。仆亦适东返，接晤申浦间。杯酒相慰劳，事完犹辛酸！沧桑倏变易. 忽忽十五年，债台筑已高，破产在目前。前劳谁复念？后患吁可叹！披图发此吟，纪实非诗篇。”

六、新增公产

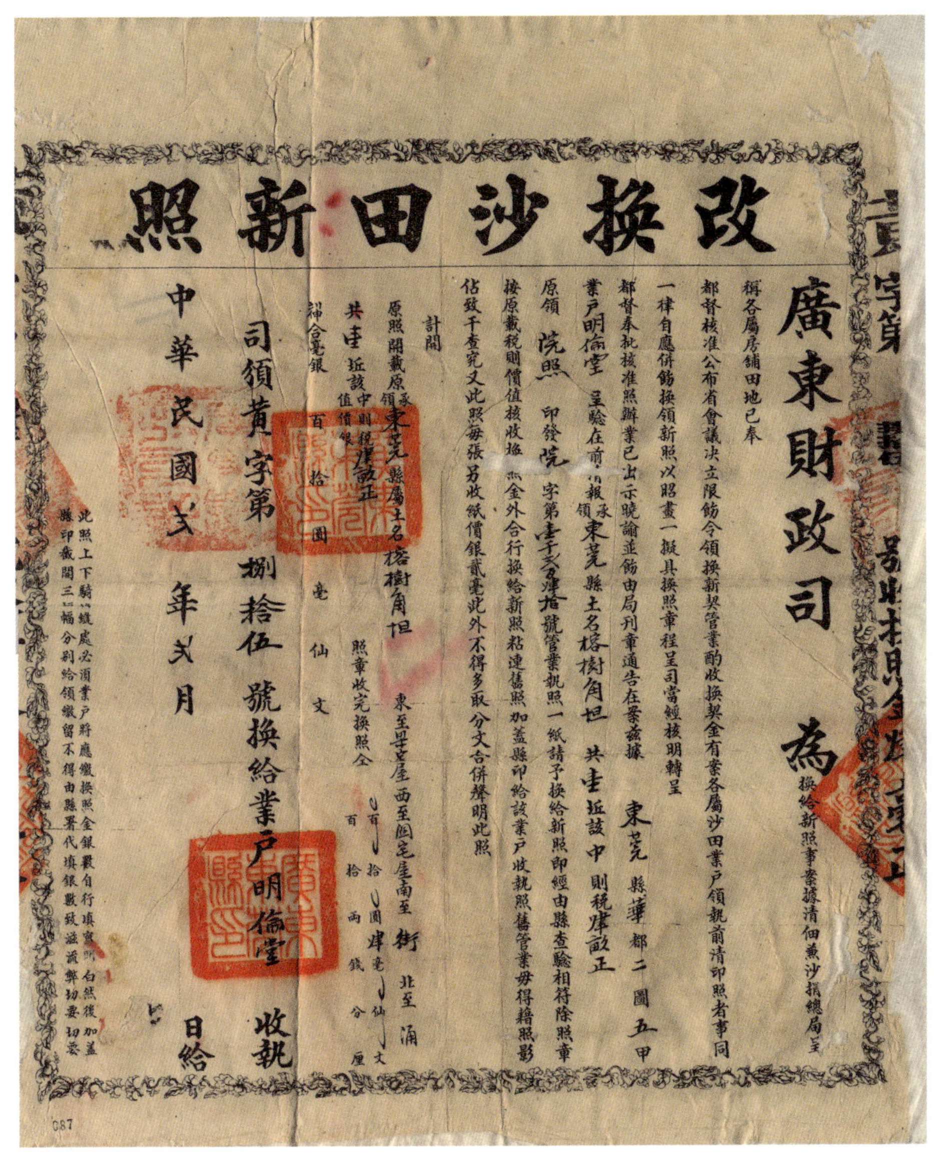

改換沙田新照

廣東財政司 為

換給新照事案據清佃兼沙捐總局呈

稱各屬房舖田地已奉

都督核准公布省會議決立限飭令領換新契管業酌收換契金有案各屬沙田業戶領執前清印照者事同

一律自應併飭換領新照以昭畫一擬具換照章程呈司當經核明轉呈

都督奉批核准照辦業已出示曉諭並飭由局刊章通告在案茲據 東莞縣華都二圖五甲

業戶明倫堂 呈驗在前清報承領東莞縣土名榕樹角坦 共壹坵該中則稅肆畝正

原領 莞照 印發莞字第壹千叁百肆拾號管業執照一紙請予換給新照即經由縣查驗相符除照章

按原載稅則價值核收換照金外合行換給新照粘連舊照加蓋縣印給該業戶收執照舊管業毋得藉照影

佔致干查究又此照每張另收紙價銀貳毫此外不得多取分文合併聲明此照

計開

原照開載原領承東莞縣屬土名榕樹角坦 東至呈宅屋 西至個宅屋 南至街 北至涌

共壹坵該中則稅肆畝正 照章收完換照金 百 拾 圓肆毫 仙 文

值價銀 百 拾 兩 錢 分 厘

禾合毫銀 百 拾 圓 毫 仙 文

司頒黃字第捌拾伍號換給業戶明倫堂收執

中華民國貳年貳月 日給

此照上下騎縫處必須業戶將應繳換照金銀數自行填寫明白然後加蓋縣印截開三幅分別給領繳留不得由縣署代填銀數致滋流弊切要切要

087

民国二年（1912），广东财政司发给东莞明伦堂改换沙田新照【东莞市档案馆，《东莞明伦堂档案》】

民国时期，东莞明伦堂公产除万顷沙沙田外，还拥有另外几处产业，计有牛侧沙①、漳澎沙、鸡抱沙和白鹭洲的“储济仓田”②、示范林场③、示范农场④等。

东莞明伦堂万顷沙农场组织章程⑤

第一条　本场定名为东莞明伦堂农场。

第二条　本场隶属于东莞明伦堂。

第三条　本场以改进原有围田之生产与经营制度，实验增产办法以事推广，而促进全邑新农业之建设为目的。

第四条　本场设场长一人，技士一人，技术员四人，事务员一人，技工六人，工役二人。

第五条　本场场长秉承东莞明伦堂董事会之命，统理全场事务。技士秉承场长之命，办理全场技术事宜。技术员秉承场长或技士之命，办理一切技术事宜。事务员秉承场长或技士之命，办理场内一切事务。系统表如下：

第六条　本场年终结算倘有盈利，则将所得纯利划拨二成作全场员工之红利，其分配办法另呈核定施行。

第七条　本章如有未尽事宜，得呈准明伦堂董事会修改之。

第八条　本章程呈请明伦堂董事长会核定后施行。

---

① 牛侧沙围原属宝安书院产业，后拨为东莞中学校产。1930年东莞明伦堂将其收归管理。牛侧沙围田约1099亩，围外草坦约60亩。

② 白鹭洲的“储济仓田”有六、七顷，虽归东莞明伦堂管理，但全部产出供全县储粮求荒之用，由县政府统一划拨。

③ 示范林场于1936年由东莞明伦堂委员蒋光鼐倡议开办，至1947年，林场面积已达45000亩。

④ 示范农场于1945年12月成立，东莞明伦堂将新宝安下、公安、智隆三围划出，成立示范农场，自己耕种，又称自耕农场。

⑤ 东莞市档案馆，东莞明伦堂档案11-7-0048-007。

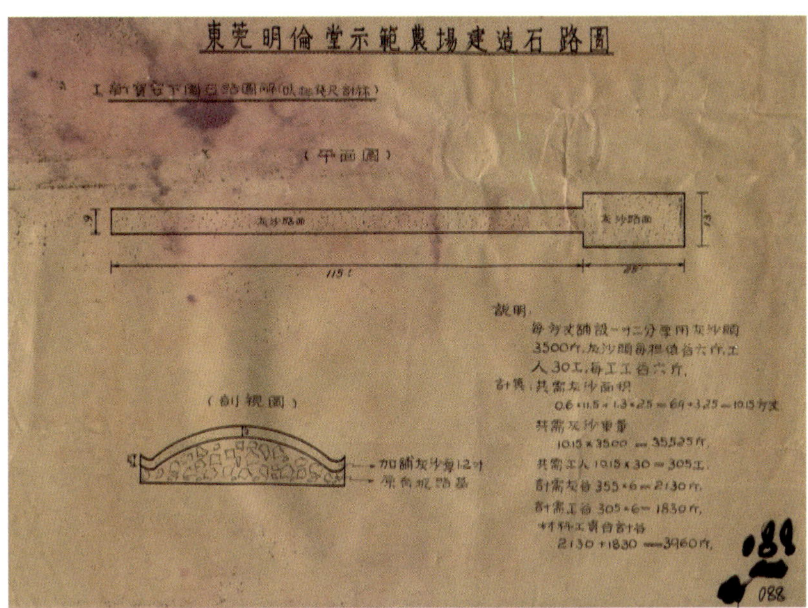

东莞明伦堂示范农场建造石路图 -1 【东莞市档案馆，东莞明伦堂档案 1-2-0445-18】

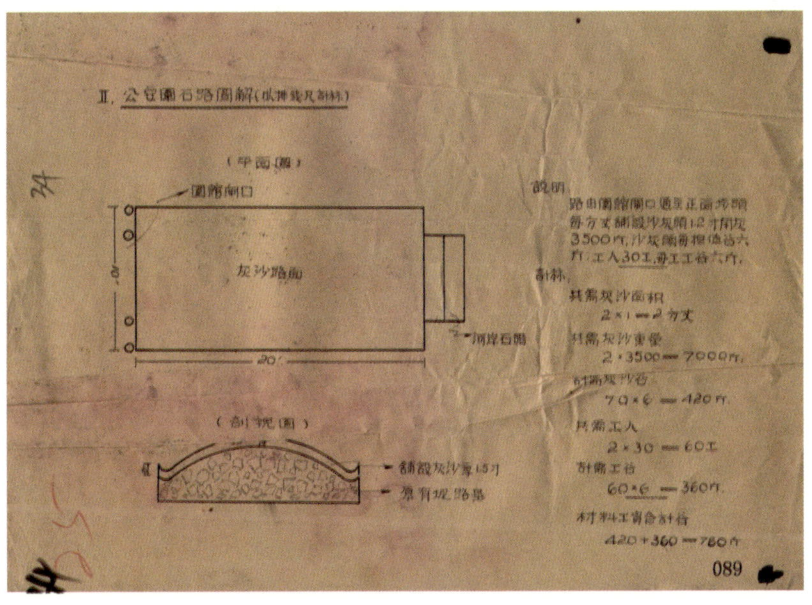

东莞明伦堂示范农场建造石路图 -2【同上】

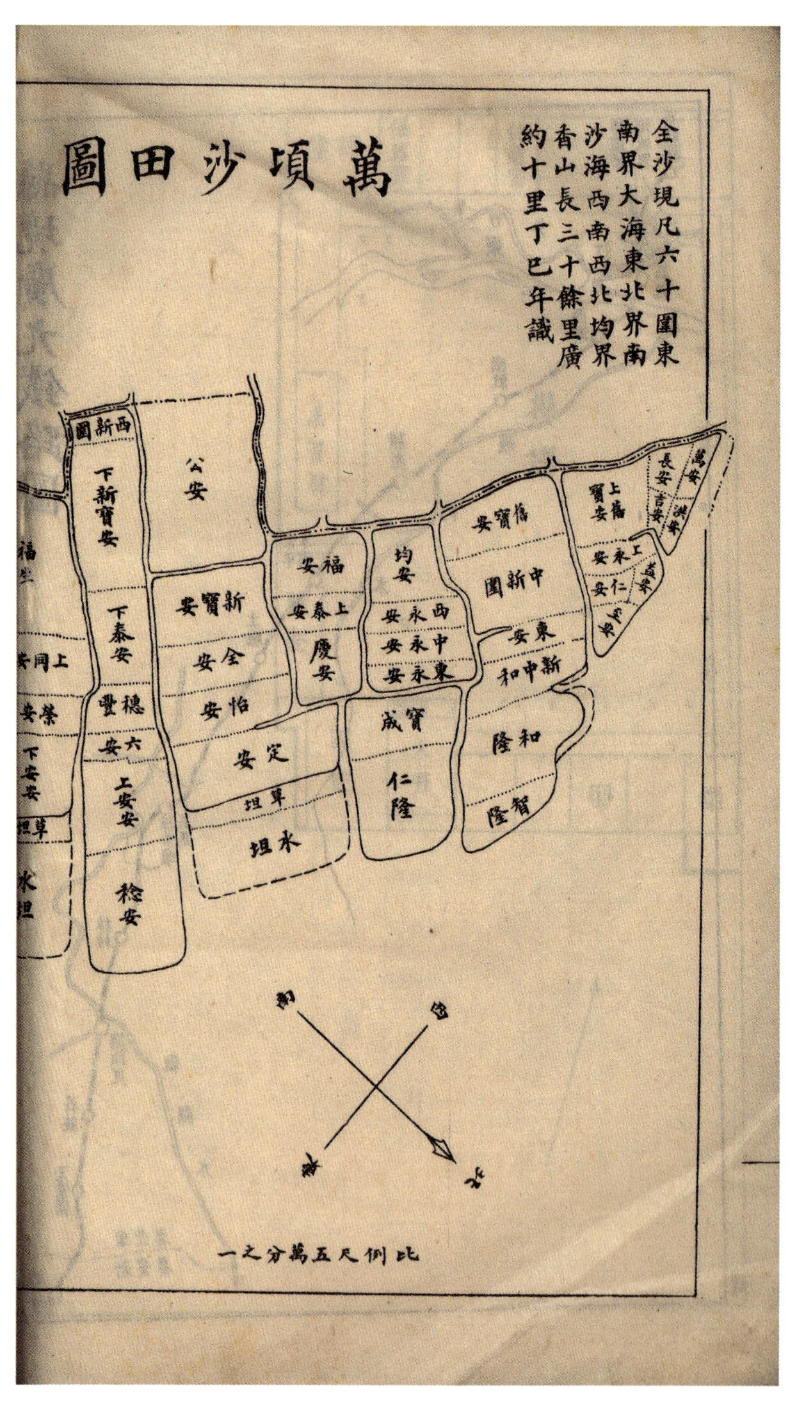

东莞明伦堂万顷沙沙田图 -1【陈伯陶：［民国］《东莞县志》卷首】

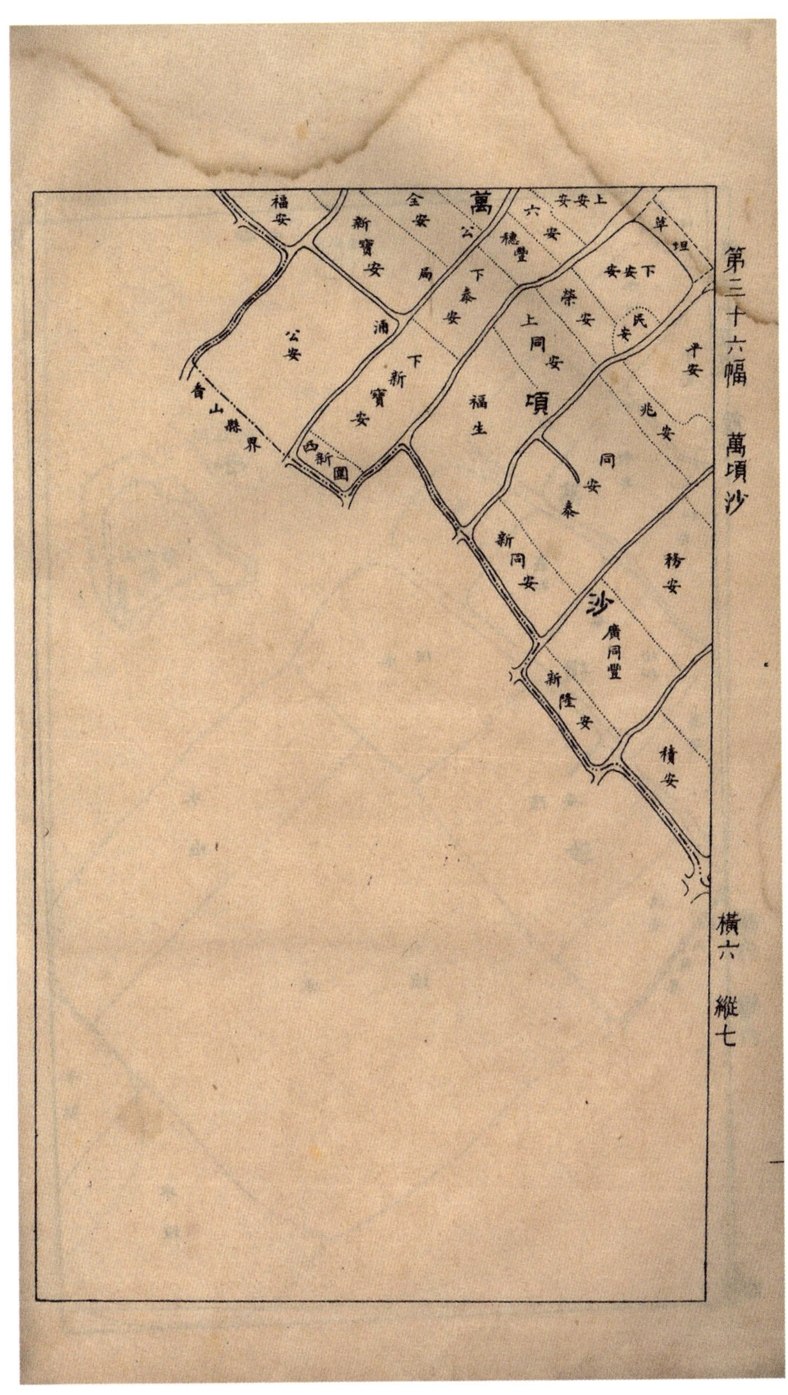

东莞明伦堂万顷沙沙田图 -2【同上】

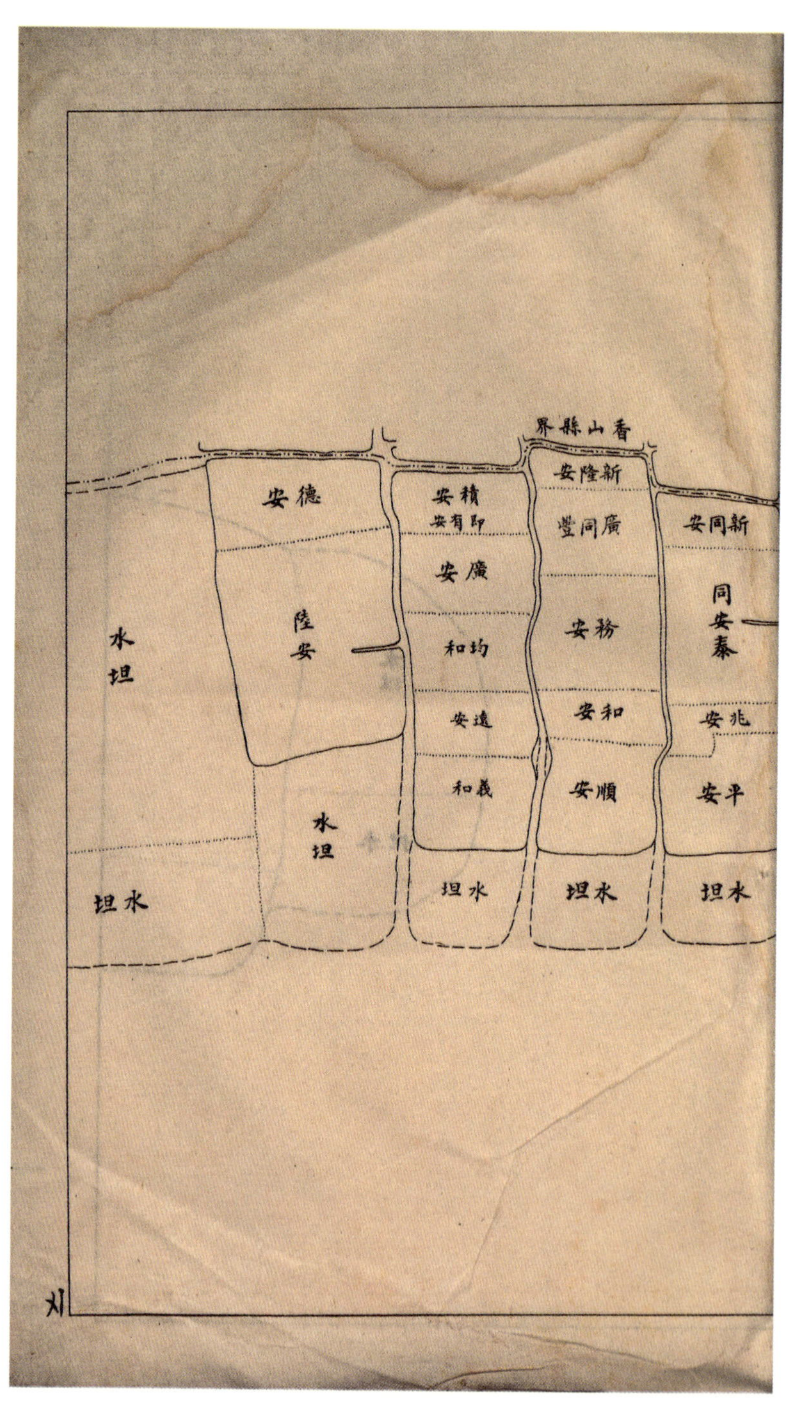

东莞明伦堂万顷沙沙田图 -3【同上】

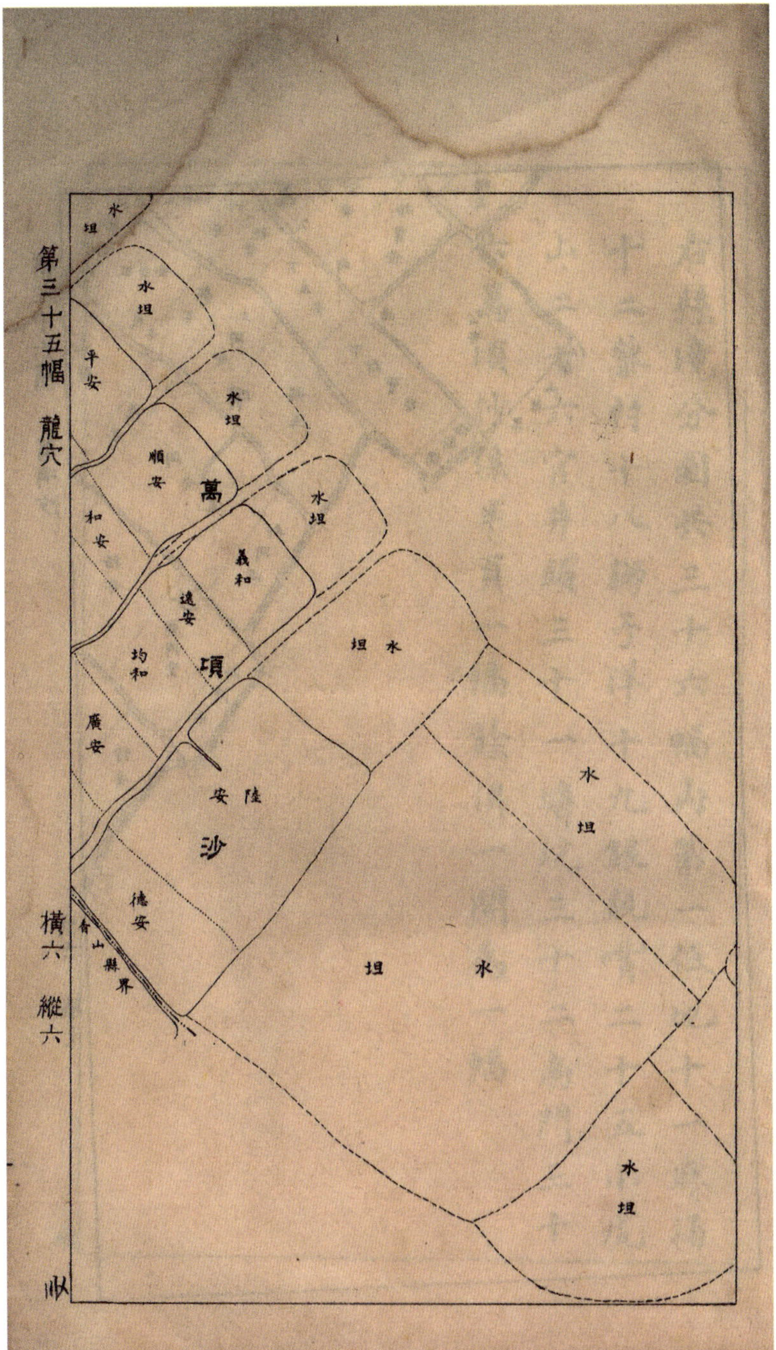

东莞明伦堂万顷沙沙田图 -4【同上】

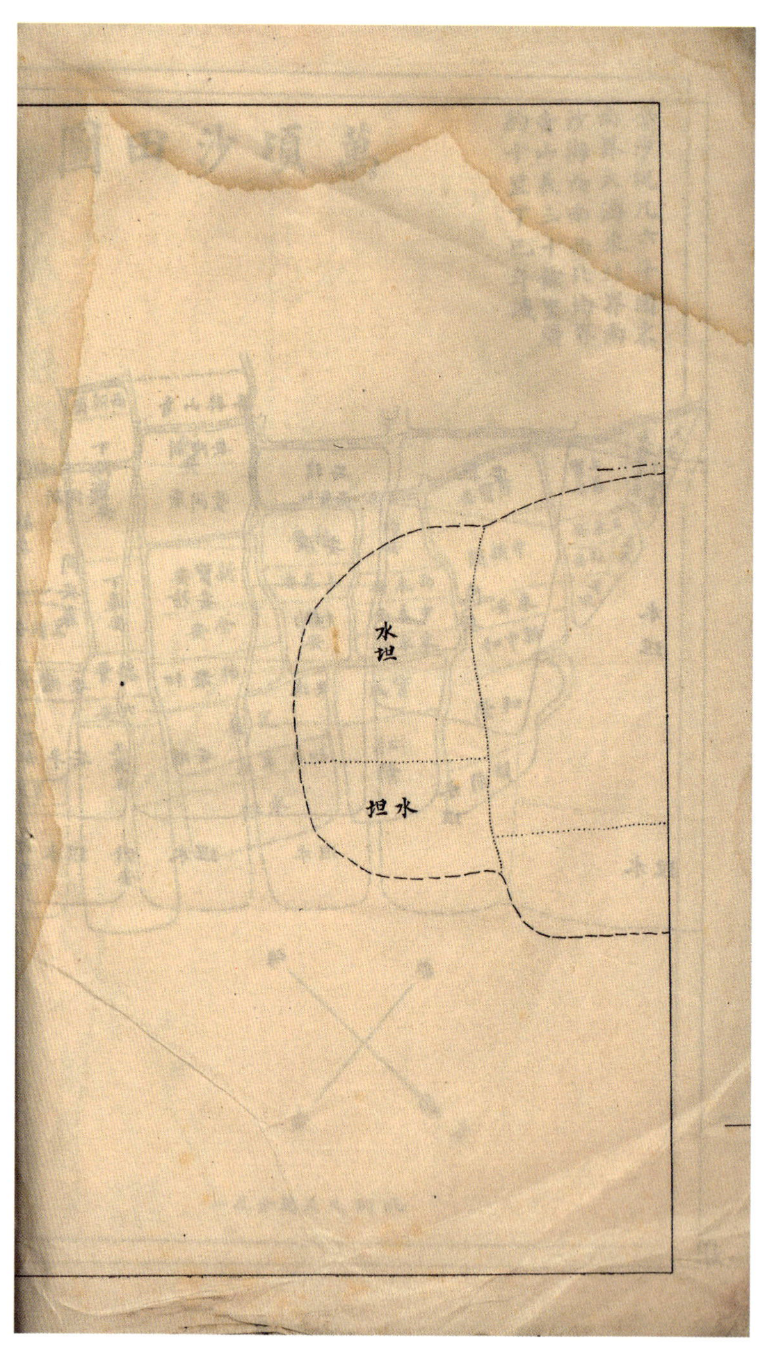

东莞明伦堂万顷沙沙田图 -5【同上】

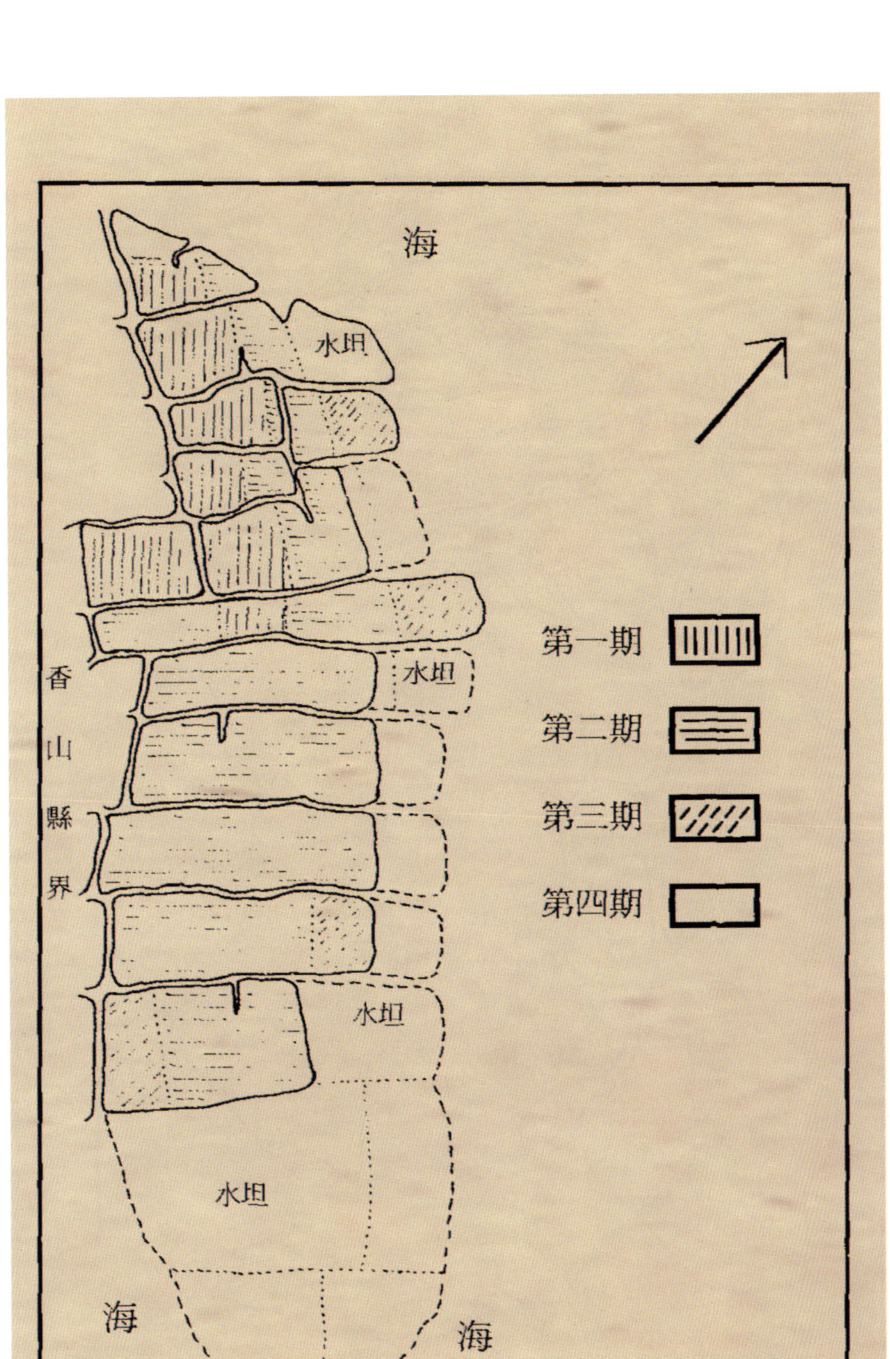

东莞明伦堂沙田发展图【黄永豪：《土地开发与地方社会——晚清珠江三角洲沙田研究》，香港：文化创造出版社，2005 年，第 69 页】

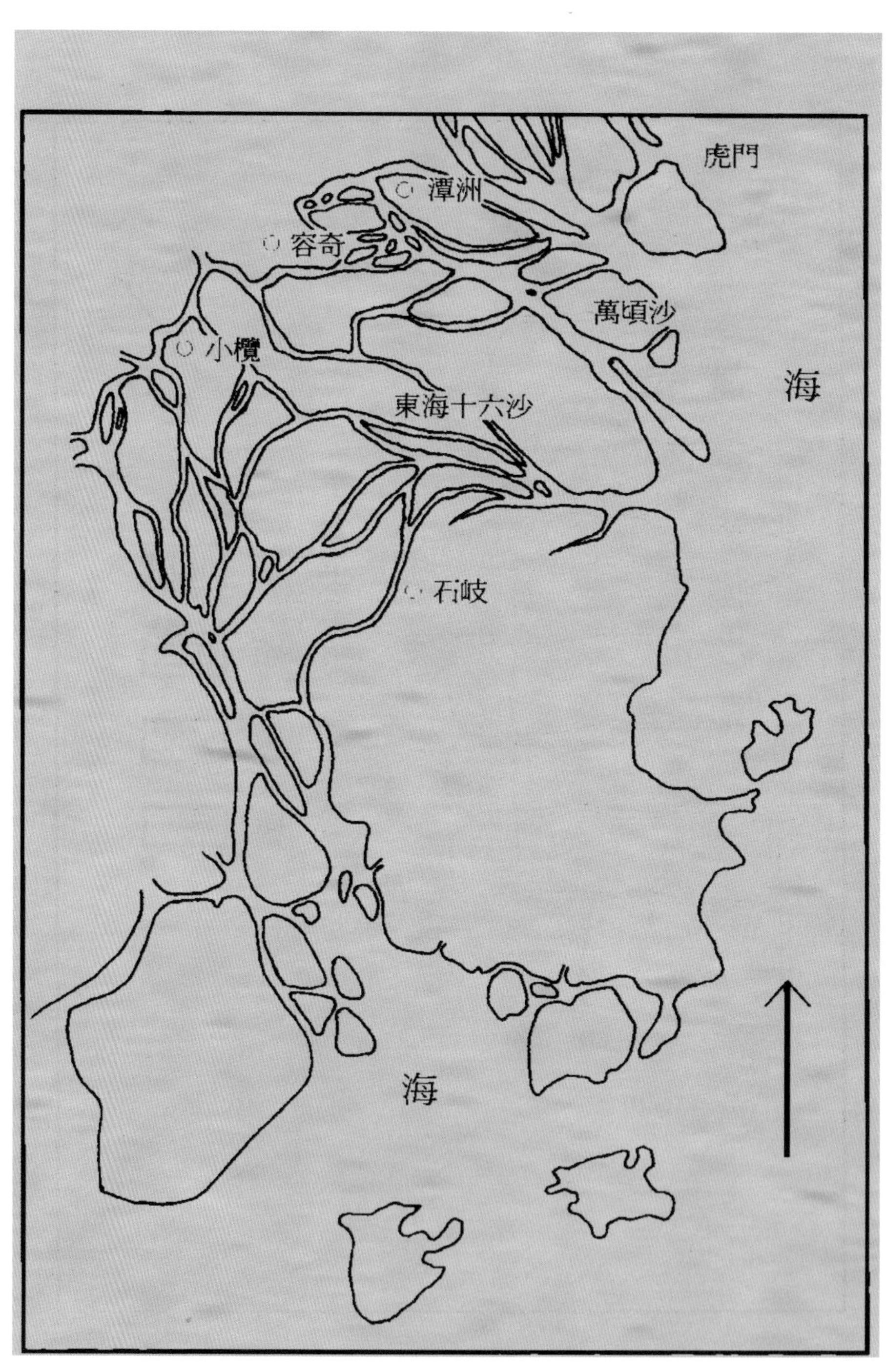

万顷沙沙田在珠江口位置图【同上，第 73 页】

东莞明伦堂的管理机构

东莞明伦堂拥有万顷沙沙田公产后，按其管理机构变化，可分为三个不同阶段，即“安良局”时期（清末至 1911 年），“沙田经理局”时期（1911 至 1928 年）以及“沙田经理局整理委员会”时期（1928 至 1949 年）。

1917 年前后，东莞明伦堂由广东省财政厅管理，总董由广东省省长任命，但基本上由东莞籍人士主持，办公地点由东莞迁往广州。1937 年抗日战争爆发后，伪政府在广州设立伪东莞明伦堂沙田经理局整理委员会，与迁往曲江的原沙田经理局整理委员会并存。抗日战争胜利后，曲江的东莞明伦堂接管了广州的伪东莞明伦堂，直到 1949 年解放。

一、安良局时期（清末至 1911 年）

何仁山字頤貞號梅士鯤猶子夙承家範敦品勵學工詩文爲博羅韓榮光所器重道光巳酉領鄉舉第一主司何紹基深賞其文時稱名元以鯤案被累不得預會試性孝友事親能以色養視兄弟如手足館穀不以自私家數十口世同居爨怡然無間咸豐甲寅紅匪亂作親率鄉團平賊邑獲安堵丁巳英法聯軍陷廣州仁山集團防禦欽差羅惇衍龍元禧蘇廷魁咸倚重焉事平洊保直隸州知州以親老絕意仕進當道聘主寶安書院居喪遵古禮賻助者悉婉却生平不營生產然爲人任事不避怨不居功邑學沙田始終竭力護持以成鯤志晚歲詩酒自娛愛羅浮茶山之勝構屋黃仙觀側復營生壙於前植梅環之其曠達如此歿年六十五著有草草草堂詩草鋤月山房文鈔鄧志稿子慶鴻字子遇副貢生猶子慶修字岳封號菊儕同治壬戌舉人戶部江南司郎中代仁山主寶安書院凡十六年甲申法越釁起大府委辦團練事平賞四品銜素持正繼仁山維持邑沙田不避勞怨己丑屯籞案起大府嚴令札委相繼於道屯坦一百三十餘頃欵鉅期促非咄嗟可辦遂罣議慶修坦然壬辰終於家年六十二子福晉字道孫光緒乙亥舉人大挑教諭采訪冊

黎嘉騏字子超滘涌人攀鏐次子官刑部主事道光巳酉領順天鄉

東莞縣志 卷七十一 十三

清咸丰四年（1854），受太平天国影响，珠江三角洲各地爆发了“红匪之乱”，社会动荡，清政府下令广东各县、乡办理团练，维持地方治安。因为何仁山“咸丰甲寅，红匪乱作，亲率乡团平贼，邑获安堵。丁巳，英法联军陷广州，仁山集团防御”，故其成为官府依赖办理团练的主要力量之一。【陈伯陶：［民国］《东莞县志》卷七十一《人物志十八》，第 12-13 页】

同治三年本縣紳士奉憲設安良總局於城外新沙何耘劬先生祠額設團勇二十名餉械由沙田局撥給光緒二十九年安良總局遷城內寶安書院增設團勇共八十名分駐城內及城外新沙采訪冊

按咸豐四年紅匪之亂邑城於西北隅社學設團練局中堂屬於中堂墟設團練局戎屬於石龍墟設同澤社後改爲太平社又改爲太平公所缺口屬蓮溪各鄉於太平墟設靖康局京山屬峽內各鄉於茶山設祥和社於神山設平康社其後戎屬土瓜墟各鄉設土瓜局缺口屬竹溪各鄉設竹溪義學京山屬附近大沙各鄉設聯和社附近常平墟各鄉設廣裕社皆召募練勇百數十人不等餉械由各鄉紳籌給地方平靖後即酌行遣散無額設之勇丁附記其名目事由於此

本縣萬頃沙設扒船七隻工食由沙田局撥給今存四號五號六號三隻采訪冊

同治五年石龍抽釐廠設巡船九隻戴府志

莞屬原額設巡船十餘隻同治七年邑令俞增光奉上憲裁撤何志稿

東莞縣志 卷二十八 十八

陈伯陶《东莞县志》卷二十八《经政略》记载："同治三年，本县绅士奉宪设安良总局于城外新沙，何耘劬先生祠额设团勇二十名，饷械由沙田局拨给。光绪二十九年，安良总局迁城内宝安书院，增设团勇共八十名，分驻城内及城外新沙。"由此可见，安良局本是东莞士绅奉命设立的维护县邑治安的团练组织。

【陈伯陶：［民国］《东莞县志》卷二十八《经政略》，第 17-18 页】

東莞縣志　卷一百

稍有盈餘可爲一邑經久之計並非自私自利依託附名况明倫堂沙務各紳係由通邑五屬公舉與公局諸紳絕無干涉其平日鄉望未孚品行不端者不令與聞其事紳等即有私業亦無抵近屯田尙不致有豪强兼併之弊查明倫堂歲支款項所有邑中書院膏火文武歲科考生童卷資册金鄉會試卷資京官旅費文武會試公車等項皆出於此雖非敢謂嘉惠士林然實有關全屬學校之用至於捐辦紅單戰船增廣學額募勇復城防夷護省一切公舉有關大局者無不竭力報効紳等食毛踐土斷不敢有違禁令自便私圖也現奉飭繳屯變銀兩准予換給部照仰見大憲恩周薄海德及士民無論如何籌維自必輸將踴躍當於上年十二月內籌繳銀三萬二千兩本年五月奉諭勒限一個月內清完又於六月二十三日遵繳銀四萬兩均蒙收存嗣於七月初十日遵繳銀五萬兩奉局傳諭因已逾限原銀發還紳等萬分祇懼祇以數目過鉅籌措維艱一時未

从表面上看，安良局除饷械由东莞明伦堂沙田局拨给外，与其并无其他关系。东莞明伦堂沙局绅董王清华等也在呈文中称："明伦堂沙务各绅系由通邑五属公举，与公局诸绅绝无干涉。"然而，何耘劬[①]、何仁山[②]等士绅既是安良局的创立者和管理者，又是东莞明伦堂万顷沙的管理者，从而造成了安良局与东莞明伦堂混为一体的事实。由此，后人便将这个阶段称为东莞明伦堂"安良局时期"。

【陈伯陶：［民国］《东莞县志》卷一百《沙田志二》，第 10 页】

① 何耘劬即何鲲，东莞明伦堂"四君子"之一。

② 何仁山，何鲲的犹子，即侄子。

二、明倫堂的管理机构和武装力量

明倫堂的沙田事务，在前清时由設在东莞县城內的安良局办理。安良局是地方紳士組成的一个所謂調解机构，名义上是为地方“排难解紛”，实質上是一个小衙門。凡是安良局作了主意的事情，如果不服而要告到县衙門的話，县衙門还是照安良局的主意办事的。我小时就常听到过那些豪紳在进行所謂調解时的口吻：“誰要是刁蛮不服調解，凭我这张名片就可送他到县衙門去坐牢。”当时主持安良局的人称为首席値理，以县中功名最高的人充当，大多是翰林进士或二三品官員，有时不只一人。首席値理之下有局紳，称为値理，一般人叫做“坐局”。坐局的是进士或較有名望的举人，也偶有貢生或秀才充当，但是极个别的。在这个管理机构下面

5

在安良局时期，东莞明伦堂设首席值理（首事）主持工作。首席值理由士绅向县官荐任，荐任条件为邑中功名（翰林、进士）或官位最高（二、三品官员）者担任。清解元何仁山，清进士容鹤令、邓佐槐，清举人黎嘉骐，清探花陈伯陶都担任过明伦堂的首席值理。首席值理下设局绅（绅董），称为“值理”，俗称“坐局”。“坐局”一般由进士或有名望的举人担任，偶尔也有贡生或秀才充当。在局内承担具体工作是账房，账房内有文案一至二人，杂役若干人，均为“值理”提供服务。【叶少华：《我所知道的东莞明伦堂》，《广东文史资料》第 16 辑，第 5 页】

二、沙田经理局时期（1911 至 1928 年）

民国以后，前清的紳士大多跑到上海租界和香港去做寓公，明倫堂又为一批新的紳士所把持。东莞第一屆民国县长黃俠毅委派同盟会会員、曾参加黃花崗起义的陈哲梅主持明倫堂。陈是心社人物，以不做官为标榜，专管明倫堂，后来长斋茹素，不出任事，实际上是黃俠毅把持。这时明倫堂已正式組設了沙田經理局，代替了前清的安良局，主持人称为总董，下設董事，也就是过去的局紳。这个办事机构虽然設在东莞县城，但总董和董事們多在广州活动（特别是总董由省长派任之后），因此长期在广州西濠酒店后来或在东亚酒店开两三間大房为办公及遊宴之所，承耕沙田的人，要到这个地方来交租，明倫堂在东莞办理的学校和公益机构，也要到这个地方来領取經費。一九二四（民国十三）年我任总董时在广州賃了維新横路八号三楼为明倫堂办事处，隔了两任的当事人又买了維新横路二号一座三层楼的洋房为正式办公地点。

民国初期的总董，仍沿清例由邑中名流公推人选报清县长聘任。到了民国七、八年間，由于爭夺者多，有力者夤緣当局，直接由省长派任，当时"偷鷄省长"张錦芳第一次委任了明倫堂沙田經理局的总董（好象是阮明新，日本留学生，辛亥年朝考的洋举人）。当时邑人嘩然，咸以地方团体組織不应由官厅委任，但迫于形势，也无可如何。自此成为定例，經理局总董的去留都由省长任免，有如任免官吏一样。

明倫堂沙田經理局拥有沙田六七万亩，每年收得田租六十多万元。省、县当权者和地方豪紳所以紛紛爭夺把持明倫堂，并不单单是为了这六七十万元的田租，而更为他們所垂涎的是掌握明倫堂的武装力量。有了武装，就可以盘据沙田地区，一方面包烟包賭，組織走私，另一方面則勾結承耕人（往往是承耕集团）进行粮食投机活动。前清时沙田地区的治安只有些巡防舰艇，游弋河面，归水师提督調遣，而明倫堂則自設沙艇沙夫长駐沙田，担任保卫。民国后广东省財政厅委派护沙統領，带有一团至两团兵力分駐各处沙田，名为护沙，实則是勒收护沙費的歛財机构。民国四年，明倫堂沙田

7

辛亥革命后，东莞明伦堂由新成立的东莞县政府接管。1911 年 10 月，东莞县第一任县长黄侠毅委派同盟会会员、曾参加过黄花岗起义的陈哲梅主持明伦堂工作，同时，东莞明伦堂管理机构由安良局改为沙田经理局。【叶少华：《我所知道的东莞明伦堂》，《广东文史资料》第 16 辑，第 6–7 页】

广东大都督兼讨袁军总司令令（第35号）

——令东莞县知事、东莞明伦堂清理财政局董遵照指饬各节清理明伦堂公款议

查东莞明伦堂公款，前经饬县会同设局清理，迄今日久尚未完竣，以致管理人员亦难选举，自应先行派员督同赶紧清理，以便迅举管理员，俾昭核实而符原议。惟是清理需时，而选举管理人员，亦需时，刻当收租开投之际，亟应妥定办法，以免争执，应即由县转饬各业佃人等将应收各款一律先行缴县，由县汇解省垣金库收储。一俟此次派员会同清理，举定管理人员，即行如数发还，以清轇轕而免延误。除派萧惠长前往会同清理外，仰该知事局董即便遵照指饬各节办理，仍将遵照情形报核毋延，此令！七月二十二日发。

由于东莞明伦堂管理缺乏透明度，历年账目从不公开，邑人认为东莞明伦堂管理者有侵吞公款之嫌疑。1913年7月22日，广东大都督兼讨袁军总司令陈炯明发布命令，要求东莞县知事、东莞明伦堂清理财政局董遵照指饬各节清理明伦堂公款。【广东大都督兼讨袁军总司令令（第35号）：《广东公报》第302号，1913年7月22日】

六点钟赴明伦堂沙田经理局接见董事阮明新等，该局总握全县财政，设总董一人，董事四人，评议员十九人，常年进款以沙田为大宗，一切地方行政经费均仰给焉。近因沙田官卖，借款承购，收入虽不减于前，而清理债务未免稍形支绌云。

1917年前后，时任广东省省长张锦芳委任东莞商会副会长阮明新为总董，下设董事四人，评议员十九人。【《粤海道尹王典章巡行日记·十三》，《广东文史资料》第74辑，第250页】

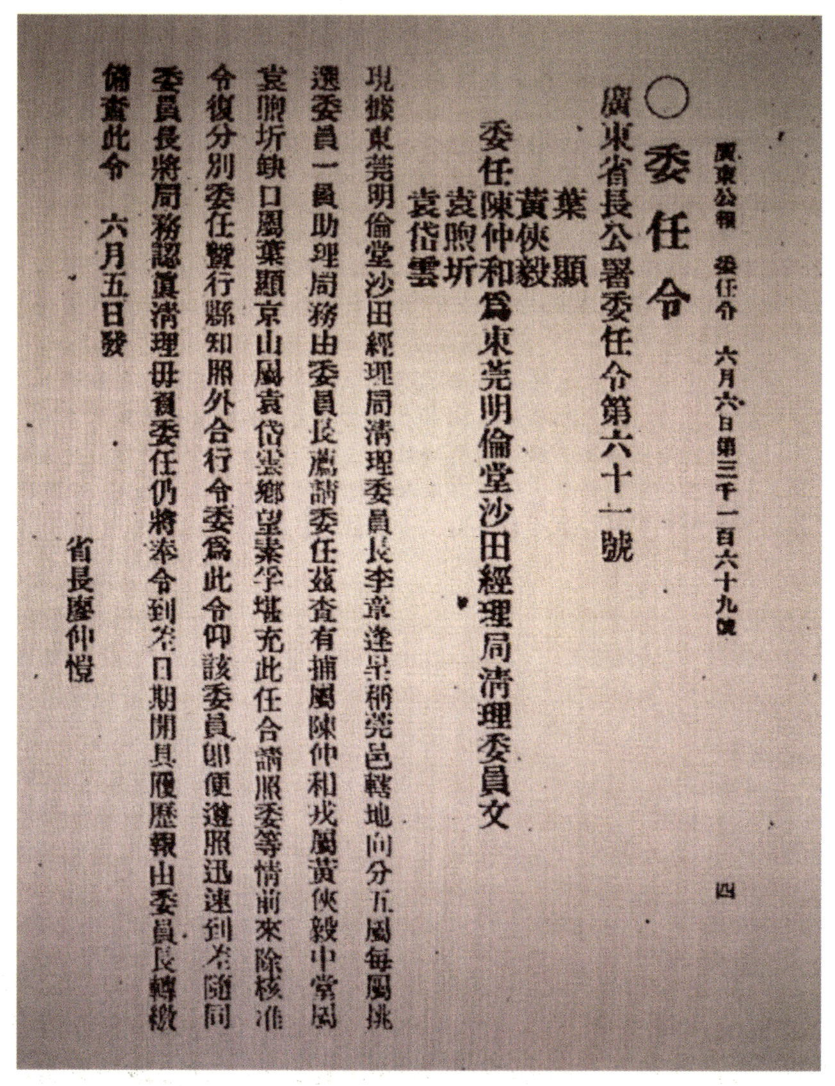

廣東公報　委任令　六月六日第三千一百六十九號　四

○委任令

廣東省長公署委任令第六十一號

葉顯
黃俠毅
委任陳仲和爲東莞明倫堂沙田經理局清理委員文
袁煦圻
袁岱雲

現據東莞明倫堂沙田經理局清理委員長李章逢呈稱莞邑轄地向分五屬每屬挑選委員一員助理局務由委員長薦請委任茲查有捕屬陳仲和戎屬黃俠毅中堂屬袁煦圻缺口屬葉顯京山屬袁岱雲鄉望素孚堪充此任合請照委等情前來除核准令復分別委任暨行縣知照外合行令委爲此令仰該委員即便遵照迅速到差隨同委員長將局務認眞清理毋負委任仍將奉令到差日期開具履歷報由委員長轉繳備查此令　六月五日發

省長廖仲愷

1923年，时任广东省省长的廖仲恺委任广东省农民部部长、东莞籍人士李章逢（达）主持东莞明伦堂。李章逢（达）上任后，将沙田经理局改组为“东莞明伦堂沙田经理局清理委员会”，委员按照“莞邑辖地向分五属，每属挑选委员一员助理局务，由委员长荐请委任”。按此规定，捕属陈仲和、戎属黄侠毅、中堂属袁煦圻、缺口属叶显、京山属袁岱云被任命为东莞明伦堂沙田经理局清理委员会委员。【委任令第3169号，《广东公报·广东省长公署委任令第61号》，1923年6月6日】

一九二四年間，黃俠毅任东莞明倫堂經理局总董，时孙科任广州市政厅长，覬覦明倫堂这块肥肉，于是荐其随从孙繩武接任总董。孙繩武是宝安县人，为了接管明倫堂，硬說其先人原籍东莞。东莞的紳士們不愿孙科插手明倫堂，但又不敢公然反对，于是以孙繩武地位低微，資望不孚，不宜接管明倫堂为理由，拒孙接任。他們說：孙繩武不过是孙科的跟班，是替孙科挽手皮包的人，接管明倫堂还了得！黃俠毅借此机会，抗不交代，并把明倫堂的印信契据和重要文件都带到澳門去躲避起来。孙繩武自恃后台有人，也不示弱，就自刻印信，自行到任，当了总董。其时明倫堂的耕家以明倫堂两个总董，不知那个講的話算数，就借詞观望，不肯交租。孙繩武只好向耕家借一些款为办公开銷之用。軍閥刘震寰（西路討賊軍总司令）当时也看中了这块肥肉，认为这是攫夺沙田的时机，就令其所部軍长严兆丰（秋田）以筹餉为名，派了一旅人入駐万頃沙，乘机分肥。在三方爭夺、相持不下的局面下，邑人叫我出来接任融和各方。我当时任东路討賊軍总司令（許崇智）行营（主任张国楨）軍需处处长，因职务关系，和各方面都时有往还，特别是与滇桂軍的将領經常酒肉征逐，厮混較熟，因此成为与各方折冲的适当人选。我一怕得罪孙科，二怕桂軍难于应付，三怕黃俠毅不肯移交。正疑虑間，黃俠毅派人回来见我，表示我如接任，他愿全部移交，其他人則他决不移交，甚至打算將契据文件一概烧毁。其实黃自知抗拒不了，不过藉此对我卖个人情，并借以收场吧了。但黃的这种表示，当时确也促成了我的决心。时东路討賊軍第三軍（軍长李福林）的旅长王若周为我活动最力，他带領了一班东莞紳耆到省长公署向胡汉民請愿，同时大耕家邹殿邦与我两代世交，知我可以利用，也向胡說項，胡遂委我为总董。我受委后曾去见胡請示，記不得当时胡向我說了些什么話了，只記得事后得悉：邹殿邦见胡时，胡曾向邹說：“叶少华是个書呆子，怎能应付得了軍队？”邹当然是竭力为我圆场的。后来入駐沙田的严兆丰部那一旅人果然向我索取十五万元为开拔費。我与严兆丰本来也是混熟了的，經常在一起賭牌九，严部向我索款后，一次在牌九场上我曾笑与严說："沙田的事何必那么认眞，就算你抓了一次'窑十'吧。"严不語，此后避不见我。我因此乃与王若周和几个董事直接去见刘震寰，几經磋商，刘卒答应把十五万元减为五万，并立即用电話通知严兆丰收款撤兵。把严兆丰部一旅人請出了沙田的这五万元，直至一九二八年我在广东財政厅代拆代行时在明倫堂历年积欠财厅沙捐十七万元項下，由我批准明倫堂以七折繳納旧欠，并以刘震寰当时发給总部五万元的印收作为现金扣抵，才銷了帐。

王若周在事前百般慫恿我出任总董，要我"敬恭桑梓"。他不但带領紳耆去向胡汉民請愿，并且早已領衔联名上过呈文了。原来他不惜以旅长之尊要去兼充沙田經理局的自卫局局长。我接了总董后，自卫局长之职，就自然落在王若周的手里。

我做总董时的董事，記得的有：邓庆云，前清巡防营的統带，反正后做过統領；朱介如，省长公署多年老教育科科长；方彪（玉芝）薛岳的岳父，前清武官，反正后当过县长；容詠南，地方紳士，进士容鶴龄后人；刘植廷，当过莫荣新的幕僚和县长；蔣兰雪，前清拔貢，蔣光鼐的叔叔。这些都是联名向胡汉民請愿要我出任总董的人。后来由于王若周把持了自卫局，专横跋扈，引起他們的不滿，他們迁怒于我，称我为"懵懂"。我不愿代人受过，未及一年，便辞去总董之职。

事情总是不那么容易应付的。我辞后，因王若周专权，总董一职，无人敢思染指，后来还是邹殿邦向胡汉民保荐了刘植廷充当。刘接任不久，廖案发生陈孚木代替陈秋霖为农民部副部长兼任总董，接替了刘植廷，但也为时不久。

沙田经理局时期，由于政局动荡，掌控广东的军政势力更迭频繁。各方势力垂涎东莞明伦堂的财富、武装和权势，激烈角逐东莞明伦堂主持职位。1924—1928年间，黄侠毅、孙绳武、陈晴峰、叶少华、刘植廷、陈孚木、李家英等人均在背后势力的支持下相继接任总董。【叶少华：《我所知道的东莞明伦堂》，《广东文史资料》第16辑，第14-17页】

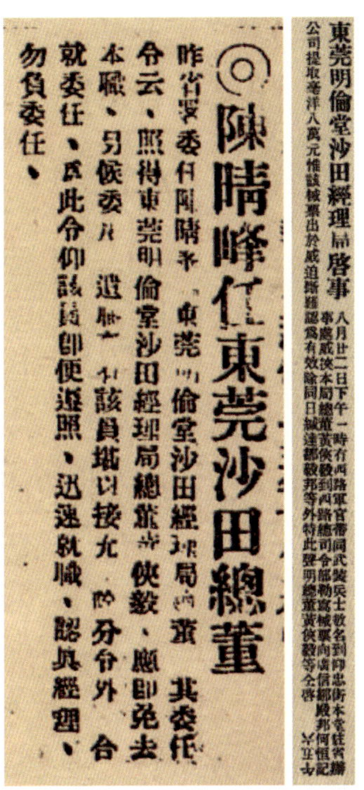

◎陳晴峰任東莞沙田總董

昨省署委任陳晴峰爲東莞明倫堂沙田經理局總董、其委任令云、照得東莞明倫堂沙田經理局總董黃俠毅、應即免去本職、另候委用、遺職查該員堪以接充、除分令外、合就委任、爲此令仰該員即便遵照、迅速就職、認眞經理、勿負委任、

東莞明倫堂沙田經理局啓事

八月廿二日下午一時有西路軍官帶同武裝兵士數名到仰忠街本堂駐省辦事處威挾本局總董黃俠毅到西路總司令部勒寫械票向廣信鄒殿邦何恒記公司提取毫洋八萬元惟該械票出於威迫斷難認爲有效除同日緘達鄒殿邦等外特此聲明總董黃俠毅等仝啓

1924 年“八月廿二日下午一时，有西路军官带同武装兵士数名，到仰忠街本堂驻省办事处，威挟本局总董黄侠毅到西路总军司令部，勒写械票，向广信邹殿邦何恒记公司提取毫洋。唯该械票出于威迫，断难认为有效，除同日缄达邹殿邦等外，特此声明。总董黄侠毅仝启。”【《广州民国日报》，1924 年 8 月 26 日】

陈晴峰任东莞沙田总董，“昨省署委任陈晴峰为东莞明伦堂沙田经理局总董，其委任令云：照得东莞明伦堂沙田经理局总董黄侠毅，应即免去本职，另候委用。遗职查该员堪以接充，除分令外，合就委任，为此令仰该员即便遵照，迅速就职，认真经理，勿负委任。”[①]【《广州民国日报》，1924 年 11 月 7 日】

① 东莞明伦堂总董黄侠毅向时任广东省署最高行政长官胡汉民申诉被严兆丰劫持勒索一事后，胡汉民不愿得罪刘震寰，改任另一东莞人陈晴峰任总董，并于1924年11月7日在《民国广州日报》第六版上刊登《陈晴峰任东沙田总董》的公告。

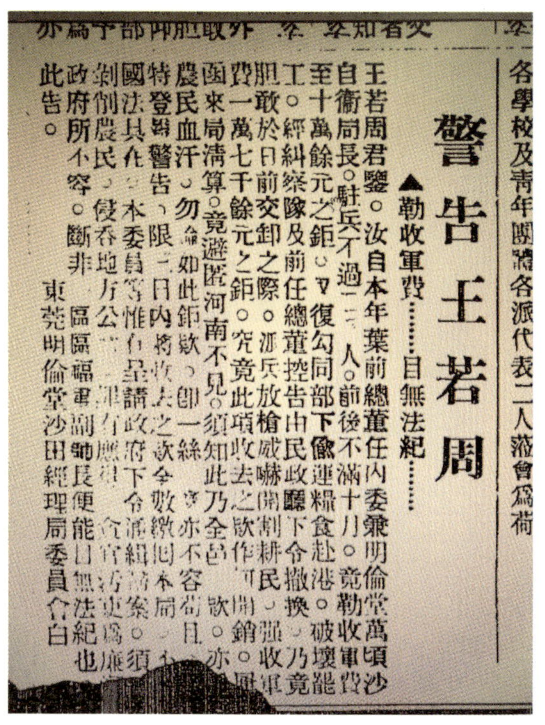

各學校及青年團體各派代表二人蒞會爲荷

警告王若周

▲勒收軍費……目無法紀……

王若周君鑒。汝自本年葉前總董任內委兼明倫堂萬頃沙自衛局長。駐兵不過二百人。前後不滿十月。竟勒收軍費至十萬餘元之鉅。又復勾同部下偷運糧食赴港。破壞罷工。經糾察隊及前任總董控告由民政廳下令撤換。乃竟膽敢於日前交卸之際。派兵放槍威嚇開割耕民。強收軍費一萬七千餘元之鉅。究竟此項收去之款作何開銷。屢函來局清算。竟避匿河南不見。須知此乃全邑公款。亦爲農民血汗。勿論如此鉅款。即一絲一毫亦不容苟且……國法具在。本委員等惟有呈請政府下令通緝歸案。須知剝削農民。侵吞地方公款。罪有應得。貪官污吏爲廉潔政府所不容。斷非一區區福軍副師長便能目無法紀也。此告。

東莞明倫堂沙田經理局委員會白

陈孚木上任总董后，以整顿历届局董侵吞公款和取消包农为由，呈请省政府，并在《广州国民日报》刊登了“警告王若周[①]——勒收军费，目无法纪”的启事，曰：“王若周君鉴：汝自本年叶前总董任内委兼明伦堂万顷沙自卫局长，驻兵不过二百人，前后不满十月，竟勒收军费至十万余元之钜，又复勾同部下偷运粮食赴港，破坏罢工，经纠察队及前任总董控告，由民政厅下令撤换，乃竟胆敢于日前交卸之际，派兵放枪威吓开割耕民，强收军费一万七千余元之钜，究竟此项收去之款作何开销，屡函来局清算，竟避匿河南不见。须知此乃全邑公款，亦为农民血汗，勿论如此巨款，即一丝一毫亦不容苟且……国法具在，本委员等唯有呈请政府下令通缉归案。须知剥削农民，侵吞地方公款，罪有应得，贪官污吏为廉洁政府所不容，断非一区区福军副师长便能目无法纪也。此告。东莞明伦堂沙田经理局委员会白。”【《广州民国日报》，1925 年 12 月 3 日】

① 王若周，时任东路讨贼军第三军旅长，叶少华任总董后自荐任万顷沙自卫队局长。

東莞明倫堂沙田經理局聲明啓事

本局前與佃人商量加租廢約事現經本局議決所有各圍照最高租價加三五成收租前日舊約注明作廢准予粘存新約存案爲此特登報鄭重聲明防有抵耕本局沙田佃人務即依本議決案來局換約以免歹人訟棍籍端請托行賄此佈

東莞明倫堂沙田經理局委員會

東莞明倫堂沙田經理局啓事

本局前訂定加租換約辦法經登報定期執行現對佃人遵照加租換約者已過半數惟尚有十餘圍仍未來局換約加租實屬意存反抗茲特登報聲明凡未換約各圍限五日內即新歷(五月十六至二十日止)來局換約逾期不到即行取銷批約另招別佃決不寬限特此聲明

陈孚木升任广东农工厅厅长后，东莞明伦堂总董一职由李家英担任。李家英在任上进行了沙田加租换约改革。【《东莞明伦堂沙田经理局声明启事》，《广州民国日报》，1926 年 3 月 19 日；《东莞明伦堂沙田经理局启事》，《广州民国日报》，1926 年 5 月 17 日】

三、沙田经理局整理委员会时期（1928 至 1949 年）

一九二八年初，总董李家英（汪精卫派）已离职赴沪，徐景唐、蒋光鼐、李扬敬和我几个人谈及明倫堂事，他們以我当过总董，問及收支情况。我說目前仅足开支，如欲筹办地方公益事业，“无財不足以为悦”。他們一致认为，明倫堂沙田投承期过长，多年投承下来的租值，比现时谷价相差太远，主张推翻旧批約，另立新約重投。他們决定把明倫堂經理局改組为經理局整理委員会。我在这时期虽仅担任了一名委員，但却参与了改組工作，投入了一场新旧势力争夺明倫堂沙田的紛爭。这一年，东莞人在广东軍政界中当了大权：徐景唐以第十三軍軍长兼东区善后委員公署委員，李扬敬当了中区善后委員、陈济棠第十二軍的参謀长；蒋光鼐当了南路善后委員、陈銘枢第十一軍的副軍长；王应榆当了北区善后委員（无兵权）；广东几个区可說都操在东莞人的手上。这些人看见明倫堂沙田的大耕家逐年发达了起来，而这些耕家又不是东莞人，因此不甘于权利外溢，便趁自己大权在握的时候，撕毁旧批約，赶走外地的和旧时的耕家，另外找人承投。这个整理委員会拟定以徐景唐为委員长，以蒋光鼐、李扬敬、王应榆、馮次淇、王若周、朱介如、何作霖、陈达材、王鐸声和我等人为委員，声称以“革命手段”，废除旧批約，重新开投。委員中还有人提出要求废止总董

1928 年，以徐景唐、李扬敬、蒋光鼐、王应榆等为代表的东莞籍人士掌握了军政实权。其中，徐景唐任第十三军军长兼东区善后委员公署委员；李扬敬任中区善后委员；陈济棠任第十二军参谋长；蒋光鼐任南路善后委员；陈铭枢任第十一军的副军长；王应榆任北区善后委员。他们认为，东莞明伦堂入不敷出，无法开展莞邑公益事业，造成这一局面的重要原因是东莞明伦堂沙田投承期过长，租金过低，主张推翻旧约，另立新约重新开投，且决定将“东莞明伦堂沙田经理局清理委员会”改为“东莞明伦堂沙田经理局整理委员会”，委员会拟定以徐景唐为委员长，以蒋光鼐、李扬敬、王应榆、冯次淇、王若周、朱介如、何作霖、陈达材、王铎声、叶少华为委员。由此，东莞明伦堂进入沙田经理局整理委员会时期。【叶少华：《我所知道的东莞明伦堂》，《广东文史资料》第 16 辑，第 17 页】

由省长委任的旧例，而由明倫堂自选自定，但多数人不愿牵扯到这个委任程序的問題。于是在广州召集了东莞头面人物的会議，用推选的方式，把上述委員名单报請省主席李济深加委，正式执行整理委員会的职权。关于推翻旧批約，原是势在必行的，有人考虑到法律問題，认为不能以整理委員会来否定明倫堂經理局公开投承的合法批約。因此他們想出了軟硬兼施的办法，李扬敬自告奋勇，愿扮黑脸，而推我扮白脸先去窺探邹殿邦、何同益等大耕家的意见，摸清他們的底。当我与邹何二人商談时，想不到邹表现得那么乖顺，一口应承下来，愿意放棄旧批，重新开投。何同益唯邹的馬首是瞻，也表示按邹的意思去办。其实，愿意重新开投也并不是他們的本心，只不过是泰山压頂，不得不迁就一时吧了。他們也知道，一口应承下来，然后慢慢設法，总是可以得到更好的解决的。邹何两个大耕家同意了以后，整理委員会便召集大小耕家齐集明倫堂开会，由徐景唐主持，首先声明旧批作废，重新开投的意思，然后由我說明整理委員会組設經过和决定重投的原委。李扬敬接着大喊“革命手段”，势在必行；邹殿邦、何同益首先表示贊同，支持整理委員会的决定。一些中小耕家事前不明原委，吓得目瞪口呆，东莞中学經学教員，以多年承耕成为富翁的秀才祁勉南聞言当场晕了过去，因此卧病不起，不久竟丧了命。

这场新旧势力爭夺沙田利益的所謂重投糾紛，到头来并沒有重投。邹殿邦、何同益会后央人說項，认为重投的目的不过是为了調整租値，直接由耕家加租好了，何必牵涉到法律上废約的問題。邹的話軟中有硬，最后答应加租約百分之三四十左右，便了結了一场风波。徐景唐、李扬敬等人在这场紛爭中显示了他們的力量，他們的“革命手段”也終于达到了目的：徐景唐派了他的妻舅王绍光当了自卫局的局长，

东莞明伦堂整理委员会成立后，大耕家邹殿邦、何同益等在整理委员会“革命手段”的威慑下，同意加租约百分之三四十左右。【叶少华：《我所知道的东莞明伦堂》，《广东文史资料》第16辑，第18页】

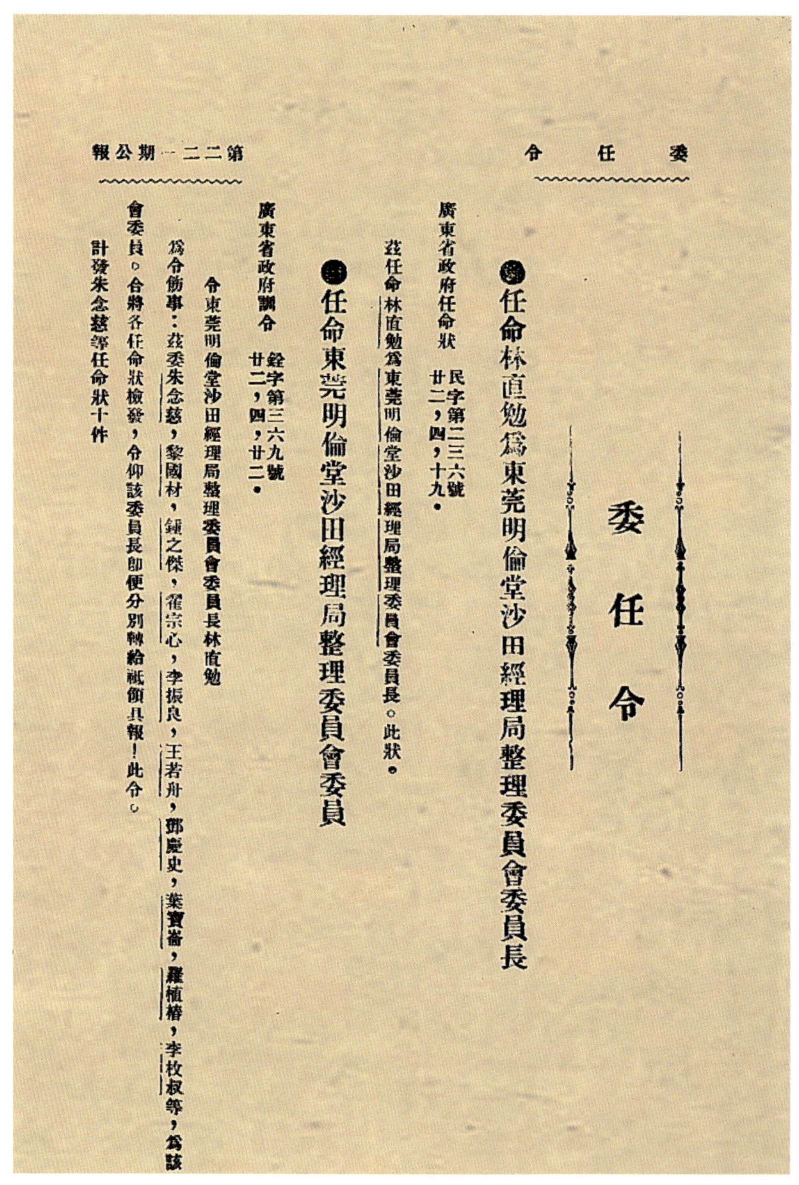

委任令

◎任命林直勉爲東莞明倫堂沙田經理局整理委員會委員長

廣東省政府任命狀　民字第二三六號　廿二，四，十九。

茲任命林直勉爲東莞明倫堂沙田經理局整理委員會委員長。此狀。

◎任命東莞明倫堂沙田經理局整理委員會委員

廣東省政府訓令　銓字第三六九號　廿二，四，廿二。

令東莞明倫堂沙田經理局整理委員會委員長林直勉

爲令飭事：茲委朱念慈，黎國材，鍾之傑，翟宗心，李振良，王若舟，鄧慶史，葉寶崙，羅植椿，李枚叔等，爲該會委員。合將各任命狀檢發，令仰該委員長即便分別轉給祇領具報！此令。

計發朱念慈等任命狀十件

1933 年 4 月，广东省政府在《广东公报》第二百二十一期发布了任命林直勉为东莞明伦堂沙田经理局整理委员会委员长的委任令，任命朱念慈、黎国材、钟之杰、翟宗心、李振良、王若舟（周）、邓庆史、叶宝仑、罗植椿、李枚叔等为东莞明伦堂沙田经理局整理委员会委员的委任令。**【《广东公报》第二百二十一期，1933 年 4 月】**

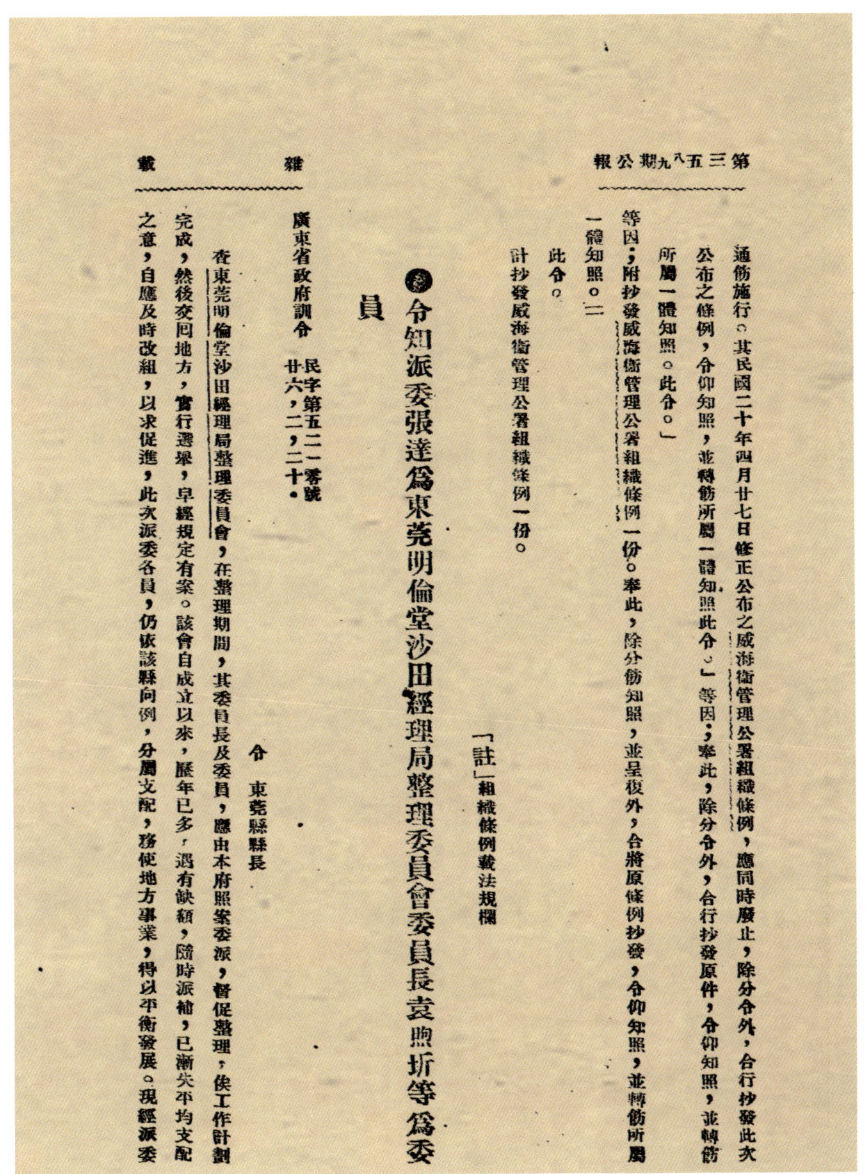

第三五八九期公報　　雜載

通飭施行。其民國二十年四月廿七日修正公布之威海衛管理公署組織條例，應同時廢止，除分令外，合行抄發此次公布之條例，令仰知照，並轉飭所屬一體知照此令。」等因；奉此，除分令外，合行抄發原件，令仰知照，並轉飭所屬一體知照。此令。」等因；附抄發威海衛管理公署組織條例一份。奉此，除分飭知照，並呈復外，合將原條例抄發，令仰知照，並轉飭所屬一體知照。二

此令。

計抄發威海衛管理公署組織條例一份。

「註」組織條例載法規欄

令知派委張達爲東莞明倫堂沙田經理局整理委員會委員長袁煦圻等爲委員

廣東省政府訓令　民字第五二一零號　廿六，二，二十。

令　東莞縣縣長

查東莞明倫堂沙田經理局整理委員會，在整理期間，其委員長及委員，應由本府照案委派，督促整理，俟工作計劃完成，然後交囘地方，實行選舉，早經規定有案。該會自成立以來，歷年已多，遇有缺額，隨時派補，已漸失平均支配之意，自應及時改組，以求促進，此次派委各員，仍依該縣向例，分屬支配，務使地方事業，得以平衡發展。現經派委

1937 年 2 月，广东省政府在《广东公报》第三五二九期发布了任命张达为东莞明伦堂沙田经理局整理委员会委员长的训令，任命袁煦圻、邓植仪、李振良、王超、潘树勋、朱念慈、李枚叔、翟瑞元等为东莞明伦堂沙田经理局整理委员会委员的训令。【《广东省政府训令》，《广东公报》第三五二九期，1937 年 2 月】

一九三七年抗日战爭爆发，曾充广州市公安局督察长的袁煦圻（雪岩）接任了明倫堂經理局委員会的委員长。广州淪陷前，袁煦圻把明倫堂搬到了香港；广州淪陷以后，明倫堂又多了一个委員长：是敌伪委派的。这时港、穗各有一个明倫堂，两个明倫堂都管事，耕家两边交租，三方面都各得其所。因为当时谷价高涨，币値較低，耕家們有的是鈔票，为了不得罪任何一方，所以分向两个明倫堂交租。袁煦圻在香港花天酒地，在舞场上乱花錢，引起东莞人的不滿，在曲江（战时省会）的东莞軍政要員如蔣光鼐、徐景唐、馮次淇等多人联名請当时的省主席李汉魂委我为明倫堂的委員长。我再任这个职位，事前毫无所聞，反而是那些耕家們早知道了，他們找我問明倫堂的事情，幷說李汉魂的秘書张汝釗（东莞人）已有电报通知了他們。过了不久，我果然接到李汉魂的电报，蔣光鼐、馮次淇等人也有电来，勉我要为桑梓服务。袁煦圻向我交代之后，我在九龙山林道租了一层楼作为明倫堂的办事处。这一屆的委員人选，記得的有：黃俠毅，民国后东莞第一任县长，曾任总董；叶显，曾任佛山市市长；瞿瑞元，徐景唐的政治部主任；蔣严博，蔣光鼐的堂兄，曾任十九路軍团长，潘擎一，蔣光鼐的妹夫，曾任某师部参謀长；张拔超，曾任东莞县长。这夥人中，叶显居住澳門，其余都在香港，是我函商蔣、徐等决定，呈請省府派委的。当时有两批共十多頃沙田是承批滿期了的，我在香港开投了，敌伪的广州明倫堂也在广州开投，两边承投的都是一个耕家。当时的沙田地区，情况非常复杂，国民党的游击队、

1937年抗日战争全面爆发后，原广州市公安局督察长袁煦圻接任东莞明伦堂经理局整理委员会委员长，袁煦圻把东莞明伦堂的办公地点搬至香港，后由叶少华接任。广州沦陷后，汪伪广东治安维持委员会任命莫振廷为伪东莞明伦堂沙田经理局整理委员会委员长。由此，出现了两个沙田经理局整理委员会并存的局面。【叶少华：《我所知道的东莞明伦堂》，《广东文史资料》第16辑，第19页】

一九四一年香港危急时，我准备避入內地，遂函請曲江方面派人接替我的委員长职务。这时适李章达辞去第四战区軍法执行监的职务，閑居曲江。我又函李請其来接，李复說不能来港。我又函徐景唐、蔣光鼐等人要求在李章达未能亲来前，可由黃俠毅代理，李在曲江遙領。当时委員都无变动，他們复函同意后，我就替李章达刻了一顆图章，办了交代，实則是左手交給右手。香港淪陷后，黃俠毅又把明倫堂搬到了澳門，以后又把一部文件經由广州湾搬到了曲江。明倫堂在曲江又酝釀改組，在曲江东莞同乡会召开邑人大会，到会者甚众，公推蔣光鼐为委員长，委員名額扩大到二、三十人，徐景唐、李扬敬、馮次淇、王若周等都是委員。蔣光鼐說："不能有两个蔣委員长"，遂改为董事会，改称董事长。委員也改称董事，并設名誉董事多人。

在曲江的明倫堂一样向沙田的耕家收租，沙田耕家也分向曲江和广州两个明倫堂交租。当时有个李威是李扬敬父亲李明生生前的亲信，經常出入于曲江、广州、惠州、香港間，他搞运輸和走私，与国民党部队和敌伪部队都有勾搭，神出鬼沒地通过双方的封鎖綫，毫无阻拦。于是派李威为总务，代表曲江的明倫堂在广州向沙田的耕家收租，一直到抗战胜利。香港淪陷时，李济深、蔣光鼐、蔡廷鍇和我等四家人由香港逃回內地，由袁虾九的参謀王永椿护送我們，当时为我們带路的就正是这个李威，抗战胜利后，李威接收了敌伪和耕家在广州东堤开設的米机和谷棧。

蔣光鼐这个董事长一直当到解放，解放后他把明倫堂的契据文件等交給了軍管会接收。这一片由珠江流水冲积而成并由农民多年辛勤培育了起来的良田，至此才回到人民的手里。

1941年，李章达接替叶少华任东莞明伦堂委员长，由黄侠毅在香港代行职务。香港沦陷后，黄侠毅又把东莞明伦堂搬到了澳门，以后又把一部分文件经广州搬到了曲江。1942年，东莞明伦堂在曲江召开同乡会公选蒋光鼐为东莞明伦堂董事长，日常事务交由常务董事袁良骅主持。【叶少华：《我所知道的东莞明伦堂》，《广东文史资料》第16辑，第20–21页】

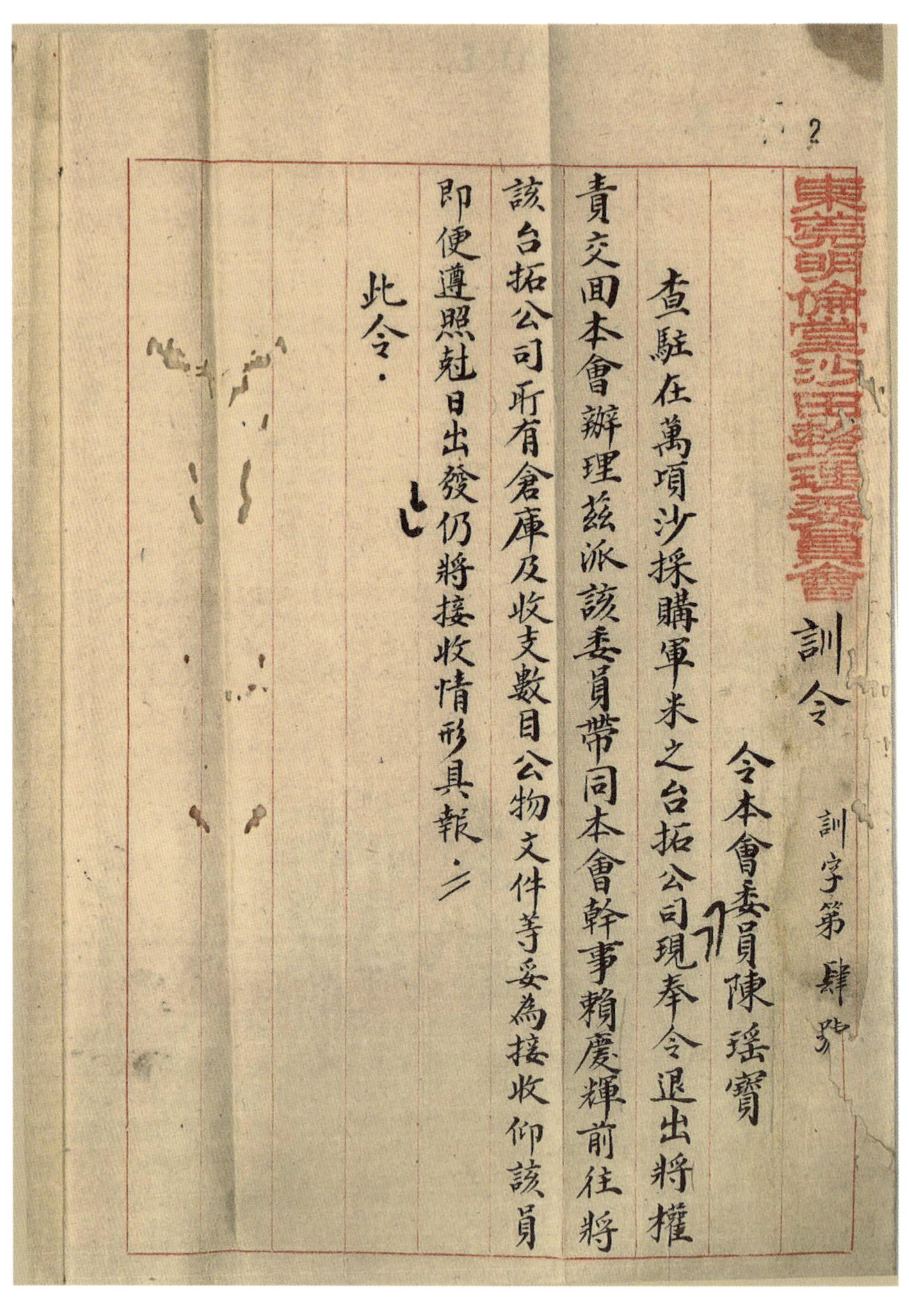
東莞明倫堂沙田整理委員會訓令

訓字第肆號

令本會委員陳瑶寶

查駐在萬頃沙採購軍米之台拓公司現奉令退出將權責交回本會辦理茲派該委員帶同本會幹事賴慶輝前往將該台拓公司所有倉庫及收支數目公物文件等妥為接收仰該員即便遵照尅日出發仍將接收情形具報。

此令。

1941 年 3 月，伪东莞明伦堂沙田经理局整理委员会关于陈瑶宝接受台拓公司移交事宜的训令【中山市档案馆，东莞明伦堂档案 1-A1［1］6-339-1】

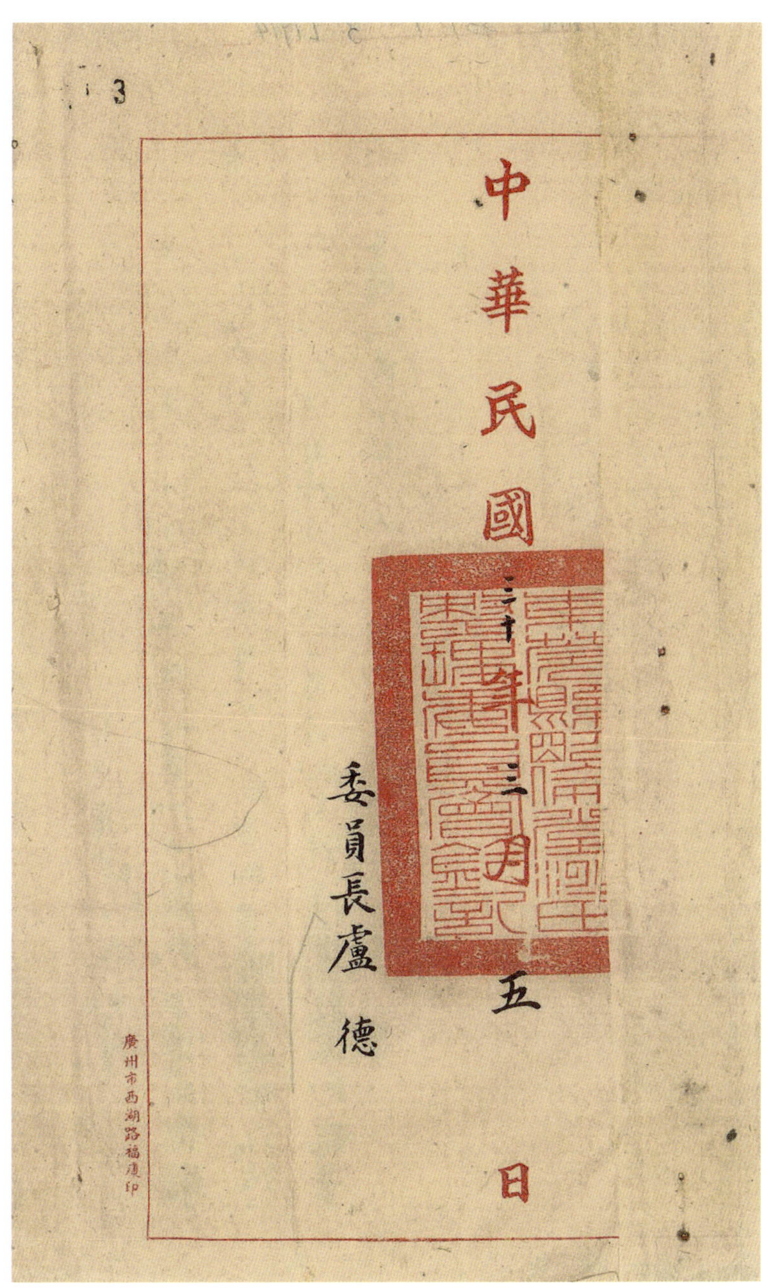

中華民國三十年三月五日

委員長盧德

廣州市西湖路福慶印

（续上页）【同上】

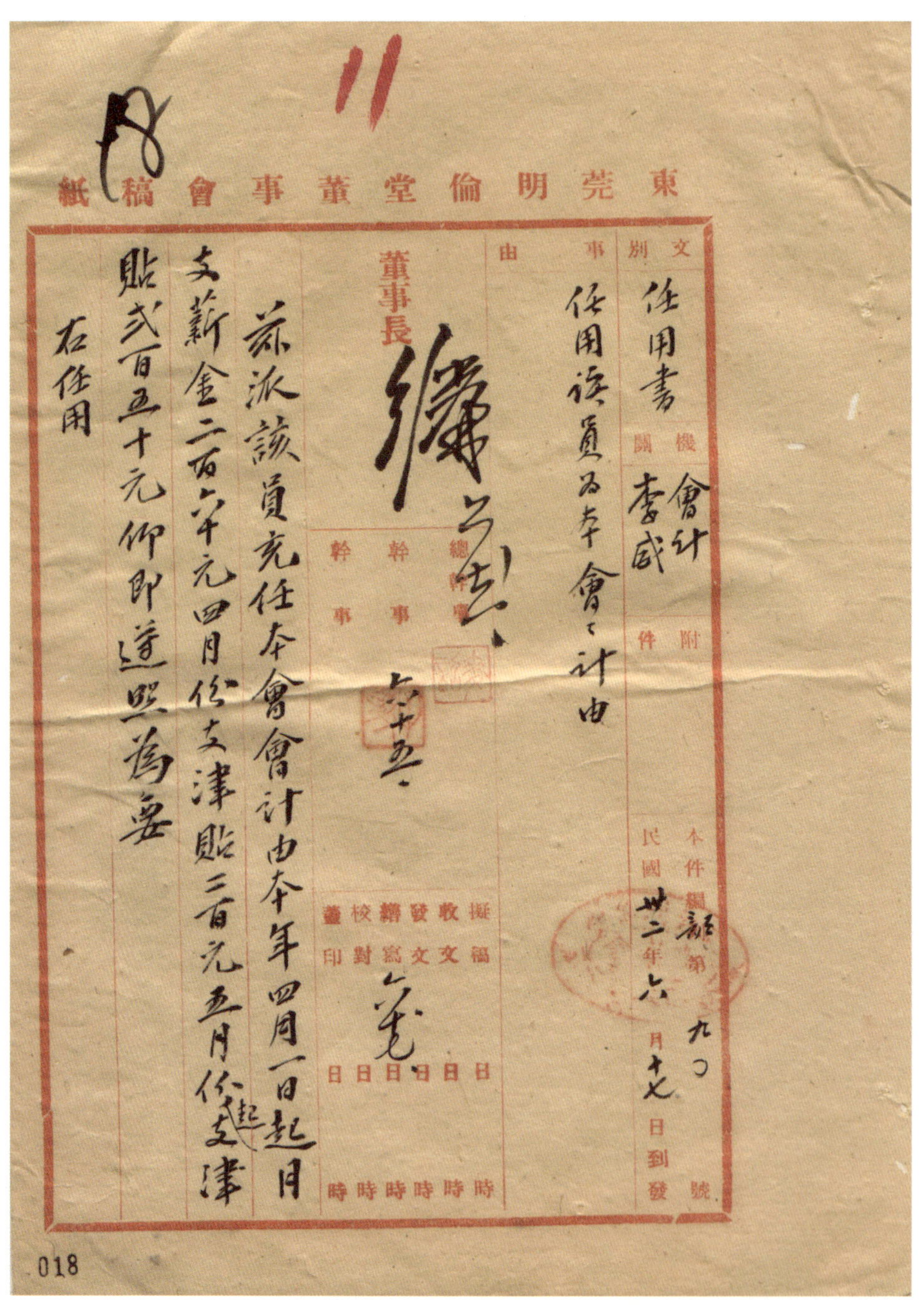

18 11

東莞明倫堂董事會稿紙

文別	任用書
事由	任用該員爲本會會計由
機關	會計 李威
附件	
本件編號	第九〇號
民國	卅二年六月十七日到發

董事長 （簽名）

總幹事 幹事 幹事 六十五

擬稿 收文 發文 繕寫 校對 蓋印 日 時

茲派該員充任本會會計由本年四月一日起日支薪金二百六十元四月份支津貼二百元五月份起支津貼貳百五十元仰即遵照爲要

右任用

018

1943 年 6 月 17 日，任用李威为东莞明伦堂会计任用书【东莞市档案馆，东莞明伦堂档案 1-7-0008-07】

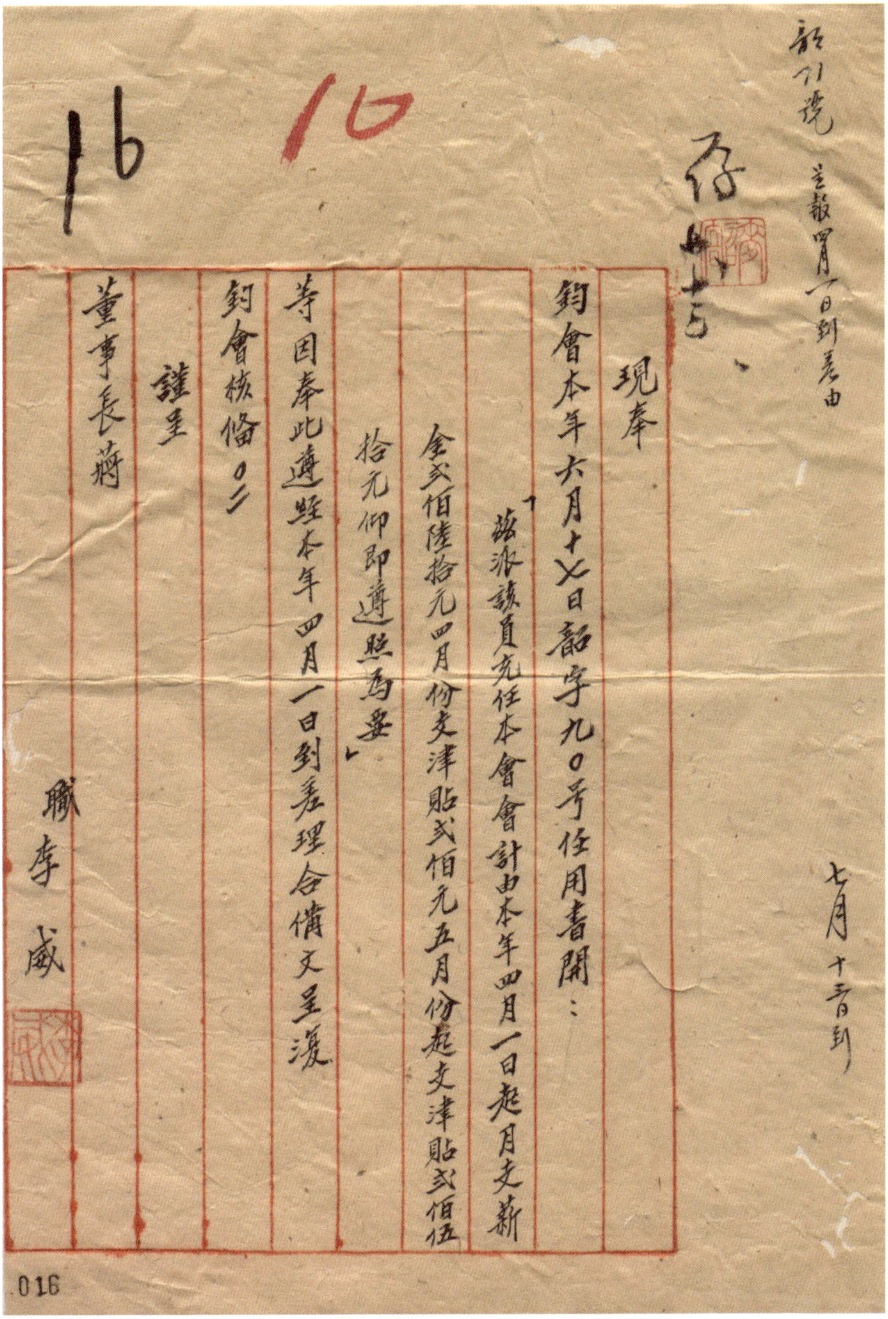

呈報四月一日到差由

七月十三日到

現奉

鈞會本年六月十七日函字九○號任用書開：

「茲派該員充任本會會計由本年四月一日起月支薪金弍佰陸拾元四月份支津貼弍佰元五月份起支津貼弍佰伍拾元仰即遵照爲要」

等因奉此遵照本年四月一日到差理合備文呈復

鈞會核備○○

謹呈

董事長蔣

職李威

016

1943 年 7 月 13 日，李威到任东莞明伦堂会计后呈董事长蒋光鼐函【同上】

1945年8月28日，袁良骅奉蒋光鼐密电，偕同李威前往广州，交涉并点收伪东莞明伦堂沙田经理局整理委员会财产，并勒令伪自卫局暨护沙队悉数交出公物和枪支，在曲江东莞明伦堂自卫局还未到达万顷沙以前，仍需负责地方防卫。随后，又指令梁玉阶为万顷沙护沙总队队长，进驻万顷沙维持治安，通知佃人悉数上缴1945年的头季租谷，先期已交伪东莞明伦堂者不予承认。同年8月30日，共接受伪东莞明伦堂现款储券一千八百余万元，存万顷沙租谷三十余万斤，伪东莞明伦堂职员七十余人全部遣散，由曲江东莞明伦堂六名新旧职员继续办公，早造租谷完全制止交收。【《电报接收伪明伦堂情形》，东莞市档案馆，东莞明伦堂档案81-36】

1946年4月28日，东莞明伦堂董事会在广州召开会议，共有董事和名誉董事蒋光鼐、徐景唐、张达、陈仲英、罗瑶、李章达、王应榆、李扬敬、冯次淇、袁良骅、李节文、王体瑞、叶显、邓庆史、何仲达、王铎声、张我东、王光海、邓植仪、张尔超、吴建华、方育之、麦骞等二十四人参加，囊括了广东军政界最有权威的莞籍人物。会议主要讨论修正东莞明伦堂董事会组织章程，并推定由李扬敬负责，王光海、王应榆、罗瑶等起草选举法。会议最后订定的组织章程如下：

明伦堂董事会组织章程[①]
（1946年）

第一条，为管理明伦堂所有财产，并以其收益促进本邑教育文化及其他地方福利事业起见，设置东莞明伦堂董事会。

第二条，董事会设于县城，但为适应局势需要时得设于省会所在地。

第三条，董事会由董事长一人，副董事长一人，董事若干人组构之，其总额不得超过二十一人。

第四条，董事由热心邑事之邑人，具有左列资格之一者均得选举及被选：

（一）曾任文官简任一年以上者；

（二）曾任武官少将一年以上者；

（三）服务党国十五年以上著有功勋者；

① 《明伦堂有关各项会议材料》，东莞市档案馆，东莞明伦堂档案81-40。

（四）公正贤明，素孚乡望，办理地方福利事业著有成绩者。

第五条，有下列情事之一者不得当选为董事：

（一）曾受政府褫夺公权处分者；

（二）现为本堂佃人者；

（三）劣迹昭著，经邑人举发有据者。

第六条，董事长、副董事长由董事互选之。

第七条，董事会每三个月开会一次，必要时由董事长或经董事五人以上之连名请求得召开临时会议。

第八条，董事会须有董事半数以上之出席方得开会，出席人数三分之二同意方得议决。

第九条，董事开会时，董事长为主席，董事长缺席时由副董事长主席，副董事长缺席时由常务董事互推一人为主席。

第十条，董事会设常务董事四人，由董事长提出加倍人数交董事会选定之，辅助董事长处理日常会务，任期为一年。

第十一条，常务董事会每周开会一次，必要时召开临时会议。

第十二条，左列事项须经董事会议决：

（一）本堂兴革计划之核定；

（二）有关业务机构之设置；

（三）有关规章之核定；

（四）预算决算之核定及工作报告之审查；

（五）投田合约及其他有关本堂法益契约之核准；

（六）总干事组长会计及所属机构之主管人员之任免。

第十三条，左列事项须经常务董事会议议决：

（一）本堂兴革计划及有关规章之拟定；

（二）预算决算及工作报告之编造；

（三）干事、助理干事、助理会计及所属机构职员之任免。

第十四条，董事为义务职，但开会时酌支出席费，董事长及常务董事得支夫马费。

第十五条，董事每三年改选一次，连选得连任。

第十六条，下届董事选举事务由董事会于任满一个月前办理之。

第十七条，有第四条所开列各项资格之一年高德劭而无第五条之情事者，得由董事会聘为本堂名誉董事。

第十八条，董事会设总干事一人承董事副董事之命，董事之指导指挥所属办理会务，总干事下分设总务组、财务组、教育社会组及水利组四组，置组长一人，干事、助理干事各若干人，水利组并得设置技术人员，分别办理各该组业务。

第十九条，本章程自提经第一届董事选举大会通过之日施行。

第二十条，本章程如有未尽事宜，得由董事会修正，并须向次届董事选举大会提请追认。

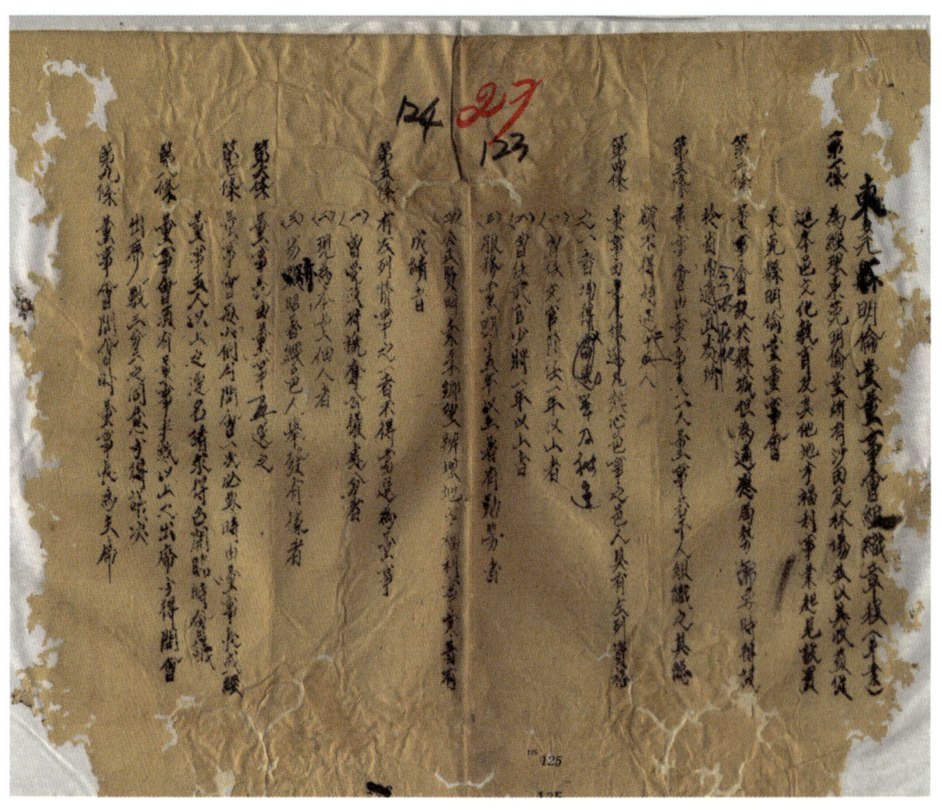

东莞县明伦堂董事会组织章程（草案）【中山市档案馆，东莞明伦堂档案】

会议最后选举蒋光鼐为董事长，徐景唐为副董事长，并指派了各工作组的人事分工。麦謇任首任总干事，东莞中学校长卢翊任教育组组长，香棣真任总务组组长，李威任财务组组长。此外，还设立了交通水利组，后来，又增设了储运组，这次会议后，蒋光鼐、徐景唐一直担任正副董事长，直到解放。下图为明伦堂组织架构图：

蒋光鼐（1888——1967），东莞虎门人，民国时期曾任十九路军总指挥。抗日战争时期任第四、七战区副司令长官，解放后任纺织工业部部长。曾任东莞明伦堂整理委员会董事长。

徐景唐（1892——1967），东莞东城人，民国时期曾任广东省建设厅、民政厅厅长等职。抗日战争时期任第十二集团军副总司令。曾任东莞明伦堂整理委员会委员长。

李扬敬（1894——1988），东莞莞城人，民国时期曾任广东省民政厅厅长、广州市市长、抗日战争时期任湖南省政府委员兼秘书长。曾任东莞明伦堂整理委员会委员长。

自东莞明伦堂董事会成立后，董事会会议成为决定各项重大事项的重要形式，东莞明伦堂制定了各方面的章程和制度，诸如，《东莞明伦堂董事会办事细则》等，其管理进一步的规范化、公开化、民主化。

东莞明伦堂董事会办事细则①

1. 本会办公厅由总干事经常主持领导并督促各组工作。

2. 本会暂设总务、财务、教育社会、水利四组，组长应就其职掌范围，为全盘之筹划并对于董事会决定之方案执行之。

3. 本会收到各项文件由收发编号登记得先送主管组组长签拟办法，再经总干事审核，呈董事长决定，发还各组拟稿。

4. 凡各组组员撰拟文稿，须经组长修正，再送总干事审核，呈董事长判行后送总务组缮发。

5. 典守印信人员须将印信慎重保管，凡经董事长判行之稿件或条谕，加盖之件应由收发填送印部送印，乃得照钤。

6. 各组文件未有特殊原因，不得积压，并于办竣后立即归档。

7. 本会职员领取办公物品，须签具领物单，由总物组长核批，交庶务发给。

8. 每日办公时间规定：上午八时至十一时，下午一时至五时，星期日及例假休息，但遇急要公务得随时延长办公时间或不休假。

9. 日常庶务杂项支出如超过五千元以上不足三万元者，须签请总干事核准方得支付。其超过三万元者，并应转呈董事长核准。

10. 职员有事请假需经请假手续，并须商请同事代理所办公务。

11. 财务组所存现金不得超过二十万元，逾额即须存入银行。

12. 存款提取须经财务组呈明事由，核准后方发支票。

13. 所有一切支出，无论补助费经常费，须先由领款者填具请款单，送董事长核准方得支付。

14. 财务组须将每日收支数目列表呈阅，并须将数目列入账簿。

15. 来会领款一经核准即须支付，不得延缓。

16. 常务会议由总务组编列议程，会议时记录，会议后整理呈送核定之后，并于下次会议二读后油印，分送各董事参阅。

---

① 东莞市档案馆，东莞明伦堂档案 1-7-0038-10。

17. 运务组虽系临时机构，其办事手续照上列各条规定。

18. 职员奉派出差配支出差费用（应否此照省府各级职员出差费标准，请核定）。

19. 本细则经常务会议核定施行。

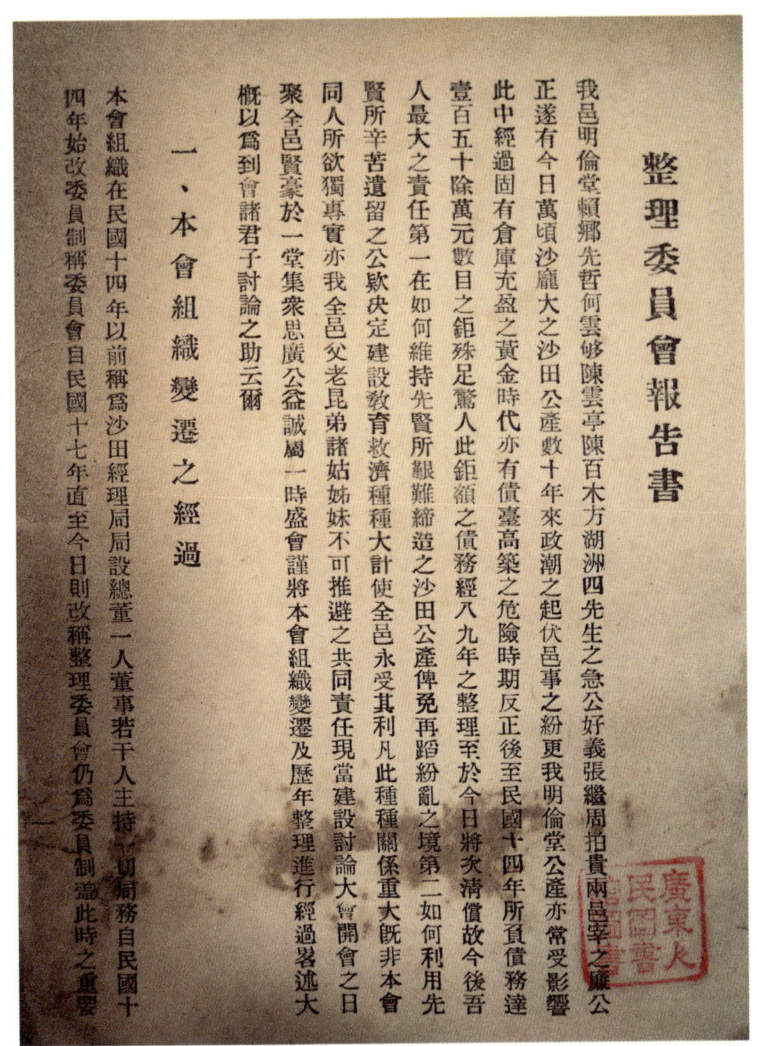

整理委員會報告書

我邑明倫堂賴鄉先哲何雲够陳雲亭陳百木方湖洲四先生之急公好義張繼周拍貴兩邑宰之廉公正遂有今日萬頃沙龐大之沙田公產數十年來政潮之起伏邑事之紛更我明倫堂公產亦常受影響此中經過固有倉庫充盈之黃金時代亦有債臺高築之危險時期反正後至民國十四年所負債務達壹百五十除萬元數目之鉅殊足驚人此鉅額之債務經八九年之整理至於今日將次清償故今後吾人最大之責任第一在如何維持先賢所艱難締造之沙田公產俾免再蹈紛亂之境第二如何利用先賢所辛苦遺留之公欵決定建設教育救濟種種大計使全邑永受其利凡此種種關係重大既非本會同人所欲獨專實亦我全邑父老昆弟諸姑姊妹不可推避之共同責任現當建設討論大會開會之日聚全邑賢豪於一堂集衆思廣公益誠屬一時盛會謹將本會組織變遷及歷年整理進行經過畧述大概以爲到會諸君子討論之助云爾

一、本會組織變遷之經過

本會組織在民國十四年以前稱爲沙田經理局局設總董一人董事若干人主持一切局務自民國十四年始改委員制稱委員會自民國十七年直至今日則改稱整理委員會仍爲委員制蓋此時之重要

东莞明伦堂沙田经理局整理委员会“自民国十七年（1928）直至今日，则改称整理委员会。仍为委员制，盖此时之重要任务在清理债务并整理明伦堂全部财产”。【《东莞伦明堂整理委员会报告书》，第 1 页】

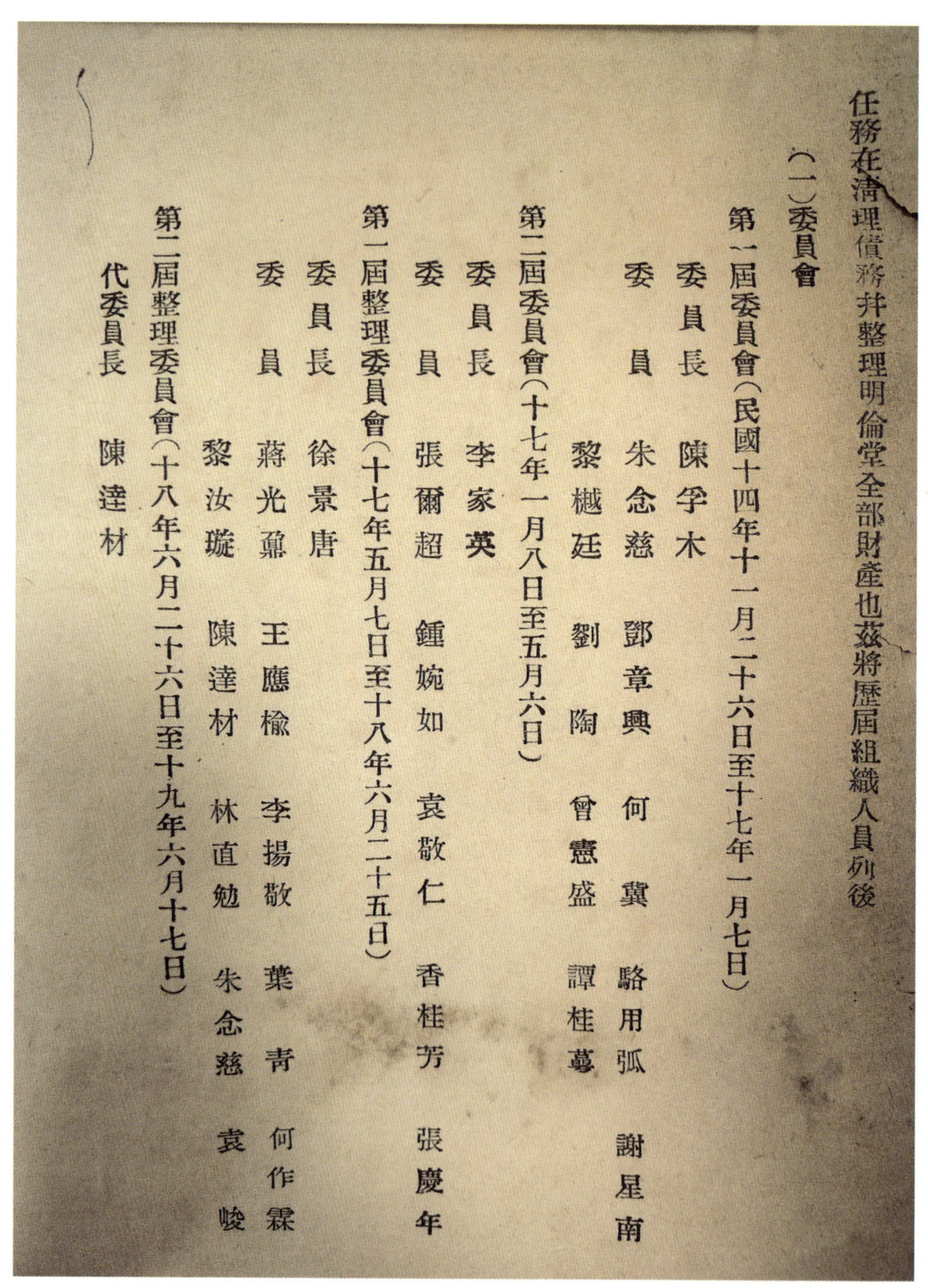

任務在清理債務并整理明倫堂全部財產也茲將歷屆組織人員列後

（一）委員會

第一屆委員會（民國十四年十一月二十六日至十七年一月七日）

委員長　陳孚木

委　員　朱念慈　鄧章興　何　冀　駱用弧　謝星南

黎樾廷　劉　陶　曾憲盛　譚桂蕚

第二屆委員會（十七年一月八日至五月六日）

委員長　李家英

委　員　張爾超　鍾婉如　袁敬仁　香桂芳　張慶年

第一屆整理委員會（十七年五月七日至十八年六月二十五日）

委員長　徐景唐

委　員　蔣光鼐　王應榆　李揚敬　葉　青　何作霖

黎汝璇　陳達材　林直勉　朱念慈　袁　峻

第二屆整理委員會（十八年六月二十六日至十九年六月十七日）

代委員長　陳達材

东莞明伦堂沙田经理局整理委员会历届组织人员【《东莞伦明堂整理委员会报告书》，第 2 页】

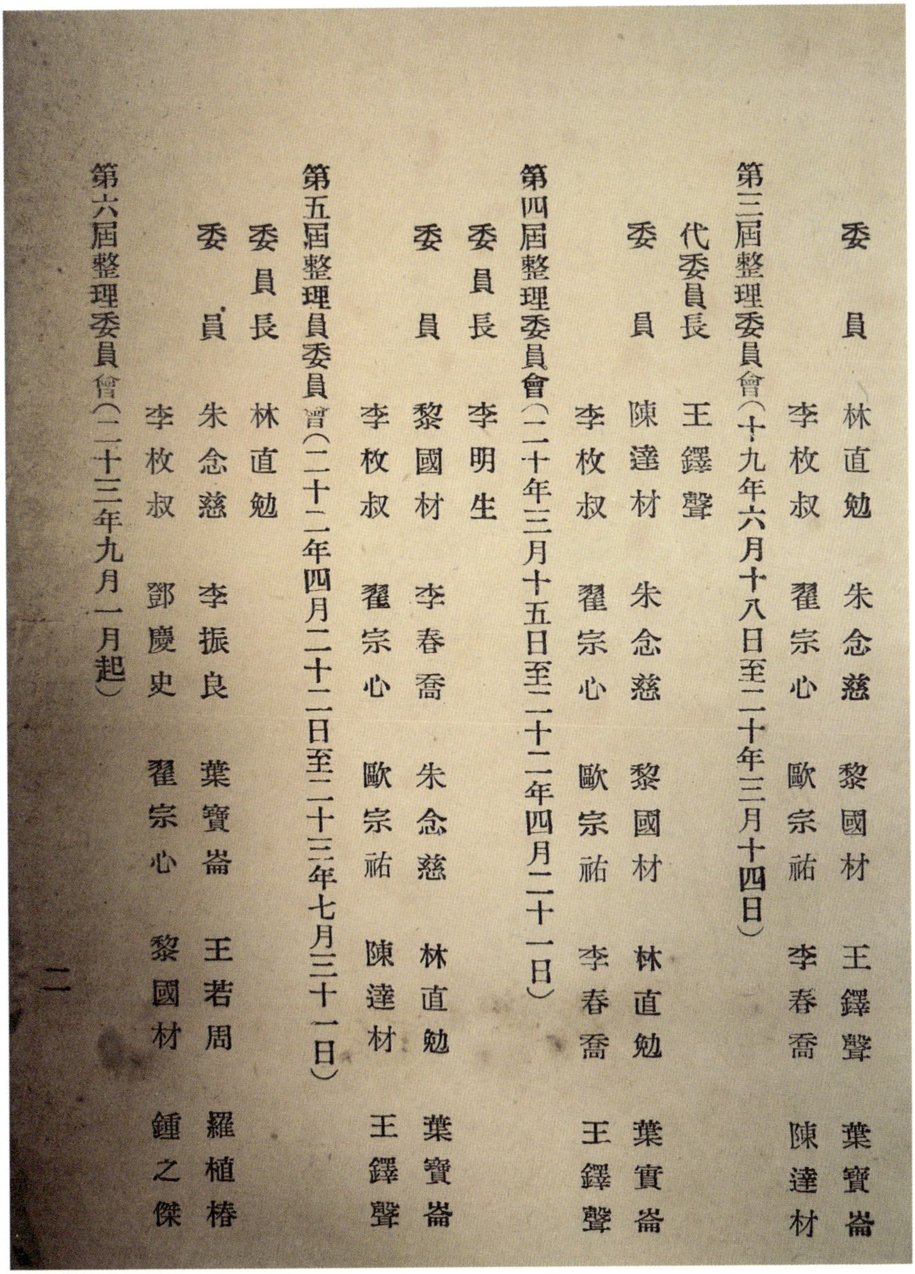

委　員　林直勉　朱念慈　黎國材　王鐸聲　葉寶崙
　　　　李枚叔　翟宗心　歐宗祐　李春喬　陳達材

第三屆整理委員會（十九年六月十八日至二十年三月十四日）

代委員長　王鐸聲
委　員　陳達材　朱念慈　黎國材　林直勉　葉寶崙
　　　　李枚叔　翟宗心　歐宗祐　李春喬　王鐸聲

第四屆整理委員會（二十年三月十五日至二十一年四月二十一日）

委員長　李明生
委　員　黎國材　李春喬　朱念慈　林直勉　葉寶崙
　　　　李枚叔　翟宗心　歐宗祐　陳達材　王鐸聲

第五屆整理員委員會（二十一年四月二十二日至二十三年七月三十一日）

委員長　林直勉
委　員　朱念慈　李振良　葉寶崙　王若周　羅植椿
　　　　李枚叔　鄧慶史　翟宗心　黎國材　鍾之傑

第六屆整理委員會（二十三年九月一日起）

二

（续上页）【同上】

委員會 李揚敬

委　員 羅植椿 朱念慈 王若周 李振良 黎國材

鄧慶史 李枚叔 鍾之傑 葉寶崙 翟宗心

二、本會整理工作之經過

查民國十四年以前明倫堂每年收入已有四十餘萬元以之辦理全邑教育公益本屬綽有餘裕何致舉債度日但反正以後政府財政竭蹶派消大量公債本省軍閥時代苛索誅求名目百出加以當時主持者未盡得法既乏開源節流之術遂有捉襟見肘之憂明倫堂財政之紊亂蓋非一朝一夕之故矣本會成立以後整理工作約分兩點第一對於明倫堂財產謀根本整頓以求收入之增加第二對於明倫堂債務謀根本清理以求產業之回復關於第一點自第一屆陳委員長孚木就職後對於各圍田從前批租過少者一律廢約加三升租對於水灘新生成田者一律升科丈溢自經此次整理後每年收入增加十萬餘元使明倫堂辦理公益費用增益不少關於第二點亦在陳委員長孚木任內製定八年分期清付債欵本息計劃本會債務之整理蓋以此時爲嚆矢自此以後歷屆委員切實執行此項還債計劃逐年清付絕無拖欠從前一切浪費消耗之陋習根本剷除無爲支出絲毫去盡

兢兢惟求債務之早日清理數年以來緊縮沉默之態度其苦衷眞有不敢爲外人道者也至民國

东莞明伦堂沙田经理局整理委员会整理工作之经过【《东莞伦明堂整理委员会报告书》，第3页】

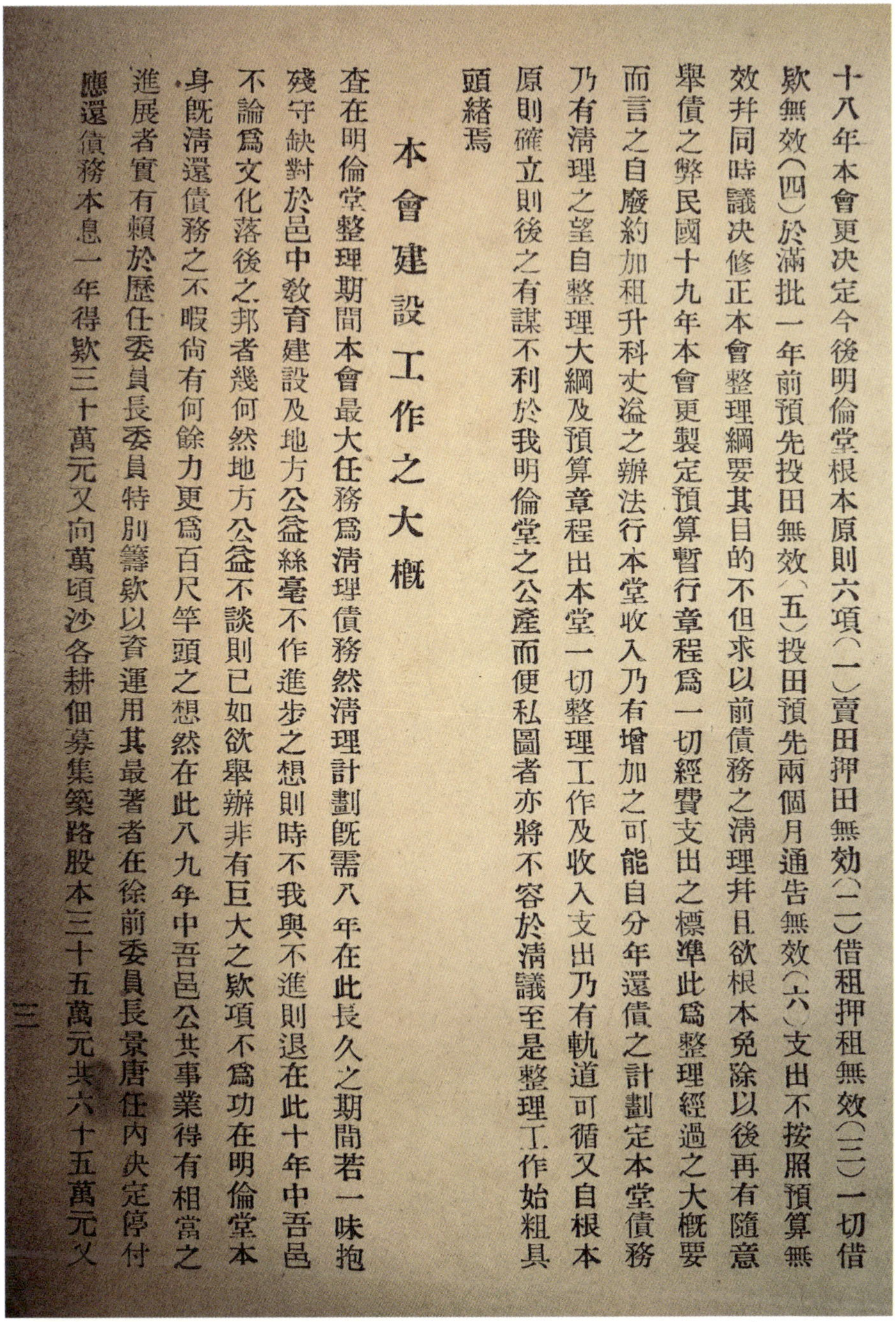

十八年本會更決定今後明倫堂根本原則六項（一）賣田押田無効（二）借租押租無效（三）一切借欵無效（四）於滿批一年前預先投田無效（五）投田預先兩個月通告無效（六）支出不按照預算無效并同時議決修正本會整理綱要其目的不但求以前債務之清理并且欲根本免除以後再有隨意舉債之弊民國十九年本會更製定預算暫行章程爲一切經費支出之標準此爲整理經過之大概要而言之自廢約加租升科丈溢之辦法行本堂收入乃有增加之可能自分年還債之計劃定本堂債務乃有清理之望自整理大綱及預算章程出本堂一切整理工作及收入支出乃有軌道可循又自根本原則確立則後之有謀不利於我明倫堂之公產而便私圖者亦將不容於清議至是整理工作始粗具頭緒焉

本會建設工作之大概

查在明倫堂整理期間本會最大任務爲清理債務然清理計劃既需八年在此長久之期間若一味抱殘守缺對於邑中敎育建設及地方公益絲毫不作進步之想則時不我與不進則退在此十年中吾邑不論爲文化落後之邦者幾何然地方公益不談則已如欲舉辦非有巨大之欵項不爲功在明倫堂本身既清還債務之不暇尙有何餘力更爲百尺竿頭之想然在此八九年中吾邑公共事業得有相當之進展者實有賴於歷任委員長委員特別籌欵以資運用其最著者在徐前委員長景唐任內決定停付應還債務本息一年得欵三十萬元又向萬頃沙各耕佃募集築路股本三十五萬元共六十五萬元又

三

东莞明伦堂沙田经理局整理委员会建设工作之大概【同上】

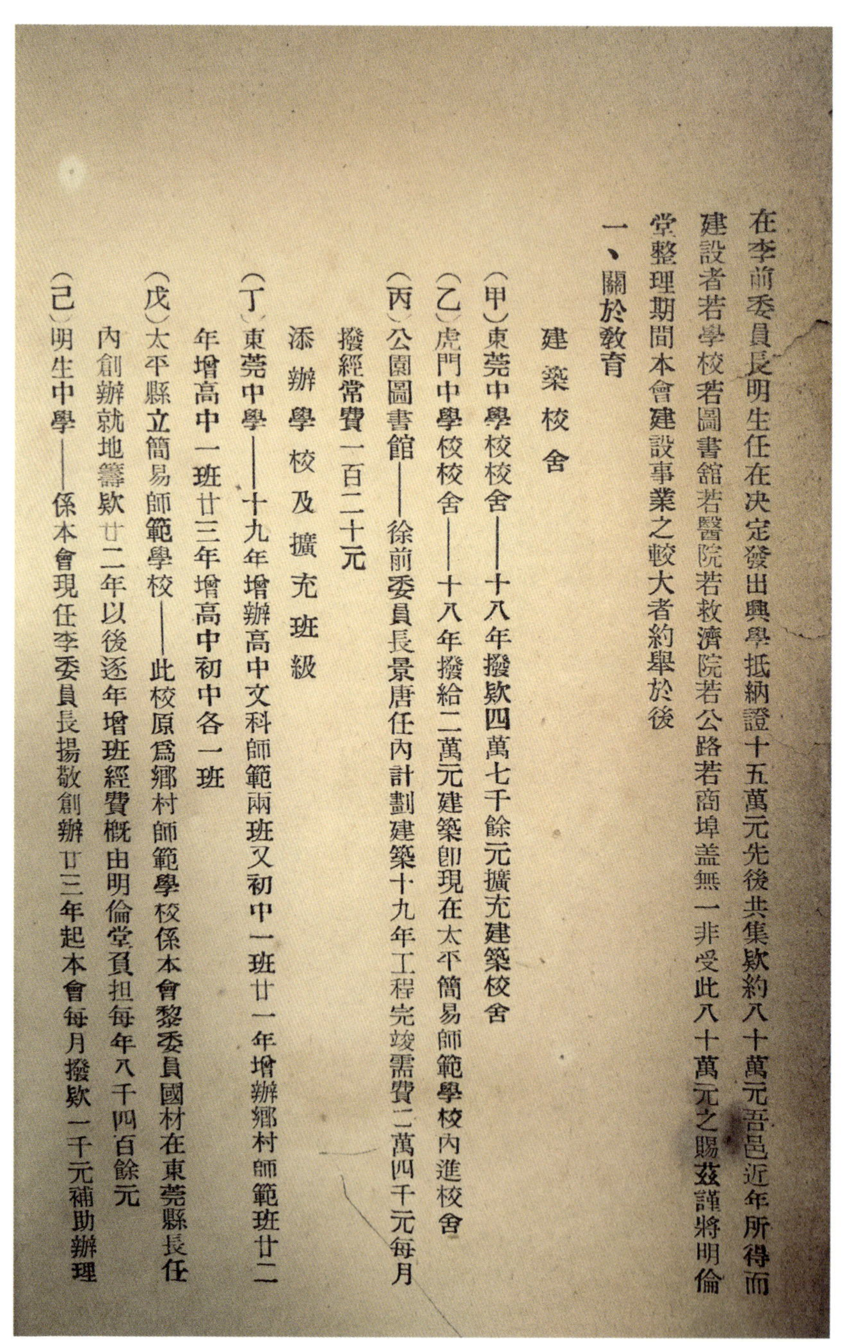

在李前委員長明生任在決定發出興學抵納證十五萬元先後共集欵約八十萬元吾邑近年所得而建設者若學校若圖書館若醫院若救濟院若公路若商埠盖無一非受此八十萬元之賜兹謹將明倫堂整理期間本會建設事業之較大者約舉於後

一、關於教育

建築校舍

(甲)東莞中學校校舍——十八年撥欵四萬七千餘元擴充建築校舍

(乙)虎門中學校校舍——十八年撥給二萬元建築即現在太平簡易師範學校內進校舍

(丙)公園圖書館——徐前委員長景唐任內計劃建築十九年工程完竣需費二萬四千元每月撥經常費一百二十元

添辦學校及擴充班級

(丁)東莞中學——十九年增辦高中文科師範兩班又初中一班廿一年增辦鄉村師範班廿二年增高中一班廿三年增高中初中各一班

(戊)太平縣立簡易師範學校——此校原爲鄉村師範學校係本會黎委員國材在東莞縣長任內創辦就地籌欵廿二年以後逐年增班經費概由明倫堂負担每年八千四百餘元

(己)明生中學——係本會現任李委員長揚敬創辦廿三年起本會每月撥欵一千元補助辦理

东莞明伦堂沙田经理局整理委员会建设工作之教育 【《东莞伦明堂整理委员会报告书》，第 4 页】

(庚)增辦完全小學——廿二年撥欵增辦第四區第七區第十一區完全小學各一所又撥欵將莞城模範小學擴充改辦縣立第三完全小學增設各小學計共需欵開辦費共約五千元常年費共約二萬八千餘元

二、關於交通

(甲)莞龍莞太兩公路——十七年徐前委員長景唐計劃建築十八年陳前委員長達材任內完成共需欵三十九萬餘元

(乙)寶太公路——係本會蔣前委員光鼐王委員若周及太平當地人士集資建築東莞段廿二年完成明倫堂認股二萬元

(丙)惠樟公路——係惠屬人士集資建築因與吾邑莞樟路接連明倫堂認股五千元

三、關於實業

開闢新洲商埠——係本會黎委員國材廿一年在東莞縣長任內創辦廿二年本會撥欵一萬元本年十月委員大會議決增撥五萬元

四、關於水利

建築韓溪水閘——廿一年本會林前委員長直勉倡辦最力本會先後撥借欵項三萬元

五、關於救濟

(甲)救濟院——本會鄧委員慶史在現東莞縣長任創辦本會撥開辦費五千元每月經費一千七百餘元

(乙)東莞醫院——由莞城人士向各埠募捐舉辦本會撥建築費一萬元經常費每月三百元

(丙)虎門醫院——係本會蔣前委員光鼐王委員若周當地及各處人士捐資舉辦廿二年建築

四

东莞明伦堂沙田经理局整理委员会建设工作之交通、实业、水利、救济

【同上】

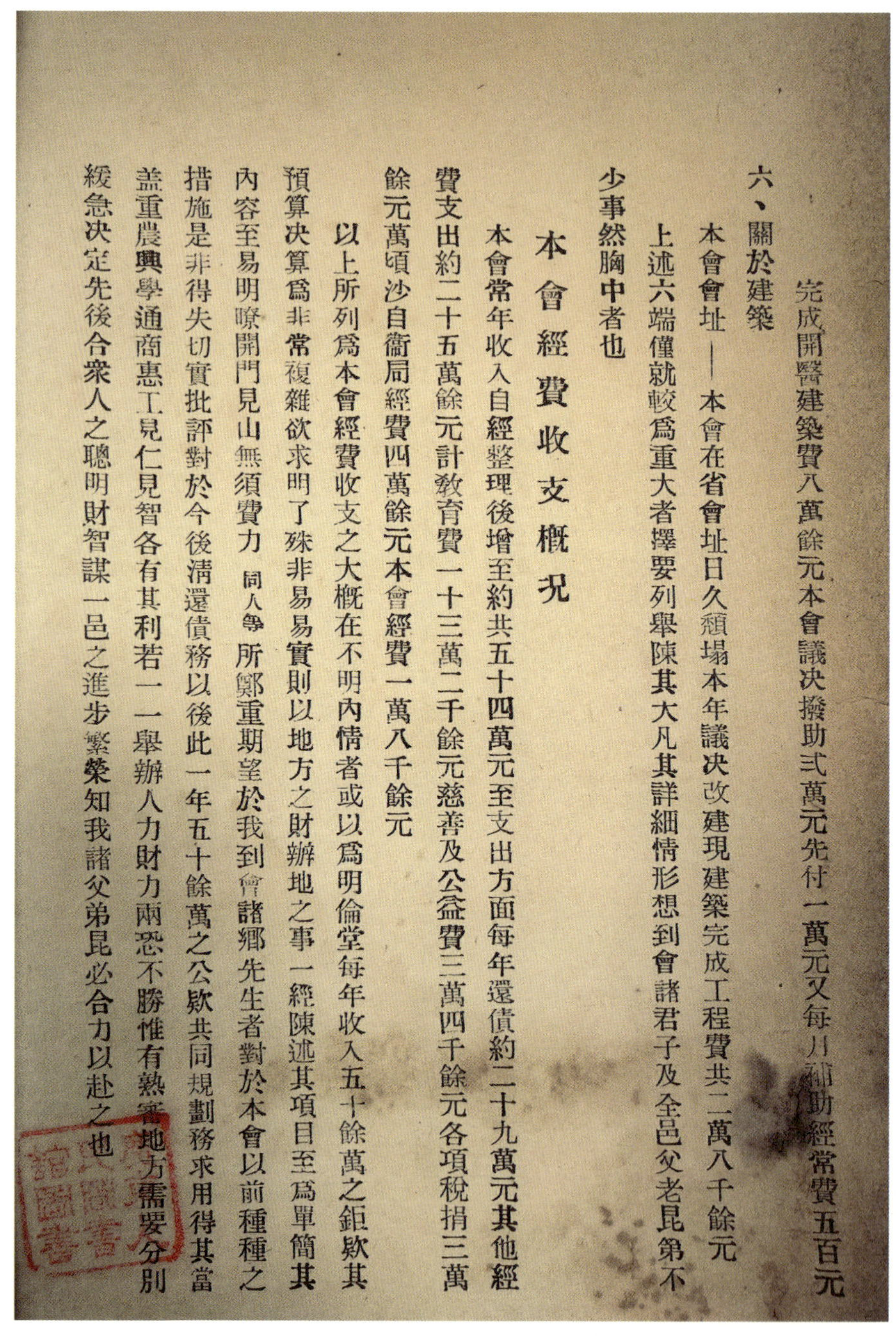

完成開醫建築費八萬餘元本會議决撥助弍萬元先付一萬元又每月補助經常費五百元

六、關於建築

本會會址——本會在省會址日久頹塌本年議决改建現建築完成工程費共二萬八千餘元

上述六端僅就較爲重大者擇要列舉陳其大凡其詳細情形想到會諸君子及全邑父老昆弟不少事然胸中者也

本會經費收支概況

本會常年收入自經整理後增至約共五十四萬元至支出方面每年還債約二十九萬元其他經費支出約二十五萬餘元計教育費一十三萬二千餘元慈善及公益費三萬四千餘元各項稅捐三萬餘元萬頃沙自衞局經費四萬餘元本會經費一萬八千餘元

以上所列爲本會經費收支之大概在不明內情者或以爲明倫堂每年收入五十餘萬之鉅欵其預算決算爲非常複雜欲求明了殊非易易實則以地方之財辦地方之事一經陳述其項目至爲單簡其內容至易明瞭開門見山無須費力同人等所鄭重期望於我到會諸鄉先生者對於本會以前種種之措施是非得失切實批評對於今後清還債務以後此一年五十餘萬之公欵共同規劃務求用得其當蓋重農興學通商惠工見仁見智各有其利若一一舉辦人力財力兩恐不勝惟有熟審地方需要分別緩急決定先後合衆人之聰明財智謀一邑之進步繁榮知我諸父弟昆必合力以赴之也

东莞明伦堂沙田经理局整理委员会建设工作之建筑以及整理委员会的经费收支情况【《东莞伦明堂整理委员会报告书》，第5页】

東莞明倫堂董事會移交所屬单位名稱清册

名稱	主管員姓名	備考
東莞明倫堂萬頃沙自衛局	局長蔣靜菴	
東莞明倫堂萬頃沙自衛局自衛大隊	大隊長王飛雄	該大隊由自衛局統轄
東莞明倫堂萬頃沙自衛局自衛大隊特務中隊	中隊長秦德	該中隊由自衛局直接統轄
東莞明倫堂萬頃沙自衛局通訊排	排長梁兆禧	該排由自衛局統轄
東莞明倫堂私立明倫小學	校長譚桂夢	有沙头沙尾兩分校
東莞明倫堂示範農場	場長葉伯蘇	
東莞明倫堂分耕園田	農場場長兼管	寶成、全安、德安等三圍
東莞明倫堂示範林場	場長鄧國安	
東莞明倫堂園藝苗圃	主任祁自強	
東莞明倫堂大嶺山農林墾殖場	場長黃群	

1949 年，东莞明伦堂董事会移交所属单位名称清册【中山市档案馆，东莞明伦堂档案 1–A1[1].6–462–2–1】

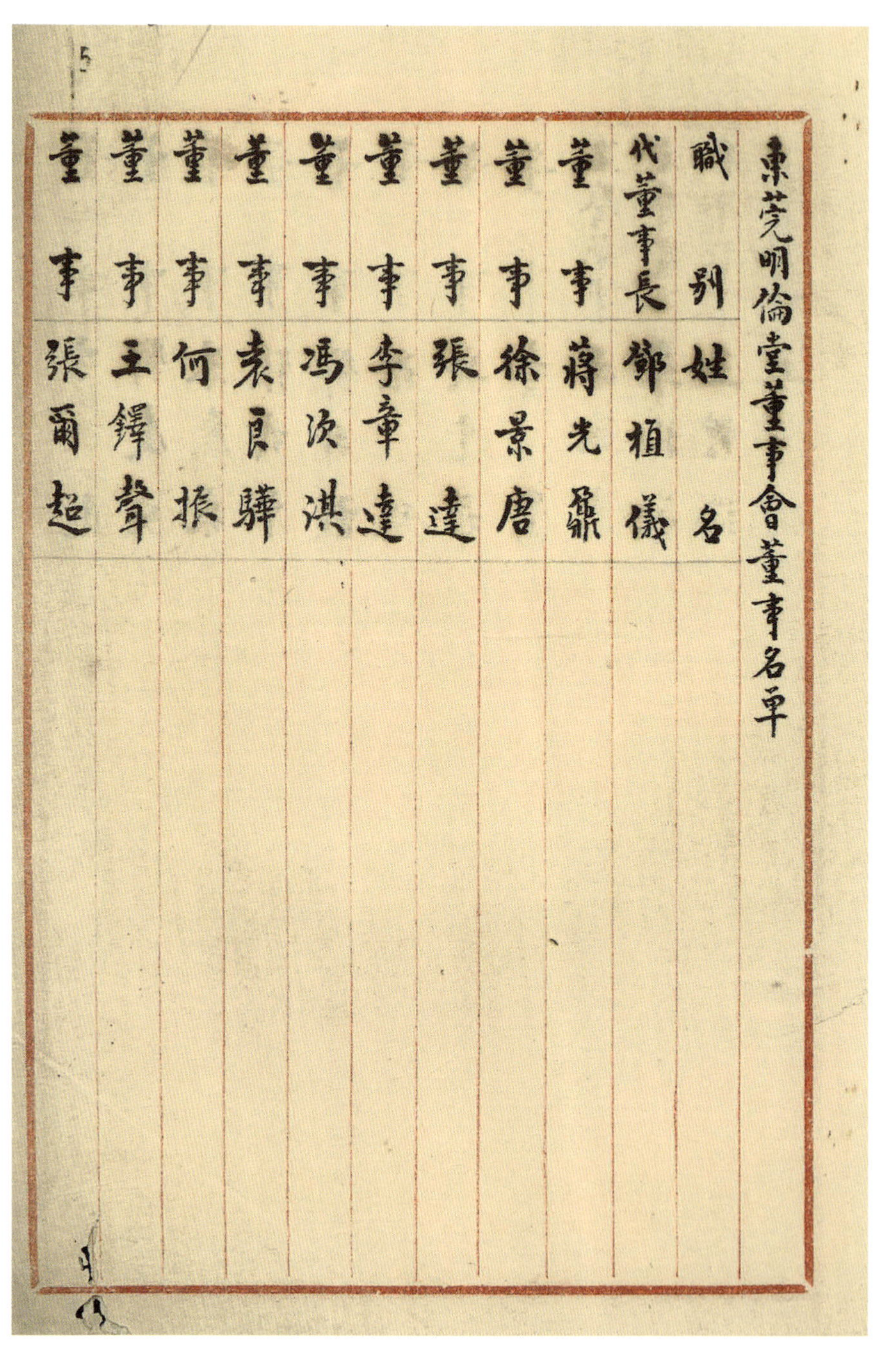

東莞明倫堂董事會董事名單

職別	姓名
代董事長	鄧植儀
董事	蔣光鼐
董事	徐景唐
董事	張達
董事	李章達
董事	馮次淇
董事	袁良驊
董事	何振
董事	王鐸聲
董事	張爾超

1949 年，东莞明伦堂董事会董事名单【同上】

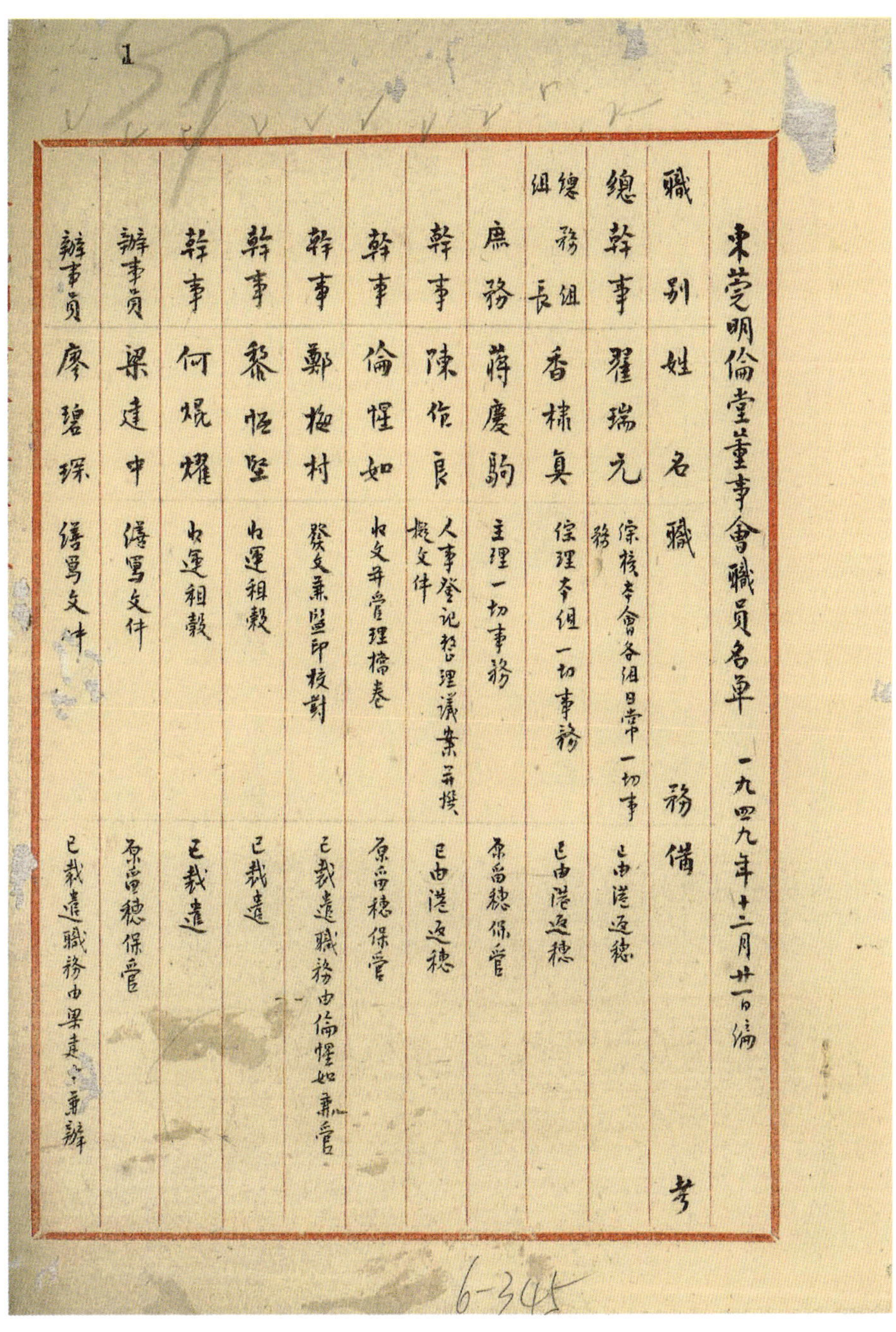

東莞明倫堂董事會職員名單　一九四九年十二月廿一日編

職別	姓名	職務	備考
總幹事	翟瑞元	綜核本會各組日常一切事務	已由港返穗
總務組組長	香棣眞	綜理本組一切事務	已由港返穗
庶務	蔣慶駒	主理一切事務	原留穗保管
幹事	陳佐良	人事登記整理議案并撰擬文件	已由港返穗
幹事	倫惺如	收文并管理檔卷	原留穗保管
幹事	鄭樾村	發文兼監印校對	已裁遣職務由倫惺如兼管
幹事	黎恒堅	收運租穀	已裁遣
幹事	何焜燿	收運租穀	已裁遣
辦事員	梁達中	繕寫文件	原留穗保管
辦事員	廖碧琛	繕寫文件	已裁遣職務由梁達中兼辦

6-345

1949 年 12 月，东莞明伦堂董事会职员名单【同上】

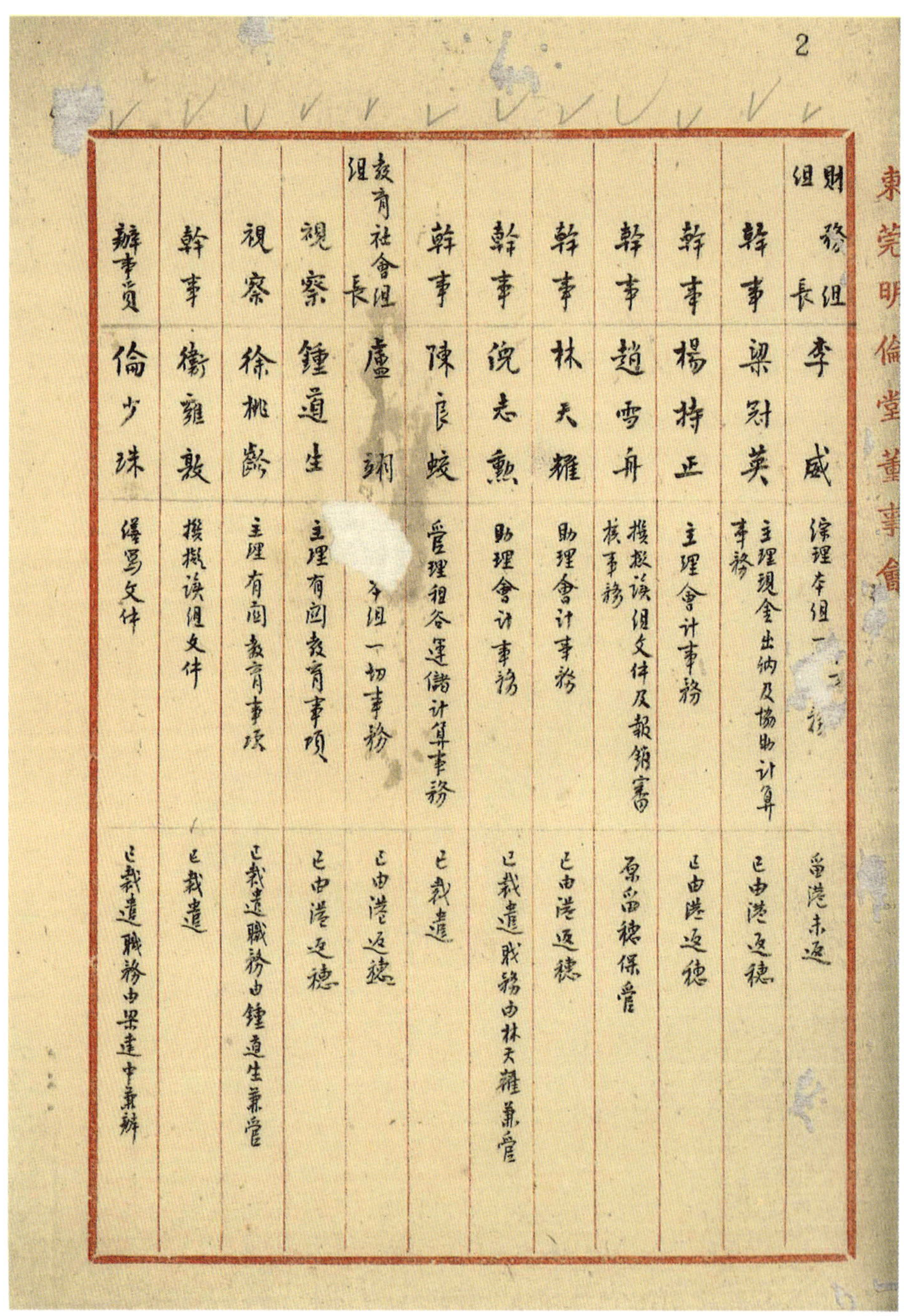

2

東莞明倫堂董事會

職務	姓名	職責	備註
財務組組長	李威	綜理本組一[illegible]務	留港未返
幹事	梁尉英	主理現金出納及協助計算事務	已由港返穗
幹事	楊持正	主理會計事務	已由港返穗
幹事	趙雪舟	撰擬該組文件及報銷審核事務	原留穗保管
幹事	林天雍	助理會計事務	已由港返穗
幹事	倪志勲	助理會計事務	已裁遣職務由林天雍兼管
幹事	陳良蛟	管理租谷運儲計算事務	已裁遣
教育社會組組長	盧翊	本組一切事務	已由港返穗
視察	鍾道生	主理有關教育事項	已由港返穗
視察	徐桃齡	主理有關教育事項	已裁遣職務由鍾道生兼管
幹事	衛雍穀	撰擬該組文件	已裁遣
辦事員	倫少珠	繕寫文件	已裁遣職務由梁達中兼辦

（续上页）【同上】

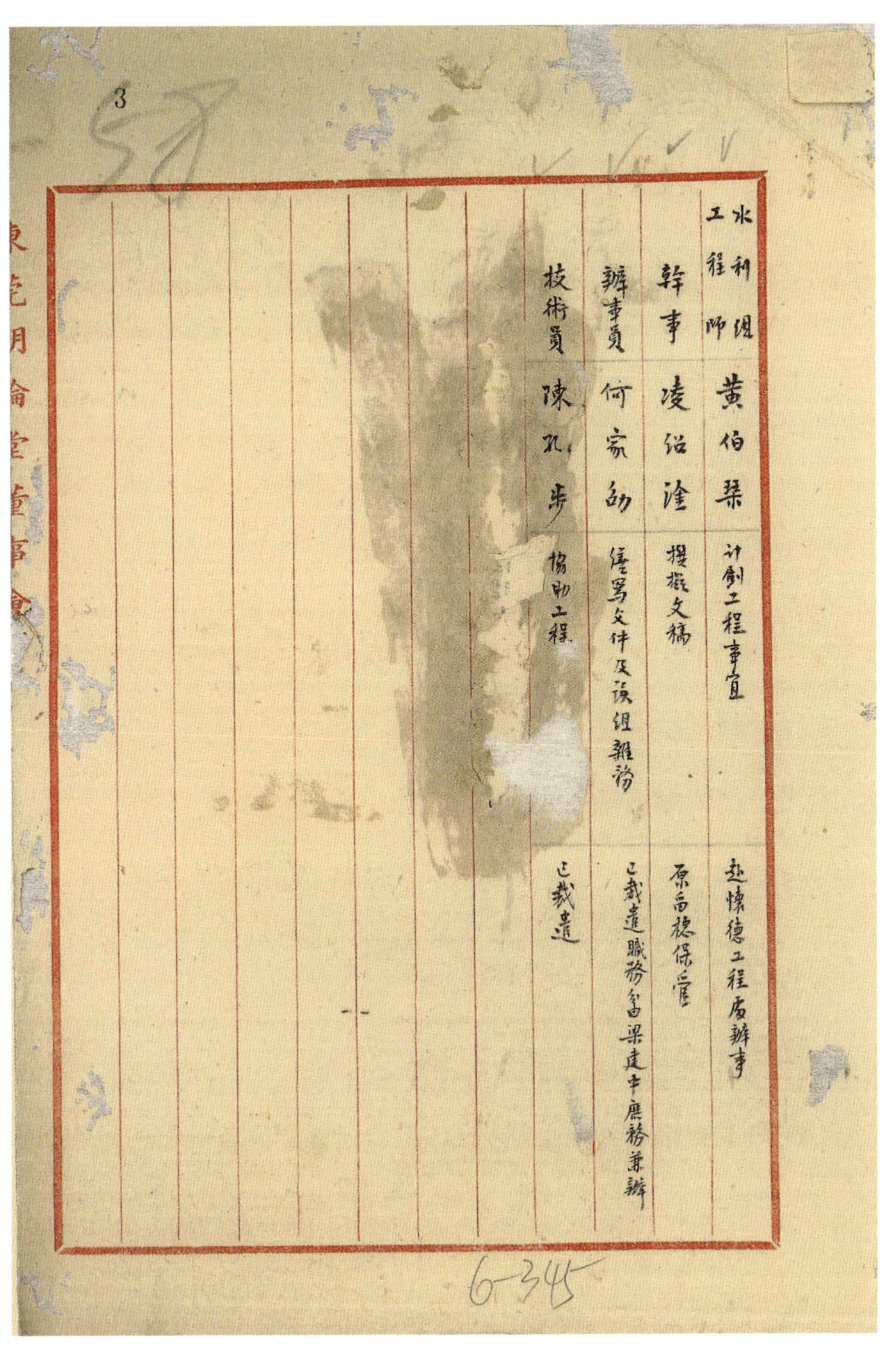

東莞明倫堂董事會

職別	姓名	職務	備註
水利組工程師	黃伯梁	計劃工程事宜	赴懷德工程處辦事
幹事	凌紹詮	撰擬文稿	原留穗保管
辦事員	何家劬	繕寫文件及該組雜務	已裁遣職務由梁建中庶務兼辦
技術員	陳孔步	協助工程	已裁遣

（续上页）【同上】

东莞明伦堂的武装力量

清末至民国初年，万顷沙沙匪、盗匪猖獗，抢劫勒索沙田承佃者的事件经常发生。为了保护沙田及耕佃者利益，1915 年，东莞明伦堂成立了沙田自卫局，组织了自己的护沙武装力量，负责保护万顷沙耕田，征收万顷沙各项税收、田租，检验万顷沙批约，执行明伦堂管理机构的其他决策与指令。

明倫堂沙田經理局拥有沙田六七万亩，每年收得田租六十多万元。省、县当权者和地方豪紳所以紛紛爭夺把持明倫堂，并不单单是为了这六七十万元的田租，而更为他們所垂涎的是掌握明倫堂的武装力量。有了武装，就可以盘据沙田地区，一方面包烟包賭，組織走私，另一方面則勾結承耕人（往往是承耕集团）进行粮食投机活动。前清时沙田地区的治安只有些巡防舰艇，游弋河面，归水师提督調遣，而明倫堂則自設沙艇沙夫长駐沙田，担任保卫。民国后广东省財政厅委派护沙統領，带有一团至两团兵力分駐各处沙田，名为护沙，实則是勒收护沙費的斂財机构。民国四年，明倫堂沙田經理局自己成立了自卫局，以自卫为名，拒絕护沙統領部队入駐，要求免除护沙費。这种要求，財政厅当然不予允准，几經疏通运动，結果减半征收，护沙部队撤了出去，同时成立了自卫局。自卫局設正副局长，由总董委派，自行編組了两个营，每营不滿三百人，以第一营长駐东莞县城，代替原来的护城兵丁。原来維持县城治安的县政府武装叫做游击队，归县长指揮，为数約八十名。有了自卫局的一营兵长駐县

东莞明伦堂沙田自卫局长由总董（后改为董事长、委员长）亲自任命，自卫局的一切事务由局长负责。沙田自卫局成立时，下设两个营，每营不满三百人。第一营营长是河田乡的方友三，第二营营长是道滘乡武进士叶添孙（竹庄）。其中，一个营驻扎东莞县城，代替原来的护城兵丁；一个营驻守万顷沙，除留二十余人驻局守卫外，其余驻地十二个卡，每卡八至十余人不等，分段负责防卫。东莞明伦堂沙田自卫局有武装汽轮两艘，轮回梭巡；还有沙艇五艘，固定分泊于重要涌口守卫。【叶少华：《我所知道的东莞明伦堂》，《广东文史资料》第16辑，第7–8页】

（一）万顷沙农村概况

解放前夕，万顷沙已经发展到第三涌，西南与中山大澳沙为界，其西隔河为中山义海沙，西北为中山东股长沙，北与东莞县南沙以珠江为界，全沙长约30余华里，阔约八九华里，总计全沙耕地面积应为47881亩。全沙每年可生产稻谷为184703担。全沙农户共有人口为3444人，连第五涌街市人口5029人，加上经常停泊在万顷沙的渔船及艇户大小数百艘，人数约为二三千人，所以全沙人口总数在1万人以上。

东莞明伦堂是万顷沙的直接统治者。万顷沙的码头上有两块石碑。一块写“奉大元帅，嗣后无论何项军队不得入驻万顷沙”，另一块由叙述上令原委的民国东莞县政府布告。晚清时期建立的东莞明伦堂对万顷沙的特权得到了民国政府的承认。这主要是由于东莞明伦堂决策层和利益层的组成人员，已经从晚清时的士绅变为有李扬敬、徐景唐、蒋光鼐这样显赫势力的民国军人或者政界人物作为支撑。

1917年，东莞明伦堂为保护万顷沙这块富饶的土地，请求大元帅孙中山，希望军队不要进入万顷沙，后孙中山颁布命令：任何军队不得入驻万顷沙。关于这一命令，万顷沙旧码头（太平码头）两块石碑可以佐证：一块石碑上刻着“奉大元帅令，嗣后无论何项军队不得入驻万顷沙”；另一块石碑由叙述上令原委的民国东莞县政府布告。【吴建新：《解放前后的东莞万顷沙农村社会史料》，《东莞历史文化论集》，广东人民出版社，2008年，第295页】

8. 护沙队。

东莞县明伦堂拥有万顷沙六七万亩沙田，1915年成立沙田自卫局，下辖一支武装队伍，用以维护其利益，称“护沙队”。起初编成两个营，一个营驻莞城，一个营驻沙田地区，不久因经费不足而解散。后又重新组成两个中队。1928年，全县统编地方武装，因护沙队由地方人士捐资组成，该两个中队不愿意接受统编，终未编为警卫队，尔后发展为两个大队。1940年11月，两个护沙大队为伪省保安司令部收编，为日伪军效劳。1947年6月，两个大队同时编为东莞保安警察第三、第四大队，至此，“护沙队”名称不存在。护沙队第二大队一贯驻虎门沿海地区，第一大队一贯驻道滘等地。

1926年，陈孚木任总董期间，重新组织了两个护沙中队。1928年，东莞县统编地方武装，明伦堂护沙队不愿意接受统编，终未编为警卫队，尔后发展为两个大队。1940年11月，两个护沙大队为伪省保安司令部收编。1947年6月，两个大队编为东莞保安警察第三、第四大队。至此，“护沙队”不复存在。【东莞市地方志编纂委员会：《东莞市志》，广东人民出版社，1995年，第1003页】

东莞明伦堂万顷沙自卫局组织暂行条例[1]

一、为执行董事会议决一切法益，协助征收万顷沙沙田租项及保卫耕佃起见，设置东莞明伦堂万顷沙自卫局。

二、自卫局暂设于东莞属常平圩，但为适应局势需要得设于东莞属内适宜地区。

三、自卫局长由董事会遴派。

四、自卫局设局长一员，局员四员，雇员二员，均受局长指挥，监督办理指定事务，其组织系统、办事细则另定之。

五、自卫局之下辖自卫队三大队（必要时得随时增减之），每大队辖四中队，每中队辖三小队。

六、局内职员及自卫队各级大中小队长得由自卫局长荐委。

七、自卫局长秉承董事会之命令主办之职务如下：

甲．执行董事会议决案及交办事项

乙．协助征收万顷沙沙田租项

丙．保卫耕佃之安全

丁．指挥监督所属员役及自卫大队

八、本细则由董事会议决后施行。

九、本细则如有未尽事宜，得由董事会随时修正之。

据东莞市档案馆《明伦堂有关自卫局经理局文书材料》，日据时期，万顷沙沦陷，原东莞明伦堂移至香港，伪政府成立了伪东莞明伦堂沙田经理局整理委员会，两个东莞明伦堂都有自己的沙田自卫局。原东莞明伦堂自卫局只有李成一人。1943 年，副董事长袁良骅决定委任袁大远任东莞明伦堂万顷沙自卫局长兼常平通讯处主任，并拟订了《东莞明伦堂万顷沙自卫局组织暂行条例》。根据以上条例，自卫局设于东莞常平圩，局下辖三个大队，每大队下辖四中队，每个中队下辖三小队。【东莞市档案馆，东莞明伦堂档案 1-7-0012-25】

① 东莞市档案馆，东莞明伦堂档案 1-7-0012-25。

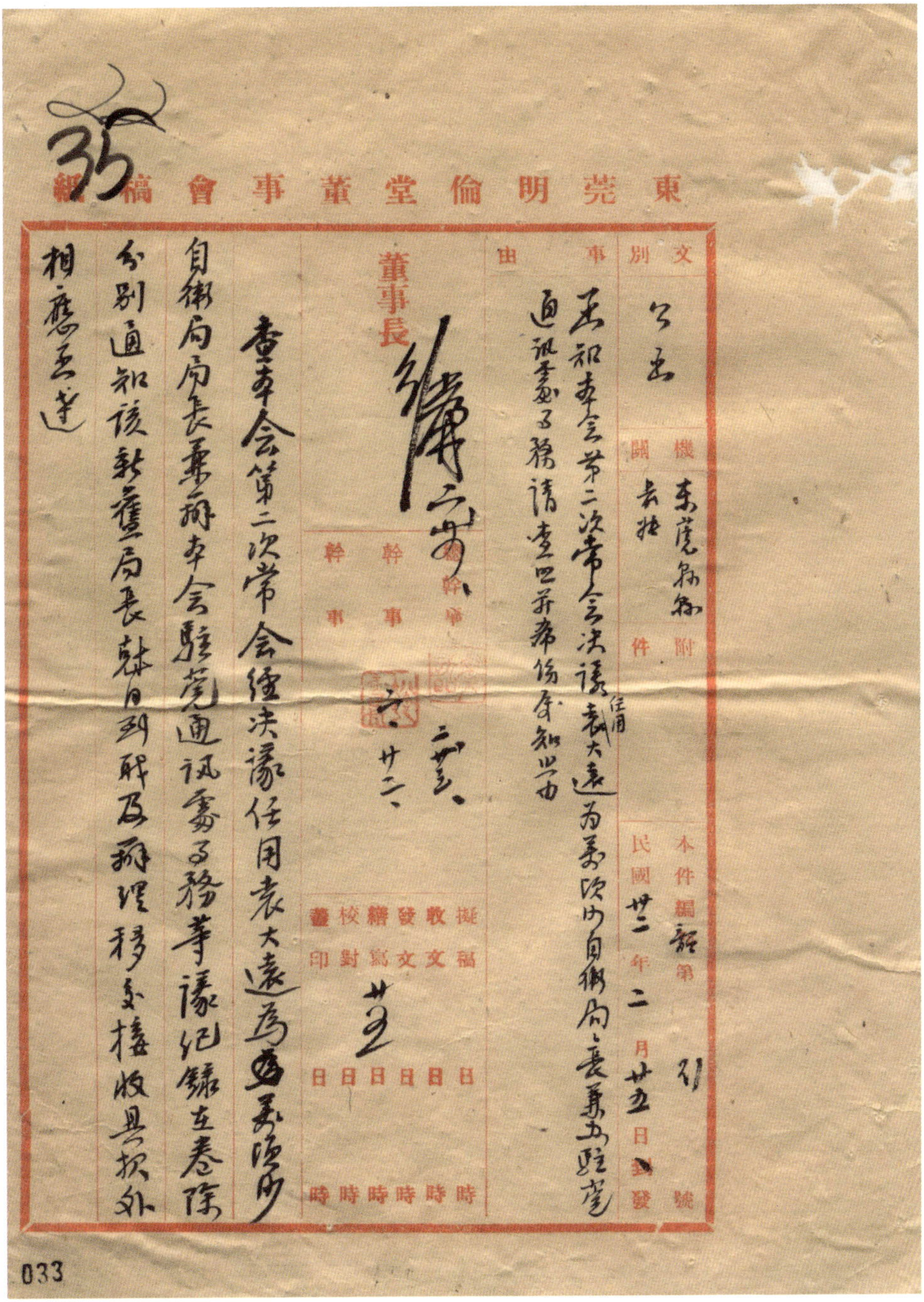

東莞明倫堂董事會稿紙

文別	公函
事由	函知本會第二次常會決議任用袁大遠為萬頃沙自衛局局長兼辦駐莞通訊處事務請查照希為知照由
機關	東莞縣府
附件	
本件編號第	引 號
民國	卅二年二月廿五日封發

董事長

幹事　幹事　幹事

擬稿　收文　發文　繕寫　校對　蓋印

日　日　日　日　日　日

時　時　時　時　時　時

查本會第二次常會經決議任用袁大遠為萬頃沙自衛局局長兼辦本會駐莞通訊處事務等議紀錄在卷除分別通知該新舊局長剋日到職及辦理移交接收具報外相應函達

033

1943 年 2 月 25 日，东莞明伦堂董事会任用袁大远为万顷沙自卫局局长兼办驻东莞办事处事务的通知【东莞市档案馆，东莞明伦堂档案 1-7-0012-16】

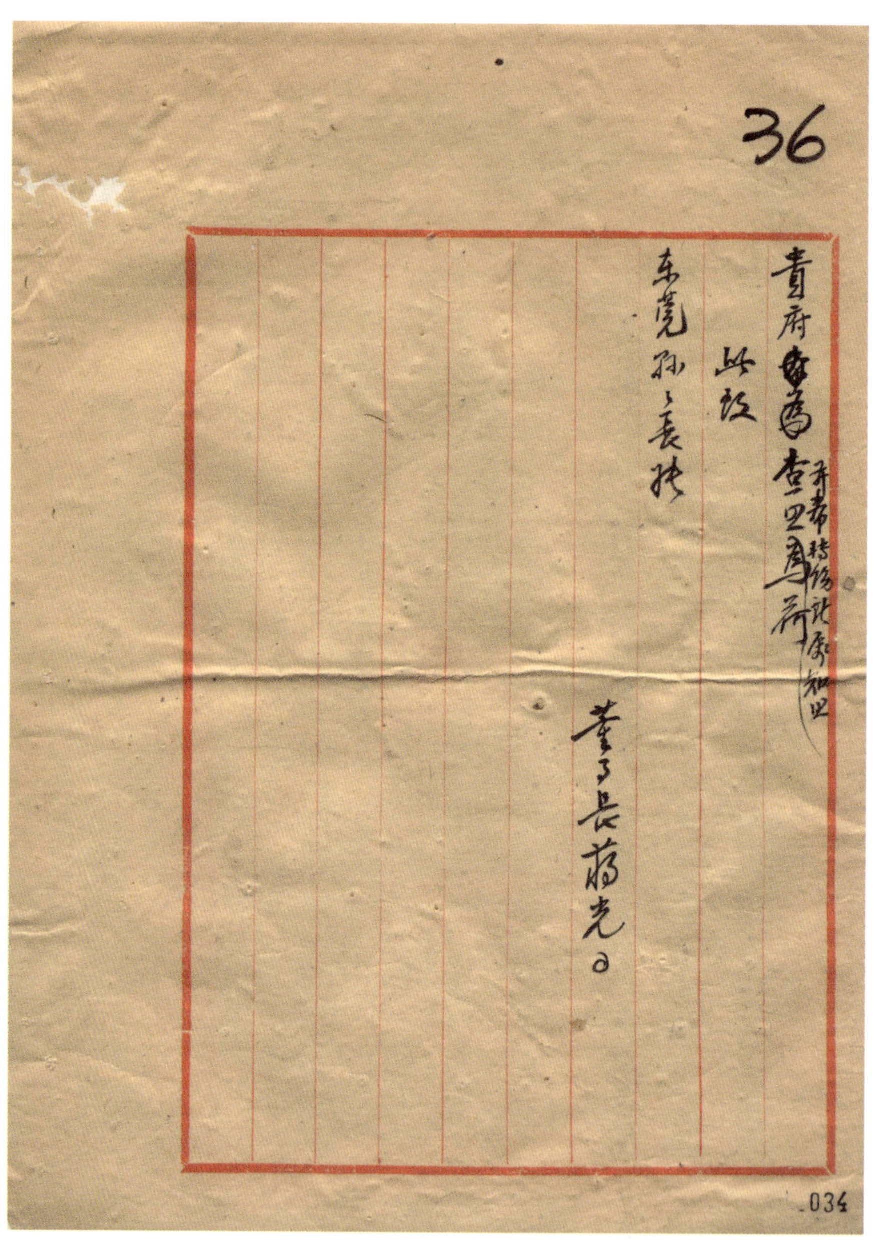

36

貴府查照為荷（并希轉飭該處知照）

此致

東莞縣縣長轉

董事長蔣光鼐

034

（续上页）【同上】

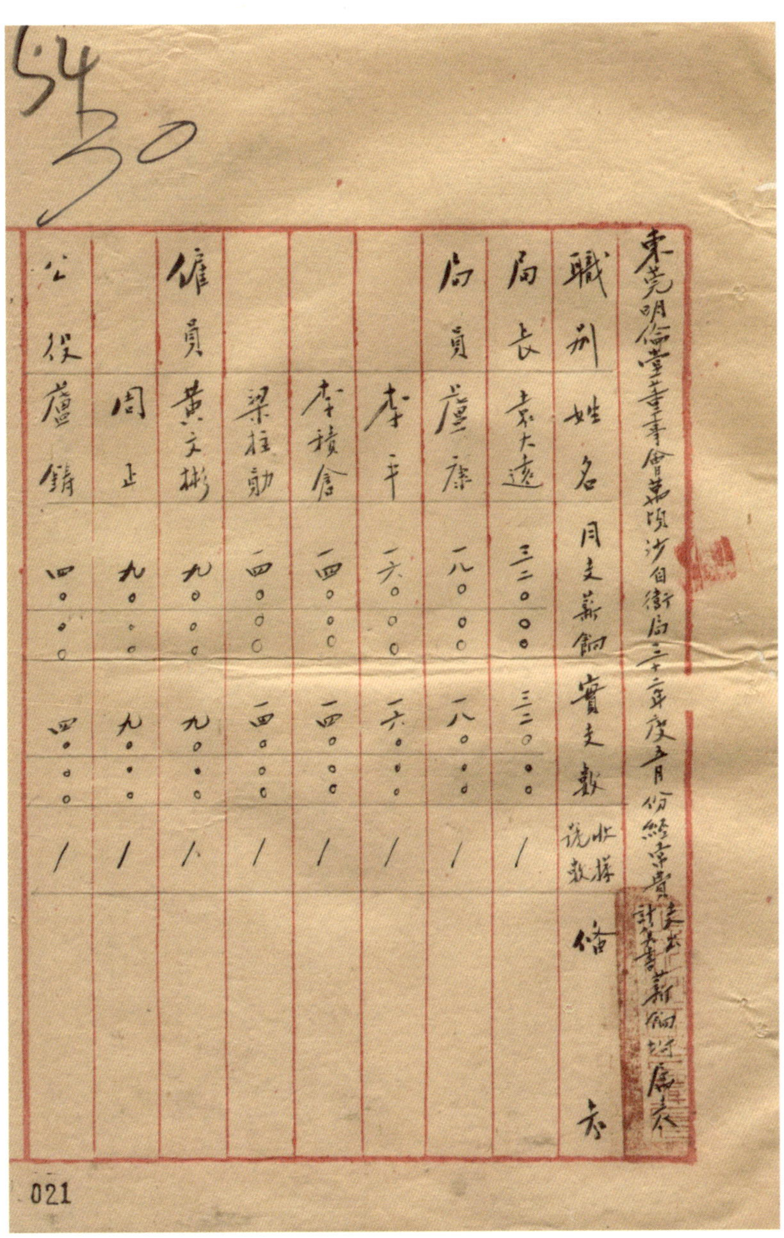

東莞明倫堂董事會萬頃沙自衛局三十二年度五月份經常費薪餉支出計算書

職別	姓名	月支薪餉	實支數	收據號數	備考
局長	袁大遠	三二〇〇〇	三二〇〇〇	/	
局員	盧康	一八〇〇〇	一八〇〇〇	/	
	李平	一六〇〇〇	一六〇〇〇	/	
	李積倉	一四〇〇〇	一四〇〇〇	/	
	梁柱勛	一四〇〇〇	一四〇〇〇	/	
雇員	黃文彬	九〇〇〇	九〇〇〇	/	
	周正	九〇〇〇	九〇〇〇	/	
公役	盧鑄	四〇〇〇	四〇〇〇	/	

021

据《东莞明伦堂董事会万顷沙自卫局三十二年度五月份经常费薪铟支出表》显示，1943年5月，东莞明伦堂万顷沙自卫局局长为袁大远，局员为卢康、李平、李积仓、梁柱勋等四人，雇员为黄文彬、周正等二人，公役为卢铸一人。【东莞市档案馆，东莞明伦堂档案 1-70013-02】

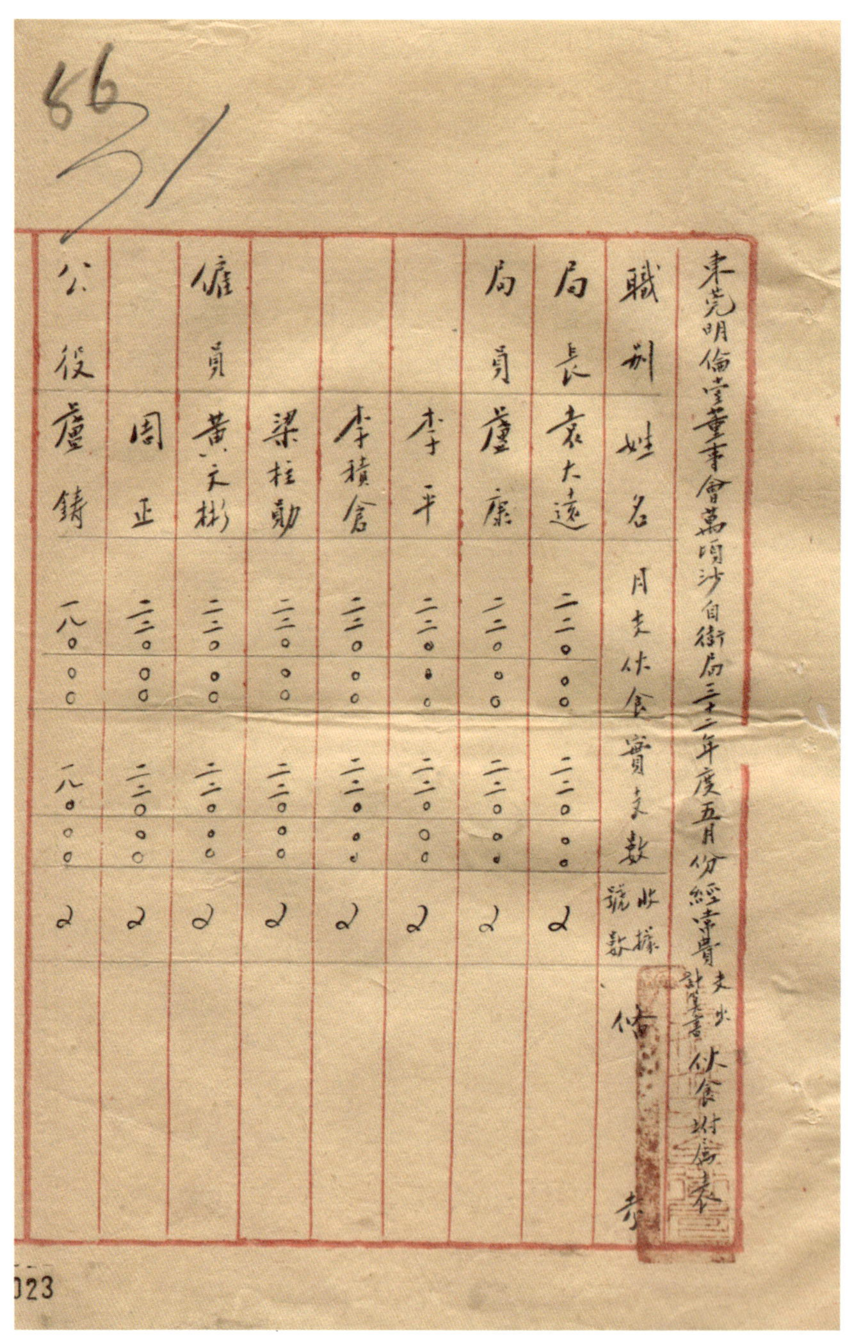

東莞明倫堂董事會萬頃沙自衛局三十二年度五月份經常費支出計算書伙食附屬表

職別	姓名	月支伙食	實支數	收據號數	備考
局長	袁大遠	二〇〇〇〇	二〇〇〇〇	2	
局員	盧康	二〇〇〇〇	二〇〇〇〇	2	
	李平	二〇〇〇〇	二〇〇〇〇	2	
	李積倉	二〇〇〇〇	二〇〇〇〇	2	
	梁桂勳	二〇〇〇〇	二〇〇〇〇	2	
僱員	黃天彬	二〇〇〇〇	二〇〇〇〇	2	
	周正	二〇〇〇〇	二〇〇〇〇	2	
公役	盧鑄	一八〇〇〇	一八〇〇〇	2	

1943 年度 5 月，东莞明伦堂万顷沙自卫局经常费伙食费财会表【同上】

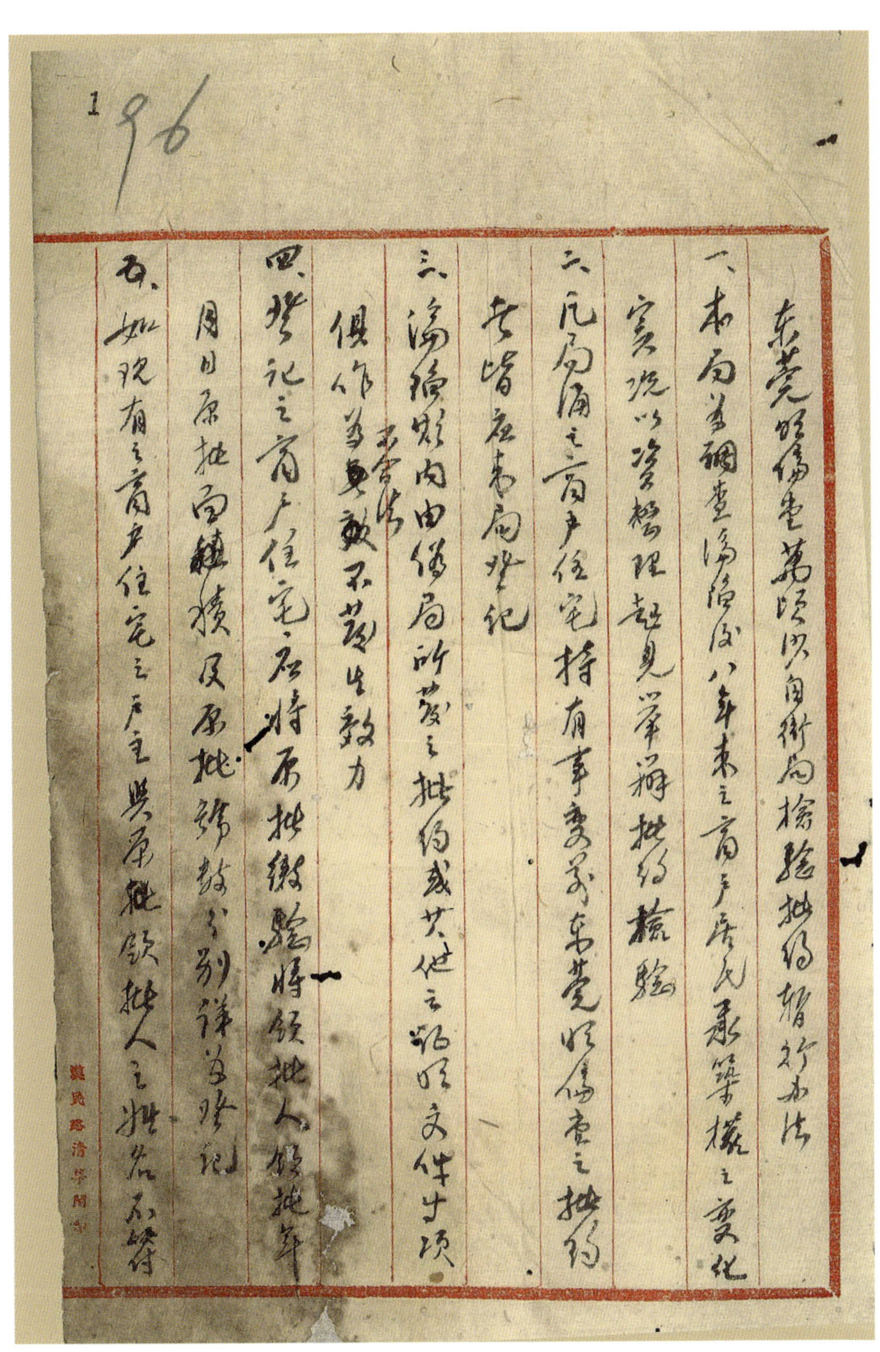

东莞明伦堂万顷沙自卫局检验批约暂行办法

一、本局为调查沙田民八年来之业户佃民承耕之变化实况以资整理起见举办批约检验

二、凡局属之业户住宅持有本会东莞明伦堂之批约者皆应向本局登记

三、沙纸照内由本局所发之批约或其他之证明文件等项俱作未登记者无效不发生效力

四、登记之业户住宅应持原批约缴验将领批人领批年月日原批面积及原批约数分别详为登记

五、如现有之业户住宅之户主与原批领批人之姓名不符

东莞明伦堂万顷沙自卫局拟定的《东莞明伦堂万顷沙自卫局检验批约暂行办法》【中山市档案馆，东莞明伦堂档案 1-A1[1].6-290-11-1】

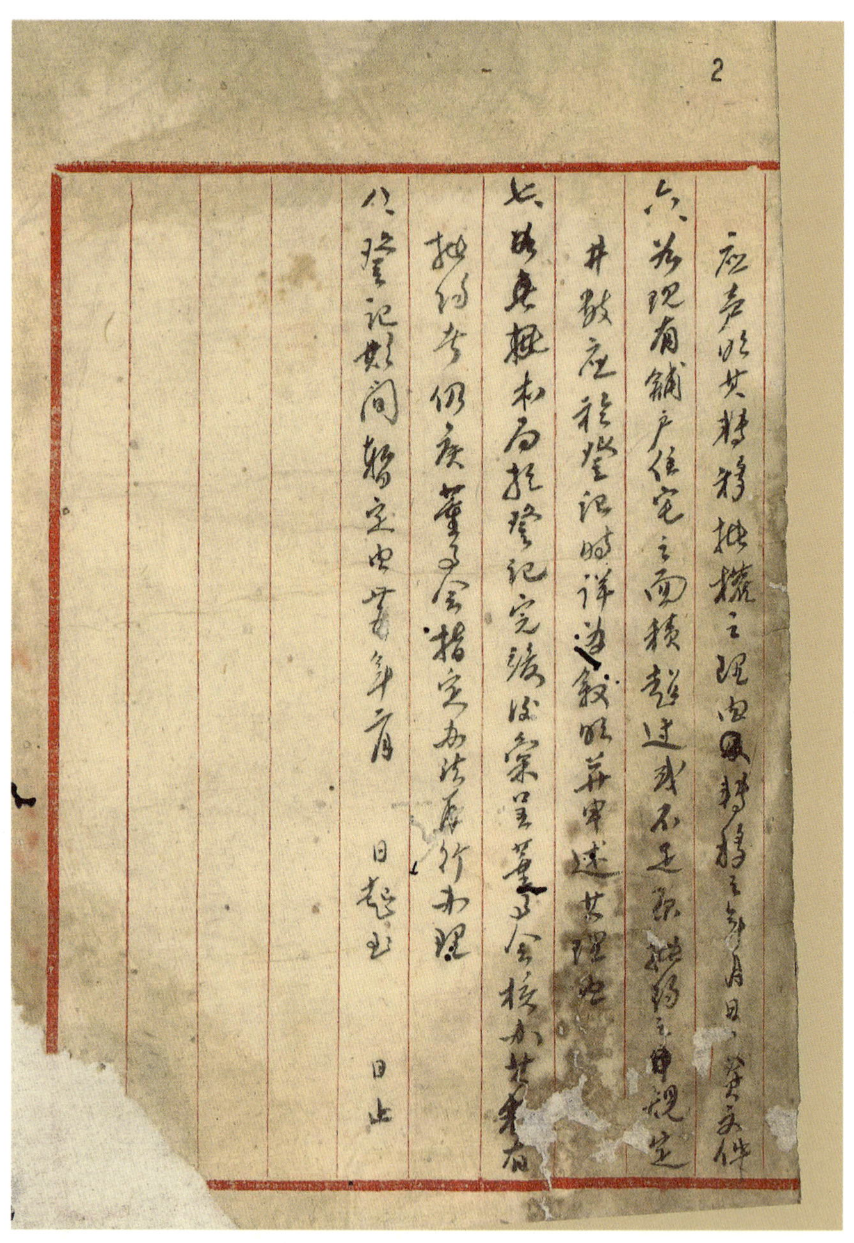
2

应声明其转移批据之理由及转移之年月日、关系文件

六、关于现有铺户住宅之面积超过或不足原批约之规定井数应于登记时详叙明并申述其理由

七、关于其拟而有于登记完结后汇案呈董事会核办其未有批约者仍应董事会指定办法补行办理

八、登记期间暂定由　年　月　日起　日止

（续上页）【同上】

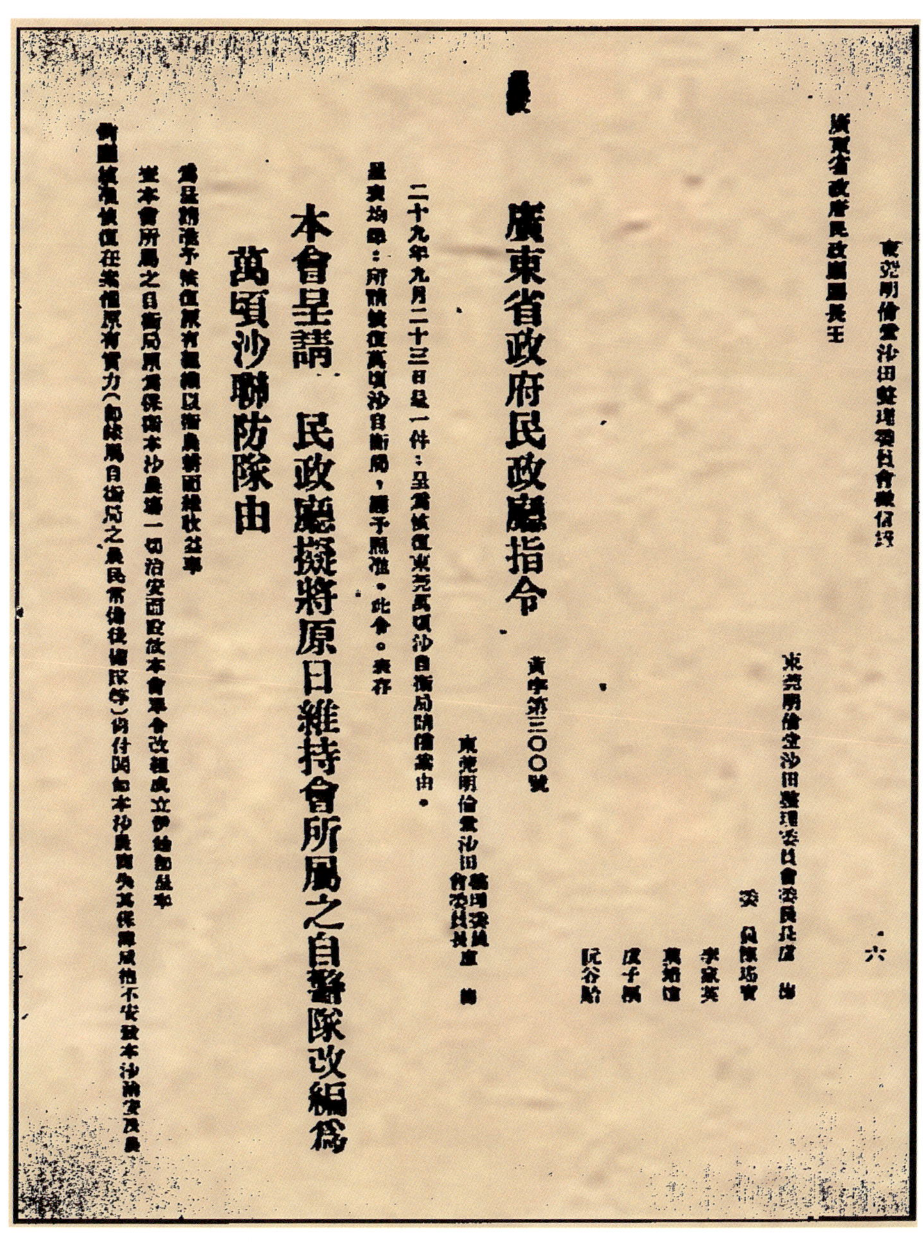

東莞明倫堂沙田整理委員會徵信錄

廣東省政府民政廳廳長王

東莞明倫堂沙田整理委員會委員長

六

廣東省政府民政廳指令

黃字第三〇〇號

二十九年九月二十三日呈一件：呈為恢復東莞萬頃沙自衛局請備案由。

所請恢復萬頃沙自衛局，應予照准。此令。表存

本會呈請 民政廳擬將原日維持會所屬之自警隊改編為萬頃沙聯防隊由

1937 年抗日战争全面爆发后，广东沦陷，伪东莞伦明堂当时护沙的武装力量有日方兴粤公司组织的“兴粤军”以及伪东莞伦明堂组织的“万顷沙维持会自警队”。1940 年 9 月，广东省民政厅指令：原日维持会自警队改为万顷沙联防队。【广东省民政厅指令黄字第三〇〇号】

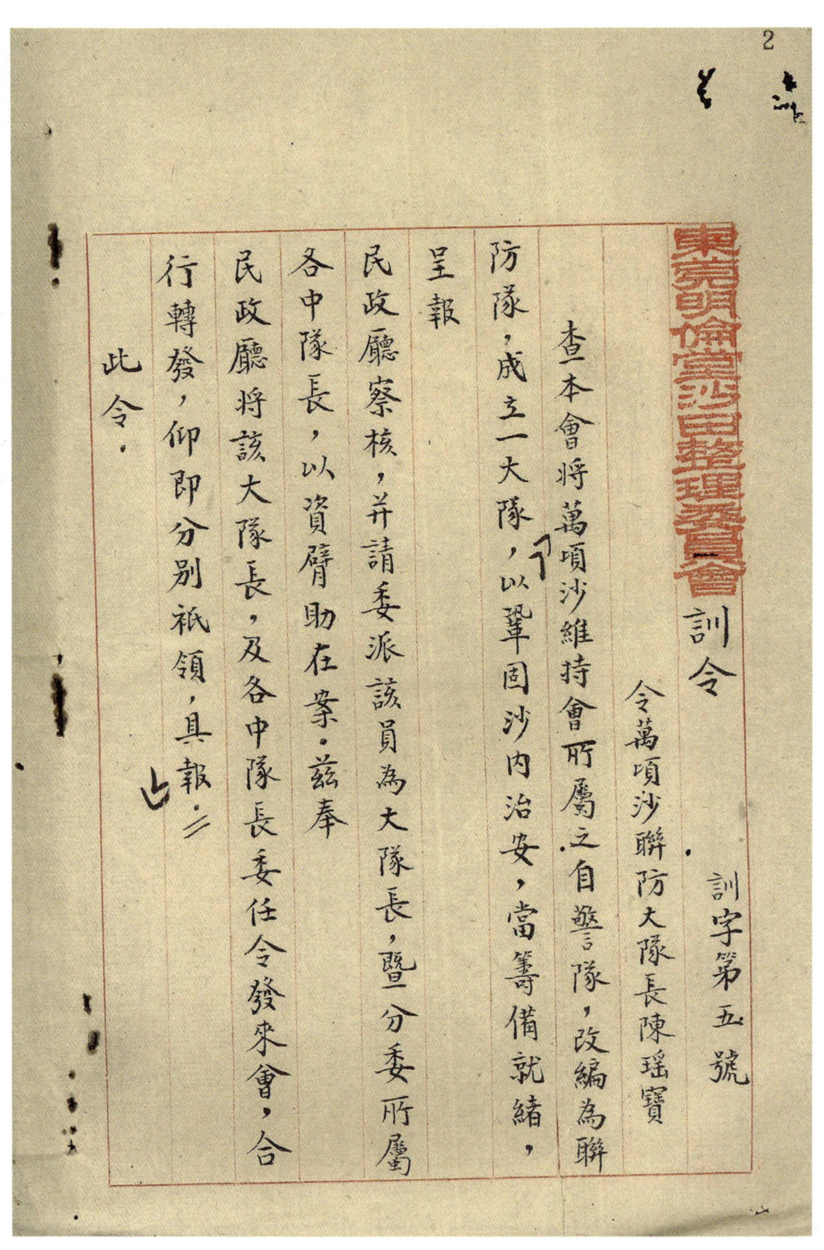

2

東莞明倫堂沙田整理委員會訓令

訓字第五號

令萬頃沙聯防大隊長陳瑤寶

查本會將萬頃沙維持會所屬之自警隊，改編為聯防隊，成立一大隊，以鞏固沙内治安，當籌備就緒，呈報

民政廳察核，并請委派該員為大隊長，暨分委所屬各中隊長，以資臂助在案。茲奉

民政廳將該大隊長，及各中隊長委任令發來會，合行轉發，仰即分别祗領，具報。

此令。

1941年3月5日，伪东莞明伦堂董事长卢德根据广东省民政厅的指令，将“万顷沙维持会所属之自警队”改编为“万顷沙联防大队”，并指令陈瑶宝为大队长。联防大队下辖第一中队、第二中队、第三中队。【中山市档案馆，东莞明伦堂档案 1-A1[1].6-312-1-2】

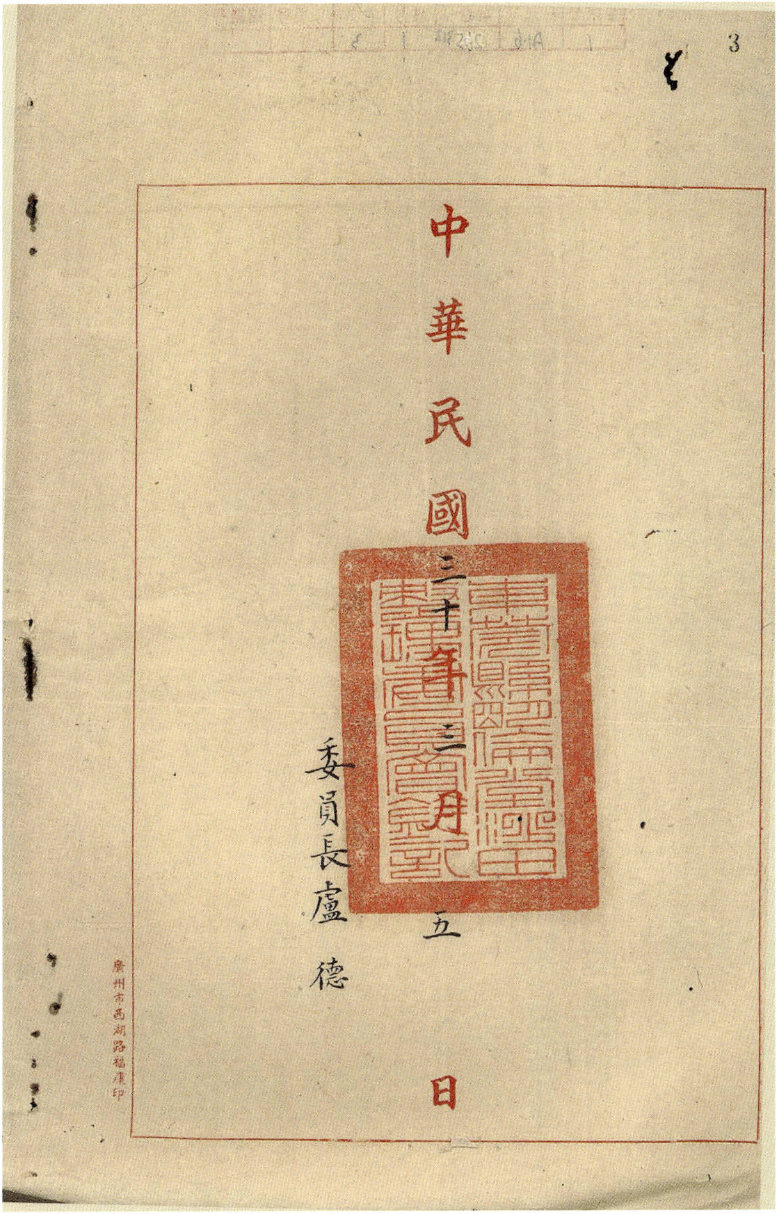

3

中華民國三十年三月五日

委員長盧德

廣州市西湖路福康印

（续上页）【中山市档案馆，东莞明伦堂档案 1-A1[1].6-312-1-3】

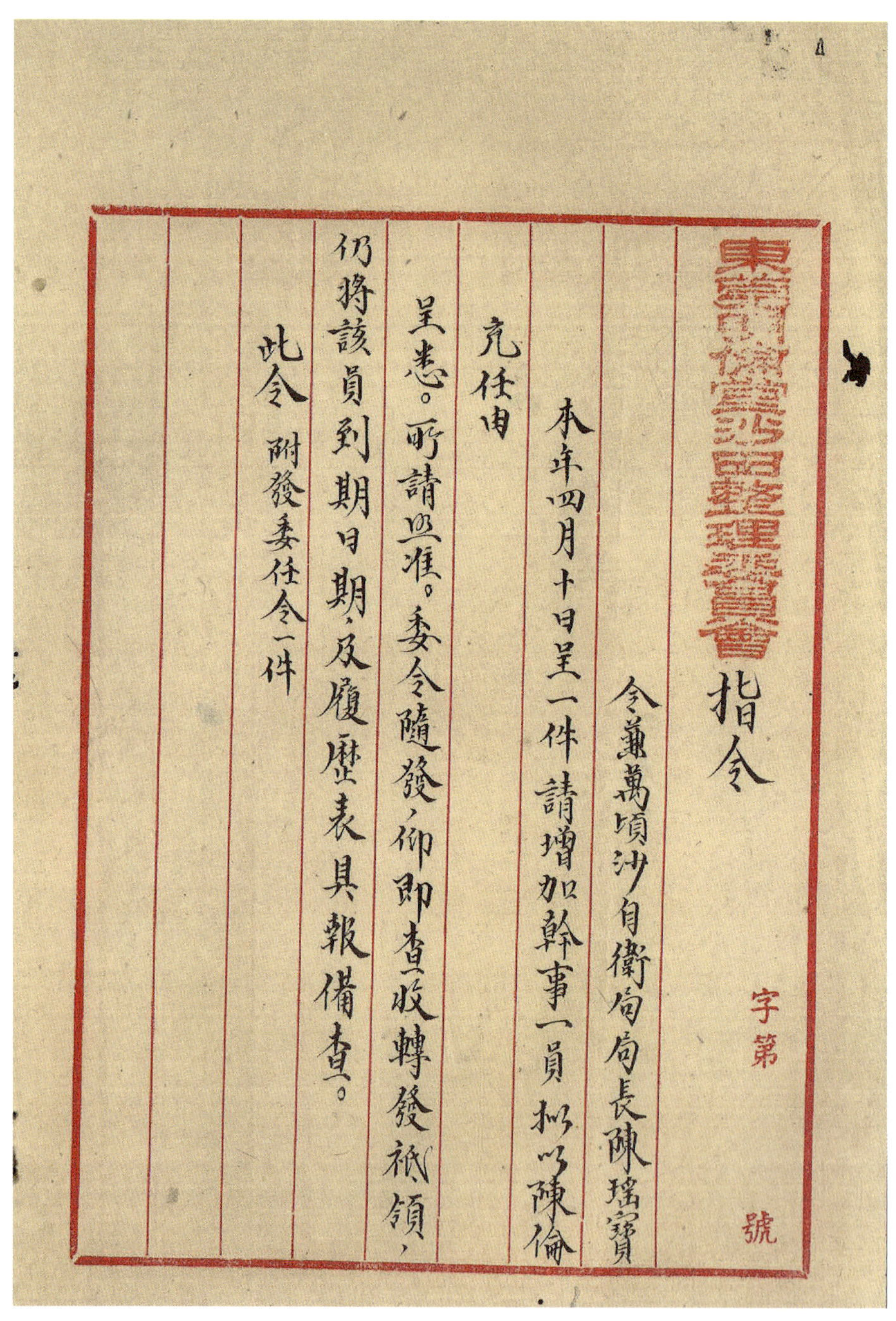

東莞明倫堂沙田整理委員會 指令 字第 號

令兼萬頃沙自衛局局長陳瑤寶

本年四月十日呈一件 請增加幹事一員 擬以陳倫充任由

呈悉。所請照准。委令隨發，仰即查收轉發祗領，仍將該員到期日期，及履歷表具報備查。

此令 附發委任令一件

1941 年 4 月 10 日，伪东莞明伦堂沙田经理局整理委员会指令自卫局长陈瑶宝，任命陈伦为干事【中山市档案馆，东莞明伦堂档案 1-A1[1].6-277-5-4】

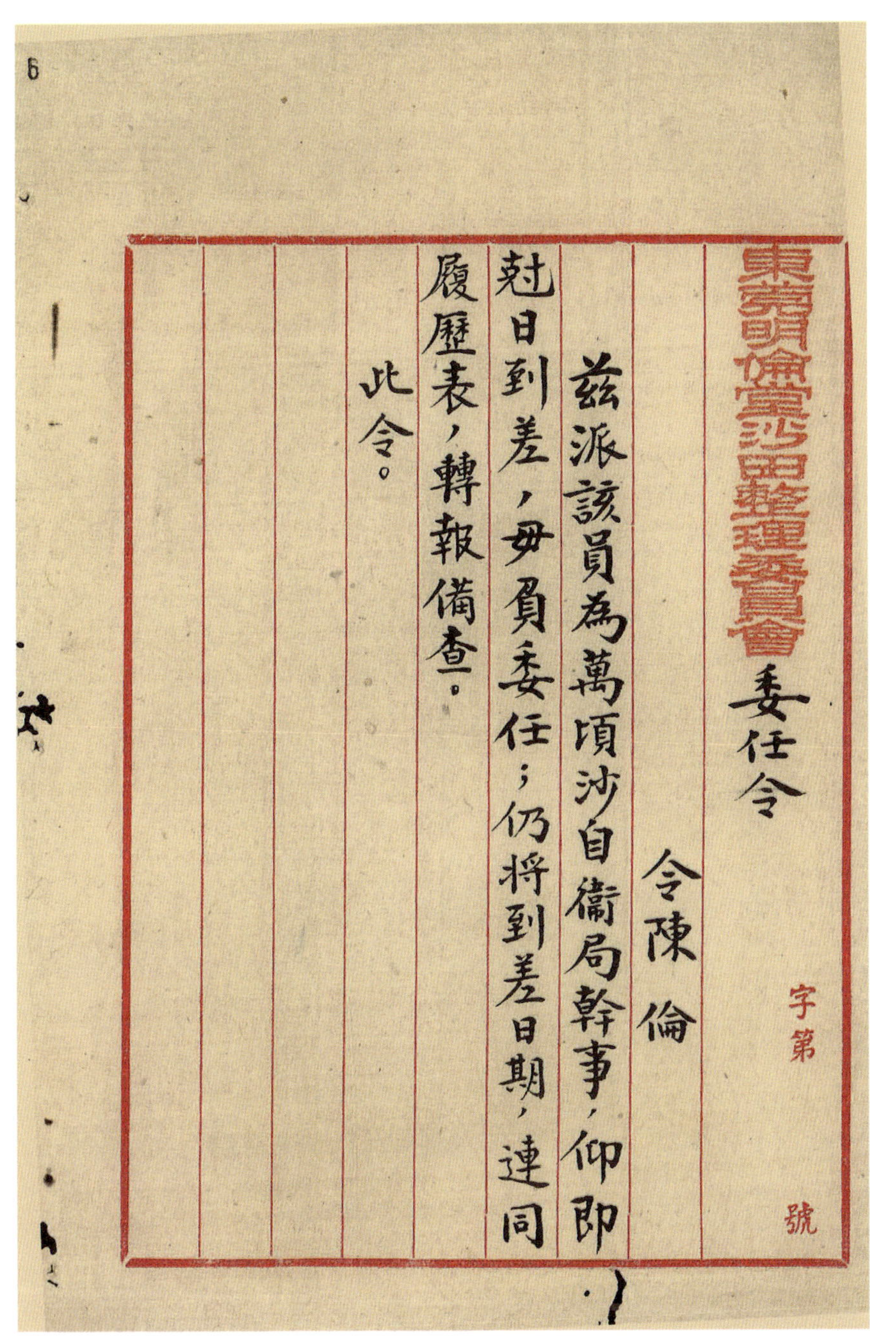
東莞明倫堂沙田整理委員會委任令

字第　號

令陳倫

茲派該員為萬頃沙自衛局幹事，仰即赴日到差，毋負委任；仍將到差日期，連同履歷表，轉報備查。

此令。

1941 年 4 月 10 日，伪东莞明伦堂沙田经理局整理委员会委任陈伦为干事的委任令【中山市档案馆，东莞明伦堂档案 1−A1[1].6−277−5−6】

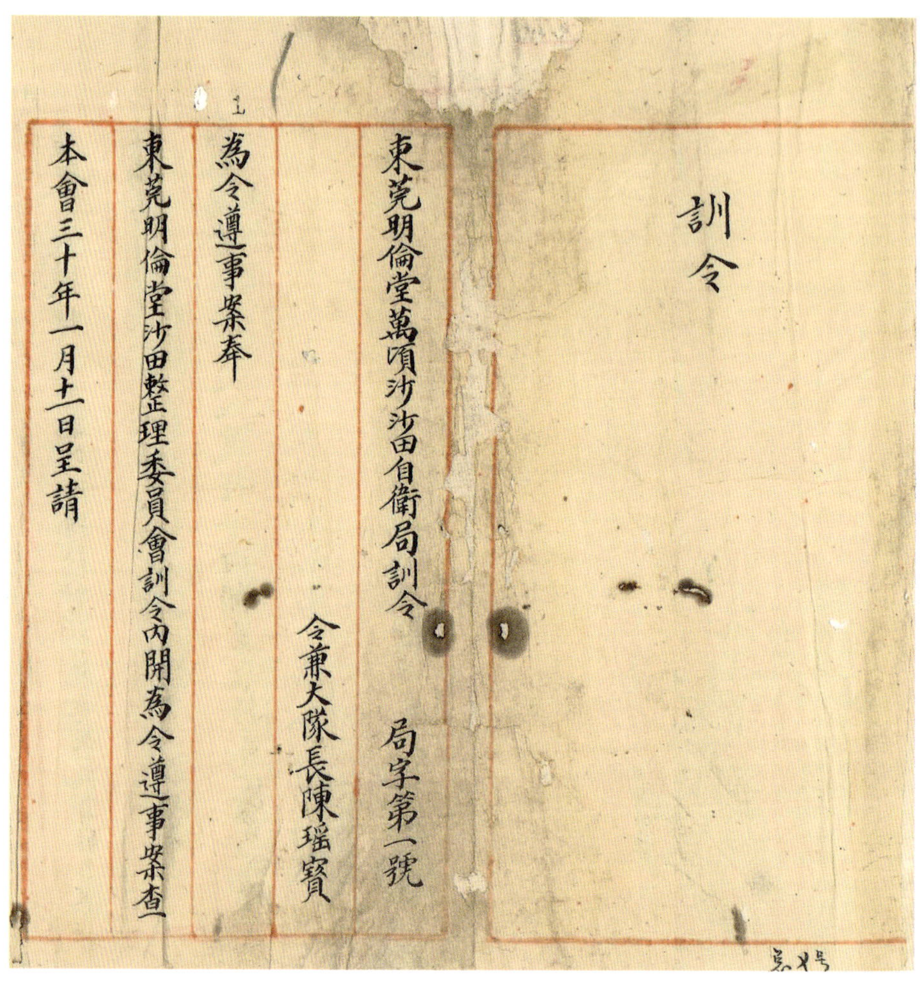

訓令

東莞明倫堂萬頃沙沙田自衛局訓令　局字第一號

令兼大隊長陳瑶寶

為令遵事案奉

東莞明倫堂沙田整理委員會訓令內開為令遵事案查

本會三十年一月十一日呈請

1941 年 3 月 11 日，伪东莞明伦堂万顷沙自卫局局长兼万顷沙大队长陈瑶宝改编联防大队第一中队、第二中队的训令【中山市档案馆，东莞明伦堂档案 1-A1[1].6-319-1-1】

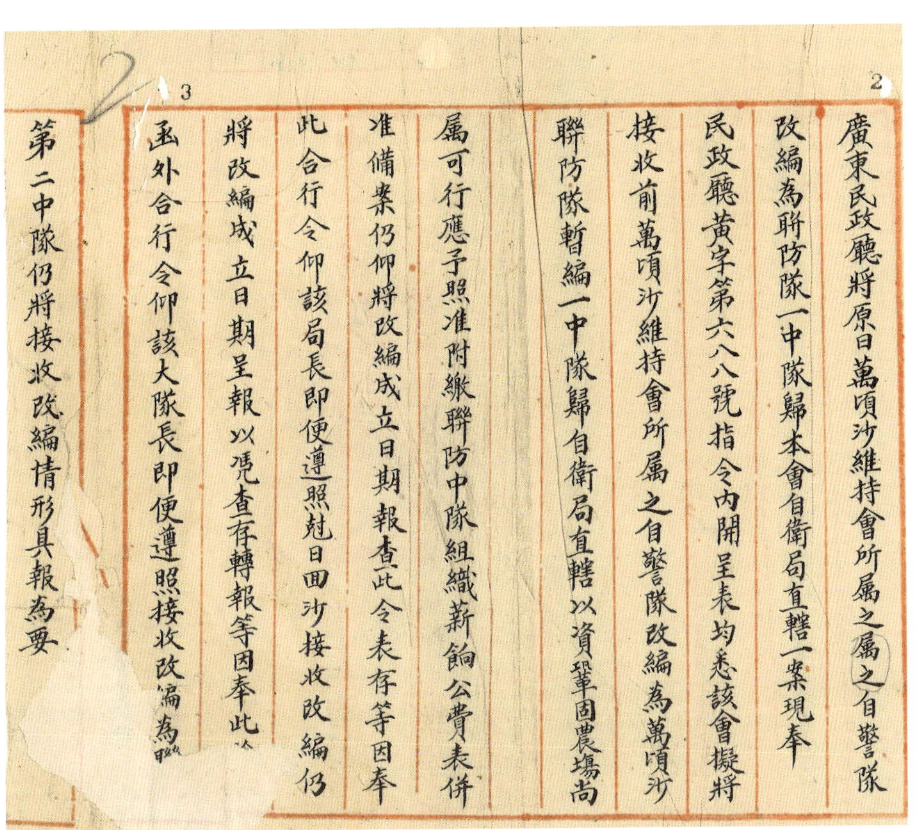
廣東民政廳將原日萬頃沙維持會所屬之屬之自警隊改編為聯防隊一中隊歸本會自衛局直轄一案現奉民政廳黃字第六八八號指令內開呈表均悉該會擬將接收前萬頃沙維持會所屬之自警隊改編為萬頃沙聯防隊暫編一中隊歸自衛局直轄以資鞏固農場尚屬可行應予照准附繳聯防中隊組織薪餉公費表併准備案仍仰將改編成立日期報查此令表存等因奉此合行令仰該局長即便遵照尅日回沙接收改編仍將改編成立日期呈報以凭查存轉報等因奉此除函外合行令仰該大隊長即便遵照接收改編為聯第二中隊仍將接收改編情形具報為要

（续上页）【中山市档案馆，东莞明伦堂档案 1-A1[1].6-319-1-3】

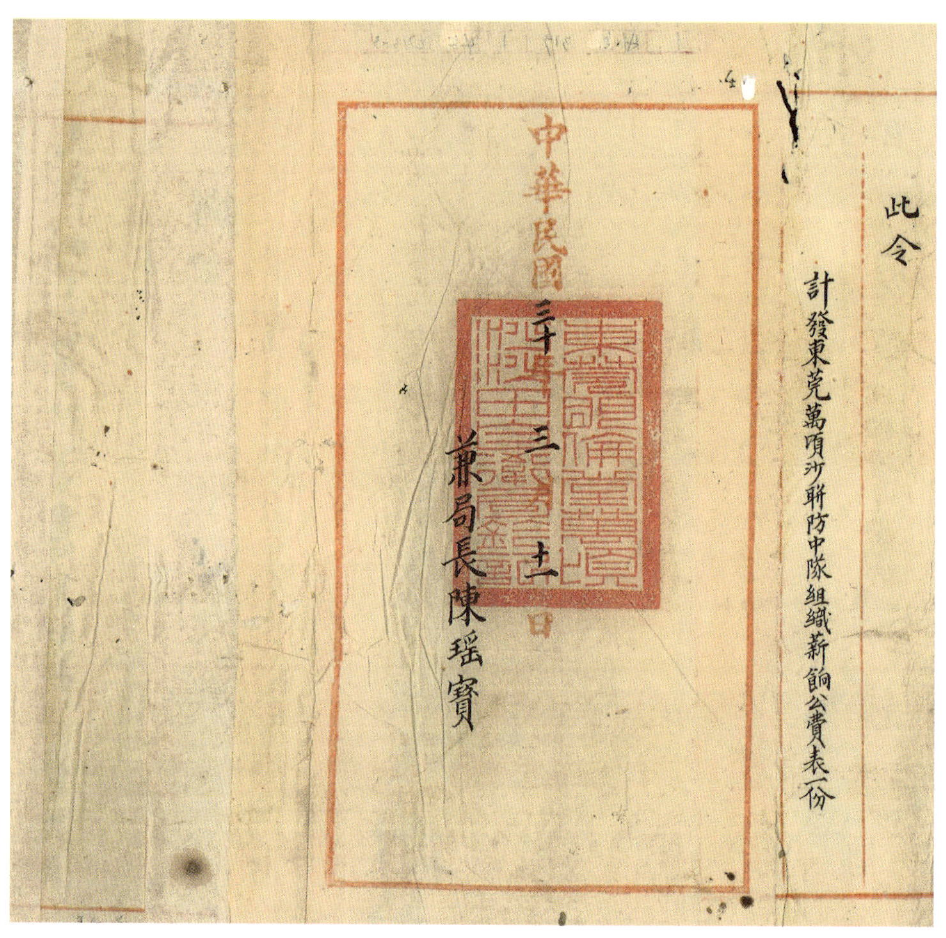

此令

計發東莞萬頃沙聯防中隊組織薪餉公費表一份

中華民國三十年三月十二日

兼局長陳瑤寶

（续上页）【中山市档案馆，东莞明伦堂档案 1-A1[1].6-319-1-4】

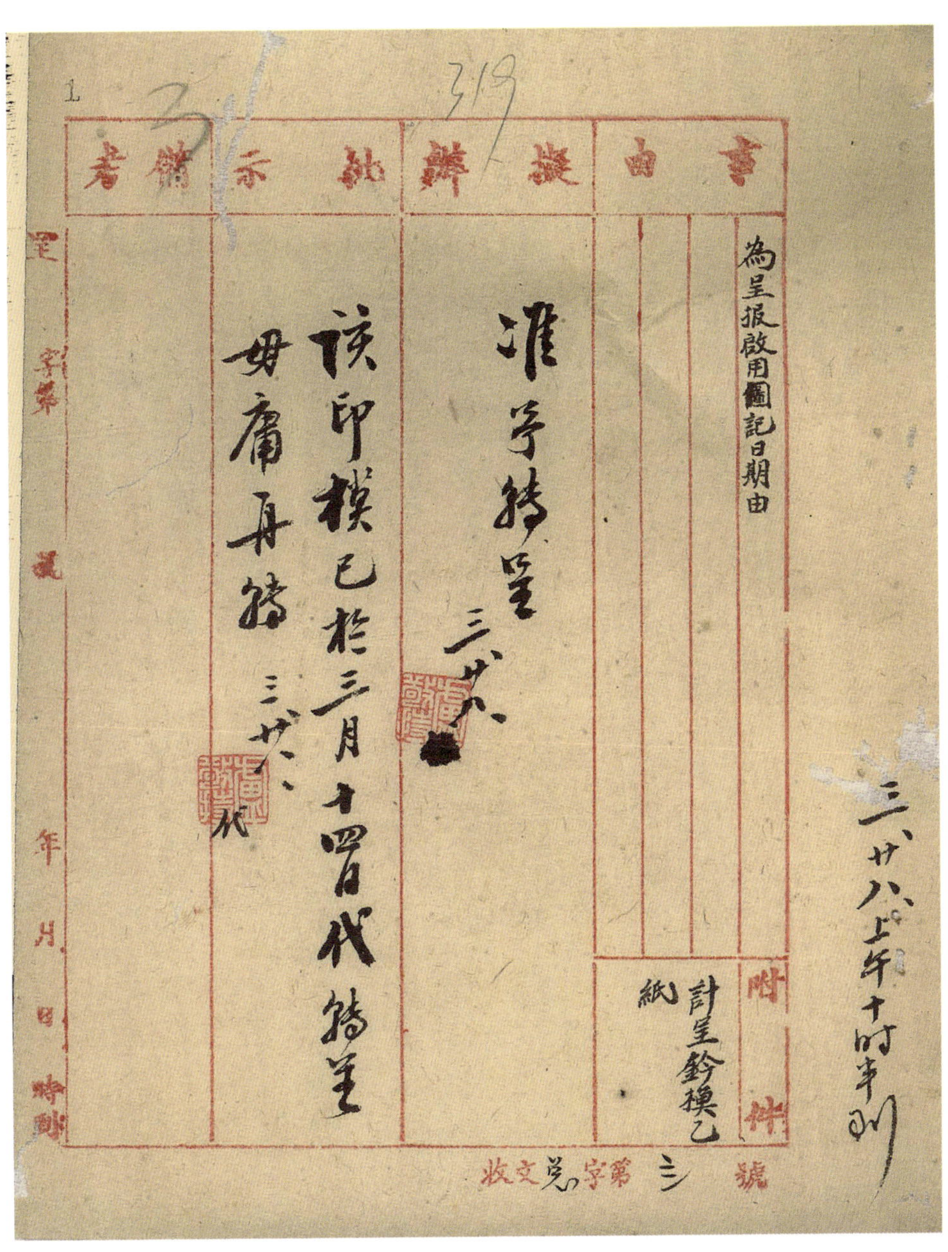

1　319

事由	擬辦	批示	辦者
為呈報啟用圖記日期由	准予轉呈 三、廿六	該印模已於三月十四日代轉呈 毋庸再轉 三、廿六 代	

附件：計呈鈐模乙紙

收文 字第 三 號

三、廿八、上午十时半到

呈 字第 號 年 月 日 時 到

1941 年 3 月，伪东莞明伦堂万顷沙联防大队部及所属的第一、第二、第三中队启用印铃的呈报【中山市档案馆，东莞明伦堂档案 1-A1[1].6-319-2-1】

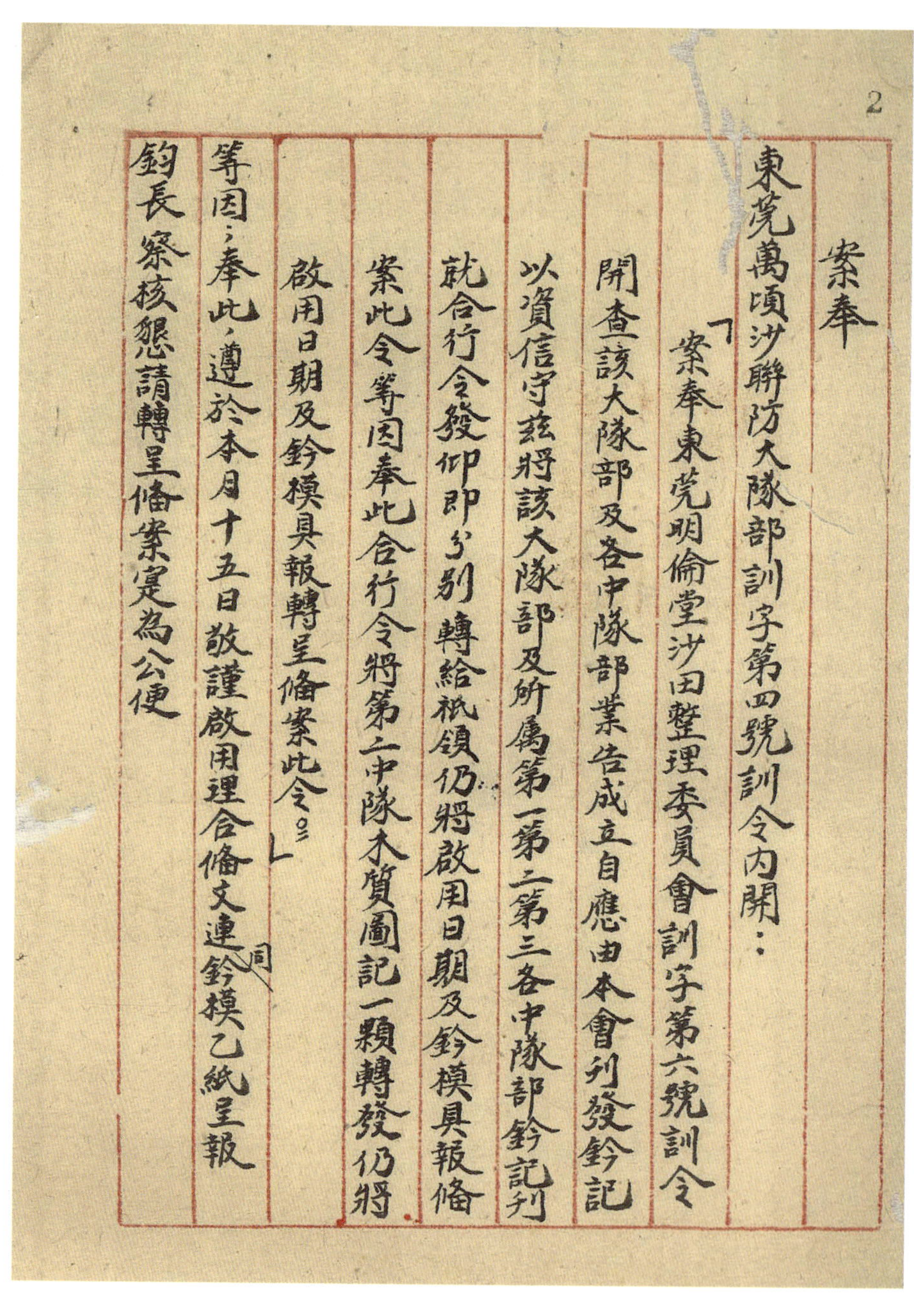

2

案奉

東莞萬頃沙聯防大隊部訓字第四號訓令內開：

「案奉東莞明倫堂沙田整理委員會訓字第六號訓令

開查該大隊部及各中隊部業告成立自應由本會刊發鈐記

以資信守茲將該大隊部及所屬第一第二第三各中隊部鈐記刊

就合行令發仰即分別轉給祇領仍將啟用日期及鈐模具報備

案此令等因奉此合行令將第二中隊木質圖記一顆轉發仍將

啟用日期及鈐模具報轉呈備案此令。」

等因，奉此，遵於本月十五日敬謹啟用理合備文連同鈐模乙紙呈報

鈞長察核懇請轉呈備案實為公便

（续上页）【中山市档案馆，东莞明伦堂档案 1-A1[1].6-319-2-7】

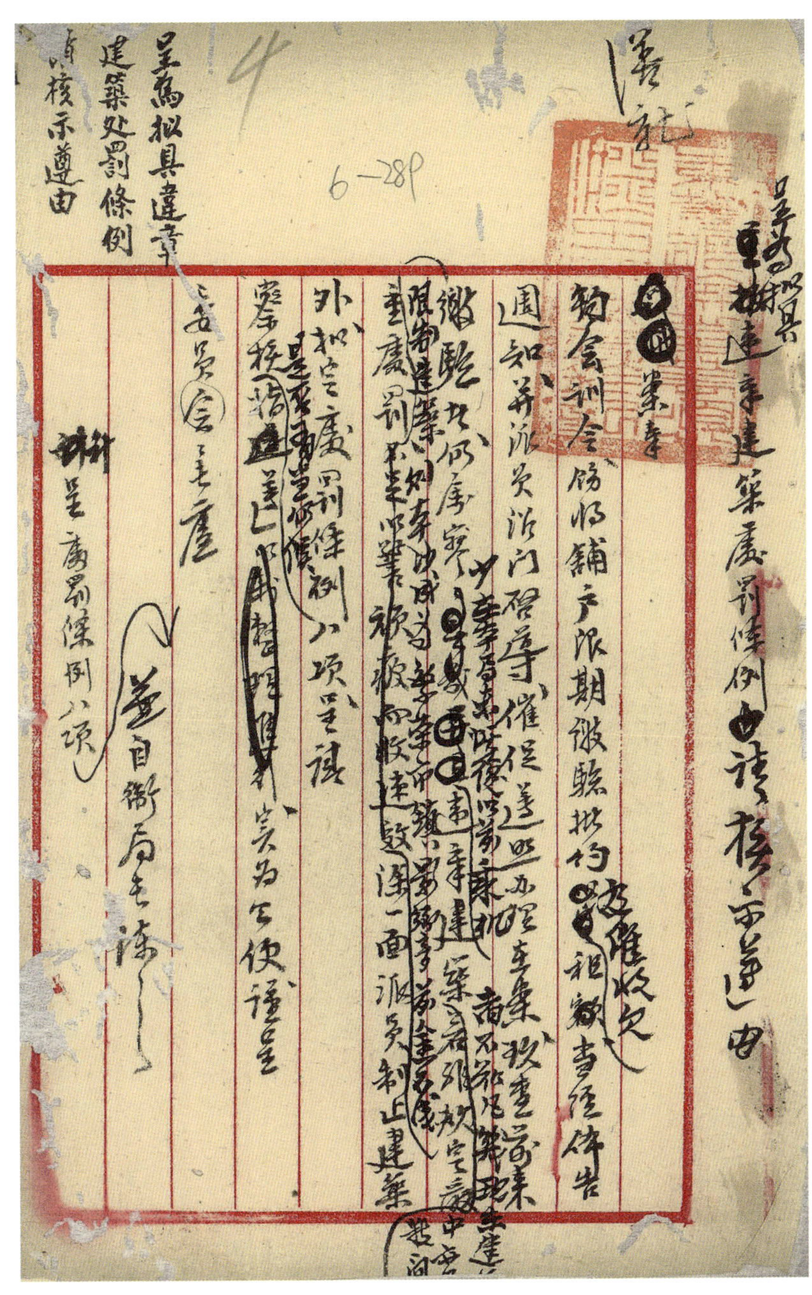
呈為擬具違章建築处罰條例請核示遵由

1941 年 4 月 23 日，伪东莞明伦堂自卫局大队长陈瑶宝呈委员长卢德，关于批具违章建筑处罚条件的请示函【中山市档案馆，东莞明伦堂档案 1-A1[1].6-289-3-1】

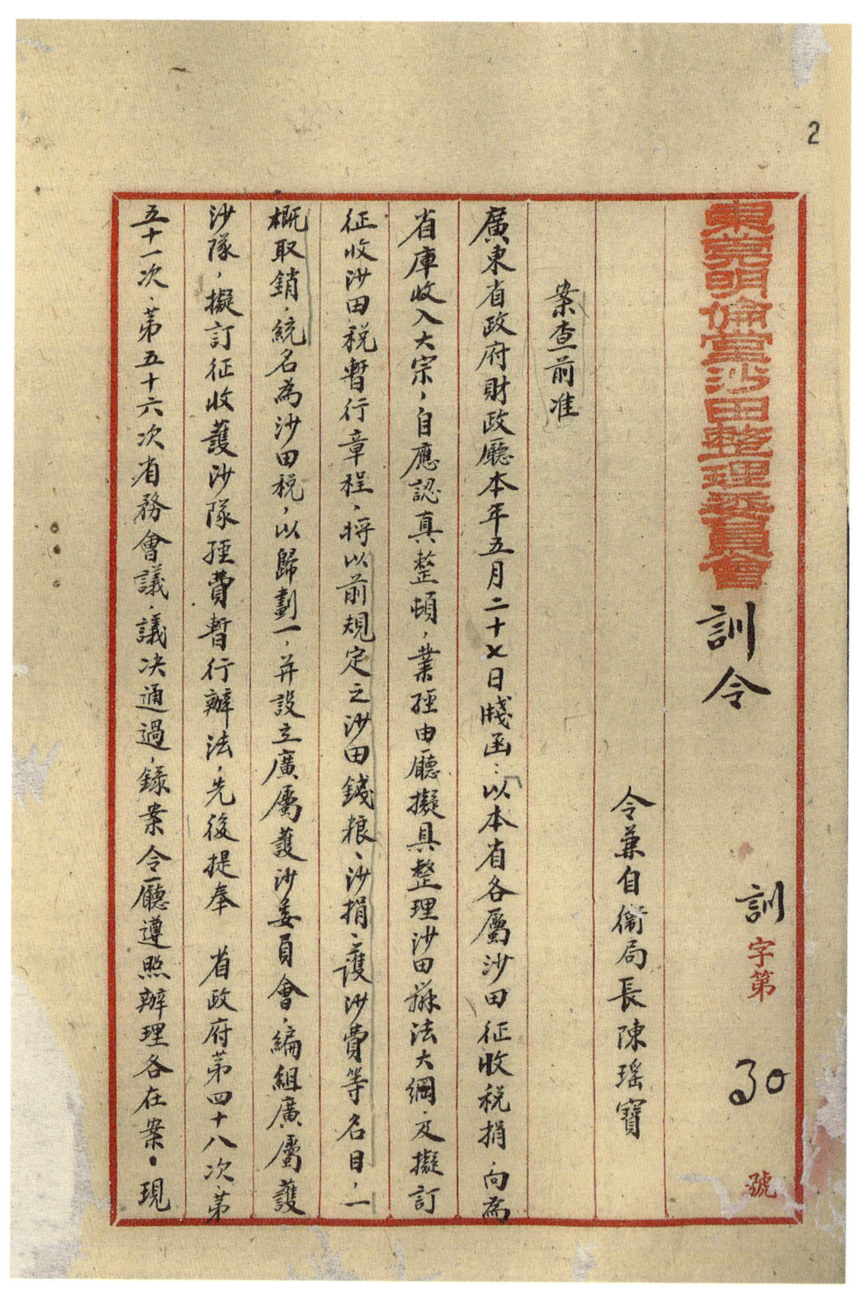

東莞明倫堂沙田整理委員會訓令

訓字第30號

令萬自衛局長陳瑤寶

案查前准

廣東省政府財政廳本年五月二十〤日牋函:以本省各屬沙田征收稅捐,向為省庫收入大宗,自應認真整頓,業經由廳擬具整理沙田辦法大綱,及擬訂征收沙田稅暫行章程,將以前規定之沙田錢粮、沙捐、護沙費等名目,一概取銷,統名為沙田稅,以歸劃一,并設立廣屬護沙委員會,編組廣屬護沙隊,擬訂征收護沙隊經費暫行辦法,先後提奉 省政府第四十八次、第五十一次、第五十六次省務會議,議決通過,錄案令廳遵照辦理各在案。現

伪东莞明伦堂沙田整理委员会关于万顷沙自卫局征收沙田税、设立广属护沙委员会、编组广属护沙队的训令【中山市档案馆,东莞明伦堂档案1-A1[1].6-290-6-2】

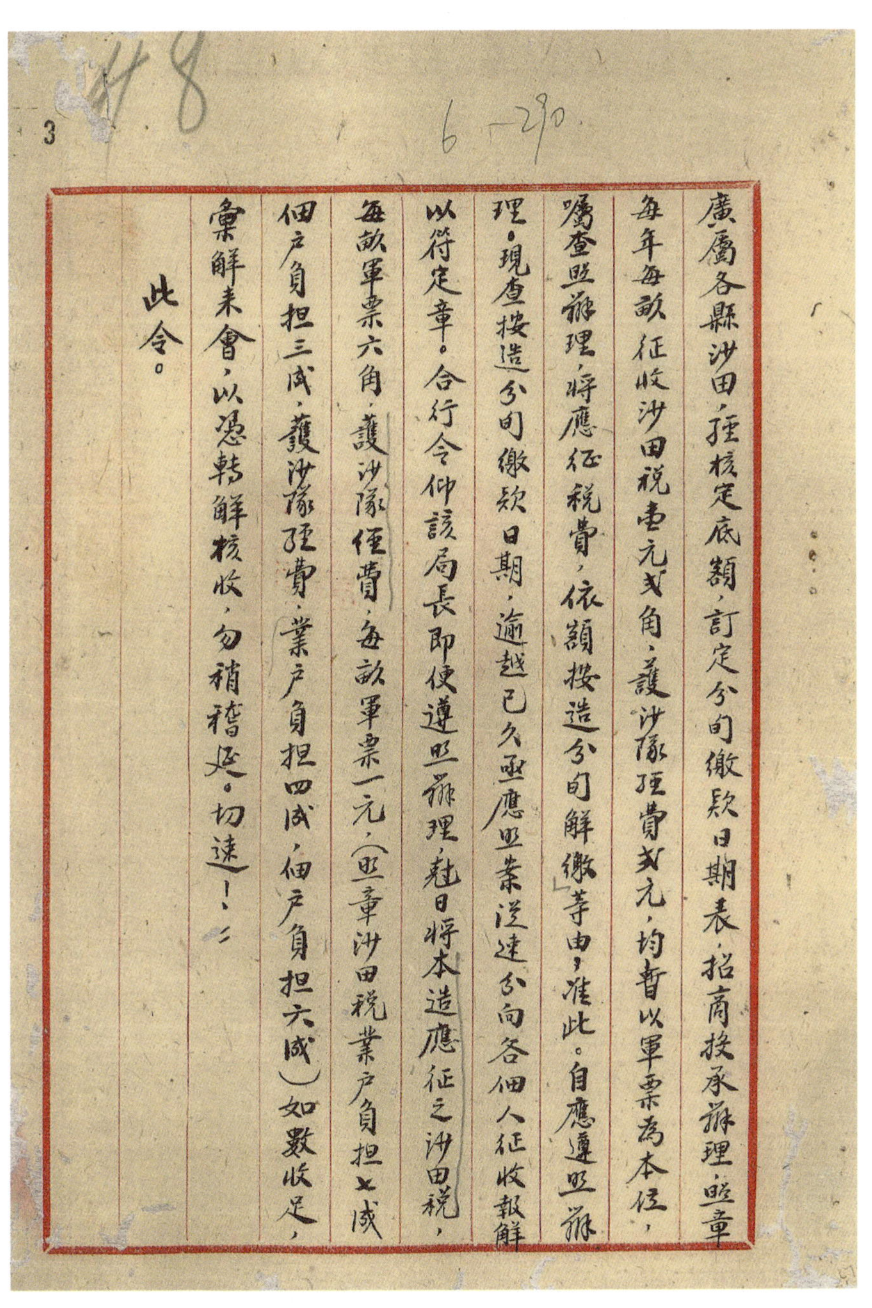

廣屬各縣沙田，經核定底額，訂定分旬繳款日期表，招商投承辦理，照章每年每畝征收沙田稅壹元弍角，護沙隊經費弍元，均暫以軍票為本位，囑查照辦理，將應征稅費，依額投造分旬解繳等由，准此。自應遵照辦理。現查投造分旬繳款日期，逾越已久，亟應照案從速分向各佃人征收報解以符定章。合行令仰該局長即便遵照辦理，剋日將本造應征之沙田稅，每畝軍票六角，護沙隊經費，每畝軍票一元，（照章沙田稅業戶負担七成佃戶負担三成，護沙隊經費，業戶負担四成，佃戶負担六成）如數收足，彙解來會，以憑轉解核收，勿稍稽延。切速！！

此令。

（续上页）【中山市档案馆，东莞明伦堂档案 1-A1[1].6-290-6-3】

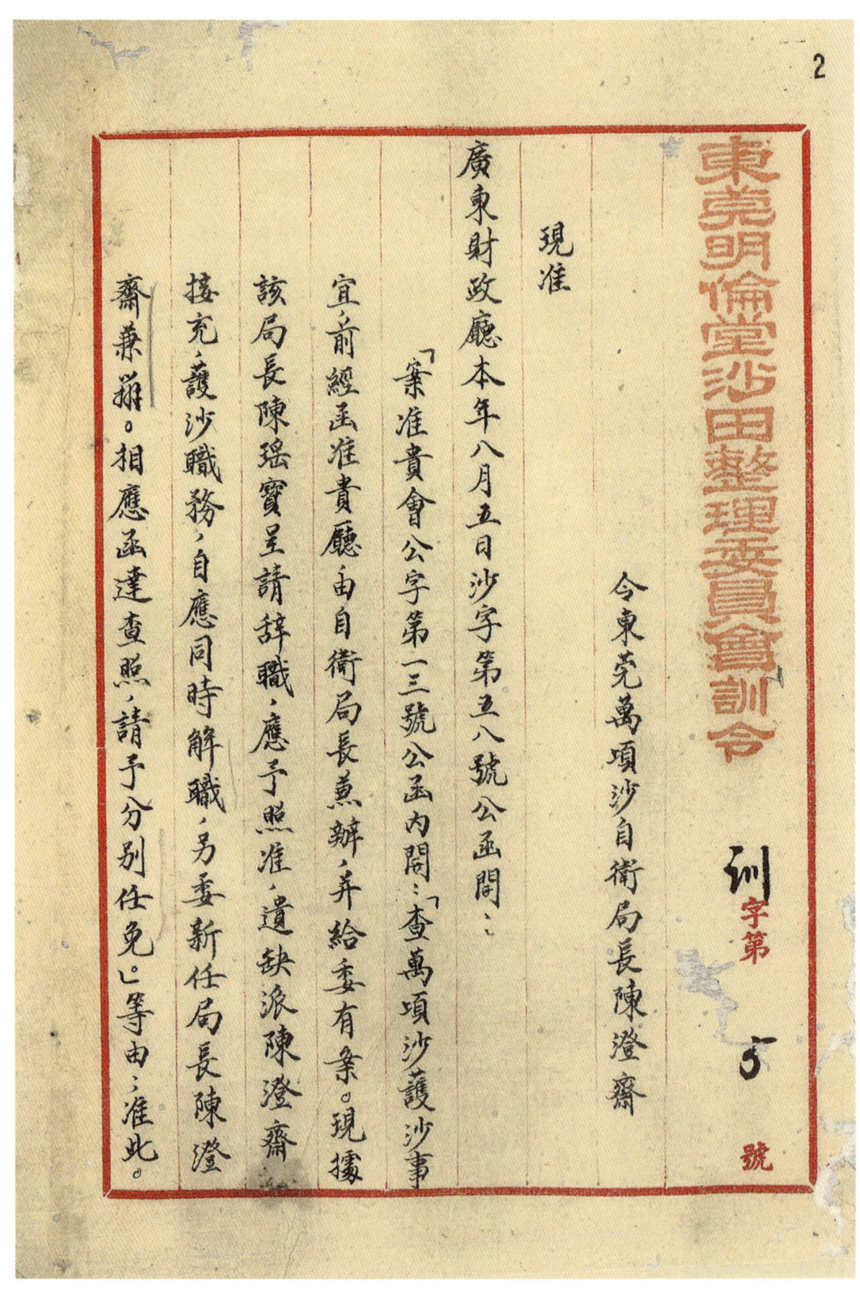

2

東莞明倫堂沙田整理委員會訓令

訓字第 5 號

令東莞萬頃沙自衛局長陳澄齋

現准

廣東財政廳本年八月五日沙字第五八號公函開：「案准貴會公字第一三號公函內開：「查萬頃沙護沙事宜，前經函准貴廳由自衛局長兼辦，并給委有案。現據該局長陳瑶寶呈請辭職，應予照准，遺缺派陳澄齋接充護沙職務，自應同時解職，另委新任局長陳澄齋兼辦。相應函達查照，請予分别任免」等由，准此。

1942 年 8 月 6 日，伪东莞明伦堂沙田整理委会关于批准万顷沙自卫局长陈瑶宝辞职，遗缺由陈澄斋接充的训令【中山市档案馆，东莞明伦堂档案 1-A1[1].6-290-8-12】

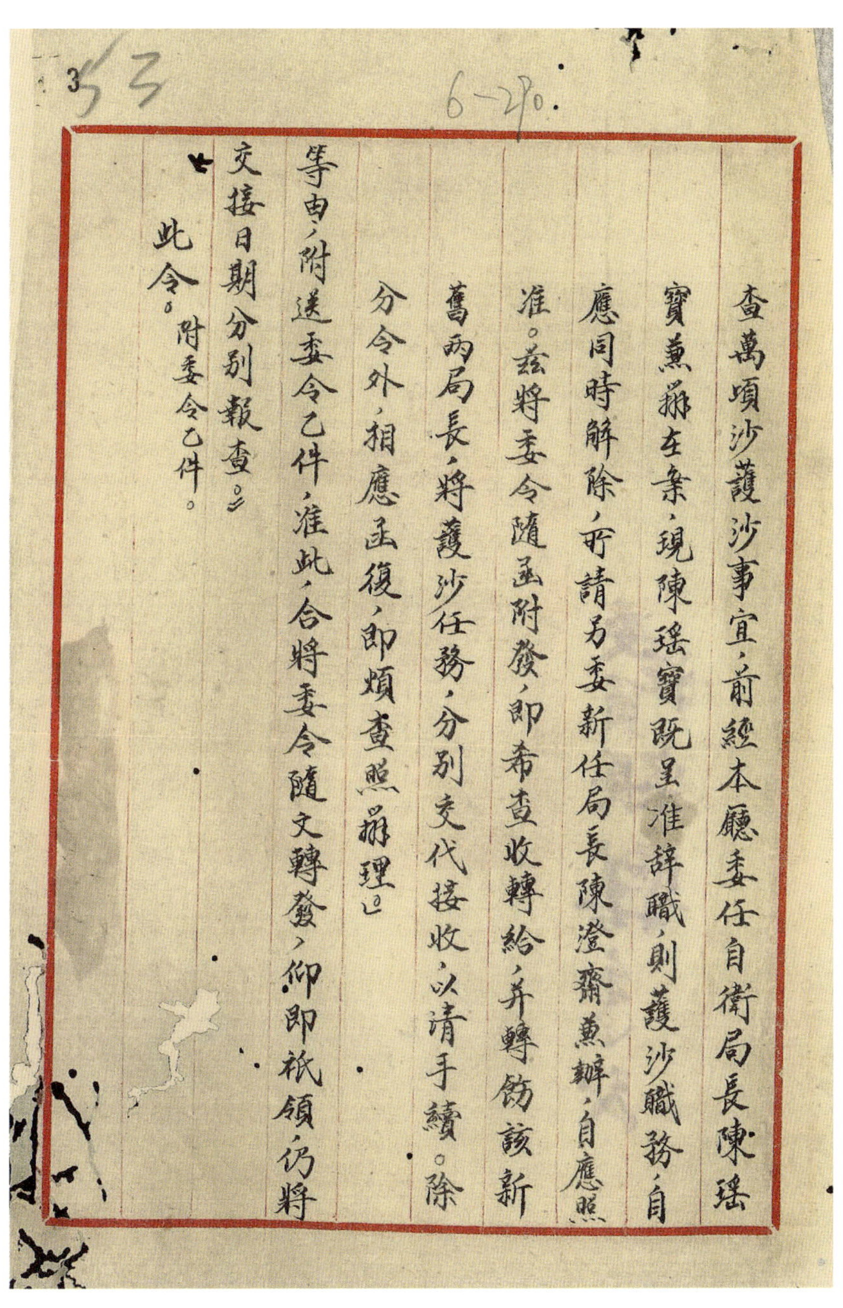
353 6-290.

查萬頃沙護沙事宜，前經本廳委任自衛局長陳瑶寶兼辦在案，現陳瑶寶既呈准辭職，則護沙職務，自應同時解除，所請另委新任局長陳澄齋兼辦，自應照准。茲將委令隨函附發，即希查收轉給，并轉飭該新舊兩局長，將護沙任務，分別交代接收，以清手續。除分令外，相應函復，即煩查照辦理。

等由，附送委令乙件，准此，合將委令隨文轉發，仰即祗領，仍將交接日期分別報查。

此令。附委令乙件。

（续上页）【中山市档案馆，东莞明伦堂档案 1-A1[1].6-290-8-13】

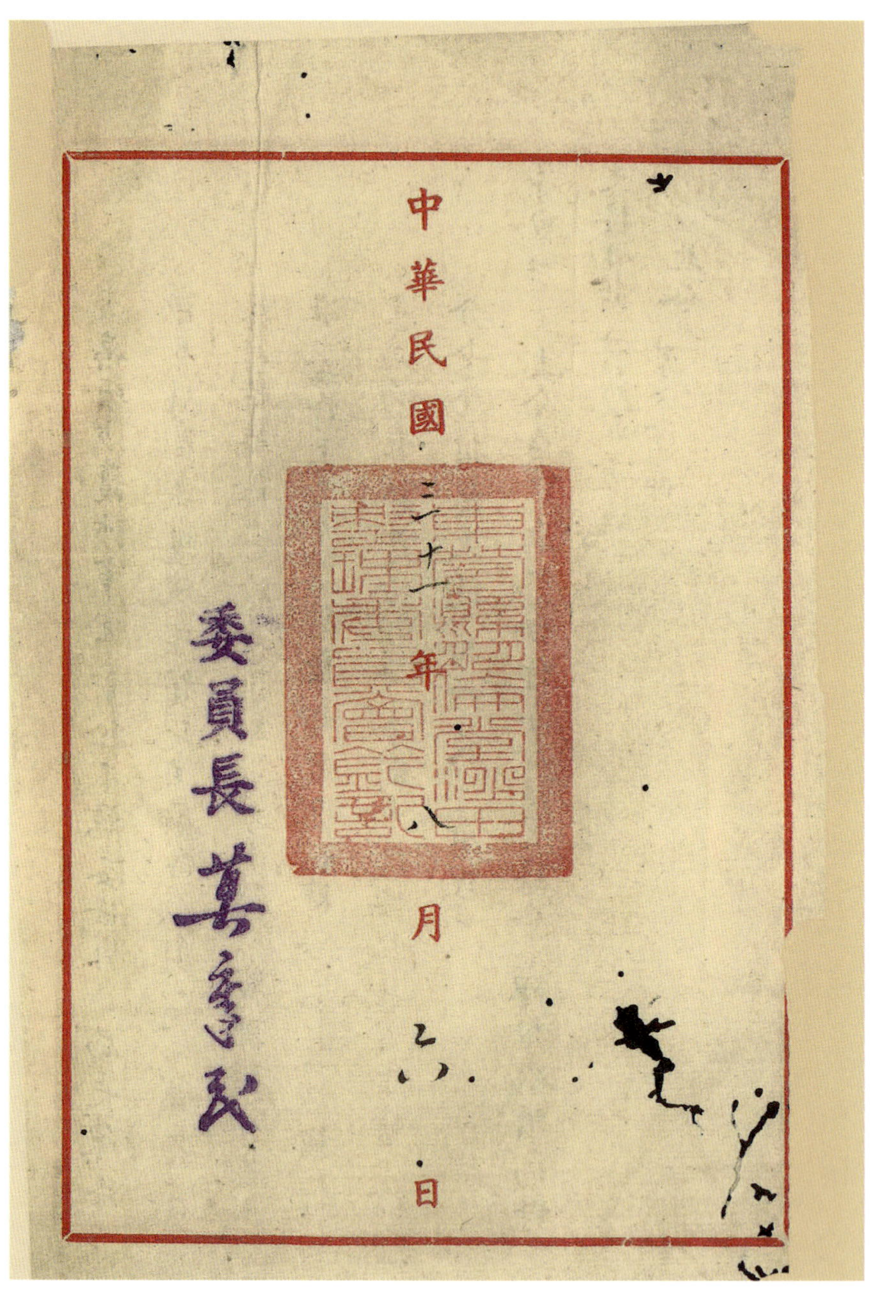
中華民國二十一年八月二六日

委員長

（续上页）【中山市档案馆，东莞明伦堂档案 1-A1[1].6-290-8-14】

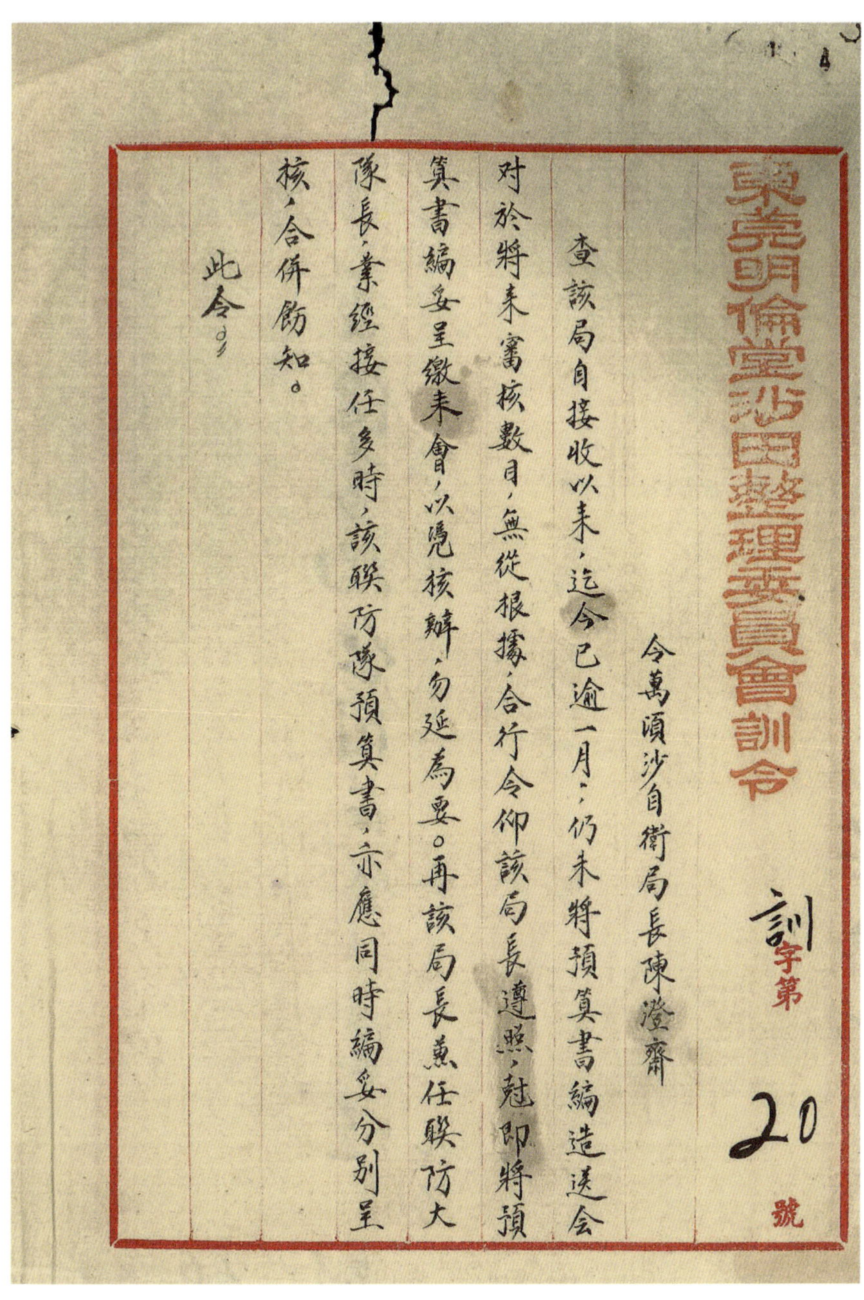

東莞明倫堂沙田整理委員會訓令

訓字第 20 號

令萬頃沙自衛局長陳澄齋

查該局自接收以來，迄今已逾一月，仍未將預算書編造送会对於將來審核數目，無從根據，合行令仰該局長遵照，尅即將預算書編妥呈繳來會，以憑核辦，勿延為要。再該局長兼任聯防大隊長，業經接任多時，該聯防隊預算書，亦應同時編妥分別呈核，合併飭知。

此令

1942 年 9 月，伪东莞伦明堂委员长要求自卫局长兼联防大队长陈澄斋尽快上交预算书的训令【中山市档案馆，东莞明伦堂档案 1-A1[1].6-281-1-4】

中華民國三十二年九月三日

委員長葛季民

校對張士銓

（续上页）【中山市档案馆，东莞明伦堂档案 1-A1[1].6-281-1-5】

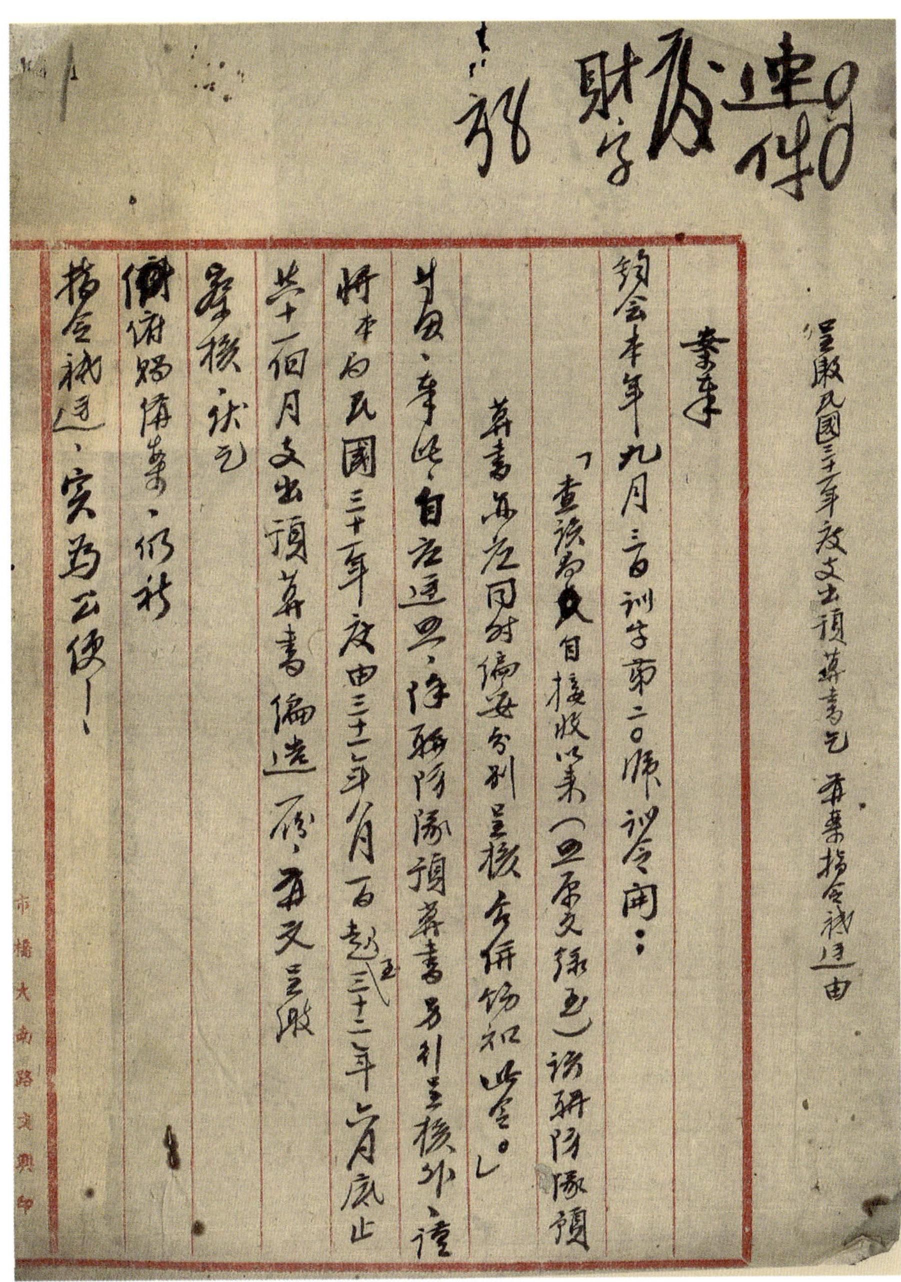

速件
财字 号

呈赍民国三十一年度支出预算书乞
鉴察指令祗遵由

案奉
钧会本年九月三日训字第二〇号训令开：
「查该局自接收以来（照原文录至）该局防务预算书应即编妥分别呈核，仰即遵照此令。」
等因，奉此，自应遵照，除将防务预算书另行呈核外，谨将本局民国三十年度由三十一年八月一日起至三十二年六月底止共十一个月支出预算书编造一份，备文呈赍
鉴核，伏乞
俯赐照准，仍祈
指令祗遵，实为公便。

根据 1942 年 9 月 3 日第 20 号训令，伪东莞伦明堂万顷沙自卫局长陈澄斋、副局长陈文川递呈预算书的函【中山市档案馆，东莞明伦堂档案 1–A1[1].6–281–1–1】

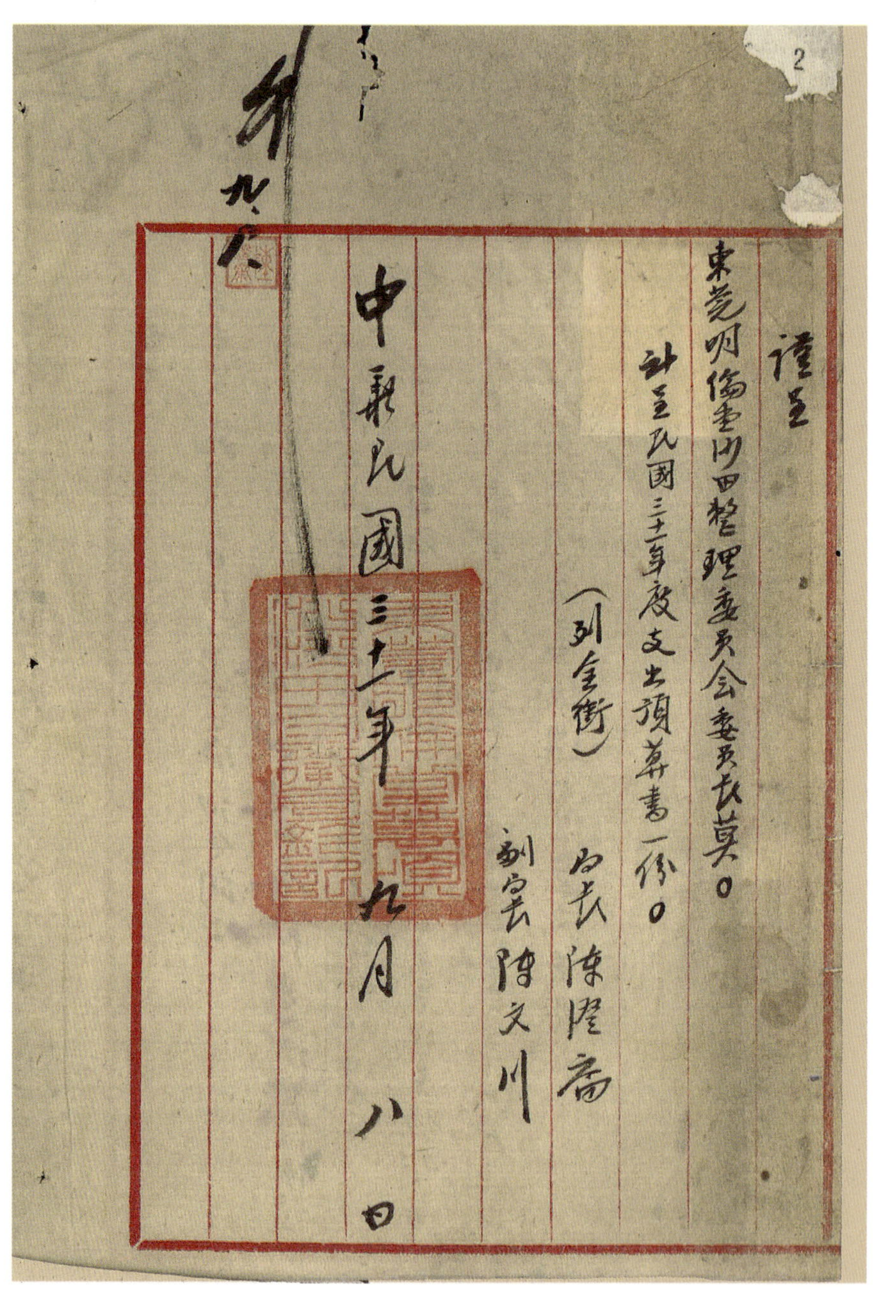

謹呈
東莞明倫堂沙田整理委员会委员長莫。
計呈民國三十一年度支出預算書一份。
（列全銜）　局長陳陞高
副局長陳文川
中華民國三十一年九月八日

（续上页）【中山市档案馆，东莞明伦堂档案 1–A1[1].6–281–1–5】

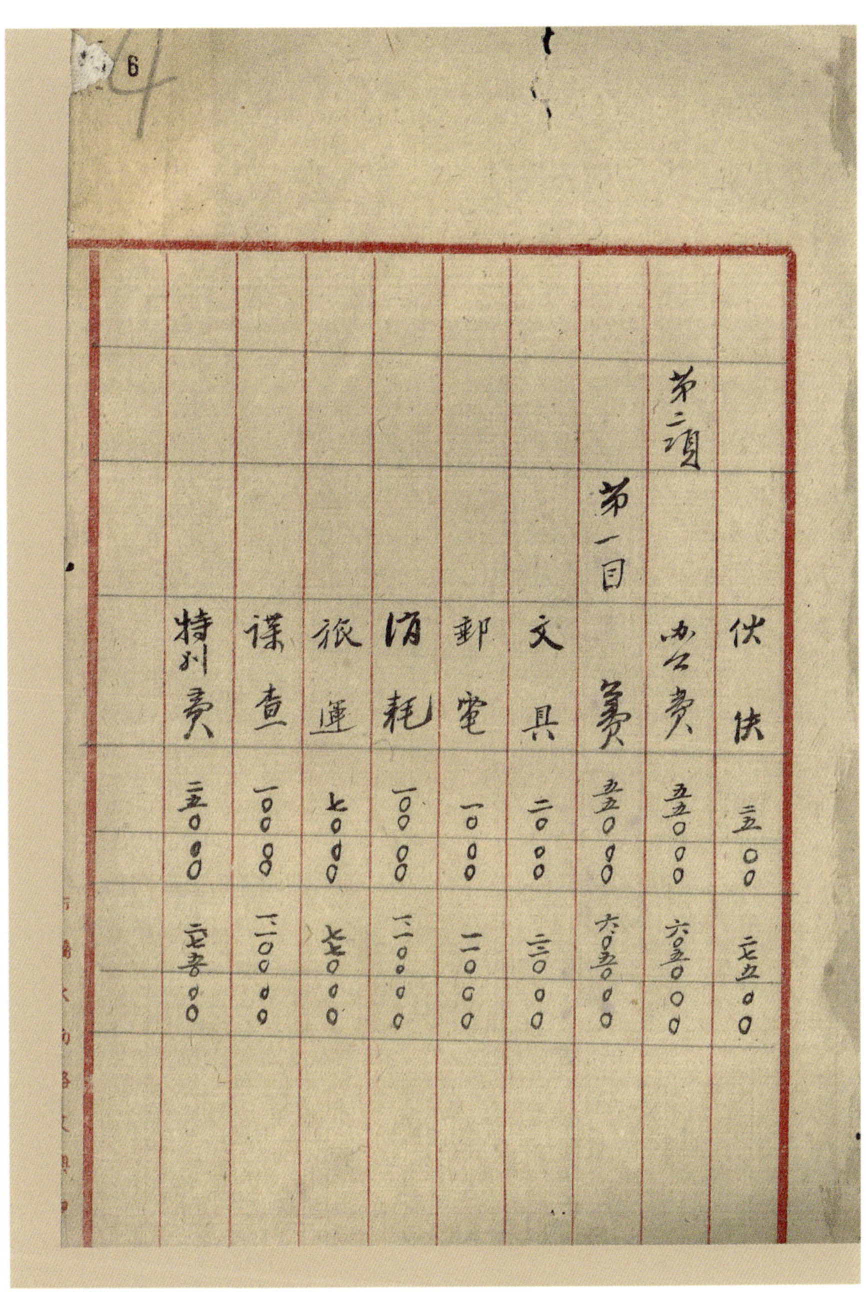

6

第二项

第一目 [illegible]费 五五〇〇〇 六〇五〇〇〇

伙食 二五〇〇 二七五〇〇

办公费 五五〇〇〇 六〇五〇〇〇

文具 二〇〇〇 二二〇〇〇

邮电 一〇〇〇 一一〇〇〇

消耗 一〇〇〇〇 一一〇〇〇〇

旅运 七〇〇〇 七七〇〇〇

谍查 一〇〇〇〇 一一〇〇〇〇

特别费 二五〇〇〇 二七五〇〇〇

（续上页）【中山市档案馆，东莞明伦堂档案 1–A1[1].6–281–1–6】

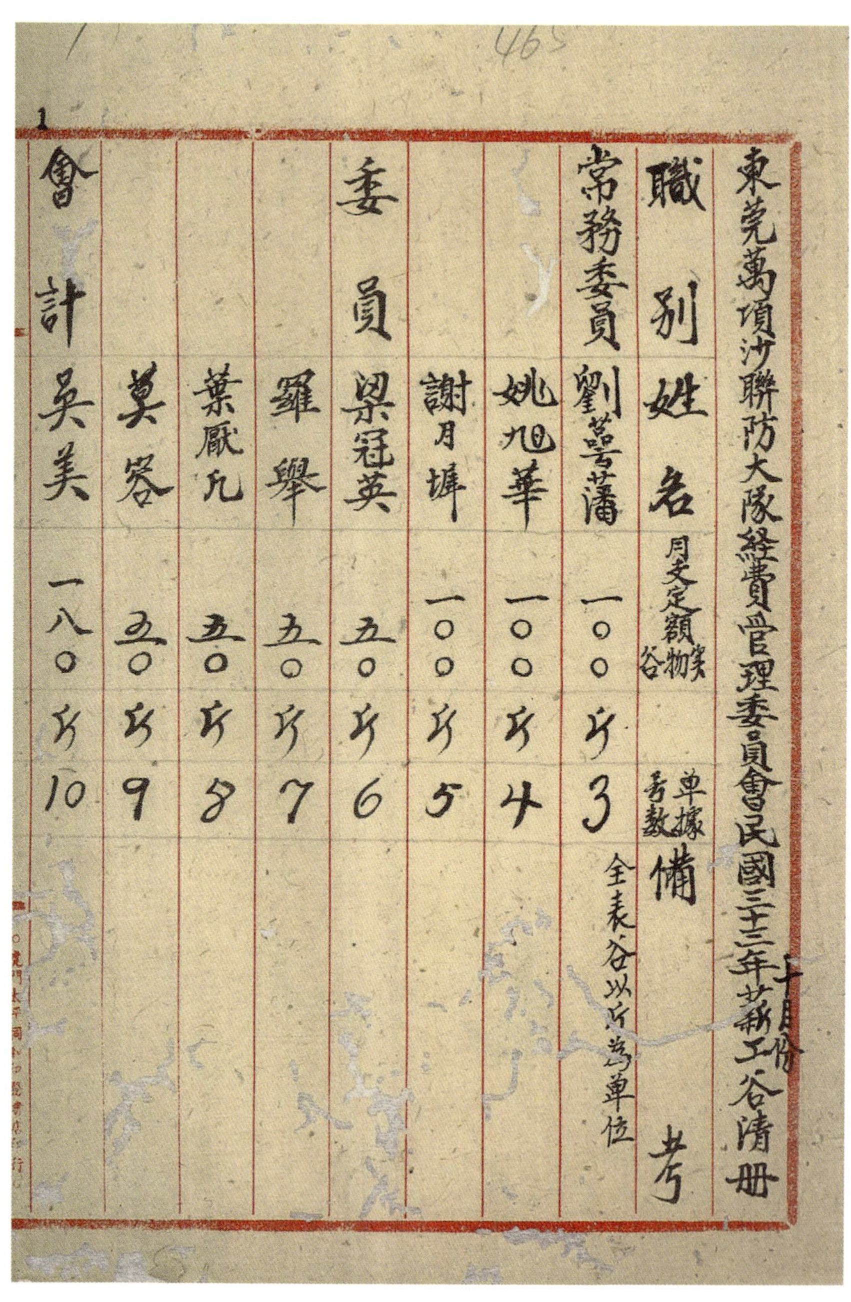

東莞萬頃沙聯防大隊經費管理委員會民國三十三年十月份薪工谷清冊

職別	姓名	月支定額谷物	單據号數	備考
常務委員	劉萼藩	一〇〇斤	3	全表谷以斤為單位
	姚旭華	一〇〇斤	4	
	謝月墀	一〇〇斤	5	
委員	梁冠英	五〇斤	6	
	羅舉	五〇斤	7	
	葉厭凡	五〇斤	8	
	莫容	五〇斤	9	
會計	吳美	一八〇斤	10	

1944年10月，伪东莞明伦堂万顷沙联防大队经费管理委员会薪工谷清册【中山市档案馆，东莞明伦堂档案 1-A1[1].6-465-1-1】

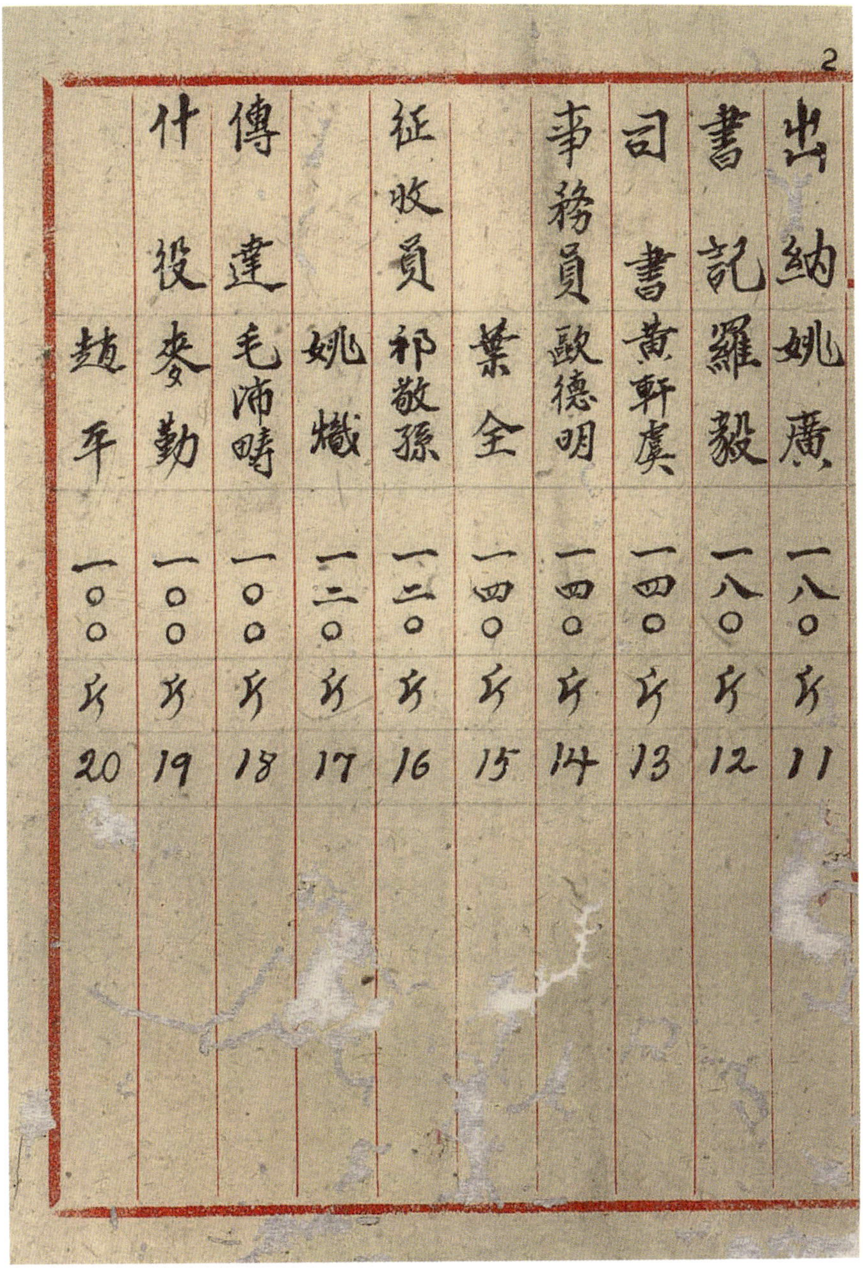

2

出納	姚廣	一八〇斤	11
書記	羅毅	一八〇斤	12
司書	黃軒虞	一四〇斤	13
事務員	歐德明	一四〇斤	14
	葉全	一四〇斤	15
征收員	祁敬孫	一二〇斤	16
	姚熾	一二〇斤	17
傳達	毛沛疇	一〇〇斤	18
什役	麥勤	一〇〇斤	19
	趙平	一〇〇斤	20

（续上页）【中山市档案馆，东莞明伦堂档案 1–A1[1].6–465–1–2】

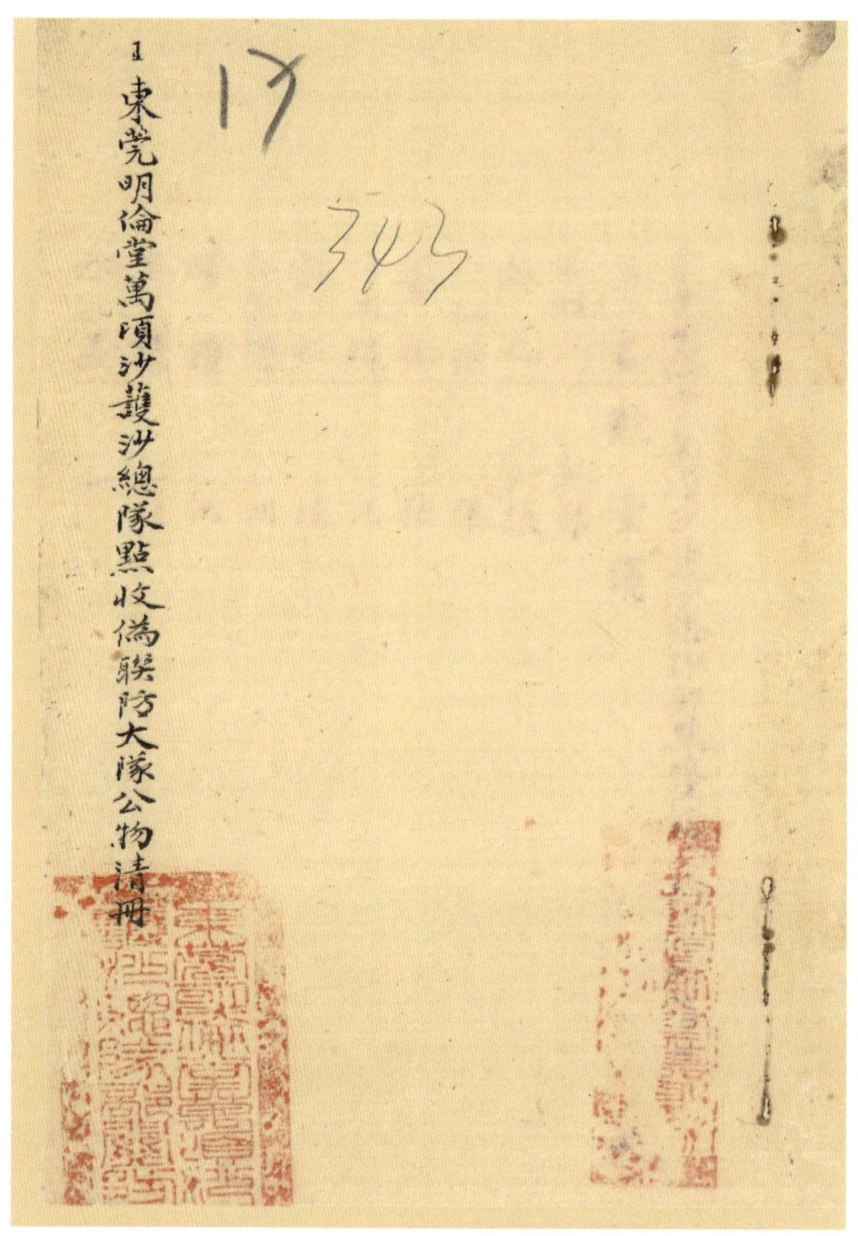

1 東莞明倫堂萬頃沙護沙總隊點收偽聯防大隊公物清冊

17

343

1945 年，日本投降后，原东莞明伦堂副董事长袁良骅、会计李威、护沙队长梁玉阶奉董事长蒋光鼐委派接收伪自卫局、伪护沙队的枪支、公物和经费。此图为东莞明伦堂万顷沙护沙总队点收伪联防大队公物清册【中山市档案馆，东莞明伦堂档案 1-A1[1].6-343-2-1】

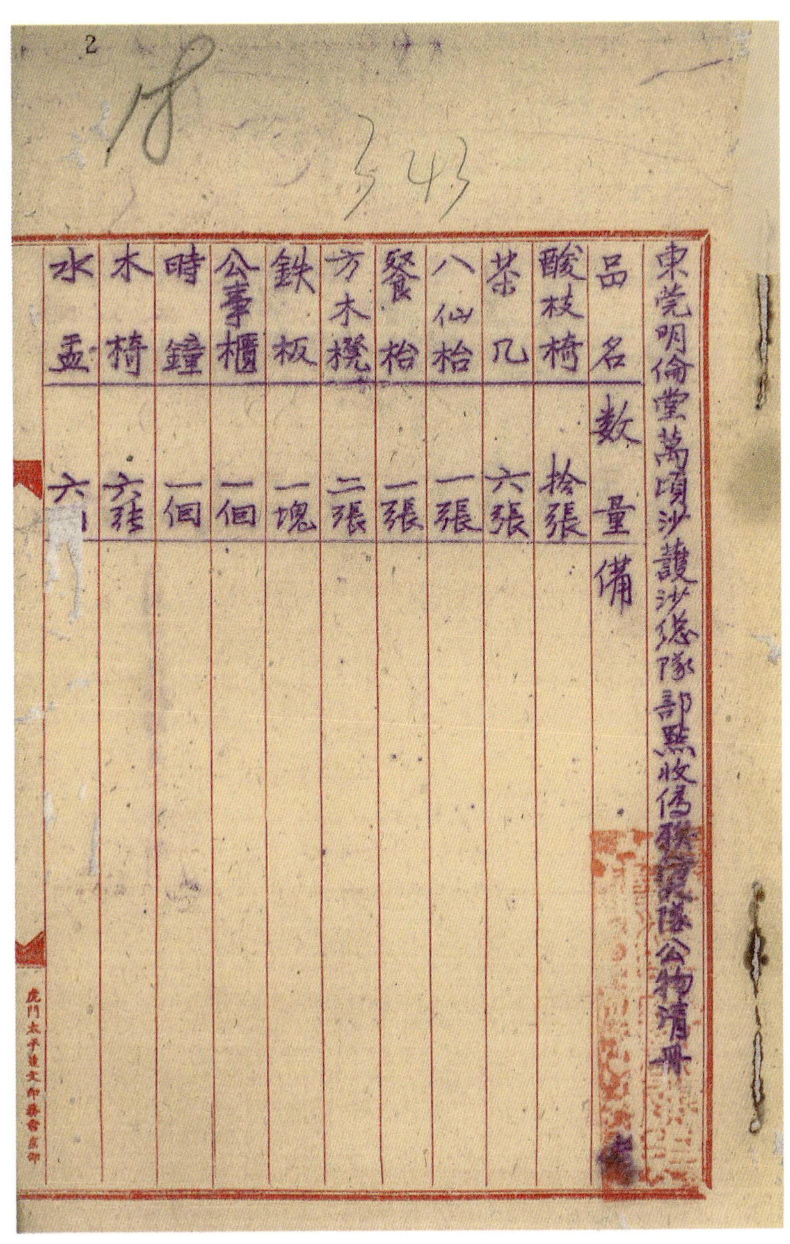

2

18

343

東莞明倫堂萬頃沙護沙隊部點收偽稅警隊公物清冊

品名	数量	備
酸枝椅	拾張	
茶几	六張	
八仙枱	一張	
餐枱	一張	
方木櫈	二張	
鉄板	一塊	
公事櫃	一個	
時鐘	一個	
木椅	六張	
水盂	六[illegible]	

（续上页）【中山市档案馆，东莞明伦堂档案 1–A1[1].6–343–2–12】

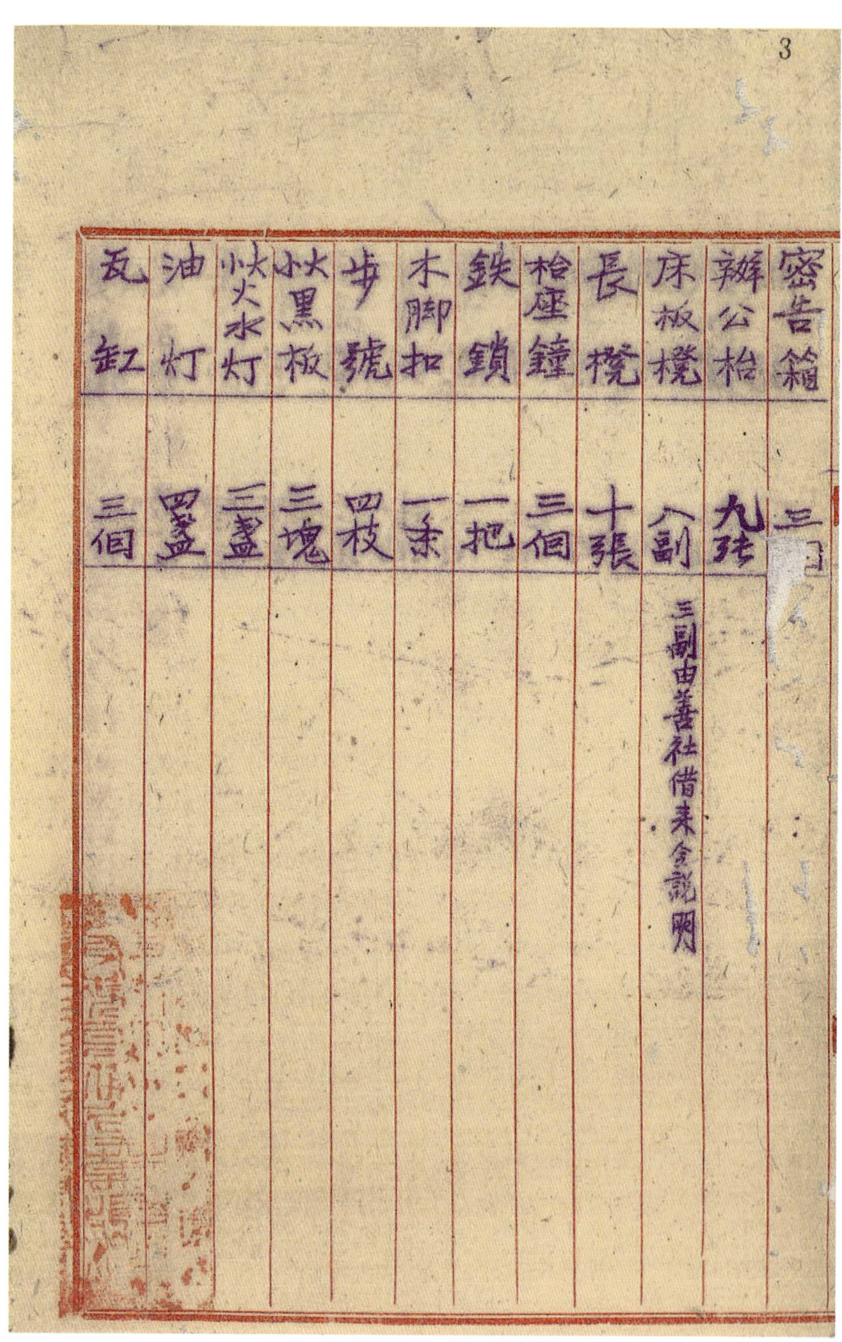

3

品名	数量	备注
密告箱	三口	
辦公枱	九張	
床板櫈	八副	三副由善社借來合說明
長櫈	十張	
枱座鐘	三個	
鉄鎖	一把	
木脚扣	一条	
步號	四枝	
小火黑板	三塊	
小火水灯	三盞	
油灯	四盞	
瓦缸	三個	

（续上页）【同上】

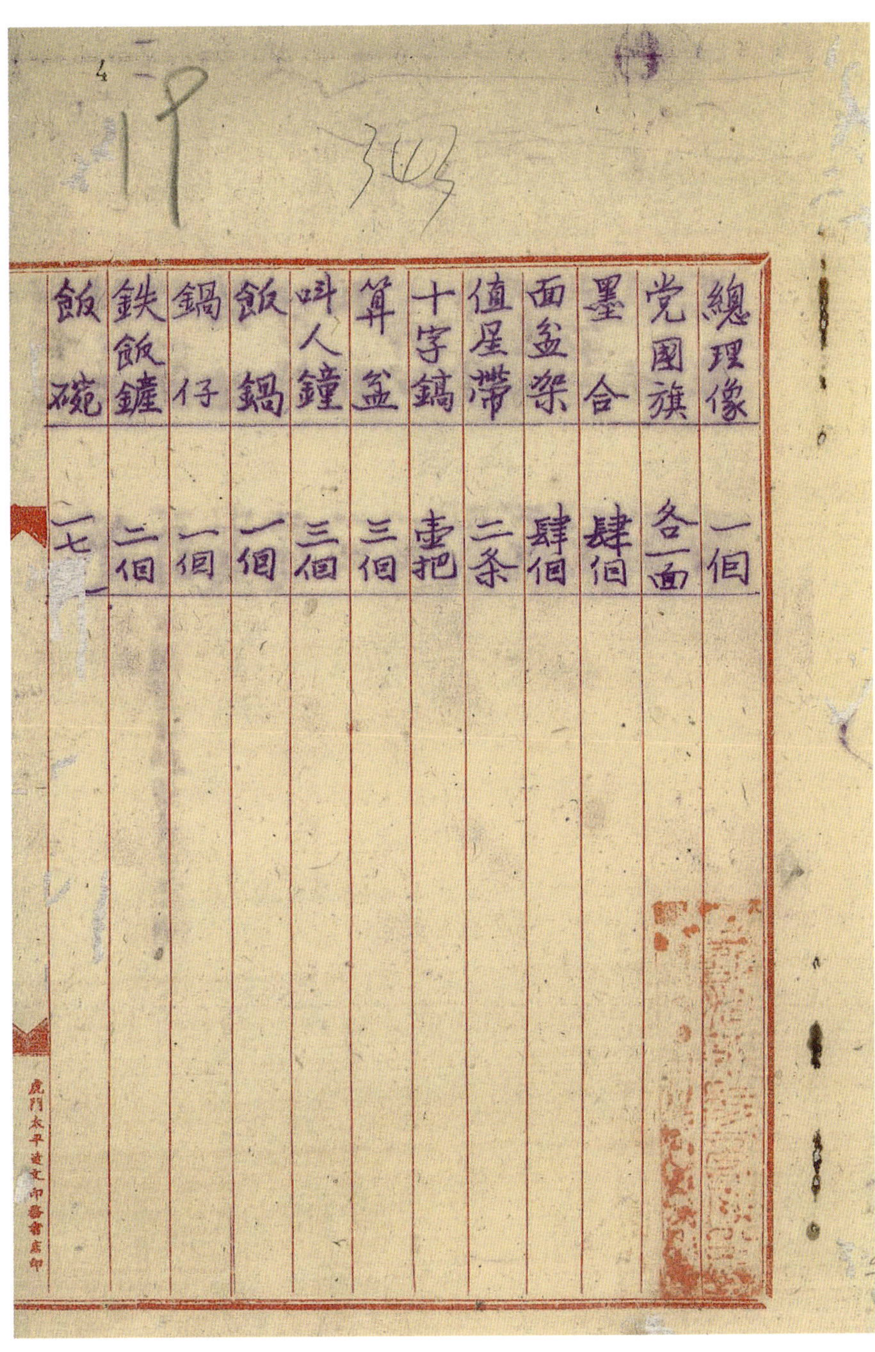

物品	數量
總理像	一個
党國旗	各一面
墨合	肆個
面盆架	肆個
值星帶	二条
十字鎬	壹把
算盆	三個
叫人鐘	三個
飯鍋	一個
鍋仔	一個
鉄飯罐	二個
飯碗	一七一

（续上页）【中山市档案馆，东莞明伦堂档案 1-A1[1].6-343-2-22】

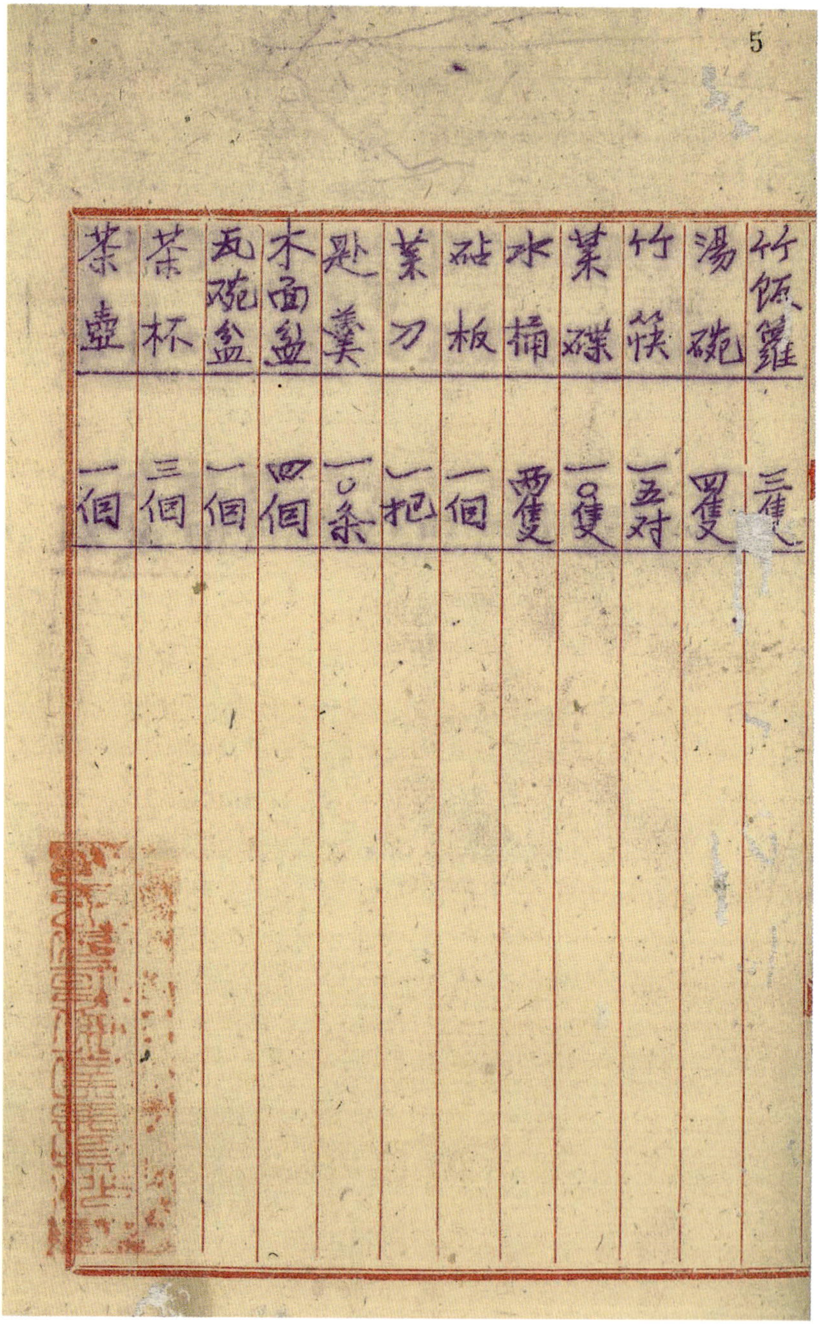

5

竹飯籮	三隻
湯碗	四隻
竹筷	一五对
菜碟	一〇隻
水桶	兩隻
砧板	一個
菜刀	一把
匙羹	一〇条
木面盆	四個
瓦碗盆	一個
茶杯	三個
茶壺	一個

（续上页）【中山市档案馆，东莞明伦堂档案 1-A1[1].6-343-2-23】

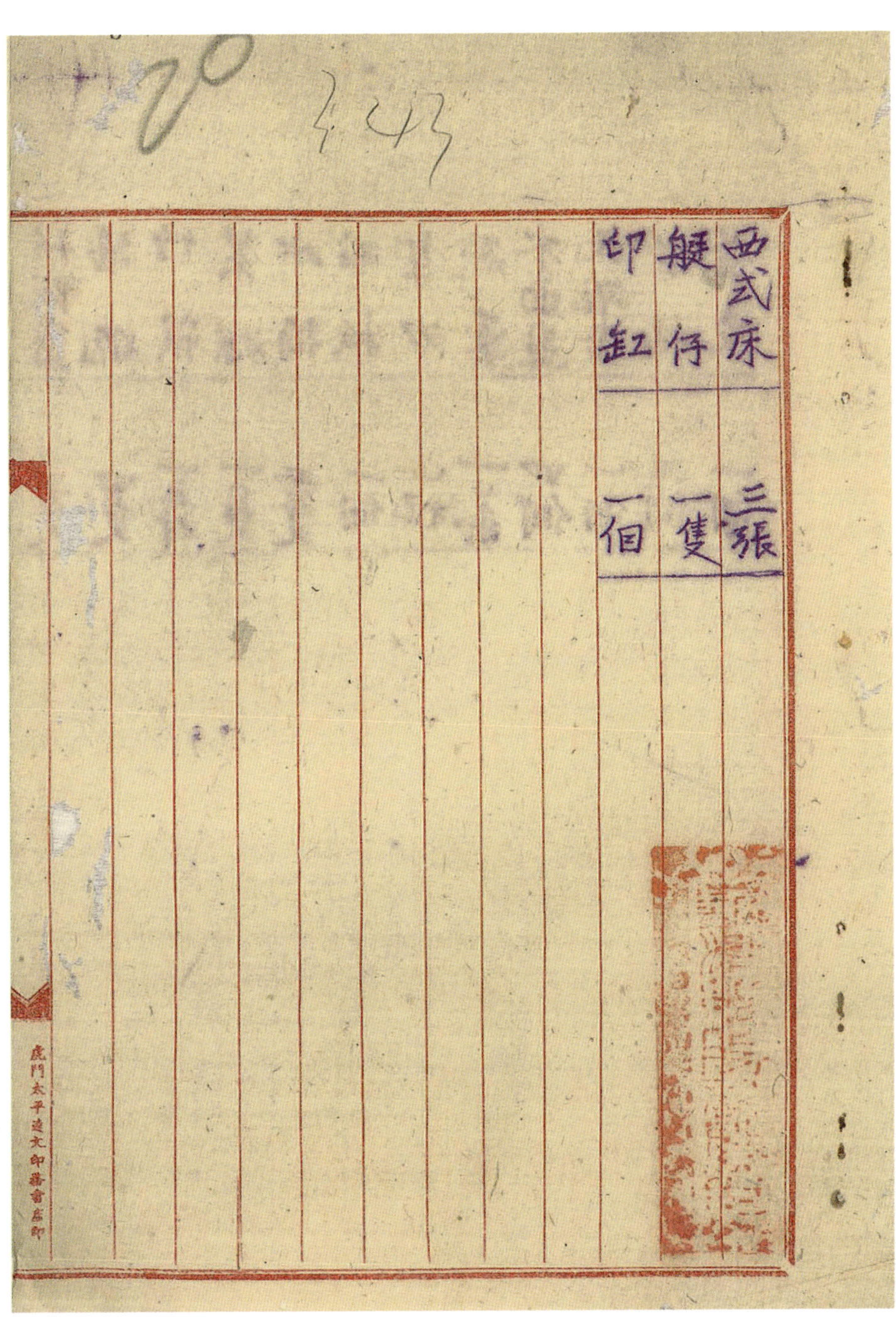
西式床　三張
艇仔　一隻
印缸　一個

虎門太平進文印務當局印

（续上页）【中山市档案馆，东莞明伦堂档案 1–A1[1].6–343–2–24】

1945年9月东莞明伦堂万顷沙护沙总队部薪饷预算表

部门	上校	中校	少校	上尉	中尉	少尉	准尉	上士	中士	下士	兵	小计每月薪饷谷（斤）
总队部	1	1	1	2	2	1	1	1			5	6,130
特务队					1	1		1	2	3	28	4,050
第一大队			1	1	2	1		2		1	5	3,820
第一中队				1	1	2	3	3	4	6	58	8,930
第二中队				1	1	2	3	3	4	6	58	8,930
第三中队				1	1	2	3	3	4	6	58	8,930
第四中队				1	1	2	3	3	4	6	58	8,930
第二大队			1	1	2	1		2		1	5	3,820
第一中队				1	1	2	3	3	4	6	58	8,930
第二中队				1	1	2	3	3	4	6	58	8,930
第三中队				1	1	2	3	3	4	6	58	8,930
第四中队				1	1	2	3	3	4	6	58	8,930
合计	1	1	3	12	15	20	25	30	34	53	507	53540

按照《1945年9月东莞明伦堂万顷沙护沙总队部薪饷预算表》得知，东莞明伦堂护沙队武装大体按《东莞明伦堂万顷沙自卫局组织暂行条例》规定，总队下设特务队、一大队、二大队，每个大队下又设四个中队。据《1945年9月东莞明伦堂万顷沙互沙总队部薪饷预算表》此时的自卫大队共计701人，其中军官194人，士兵507人，每月薪饷谷总计53540斤。【东莞市档案馆，《明伦堂有关自卫局经理局文书材料》】

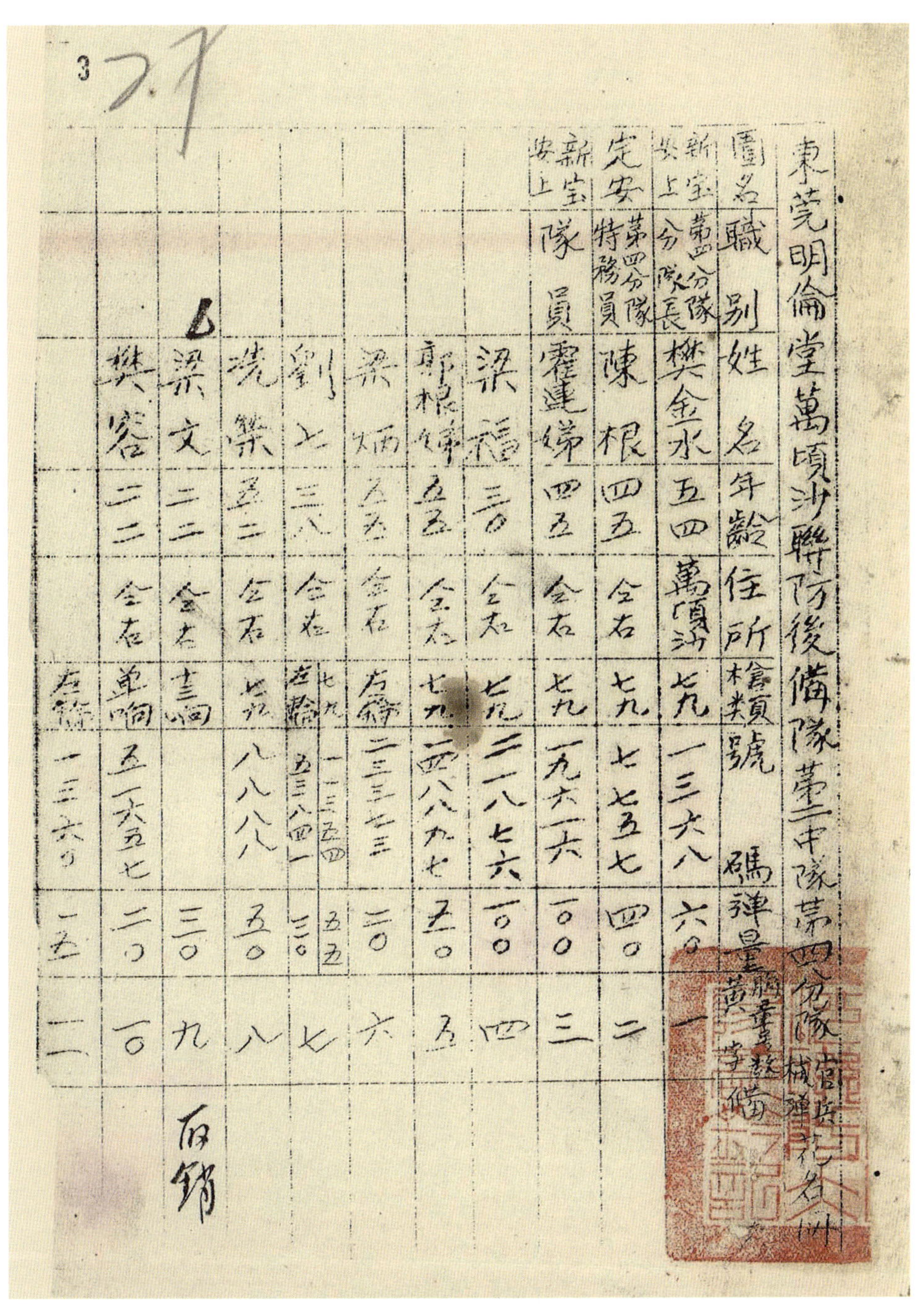

東莞明倫堂萬頃沙聯防後備隊第二中隊第四分隊官兵槍彈花名冊

圍名	職別	姓名	年齡	住所	槍類	號碼	彈量	
新安上	第四分隊隊長	樊金水	五四	萬頃沙	七九	一三六八	六〇	一
定安	第四分隊特務員	陳根	四五	仝右	七九	七七五七	四〇	二
新安上	隊員	霍蓮娣	四五	仝右	七九	一九六一六	一〇〇	三
		梁福	三〇	仝右	七九	二一八七六	一〇〇	四
		郭根錦	五五	仝右	七九	一四八八九七	五〇	五
		梁炳	五五	仝右	右輪	二三三七三	二〇	六
		劉七	三八	仝右	右輪 / 七九	五三八四一 / 一一三五四	三〇 / 五五	七
		冼榮	五二	仝右	七九	八八八八	五〇	八
		梁文	二二	仝右	十三响		三〇	九
		樊容	二二	仝右	單响	五一六五七	二〇	一〇
					右輪	一三六	一五	一一

存銷

东莞明伦堂万顷沙联防后备队第二中队第四分队花名册【中山市档案馆，东莞明伦堂档案 1-A1[1].6-287-1-3】

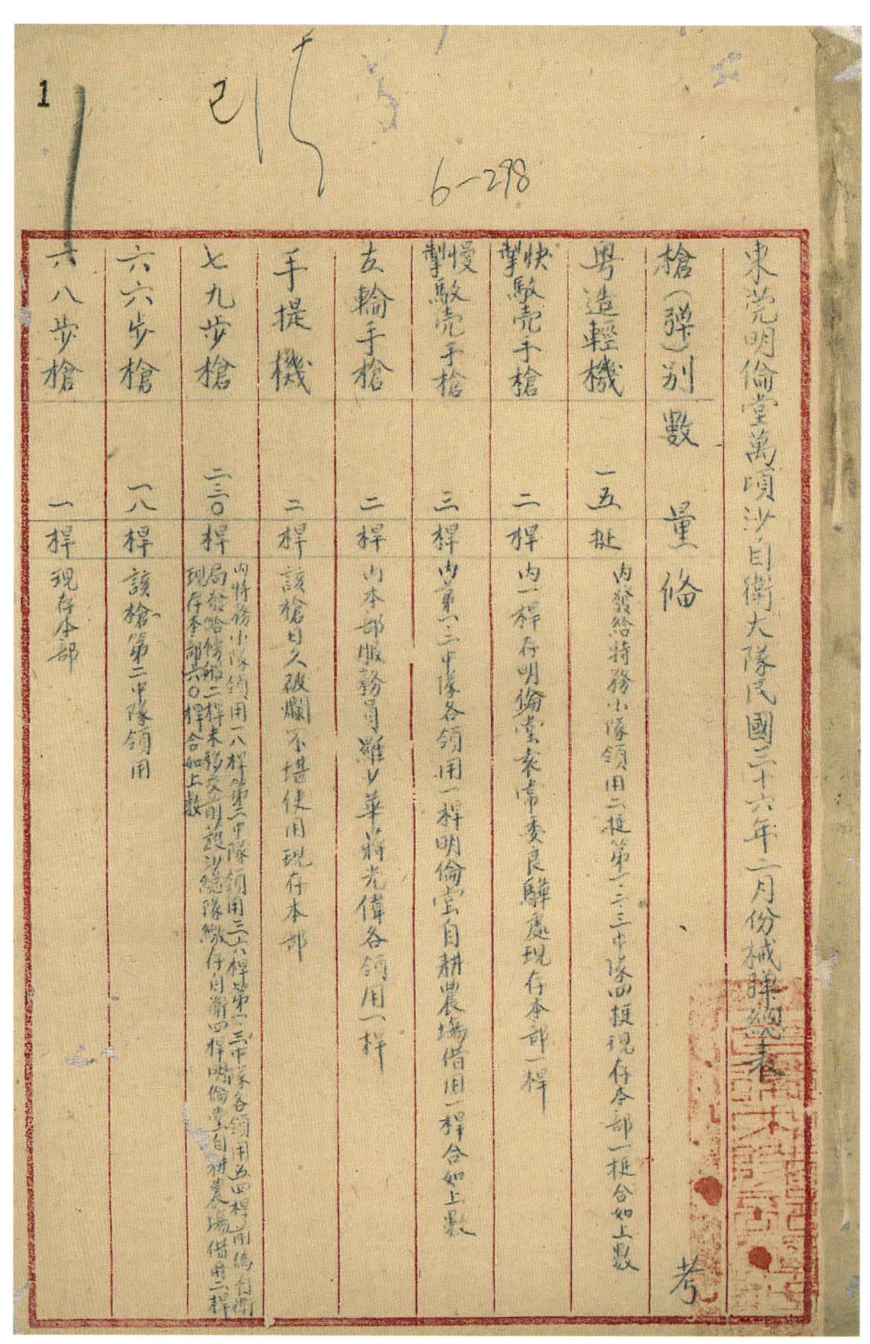

1

6-298

東莞明倫堂萬頃沙自衛大隊民國三十六年二月份械彈總表

槍（彈）別	數量	備考
粵造輕機	一五挺	內發給特務小隊領用二挺第一、二、三中隊四挺現存本部一挺合如上數
快掣駁殼手槍	二桿	內一桿存明倫堂袁常委良驊處現存本部一桿
慢掣駁殼手槍	三桿	內第一、二中隊各領用一桿明倫堂自耕農場借用一桿合如上數
左輪手槍	二桿	內本部服務員羅□華蔣光偉各領用一桿
手提機	二桿	該槍日久破爛不堪使用現存本部
七九步槍	二三〇桿	內特務小隊領用一八桿第一中隊領用二六桿第二、三中隊各領用五四桿前偽自衛局發給傷部二桿未移交前設沙總隊繳存自衛四桿明倫堂自耕農場借用二桿現存本部六〇桿合如上數
六六步槍	一八桿	該槍第二中隊領用
六八步槍	一桿	現存本部

1947 年 2 月，东莞明伦堂万顷沙自卫大队械弹总表【中山市档案馆，东莞明伦堂档案 1-A1[1].6-298-1-1】

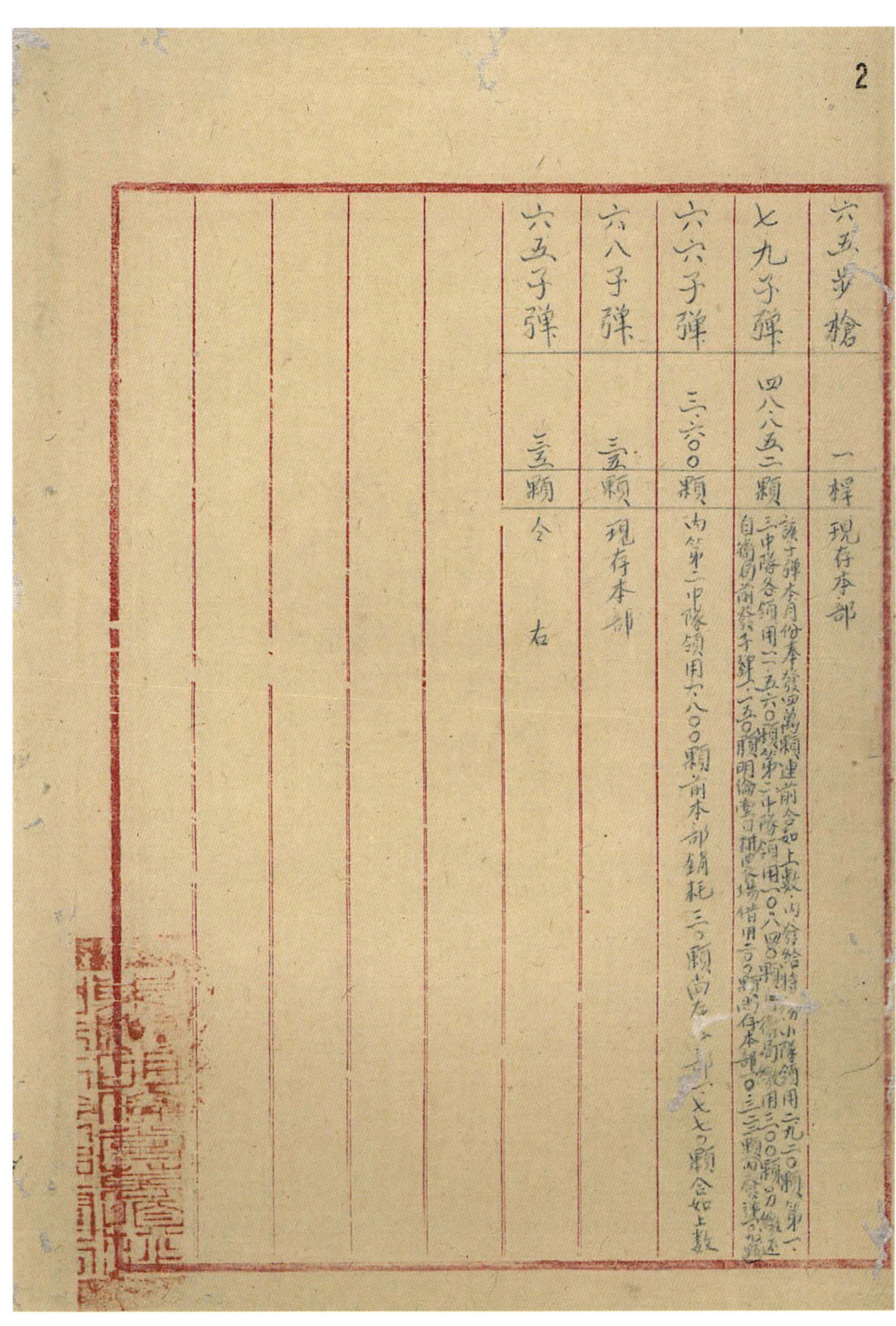
2

品名	数量	备注
六五步槍	一桿	現存本部
七九子彈	四八八五二顆	該子彈本月份奉發四萬顆連前合如上數內發給特務小隊領用二九二〇顆第一三中隊各領用二五六〇顆第二中隊領用一〇八四〇顆[illegible]領用三〇〇顆[illegible]自衛團前發子彈八一五〇顆明倫堂[illegible]場借用一〇〇顆[illegible]存本部〇三三顆[illegible]
六六子彈	三六〇〇顆	內第二中隊領用六八〇〇顆前本部銷耗三〇〇顆尚存本部六七〇〇顆合如上數
六八子彈	壹顆	現存本部
六五子彈	壹顆	仝右

（续上页）【中山市档案馆，东莞明伦堂档案 1-A1[1].6-298-1-12】

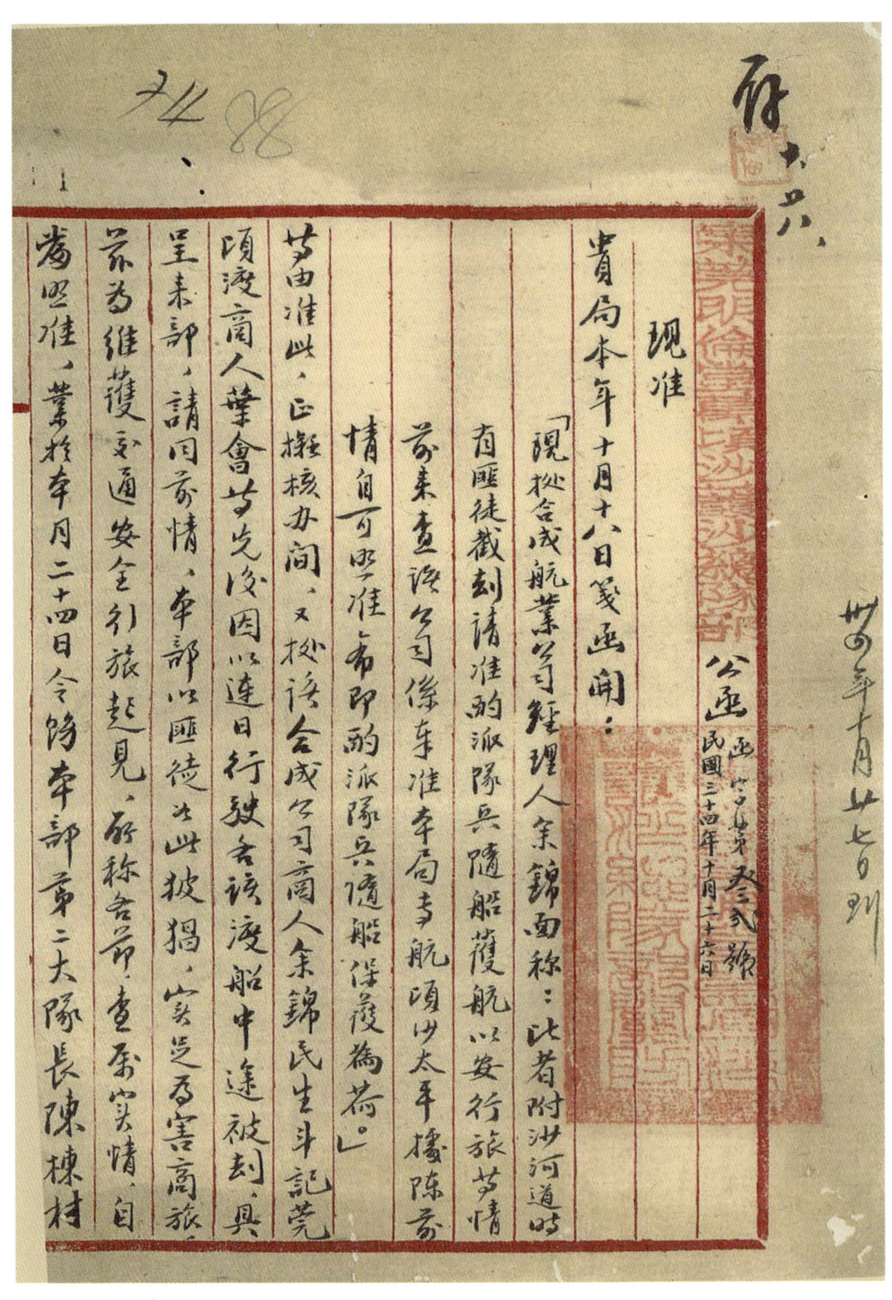
存

公函 函字第九三弍號 民國三十四年十月二十六日

逕准

貴局本年十月十八日箋函開：

「現據合成航業公司經理人朱錦面稱：比者附沙河道時有匪徒截劫，請准酌派隊兵隨船護航，以安行旅等情前來，查該公司係奉准本局專航頭沙太平樓陈前情，自可照准，希即酌派隊兵隨船保護為荷」

等由准此，正擬核辦間，又據該合成公司商人朱錦民生斗記莞頂渡商人葉會等先後因以連日行駛各該渡船中途被劫，具呈來部，請同前情，本部以匪徒出此披猖，實足為害商旅，亟為維護交通安全行旅起見，所稱各節，查係實情，自為照准，業於本月二十四日令飭本部第二大隊長陳棟材

卅四年十月廿七日到

1945 年 10 月 26 日护沙总队队长梁玉阶函复万顷沙自卫局长麦韶关于派员护航的复函【中山市档案馆，东莞明伦堂档案 1-A1[1].6-480-3-1】

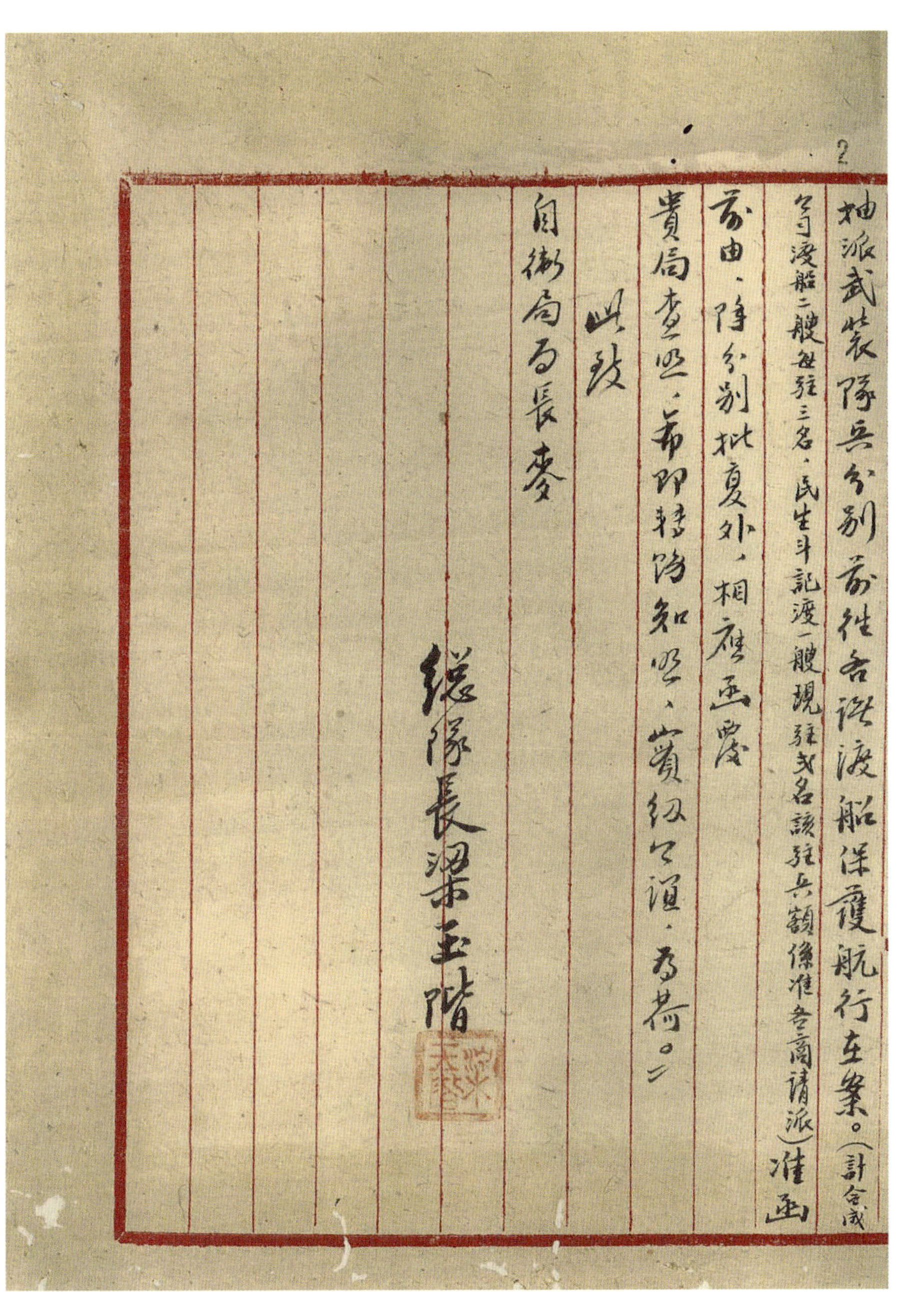

2

抽派武裝隊兵分别前往各該渡船保護航行在案。(計合成公司渡船二艘每艘駐三名，民生斗記渡一艘現駐弍名，該駐兵額係准各商請派)准函前由，除分别批复外，相應函覆

貴局查照，希即轉飭知照，實紉公誼，為荷。

此致

自衛局局長麥

總隊長梁玉階

(续上页) 【中山市档案馆，东莞明伦堂档案 1-A1[1].6-480-3-44】

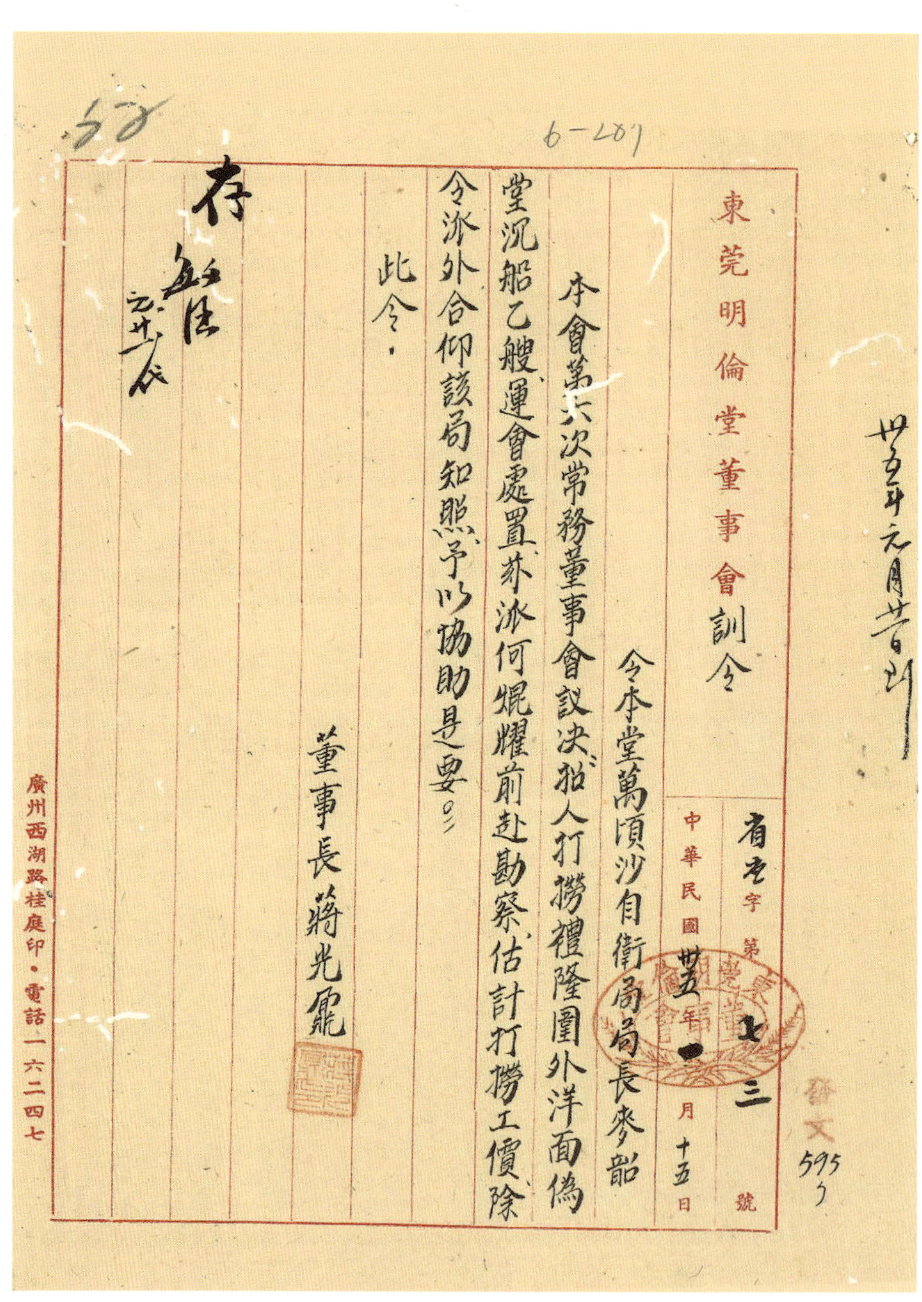
東莞明倫堂董事會訓令

令本堂萬頃沙自衛局局長麥韶

本會第六次常務董事會議決，船人打撈禮隆圍外洋面僞堂沉船乙艘，運會處置，業派何焜耀前赴勘察，估計打撈工價，除令派外，合仰該局知照，予以協助，是要。

此令。

董事長蔣光鼐

中華民國卅五年一月十五日

1946年1月15日，东莞明伦堂董事会令万顷沙自卫局长麦韶关于打捞沉船的训令【中山市档案馆，东莞明伦堂档案1-A1[1].6-289-8-1】

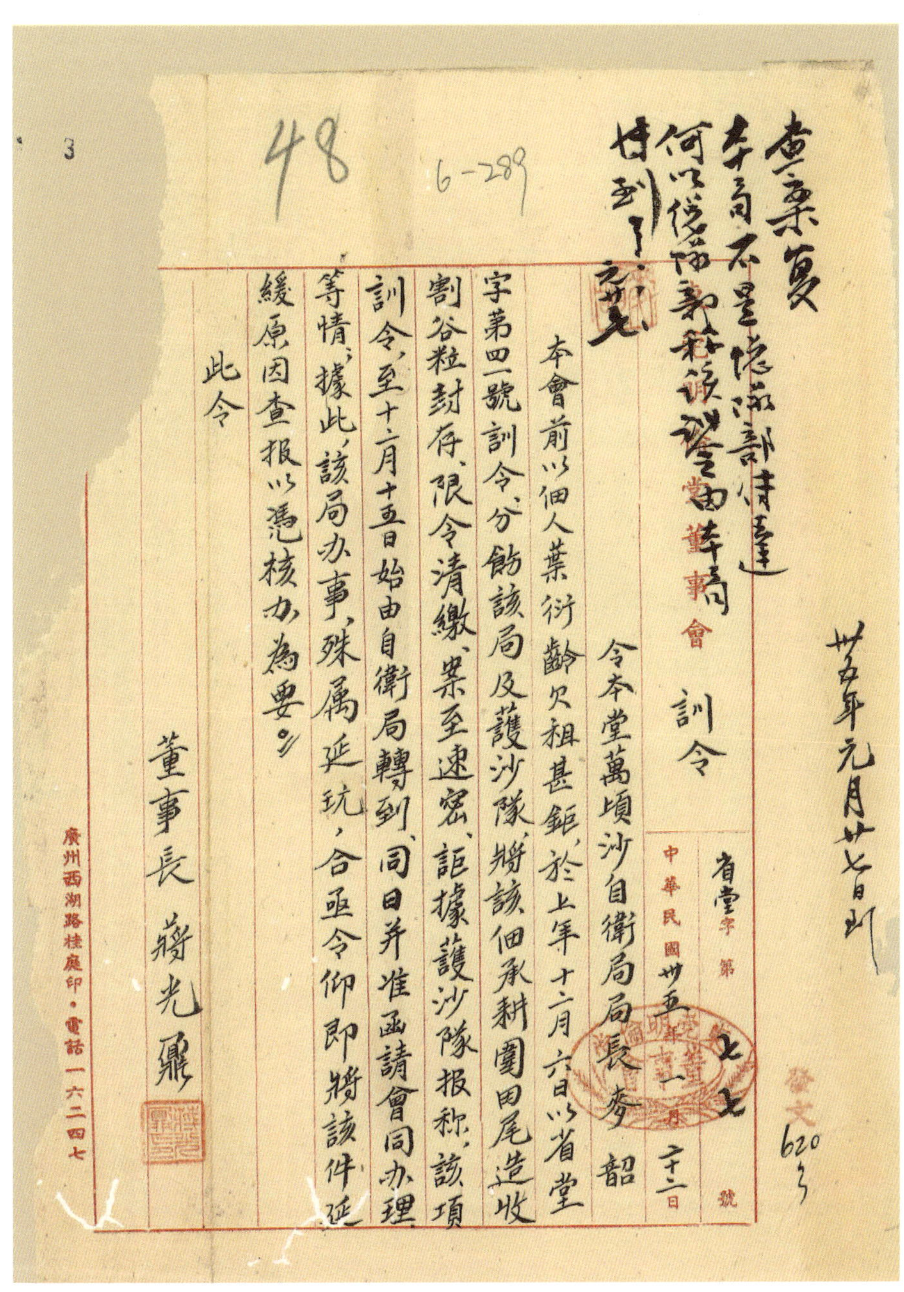
明倫堂董事會 訓令
省堂字第 號
中華民國卅五年元月廿三日

令本堂萬頃沙自衛局局長麥韶

本會前以佃人葉衍齡欠租甚鉅，於上年十二月六日以省堂字第四一號訓令，分飭該局及護沙隊，將該佃承耕圍田尾造收割穀粒封存，限令清繳，案至速密，詎據護沙隊報稱，該項訓令，至十二月十五日始由自衛局轉到，同日并准函請會同辦理等情，據此，該局辦事，殊屬延玩，合亟令仰即將該件延緩原因查報，以憑核辦為要。

此令

董事長 蔣光鼐

廣州西湖路桂庭印・電話一六二四七

卅五年元月廿七日收

發文620號

1946 年 1 月 23 日，东莞明伦堂董事会关于万顷沙自卫局局长麦韶延误收租的训令【中山市档案馆，东莞明伦堂档案 1-A1[1].6-333-37-1】

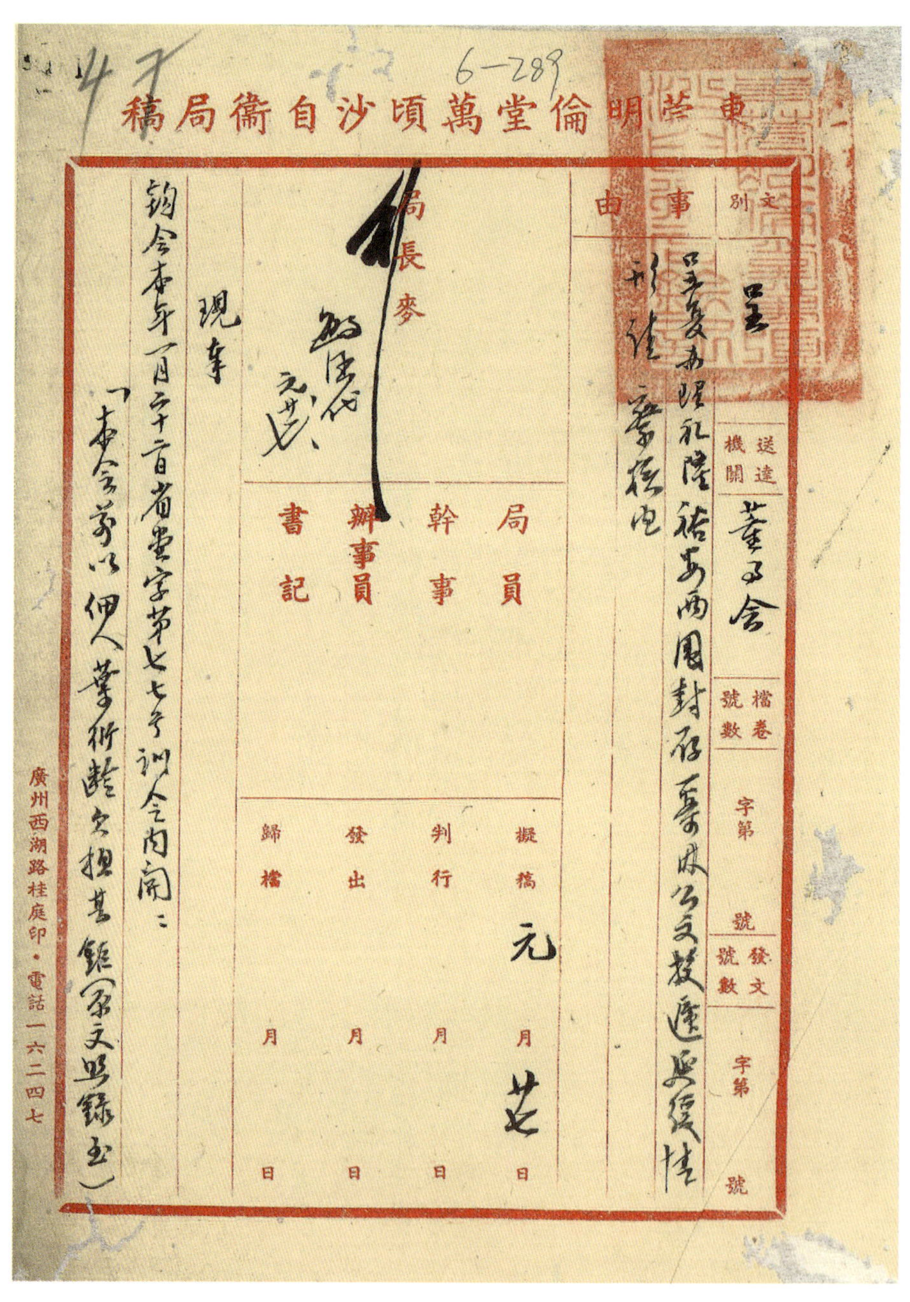
東莞明倫堂萬頃沙自衛局稿

6-289

文別	呈
事由	呈復辦理私墾稔安西圍封存要收公文投遲與延緩情形請鑒核由
送達機關	董事會
檔卷號數	字第　號
發文號數	字第　號

局長 麥

局員　幹事　辦事員　書記

擬稿	判行	發出	歸檔
元月　日	月　日	月　日	月　日

現奉

鈞會本年一月二十一日省要字第七七號訓令內開：

「本會前以伊人董衍鏗承租甚鉅（原文照錄至）」

廣州西湖路桂庭印·電話一六二四七

1946 年 1 月 27 日，万顷沙自卫局局长麦韶呈复董事会因公文投迟导致延缓收租的呈复函【中山市档案馆，东莞明伦堂档案 1-A1[1].6-333-37-2】

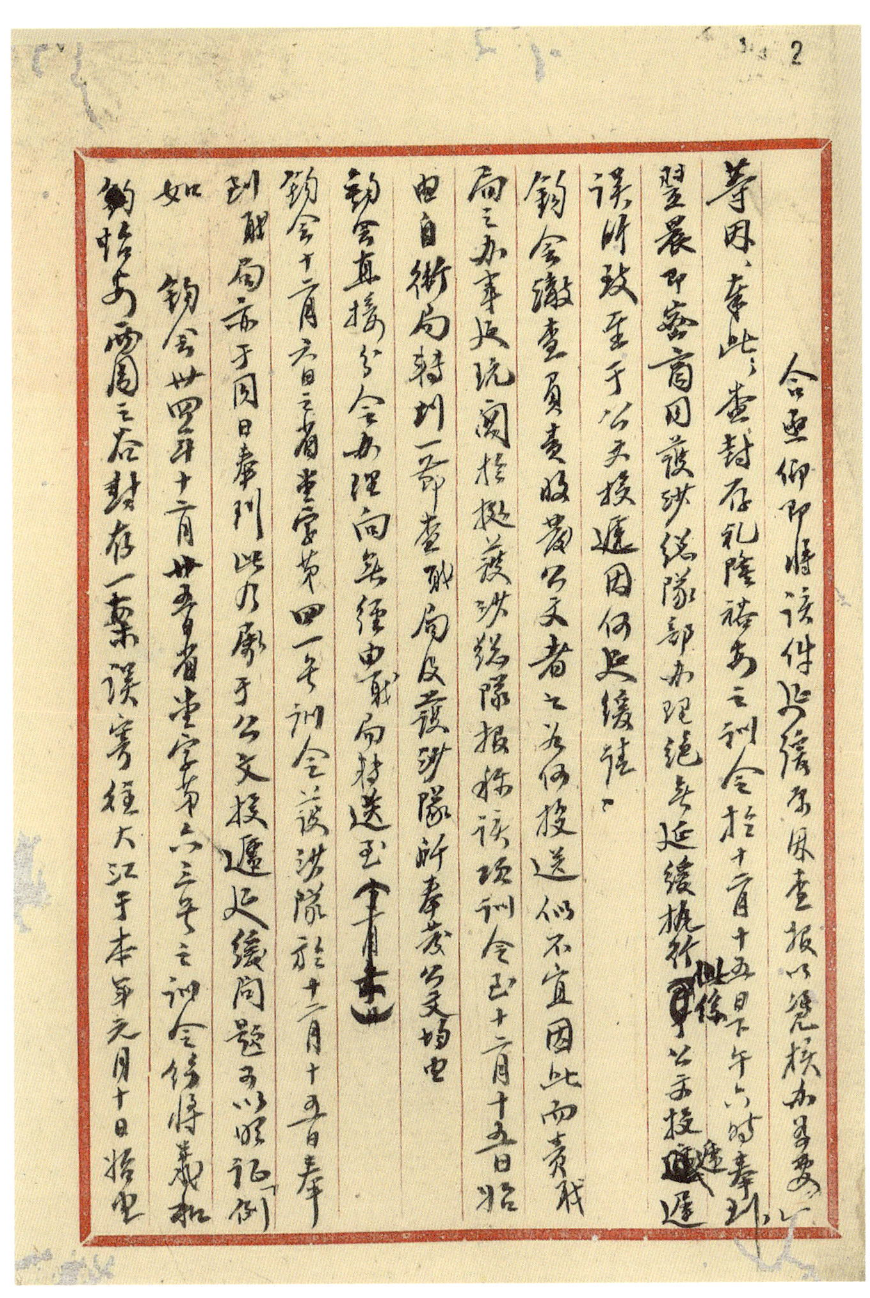

2

合亟仰即將該件延緩原因查報以憑核辦，是要。等因。奉此。查封存礼隆祥號之訓令，於十二月十五日下午六時奉到，翌晨即密商同護沙總隊部辦理，絕無延緩，至于公文投遞延誤所致。至于公文投遞因何延緩，徒
鈞會徹查負責收發公文者之如何投送，似不宜因此而責我局之辦事延玩。關於據護沙總隊報稱該項訓令至十二月十五日始由自衛局轉到一節，查職局及護沙隊所奉公文均由
鈞會直接分令辦理，向無經由職局轉送。至（十二月廿）
鈞會十二月六日之省字第四一七號訓令，該隊於十二月十五日奉到，職局亦于同日奉到，此乃關于公文投遞延緩問題，可以證明。如
鈞會卅四年十二月卅五日省字第六三二號之訓令，係將義和
鈞恰安西圍之谷封存一案，誤寄植大江于本年元月十日始由

（续上页）【中山市档案馆，东莞明伦堂档案 1-A1[1].6-333-37-3】

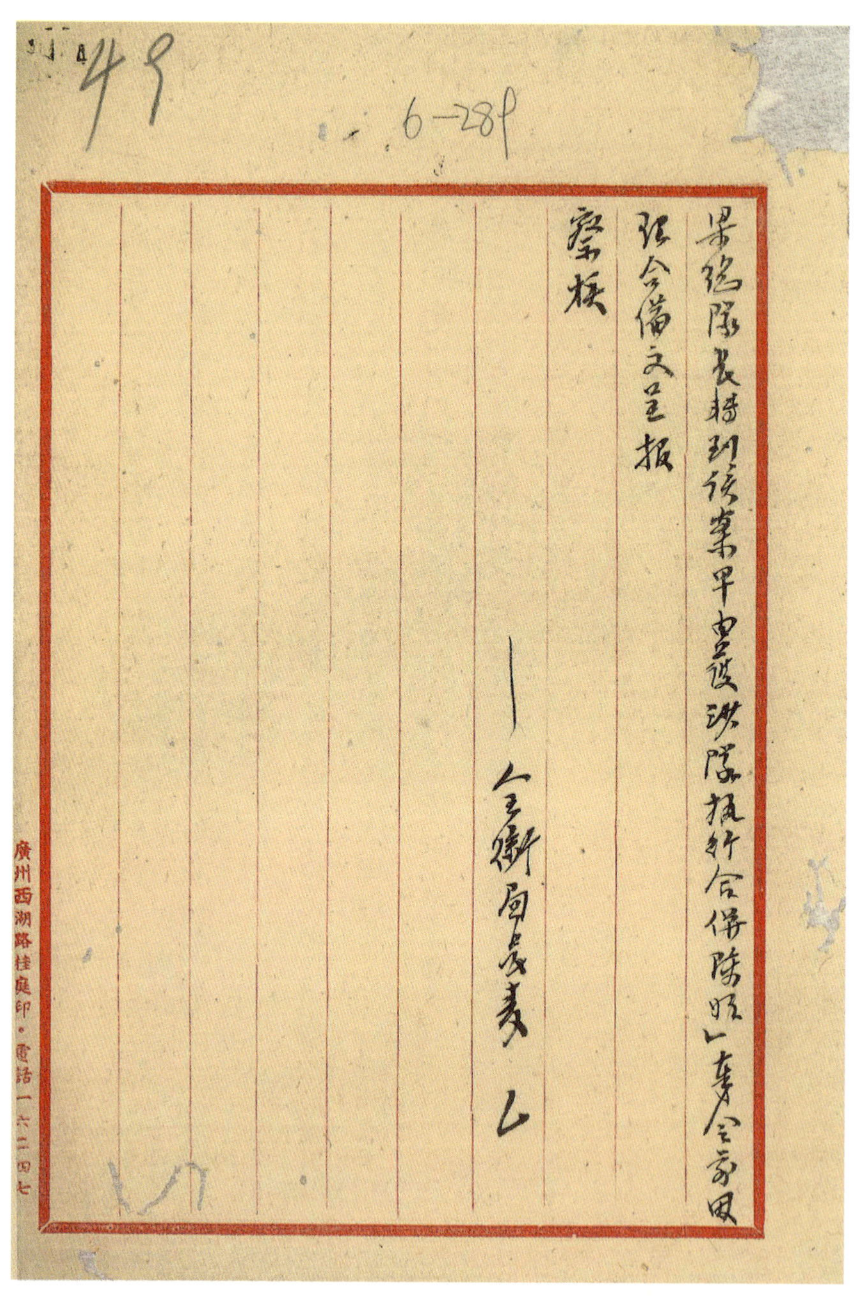

49

6-289

呈總隊長轉飭該案早由駁洪隊執行合併陳明奉令前因
理合備文呈報
察核

全衛局局長袁□

廣州西湖路桂庭印·電話一六二四七

（续上页）【中山市档案馆，东莞明伦堂档案 1-A1[1].6-333-37-4】

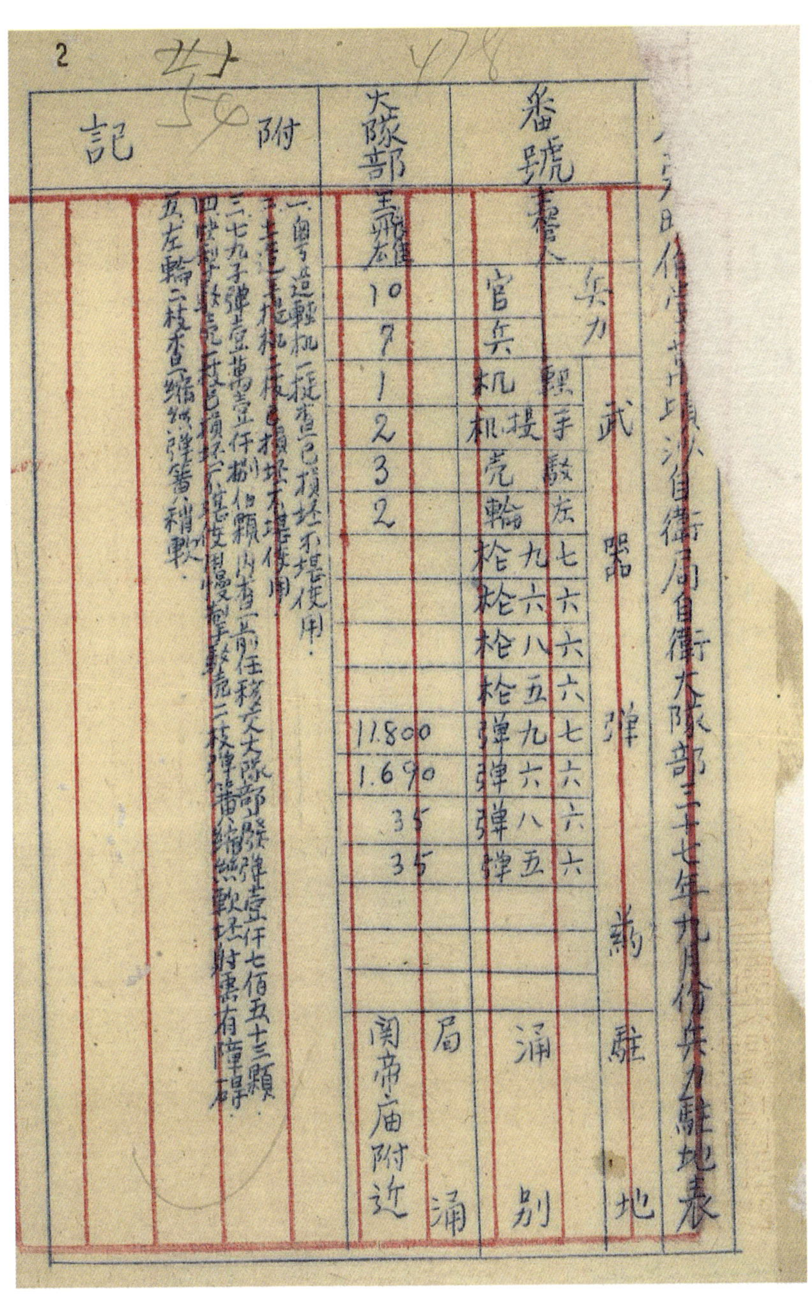

萬頃沙自衛局自衛大隊部三十七年九月份兵力駐地表

番號	大隊部
主管人	王飛雄
兵力 官	10
兵力 兵	7
武器 輕機	1
武器 手提机	2
武器 駁殼	3
武器 左輪	2
武器 七九枪	
武器 六六枪	
武器 六八枪	
武器 六五枪	
彈藥 七九彈	11.800
彈藥 六六彈	1.690
彈藥 六八彈	35
彈藥 六五彈	35
駐地 涌別	局涌
駐地 地	關帝廟附近

附記：
一、粤造輕机一挺查已損坏不堪使用。
二、手提机二枝已損坏不堪使用。
三、七九子彈壹萬壹仟捌佰顆內查前任移交大隊部發彈壹仟七佰五十三顆。
四、駁壳二枝已損坏不宜使用[illegible]駁壳二枝彈簧縮線軟[illegible]射擊有障碍。
五、左輪二枝查縮線彈簧稍軟。

1948 年 9 月，东莞明伦堂万顷沙自卫局自卫大队部兵力驻地表【中山市档案馆，东莞明伦堂档案 1-A1[1].6-478-5-2】

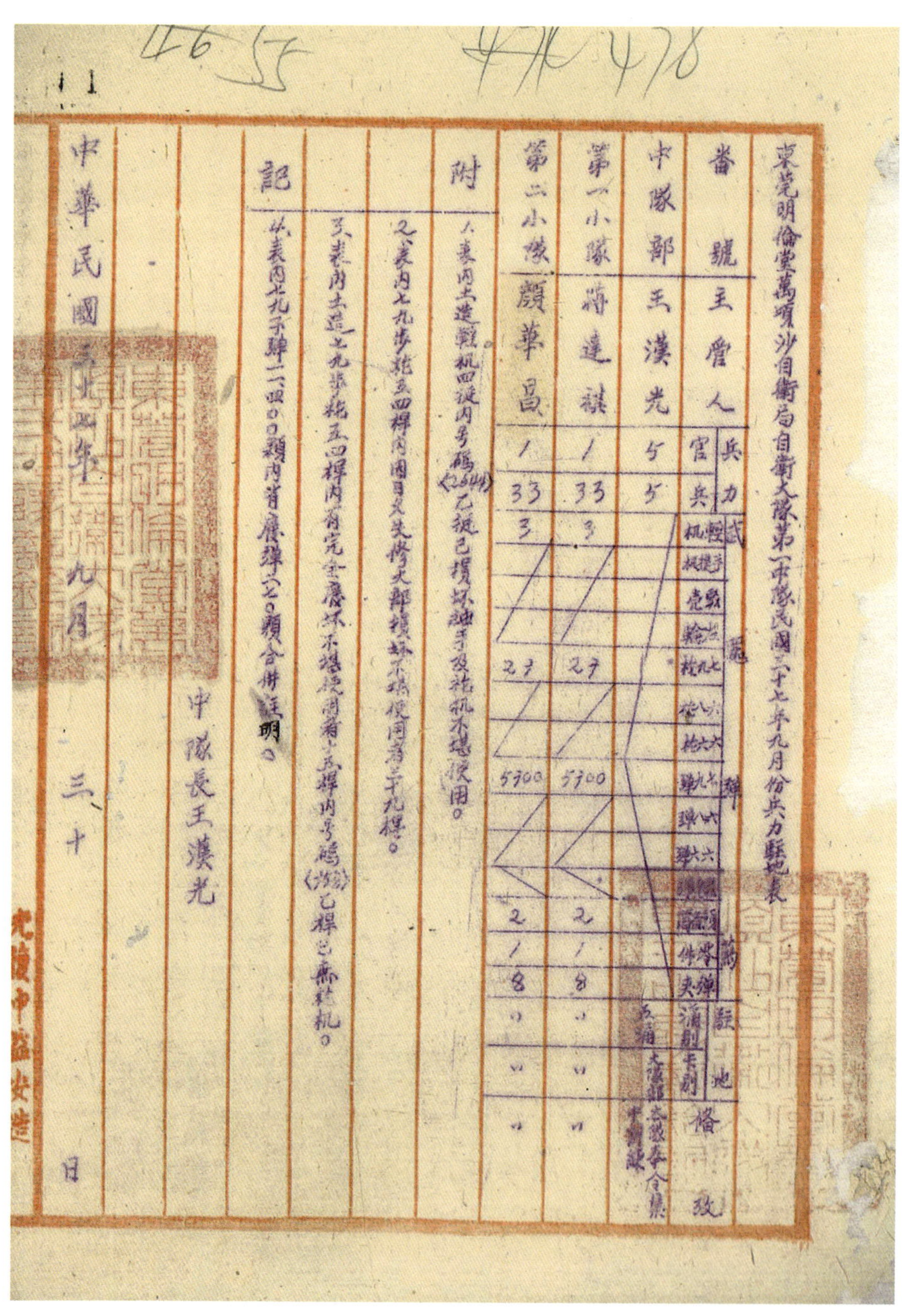

1948 年 9 月，东莞明伦堂万顷沙自卫局自卫大队第一中队兵力驻地表【中山市档案馆，东莞明伦堂档案 1-A1[1].6-478-6-1】

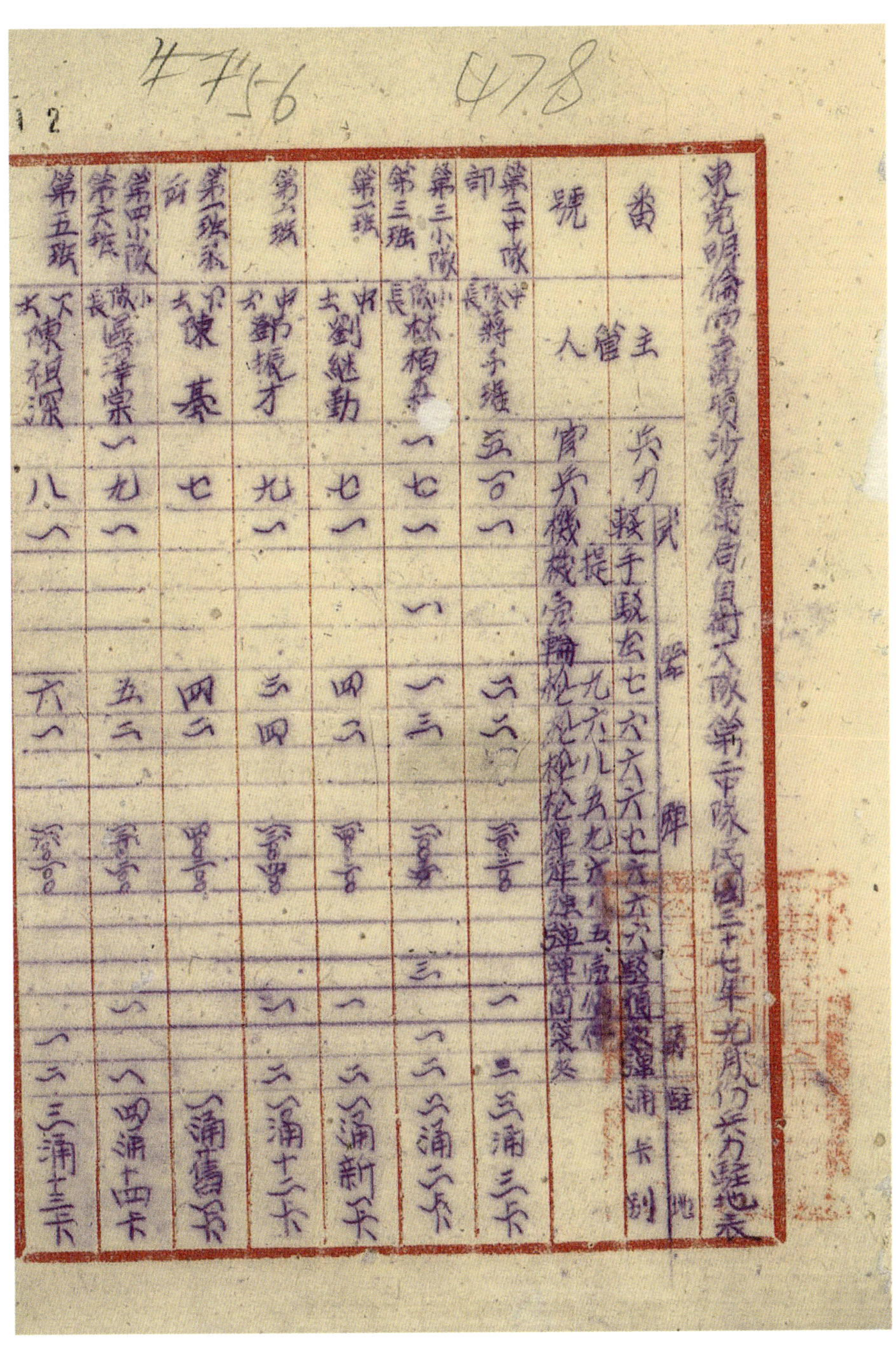

4756 478

東莞明倫堂萬頃沙自衛局自衛大隊第二中隊民國三十七年九月份兵力駐地表

番號	主管人	兵力		武器								駐地
第二中隊部	中隊長 蔣子璠	五	百	一		二	二	[illegible]		一		三三涌三卡
第三小隊	小隊長 林柏森	一	七	一	一	一	三	[illegible]	三		一	二六涌二卡
第三班												
第一班	班長 劉繼勤		七	一		四	二	[illegible]		一		六八涌新卡
第六班	班長 鄧振才		九	一		三	四	[illegible]		一		二八涌十二卡
第一班系所	班長 陳泰		七			四	二	[illegible]				八涌舊卡
第四小隊 第六班	小隊長 鄧澤棠	一	九	一		五	二	[illegible]		一		八四涌十四卡
第五班	班長 陳祖深		八	一		六	一	[illegible]			一	二三涌十三卡

1948 年 9 月，东莞明伦堂万顷沙自卫局自卫大队第二中队兵力驻地表【中山市档案馆，东莞明伦堂档案 1–A1[1].6–478–6–2】

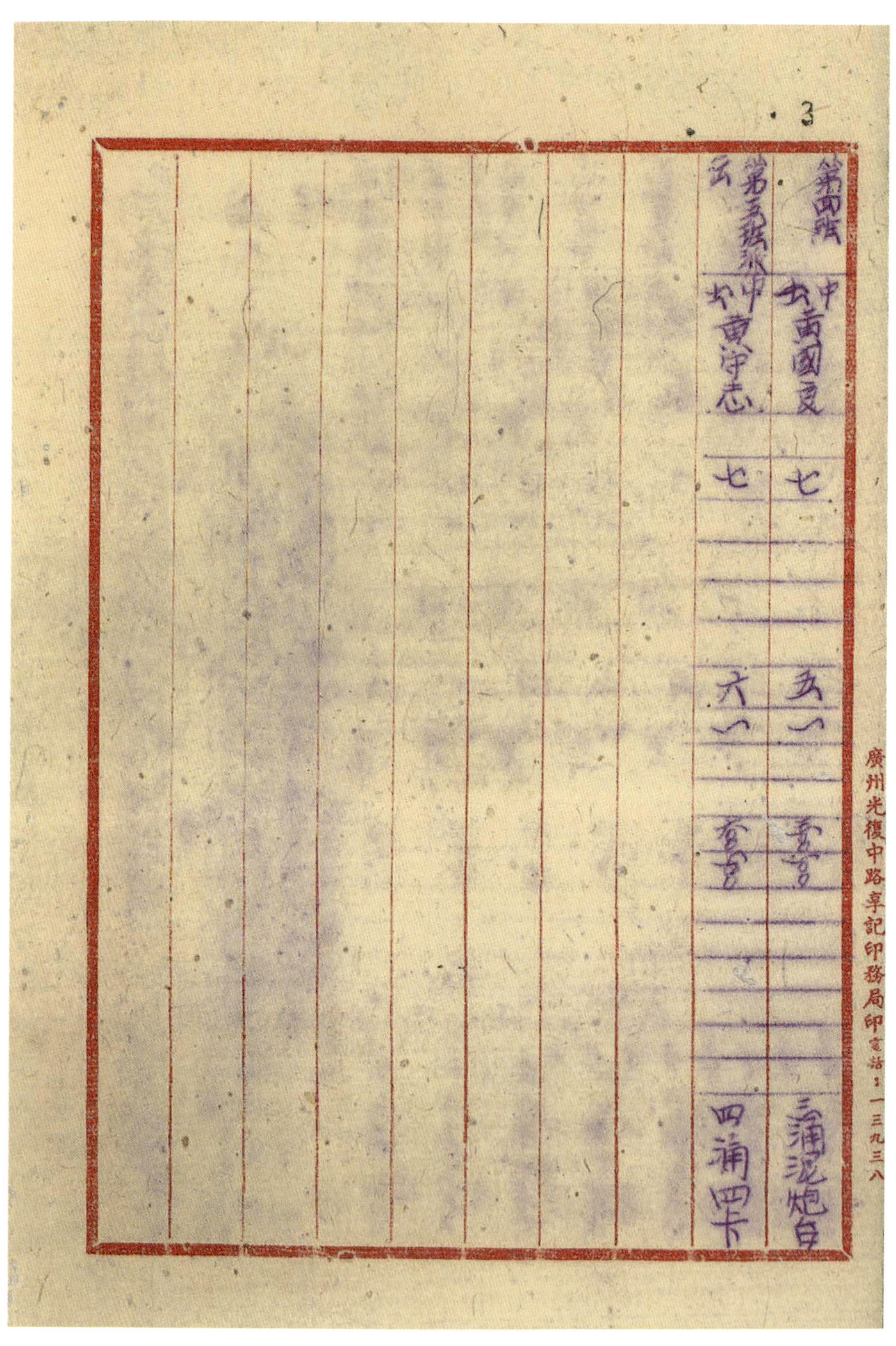

3

号数	姓名				
第四號	中士黄國良	七	五一	[illegible]	三浦泥炮台
第五號	中士黄守志	七	六一	[illegible]	四浦四卡

（续上页）【中山市档案馆，东莞明伦堂档案 1-A1[1].6-478-6-3】

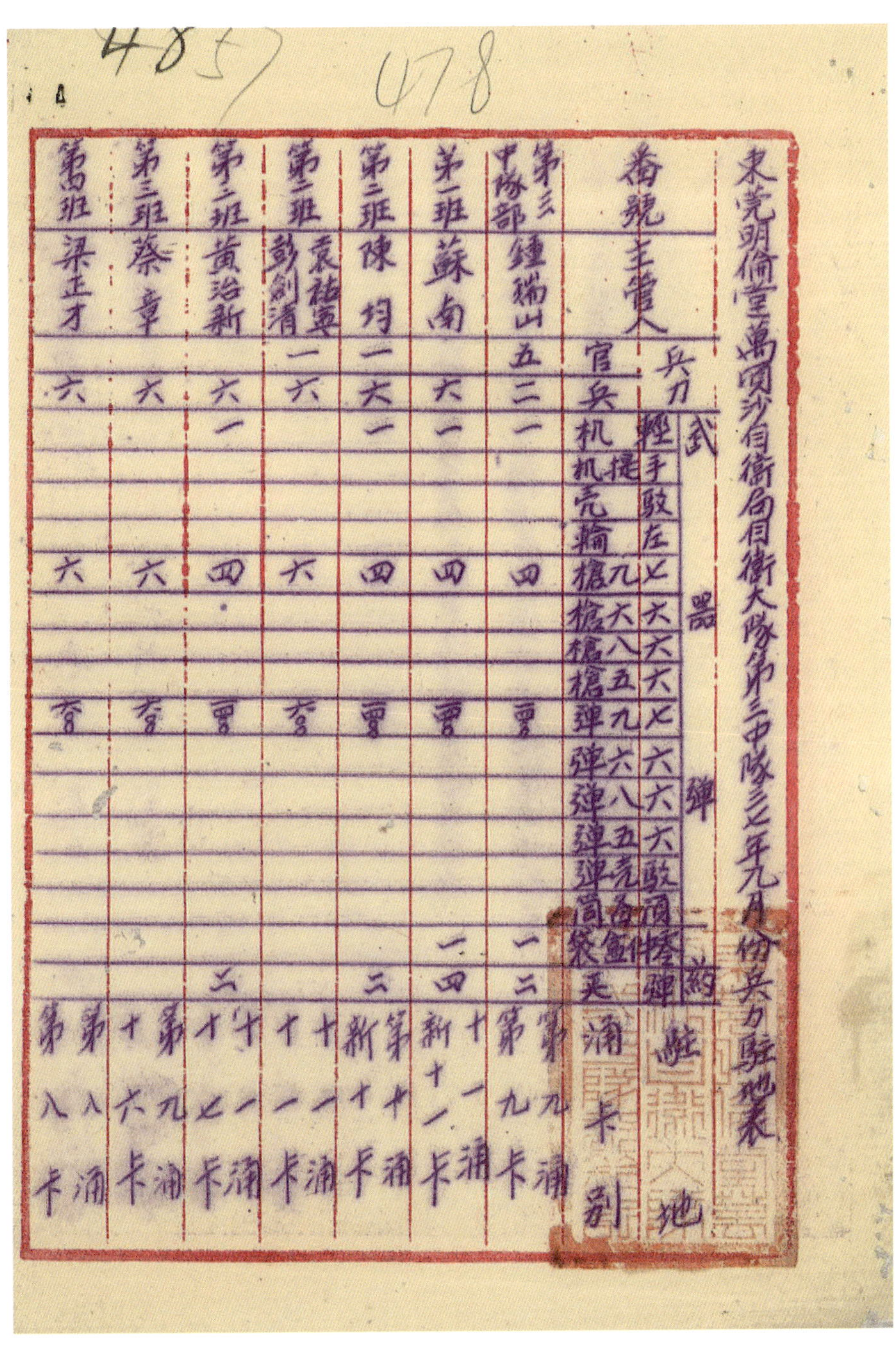

東莞明倫堂萬頃沙自衛局自衛大隊第三中隊三七年九月份兵力駐地表

番號	主管人	兵力 官	兵力 兵	輕機	手提機	駁殼	左輪	七九槍	六六槍	六八槍	六五槍	七九彈	六六彈	六八彈	六五彈	駁殼彈	左輪彈	[illegible]	手榴彈	駐地 涌	駐地 卡別
第三中隊部	鍾瑞山	五	二	一				四				四百						一	二	第九涌	第九卡
第一班	蘇南		六	一				四				四百						一	四	十一涌	新十一卡
第二班	陳均	一	六	一				四				四百							二	第十涌	新十卡
第二班	袁祐英 彭劍清	一	六					六				六百								十一涌	十一卡
第二班	黃治新		六	一				四				四百							六	十一涌	十七卡
第三班	蔡章		六					六				六百								第九涌	十六卡
第四班	梁正才		六					六				六百								第八涌	第八卡

1948 年 9 月，东莞明伦堂万顷沙自卫局自卫大队第三中队兵力驻地表【中山市档案馆，东莞明伦堂档案 1-A1[1].6-478-6-4】

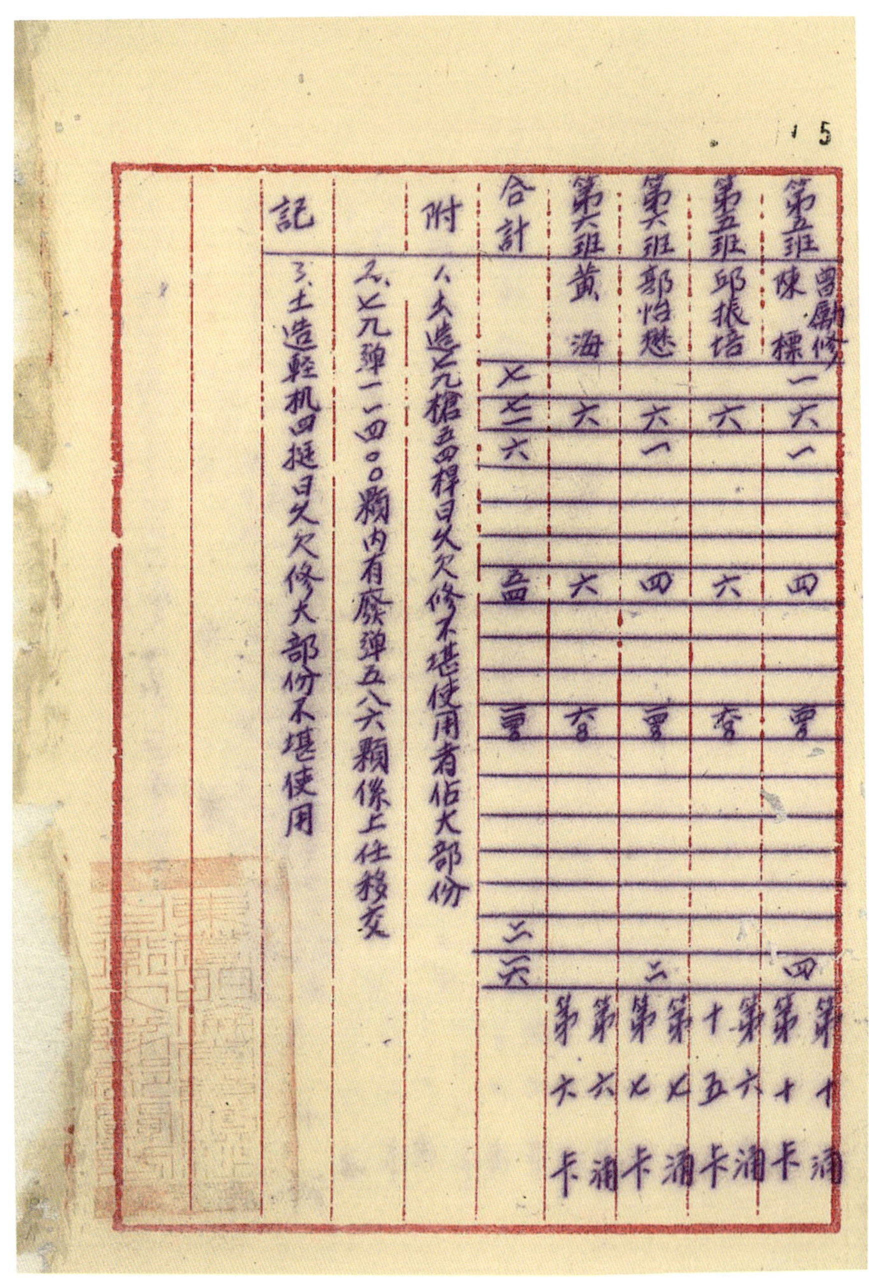

15

	第五班 陳標（曾勵修）	第五班 邱振培	第六班 鄒怡懋	第六班 黃海	合計
	一				七
	六	六	六	六	七二
	一		一		六
	四	六	四	六	[illegible]
	[illegible]	[illegible]	[illegible]	[illegible]	[illegible]
					二
	四		二		六
	第十涌 第十卡	第六涌 十五卡	第七涌 第七卡	第六涌 第六卡	

附記：

八、土造七九槍五四桿日久欠修不堪使用者佔大部份

九、七九彈一一四〇〇顆內有廢彈五八六顆係上任移交

十、土造輕机四挺日久欠修大部份不堪使用

（续上页）【中山市档案馆，东莞明伦堂档案 1-A1[1].6-478-6-5】

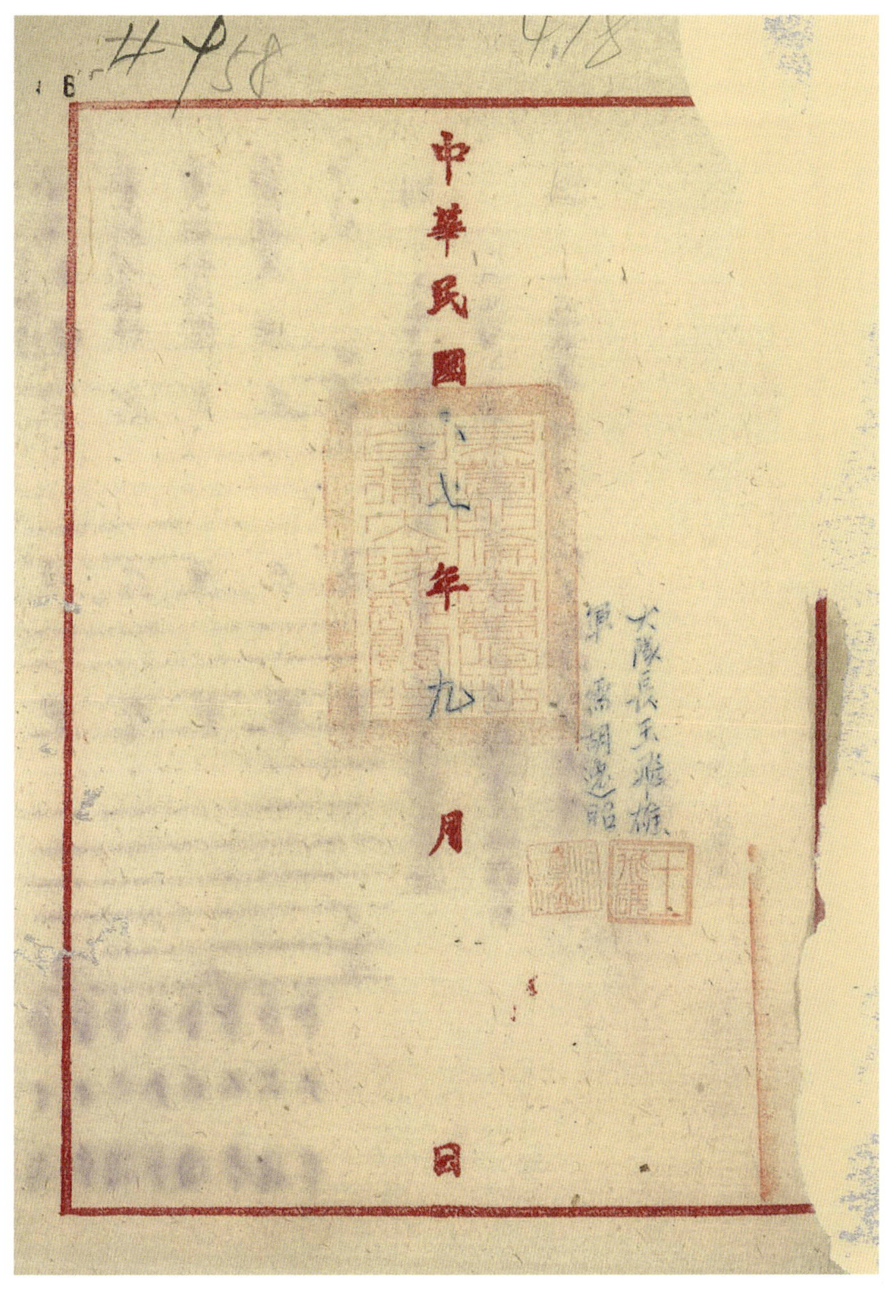

中華民國卅七年九月　日

大隊長王飛雄
軍需胡逸昭

1948 年 9 月，东莞明伦堂万顷沙自卫局自卫大队大队长王飞雄、军需胡逸昭在兵力驻地表的签名页【中山市档案馆，东莞明伦堂档案 1-A1[1].6-478-6-6】

据以上 1948 年 9 月《东莞明伦堂万顷沙自卫局自卫大队兵力驻地表》可知，自卫大队分为第一、第二、第三中队，大队长为王飞雄。其中，自卫大队队部共有军官十人、士兵七人；第一中队分为中队部和第一小队、第二小队，共有军官七人，士兵七十一人。第二中队分为中队部和第三小队（分为第一班、第二班、第三班）、第四小队（分为第四班、第五班、第六班），共有军官七人，士兵七十一人。第三中队分为中队部和第一班、第二班、第三班、第四班、第五班、第六班，共有军官七人、士兵七十一人。总计，军官三十一人，士兵二百二十人，共计二百五十一人。

1949 年 10 月 17 日，中国人民解放军粤赣湘边纵队东江第一支队第三团解放了东莞，实行军管制，接管了东莞一切事务。军管会派张如接管万顷沙自卫局，祁展接管万顷沙自卫大队，叶章继接管明伦堂账目。祁展在接收沙自卫大队时，因为事前已做过一些工作，该自卫大队人员知道末日已到，经过动员，自卫大队四个连四百多人宣布起义。① 从此，东莞明伦堂沙田自卫队落下最后的帷幕。

① 中共东莞市委党史研究室：《东莞解放斗争纪实》，北京，中共党史出版社，2009 年，第 567 页。

东莞明伦堂的经营方式

东莞明伦堂万顷沙沙田经营以“总佃制”方式为主，以“雇人自耕”方式为辅。清朝时期，“总佃”称为“沙头”或“使头”；民国时期，“总佃”则称作“大耕家”“二路耕家”“二路地主”等。据屈大均《广东新语》记载：“沙头者何，总佃也。盖从田主揽出沙田，而分赁与诸佃者也。其以沙田为奇货，五分揽出，则取十分于诸佃。不俟力耕，而已收其利数倍也。此非滨海巨滑不能胜任。”[①] 东莞明伦堂通过投田的方式，与沙头和大耕家签订批约，收取租金。同时，也按要求向官府缴纳税金。

① 屈大均：《广东新语》卷二《地语·沙田》，中华书局，1954 年，第 51 页。

一、沙田的经营制度

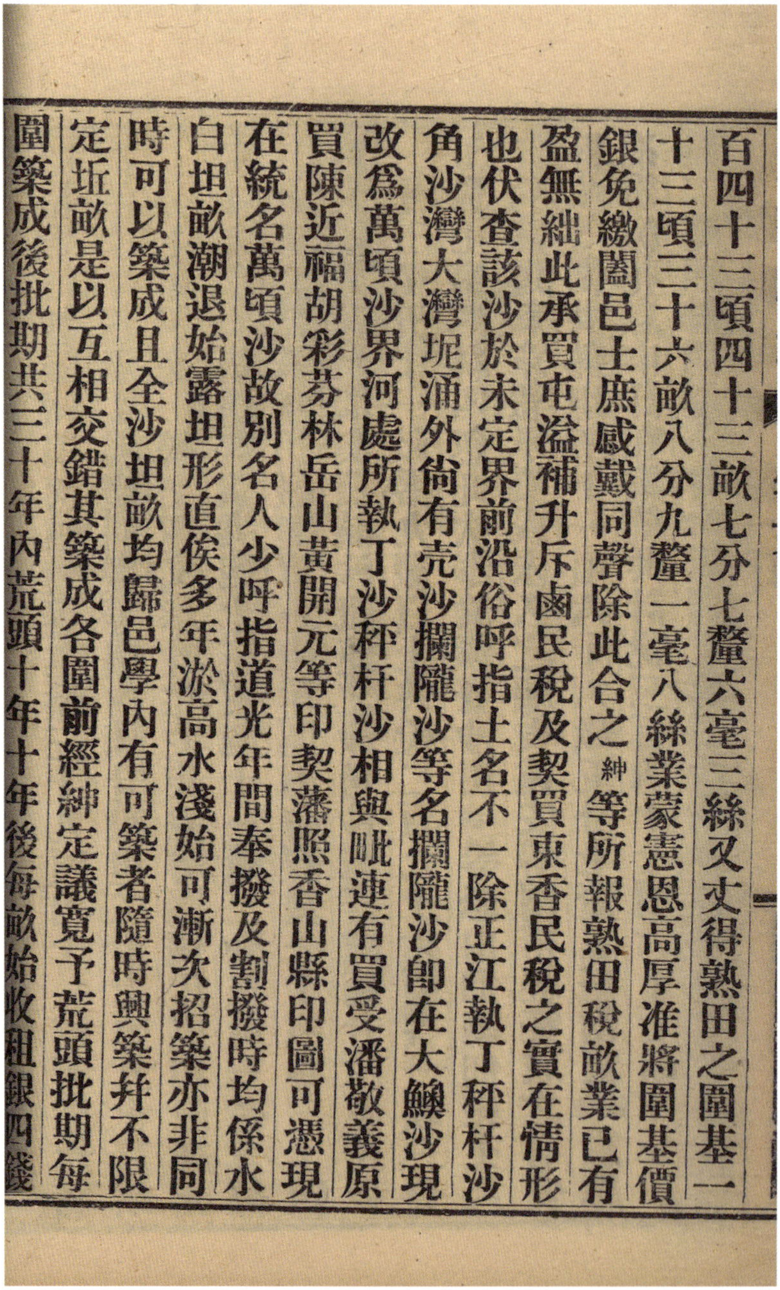

百四十三頃四十三畝七分七釐六毫三絲又丈得熟田之圍基一十三頃三十六畝八分九釐一毫八絲業蒙憲恩高厚准將圍基價銀免繳闔邑士庶感戴同聲除此合之紳等所報熟田稅畝業已有盈無絀此承買屯溢補升斥鹵民稅及契買東香民稅之實在情形也伏查該沙於未定界前沿俗呼指土名不一除正江執丁秤杆沙角沙灣大灣坭涌外尚有壳沙攔隴沙等名攔隴沙即在大鰲沙現改爲萬頃沙界河處所執丁沙秤杆沙相與毗連有買受潘敬義原買陳近福胡彩芬林岳山黄開元等印契藩照香山縣印圖可憑現在統名萬頃沙故别名人少呼指道光年間奉撥及割撥時均係水白坦畝潮退始露坦形直俟多年淤高水淺始可漸次招築亦非同時可以築成且全沙坦畝均歸邑學內有可築者隨時興築并不限定坵畝是以互相交錯其築成各圍前經紳定議寬予荒頭批期每圍築成後批期共三十年內荒頭十年十年後每畝始收租銀四錢

陈伯陶：［民国］《东莞县志》卷一百《沙田志》，第 6 页

由仰卽會同查明該明倫堂積欠花息繳價各項屯田溢坦一律查封照例充公此田卽歸入廣雅書院照章繳價承領先將頃畝圍名開列報查該紳等現繳花息四萬兩雖在二限期內惟幷非全完其田難以劃分是否堪以按照所繳花息將田分拆給領抑應將銀發還其田全數充公以免牽絆由局妥議辦理諭飭遵照立將頃畝圍名及承佃人住址姓名逐一開列並飭佃戶將批約繳驗以憑按照承耕輸租刻日稟覆等因奉此捧誦之下闔邑悚惶伏查東莞邑學明倫堂爲全屬士林仰藉之地萬頃沙屯田坦畝爲明倫堂經管之業所有原承官屯民屯及接承香佃等項均係報承認領奉發執照按畝輸租並非無稅之田當道光年間承領之時均係水白坦畝至同治年間始得陸續圍築又經大憲委員勘明分界立案通詳並無霸耕之事且圍築工本既繁且鉅邑學向無公產皆稱貸而來是以召佃批耕必須寬予限期減免租息所企獲沾微利彌補欠款將來

東莞縣志　卷一百　十

陈伯陶：［民国］《东莞县志》卷一百《沙田志》，第 10 页

晚清时期，东莞明伦堂经营万顷沙沙田，主要以拓展面积为目标。历届主持致力通过买受、接佃、缴价承升、报承等方式拓展沙田，但沙田从白坦和草坦[①]围筑成田花费巨大。为了鼓励邑内有财势的士绅出资承批和开垦沙坦，东莞明伦堂通过宽予期限、减免租息等优惠条款进行承批。据陈伯陶撰《东莞县志》卷一百《沙田志》第六页记载："其筑成各围，前经绅定，议宽予荒头批期，每围筑成后，批期共三十年，内荒头十年，十年后每亩始收租银四钱，又六年后加至每亩八钱，递加至一两六钱止。"。第十页记载："围筑工本既繁且钜，邑学向无公产，皆称贷而来，是以招佃批耕，必须宽予限期，减免租息。"而清末政府规定"承垦沙田，照水田例，六年起科"，由此，东莞明伦堂向政府申报承垦沙田之日算起，六年后就要开始交税，然而，租给佃人却有荒头十年，即荒头后的四年东莞明伦堂不仅不收田租，还要掏钱为佃户向政府交税。不过，佃人承耕万顷沙田批期界满后，修建的所有围堂、耕馆、晒场、窦口、板寮以及种植的树木等，必须无条件归伦明堂所有。明伦堂通过这种方式，将万顷沙田越筑越宽。【陈伯陶：［民国］《东莞县志》卷一百《沙田志》，第 6 页，第 10 页】

① 《清代广东档案》载"草坦"曰："浮沙起积，谓之白坦；淤积日久，蔓草滋生，谓之草坦；由草坦用工筑成基，谓之熟坦。"

又六年後加至八錢遞加至一兩六錢止邑學素無公項未成田時
完糧納租均由稱貸咸豐初年捐辦前赴江南堵剿之紅單船增廣
學額及兩次捐辦京倉捐修貢院濬改邑河重修學宫捐修府志捐
建本邑考棚及該沙叠次補築潰堤甲寅紅匪倡亂集勇復城繼以
丁巳戊午防夷護省一切鉅費逾十數萬又遵例承買屯溢繳息補
升及承升斥則每欵均需數萬張羅乏術以致捐展批期光緒七年
始得揭借西學銀捌萬兩以爲挪輕還重之舉綜計公產每年得租
不過四萬而公私胥是取給歲支則租糧利息局中薪脩沙艇工食
勇丁口糧以及文武歲科鄉會印金卷資水脚京官旅費書院增送
膏伙一切正用奉公則近年沙田四次捐繳海防補陞集勇團練堵
塞蕉門河道支給軍火勇糧工費各欵無非挪東補西竭蹶從事誠
以前紳創造艱難圖邑利賴數十年來舉凡培植人材捍衛桑梓奉
公輸餉胥取給於此是故從前雖有土豪涎覇意圖要脅以至釀釁

東莞縣志 卷一百 七

由于长期低租批约，加上众多的开支，致使东莞明伦堂很长一段时间都处于入不敷出的状况。根据《东莞县志》记载：“邑学素无公项，未成田时完粮纳租均由称贷，咸丰初年捐办前赴江南堵剿之红单船，增广学额及两次捐办京仓，捐修贡院，濬改邑河，重修学宫，捐修府志，捐建本邑考棚及该沙叠次补筑溃堤，甲寅红匪倡乱，集勇复城，继以丁巳、戊午防夷护省，一切钜费逾十数万。又遵例承买屯溢、缴息补升及承升斥则，每款均需数万，张罗乏术，以致捐展批期，光绪七年始得揭借西学银八万两以为挪轻还重之举。综计公产每年得租不过四万，而公私胥是取给，岁支则租粮利息，局中薪脩、沙艇工食、勇丁口粮以及文武岁科乡会印金、卷资、水脚、京官旅费、书院增送膏伙一切正用。奉公则近年沙田四次捐缴海防补升，集勇团练，堵塞蕉门河道，支给军火勇粮、工费各款，无非挪东补西，竭蹶从事。”【陈伯陶：［民国］《东莞县志》卷一百《沙田志》，第7页】

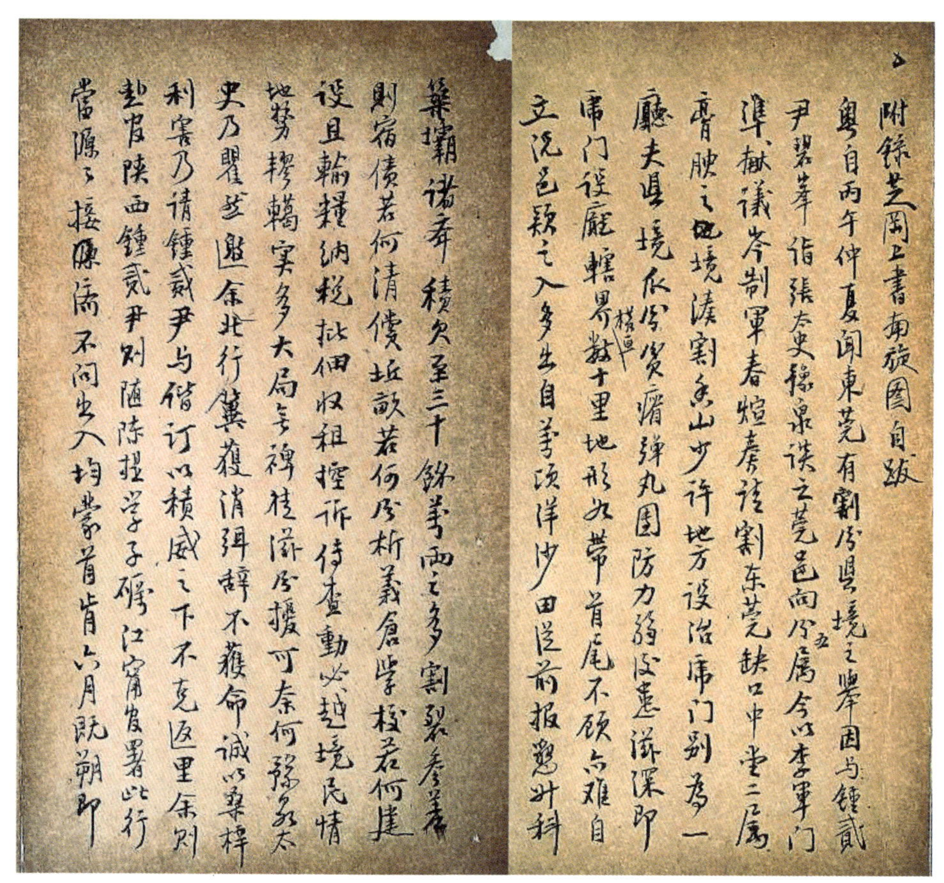

附錄芝岡上書南旋圖自跋
粵自丙午仲夏聞東莞有割置縣境之舉因與鍾貳
尹碧峯偕張太史穆泉談之莞邑向五屬今以李軍門
準擬議岑制軍春煊奏請割東莞缺口中堂二屬
膏腴之地境湊割東山步許地方設治廳門割為一
廳夫縣境依然貧瘠彈丸固防力弱設患滋深即
廳門設廳轄橫亘界數十里地形如帶首尾不顧亦難自
立況邑額之入多出自萬頃洋沙田從前報墾升科
築壩諸弊積欠至三十餘萬兩之多割裂參差
則宿債若何清償坵畝若何分析義倉學校若何建
設且輸糧納稅批佃收租控訴傳查動必越境民情
地勢膠轕實多大局無裨徒滋紛擾可奈何務為太
史乃瞿然邀余北行冀獲消弭辭不獲命誠以桑梓
利害乃請鍾貳尹與偕訂以積威之下不克返里余則
赴省陝西鍾貳尹則隨陳提學子礪江甯發署此行
當源源接濟不問出入均蒙首肯六月既朔即

根据陈景梁《芝冈上书南旋图自跋》得知，东莞明伦堂“置县割厅”风波以前，已积欠三十万两之多。

在沙田经理局和沙田经理局整理委员会时期,面对沙田经营中的各种弊端,东莞明伦堂进行了多次改革与调整。其中,1926年,实施了加租、永不借款及逐年还债等改革和承诺。1929年,进行了会计制度改革,建立起了独立的财务制度。抗日战争时期,粮价飞涨,沙田租值与实产谷量价值差距越拉越大。1941年4月,国民党召开了五届八中全会,通过了《各省田赋暂归中央接管以便统筹而资整理案》,该案提出:“为调剂各地军民粮食起见,得由中央统筹斟酌各地方供需情形,改征实物,收储运济,俾产销得其平衡,粮价赖以稳定。”[①]为了贯彻执行以上精神,东莞明伦堂实行了“银租围”改“谷租围”的改革。1943年2月,曲江(今韶关)东莞明伦堂召开了第二次常务董事会议,讨论决议:“新批田租以每亩实物二百司斤为准,在非常时期暂收二五折,即每亩五十司斤,其价格按当地市价折收代金,旧批租额俟调查后再议。”[②]由于当时万顷沙已被日伪占领,虽然还有佃户向曲江明伦堂交租,但加租则难以执行。为此,该加租方案最后停留在草拟阶段。

抗战结束后,曲江东莞明伦堂迁回广州办公,重新掌控了万顷沙,并决定将全部批约收回重批,并趁广东省财政厅重新清丈沙田之机,把所有“银租围”改为“谷租围”。1946年1月,东莞明伦堂发出“省明字第172号通告”:因原“银租围”所纳租额太低,宣布从1946年起,重新订定租额,每亩一律改收二百五十司斤,分头四尾六缴交。已改为“谷租围”的,如租额原定不满二百五十司斤,照“银租围”方法办理。如有愿意继续承耕者,即携原批来会签注;其不愿继承耕者,限文至三日内来会声明,明伦堂将另行开投。1946年,东莞明伦堂借助全国没收逆产通则的施行,拟定了《东莞明伦堂董事会投田章程》,并将大部分旧约废除,重新开投。

全部围田以谷纳租后,每亩租值可达三百司斤,不仅达到了加租的目的,还将“银租围”改为了“谷租围”。由此,东莞明伦堂的收入逐步摆脱了谷价涨跌的影响,形成了一个固定的额度,田租收入明显上升,据《东莞明伦堂董事会民国三十五年度征信录》中的《谷粒收入预算表》记载,1946年,围田租谷预算收入达11491748斤。

---

① 《中国国民党历次代表大会及中央全会资料》(下),第689页。

② 《明伦堂董事会议录·东莞明伦堂第二次董事会议录》,1943年,第2页。

萬頃沙圍田租收入明細表

民國三十五年度　　　　第一頁

東莞明倫堂董事會徵信錄

圍名	全年租額	二五減租數額	實收租額
	斤	斤	斤
均和	363,172.00	90,793.00	272,379.00
陸安東	259,253.00	64,813.00	194,440.00
順安	317,965.00	79,491.00	238,474.00
德安	237 840.00	59,460.00	178,380.00
遠安	160,620.00	40,155.00	120,465.00
正安	191,487.00	47,871.00	143,616.00
陸安西	415,325.00	103,831.00	311,494.00
全安	159,744.00	39,936.00	119,808.00
同安泰	468,992,00	117,248.00	351,744.00
兆安	131,096.00	32,774.00	98,322.00
穩安	144,960.00	36,240.00	108,720.00
舊寶安下	208,675.00	52,168.00	156,507.00
廣同豐	254,331.00	63,582.00	190,749.00
務安	358,66.400	89,666.00	268,998.00
福生	365,833.00	91,458.00	274,375.00
仁隆	343,643.00	85,910.00	257,733.00
和隆	231,091.00	57,772.00	173,319.00
新寶安上	160,556.00	40,139.00	120,417.00
新寶安中	252,788.00	63,197.00	189,591.00
怡安	161,223.00	40,305.00	120,918.00
義和	211,877.00	52,969.00	158,908.00
利安	664,058.00	166,014.00	498,044.00
裕安	107,214.00	26,803.00	80,411.00
慶安	139,337.00	34,834.00	104,503.00
同安東	171,017.00	42.754.00	128,263.00
同安西	168,130.00	42,032.00	126,098.00
西新	22,261.00	5,565.00	16,696.00
就豐	69,932.00	17,483.00	52,449.00

二一

1946年，东莞明伦堂万顷沙围田租收入明细表【《东莞明伦堂董事会民国三十五年征信录》，第21页】

萬頃沙圍田租收入明細表

民國三十五年度　　第二頁

圍名	全年租額	二五減租數額	實收租額
	斤	斤	斤
廣安	261,119.00	65,279.00	195,840.00
有安	230,789.00	57,697.00	173,092.00
民安	4,516.00	1,129.00	3,387.00
榮安	103,326.00	25,831.00	77,495.00
東安	110,635.00	27,658.00	82,977.00
寶成	237.348.00	59,337.00	178,011.00
安安上	255,060.00	63,765.00	191,295.00
田安	29,575.00	7,393.00	22,182.00
和安	169,349.00	42,337.00	127,012.00
平安	423,759.00	105,939.00	317,820.00
新中和	174,129.00	43,532.00	130,597.00
萬洪安	23,470.00	5,867.00	17,603.00
舊寶安上	303,971.00	75,992.00	227,979.00
吉安	19,510.00	4,877.00	14,633.00
益安	22,058.00	5,514.00	16,544.00
長安	43,072.00	10,768.00	32,304.00
定安	343,220.00	85,805.00	257,415.00
安安下	231,837.00	57,959.00	173,878.00
仁安	21,952.00	5,488.00	16,464.00
隆安	99,752.00	24,938.00	74,814.00
福安	180,727.00	45,181.00	135,546.00
永安	425,753.00	106,438.00	319,315.00
泰安	235,196.00	58,799.00	176,397.00
合計	10,691,207.00	2,672,786.00	8,018,421.00

東莞明倫堂董事會徵信錄　二二

（续上页）【《东莞明伦堂董事会民国三十五年征信录》，第 22 页】

东莞明倫堂董事會徵信錄

萬頃沙草坦租收入明細表

民國三十五年度　　第一頁

圍名	摘要	穀額
均和	三十五年份全年坦租	斤 179,00
睦安東	,, ,,	178,00
順安	,, ,,	161,00
遠安	,, ,,	280,00
正安	,, ,,	190,00
全安	,, ,,	71,00
同安泰	,, ,,	225,00
兆安	,, ,,	150,00
舊寶安下	,, ,,	75,00
廣同豐	,, ,,	468,00
務安	,, ,,	450,00
福生	,, ,,	449,00
新寶安上	,, ,,	300,00
新寶安中	,, ,,	120,00
怡安	,, ,,	45,00
義和	,, ,,	2,175,00
慶安	,, ,,	120,00
同安東	,, ,,	270,00
同安西	,, ,,	690,00
就豐	,, ,,	23,00
廣安	,, ,,	120,00
有安	,, ,,	567,00
榮安	,, ,,	60,00
東安	,, ,,	94,00
安安上	,, ,,	105,00
田安	,, ,,	60,00
和安	,, ,,	90,00
平安	,, ,,	375,00

二三

1946 年，东莞明伦堂万顷沙草坦租收入明细表 【《东莞明伦堂董事会民国三十五年征信录》，第 23 页】

萬頃沙草坦租收入明細表

民國三十五年度　　　　第二頁

圍名	摘要	穀額
新中和	三十五年份全年坦租	斤 225,00
舊寶安上	,, ,,	392,00
益安	,, ,,	9,00
長安	,, ,,	135,00
定安	,, ,,	240,00
安安下	,, ,,	300,00
仁安	,, ,,	75,00
隆安	,, ,,	450,00
福安	,, ,,	150,00
永安	,, ,,	600,00
泰安	,, ,,	255,00
合計		斤 10,921.00

東莞明倫堂董事會徵信錄　二四

（续上页）【《东莞明伦堂董事会民国三十五年征信录》，第24页】

東莞明倫堂董事會穀粒收入預算書

民國三十五年八月至民國三十六年七月止

歲入經常門（穀粒一一、四九一、七四八斤）（本預算經卅五年十月廿日第二次董事大會修正通過）

科目		穀額	說明
第一款	萬頃沙田坦收入	一〇、七一〇、五七七斤	
第一項	田租	一〇、六九九、六五六	各圍租值不一合計如上數
第二項	草坦租	一〇、九二一	面積七二七畝、八六六每畝十五斤合計如上數
第二款	牛側沙田坦收入	一二一、八一一	
第一項	田租	一二〇、九一一	面積一、〇九九畝、二九每畝年收一百一十斤合計如上數
第二項	草坦租	九〇〇	在未清丈前暫以六十畝計算每畝收租穀十五斤合計如上數
第三款	漳澎沙田租	九、四五〇	面積一〇五畝每畝年收穀九十斤合計如上數
第四款	雞抱沙草坦租	四三一	面積二八畝、七二七每畝十五斤合計如上數
第五款	自耕農場收入	五九五、七四三	面積二、三八二畝、九七以每畝年收約二百五十斤算合計如上數
第六款	舖地租	四四、七三六	

東莞明倫堂董事會徵信錄　一

1946 年 8 月至 1947 年 7 月，东莞明伦堂董事会谷粒收入预算书【《东莞明伦堂董事会民国三十五年征信录》，第 1 页】

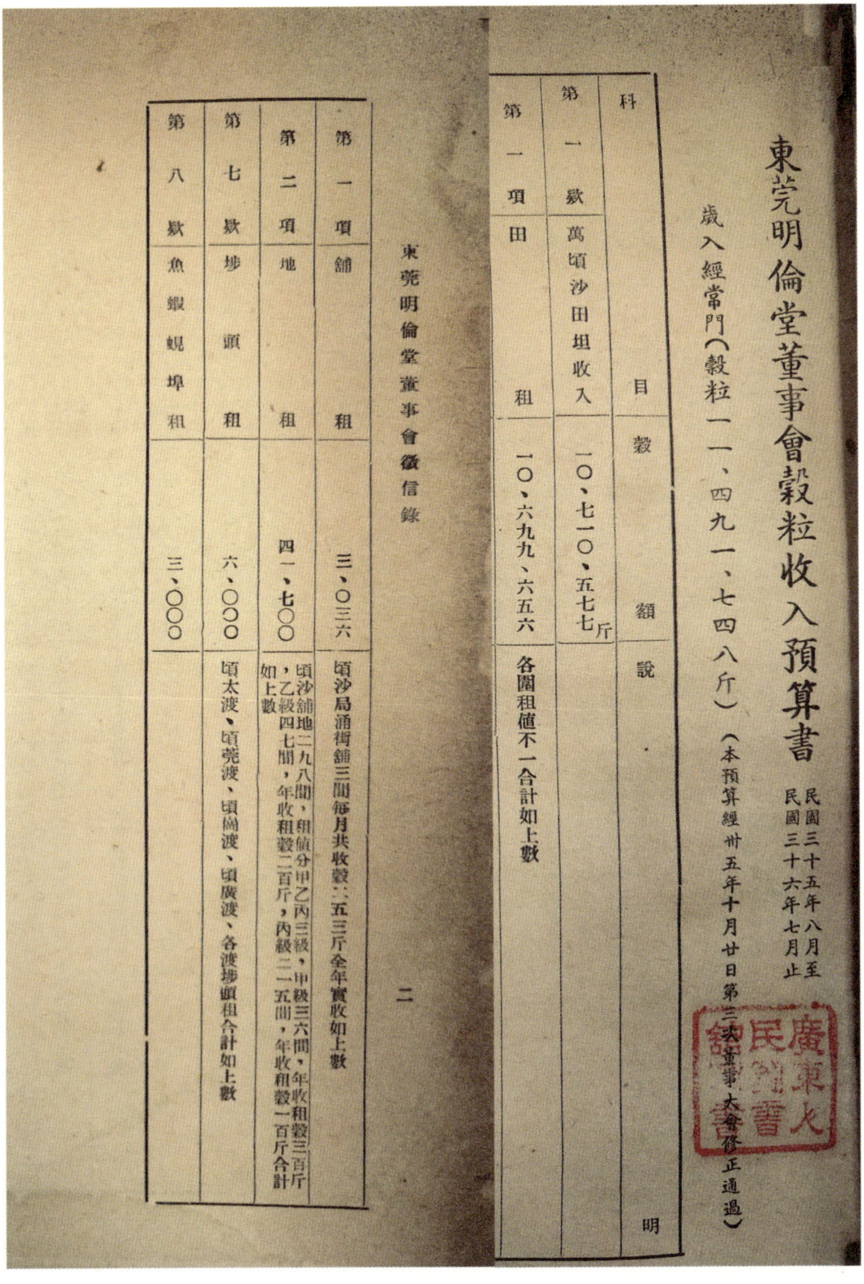

東莞明倫堂董事會穀粒收入預算書

民國三十五年八月至民國三十六年七月止

歲入經常門（穀粒一一、四九一、七四八斤）（本預算經卅五年十月廿日第三次董事大會修正通過）

科目		穀額	說明
第一款	萬頃沙田坦收入	一〇、七一〇、五七七斤	
第一項	田租	一〇、六九九、六五六	各圍租值不一合計如上數

東莞明倫堂董事會徵信錄　二

科目		穀額	說明
第一項	舖租	三、〇三六	頃沙局涌街舖三間每月共收穀二五三斤全年實收如上數
第二項	地租	四一、七〇〇	頃沙舖地二九八間，租值分甲乙丙三級，甲級三六間，年收租穀三百斤，乙級四七間，年收租穀二百斤，丙級二一五間，年收租穀一百斤合計如上數
第七款	埗頭租	六、〇〇〇	頃太渡、頃莞渡、頃崗渡、頃廣渡、各渡埗頭租合計如上數
第八款	魚蝦蜆埠租	三、〇〇〇	

（续上页）【《东莞明伦堂董事会民国三十五年征信录》，第 2 页】

東莞明倫堂董事會穀粒收入決算書

民國三十五年八月一日至三十六年七月底止

科目	收入預算數	收入決算數	比較增減數 增	比較增減數 減	備考
第一款 萬頃沙田坦收入	一〇、七一〇、五七七斤〇〇	八、〇二九、三四二斤〇〇		二、六八一、二三五斤〇〇	
第一項 田租	一〇、六九九、六五六〇〇	八、〇一八、四二一〇〇		二、六八一、二三五〇〇	
第二項 草坦租	一〇、九二一〇〇	一〇、九二一〇〇			
第二款 牛側沙田坦收入	一二一、八一一〇〇	九一、八六五〇〇		二九、九四六〇〇	
第一項 田租	一二〇、九一一〇〇	九〇、六八四〇〇		三〇、二二七〇〇	
第二項 草坦租	九〇〇〇	一、一八一〇〇	二八一斤〇〇		
第三款 漳澎沙田租	九、四五〇〇〇	五、四〇〇〇〇		四、〇五〇〇〇	
第四款 鷄抱沙草坦租	四三一〇〇			四三一〇〇	
第五款 自耕農場收入	五九五、七四三〇〇	八七七、八七六〇〇	二八二、一三三〇〇		
第六款 舖地租	四四、七三六〇〇	一六、六一八〇〇		二八、一一八〇〇	
第一項 舖租	三、〇三六〇〇	一、七七八〇〇		一、二五八〇〇	

1946 年 8 月至 1947 年 7 月，东莞明伦堂董事会谷粒收入决算书【《东莞明伦堂董事会民国三十五年征信录》，第 3 页】

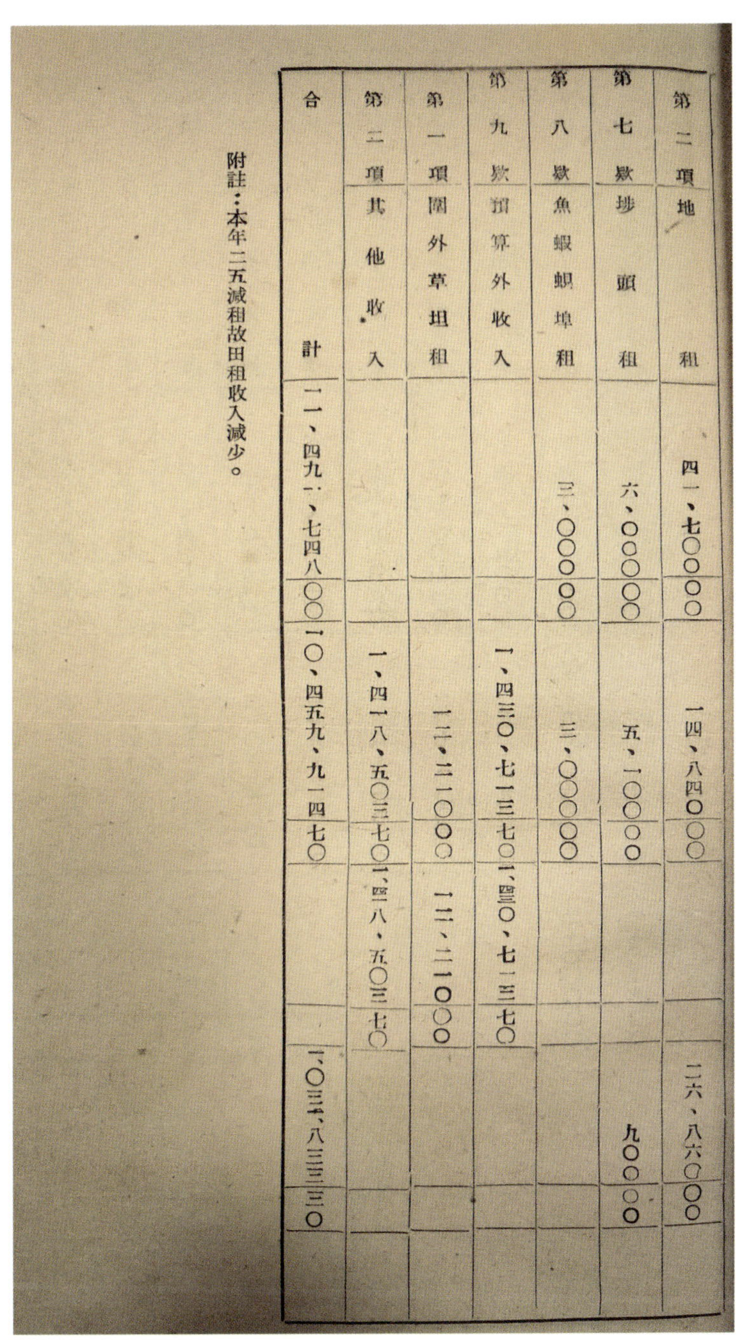

第二項地租	四一、七〇〇	〇〇	一四、八四〇	〇〇			二六、八六〇	〇〇
第七款埗頭租	六、〇〇〇	〇〇	五、一〇〇	〇〇			九〇〇	〇〇
第八款魚蝦蜆埠租	三、〇〇〇	〇〇	三、〇〇〇	〇〇				
第九款預算外收入			一、四三〇、七一三	七〇	一、四三〇、七一三	七〇		
第一項圍外草坦租			一二、二一〇	〇〇	一二、二一〇	〇〇		
第二項其他收入			一、四一八、五〇三	七〇	一、四一八、五〇三	七〇		
合計	一一、四九一、七四八	〇〇	一〇、四五九、九一四	七〇			一、〇三一、八三三	三〇

附註：本年二五減租故田租收入減少。

（续上页）【《东莞明伦堂董事会民国三十五年征信录》，第 4 页】

穀粒收支報告表

民國三十五年度

收入穀額	科目		支出穀額
	收入之部		
22,515.51 斤	上年度結存現穀		
43,015.55	上年度轉入帳	註1.	
8,029,342.00	萬頃沙田坦租	註2.	
91,865.00	牛牗沙田坦租	註3.	
5,400.00	漳澎沙田租	註4.	
877,876.00	自耕農場收入	註5.	
16,618.00	舖地租	註6.	
5,100.00	埗頭租		
3,000.00	魚蝦蜆埠租	註7.	
1,430,713.70	預算外收入	註8.	
5,925.00	本年度結存現金折穀		
20,761.75	轉入下年度帳	註9.	
	支出之部		
	教育費	註10	3,487,332.72 斤
	農林水利費		1,054,462.28
	社會事業費	註11	615,748.25
	補助費	註12	47,969.34
	行政費		909,926.15
	報功費		29,091.00
	稅捐費		1,053,557.00
	儲運費		1,316,601.75
	償還銀行透支		412,131.51
	預借租欵抵納		126,340.00
10,552,132.51	收支合計		9,053,160.00
	本年度結存		1,498,972.51
10,552,132.51			10,552,132.51

東莞明倫堂董事會徵信錄　一九

1946年，东莞明伦堂谷粒收支报告表【《东莞明伦堂董事会民国三十五年征信录》，第19页】

二、沙田的投田方式

东莞明伦堂在1946年实施“银租围”改“谷租围”前，沙田投承时间因时因围而异。对未成田的沙坦，分荒头十年和批尾二十年两期批租。至1926年，成田后的批期仍在十年之上。根据《明伦堂有关承佃批约文书材料（1926）》[①]中有关德安围合记堂的批底记载如下：

> 由民国旧历二十四年正月一日起至民国三十七年十二批满之日止，年批十四年为满。期内须照此次加定租额输租，无论谷价高低年月丰歉租额永不租减。

草坦建筑成田后，佃人向明伦堂呈报，又得以在新围外开发新的草坦。据东莞市档案馆东莞明伦堂81-104号档案记载：

> 据福合堂司理梁文峰呈报，万顷沙十二涌穗安东侧草坦除建筑成围外，尚余四十二亩，又三十七年八月间增种一顷一十亩，合计新旧种草面积一顷五十二亩，准由三十八年份起缴纳坦租。[②]

对将要到期或取消批约的沙田，明伦堂会事先刊出广告，招佃承耕。1926年3月5日东莞明伦堂刊登于《广州民国日报》上的投田广告内容如下：

启者

> 本局加租还债章程经呈准民政厅及登报声明所有以前向本局批耕万顷沙各围佃人，限元月十五日以前来局磋商改订批约，过期即行开投，易佃在案，兹有现耕之荣安、东安、新中和、新宝安下等四围及接耕之兆安、旧宝安上、新宝安下、新中和、东安、庆安、同安东等七围不能履行本局加租章程，应行取消批约，并订旧历二月初十日在本局当众开投，凡欲承耕以上各围者请先期至本局取回章程可也。

东莞明伦堂沙田经理局委会启

① 《明伦堂有关承佃批约文书材料》，1926年，第138-142页。

② 《明伦堂有关收支预算及其他支出文书材料》，1946年，第82页。

东莞明伦堂还拟定了开投章程，列举围名、时间、地点、底价、押批、批期、租期等，并附亩数丈溢，投票以超过底价最高者当选，每围共取头、二、三票，当选之票保留十天，如头票不就，递补二票，二票不就，递补三票，仍不就再行开投。其详细内容如下：

东莞明伦堂董事会沙田开投章程[①]

一、围名：隆安　仁安；

二、日期：定于本年十月一日下午一时开投；

三、地址：常平办事处；

四、底价：每亩年租谷低价二百司码斤，战时减收二五折；

五、押票：每亩国币十五元；

六、押批：全年每亩押批租谷五斤，按当地时价折收代金于满批之年尾季，租内扣回租谷五斤作为交还；

七、批期：各围均以五年为期，由民国三十三年一月起；

八、租期：每年分两造交租，头造农历八月十五日，尾造十二月十五日，头四尾六不得拖欠；

九、缴租：在战时准照当地时价折收代金；

十、投票：投票者须先缴纳票银领取本会票证，票面数目须用大写；

十一、当选：以年出租谷超过底价最高者为当选，开票后留取头二、三票，如头票不就，递选二票，二票不就，递选三票，凡放弃之前，本会皆没收其押批银。其余不获选者，票银当场发还；

十二、领批：凡获选之票均限于开票十日内到会领批，如逾期不到，作为放弃，另行递选二票，仍限十日，如再不到，改选三票，至十日限满而仍不到则另行开投；

十三、费用：投得之田每年除缴纳田租外，其余获耕费沙捐钱粮沙夫工食经费草坦租等项概照本会规定缴纳。

---

① 东莞市档案馆，东莞明伦堂档案 1-7-0019-31。

佃人报投时，常合伙集资，以几个公司的名义进行投承，先以一公司报低价，紧接着又以另一公司报高价，使得其他公司对高价标望而却步，放弃投标。这些佃人报投后，则把中标价最高的头票放弃，而以低价的二票当选，从而减轻租值。对此，东莞明伦堂又规定投承时要先预缴押票金。押票金数额巨大，至 1946 年，每亩国币一百元。如投田一顷，收押票一万元，零碎数涨成整数。凡欲投田者，先按围缴纳押票金，领得明伦堂制定之票据才能报投。一当投中，如过五日[①]不来领批，则作弃权处理，押票充公。其余未投中者，其押票即时发还。虽然如此，佃人们仍然认为，即使损失了押票金也没关系，因为低租批约期限长，其损失可以从租谷收益中抵回。特别是东莞明伦堂的几个大耕家，如邹殿邦、何同益等，都在广州开有银号，押票金对他们而言，只不过是一纸随时可以签发的银单。1946 年，重新开投的顺安围和正安围投承情况如下：

查本堂前于本月十四日在本会当众开投之顺安围，第一票原系明达堂以生亩每年纳租谷三百一十五斤投得，正安围原属合兴和公司以每亩每年纳租谷三百三十五投得，现已逾期，均未见来会领批。照章该投承即属弃权，没收其押票金。依照投田章程，应由各围之第二票递补。现查顺安第二票为永兴堂每亩纳租谷二百九十六斤递补。正安围查系王茂本堂以每亩年纳租谷三百一十八斤递补，即通知各该堂负责人来会领批，如再逾限（五天）不到领批，即再开投，当否请示。

翟瑞元　李威　赵雪舟

十一　、十六

批示：照向规办理[②]

① 1946 年，东莞明伦堂重新开投沙田，该期限由以前十天改为五天。

② 《明伦堂有关收支预算及其他支出文书材料》，1946 年，第 68 页。

1946年顺安、正安围投田租值比较表[1]

围名	税田（亩）	丈溢（亩）	合计（亩）	头票租值	二票租值	全年租谷差值
顺安	1233.33	91.52	1324.85	315斤/亩	296斤/亩	25172.15斤
正安	759.74	38.12	797.86	335斤/亩	318斤/亩	13563.62斤

从《1946年顺安、正安围投田租值比较表》可知，顺安围二票比头票每亩少19斤，正安围二票比头票每亩少17斤。1946年，开投的顺安围和正安围头票和二票之间租值差距每亩可达近20斤。

佃户投中之后，在报批之时，还须缴纳押批，其金额约等于一年的租值。押批至满租之年的尾季，利用租谷扣还。报批结束后，东莞明伦堂沙田经理局整理委员会还要与佃户签订承耕田地条约，条约中注明佃耕的围名、投得的价格、遵守的条件等。详见《东莞明伦堂沙田经理局整理委员会与大成堂承耕田地条约》：

东莞明伦堂沙田经理局整理委员会与大成堂承耕田地条约[2]

东莞明伦堂沙田经理局整理委员会为发给批约事照得，本堂所辖万顷沙有广同丰围田税十顷四十二亩七分一厘二毫七丝。当经议决于本年三月二十日在本堂当众开投，由大成堂按年每亩纳租国币十三元八角五分为出价最高投得，经照章缴交押批银，即为该佃承耕。合订立条件共十四条，以资遵守须至批约者。

批耕条件如下：

一、本堂所辖万顷沙广同丰围田十顷四十二亩七分一厘二毫七丝，另丈溢十七亩，又另草坦三十一亩二分二厘三毫，依约批与大成堂承耕。由民国廿九年头季起至民国三十八年尾季底止，凡承耕十年为期。

① 《明伦堂有关收支预算及其他支出文书材料》，1946年，第74页。

② 东莞市档案馆，东莞明伦堂档案1-7-0001-01。

二、下列租项等由佃人按年分二季平均缴交本堂。头季于国历三月十日，必季于国历九月十日行之。不得逾期拖欠。计应纳租款各费如下：

（甲）每亩纳租国币十三元八角五分，全年共国币一万四千六百七十七元二分。

（乙）草坦三十一亩二分二厘三毫，每亩纳租国币一元，全年共国币三十一元二角二分。

（丙）依租额每百元纳经费二元，全年共缴国币二百九十三元五角四分。

（丁）沙夫工食每亩国币五角，全年共缴国币五百二十九元八角六分。

（戊）沙捐照政府定例，佃人值二成，全年共缴国币六十三元五角八分。

（己）护耕费每亩国币三角五分，主佃各半，全年共缴国币一百八十五元四角四分。

（庚）上列沙捐护耕费两项，照现时财厅所颁数目计算，如将来政府对该二项再有增收时，佃人亦需照定例增缴。

三、佃人每年必须依照交租期间完缴应纳租款各费。如有借端短纳，即行取销批约另行开投，其短纳之租项加三倍追缴。又过约定之交租期一星期内不缴租，租款经申请展期者，则每日以利息一分五率罚息。过半月复经本堂限期复催仍不遵缴者，即停止发打禾票并扣留谷粒清偿。

四、每亩应缴押批银一元五角，合国币一千五百九十元。经于订立批约之时缴交，至满批之年尾造扣除。

五、佃人不得借款及预借租款与本堂。

六、佃人除政府通令主佃应缴之款外，其他若有借名保护勒收之款，佃人因缴过沙夫工食，本堂当负保护之责，妥为拒绝勒收。

七、沙夫工食专为本堂设自卫局卡兵保护业佃饷项之用，至若每年护沙饷项如有增减时，概由本堂负责，若佃人遇必要时欲自行集合各围组织义务联团时，其款项为佃人自理，但需经本堂核准方得实行。

八、所有租项年月丰歉两无增减。

九、承批未满期不得中途退耕。

十、佃人如有犯下列各事，立即驱逐出沙另行开投承耕，不得借批措阻。

凡被驱逐出沙及取消批约者，所缴押批银概不发还。

（甲）逾期拖欠租项。（乙）中途退耕或私顶别人。（丙）聚赌。（丁）庇吸洋烟。（戊）窝匪。（己）贩私。（庚）收藏违禁品物。（辛）重大危害全沙公立田。（壬）不遵本堂之约束。（癸）其他违背条约及犯法行为。

十一、所有围堂耕馆、晒场、窦口、板寮、树木等一切原作本堂管业，批满之时佃人需完全交回，不得毁代并不强勒下批顶手，而围堂尤须完全无缺。

十二、围内蔬果鸭埠虾蟹禾苗等，俱为佃人收管，为年中修补围堂之费。

十三、倘遇风水坏及围堂，概由佃人自行修理完整，毋得向本堂请求赔偿。修理围堂只准佃人在围外就近取泥。

十四、围内各基堂均属本堂税地，永禁起造房屋店铺。如旧有板棚以便贸卖者，佃人务要先行照验报明看管所内本堂管理个人，不得私自增多及勒索重租，本堂得随时收回。

委员长　叶　青　委　员　黄侠毅　王俊声

潘树勤　□　□

蒋□□　罗　瑶

翟瑞元　方　彪

中华民国廿九年三月廿三日发批

签订条约成为东莞明伦堂的佃户后，除交纳田租外，所有的沙夫工食费、护耕费等概由佃户定额交纳。佃户每年的田租按头四尾六分两季缴交。在“田租银”时，早造租款在新历六月十日以前、晚造租款在新历十月十日以前到明伦堂缴纳。在“田租谷”以后，头季租谷于农历八月十五日、尾季租谷于十一月底日以前在万顷沙缴纳。

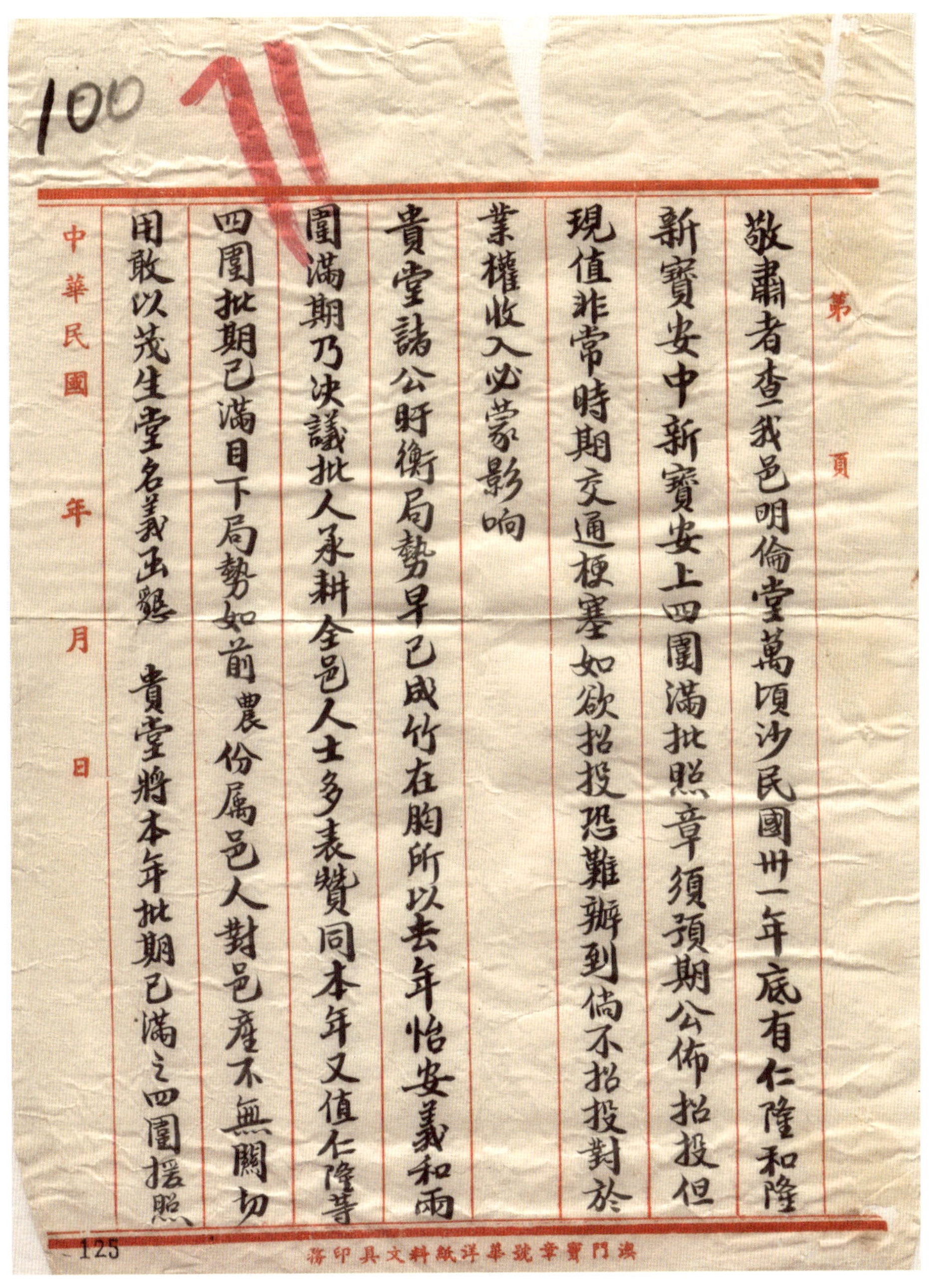
100

第　頁

敬肅者查我邑明倫堂萬頃沙民國卅一年底有仁隆和隆
新寶安中新寶安上四圍滿批照章須預期公佈招投但
現值非常時期交通梗塞如欲招投恐難辦到倘不招投對於
業權收入必蒙影响
貴堂諸公盱衡局勢早已成竹在胸所以去年怡安義和兩
圍滿期乃決議批人承耕全邑人士多表贊同本年又值仁隆等
四圍批期已滿目下局勢如前　農份屬邑人對邑產不無關切
用敢以茂生堂名義函懇　貴堂將本年批期已滿之四圍援照

中華民國　年　月　日

125　澳門寶章號華洋紙料文具印務

1942 年 5 月，茂生堂代表陈茂泰致东莞明伦堂沙田经理局整理委员会关于仁隆、和隆等四围批耕一事的函【东莞市档案馆，东莞明伦堂档案 1-7-006-50】

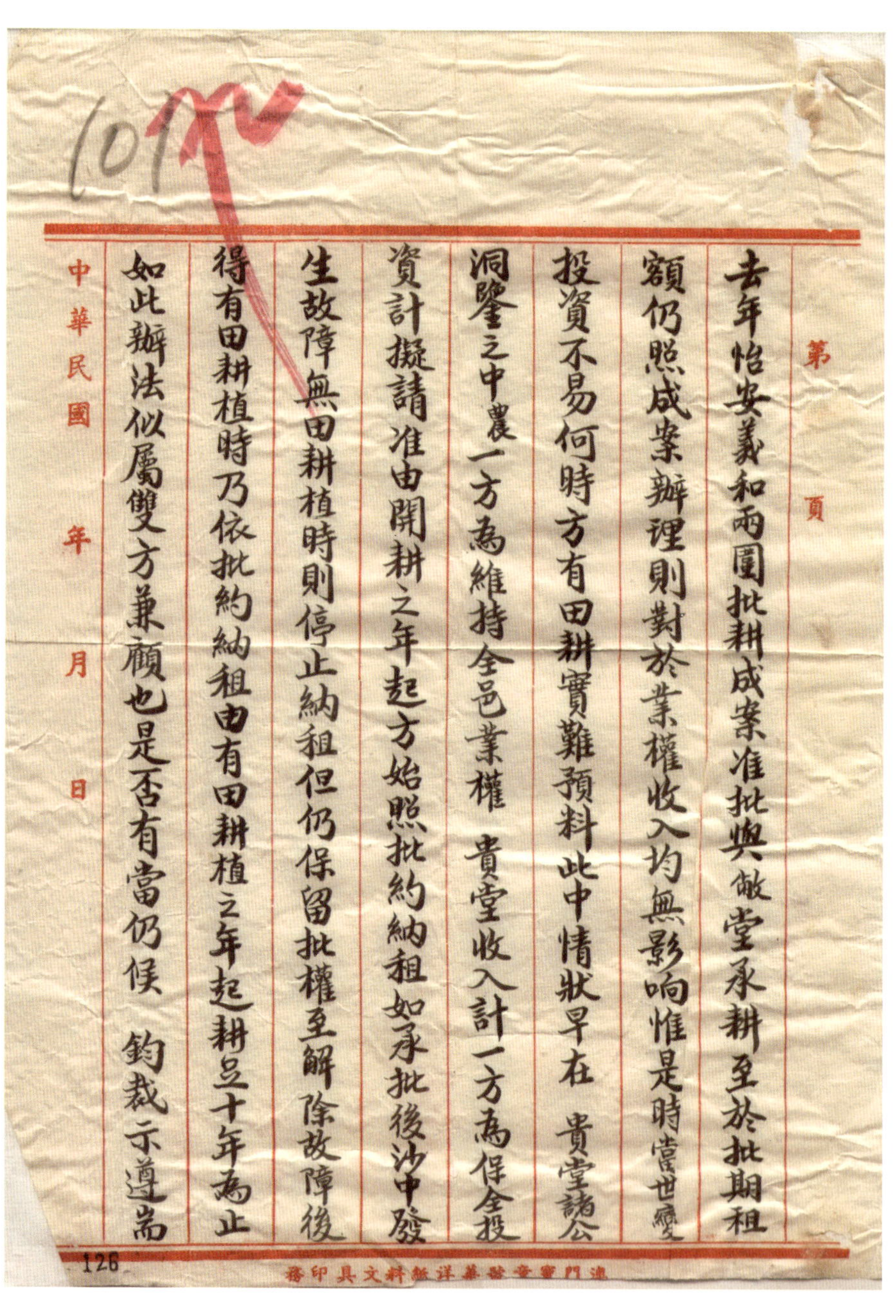

第　頁

去年怡安義和兩圍批耕成案准批與敝堂承耕至於批期租
額仍照成案辦理則對於業權收入均無影响惟是時當世變
投資不易何時方有田耕實難預料此中情狀早在　貴堂諸公
洞鑒之中農一方為維持全邑業權　貴堂收入計一方為保全投
資計擬請准由開耕之年起方始照批約納租如承批後沙中發
生故障無田耕植時則停止納租但仍保留批權至解除故障後
得有田耕植時乃依批約納租由有田耕植之年起耕足十年為止
如此辦法似屬雙方兼顧也是否有當仍候　鈞裁示遵尚

中華民國　年　月　日

126

澳門寶章號華洋紙料文具印務

（续上页）【同上】

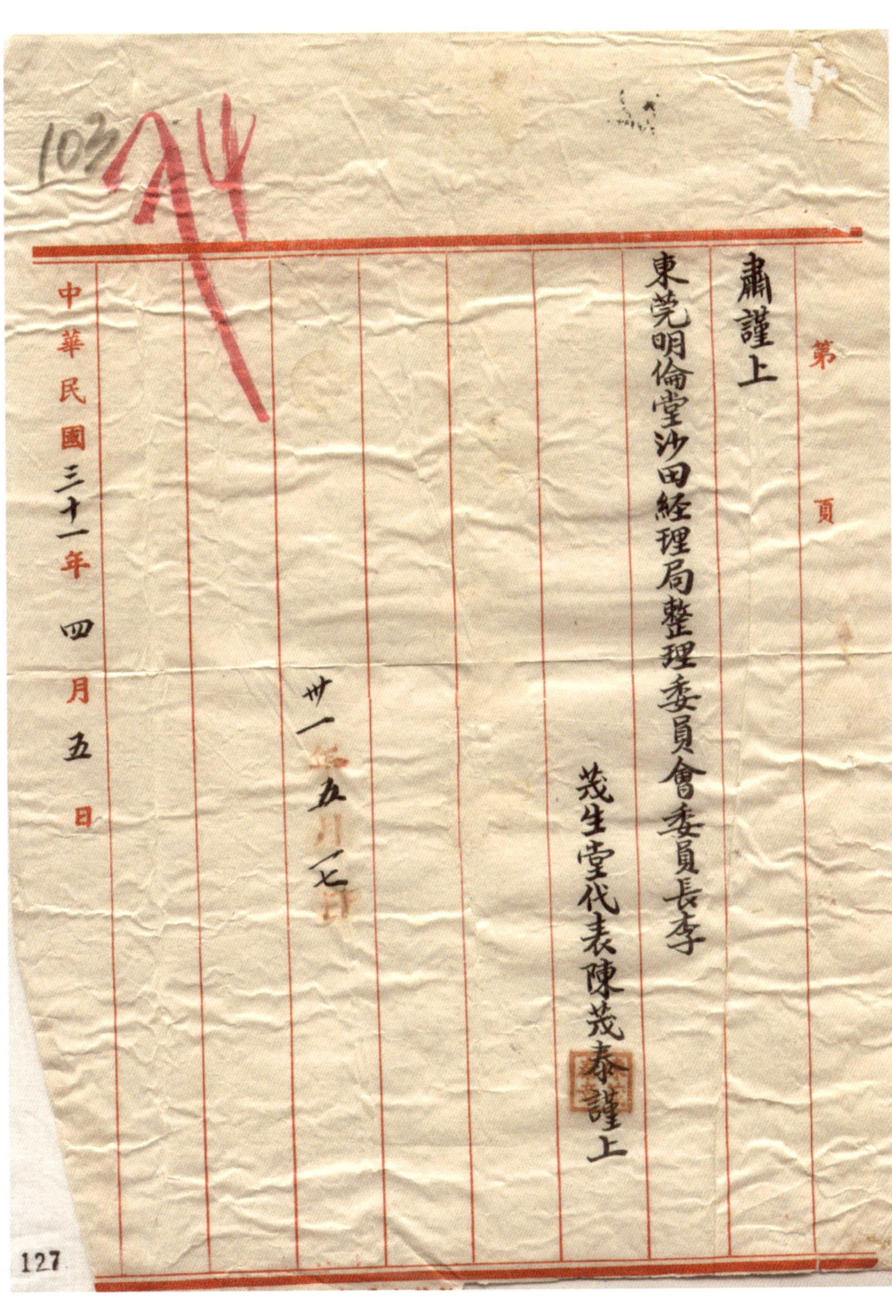

第　頁

肅謹上

東莞明倫堂沙田經理局整理委員會委員長李

茂生堂代表陳茂泰謹上

廿一　五　七

中華民國三十一年四月五日

127

（续上页）【同上】

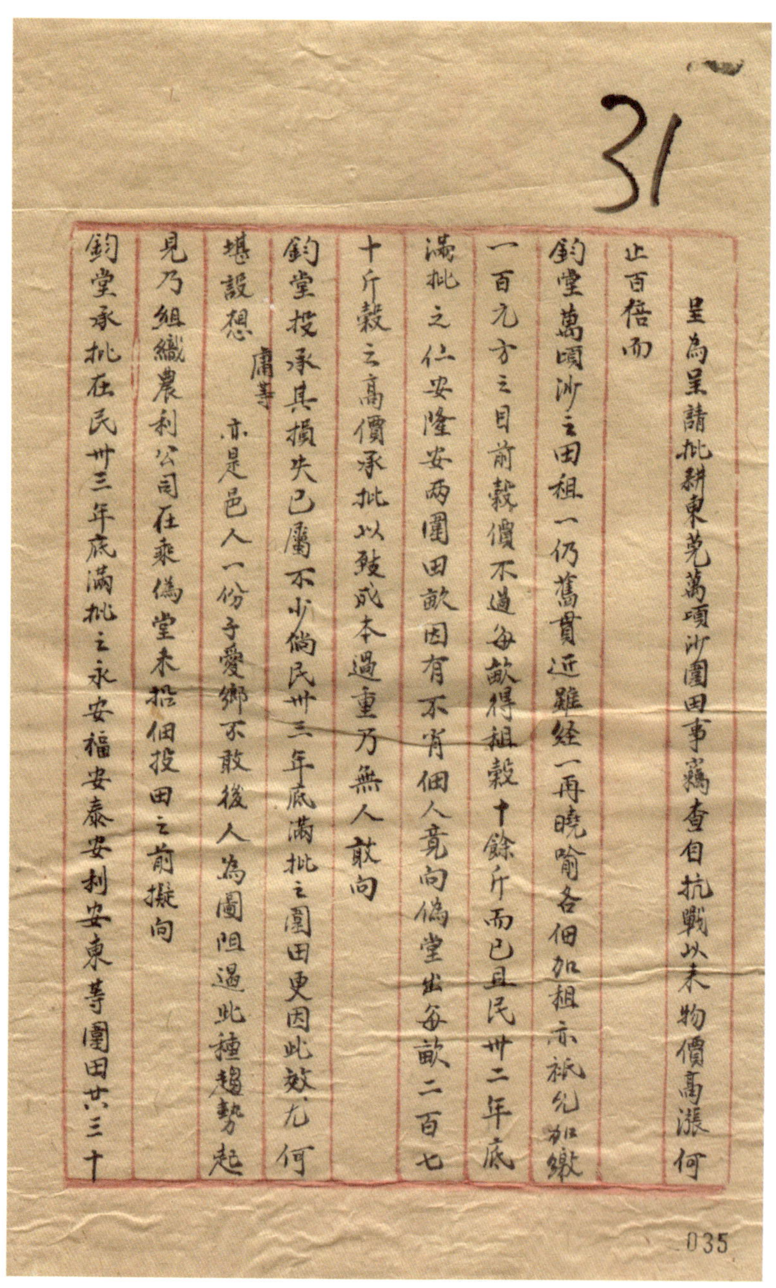

31

呈為呈請批耕東莞萬頃沙圍田事竊查自抗戰以來物價高漲何
止百倍而
鈞堂萬頃沙之田租一仍舊貫近雖經一再曉喻各佃加租亦祇允加繳
一百九方之目前穀價不過每畝得租穀十餘斤而已且民卅二年底
滿批之仁安隆安兩圍田畝因有不宵佃人竟向偽堂出每畝二百七
十斤穀之高價承批以致成本過重乃無人敢向
鈞堂投承其損失已屬不少倘民卅三年底滿批之圍田更因此效尤何
堪設想　庸等亦是邑人一份子愛鄉不敢後人為阻遏此種趨勢起
見乃組織農利公司在乘偽堂未招佃投田之前擬向
鈞堂承批在民卅三年底滿批之永安福安泰安利安東等圍田共三十

035

1944年，农利公司呈请东莞明伦堂董事长蒋光鼐关于批耕永安、福安、泰安、利安东等围田一事的函【东莞市档案馆，东莞明伦堂档案 1-7-0020-13】

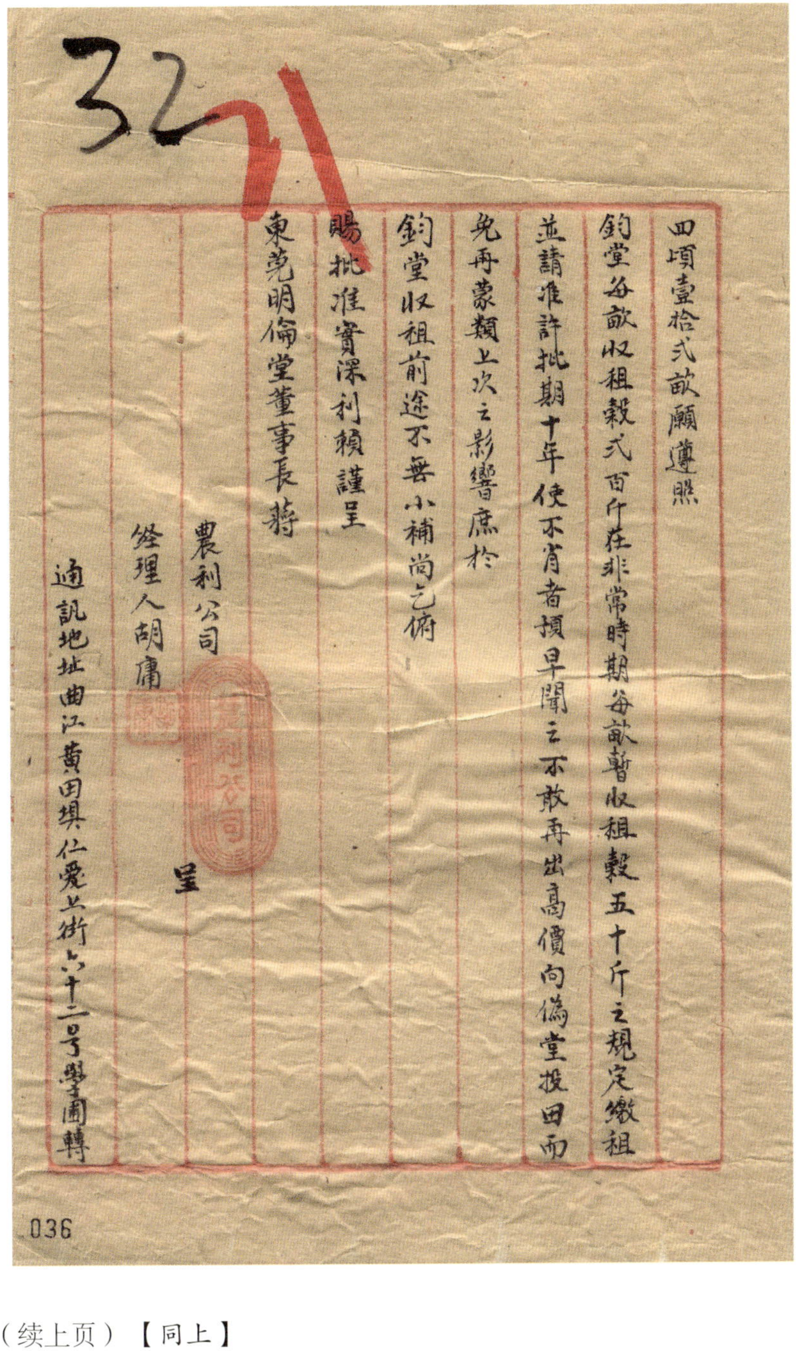

四頃壹拾弍畝願遵照
鈞堂每畝收租穀弍百斤在非常時期每畝暫收租穀五十斤之規定繳租
並請准許批期十年使不肖者預早聞之不敢再出高價向偽堂投田而
免再蒙類上次之影響庶於
鈞堂收租前途不無小補尚乞俯
賜批准實深利賴謹呈
東莞明倫堂董事長蔣
農利公司
經理人胡庸 呈
通訊地址曲江黃田壩仁愛二街六十二号學圃轉

036

（续上页）【同上】

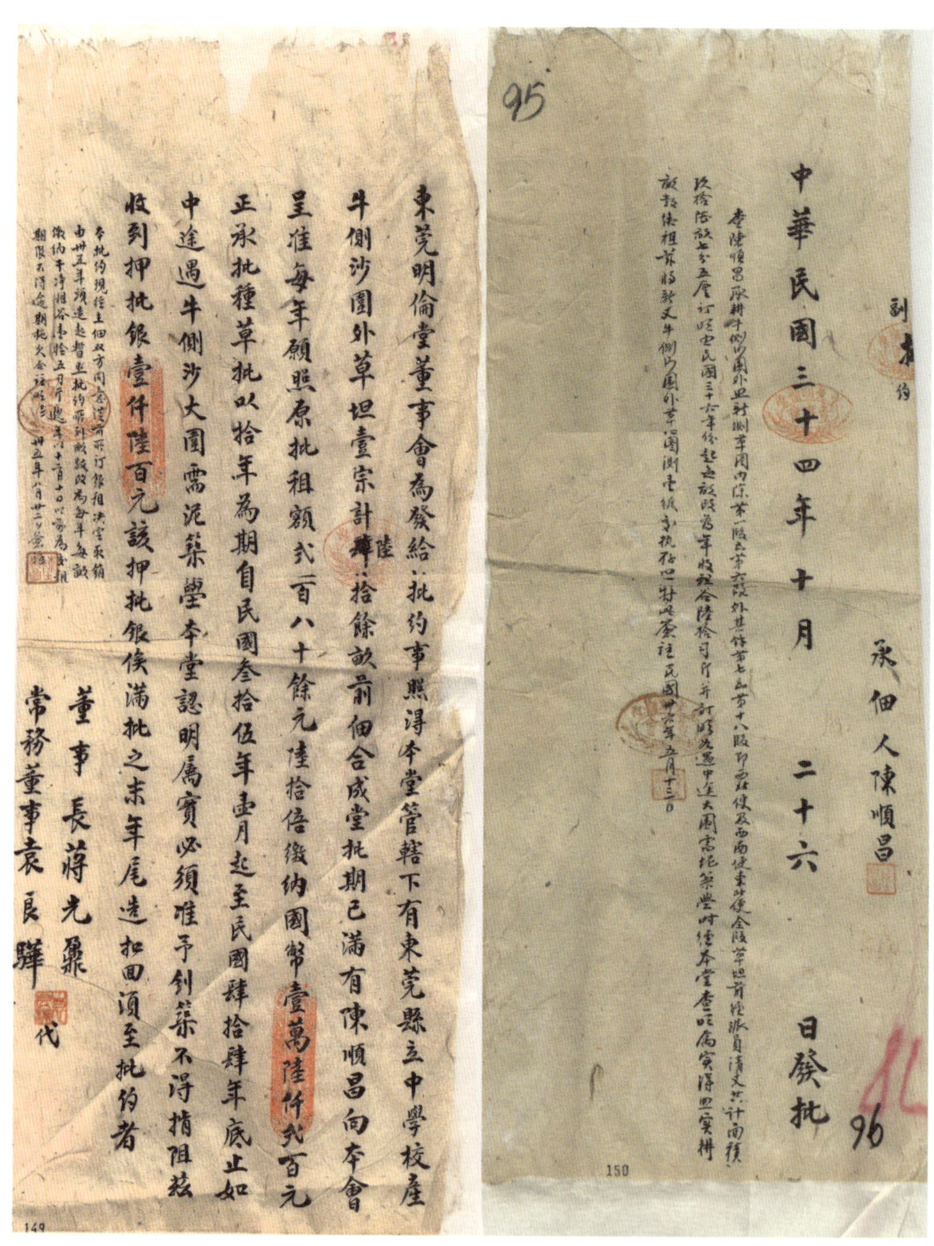

東莞明倫堂董事會為發給批約事照得本堂管轄下有東莞縣立中學校產牛側沙圍外草坦壹宗計肆拾餘畝前佃合成堂批期已滿有陳順昌向本會呈准每年願照原批租額弍百八十餘元陸拾倍繳納國幣壹萬陸仟弍百元正承批種草批以拾年為期自民國叁拾伍年壹月起至民國肆拾肆年底止如中途遇牛側沙大圍需泥築壆本堂認明屬實必須唯予剷築不得指阻茲收到押批銀壹仟陸百元該押批銀俟滿批之末年尾造扣回須至批約者

董事長蔣光鼐

常務董事袁良驊 代

中華民國三十四年十月二十六日發批

副約

承佃人陳順昌

1945 年 10 月，陈顺昌承草坦批约副本【东莞市档案馆，东莞明伦堂档案 1-7-0024-33】

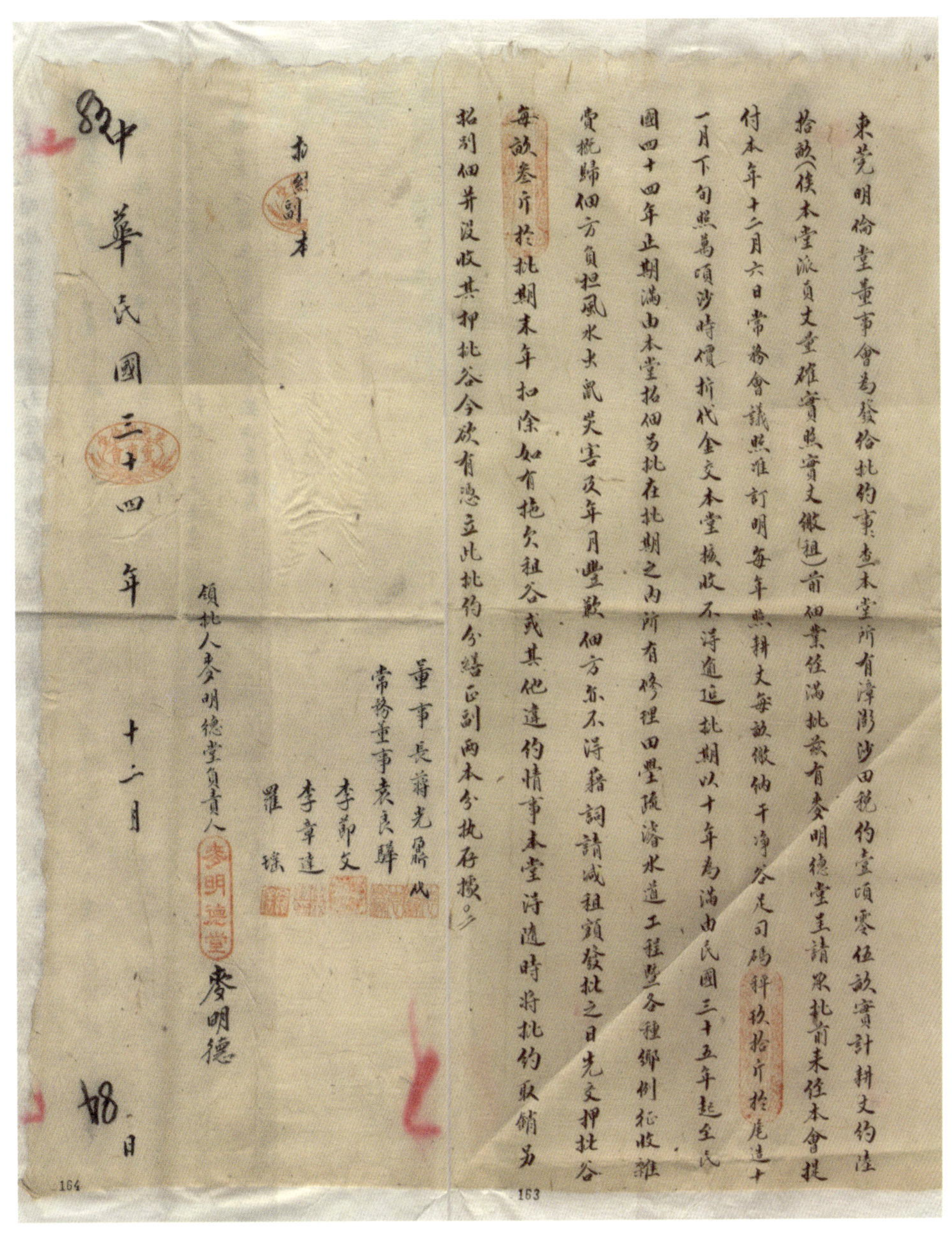

東莞明倫堂董事會為發給批約事查本堂所有漳澎沙田號約壹頃零伍畝實計耕丈約陸拾畝(係本堂派員丈量確實照實丈徵租)前佃業經滿批茲有麥明德堂呈請承批前來經本會提付本年十二月六日常務會議照准訂明每年照耕丈每畝徵納干淨谷足司碼秤玖拾斤於尾造十一月下旬照萬頃沙時價折代金交本堂核收不得延延批期以十年為滿由民國三十五年起至民國四十四年止期滿由本堂招佃另批在批期之內所有修理田塍疏濬水道工程暨各種鄉例征收雜費概歸佃方負担風水大亂災害及年月豐歉佃方亦不得藉詞請減租額發批之日先交押批谷每畝叁斤於批期末年扣除如有拖欠租谷或其他違約情事本堂得隨時將批約取銷另招別佃并沒收其押批谷今欲有憑立此批約分繕正副兩本分執存據。

董事長蔣光鼐 代
常務董事袁良驊
李節文
李章達
羅 琛

批約副本

領批人麥明德堂負責人 麥明德

中華民國三十四年十二月 日

1945 年 12 月，麦明德承田批约副本【东莞市档案馆，东莞明伦堂档案 1-7-0024-38】

1946年，东莞明伦堂实行“谷租围”改革后，实施新的投田章程：

东莞明伦堂董事会投田章程①

一、围名：广同丰、广兴中上下、陆安东、务安、稔安、怡安、义和、顺安、德安、田安、裕安、礼隆、均和；

二、日期：民国三十五年二月廿一日上午八时；

三、地点：广州市，维新横路二号，本会；

四、底价：每亩底价贰佰伍拾斤谷；

五、押票：每亩一百元计，如投田一顷，收押票一万元，但零碎数涨成整数；

六、押批：每亩收押批谷一拾斤，于领批时缴交，至满批之年尾季租谷扣还；

七、批期、各围批期，概定十年；

八、租期：每年租谷分两季缴交，头季于农历八月十五日，尾季于十一月底日以前在万顷沙缴交；

九、投票：凡俗投田者，先按围缴纳押票款，领得本堂制定之票，填写出价数码，但需大写清楚，如有改写糊涂，概作废票；

十、当选：所投之票，以超过底价最高者当选，共以头、二、三三票，并将头、二、三押票保留，如过五日不来领批，作为弃权，将其押票充公，余押票即时发还；

十一、领批：当选之票（以超过底价为限）保留五天，如头票不就，递补二票，二票不就，递补三票，仍不就，再行开投；

十二、费用：领批之后，即为本堂佃户，除缴纳租付外，所有沙夫工食护耕费等项，概照佃人应缴定额缴纳。

① 《东莞明伦堂董事会录材料》（之一），“东莞明伦堂董事会投田章程”，1946年，第33页。

兹将各围亩数列左：

围名	亩数	丈溢（亩）
广同丰	1042.7127	17.000
广兴上	714.0000	无
广兴中	394.9500	无
广兴下	526.2200	无
隆安东	1056.2228	24.000
务安	1494.4340	无
稔安	550.0000	54.000
怡安	655.2900	16.470
义和	844.2700	38.550
顺安	1233.3282	91.527
德安	960.0000	31.000
田安	100.2000	无

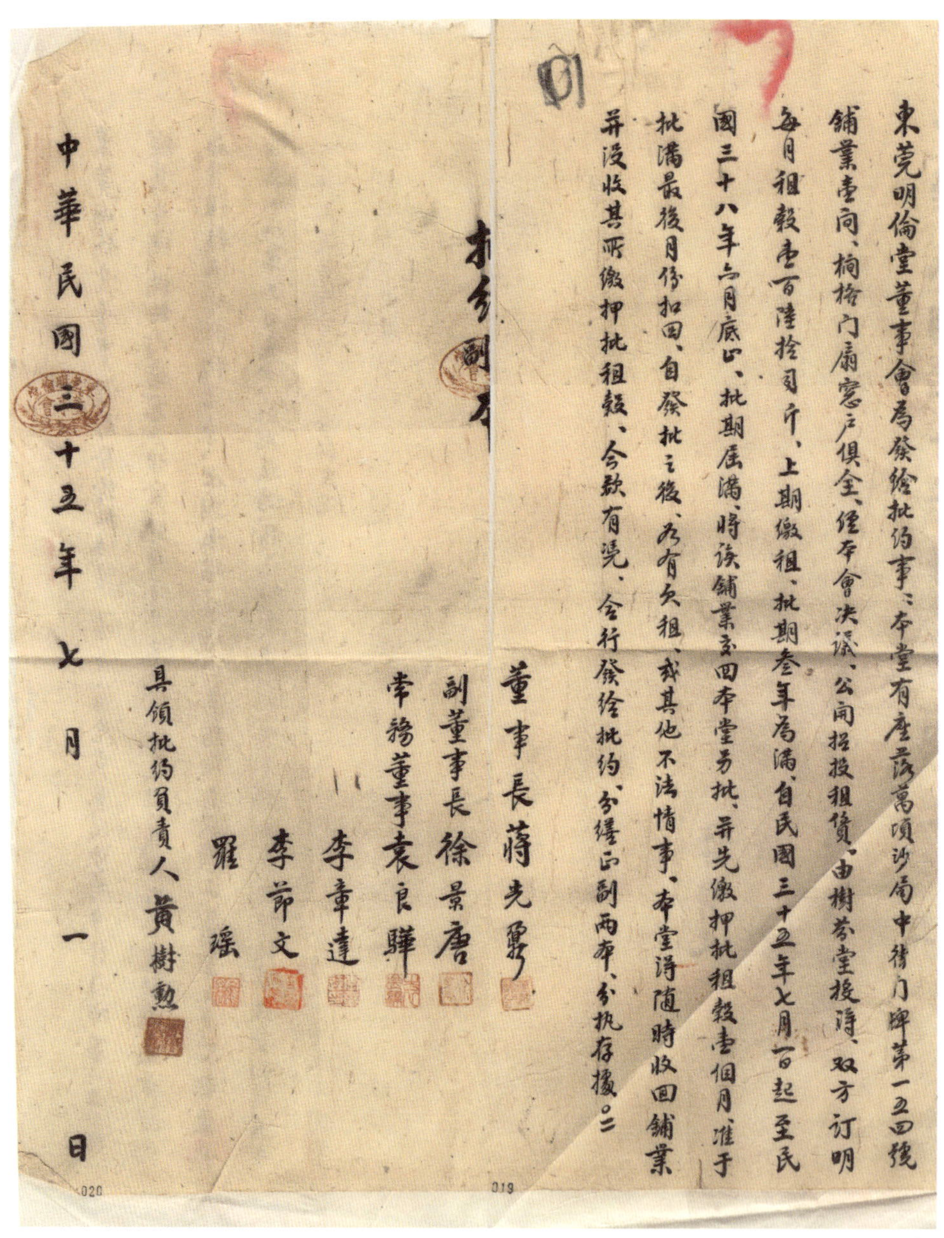

東莞明倫堂董事會為發給批約事，本堂有座落萬頃沙局中街門牌第一五四號鋪業壹間，棟桁門扇窗戶俱全，經本會決議，公開招投租賃，由樹芬堂投得，雙方訂明每月租穀壹百陸拾司斤，上期繳租，批期叁年為滿，自民國三十五年七月一日起至民國三十八年六月底止，批期屆滿，時該鋪業交回本堂另批，并先繳押批租穀壹個月，准于批滿最後月份扣回，自發批之後，如有欠租，或其他不法情事，本堂得隨時收回鋪業，并沒收其所繳押批租穀，合欵有憑，合行發給批約，分繕正副兩本，分執存據。

批約副本

董事長蔣光鼐

副董事長徐景唐

常務董事袁良驊

李章達

李節文

羅瑶

具領批約負責人黃樹勳

中華民國三十五年七月一日

1946 年 7 月，黄树勋领耕明伦堂田亩批约【东莞市档案馆，东莞明伦堂档案 1-7-0043-06】

三、沙田稻谷的管理

沙田的早稻、晚稻成熟后，佃人须先缴纳沙捐、护耕、地税，并持收据到东莞明伦堂登记。东莞明伦堂在验明该围沙夫工食已结清后，即开给禾票，自卫局看到禾票后，才准其收割，并派沙艇将其收割的稻谷护送出万顷沙。1949年，东莞明伦堂收租员赵雪舟奉命赴万顷沙设立收租办事处。[①] 此后，佃户收割后上交的租谷，由驻万顷沙收租办事处储存谷行清点后，即分批装船运往广州、东莞及太平等地的谷仓储存。

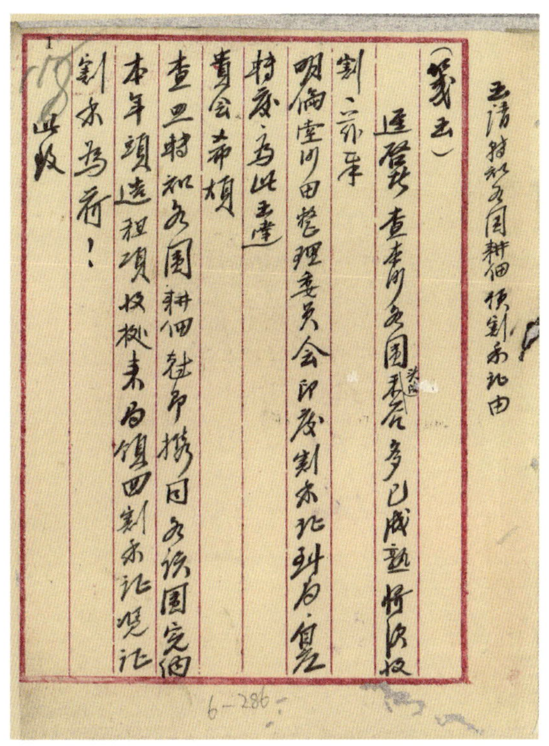

函请转知各围耕佃领割禾证由

（发出）

迳启者：查本期各围禾稻头造多已成熟，将次收割，前承

明伦堂沙田整理委员会印发割禾证到局，自应转发，为此函达

贵会希烦

查照转知各围耕佃赴局挂号，各该围完纳本年头造租项收据来局领回割禾证，凭证割禾为荷！

此致

6-286

1942 年 8 月，伪东莞明伦堂自卫局请各围耕佃领取割禾证的函【中山市档案馆，东莞明伦堂档案 1-A1[1].6-286-19-1】

① 《明伦堂有关财务文书材料》，1949 年，第 36 页。

函佃理事会

局长陈○○

中華民國廿年 月 日

（续上页）【中山市档案馆，东莞明伦堂档案 1-A1[1].6-286-19-2】

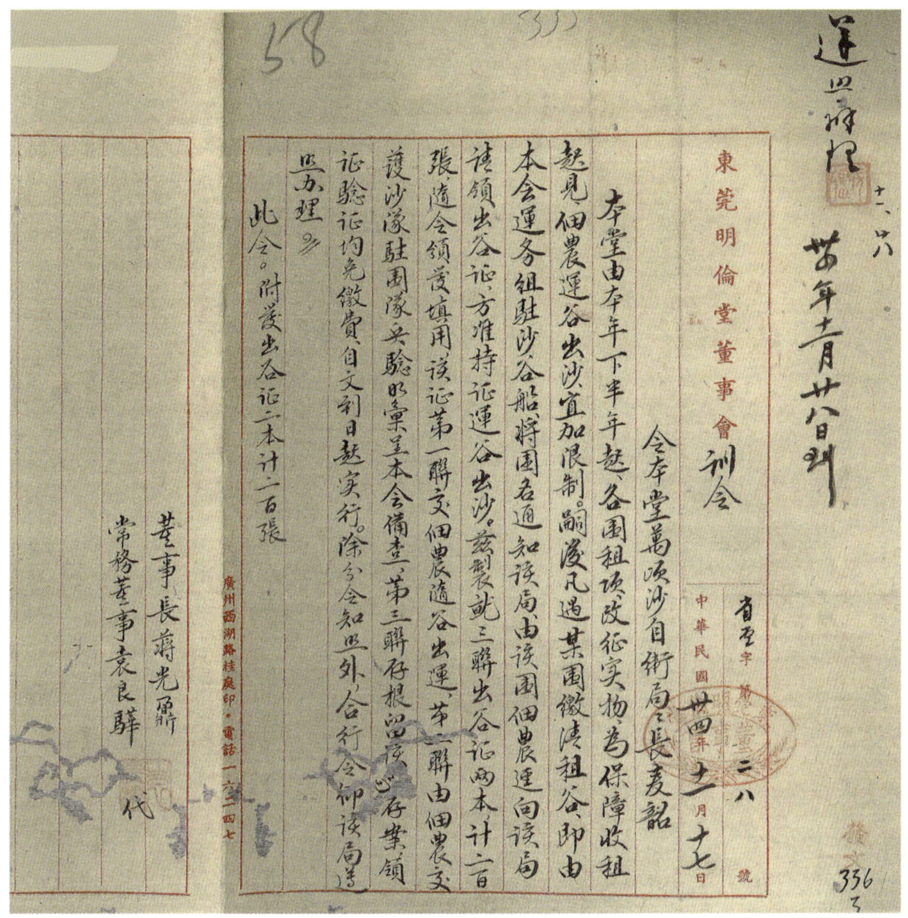

東莞明倫堂董事會訓令

字第二八號

中華民國卅四年十一月十七日

令本堂萬頃沙自衛局局長麥韶

本堂由本年下半年起，各圍租項改征实物，为保障收租起见，佃農運谷出沙宜加限制。嗣後凡過某圍繳清租谷，即由本会運务组駐沙谷船，將圍名通知該局，由該圍佃農運向該局請領出谷证，方准持证運谷出沙。茲製就三聯出谷证兩本，计二百張，隨令頒发，填用該证第一聯交佃農隨谷出運，第二聯由佃農交護沙隊駐圍隊兵驗明，彙呈本会備查，第三聯存根留該局存案，領证驗证均免繳費，自文到日起实行。除分令知照外，合行令仰該局遵照办理。

此令。附发出谷证二本计二百張

董事長蔣光鼐

常務董事袁良驊 代

1945 年 11 月，东莞明伦堂董事会致万顷沙自卫局长麦韶关于各围租项改征实物后，对佃农运谷出沙加强限制的训令【中山市档案馆，东莞明伦堂档案 1-A1[1].6-333-38-1】

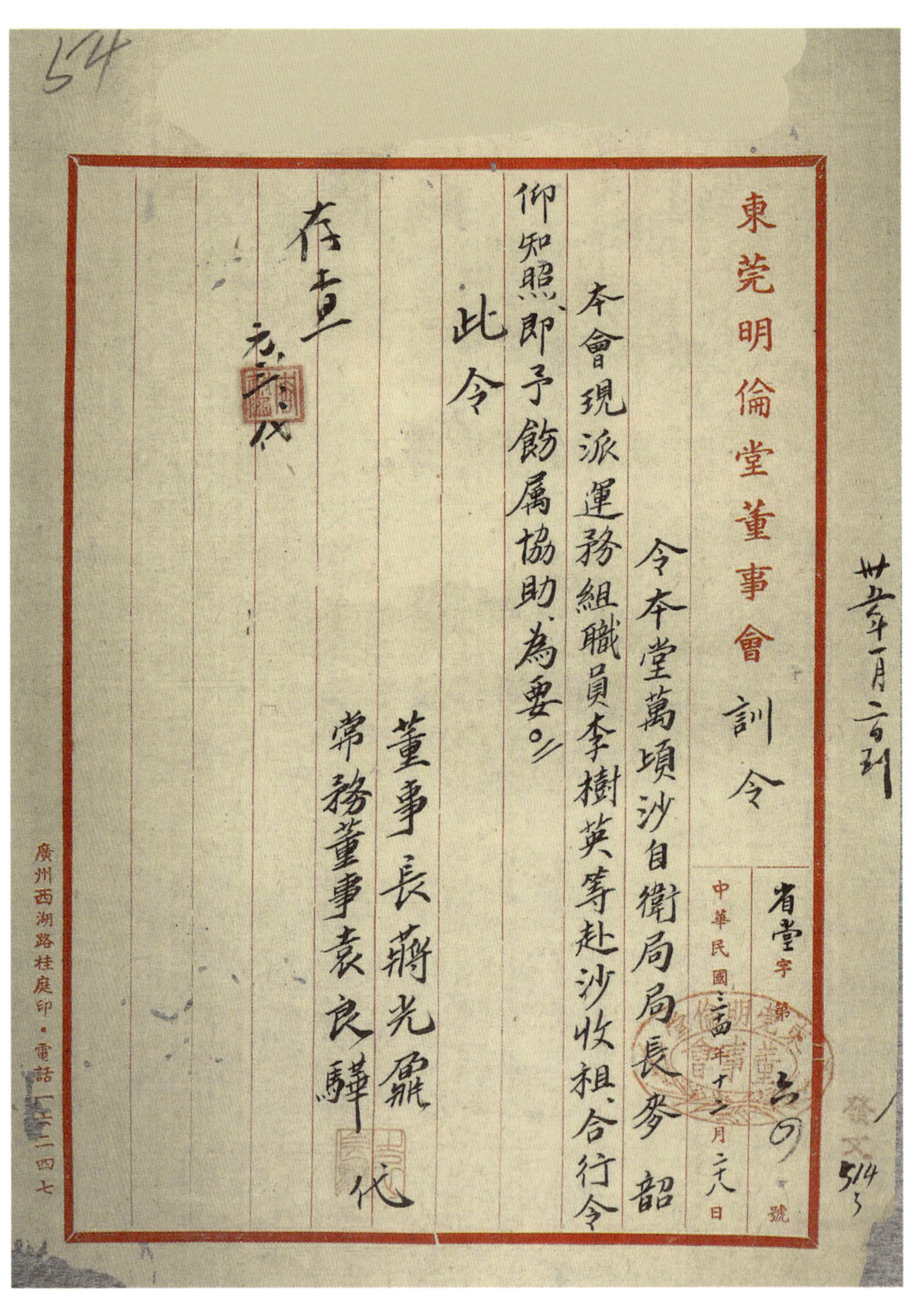
東莞明倫堂董事會訓令

省堂字第六〇號

中華民國三十四年十二月二十八日

令本堂萬頃沙自衛局局長麥韶

本會現派運務組職員李樹英等赴沙收租，合行令仰知照，即予飭屬協助，為要。此令

董事長蔣光鼐

常務董事袁良驊代

存查

1945年12月，东莞明伦堂董事会致万顷沙麦韶关于派职员李树英赴万顷沙收租的训令【中山市档案馆，东莞明伦堂档案1-A1[1].6-333-34-1】

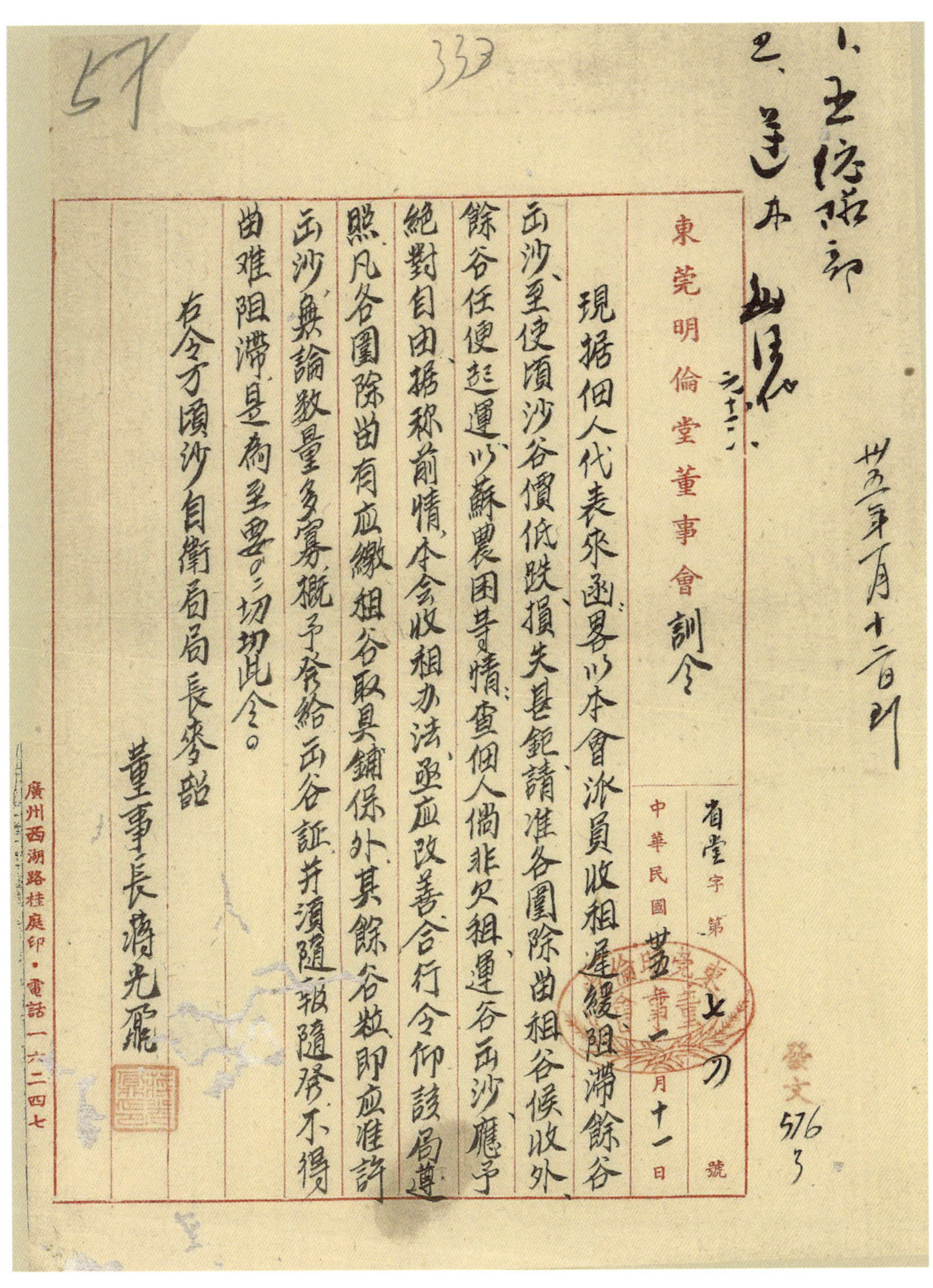

東莞明倫堂董事會訓令

省堂字第[illegible]號

中華民國卅五年一月十一日

現据佃人代表來函略以本會派員收租遲緩阻滯餘谷出沙，至使須沙谷價低跌損失甚鉅，請准各圍除留租谷候收外餘谷任便起運以蘇農困等情；查佃人倘非欠租運谷出沙應予絕對自由，据稱前情，本会收租办法亟应改善，合行令仰該局遵照，凡各圍除留有应繳租谷取具鋪保外，其餘谷粒即应准許出沙，無論數量多寡概予發給出谷証，并須隨報隨發，不得留難阻滞，是為至要！切切此令。

右令万頃沙自衛局局長麥韶

董事長蔣光鼐

廣州西湖路桂庭印・電話一六二四七

1946 年 1 月，东莞明伦堂董事会致万顷沙自卫局长麦韶加快办理佃人稻谷出沙手续的训令【中山市档案馆，东莞明伦堂档案 1-A1[1].6-333-37-1】

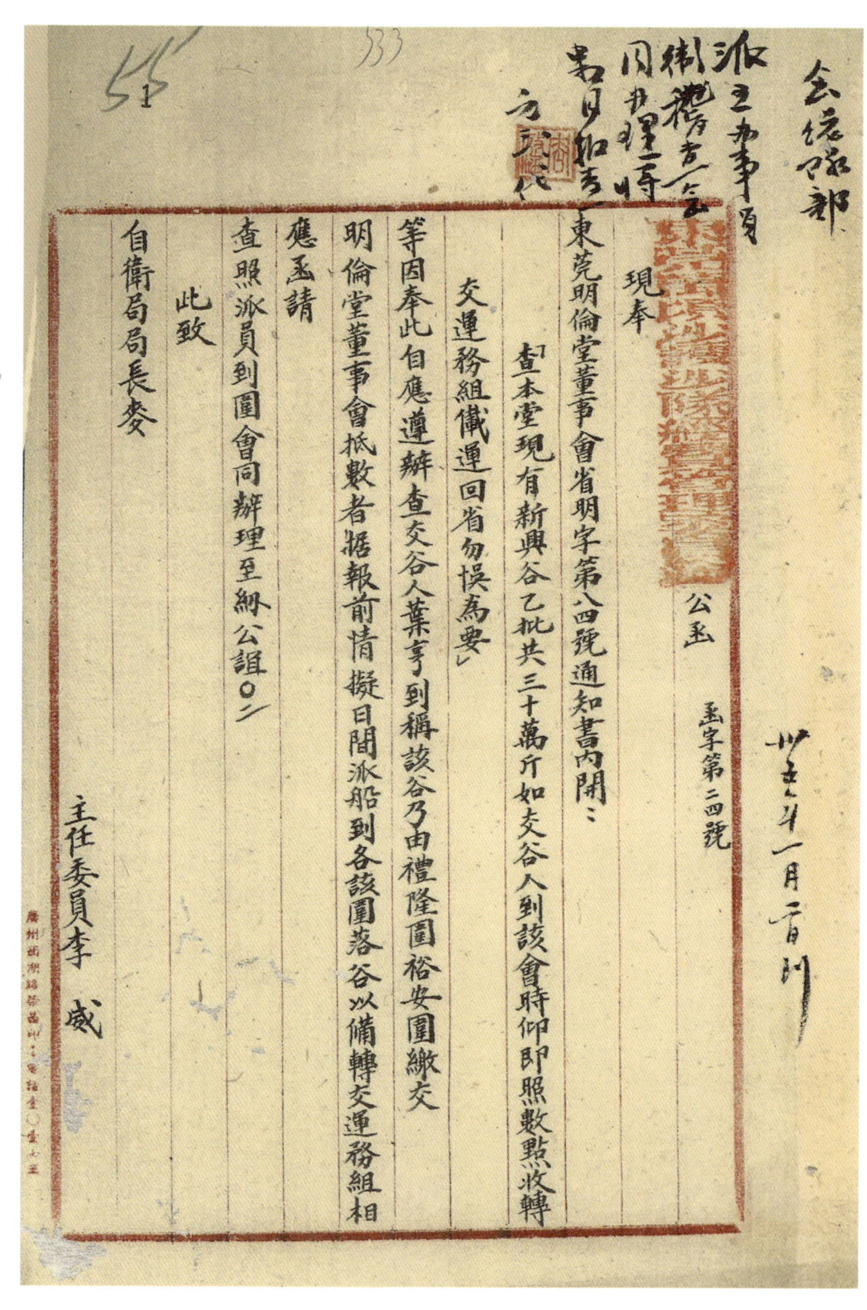

會統股部
派主办事員
衛樸吉會
同办理時
略日如去
方代

東莞明倫堂董事會省明字第八四號通知書内開：
現奉
貴本堂現有新興谷乙批共三十萬斤如交谷人到該會時仰即照數點收轉
交運務組儎運回省勿悞爲要
等因奉此自應遵辦查交谷人葉亨到稱該谷乃由禮隆圍裕安圍繳交
明倫堂董事會抵數者據報前情擬日間派船到各該圍落谷以備轉交運務組相
應函請
查照派員到圍會同辦理至紉公誼
此致
自衛局局長麥
公函 函字第二四號
主任委員李 威

1946 年 1 月，会计股主任李威致自卫局长麦韶关于运务组点收、运输佃户缴交租谷并运回省的公函【中山市档案馆，东莞明伦堂档案 1-A1[1].6-333-35-1】

东莞明伦堂董事会收租办事处运谷报告表（第十四批）[1]

（起运日期：1949年8月27日上午9时；到达地点：太平）

船名	载运干谷数	所属围名	临时收据号数	谷粒状况	附记
新有利	50000	泰安、永安	租字75、76	良好	附谷办乙包
同上	11200	泗安	赋字2	同上	同上（赵子秋监收）
何洪	17200	有安	租字73	同上	附谷办乙包
同上	30000	仁隆	租字77	同上	同上（张宝文监收）
同上	10000	穗安等围	赋字3至6	同上	同上
金有利	17142	广同丰	租字83	同上	附谷办乙包
同上	28435	务安	租字82	同上	同上（吴铁峰监收）
同上	30000	顺安、义隆	租字86、90	同上	同上（周炜铨监收）
合记	193977				共谷办陆包
监收员：赵子秋等四人　押运员：XXX　收租员：赵雪舟　储存谷行：六丰米机					

在对谷粒状况作出鉴定后，收租员当场开具临时收据，记明承运船名、运谷数量、所属围名、承运船名及起运日期、到达地点等，编制运谷报告表。谷行收受万顷沙运来的租谷后，开具收条给东莞明伦堂，但数额与原计数额通常会有一定的差距，这是因为要计算装运过程中的损耗，还要除去以实谷抵除的运谷费和护航费。诸如，广东省粮食局第八区指定商农本行收据。

广东省粮食局第八区指定商农本行收据

兹收到

田安　宝围／先生明伦堂租谷X拾X万壹仟伍佰叁拾叁斤零壹拾贰两

此据

经手人：姚旭X　祁平孙

中华民国三十二年　农本行发[2]

---

① 《东莞明伦堂有关财务支出文书材料》（之十九），“呈缴第十四批运谷太平数量表乙份由”，1949年，第6页。

② 《明伦堂有关经费支出文书材料》（之三），“农本行收据”，1943年，第71页。

承运东莞明伦堂的租谷，须向东莞明伦堂驻沙收租办事处投标，并鉴定合约。1949 年，机帆联合公司投标中得万顷沙租谷的承运权，他们用机帆拖运装载万顷沙租谷的木船，至太平镇六丰、大丰两谷行起卸。双方订明运费，每运送一万司斤干谷到上述地点后，由驻沙收租办事处给回机帆联合公司一百五十司斤干谷。[①]

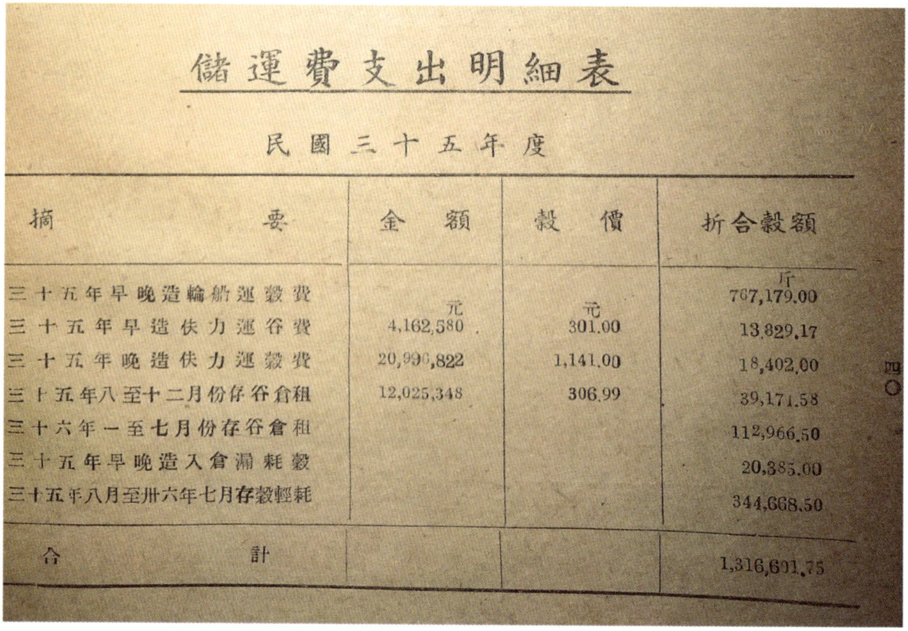

储運費支出明細表

民國三十五年度

摘要	金額	穀價	折合穀額
	元	元	斤
三十五年早晚造輪船運穀費			767,179.00
三十五年早造伕力運谷費	4,162,580	301.00	13,829.17
三十五年晚造伕力運穀費	20,996,822	1,141.00	18,402.00
三十五年八至十二月份存谷倉租	12,025,348	306.99	39,171.58
三十六年一至七月份存谷倉租			112,966.50
三十五年早晚造入倉漏耗穀			20,385.00
三十五年八月至卅六年七月存穀輕耗			344,668.50
合計			1,316,601.75

1946 年，东莞明伦堂储运费支出明细表【《东莞明伦堂董事会民国三十五年征信录》】

① 《明伦堂有关沙田管理租佃文书材料》（之一），“与承运租谷机帆联合公司合约”，1949 年，第 44 页。

租谷运抵指定的谷行后，谷行会对其进行重新清算，比较差额。在运输稻谷的过程中，如中途遇沙匪打劫，短欠更大。这些运至指定谷行里的稻谷，才是东莞明伦堂在万顷沙的最终实际所得。明伦堂要开支谷米时，便以开单的方式从这些谷仓直接拨付。详见《1949 年 1 月 26 日承运稻谷批次数目表（东莞第一批）》：

1949 年 1 月 26 日承运稻谷批次数目表（东莞第一批）[①]

东莞明伦堂台照

批次	接收行	船名	抵莞日期	卸清日期	原载数（司斤）	交出数（司斤）	比对短欠（司斤）	附　注
莞 1	合德行	就娣	16/1	18/1	90000	88875	1125	1　附缴各行收条八张 2　14471 司斤运谷费借条乙张
莞 1	同上	广开	16/1	19/1	85000	82357.5	2642.5	
莞 1	同上	李有	16/1	20/1	65000	62212.5	2787.5	
莞 1	永源同	杜耀	16/1	17/1	69378	69409	多 31	
莞 1	同上	何胜	16/1	20/1	95000	92938.5	2061.5	
莞 1	恒胜	黄湛	16/1	18/1	90000	88875	1125	
莞 1	丰兴隆	周美	16/1	19/1	95000	92371.5	2629.5	
莞 1	同上	梁有	16/1	19/1	87600	85468	2132	
共　计					676978	662507	14471	

耀记行

① 《明伦堂有关财务支出文书材料》（之十九），“承运稻谷批次数目表”，1949 年，第 24 页。

四、沙田的租税

官府对沙田的征税不同于民用之田，而是根据沙田的形成时期及升则的差别征税。沙田税主要有临时费和经常费两种，临时费又分花息、坦价、登记费、补粮和罚款五种。其中，以“花息”最多。“花息”即“清佃花息”，即承领沙田所缴纳的地价，按承田的秩序分为下、斥、中、上四则。清光绪二十二年（1896）厘定章程，凡报承田租者，东莞每亩收花息银上则六两，中则四两，下则、斥则都是二两，一概加一补水征收。民国后，改两为元征收，免除一补水。1914 年 6 月起，东莞报承田坦，每亩上则收花息大洋十元，中则七元，下则、斥则均为四元。承领中则以下的沙田，每五年要缴纳花息、升科一次，升至上则为止。沙田升科时，所纳花息，是按现升税则花息银数，扣除以前所纳花息银数，则补纳所短银数。清代，升上则便作民田。民国时，广东政府将沙田税另列科目，升上则的沙田仍属沙田。

政府为了增加收入，设置的税目繁多，而且不断增加税额。例如，合和堂于清宣统二年（1910）投得六安、德安围外草坦共三十顷，与明伦堂订明荒头三十年、批尾二十年共五十年。荒头期间，不用纳租，只需交每亩沙夫工食四钱，沙捐二钱。荒头期满后开始纳租，批尾前十年，每亩纳租银一两六钱，批尾后十年，每亩租银二两四钱。批尾期内，除仍须缴交沙夫工食外，佃人应纳佃二沙捐每亩四分，业户沙捐则由明伦堂完缴。[①] 但到了 1926 年，合和堂换批承耕万顷沙德安围成田，则要年分两季向明伦堂缴纳以下费用：

（甲）田租每亩八元四毛五分算，全年合共八千一百十二元；

（乙）草坦租每亩租艮一元二毛；

（丙）依租额每百元纳二元之经费，全年合共银一百六十二元二毛四分；

（丁）沙夫工食每亩六毛，全年合共银五百七十六元；

（戊）沙捐照政府定例，佃人值二成，全年合共银七十二元，连

① 《明伦堂有关承佃批约文书材料》，“合和堂六安、德安围外草坦批底”，1910 年。

加二五大洋水在内，倘有加收，佃人亦照二成加纳。[1]

在 1946 年征实制改革前，东莞明伦堂沙田批约时间都在三十年以上，而且租额一直不变，并随着批约期间谷价上涨而相对贬值。但政府收取的沙田租赋数量和种类却不断增加，这无疑增加了东莞明伦堂的财务负担。抗日战争后，为了减轻赋税，东莞明伦堂亦通过蒋光鼐的影响，向广东省财政厅厅长林梅和施压，要求确定东莞明伦堂沙田亩数及留六解四的办法，将东莞明伦堂应缴税项维持在战前水平。[2] 之后，东莞明伦堂应缴田赋谷数亦按战前田亩数据计算。实际上，战后东莞明伦堂的沙坦已越筑越宽，远超战前，而缴税仍按战前田亩计，相对而言，为佃户和明伦堂都节省了大笔税费。

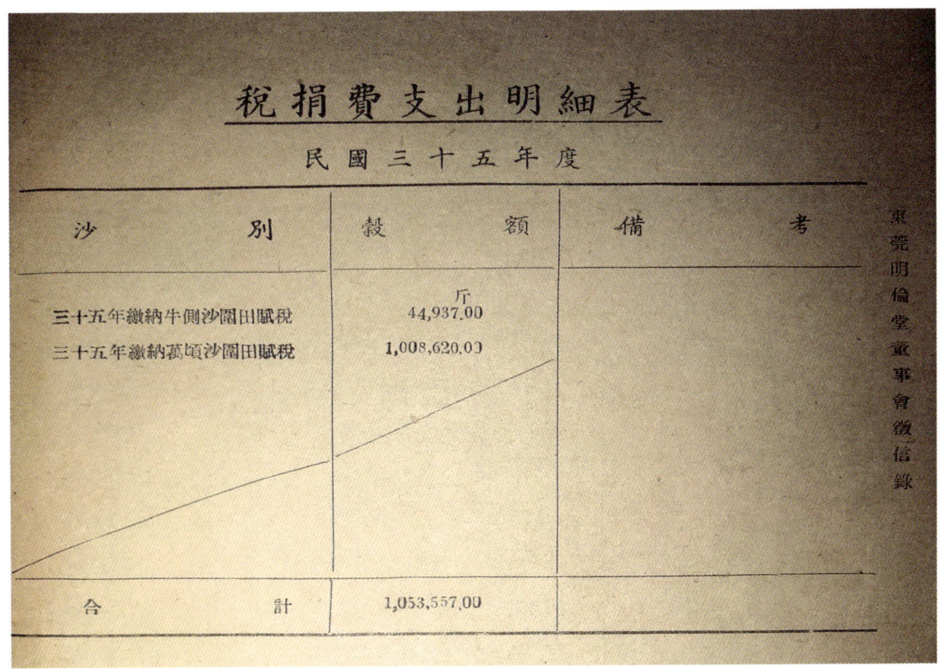

税捐費支出明細表

民國三十五年度

沙別	穀額	備考
三十五年繳納牛側沙圍田賦稅	斤 44,937.00	
三十五年繳納葛頃沙圍田賦稅	1,008,620.00	
合計	1,053,557.00	

東莞明倫堂董事會徵信錄

1946 年，东莞明伦堂税捐费支出明细表【《东莞明伦堂董事会民国三十五年征信录》】

① 《明伦堂有关承佃批约文书材料·德安围合记堂批底》，1926 年，第 138—142 页。

② 《明伦堂有关承田文书材料》（之二），1946 年，第 78 页。

五、沙田之外的经营收入

民国时期，东莞明伦堂公产除万顷沙沙田外，还拥有牛侧沙、漳澎沙、鸡抱沙和白鹭洲的“储济仓田”、示范林场、示范农场、鱼虾蚝蚬埠等等。在1946年银租改谷租后，牛侧沙沙田约1099亩，预算每年可得租谷120911斤，草坦租谷900斤；漳澎沙田租9450斤；鸡抱沙草坦租431斤；储济仓田约600亩每年租谷约3600斤；示范农场约1611.2亩，为东莞明伦堂自营，每年收谷达595743斤。[①]

万顷沙的鱼虾蚝蚬等埠也由明伦堂统一批租。1946年，由东成公司中标投承，批期十年。其批约如下：

东莞明伦堂董事会发给批约事[②]

查本堂管业鱼虾涌埠蚬螺埠等批约已期满，当经议决于本年五月在会开投，由东成公司何遂初每年纳租国币肆万贰仟五百元出价最高投得。经照章缴纳押批银，即归该商承办。特订立批承条约四条以资遵守，须致批约者：

承批条约：

一、本堂管业万顷沙鱼虾涌埠蚬螺埠依章批与东成公司承办，订明每年纳租额国币肆万贰仟五百元，由民国三十四年起至四十三年止。

二、交租期间于每年六月底以前一次交足。

三、逾期交租章按每日罚息百分之五率计，逾期一月则将批约取消。

四、预缴批银贰万壹仟贰百五十元至第十年租款内扣还。

董事长　蒋光鼐

常务董事　李章达　袁良骅　李节文

① 参见《东莞明伦堂董事会民国三十五年度征信录·谷粒收入预算表》，1946年。

② 《明伦堂有关承田文书材料》（之二），1946年，第56页。

此外，经营从东莞、太平等地往来万顷沙的渡船公司，也要向东莞明伦堂缴交埠头租，每艘渡轮每月租谷 100 斤。东莞明伦堂在 1946 年的埠头租租谷收入达到了 5100 斤，详见《民国三十五年度埠头租收入明细表》。[①]

民国三十五年度埠头租收入明细表

轮渡名	每月租额（斤）	起讫月份	月数	合计谷额（斤）
顷省恒安电船	100	民国 35 年 7–12 月	6	600
顷省恒兴渡	100	民国 35 年 9–10 月	2	200
顷太渡	100	民国 35 年 7 月至民国 36 年 6 月	12	1200
顷莞顷岗渡	100	民国 35 年 8 月至民国 36 年 2 月	7	700
顷莞森记渡	100	民国 35 年 12 月至民国 36 年 2 月	3	300
顷省利群渡	100	民国 35 年 11 月至民国 36 年 1 月	3	300
顷太渡	100	民国 35 年 7 月至民国 36 年 6 月	12	1200
顷太顺安渡	100	民国 35 年 1–3 月	3	300
顷莞渡	100	民国 35 年 7–9 月	3	300
总计				5100

万顷沙逐渐发展起来的街道铺面 298 间，也由东莞明伦堂自卫局经丈量面积后按甲、乙、丙三等分别收租。其中甲等 36 间，每间每年租谷 300 斤；乙等 47 间，每间每年 200 斤；丙等 215 间，每间每年 100 斤。1946 年，万顷沙各铺地租谷达 14090 斤。[②]

① 《东莞明伦堂董事会民国三十五年度征信录・埠头租收入明细表》，1946 年。

② 《东莞明伦堂董事会民国三十五年度征信录・铺地租收入明细表》，1946 年。

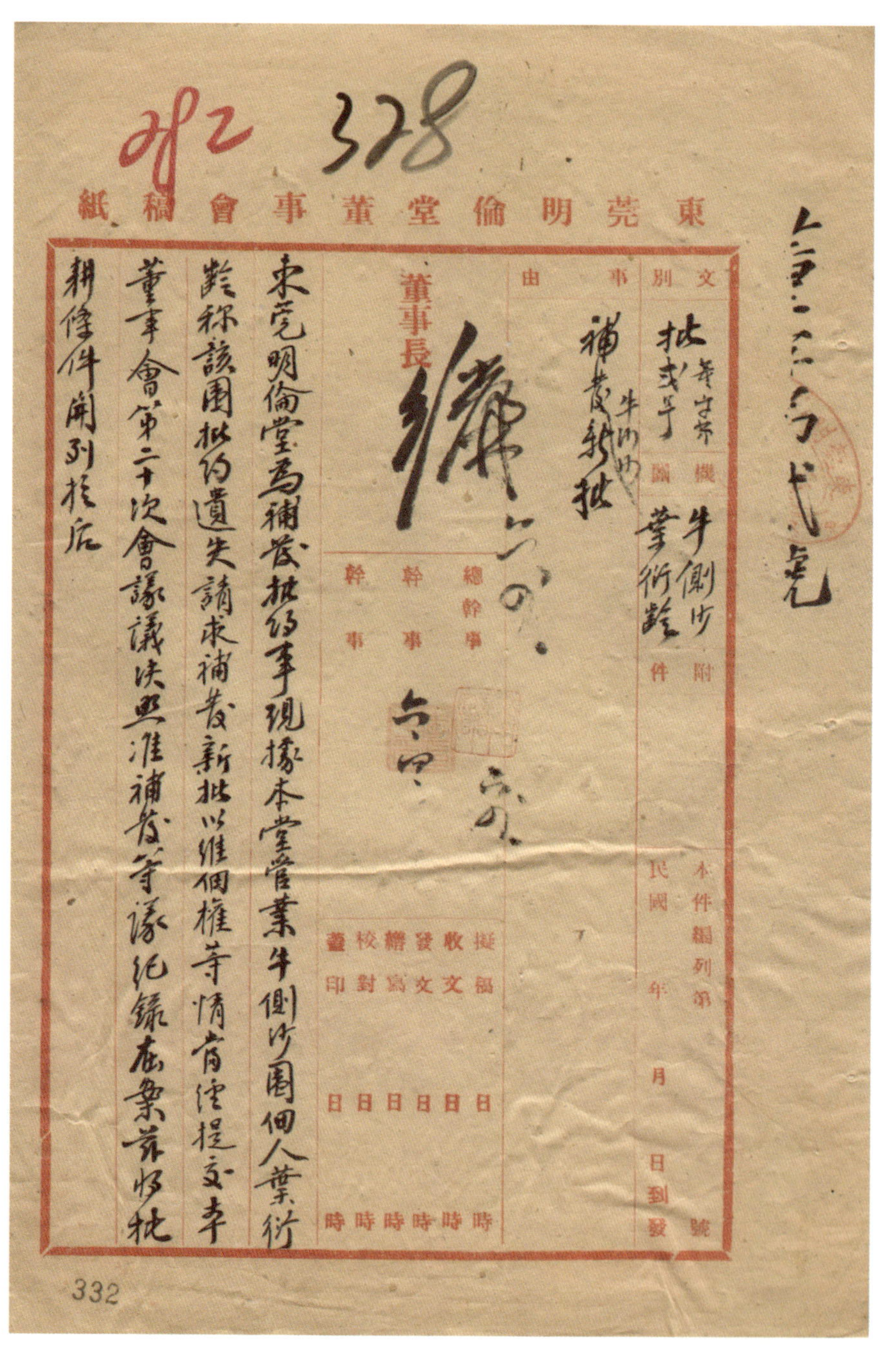

東莞明倫堂董事會稿紙

文別：批

事由：補發新批

機關：牛側沙 葉衍齡

附件

董事長

總幹事

幹事

幹事

東莞明倫堂為補發批約事現據本堂管業牛側沙圍佃人葉衍齡稱該圍批約遺失請求補發新批以維佃權等情前經提交本董事會第二十次會議議決照准補發等緣紀錄在案茲將批耕條件開列於后

擬稿 日 時　收文 日 時　發文 日 時　繕寫 日 時　校封 日 時　蓋印 日 時

本件編列第 號

民國 年 月 日到發

332

1944年4月，东莞明伦堂董事会给牛侧沙佃户叶衍龄补发新批约的批文【东莞市档案馆，东莞明伦堂档案1-7-0021-35】

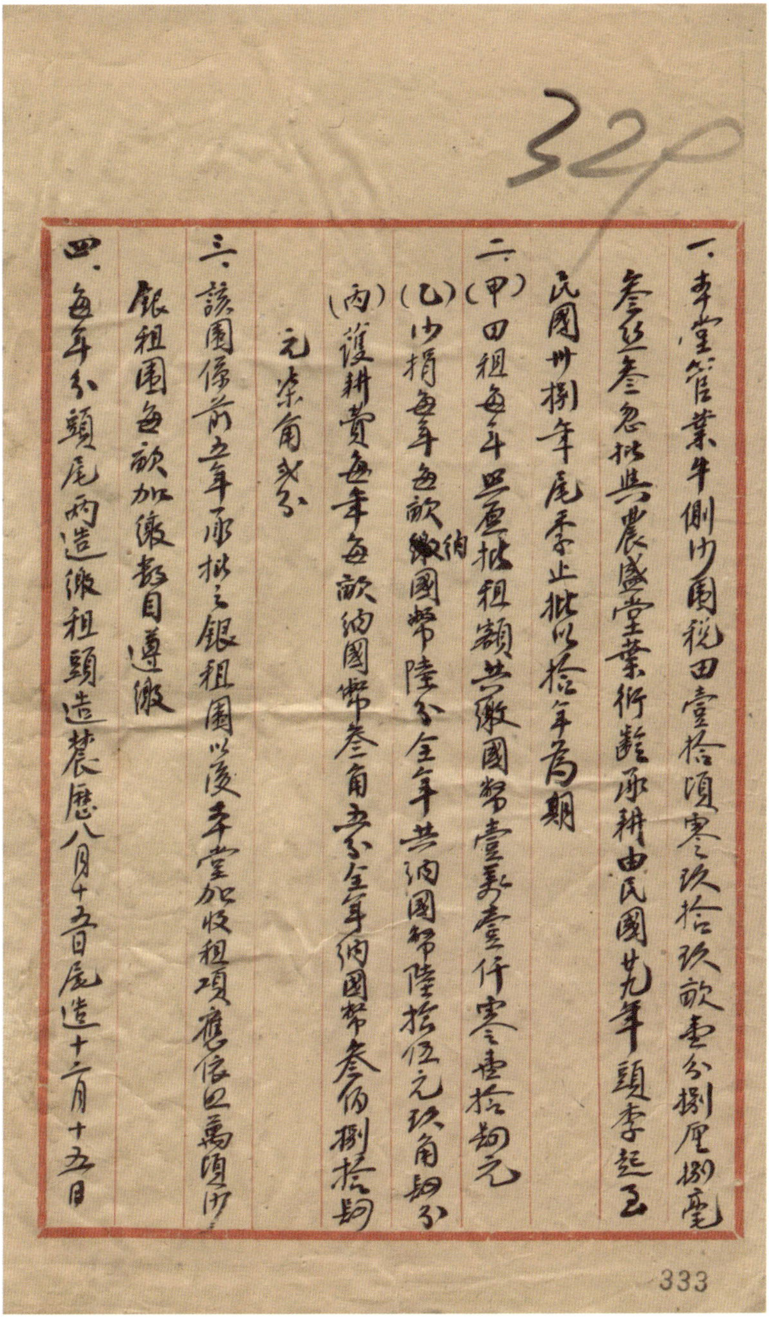

32P

一、本堂管業牛側沙圍稅田壹拾頃零玖拾玖畝壹分捌厘捌毫

叁絲叁忽批與農盛堂業衍藉承耕由民國廿九年頭季起至

民國卅捌年尾季止批以拾年爲期

二、(甲)田租每年照原批租額共繳國幣壹萬壹仟零壹拾捌元

(乙)沙捐每年每畝繳納國幣陸分全年共納國幣陸拾伍元玖角捌分

(丙)護耕費每年每畝納國幣叁角壹分全年納國幣叁佰捌拾捌

元柒角弍分

三、該圍係前立年所批之銀租圍以後本堂加收租項應依照萬頃沙

銀租圍每畝加繳數目遵繳

四、每年分頭尾兩造繳租頭造農曆八月十五日尾造十二月十五日

333

（续上页）【同上】

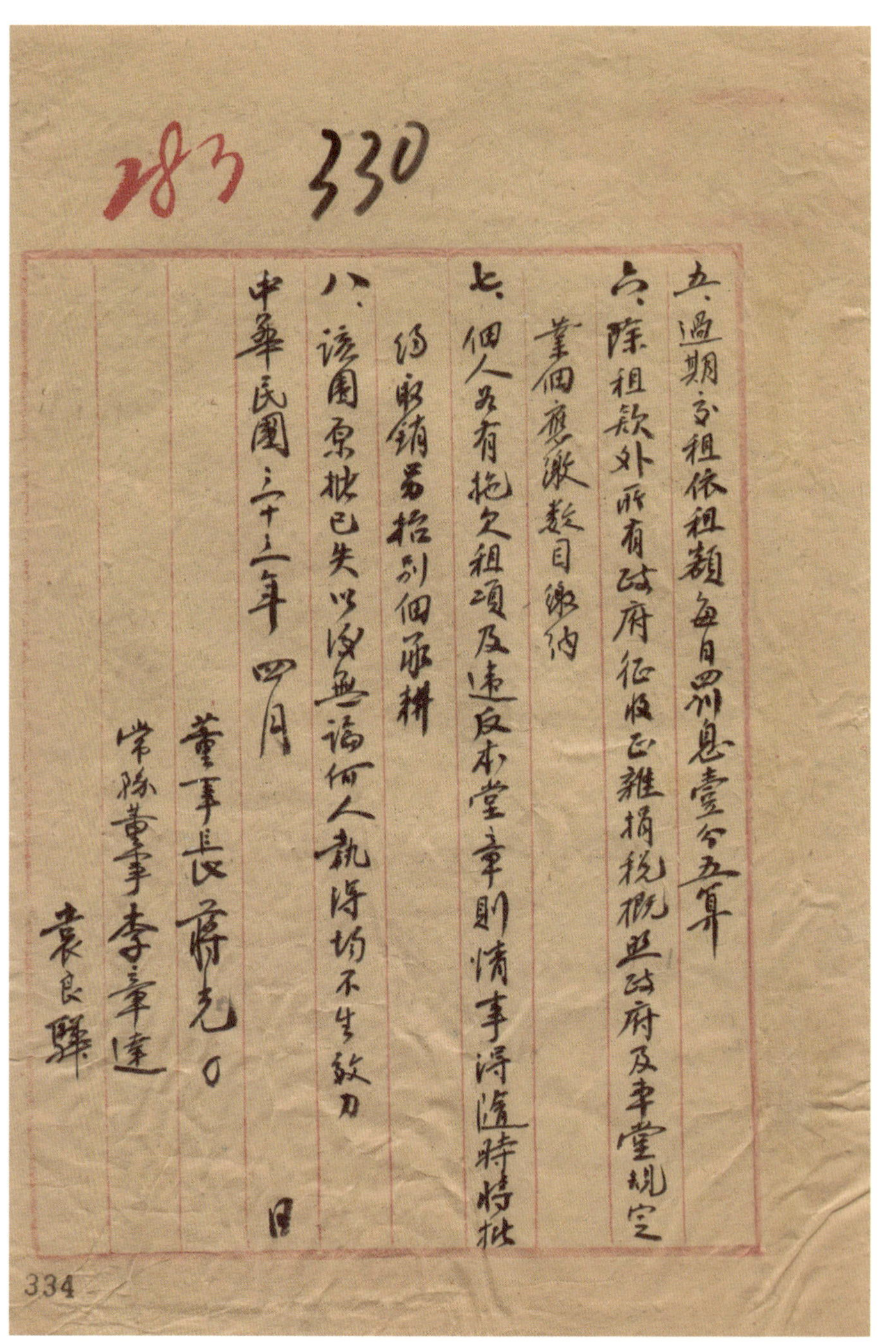

283　330

五、過期交租依租額每月罰息壹分五算

六、除租欵外所有政府征收正雜捐稅概照政府及本堂規定

業佃應繳數目繳納

七、佃人如有拖欠租項及違反本堂章則情事得隨時撤批

作收銷另招別佃承耕

八、該園原批已失以後無論何人執得均不生效力

中華民國三十三年四月　日

董事長　蔣光〇

常務董事　李章達

袁良驊

334

（续上页）【同上】

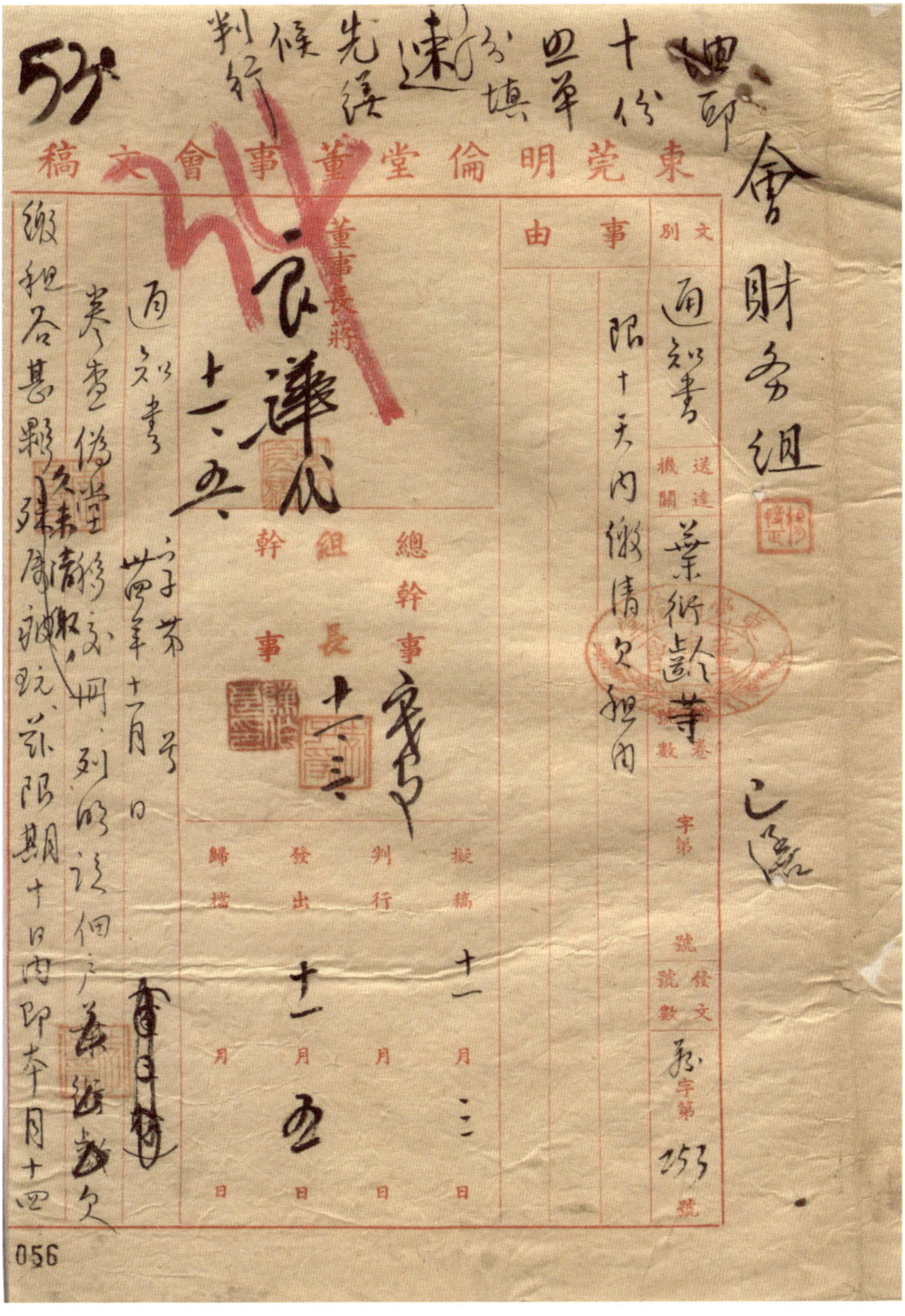

東莞明倫堂董事會文稿

文別 送達機關 卷數 字第 號 發文號數 字第 號

事由

董事長蔣

總幹事 組長 幹事

擬稿 月 日 判行 月 日 發出 月 日 歸檔 月 日

056

1945 年 11 月，东莞明伦堂关于摧缴叶衍龄欠租的通知书【东莞市档案馆，东莞明伦堂档案 1-7-0023-13】

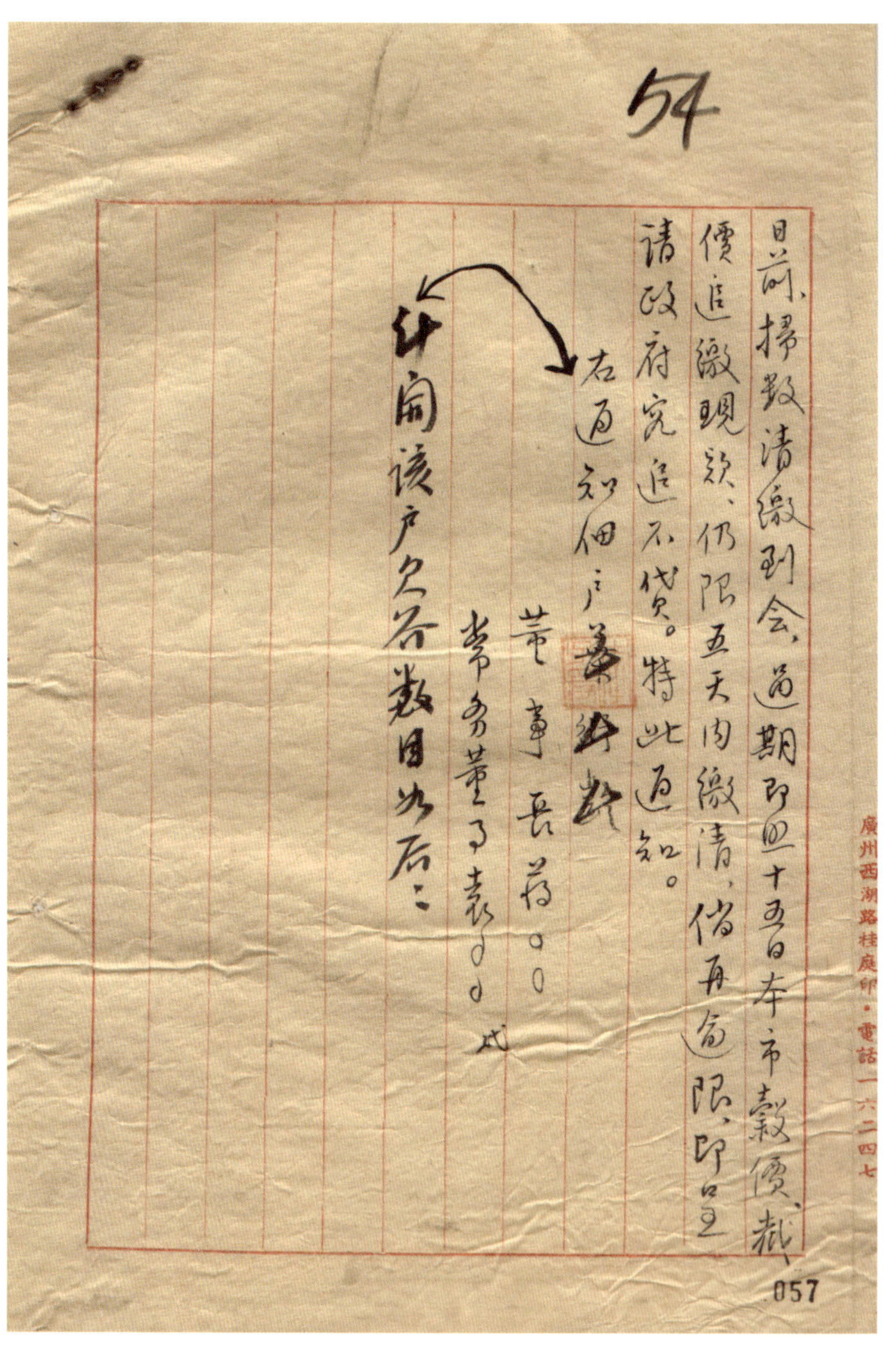
54

目前，掃數清繳到会，逾期即照十五日本市穀價，折價追繳現款，仍限五天內繳清，倘再逾限，即呈請政府究追不貸。特此通知。

右通知佃户葉[illegible]

董事長 蔣○○

常务董事 袁○○

戌

附開該户欠谷數目如后：

廣州西湖路桂庭印·電話一六二四七

057

（续上页）【同上】

东莞明伦堂的财务制度

至清末，东莞明伦堂通过沙田出租，每年收入可达六七十万银元[①]。但在“割县置厅”风波以前，东莞明伦堂在万顷沙报垦、升科、筑坝过程中，已经累积欠债三十余万两之多[②]；民国后，由于政府实行沙田官卖，东莞明伦堂为筹款购买沙田，又以预期收租的形式向承耕佃户借款，致使债务越积越多。王典章《粤海道尹王典章巡行日记》曰：“近因沙田官卖，借款承购，收入虽不减于前，而清理债务未免稍形支绌云。”[③]同时，由于缺乏有效的审计、监督和管理机制，东莞明伦堂存在寅吃卯粮、私开收据、预借租项等弊端，“局绅董事之辈则往往从投承人中接受‘红股’，分到投承人的一份利润”[④]。针对这些状况，东莞明伦堂在20世纪20年代开始对其财会制度进行了一系列的改革，建立了会计独立制度。

① 叶少华：《我所知道的东莞明伦堂》，《广东文史资料》第16辑，第7页。

② 陈景梁：《芝冈上书南旋图自跋》。

③ 王典章：《粤海道尹王典章巡行日记》，《广东文史资料》第74辑，第250页，

④ 叶少华：《我所知道的东莞明伦堂》，《广东文史资料》第16辑，第10页。

一、财务制度的改革

做具体工作的，权力最大的是帐房，有正、帮之分，經常有三两个人；帐房內有文案一二人和杂役若干人，都是为值理服务的。我小时曾随老师到安良局住过，老师告訴我，那些“坐局”的經常来局吃飯淸談，身份高、权势大的，帐房就多加菜，身份低些的，帐房加菜也少些。这些人来时不論路途远近，都必乘轎，自己有轎而沒有常雇轎伕的，就临时雇轎伕，沒有轎的也要雇了轎乘来。每逢有轎子到局，帐房就要为轎伕发工資。轎子面前，不分日夜挂着两个灯籠，这些人来了之后，一定取一大把腊烛挂在灯籠的旁边，水烟筒的烟袋子里，也由帐房装滿了烟絲，另外还装滿了一袋子的吸烟用的紙条。帐房为巴結这些人，总把轎費发得很高，坐局的人坐了轎也总是有截余的。据說，明倫堂帐房的这一类开支，每年要用一万元以上。光緒年間，东莞横涌人黎老四藉

在清末至民国初期，东莞明伦堂如何进行财务管理，并无确切史料记载。然而，在安良局时期，财务是由“账房”进行管理。【叶少华：《我所知道的东莞明伦堂》，《广东文史资料》第16辑，第6页】

東莞明倫堂沙田經理局啟事

本局現爲檢驗批約借約清理起見凡所有歷任批約及借約均重新檢驗登記自本月一號起至本月卅號止凡批耕明倫堂沙田各佃戶及債權人務於限期內攜同批約借約到廣州市廣衛路十一號本堂驗明登記逾期不到驗一律無效特此通告

東莞明倫堂沙田經理局委員會啓

東莞明倫堂沙田經理局委員會緊要聲明

本委員會現决不向外借債查前各任曾私行發出收據多種注明准向各耕佃預借丙寅年頭季租項此屬違反本委員會定章且用途多不正當於法律上不發生效力爲此特登報聲明凡持有此項收據槪作無效各個人有收受此項收據借出款項者亦槪作私相授受論本委員會絕不承認此佈

東莞明倫堂沙田經理局委員會啟

民國十四年十二月三十日　四十七

东莞明伦堂沙田经理局委员会于 1925 年开始清理积欠，同年 12 月 11 日在《广州民国日报》上刊登《东莞明伦堂沙田经理局启事》：“本局现为检验批约、借约清理起见，凡所有历任批约及借约均重新检验登记，自本月一号起至本月卅号止，凡批耕明伦堂沙田各佃户及债权人，务于限期内携同批约、借约到广州市广卫路十一号本堂验明登记，逾期不到验，一律无效，特此通告。” 1926 年 1 月 7 日，东莞明伦堂沙田经理局委员会又在《广州民国日报》上刊发《东莞明伦堂沙田经理局委员会紧要声明》：“本委员会现决不向外借债，查前各任曾私行发出收据多种，注明准向各耕佃预借丙寅年头季租项，此属违反本委员会定章，且用途多不正当，于法律上不发生效力。为此，特登报声明：凡持有此项收据，概作无效。各佃人有收受此项收据借出款项者，亦概作私相授受论，本委员会绝不承认，此布。”

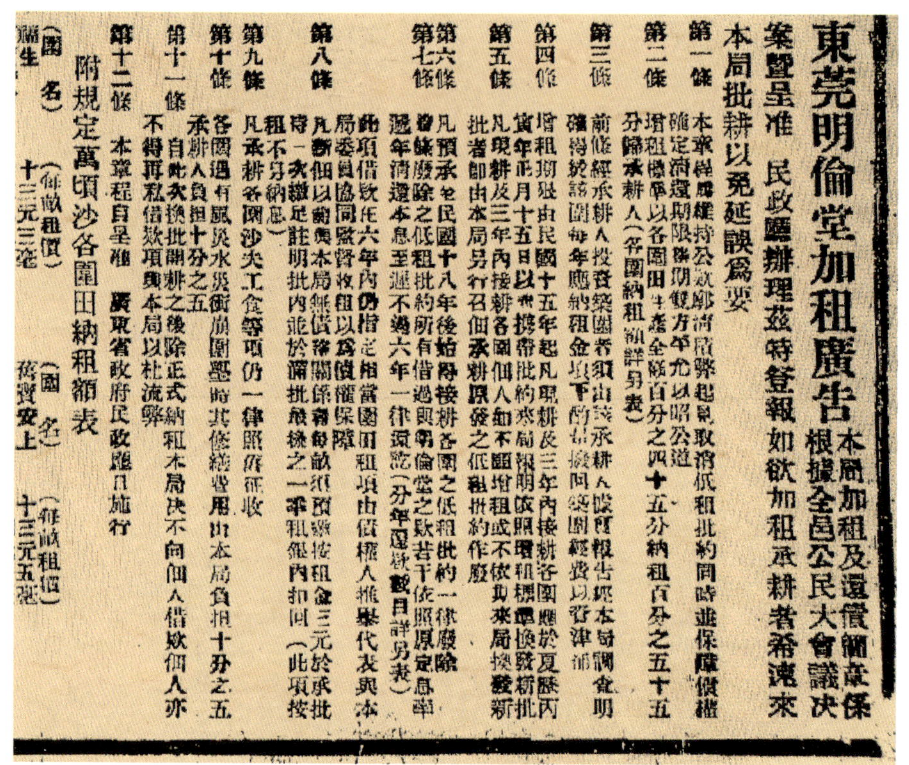

東莞明倫堂加租廣告

本局加租及還償債章條根據全邑公民大會議決案暨呈准民政廳辦理茲特登報如欲加租承耕者希速來本局批耕以免延誤爲要

第一條 本案爲維持公欵肅清積弊起見取消低租批約同時並保障債權確定清還期限俾期債方允以昭公道

第二條 增租標準以各圍田生產全額百分之四十五納租百分之五十五分歸承耕人（各圍納租額詳另表）

第三條 前條經承耕人投資築圍者須由該承耕人陳明報告經本局調查明確得就該圍每年應納租金項下酌量撥回築圍經費以資津貼

第四條 增租期限由民國十五年起凡現耕及三年內接耕各圍應於夏曆丙寅年正月十五日以前携帶批約來局報明依照增租標準換發新批

第五條 凡現耕及三年內接耕各圍佃人如不願增租或不依期來局換發新批者即由本局另行召佃承耕原發之低租批約作廢

第六條 凡預承至民國十八年後始得接耕各圍之低租批約一律廢除

第七條 發條廢除之低租批約所有借過與明倫堂之欵若干依照原定息率逐年清還本息至遲不過六年一律還訖（分年還欵數目詳另表）

第八條 此項借欵在六年內仍指定相當圍田租項由借權人推舉代表與本局委員協同監督收租以爲債權保障
凡新佃以前與本局無借務關係者每畝須預繳按租金三元於承批時一次繳足註明批內並於滿批最後之一年租額內扣回（此項按租不另納息）

第九條 凡承耕各圍沙夬工食等項仍一律照舊征收

第十條 各圍遇有風災水災衝崩圍基時其修繕費用由本局負担十分之五承耕人負担十分之五

第十一條 自此次換批開耕之後除正式納租本局決不向佃人借欵佃人亦不得再私借欵項與本局以杜流弊

第十二條 本章程自呈准廣東省政府民政廳日施行

附規定萬頃沙各圍田納租額表

（圍名）	（每畝租價）	（圍名）	（每畝租價）
福生	十三元三毫	寶安上	十三元五毫

1926 年 1 月，东莞明伦堂拟定加租及还债章程，经东莞公民大会决议后呈请广东省政府同意后施行。加租标准以各围生产全额 45% 纳租，并要求承租佃户按期前往明伦堂按照增租标准换发新批约，否则重新开投。同时，预承至 1929 年后才接耕的各围低租批约一律作废。东莞明伦堂还债的主要对象就是以上这批低租约佃户，按照东莞明伦堂的还债计划，原定息率逐年清还，所有债款在六年内还讫。【1926 年 2 月 18 日，东莞明伦堂沙田经理局刊登在《广州民国日报》上的《东莞明伦堂加租广告》】

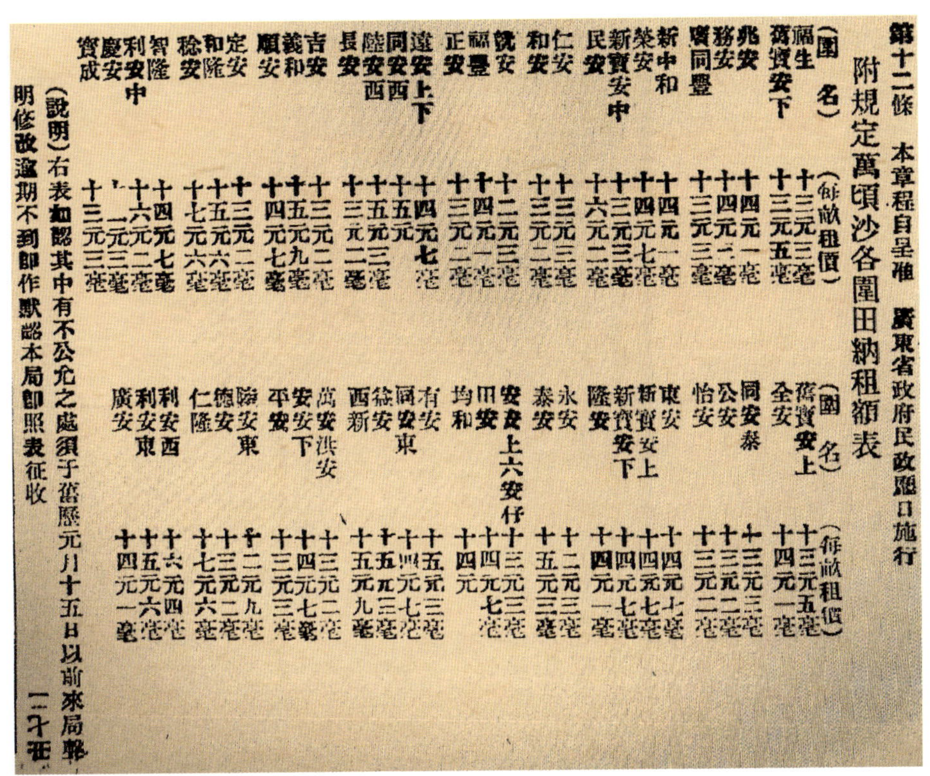

第十二條　本章程自呈准　廣東省政府民政廳□施行

附規定萬頃沙各圍田納租額表

（圍　名）	（每畝租價）
福生	十三元三毫
舊寶安下	十三元五毫
兆安	十四元一毫
務安	十四元二毫
寶同豐	十三元三毫
新中和	十四元一毫
榮安	十四元七毫
新寶安中	十三元三毫
民安	十六元二毫
仁安	十三元三毫
和安	十三元二毫
饒安	十二元三毫
福豐	十四元一毫
正安	十三元二毫
遠安上下	十四元七毫
同安西	十五元
陸安西	十五元三毫
長安	十三元二毫
吉安	十三元二毫
義和	十五元九毫
順安	十四元七毫
定安	十三元二毫
和隆	十五元六毫
穩安	十七元六毫
智隆	十四元七毫
利安中	十六元二毫
慶安	十一元三毫
寶成	十三元三毫

（圍　名）	（每畝租價）
舊寶安上	十三元五毫
全安	十四元一毫
同安泰	十三元三毫
公安	十三元二毫
怡安	十三元二毫
東安	十四元七毫
新寶安上	十四元七毫
新寶安下	十四元七毫
隆安	十四元一毫
永安	十二元三毫
泰安	十五元三毫
安良上六安仔	十三元三毫
田安	十四元七毫
均和	十四元
有安	十五元三毫
同安東	十四元七毫
益安	十五元三毫
西新	十五元九毫
萬安洪安	十三元二毫
安安下	十四元七毫
平安	十三元三毫
隆安東	十二元九毫
德安	十三元二毫
仁隆	十七元六毫
利安西	十六元四毫
利安東	十五元六毫
廣安	十四元一毫

（說明）右表如認其中有不公允之處須于舊歷元月十五日以前來局聲明修改逾期不到卽作默認本局卽照表征收

一二十五

1926 年 2 月 18 日，东莞明伦堂沙田经理局委员会刊登在《广州民国日报》上的《东莞明伦堂加租广告》并附规定《万顷沙各围田纳租额表》，要求佃户如发现各围田纳租“有不公允之处，须于旧历元月十五日以前来局声明修改”，逾期不到，东莞明伦堂即照表征收。

東莞明倫堂沙田經理局特別啓事

本局現爲維持公產整理債務起見對於所轄及與本局有關係之各機關（如東莞教育經費獨立委員會等）一概不准預向佃人借款同時并望各佃人亦不可將款私自擅借如未得本局允許擅借款項者一概不予承認此佈

東莞縣立中學校啓事

本校係東莞教育經費保管委員會份子之一現在該會章程正在修改期中所有該會向外交涉及借款非經本校承認不生效力特此聲明

民国初期，东莞教育经费本来由东莞明伦堂管理，后由于东莞明伦堂移居广州办公，为方便管理东莞明伦堂所资助的各学校经费，成立了东莞教育经费独立保管委员会。该委员会设于东莞县立中学校内，实际上就是由东莞县立中学校保管。东莞明伦堂将荣安、东安、新中和等围拨给该会直接收租，租款用于东莞各学校日常开支。针对东莞明伦堂沙田经理局委员会“现决不向外借债”以及相关规定，1926 年 3 月 3 日，东莞县立中学校代表东莞教育经费独立保管委员会在《广州民国日报》发表《东莞县立中学校启事》曰：“所有该会向外交涉及借款，非经本校承认，不生效力。”同日，东莞明伦堂亦发表《东莞明伦堂沙田经理局特别启事》曰：“本局现为维持公产，整理债务起见，对于所辖及与本局有关系之各机关（如东莞教育经费独立委员会等）一概不准预向佃人借款。同时，并望各佃人亦不可将款私自擅借，如未得本局允许擅借款项者，一概不予承认。此布。”

東莞明倫堂沙田經理局撤銷投田告白

本局前因批耕榮安等十圍沙田佃人反對本局加租辦法故有登報招人投耕今該榮安等十一圍佃人來函謂此後對於本局加租辦法一概承認並請將投田告白撤銷以免誤會等語當經本局會議准予照辦此佈

東莞明倫堂投田廣告

啟者本局加租還債章程經呈准民政廳及登報登明所有以前向本局批耕萬頃沙各圍佃人限元月十五日以前來局磋商改訂批約過期卽行開投易佃在案茲有現耕之榮安東安新中和新寶安下等四圍及接耕之兆安舊寶安上新寶安下新中和東安慶安同安東等七圍不能履行本局加租章程應行取銷批約并訂舊歷二月初十日在本局當衆開投凡欲承耕以上各圍者請先期到本局取閱章程可也

東莞明倫堂沙田經理局委員會啟

由于东莞教育经费独立保管委员会自收取荣安等十七围租金以来，历年收支数目，从未前往广州向东莞明伦堂汇报，暂成自立局面。为了改变这种局面，东莞明伦堂于 1926 年 3 月 5 日在《广州民国日报》刊登《东莞明伦堂投田广告》，决定对原由东莞教育经费独立保管委员会管理的荣安、东安、新中和、新宝安下、兆安、旧宝安上、新宝安下、新中和、东安、庆安、同安东等十一围开投。1926 年 3 月 10 日，东莞明伦堂于又在《广州民国日报》上刊登了《东莞明伦堂沙田经理局撤销投田告白》：“本局前因批耕荣安等十围沙田佃人反对本局加租办法，故有登报招人投耕。今该荣安等十一围佃人来函谓‘此后对于本局加租办法一概承认，并请将投田告白撤销，以免误会’等语，当经本局会议准予照办。此布。”

東莞各界人士公鑒

吾邑明倫堂基金不下數百萬元因歷任辦事人員多非其人致今日負債纍纍鄰於破產全縣教育實業萎靡不振茲為鞏固基金杜絕將來舞弊起見議決擬定本堂根本原則六條公佈全縣徵求意見各界人士對于下列六條根本原則如有意見希於七月底以前函寄省城維新橫路東莞明倫堂沙田經理局以便編列條文發交全縣各鄉事委員會徵求各地人民意見一俟通過即勒之碑文視為永典以資信守但此種根本原則乃向將來發生效力從前本堂與各方面所訂契約如非違法自當不受影响 計開根本原則六條列下 (一)賣田押田無效(二)借租押租無效(三)一切借款無效(四)於滿批一年前預先投田無效(五)投田不預先兩個月通告無效(六)支出不按照預算無效

東莞明倫堂沙田經理局整理委員會啓

1929 年 7 月 12 日，东莞明伦堂沙田经理局整理委员会委员长陈达材在《广州民国日报》上刊登了《东莞各界人士公鉴》：“吾邑明伦堂基金不下数百万元，因历任办事人员多非其人，致今日负债累累，邻于破产，全县教育实业萎靡不振。兹为巩固基金，杜绝将来舞弊起见，议决拟定本堂根本原则六条，公布全县征求意见。各界人士对于下列六条根本原则如有意见，希于七月底以前函寄省城维新横路东莞明伦堂沙田经理局，以便编列条文，发交全县各乡事委员会征求各地人民意见。一俟通过，即勒之碑文，视为永典，以资信守。但此种根本原则乃向将来发生效力，从前本堂与各方面所订契约，如非违法，自当不受影响。计开根本原则六条列下：（一）卖田押田无效；（二）借租押租无效；（三）一切借款无效；（四）于满批一年前预先投田无效；（五）投田不预先两个月通告无效；（六）支出不按照预算无效。”

东莞明伦堂的所有外债积欠直至1936年才基本清偿。为了不使后人重蹈覆辙，东莞明伦堂沙田经理局整理委员会委员长李扬敬将六条永不借债的信条刻在石上，立于东莞人民公园内。

东莞明伦堂财产保管确立信条碑记

我邑明伦堂财产，每年租息所入达四十余万，为邑中最大之公产。前人创造艰难，载在《县志》，兹不具述。所惜者，历任举债，累积过钜。自民国十五年订定逐年摊还办法，茹苦含辛，迄于今日始克清偿。然一则以喜，一则以惧。何也？所喜者重负既释，所惧者覆辙相寻。苟无治法以保障之，恐将来管理无方，终沦于万劫不复之境。扬敬等有见及此，从长规划。佥谓必须重申永不借债信条，使邑人共知共见，有所遵循，乃能垂之永久。因检成案所规，定信条六项，附以说明，共同讨论，觉其思深虑远，先得众心。但恐邑人视察未周，日久相忘，仍难收尽美尽善之效。现经议决，将规定永不借债缘由并信条六项镌诸碑石，树立于邑中繁盛之区，以资信守，俾众父老兄弟姊妹人人得而见之。庶几触目惊心，不啻当头之喝棒。而一邑公共之财产乃可互相维持于不敝云尔。是为记。

信条列后：

一、卖田押田无效。

一、借租押租无效。

一、一切借款无效。

一、于满批一年前预先投田无效。

一、投田不预先两个月通告无效。

一、支出不按照预算无效。

委员长　李扬敬

委　员　朱念慈　罗植椿　邓庆史

李振良　翟宗心　王若周

李枚叔　陈仲英　钟之杰等撰并泐石

中华民国二十六年一月吉日，端州梁俊生刻石。

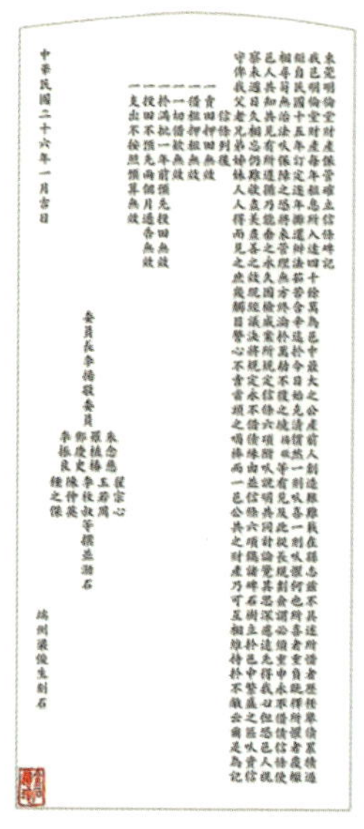

《东莞明伦堂财产保管确立信条碑记》刻于 1937 年，现位于东莞人民公园内。碑身为黑石，高 1.85 米，宽 0.77 米。碑文右起竖排，繁体阴刻楷书，有 20 行，行 50 字，共 435 字。

东莞明伦堂财产信条碑亭位于东莞人民公园内。碑亭建于 1937 年，坐西北向东南，宽 6 米，进深 6 米，高 6 米。碑亭为砖石结构，水泥平顶，由八条罗马柱承重，两侧各有一条麻石凳，陶制花纹图案地砖。亭前有麻石石狮一对。亭内正面墙体镶嵌《东莞明伦堂财产保管确立信条碑记》。

二、财务独立制度的建立

通緝孫繩武啓事

爲懸紅通緝事照得前任東莞明倫堂沙田經理局總董孫繩武於民國十三年卸任之際膽敢將局內所有重要契據田照等物捲逃強不交代業經前總董黃俠毅呈准廖前省長通緝歸案究辦在案奈迄今日久尚未緝獲歸案除再函請公安局嚴密會緝外用特懸紅通緝如有能將該孫繩武拿獲解局者即賞花紅銀五百大元能偵知該孫繩武所在報由本局派員緝獲者賞花紅銀二百大元決不食言此佈 九三二中

民國十五年九月日 東莞明倫堂沙田經理局委員會啟

◎東莞沙田局總董不允交代

東莞明倫堂沙田經理局總董一職、前日經省署改委黃俠毅前往接充、乃舊任總董孫繩武、以任內墊支欵項萬餘元、須新任負担、如數填償、始允將印交出、否則不肯交代、黃俠毅迭與交涉無效、昨迫得馳行返省、向省署報告、請示辦法云、

◎馬曉軍擬撥部隊闢路

在建立独立财务制度前，东莞明伦堂财务管理无序乃至混乱。1924 年 6 月 6 日，东莞明伦堂在《广州民国日报》上刊登《东莞沙田局总董不允交代》：“东莞明伦堂沙田经理局总董一职，前日经省署改委黄侠毅前往接充，乃旧任总董孙绳武，以任内垫支款项万余元，须新任负担，如数填偿，始允将印交出，否则不肯交代。黄侠毅迭与交涉无效，昨迫得驰行返省，向省署报告，请示办法云。”1926 年 9 月 30 日，东莞明伦堂在《广州民国日报》上刊登的《通缉孙绳武启事》：“前任东莞明伦堂沙田经理局总董孙绳武于民国十三年卸任之际，胆敢将局内所有重要契据、田照等物卷逃，强不交代，业经前总董黄侠毅呈准廖前省长通缉归案究办在案。”

東莞明倫堂沙田經理局委員會緊急佈告

爲佈告事現奉　廣東民政廳第一七號委任令開委任李家英爲東莞明倫堂沙田經理局委員長等因奉此遵於本月七日就職視事惟查前任陳委員長孚木早將一切款項契據簿籍鈐記收銀圖章等物悉行携帶去職除另刊鈐記收銀圖章呈請廣東省政府民政廳將舊鈐記註銷及通令究追外合行佈告嗣後如有沿用舊日鈐記及印信者一概作爲無效至關於整理辦法俟呈請　民政廳核准再行佈告仰凡與本局有關佃戶舖客及往來各債務人等一律知照切切此佈

中華民國十七年一月　日　委員長李家英

1928 年 1 月 11 日，东莞明伦堂沙田经理局新任委员长李家英在《广州民国日报》上刊登《东莞明伦堂沙田经理局委员会紧急布告》：“……惟查前任陈委员长孚木早将一切款项、契据、簿籍、钤记、收银图章等物悉行携带去职，除另刊钤记、收银图章，呈请广东省政府民政厅将旧钤记注销及通令究追外，合行布告嗣后，如有沿用旧日钤记及印信者，一概作为无效。至关于整理办法俟呈请民政厅核准再行布告，仰凡与本局有关佃户、铺客及往来各债务人等一律知照，切切，此布。”【1924 年 6 月 6 日，东莞明伦堂刊登在《广州民国日报》上的《东莞明伦堂沙田经理局委员会紧急布告》】

東莞明倫堂沙田經理局整理委員會會計股

組織章程

（說明）查該堂財政紊亂之原因，在主持人視該堂爲私產，任意揮霍，致歷任多無交代，田契簿據盡失，無可勾稽，非實行會計獨立，則該堂預算無從實施，而該堂財產亦無法保障，此本章程所由立也。

第一條　本堂爲保障財產之安全，與收支之確實，特設立會計股。

（說明）此條在規定會計之職務，釋明會計股僅爲保管及收支之機關，而不得與聞公欵用途之如何分配，蓋與聞公欵用途之如何分配，乃審核委員會與管理委員會之任務也。

東莞明倫堂會計股主任選擧及各項章程彙刊　五

1929 年，时任东莞明伦堂沙田经理局整理委员会代理委员长陈达材对东莞明伦堂紊乱的财务管理进行整顿，着手建立财务独立制度，组织草拟了《会计股组织章程》《会计股办事章程》《会计股主任选举章程和选举进行程序日期表》，呈请广东省政府核准备案。【《东莞明伦堂沙田经理局整理委员会会计股组织章程·东莞明伦堂会计股主任选举及各项章程汇刊》，1930 年，第 5 页】

第二條　會計股直隸沙田經理局整理委員會，掌理一切款項收支。

第三條　會計股設主任一人，主持該股一切事務，幹事一人協助主任辦理該股一切事務。

第四條　會計股主任任期三年，在東莞全縣自治未完成以前，暫由全縣學校教職員與校董暨公立圖書館職員之東莞人選擧，選擧章程另訂之。

（說明）會計主任之任務在保障預算之實施，對於公欵之用途無權支配，既無權支配，則關於該會計主任之選擧，在地方自治未完成之前，委之縣中一部分人當不致發生公欵分配不公之弊，然會計主任之任務，既爲保障預算之實施，則會計主任之選擧人，自當以與預算實施有密切利害關係之人爲妥，按照該堂財產用途之分配，教育費佔最大部分，學校教職員等實爲最與預算有利害關係之人，倘預算蹂躪，受其害者，職敎

会计股直属沙田经理局整理委员会，掌管一切款项收支。主任一人，主持该股一切事务。干事一人，协助主任办理该股一切事务。会计股主任任期三年，必须保障预算的实施，对于公款的用途无权支配。【《东莞明伦堂沙田经理局整理委员会会计股组织章程·东莞明伦堂会计股主任选举及各项章程汇刊》，1930 年，第 6 页】

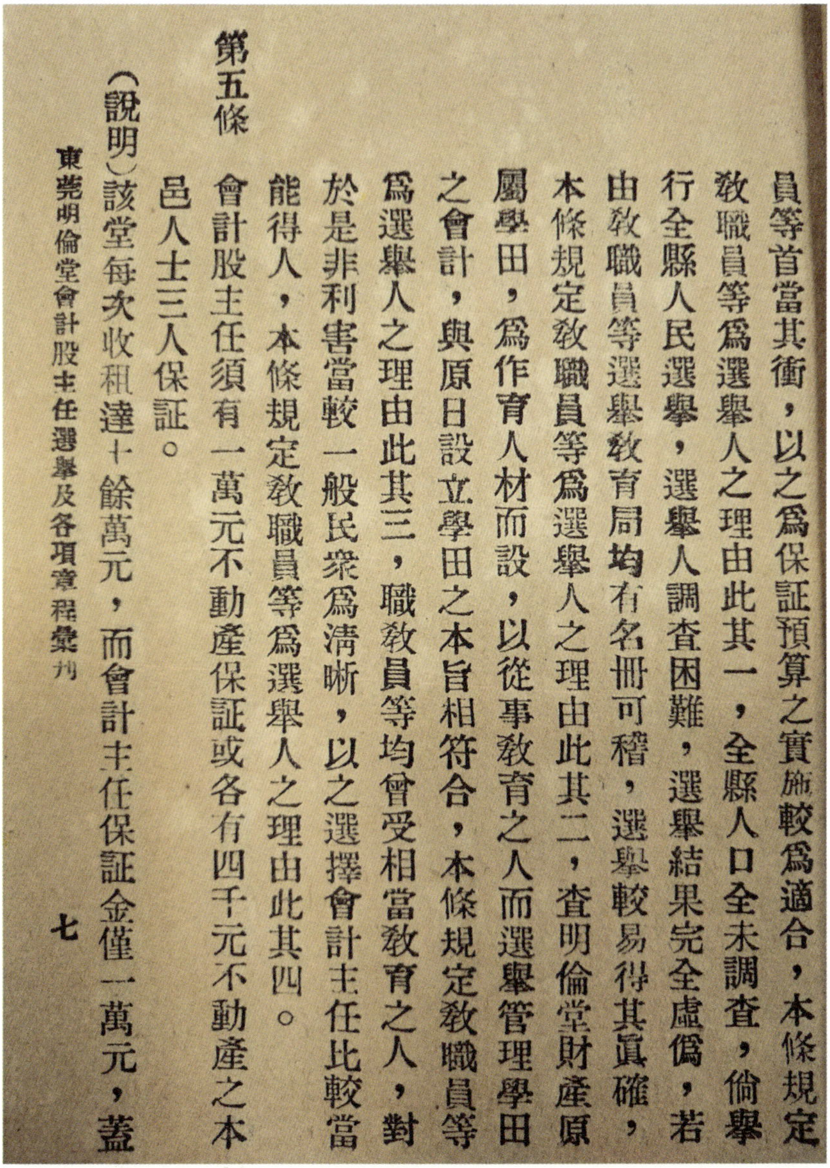

員等首當其衝，以之爲保証預算之實施較爲適合，本條規定敎職員等爲選舉人之理由此其一，全縣人口全未調查，倘舉行全縣人民選舉，選舉人調查困難，選舉結果完全虛僞，若由敎職員等選舉敎育局均有名冊可稽，選舉較易得其眞確，本條規定敎職員等爲選舉人之理由此其二，查明倫堂財產原屬學田，爲作育人材而設，以從事敎育之人而選舉管理學田之會計，與原日設立學田之本旨相符合，本條規定敎職員等爲選舉人之理由此其三，職敎員等均曾受相當敎育之人，對於是非利害當較一般民衆爲淸晰，以之選擇會計主任比較當能得人，本條規定敎職員等爲選舉人之理由此其四。

第五條 會計股主任須有一萬元不動產保証或各有四千元不動產之本邑人士三人保証。

（說明）該堂每次收租達十餘萬元，而會計主任保証金僅一萬元，蓋

東莞明倫堂會計股主任選舉及各項章程彙刊　七

会计股主任任职条件为三十岁以上的东莞人，有一万元不动产保证或得到三位拥有四千元不动产之本邑人士的保证，粗通文字并通晓会计。在东莞地方自治未完成前，东莞教职员为选举人选。【《东莞明伦堂沙田经理局整理委员会会计股组织章程·东莞明伦堂会计股主任选举及各项章程汇刊》，1930 年，第 7 页】

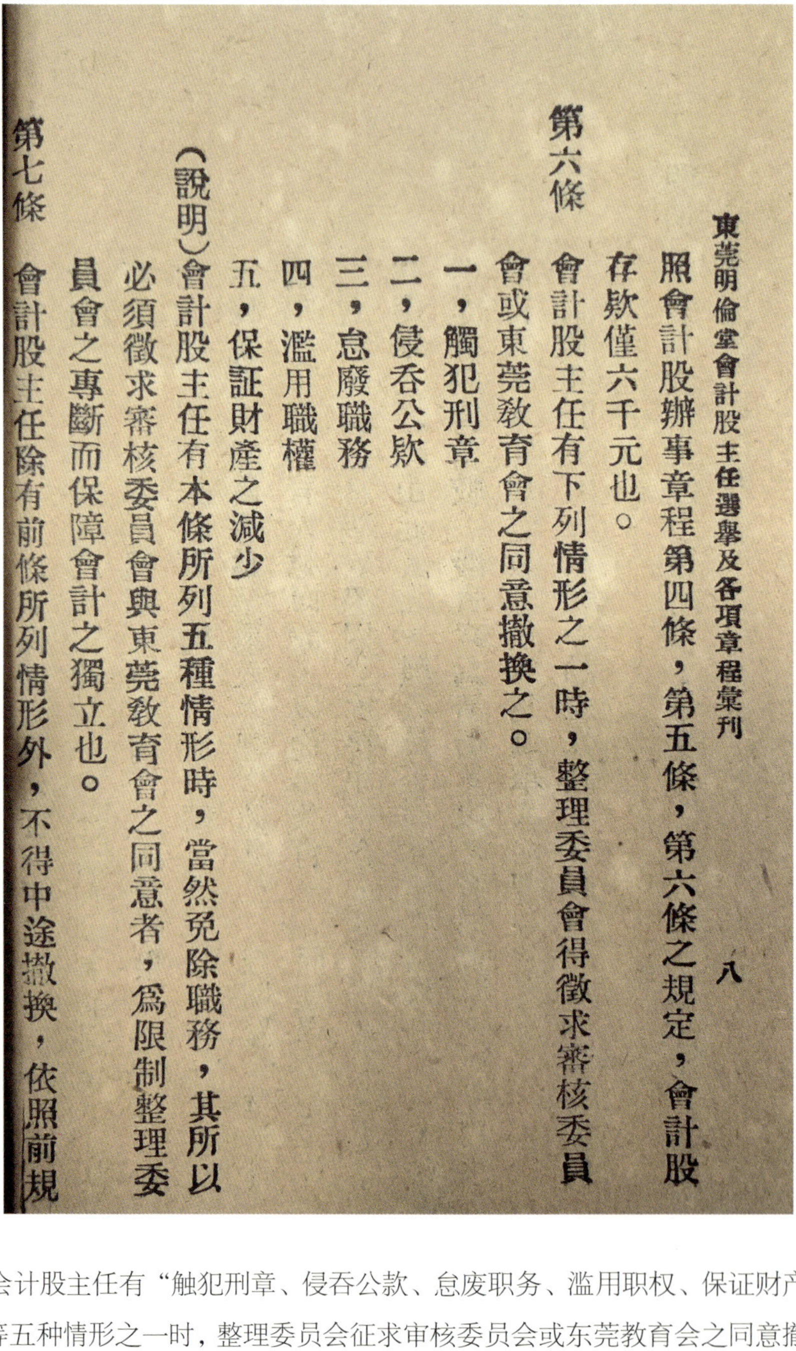

東莞明倫堂會計股主任選擧及各項章程彙刊　八

照會計股辦事章程第四條，第五條，第六條之規定，會計股存欵僅六千元也。

第六條　會計股主任有下列情形之一時，整理委員會得徵求審核委員會或東莞教育會之同意撤換之。

一，觸犯刑章

二，侵吞公欵

三，怠廢職務

四，濫用職權

五，保証財產之減少

（説明）會計股主任有本條所列五種情形時，當然免除職務，其所以必須徵求審核委員會與東莞教育會之同意者，爲限制整理委員會之專斷而保障會計之獨立也。

第七條　會計股主任除有前條所列情形外，不得中途撤換，依照前規

会计股主任有“触犯刑章、侵吞公款、怠废职务、滥用职权、保证财产之减少”等五种情形之一时，整理委员会征求审核委员会或东莞教育会之同意撤换。

【《东莞明伦堂沙田经理局整理委员会会计股组织章程·东莞明伦堂会计股主任选举及各项章程汇刊》，1930 年，第 8 页】

定撤換者，須即選舉新主任。

（說明）除上條所列情形之外，會計股主任不得隨整理委員會之喜怒中途撤換，蓋所以保會計之獨立也，因前條所規定之原因而撤換，須即補選，蓋恐此缺長久虛懸，反便整理委員會之私圖也。

第八條　遇會計股主任中途解職，新主任未選出以前，應函請東莞城商會派員暫行代理。

（說明）本堂會計不能一日無人主持，惟選舉會計股主任，非旦夕所能竣事，爲便利該堂辦事起見，暫由東莞商會派員代理，以商會爲商界中人組織，以之担任會計自較他團體爲宜也。

第九條　會計股幹事由該股主任薦請沙田經理局整理委員會委任之。

第十條　會計股主任月薪一百五十元，幹事月薪六十元均不得兼職。

（說明）會計股主任責任較大，報酬不能不加多。

東莞明倫堂會計股主任選舉及各項章程彙刊　九

第十一條　會計股辦事章程另訂之。

第十二條　本章程如有未盡事宜，整理委員會得於二個月前公布理由，並徵求審核委員會之同意修改之。

（說明）在防止不肖委員臨時推翻會計獨立之制度以便私圖，故不可不於其間規定期限予邑人以監督之機會。

第十三條　本章程經整理委員會呈請廣東省政府民政廳核准施行。

如遇会计股主任中途解职，新主任未选出以前，暂由东莞商会派员代理。会计股干事由沙田经理局整理委员会委任。会计股主任月薪一百五十元，干事月薪六十元，均不得兼职。【《东莞明伦堂沙田经理局整理委员会会计股组织章程·东莞明伦堂会计股主任选举及各项章程汇刊》，1930 年，第 9 页】

東莞明倫堂沙田經理局整理委員會會計股

辦事章程

（說明）本堂會計股日常任務厥爲掌理本堂一切收支及存欵提欵等，然欵項之收支及存提手續紛繁，若不明加規定，則一出一入之間，當事者每易上下其手，流弊滋多，本章程之設立，蓋所以明定辦理會計之手續，即所以防患於未然也。

第一條

會計股對于本堂一切收支及存欵提欵等辦事手續，均須依照本章程處理。

（說明）本條規定會計股辦事所必須依照之準據，蓋一所以明本章程

明伦堂会计股的独立性在于其是为了保障预算之实施而设立，对于公款的用途无权支配，其日常任务主要为掌握东莞明伦堂一切收支及存款、提款等。【《东莞明伦堂沙田经理局整理委员会会计股办事章程·东莞明伦堂会计股主任选举及各项章程汇刊》，1930 年，第 18 页】

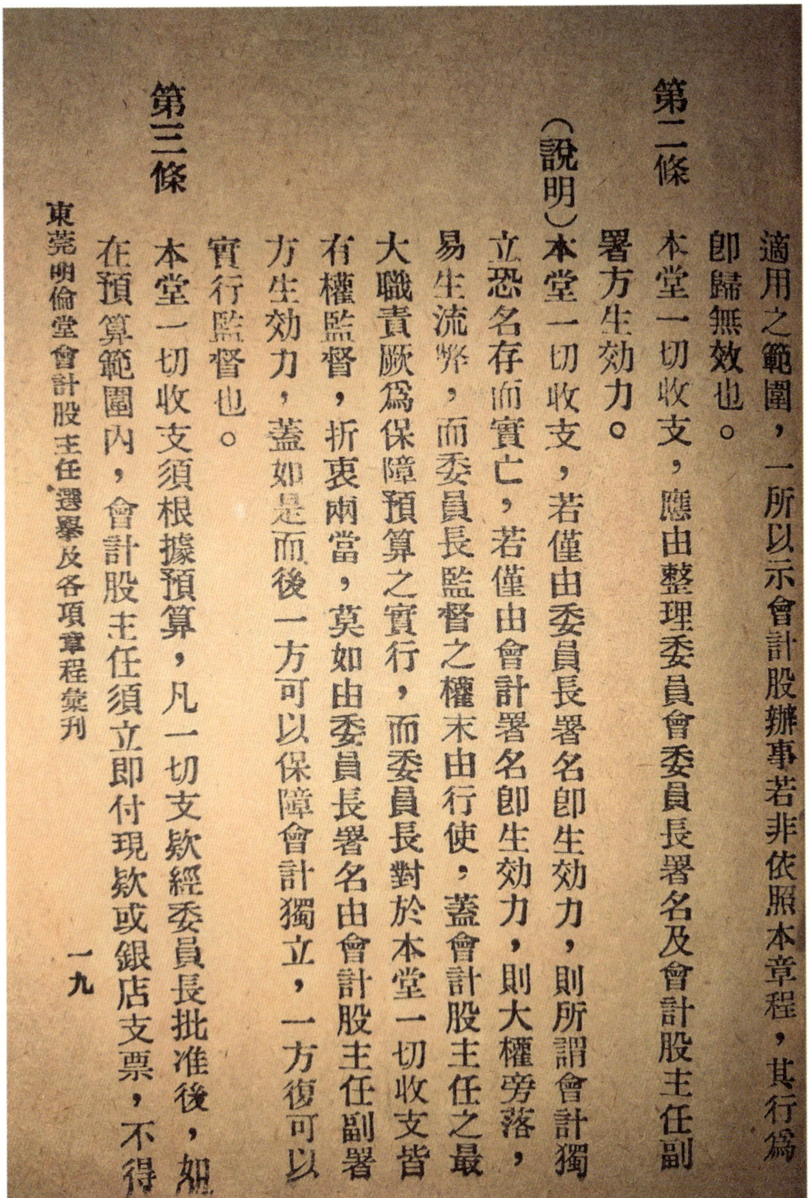

適用之範圍，一所以示會計股辦事若非依照本章程，其行爲
即歸無效也。

第二條　本堂一切收支，應由整理委員會委員長署名及會計股主任副
署方生効力。

（說明）本堂一切收支，若僅由委員長署名即生効力，則所謂會計獨
立恐名存而實亡，若僅由會計署名即生効力，則大權旁落，
易生流弊，而委員長監督之權末由行使，蓋會計股主任之最
大職責厥爲保障預算之實行，而委員長對於本堂一切收支皆
有權監督，折衷兩當，莫如由委員長署名由會計股主任副署
方生効力，蓋如是而後一方可以保障會計獨立，一方復可以
實行監督也。

第三條　本堂一切收支須根據預算，凡一切支欵經委員長批准後，如
在預算範圍內，會計股主任須立即付現欵或銀店支票，不得

東莞明倫堂會計股主任選舉及各項章程彙刊　一九

东莞明伦堂一切开支，须经整理委员会委员长署名及会计股主任副署方能生效。【《东莞明伦堂沙田经理局整理委员会会计股办事章程·东莞明伦堂会计股主任选举及各项章程汇刊》，1930 年，第 19 页】

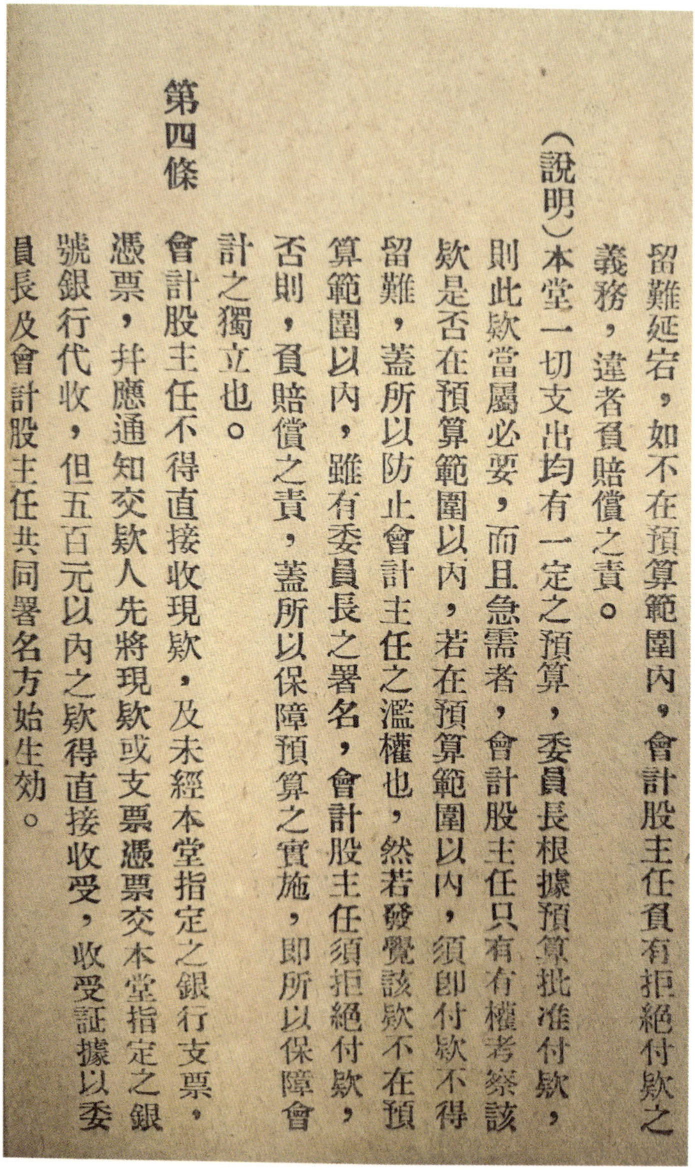

留難延宕，如不在預算範圍內，會計股主任負有拒絕付欵之義務，違者負賠償之責。

（說明）本堂一切支出均有一定之預算，委員長根據預算批准付欵，則此欵當屬必要，而且急需者，會計股主任只有有權考察該欵是否在預算範圍以內，若在預算範圍以內，須即付欵不得留難，蓋所以防止會計主任之濫權也，然若發覺該欵不在預算範圍以內，雖有委員長之署名，會計股主任須拒絕付欵，否則，負賠償之責，蓋所以保障預算之實施，即所以保障會計之獨立也。

第四條　會計股主任不得直接收現欵，及未經本堂指定之銀行支票，憑票，并應通知交欵人先將現欵或支票憑票交本堂指定之銀號銀行代收，但五百元以內之欵得直接收受，收受証據以委員長及會計股主任共同署名方始生効。

东莞明伦堂一切支出均有一定预算，否则，虽有委员长之署名，会计股主任须拒绝付款，否则，负赔偿之责；为保障所收款项之安全，会计股主任不能直接收受五百元以上现款及未经东莞明伦堂指定的银行支票、凭票。【《东莞明伦堂沙田经理局整理委员会会计股办事章程·东莞明伦堂会计股主任选举及各项章程汇刊》，1930 年，第 20 页】

（說明）本堂收入爲數頗鉅，悉皆於每年早晚造將熟之際收款，若由會計直接收受現欵，再存儲於銀行銀號，則不特手續麻煩，且易生捲逃之危險，本條所以規定不得由會計股主任收受現欵，而由本堂委託銀行銀號代收者，即爲免除此種弊端起見，但五百元以內之現欵，則可以直接收受，蓋會計股主任有一萬元不動產以爲保証，收受五百元現欵當不虞其有他也，未經本堂指定之銀行支票，憑票，會計股主任之所以不得收受者，蓋一方面恐其誤收信用不敷銀行之支票，一旦因銀行倒閉，致令本堂受其損失，而其他一方面，則以未經本堂指定之銀行，銀號，與本堂無定約，會計一旦收受此種支票，憑票即可自由兌取現欵，而有捲欵潛逃之危險也，收欵時須委員長及會計股主任共同署名方生效力者，蓋一方所以實行委員長監督之權，一方所以保會計之獨立也。

東莞明倫堂會計股主任選舉及各項章程彙刊　二一

东莞明伦堂收款时，须委员长及会计股主任共同署名方生效力，一方面实行委员长监督之权，一方面保证会计之独立。【《东莞明伦堂沙田经理局整理委员会会计股办事章程·东莞明伦堂会计股主任选举及各项章程汇刊》，1930 年，第 21 页】

第五條　前條所列之銀號，銀行，須經整理委員會議決，存欵時須用東莞明倫堂沙田經理局名義，及委員長會計股主任共同署名，幷須與該銀行銀號訂明非有委員長及會計股主任共同署名不得提取。

（說明）本堂存欵之銀行，須經整理委員會議決指定者，因集多數人之智力必能選擇信用素著之銀行也，必須用明倫堂沙田經理局名義存儲，所以明其爲公欵也，必須委員長及會計股主任共同署名，方得提取者，蓋爲防止任何一方舞弊，且保障會計獨立也。

第六條　會計股存欵，無論何時不得超過六千元，委員長須隨時負責監督。

（說明）會計手中存公欵過多，究非妥善，故本條規定無論何時，會計股存欵不得超過六千元，但在此數目中，委員長仍須隨時

会计股存款，无论何时不得超过六千元，委员长须随时负责监督。【《东莞明伦堂沙田经理局整理委员会会计股办事章程·东莞明伦堂会计股主任选举及各项章程汇刊》，1930年，第22页】

負責考核，務使其手中存欵越少越妙，蓋所以預防捲逃及其他弊端之發生也。

第七條 會計股主任每日應將收支情況呈報委員長審核，并公布之。

（說明）本條規定會計股主任每日應將收支情況呈報，一所以使委員長明瞭收支實情，一所以防止會計股主任舞弊，委員長須將其公佈之者，蓋即財政公開之義也。

第八條 每月五號以前，會計股主任應將前一月之收支情況編成決算表，并附單據，呈報整理委員會審核，并公佈之。

（說明）同前。

第九條 委員長或委員二人以上得隨時到會計股檢查稽核。

（說明）委員長有監督會計股之權，故得隨時到會計股檢查稽核，至委員會中委員人數不下十餘人，若每人隨時到會計股稽核，則會計股將不勝其煩，故須委員二人連同到會計股稽核，以減少麻煩。

第十條 本章程如有未盡事宜，得由整理委員會議修改之。

（說明）本章程乃規定會計股辦事手續，其性質等於普通之辦事細則，故其中遇有未盡事宜，得由整理委員會議決修改之。

第十一條 本章程經整理委員會呈請廣東省政府民政廳核准施行。

（說明）同前。

会计股主任每日应将收支情况呈报委员长审核，并公布；每月五号以前，会计股主任应将前一月之收支情况编成决算表，并附单据，呈报整理委员会审核，并公布；委员长或委员二人以上可以随时到会计股检查稽核。【《东莞明伦堂沙田经理局整理委员会会计股办事章程·东莞明伦堂会计股主任选举及各项章程汇刊》，1930 年，第 23–24 页】

通过此次会计制度的改革，东莞明伦堂每年预、决算最终得以在规章上固定下来。改革以后，东莞明伦堂预算和收支都有明细的表格登记，留下了非常齐全的历史档案。根据东莞市档案馆保存的相关档案，明伦堂账册主要有明伦堂董事会账、现金账、沙田账、水利事业费账等，展示了一个完善的独立会计体系。其中，董事会账分为总账、分类账两类，详细地记录了明伦堂内部经费的运作情形。现金账又分为现金分类账、现金收支分类账、现金出纳账、支出分类账、总分类账、明细分类账等六种，详细地记录了东莞明伦堂现金支出情况。沙田账又分为沙田总账、沙田补助账、沙田会计账、沙田总分类账、沙夫工食账以及沙田其他账目，详细地反映了东莞明伦堂对沙田的有效管理。

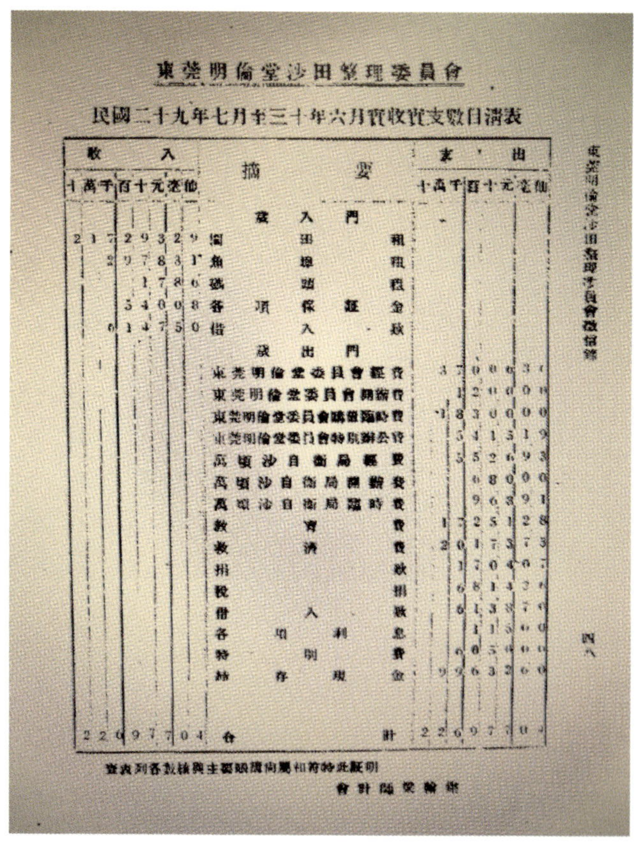

東莞明倫堂沙田整理委員會

民國二十九年七月至三十年六月實收實支數目清表

收入（十萬千百十元毫仙）	摘要	支出（十萬千百十元毫仙）
	款入門	
21729329	潮田租	
297831	魚塘租	
1786	碼頭租	
54008	各項保証金	
614750	借入款	
	款出門	
	東莞明倫堂委員會經費	370063[illegible]
	東莞明倫堂委員會開辦費	120000
	東莞明倫堂委員會購置臨時費	1830000
	東莞明倫堂委員會特別辦公費	541519
	萬頃沙自衛局經費	552693
	萬頃沙自衛局開辦費	68000
	萬頃沙自衛局臨時費	96391
	教育費	1725128
	救濟費	2017373
	捐款	170407
	稅捐	68142[illegible]
	借入款	61387[illegible]
	各項利息	11500
	特別費	605[illegible]00
	結存現金	9963260
22097704	合計	22697704

查表列各數核與主要賬簿尚屬相符特此証明

會計師 [illegible]

東莞明倫堂沙田整理委員會徵信錄　四八

1940 年 7 月至 1941 年 6 月，东莞明伦堂沙田整理委员会实收、实支数目清表【《东莞明伦堂董事会年刊》，1941 年】

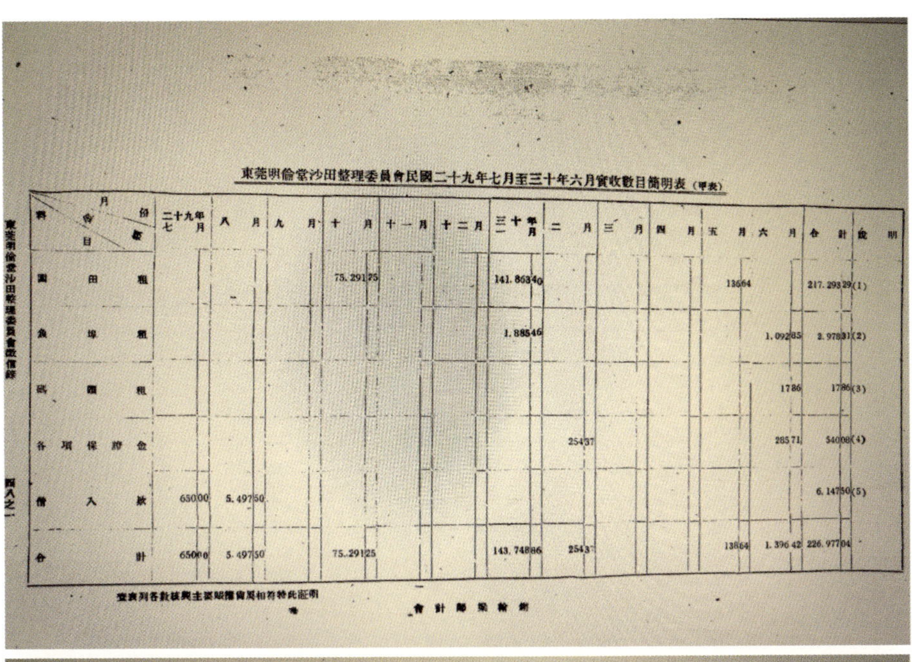

東莞明倫堂沙田整理委員會民國二十九年七月至三十年六月實收數目簡明表（甲表）

科目 \ 月份 \ 數額	二十九年七月	八月	九月	十月	十一月	十二月	三十年一月	二月	三月	四月	五月	六月	合計	說明
圍田租				75.29175			141.86340				13664		217.29329	(1)
魚埗租							1.88546					1.09285	2.97831	(2)
碼[illegible]租												1786	1786	(3)
各項保證金								25437				28571	54008	(4)
借入款	65000	5.49750											6.14750	(5)
合計	65000	5.49750		75.29125			143.74886	25437			13664	1.39642	226.97704	

查表列各數核與主要賬[illegible]相符特此証明

會計部梁翰新

東莞明倫堂沙田整理委員會徵信錄　四八之一

東莞明倫堂沙田整理委員會民國二十九年七月至三十年六月實支數目簡明表（乙表）

科目 \ 月份 \ 數額	二十九年七月	八月	九月	十月	十一月	十二月	三十年一月	二月	三月	四月	五月	六月	合計	說明
東莞明倫堂委員會經費	1.18653	3.14092	3.11030	3.19976	3.18935	3.16574	3.19959	3.19700	3.28947	3.39104	3.48666	3.50000	37.00636	(1)
東莞明倫堂委員會開辦費	1.20000												1.20000	
東莞明倫堂購置臨時費									7.80000			10.50000	18.30000	(3)
東莞明倫堂特別辦公費					21925	80401	52522	77784	42312	45130	92367	1.29078	5.41519	(4)
萬頃沙自衛局經費									93593	1.46100	1.56500	1.56500	5.52693	
萬頃沙自衛局開辦費									68000				68000	
萬頃沙自衛局臨時費										96891			96891	(5)
教育費				19415	19415	3.14768	1.71615	2.03180	1.80200	3.31200	2.46564	2.38771	17.25128	(6)
救濟費						10000	13.68070	40473	1.51327	98820	1.96991	1.48693	20.17374	(7)
慈善捐款				34500	15000	18000	15000	17907	15000	25000	15000	15000	1.70407	
從州							6.81426						6.81426	
借入款		1.30000		4.83870									6.13870	
各項利息		1378		10122									1150	
特別費							1.05000		5.00000				6.05000	(8)
合計	2.33653	4.45470	3.11030	8.67883	3.75275	7.39743	27.13592	6.59044	21.62379	10.82245	10.56088	20.88042	127.34444	

查表列各數核與主要賬[illegible]相符特此証明

會計部梁翰新

東莞明倫堂沙田整理委員會徵信錄　四八之二

1940 年 7 月至 1941 年 6 月，东莞明伦堂沙田整理委员会实收、实支简明表【《东莞明伦堂董事会年刊》，1941 年】

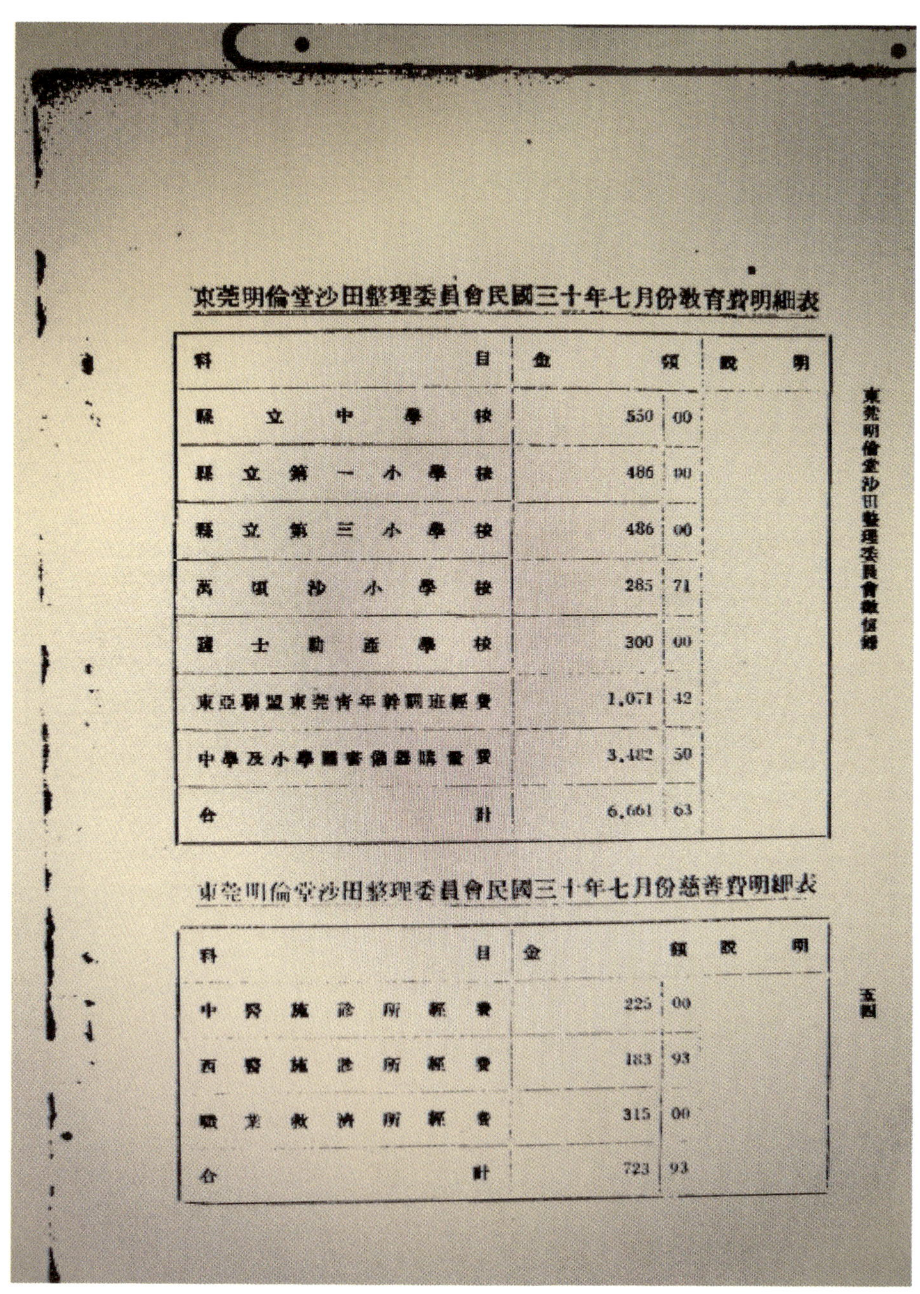

東莞明倫堂沙田整理委員會民國三十年七月份教育費明細表

科目	金額		說明
縣立中學校	550	00	
縣立第一小學校	486	00	
縣立第三小學校	486	00	
萬頃沙小學校	285	71	
護士助產學校	300	00	
東亞聯盟東莞青年幹訓班經費	1,071	42	
中學及小學圖書儀器購置費	3,482	50	
合計	6,661	63	

東莞明倫堂沙田整理委員會民國三十年七月份慈善費明細表

科目	金額		說明
中醫施診所經費	225	00	
西醫施診所經費	183	93	
職業救濟所經費	315	00	
合計	723	93	

東莞明倫堂沙田整理委員會徵信錄

五四

1941 年 7 月，东莞明伦堂沙田整理委员会教育费明细表、慈善费明细表

【《东莞明伦堂董事会年刊》，1941 年】

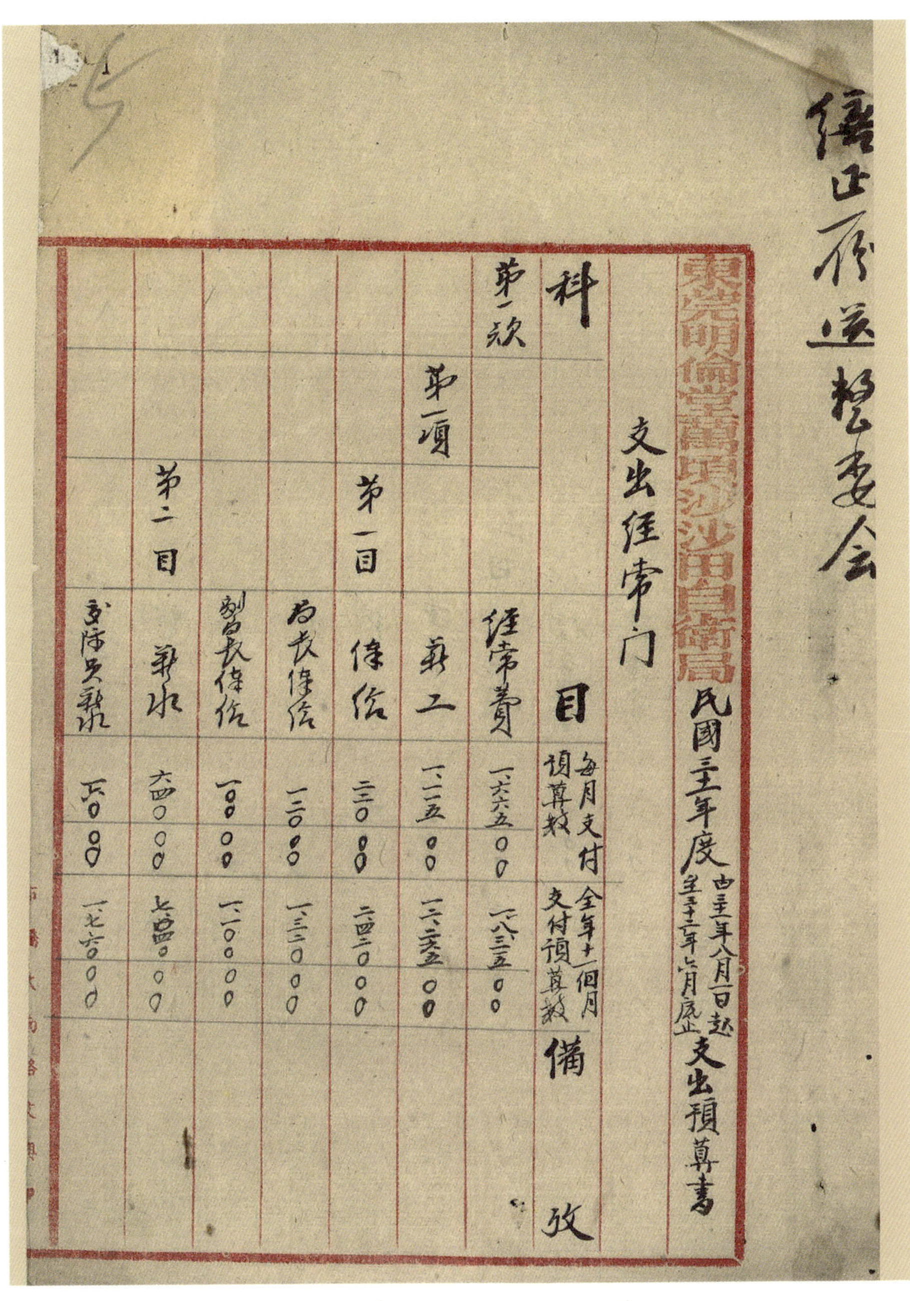

科			目	每月支付預算數	全年十一個月支付預算數	備攷
支出經常門						
第一款			經常費	一、六六五.00	一八、三一五.00	
	第一項		薪工	一、一五0.00	一二、六五0.00	
		第一目	俸給	二二0.00	二、四二0.00	
			局長俸給	一二0.00	一、三二0.00	
			副局長俸給	一00.00	一、一00.00	
		第二目	薪水	六四0.00	七、0四0.00	
			[illegible]薪水	一六0.00	一、七六0.00	

1942 年 8 月 1 日至 1943 年 6 月底，东莞明伦堂万顷沙沙田自卫局支出预算书【中山市档案馆，东莞明伦堂档案 1-A1[1].6-281-2-1】

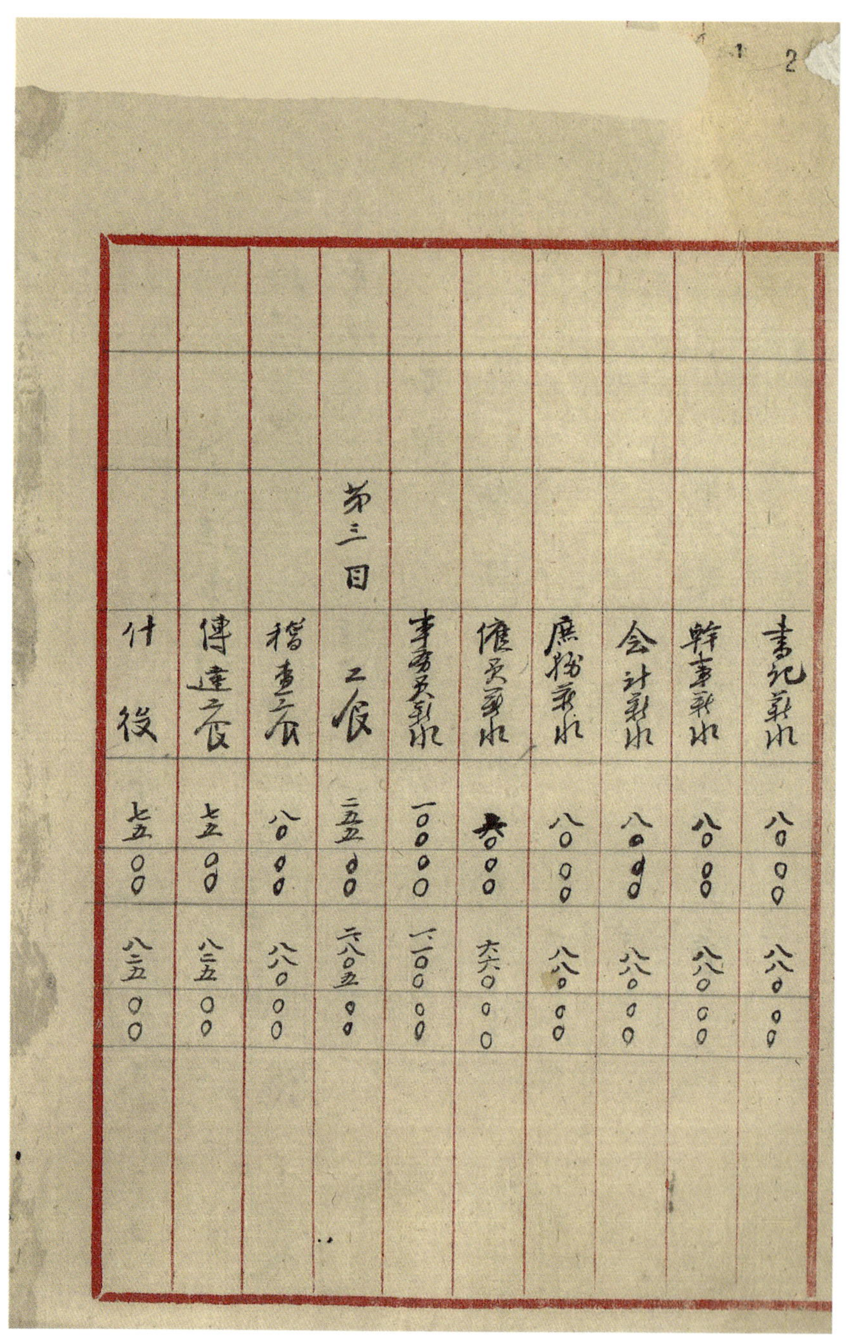

1 2

第三日

項目		
書記薪水	八〇〇〇	八八〇〇〇
幹事薪水	八〇〇〇	八八〇〇〇
会計薪水	八〇〇〇	八八〇〇〇
庶務薪水	八〇〇〇	八八〇〇〇
催員薪水	六〇〇〇	六六〇〇〇
事務員薪水	一〇〇〇〇	一一〇〇〇〇
工食	二五〇〇	二八〇五〇〇
稽查工食	八〇〇〇	八八〇〇〇
傳達工食	七五〇〇	八二五〇〇
什役	七五〇〇	八二五〇〇

（续上页）【中山市档案馆，东莞明伦堂档案 1–A1[1].6–281–2–2】

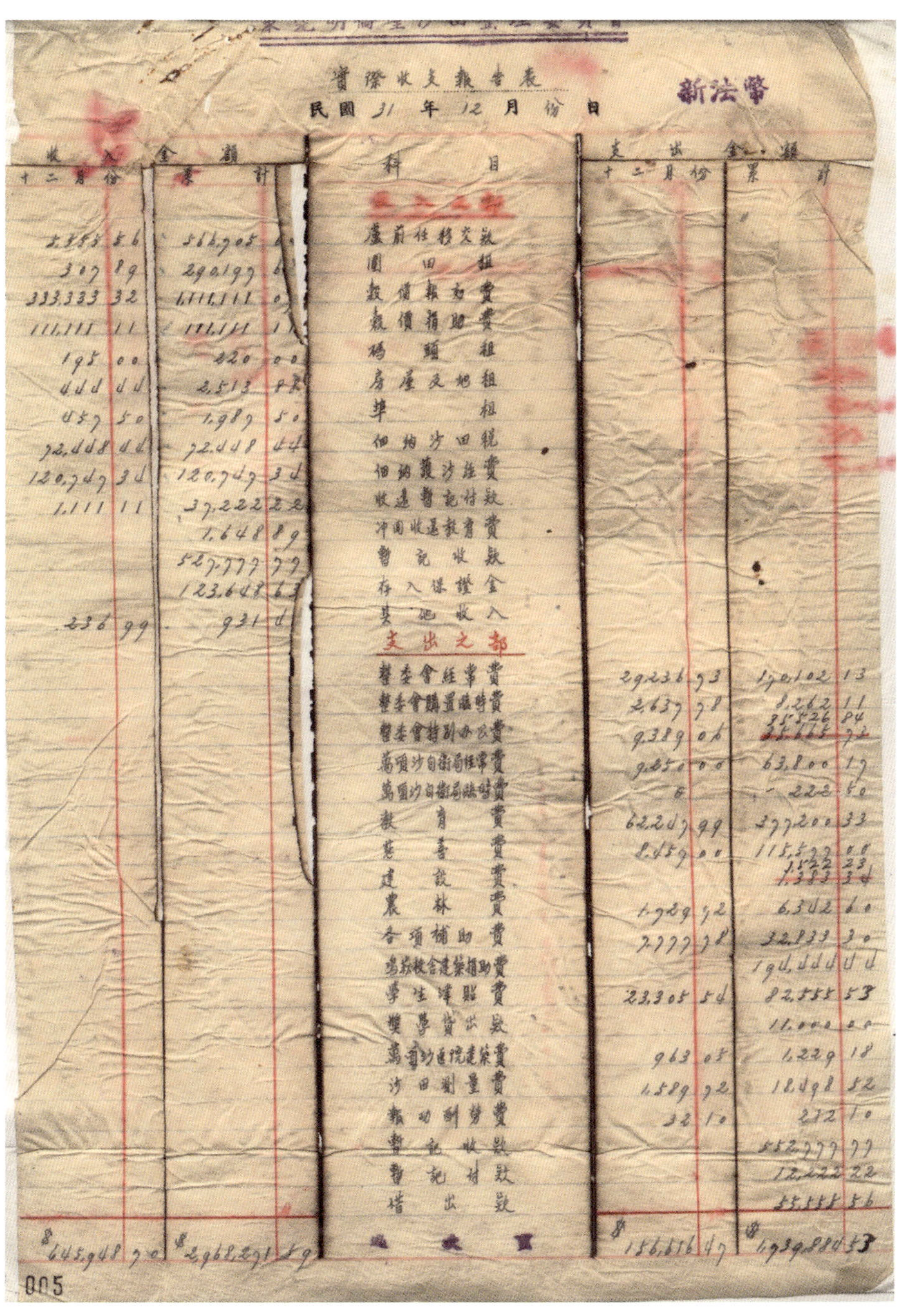

實際收支報告表

民國31年12月份 日

新法幣

收入金額 十二月份	收入金額 累計	科目	支出金額 十二月份	支出金額 累計
		收入之部		
2,555.56	566,705.6[illegible]	盧前任移交款		
307.89	290,197.6[illegible]	圍田租		
333,333.32	1,111,111.0[illegible]	救濟報効費		
111,111.11	111,111.1[illegible]	救濟捐助費		
195.00	220.00	碼頭租		
444.44	2,513.88	房屋及地租		
457.50	1,989.50	埠租		
72,448.44	72,448.44	佃納沙田稅		
120,747.34	120,747.34	佃納護沙經費		
1,111.11	37,222.22	收還暫記付款		
	1,648.89	冲回收還教育費		
	527,777.77	暫記收款		
	123,648.63	存入保證金		
236.99	931.[illegible]	墓地收入		
		支出之部		
		整委會經常費	29,236.93	170,102.13
		整委會購置臨時費	2,637.78	8,262.11
		整委會特別辦公費	9,389.06	35,526.84
		萬頃沙自衛局經常費	9,250.00	63,800.17
		萬頃沙自衛局臨時費	6	222.50
		教育費	62,247.99	377,200.33
		慈善費	2,459.00	115,522.00
		建設費		1,522.23
		農林費	1,729.72	6,342.60
		各項補助費	7,777.78	32,833.30
		鳴崧校舍建築補助費		194,444.44
		學生津貼費	23,305.54	82,555.53
		獎學貸出款		11,000.00
		萬頃沙醫院建築費	963.05	1,229.18
		沙田測量費	1,589.72	18,498.52
		[illegible]酬勞費	32.10	272.10
		暫記收款		552,777.77
		暫記付款		12,222.22
		借出款		55,555.56
$ 645,948.72	$ 2,968,291.89	[illegible]	$ 156,616.47	$ 1,939,880.53

005

1940 年 12 月，东莞明伦堂实际收支报告表【东莞市档案馆，东莞明伦堂档案 1-7-006-03】

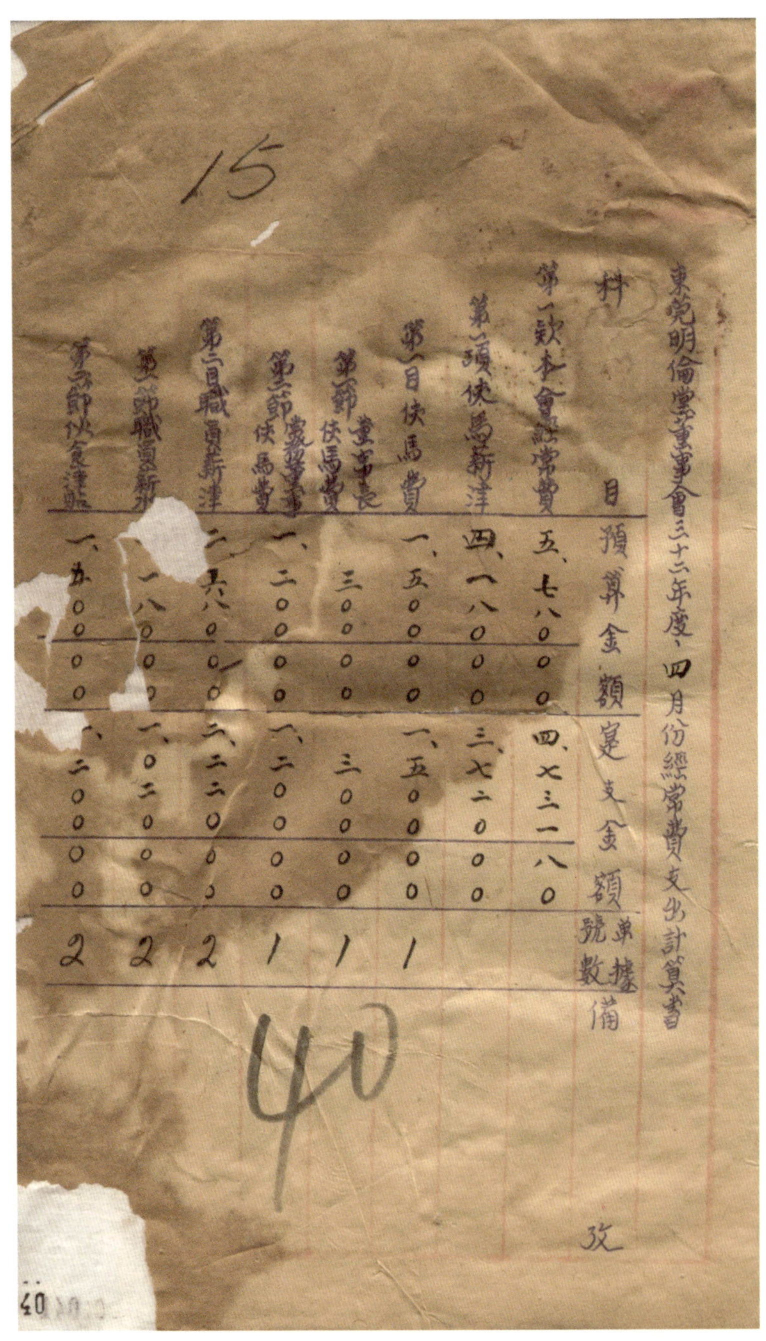

15

東莞明倫堂董事會三十二年度四月份經常費支出計算書

科目	預算金額	實支金額	單據號數	備攷
第一款 本會經常費	五、七八〇〇〇	四、七三一八〇		
第一項 伕馬薪津	四、一八〇〇〇	三、七二〇〇〇		
第一目 伕馬費	一、五〇〇〇〇	一、五〇〇〇〇	1	
第一節 董事長伕馬費	三〇〇〇〇	三〇〇〇〇	1	
第二節 常務董事伕馬費	一、二〇〇〇〇	一、二〇〇〇〇	1	
第二目 職員薪津	二、六八〇〇〇	二、二二〇〇〇	2	
第一節 職員薪水	一八〇〇〇	一、〇二〇〇〇	2	
第二節 伙食津貼	一、五〇〇〇〇	一、二〇〇〇〇	2	

40

1943 年 4 月，东莞明伦堂董事会经常费支出计算书【东莞市档案馆，东莞明伦堂档案 1-7-0014-02】

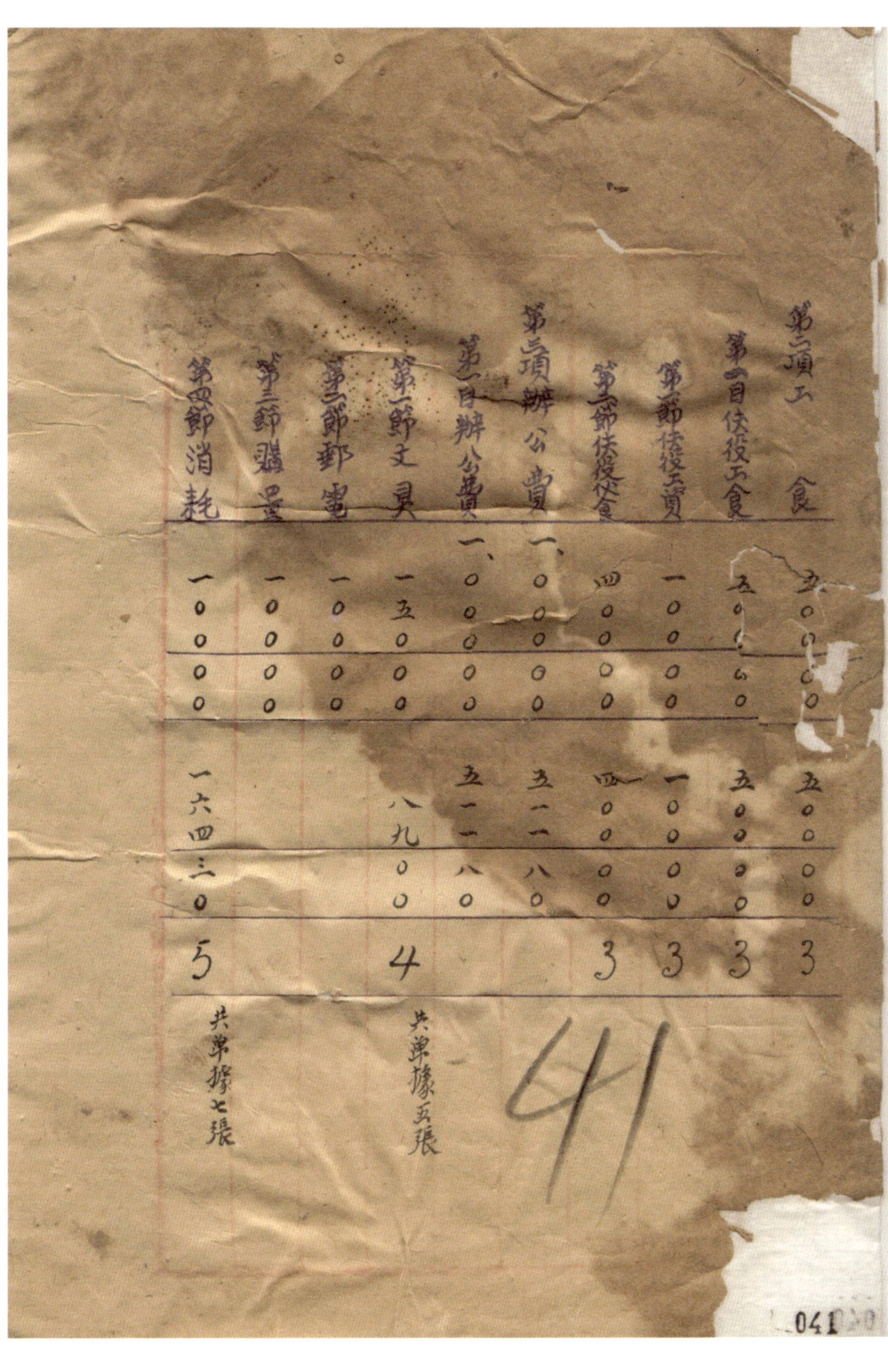

科目				
第二項工食	五〇〇〇〇	五〇〇〇〇	3	
第一目伕役工食	五〇〇〇〇	五〇〇〇〇	3	
第一節伕役工資	一〇〇〇〇	一〇〇〇〇	3	
第二節伕役伙食	四〇〇〇〇	四〇〇〇〇	3	
第三項辦公費	一、〇〇〇〇〇	五一一八〇		
第一目辦公費	一、〇〇〇〇〇	五一一八〇		
第一節文具	一五〇〇〇	八九〇〇	4	共單據五張
第二節郵電	一〇〇〇〇			
第三節雜費	一〇〇〇〇			
第四節消耗	一〇〇〇〇	一六四三〇	5	共單據七張

（续上页）【同上】

各圍应交谷數明细表

民國32年头造月　日

圍名	承耕人	面積(畝)	全年收谷	早造收谷(四成)	应交公價谷(每畝45斤)	(自由谷)实收谷數	備考
田安	覲樣堂	100.2555	15,339.斤	6,135.6斤	4,511.0斤	1,624.6斤	
怡安	振益公司	655.2918	114,676〃	45,870.4〃	29,488.0斤	16,382.4〃	
義和	利昌公司	844.2780	145,214〃	58,085.6〃	37,992.0〃	20,093.6〃	
益宝安上	義成堂	1,089.5000	168,872.5斤	67,549.0〃	49,027.0〃	18,522.0〃	
仁隆	安泰公司	1431.8460	393,758〃	157,503.2〃	64,433.0〃	93,070.2〃	
和隆	〃	838.7750	228,986〃	91,594.4〃	37,744.0〃	53,850.4〃	
新宝安中	〃	1030.0000	273,980〃	109,592.0〃	46,350.0〃	63,242.0〃	
新宝安上	同益公司	821.0000	221,670〃	88,668.0〃	36,945.0〃	51,723.0〃	
			1,562,495.5斤	624,998.2斤	306,490.0斤	318,508.2斤	

235

1943 年，各围应交谷数明细表【东莞市档案馆，东莞明伦堂档案 1-7-0014-11】

68

212

各圍應交谷數明細表

民國32年　月　日

圍名	承耕人	面積畝	全年收谷	單造收谷(四成)	應交公價谷(每畝45斤)	實收谷數	備考
田安	觀穗堂	100.2555	15,339斤	6,135.6斤	4,511.0斤	1,624.6斤	[illegible]
怡安	穗益公司	655.2918	114,676〃	45,870.4〃	29,488.0斤	16,382.4〃	
義和	利昌公司	844.2720	145,214〃	58,085.6〃	37,992.0〃	20,093.6〃	
舊寶安上	義成堂	1,089.5000	168,872.5斤	67,549.0〃	49,027.0〃	18,522.0〃	
仁隆	安泰公司	1,431.8460	393,758〃	157,503.2〃	64,433.0〃	93,070.2〃	429.55
和隆	〃	838.7750	228,986〃	91,594.4〃	37,744.0〃	53,850.4〃	251.63
新寶安中	〃	1,030.0000	273,980〃	109,592.0〃	46,350.0〃	63,242.0〃	309.50
新寶安上	同意公司	821.0000	221,670〃	88,668.0〃	36,945.0〃	51,723.0〃	
[illegible]外圍							
			1,562,495.5斤	624,998.2斤	306,490.0斤	318,508.2斤	

236

（续上页）【同上】

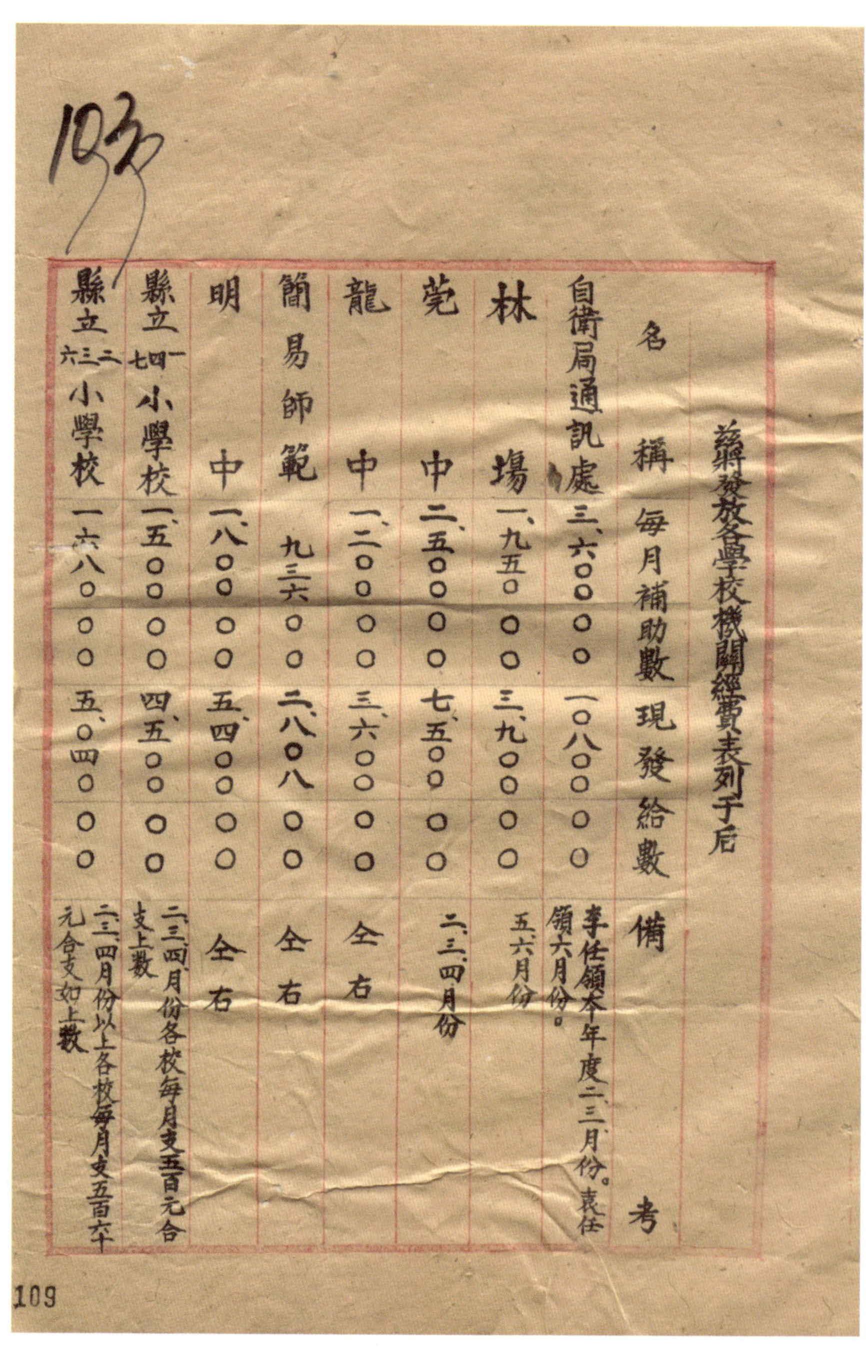

茲將發放各學校機關經費表列于后

名稱	每月補助數	現發給數	備考
自衛局通訊處	三、六〇〇〇〇	一〇八〇〇〇	李任領本年度二三月份。袁任領六月份。
林場	一、九五〇〇〇	三、九〇〇〇〇	五六月份
莞中	二、五〇〇〇〇	七、五〇〇〇〇	二、三、四月份
龍中	一、二〇〇〇〇	三、六〇〇〇〇	仝右
簡易師範	九三六〇〇	二、八〇八〇〇	仝右
明中	一、八〇〇〇〇	五、四〇〇〇〇	仝右
縣立一四七小學校	一、五〇〇〇〇	四、五〇〇〇〇	二三四月份各校每月支五百元合支上數
縣立二三六小學校	一、六八〇〇〇	五、〇四〇〇〇	二三四月份以上各校每月支五百六十元合支如上數

109

东莞明伦堂各机关、学校经费明细表【东莞市档案馆，东莞明伦堂档案1-7-0018-47】

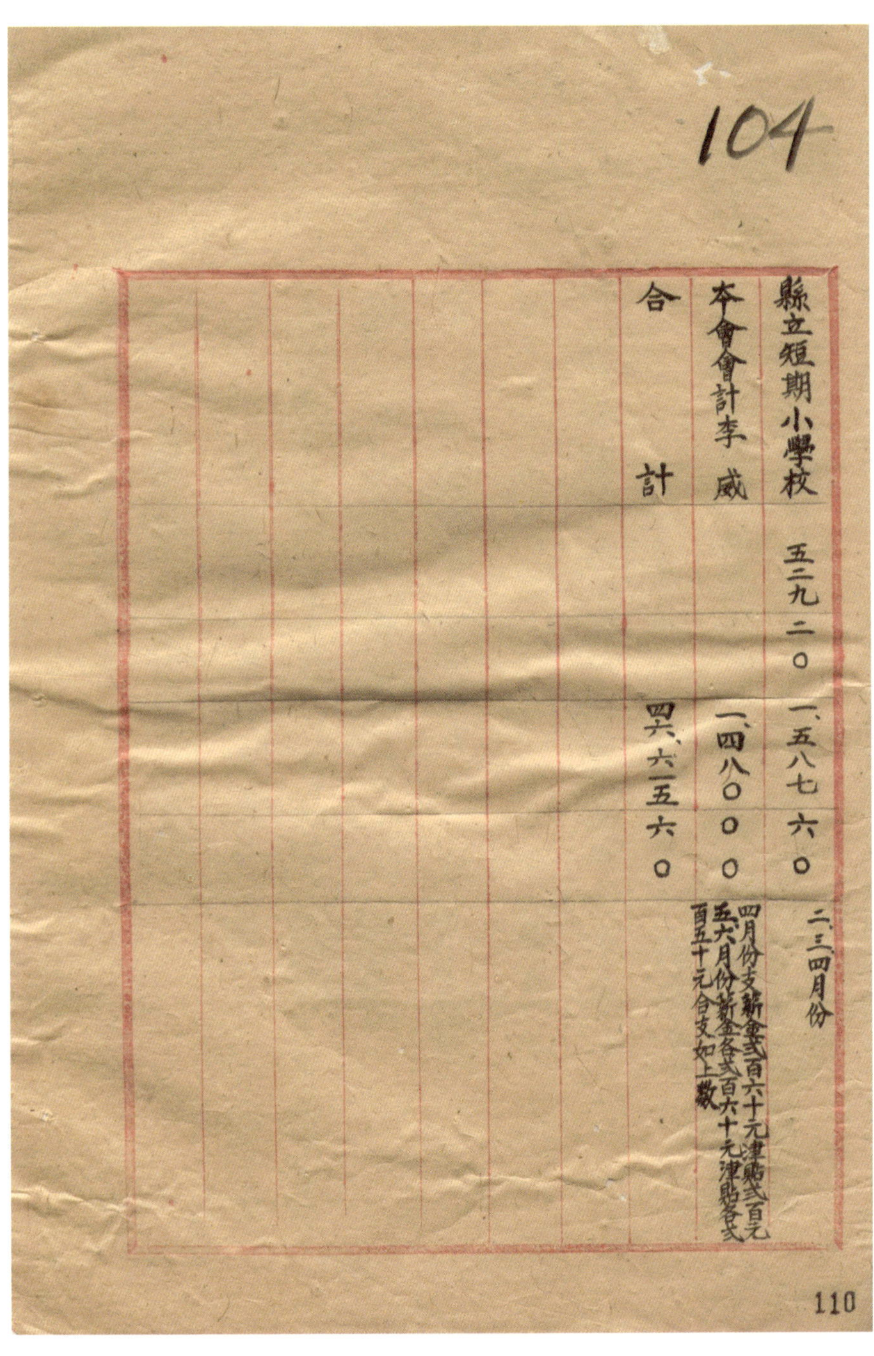

104

縣立短期小學校	五二九二〇	一、五八七六〇	二、三、四月份
本會會計李　威		一、四八〇〇〇	四月份支薪金弍百六十元津貼弍百元五六月份薪金各弍百六十元津貼各弍百五十元合支如上數
合　計		四六、六一五六〇	

110

（续上页）【同上】

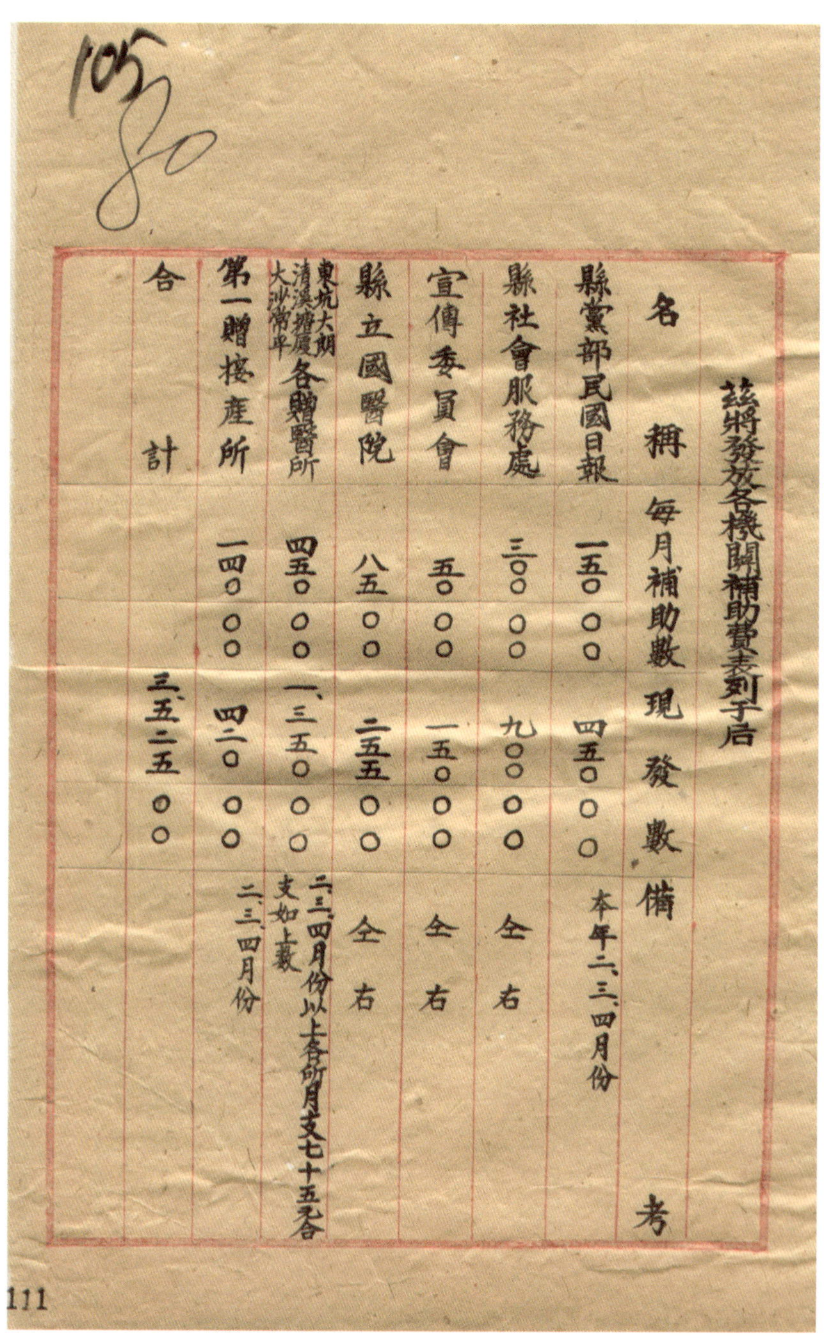

105
80

茲將發放各機關補助費表列于后

名稱	每月補助數	現發數	備考
縣黨部民國日報	一五〇〇〇	四五〇〇〇	本年二、三、四月份
縣社會服務處	三〇〇〇〇	九〇〇〇〇	仝右
宣傳委員會	五〇〇〇	一五〇〇〇	仝右
縣立國醫院	八五〇〇	二五五〇〇	仝右
東坑大朗清溪塘厦大沙常平各贈醫所	四五〇〇〇	一、三五〇〇〇	二、三、四月份以上各所月支七十五元合支如上數
第一贈接產所	一四〇〇〇	四二〇〇〇	二、三、四月份
合計		三、五二五〇〇	

111

东莞明伦堂发放各机关补助费表【同上】

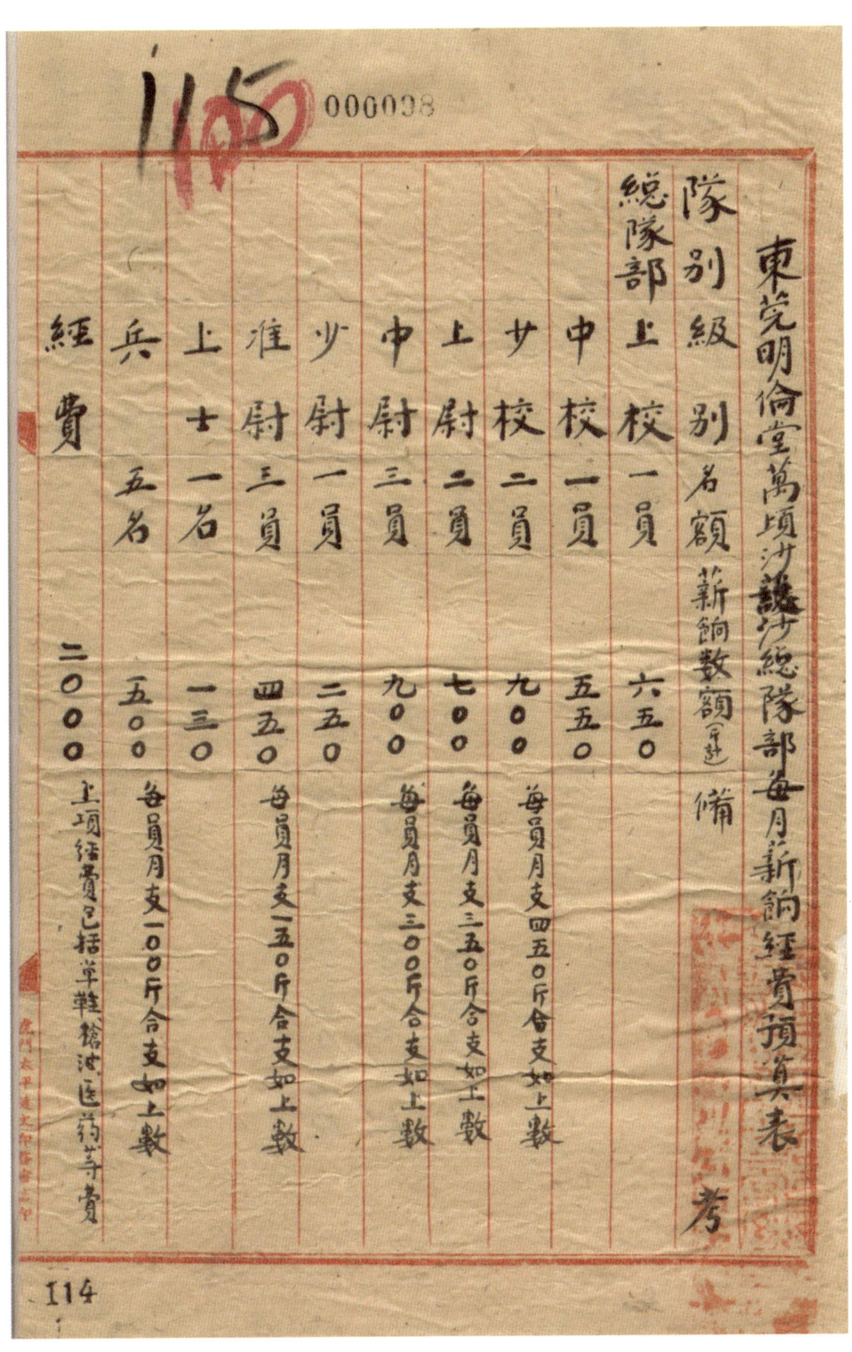

000098

東莞明倫堂萬頃沙護沙總隊部每月薪餉經費預算表

隊別	級別	名額	薪餉數額（斤[illegible]）	備考
總隊部	上校	一員	六五〇	
	中校	一員	五五〇	
	少校	二員	九〇〇	每員月支四五〇斤合支如上數
	上尉	二員	七〇〇	每員月支三五〇斤合支如上數
	中尉	三員	九〇〇	每員月支三〇〇斤合支如上數
	少尉	一員	二五〇	
	准尉	三員	四五〇	每員月支一五〇斤合支如上數
	上士	一名	一三〇	
	兵	五名	五〇〇	每員月支一〇〇斤合支如上數
	經費		二〇〇〇	上項經費包括草鞋、槍油、医药等費

114

1945 年 9 月，万顷沙护沙总队部每月薪饷经费预算表【东莞市档案馆，东莞明伦堂档案 1-7-008-60】

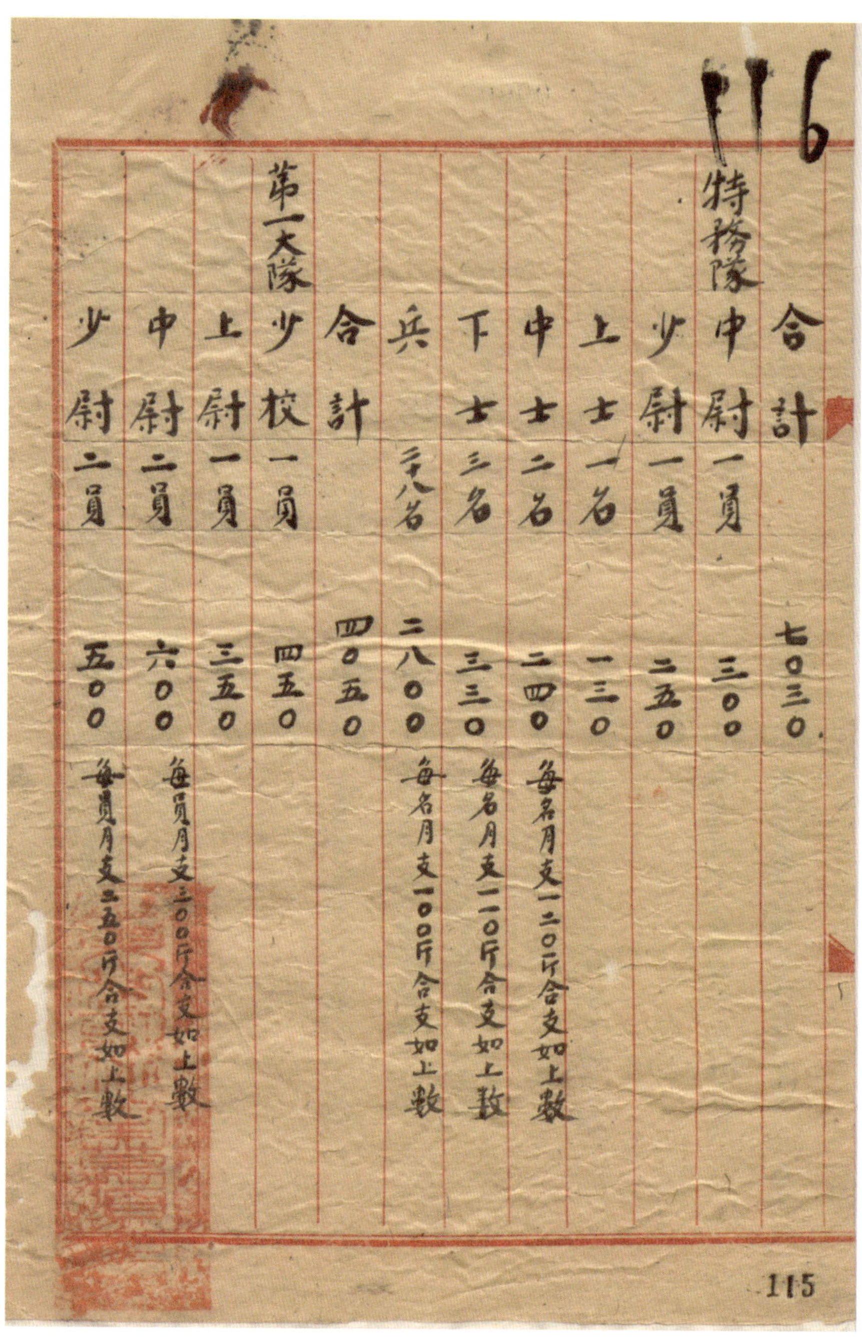
116

隊別	職別	人數	數額	備註
	合計		七〇三〇	
特務隊	中尉	一員	三〇〇	
	少尉	一員	二五〇	
	上士	一名	一三〇	
	中士	二名	二四〇	每名月支一二〇斤合支如上數
	下士	三名	三三〇	每名月支一一〇斤合支如上數
	兵	二十八名	二八〇〇	每名月支一〇〇斤合支如上數
	合計		四〇五〇	
第一大隊	少校	一員	四五〇	
	上尉	一員	三五〇	
	中尉	二員	六〇〇	每員月支三〇〇斤合支如上數
	少尉	二員	五〇〇	每員月支二五〇斤合支如上數

115

（续上页）【同上】

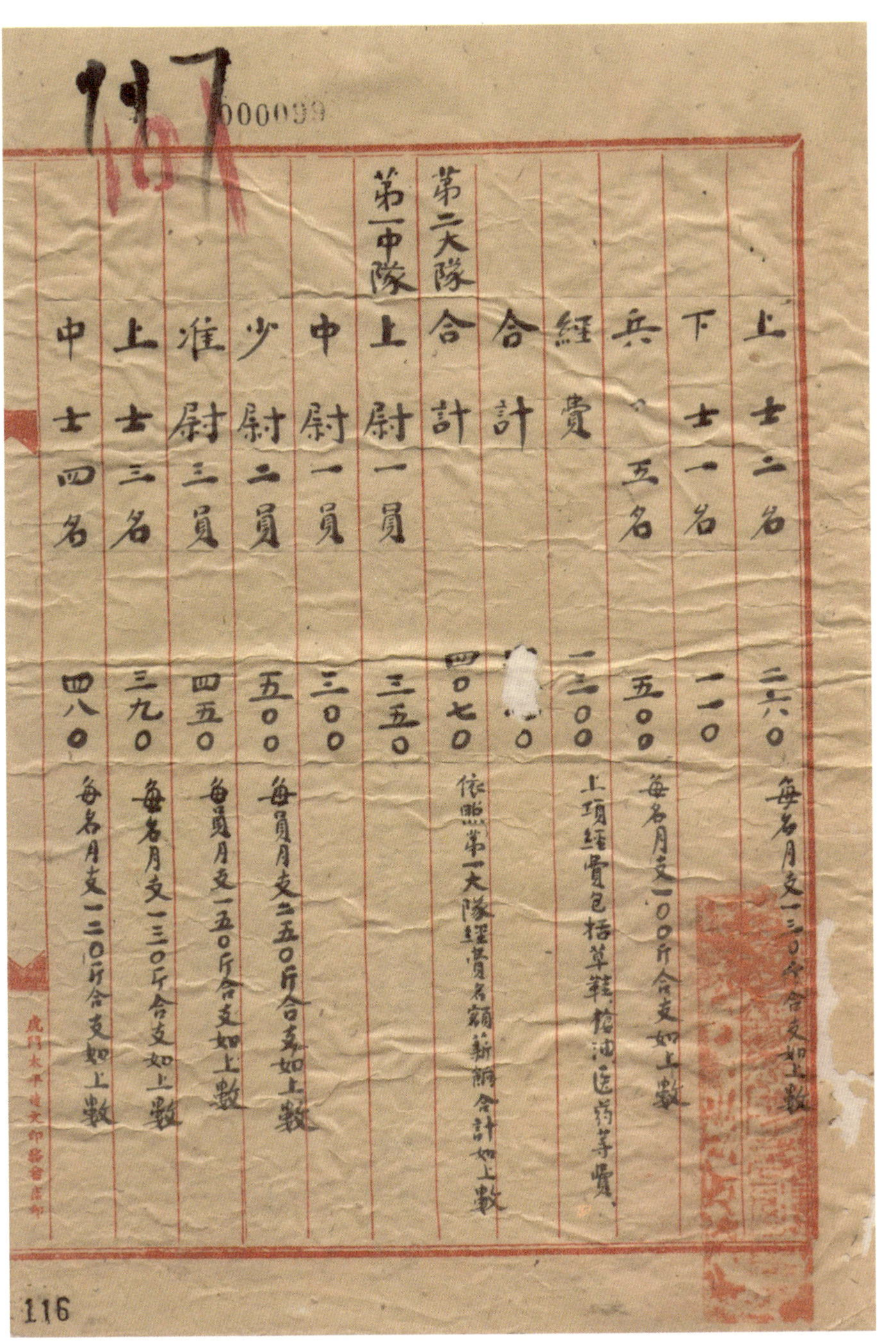
000099

	上士二名	二六〇	每名月支一三〇斤合支如上數
	下士一名	一一〇	
	兵〃五名	五〇〇	每名月支一〇〇斤合支如上數
	經費	一二〇〇	上項經費包括草鞋燈油医藥等費
	合計	[illegible]〇	
第二大隊	合計	四〇七〇	依照第一大隊經費名額薪餉合計如上數
第一中隊	上尉一員	三五〇	
	中尉一員	三〇〇	
	少尉二員	五〇〇	每員月支二五〇斤合支如上數
	准尉三員	四五〇	每員月支一五〇斤合支如上數
	上士三名	三九〇	每名月支一三〇斤合支如上數
	中士四名	四八〇	每名月支一二〇斤合支如上數

116

（续上页）【同上】

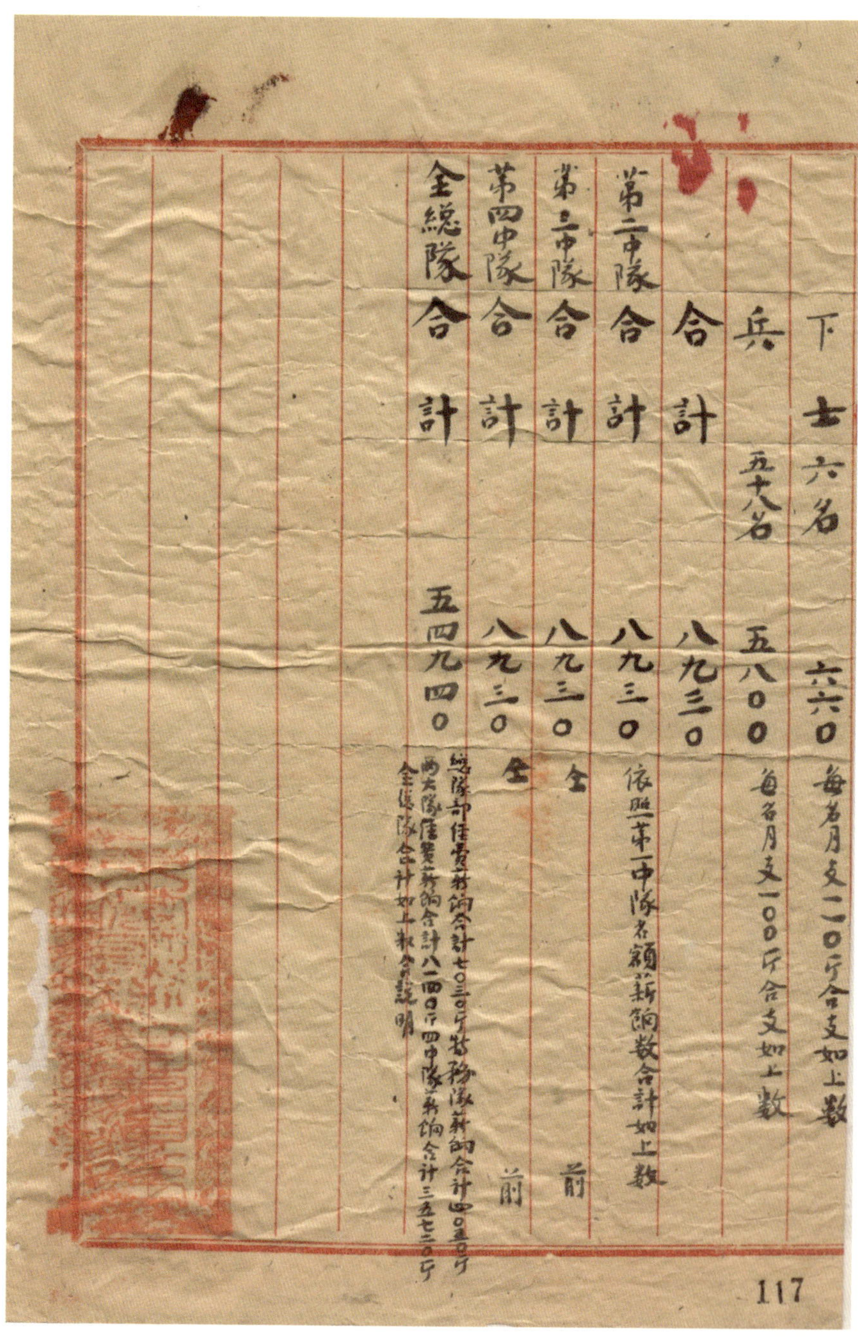

项目	名额	数目	说明
下士	六名	六六〇	每名月支一一〇斤合支如上數
兵	五十八名	五八〇〇	每名月支一〇〇斤合支如上數
合計		八九三〇	依照第一中隊名額薪餉數合計如上數
第二中隊合計		八九三〇	仝前
第三中隊合計		八九三〇	仝前
第四中隊合計		八九三〇	
全總隊合計		五四九四〇	總隊部經費薪餉合計七〇三〇斤特務隊薪餉合計四〇五〇斤 兩大隊經費薪餉合計八一四〇斤四中隊薪餉合計三五七二〇斤 全總隊合計如上報合說明

117

（续上页）【同上】

东莞明伦堂与东莞地方建设

东莞明伦堂拥有万顷沙以来，积极参与公共设施建设和发展公益慈善事业，为近代东莞的教育发展、人才培养、医疗保障、公路和水利等基础设施建设发挥了积极作用。其中，尤以东莞的学务推广为主要职责，以教育经费支出为大宗。

稍有盈餘可爲一邑經久之計並非自私自利依託附名況明倫堂沙務各紳係由通邑五屬公舉與公局諸紳絕無干涉其平日鄉望未孚品行不端者不令與聞其事紳等卽有私業亦無抵近屯田尙不致有豪强兼併之弊查明倫堂歲支款項所有邑中書院廣額膏火文武歲科考生童卷資册金鄉會試卷資京官旅費文武會試公車等項皆出於此雖非敢謂嘉惠士林然實有關全屬學校之用至於捐辦紅單戰船增廣學額募勇復城防夷護省一切公舉有關大局者無不竭力報効紳等食毛踐土斷不敢有違禁令自便私圖也現奉飭繳屯變銀兩准予換給部照仰見大憲恩周薄海德及士民無論如何籌維自必輸將踴躍當於上年十二月內籌繳銀三萬二千兩本年五月奉諭勒限一個月內淸完又於六月二十三日遵繳銀四萬兩均蒙收存嗣於七月初十日遵繳銀五萬兩奉局傳諭因已逾限原銀發還紳等萬分祗懼祗以數目過鉅籌措維艱一時未

二十世纪二十年代末期以后，东莞明伦堂越来越多的经费被用于投资和维持东莞公益事业和基础设施建设。陈伯陶《东莞县志》记载：“查明伦堂岁支款项，所有邑中书院广额膏火，文武岁科考生童卷资册金，乡会试卷资，京官旅费，文武会试公车等项，皆出于此。虽非敢谓嘉惠士林，然实有关全属学校之用，至于捐办红单战船，增广学额，募勇复城，防夷护省，一切公举有关大局者，无不竭力报效。”【陈伯陶：［民国］《东莞县志》卷一百《沙田志》，第 10 页】

一、东莞明伦堂与东莞教育

民国以后，明倫堂的支出，大約以教育經費为大宗。全县各中小学校的經費由明倫堂支付的每月数仟元。东莞籍往西洋（欧美）留学的每人每年津貼一百六十两（后来改两为元）；往东洋（日本）及北京留学的每人每年津貼八十两；在广州讀書的每人每年也分得津貼三数元（按人数多少均分）。

东莞明伦堂拥有万顷沙之后，承担起了推广东莞学务的责任。袁良骅《东莞教育问题》记载："民国以后，明伦堂的支出，大约以教育经费为大宗。全县各中小学校的经费由明伦堂支付的每月数千元。东莞籍往西洋（欧美）留学的每人每年津贴一百六十两（后来改两为元），往东洋（日本）及北京留学的每人每年津贴八十两，在广州读书的每人每年也分得津贴三数元（按人数多少均分）。"[①] 东莞明伦堂不仅长期资助东莞中学、石龙中学及全县各乡镇学校的教育费用，而且与社会各方力量出资建设了虎门中学、常平中学、明生中学、广州的莞旅中学以及万顷沙等几所小学。袁良骅《东莞教育问题》一文中披露，"东莞百分之九十的教育经费都由东莞明伦堂负担，明伦堂用于教育的经费占明伦堂总收入的百分之七十。"此外，凡由东莞明伦堂负担经费的中小学校长人选，均由当时的东莞县政府和明伦堂共同决定："向由敝会选择莞籍学历优良之士，送请贵府委荐；其或一时权宜，由贵府选定人员，征得敝会同意，然后委荐亦无不可。盖以邑中公款办理邑中教育，校长人选，必须谨慎商榷，敝会历年沿用成例，牢不敢破。"[②]

① 袁良骅：《东莞教育问题》，《东莞教育》，1947 年。

② 东莞市档案馆，明伦堂档案 81-3，明伦堂有关教育会议等文件，1939 年，第 22 页。

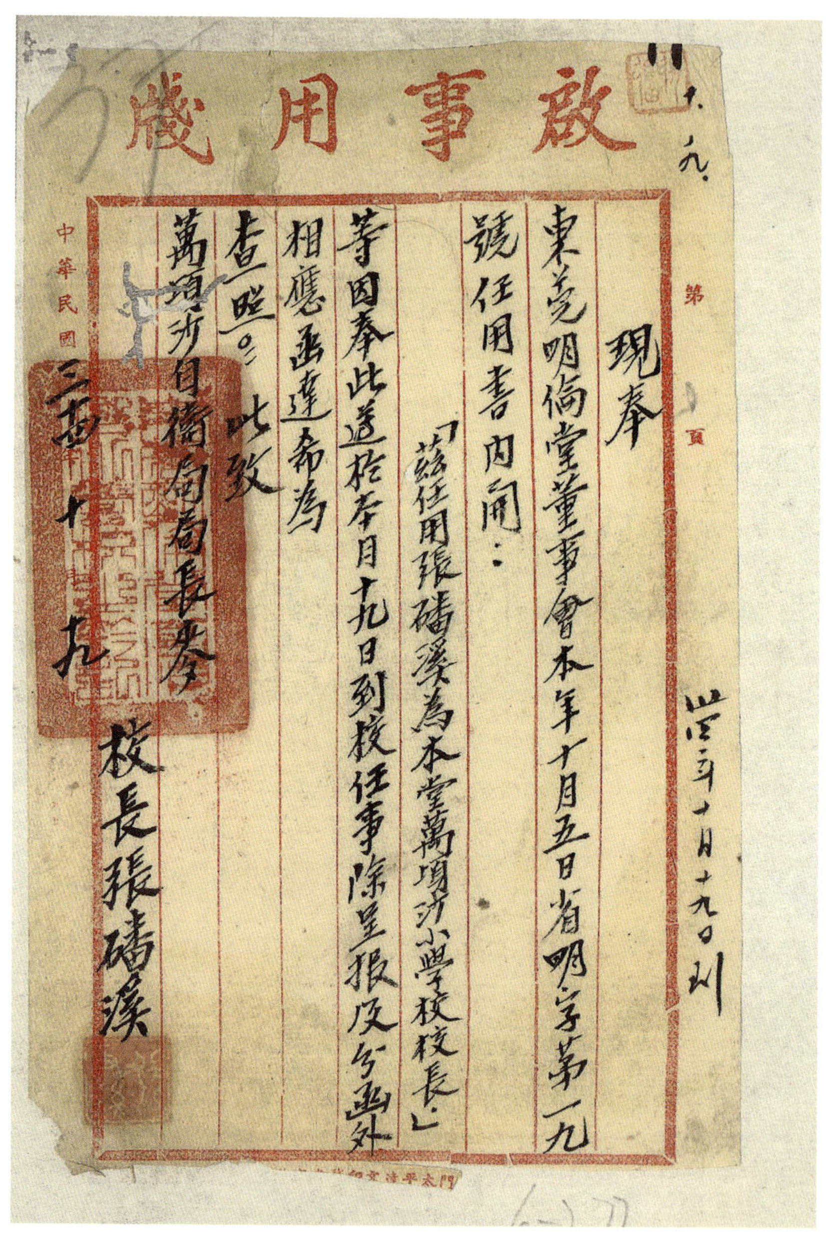
啟事用箋

現奉
東莞明倫堂董事會本年十月五日省明字第一九
號任用書內開：
「茲任用張磻溪為本堂萬頃沙小學校校長」
等因奉此遵於本月十九日到校任事除呈報及分函外
相應函達希為
查照。此致
萬頃沙自衛局局長麥

校長張磻溪

中華民國三十四年十月十九

1945 年 10 月 19 日，万顷沙小学校长张磻溪收到东莞明伦堂董事会任命函后，奉令到校任事并呈报给万顷沙自卫局局长麦韶的函【中山市档案馆，东莞明伦堂档案 1-A1[1].6-277-8-1】

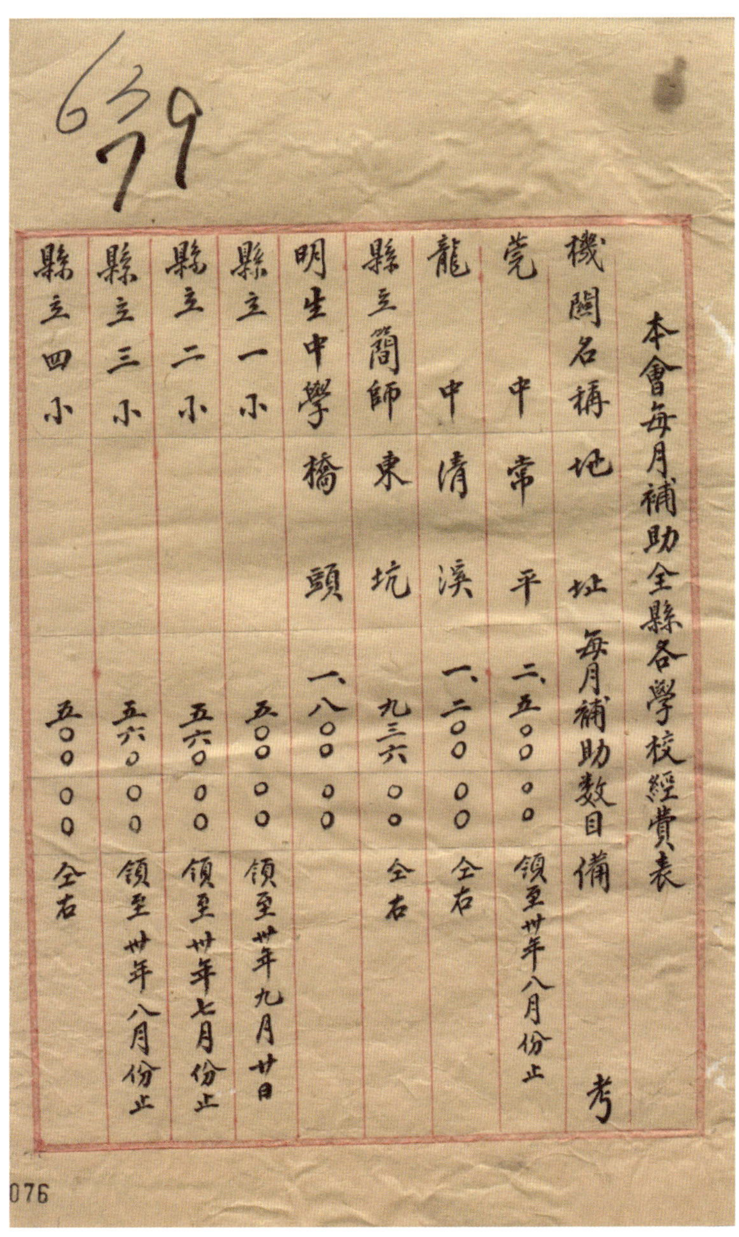

本會每月補助全縣各學校經費表

機關名稱	地址	每月補助数目	備考
莞中	常平	二、五〇〇 〇〇	領至卅年八月份止
龍中	清溪	一、二〇〇 〇〇	仝右
縣立簡師	東坑	九三六 〇〇	仝右
明生中學	橋頭	一、八〇〇 〇〇	
縣立一小		五〇〇 〇〇	領至卅年九月廿日
縣立二小		五六〇 〇〇	領至卅年七月份止
縣立三小		五六〇 〇〇	領至卅年八月份止
縣立四小		五〇〇 〇〇	仝右

上图为抗日战争时期，东莞明伦堂每月补助东莞中学、石龙中学、县立简易师范学校、明生中学和县立一小、县立二小、县立三小、县立四小、县立五小、县立六小、县立七小、县立短期小学的经费表【东莞市档案馆，东莞明伦堂档案 1-7-0017-29】

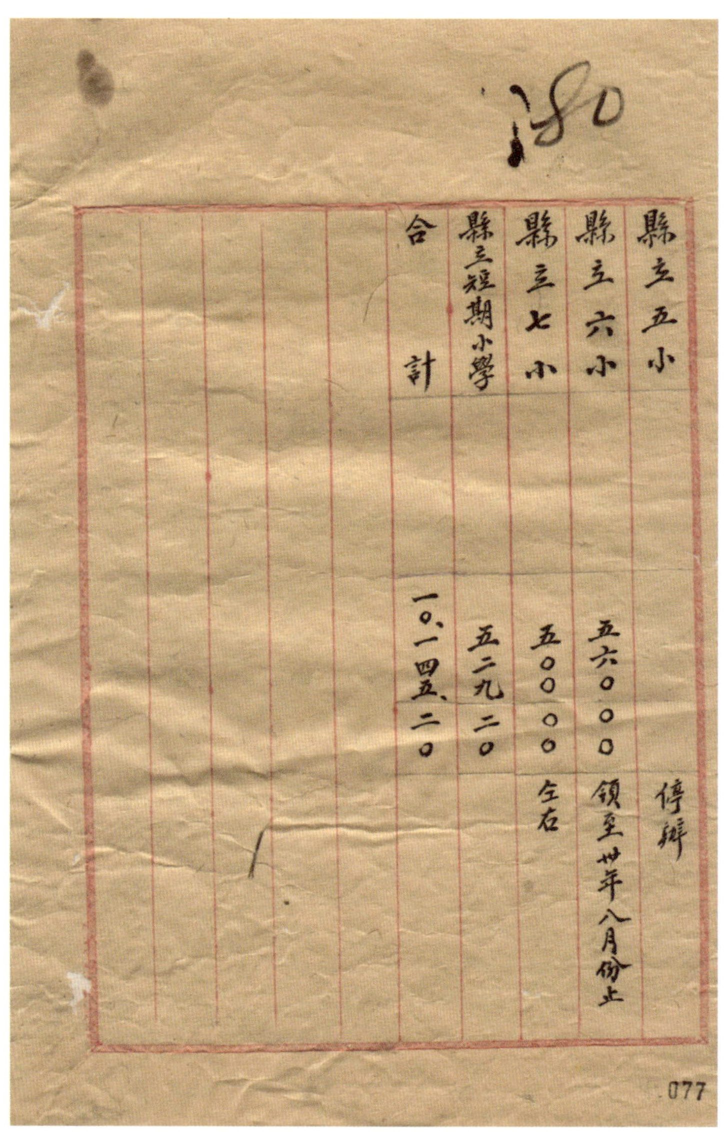

180

學校	金額	備註
縣立五小		停辦
縣立六小	五六〇〇〇	領至卅年八月份止
縣立七小	五〇〇〇〇	仝右
縣立短期小學	五二九二〇	
合計	一〇、一四五、二〇	

077

（续上页）【同上】

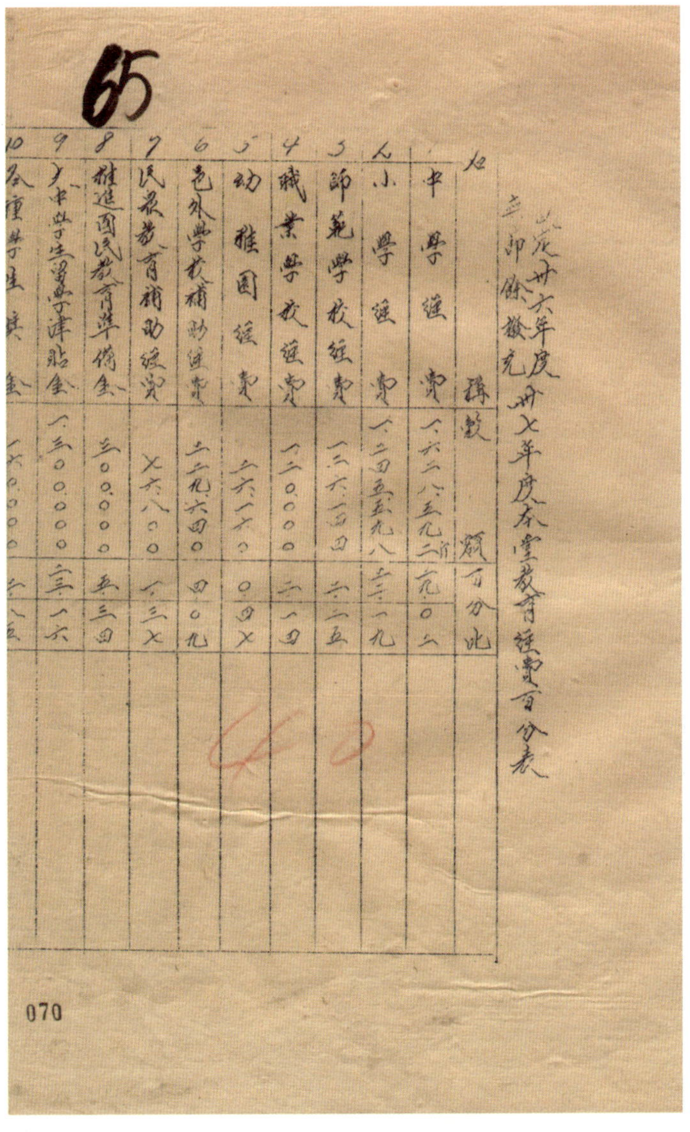

65

東莞卅六年度印餘撥充卅七年度本堂教育經費百分表

	項	數額	百分比
1	中學經費	一六二八五九二斤	二九〇二
2	小學經費	一二四五五九八	二三一九
3	師範學校經費	一二六一四四	二二五
4	職業學校經費	一二〇〇〇〇	二一四
5	幼稚園經費	二六一六〇	〇四七
6	邑外學校補助經費	二二九六四〇	四〇九
7	民衆教育補助經費	七六八〇〇	一三七
8	推進國民教育準備金	三〇〇〇〇〇	五三四
9	大中學生留學津貼金	一三〇〇〇〇〇	二三一六
10	各種學生獎金	一六〇〇〇〇	二八五

40

070

1948 年，东莞明伦堂教育经费谷额 5112934 斤。其中，中学经费占比 29.02%，小学经费占 23.19%，师范学校经费占 2.25%，职业学校经费占 2.14%，幼稚园占 0.47%，邑外学校补助经费 4.09%，民众教育补助经费占 1.37%，推进国民教育准备金 5.34%，大中学生留学津贴金占 23.16%，各种学生奖金 2.85%，国外留学生津贴金 1.78%，教育准备费 5.34%。【东莞市档案馆，东莞明伦堂档案 1-7-0182-24】

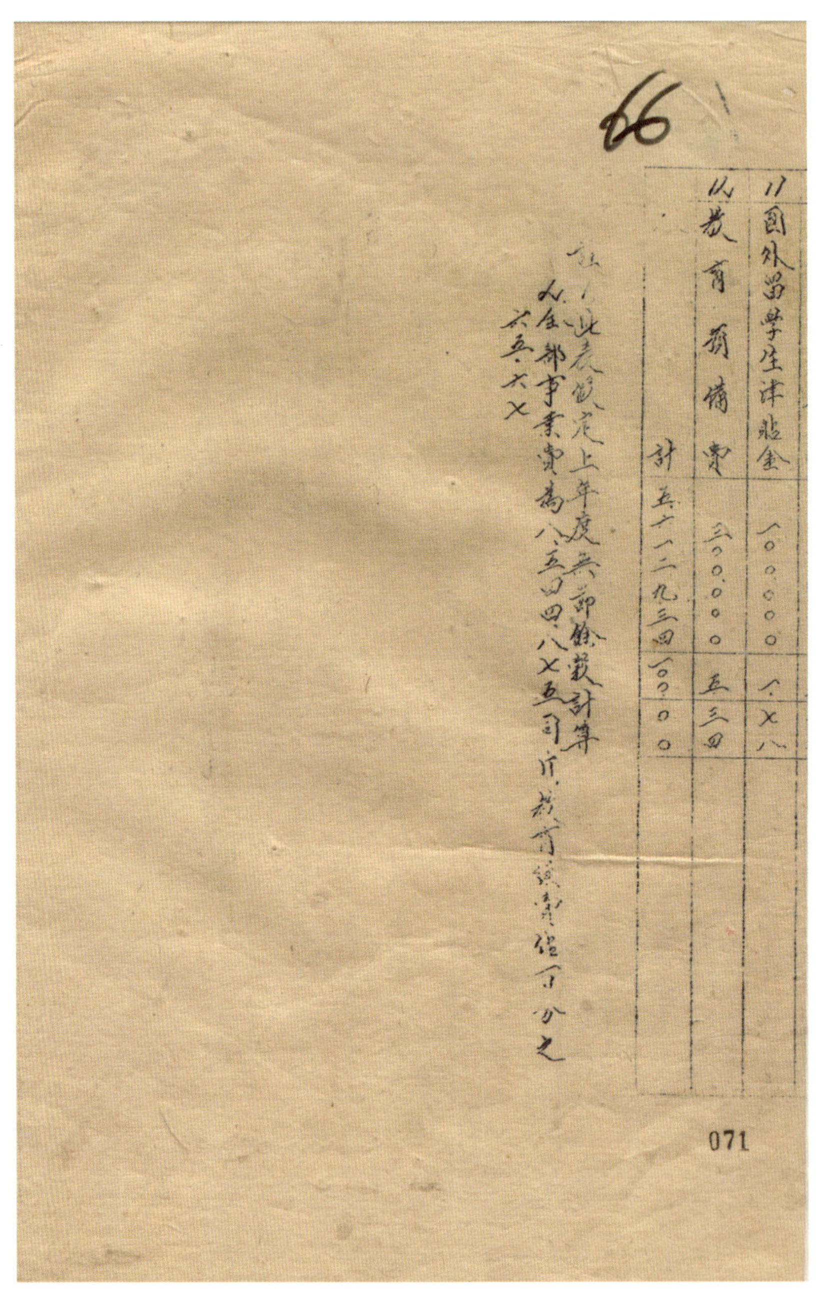
66

11	國外留學生津貼金	一〇〇〇〇〇	一七八
14	教育預備費	三〇〇〇〇〇	五三四
	計	五一一二九三四	一〇〇〇〇

註：此表鈔定上年度與部餘穀計算
全部事業費為八五四四八七五司斤，教育經費佔百分之
六五·六七

071

1948年，东莞明伦堂全部事业费谷额为8544875司斤，其中，教育经费谷额5112934斤，占全部事业费的65.67%。【同上】

学校教育经费谷物支付预算书[1]

（民国三十五年八月至三十六年七月）　　单位：斤

校　名	全年度谷额	每月谷额	校　名	全年度谷额	每月谷额
东莞中学	302400	25200	常平中学	66360	5530
石龙中学	194880	16240	明生中学	207000	17250
虎门中学	105960	8830	济川中学	51192	4266
简易师范	93120	7660	莞城镇第一中心国民学校	96600	8050
莞城镇第二中心国民学校	96360	8030	石龙镇第一中心国民学校	96360	8030
石龙镇第二中心国民学校	64800	5400	广裕乡中心国民学校	51120	4260
望溪乡中心国民学校	51120	4260	济川乡中收国民学校	78840	6570
太平镇中心国民学校	51120	4260	仁和乡中心国民学校	64800	5400
太和乡第二中心国民学校	57960	4830	万顷沙小学	57840	4820
明生附小	51000	4250	简师附小	51000	4250
青年小学	12000	1000	吉云小学	15000	1250
明生幼稚园	11040	920	民教班	48000	4000
其他学校	19401				

东莞明伦堂教育经费的第一项支出是学校教育经费，主要用于支付学校日常运营费以及教师薪酬等。根据《学校教育经费谷物支付预算书》（1946 年 8 月至 1947 年 7 月），东莞明伦堂主要以谷物的方式资助东莞中学、石龙中学、明生中学、虎门中学、常平中学、济川中学等二十余所学校以及明生幼稚园等。

① 东莞市档案馆，东莞明伦堂档案 81-37，明伦堂董事会议录材料之一，1946 年，第 90 页。

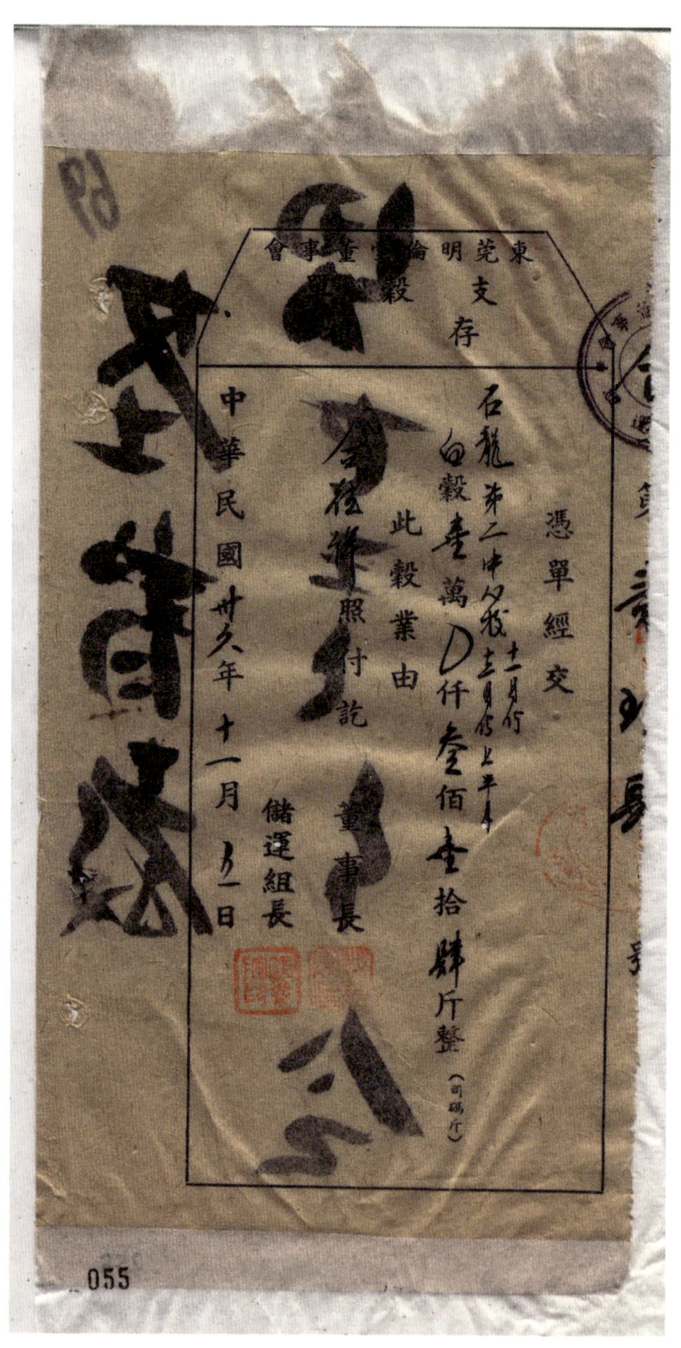

東莞明倫堂董事會
支穀單
存

憑單經交
石龍第二中心校十一月份十二月份上半月
白穀壹萬〇仟叁佰壹拾肆斤整（司碼斤）
此穀業由
照付訖
董事長
儲運組長
中華民國卅六年十一月廿二日

055

1947年，东莞明伦堂董事会付给石龙第二中心学校谷物单存根【东莞市档案馆，东莞明伦堂档案1-2-0393-28】

東莞明倫堂董事會徵信錄

學校教育經費支出明細表

民國三十五年度

校名	穀額	備考
	斤	
東莞縣立中學	303,650.00	
東莞縣立石龍中學	210,756.00	
東莞縣立虎門中學	119,136.00	
東莞縣立常平中學	66,360.00	
東莞縣立簡易師範	95,120.00	
東莞縣立農業職業學校	15,372.00	
私立明生中學	207,000.00	
私立濟川中學	51,192.00	
私立觀瀾中學	7,200.00	
私立石龍女子職業學校	4,500.00	
縣城鎮第一中心國民學校	96,600.00	
縣城鎮第二中心國民學校	97,110.00	
石龍鎮第一中心國民學校	96,360.00	
石龍鎮第二中心國民學校	64,800.00	
廣裕鄉中心國民學校	51,120.00	
望聯鄉中心國民學校	51,270.00	原名望溪鄉中心國民學校
濟川鄉中心國民學校	78,840.00	
太平鎮中心國民學校	51,120.00	
茶山鄉中心國民學校	64,800.00	原名仁和鄉中心國民學校
石排鄉中心國民學校	57,960.00	原名太和鄉中心國民學校
萬頃沙小學	67,840.00	
萬頃沙小學分校	15,120.00	
明生中學附屬小學	51,000.00	
明生中學附屬幼稚園	11,040.00	
縣立簡師附屬小學	48,460.00	
青年小學	21,000.00	
吉雲小學	15,000.00	
各中心小學附設民教班經費	34,000.00	另附明細表
其他學校	82,908.00	另附明細表
合計	2,126,634.00	

二七

1946 年度，东莞明伦堂学校教育经费支出明细表【《东莞明伦堂董事会民国三十五年征信录》，第 27 页】

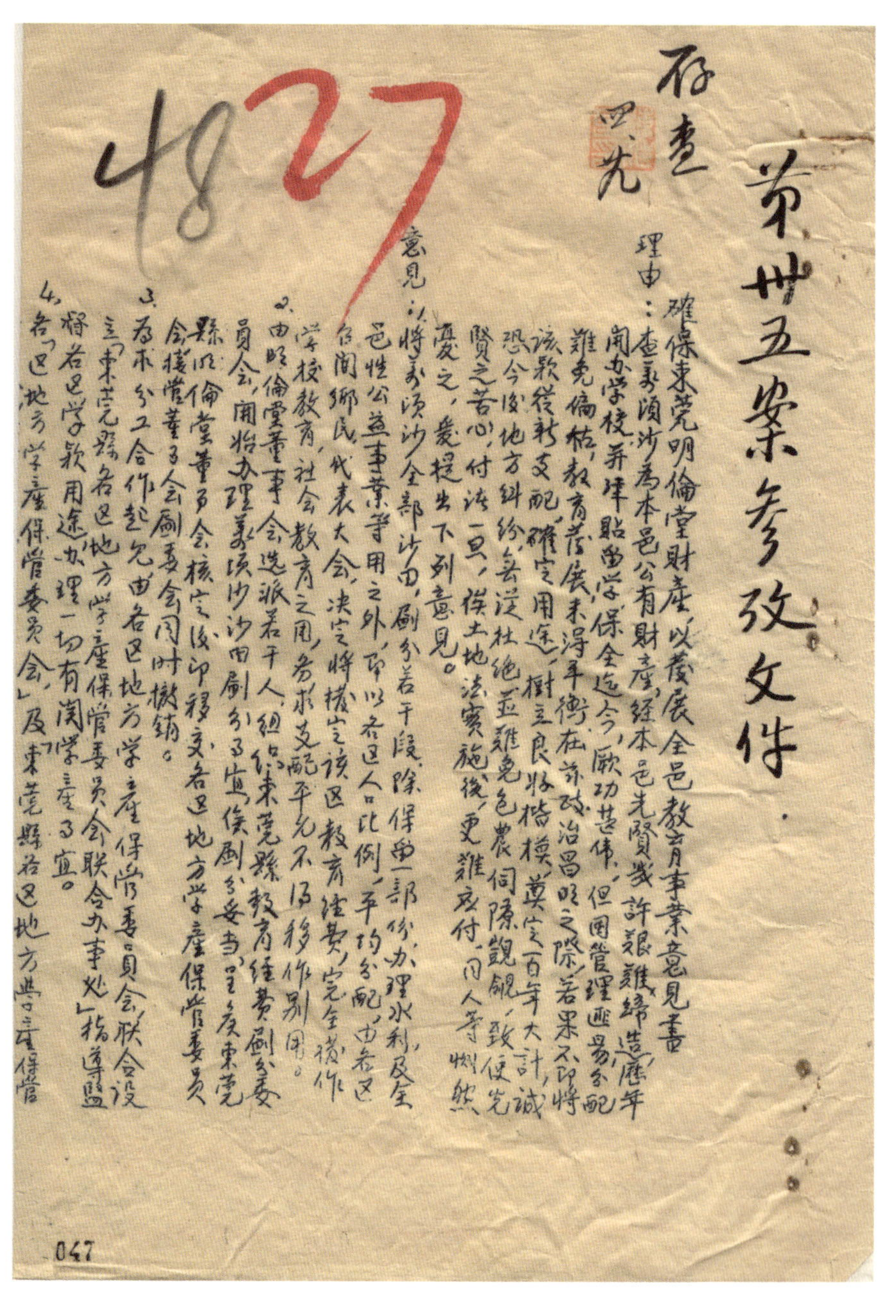

第卅五案參考文件

存查

四光

4827

確保東莞明倫堂財產，以發展全邑教育事業意見書

理由：查該項沙為本邑公有財產，經本邑先賢幾許艱難締造，歷年闢辦學校并津貼留學，保全迄今，厥功甚偉。但因管理匪易，分配難免偏枯，教育發展未得平衡。在政治昌明之際，若果不即將該款從新支配，確定用途，樹立良好楷模，奠定百年大計，恐今後地方糾紛無從杜絕，並難免色農伺隙覬覦，致使先賢之苦心付諸一旦，况土地法實施後，更難應付，同人等惻然憂之，爰提出下列意見。

意見：1.將該項沙全部沙田，劃分若干段，除保留一部份辦理水利及全邑性公益事業等用之外，即以各區人口比例，平均分配，由各區自開鄉民代表大會，決定將撥定該區教育經費，完全撥作學校教育、社會教育之用，務求支配平允，不得移作別用。

2.由明倫堂董事會選派若干人，組織東莞縣教育經費劃分委員會，開始辦理該項沙沙田劃分事宜，俟劃分妥當，呈交東莞縣明倫堂董事會核定後即移交各區地方學產保管委員會接管，董事會劃分委員會同時撤銷。

3.為求分工合作起見，由各區地方學產保管委員會，聯合設立「東莞縣各區地方學產保管委員會聯合辦事處」指導監督各區學款用途，辦理一切有關學產事宜。

4.各「區地方學產保管委員會」及「東莞縣各區地方學產保管

047

1946年，为了解决东莞境内各地区教育经费公平分配问题，何董事等拟定了《东莞明伦堂发展全邑教育事业意见书》的提案【东莞市档案馆，东莞明伦堂档案1-7-0043-06】

东莞明伦堂发展全邑教育事业意见书[1]

确保东莞明伦堂财产，以发展全邑教育事业意见书。

理由：查万顷沙为本邑公有财产，经本邑先贤历几许经艰难缔造，历年开办学校，并津贴留学，保全迄今，厥功甚伟。但因管理匪易，分配难免偏佐，教育发展未得平衡。在兹政治昌明之际，若果即不将该款重新支配，确定用途，树立良好的楷模，奠定百年大计，诚恐今后地方纠纷无法杜绝，并难免包农伺隙觊觎，导致先贤之苦心付诸一旦。俟土地法实施后，更难应付，同人等慨然忧之，爰提出下列意见。

意见：

1. 将万顷沙全部沙田划分若干段，除保留一部分办理水利及全邑性公益事业等用之外，即以各区人口比例平均分配，由各区召开乡民代表大会，决定将拨定该区教育经费，完全拨作学校教育、社会教育之用，务求支配平允，不得移作他用。

2. 由明伦堂董事会选派若干人，组织东莞县教育经费划分委员会，开始办理万顷沙沙田划分事宜，俟划分妥当，呈送东莞县明伦堂董事会核定后，即移交各区地方学产保管委员会接管，董事会、划分委员会同时撤销。

3. 为求分工合作起见，各区地方学产保管委员会联合设立“东莞各区地方学产保管委员会联合办事处”，指导监督各区学款用途，办理一切有关学产事宜。

4. “各区地方学产保管委员会”及“东莞县各区地方学产保管委员会联合办事处”组织章程及学产（万顷沙租谷）处理实施办法另定之。

以上意见是否有孛谨提供

提案人：何董事等

① 东莞市档案馆，东莞明伦堂档案 1-7-0043-06。

中等学校经费等级划分明细表

职别	甲等		乙等		丙等		备考
	员额	薪额/斤	员额	薪额/斤	员额	薪额/斤	
校长	1	800	1	750	1	700	每周授课六小时不另支薪
教务主任	1	700	1	680			每周授课十二小时不另支薪
训育主任	1	700	1	680			同上
事务主任	1	700	1	680			同上
教导主任					1	600	同上
体育组长	1	640					同上
童军组长	1	640					同上
体育童军组长					1	570	同上
高中班导师教员		640		640		640	每周授课十八小时不另支薪
高中导师教员		620		620		620	每周授课二十小时不另支薪
初中班导师教员		560		560		560	每周授课十八小时不另支薪
初中导师教员		540		540		540	每周授课二十小时不另支薪
兼任教员							高中30斤/小时，初中26
干事	10	380	7	380	4	380	文牍、会计、庶务、教务等
书记	5	340	4	340	2	340	办理一切该校事务
工役	15	150	15	150	15	150	传达、水务、厨房、什役
办公费		70		70		70	每班70斤
设备费		50		50		50	每班50斤
特别办公费		100		80		80	每月计算

东莞明伦堂将中等学校实物支付以班数为依据，分列甲、乙、丙三个等级拨给，十二个班以上者为甲等，六个班至十一个班者为乙等，未满六个班者为丙等。【《东莞明伦堂民国三十五年度征信录·东莞明伦堂董事会暂定中等学校经费实物支付等级表》，1946年】

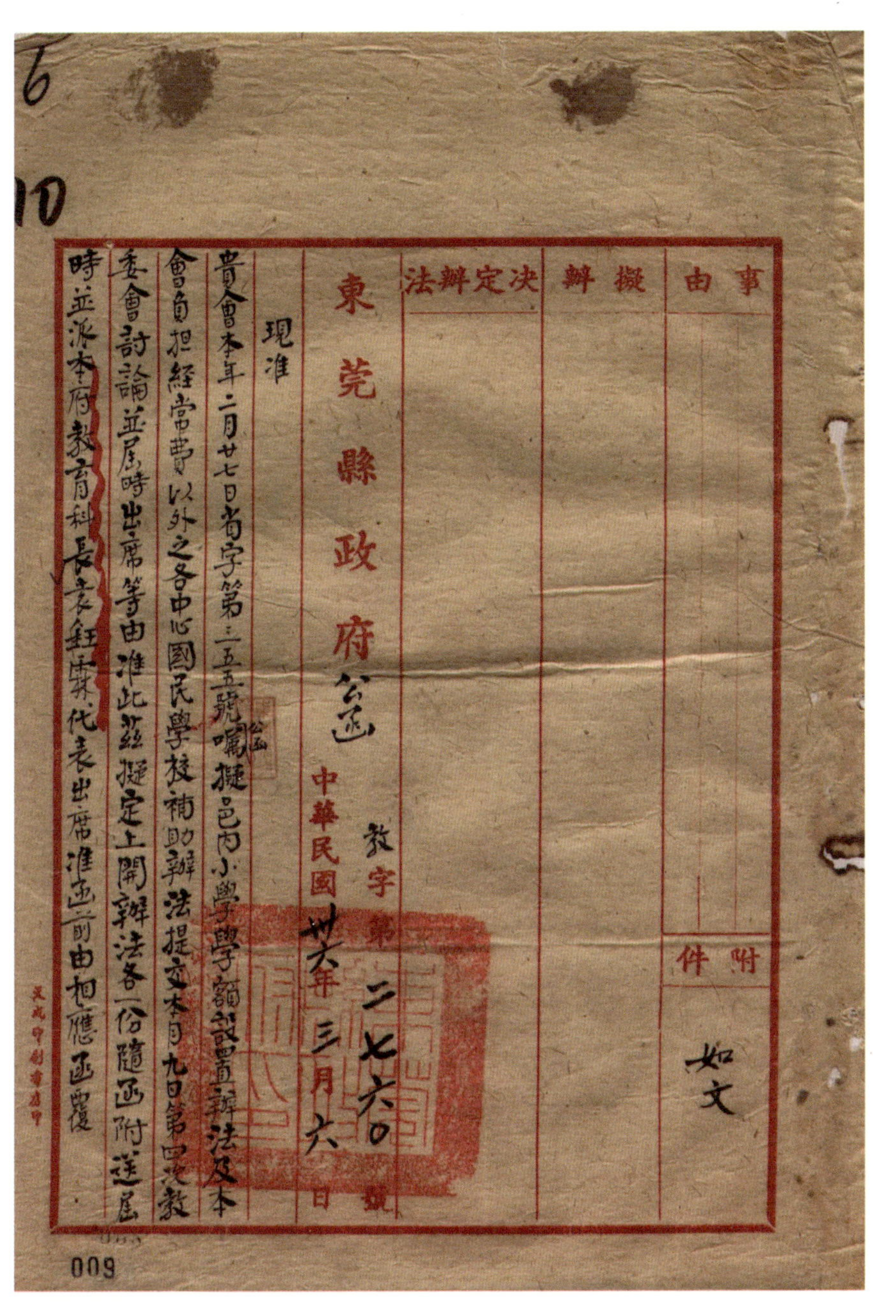

事由	擬辦	決定辦法

附件：如文

東莞縣政府公函　教字第二七六〇號

現准

貴會本年二月廿七日首字第三五五號囑擬邑內小學學額設置辦法及本會負担經常費以外之各中心國民學校補助辦法提交本月九日第四次教委會討論並届時出席等由准此茲擬定上開辦法各一份隨函附送届時並派本府教育科長袁鈺霖代表出席准函前由相應函復

中華民國卅六年三月六日

1947 年 3 月 6 日，东莞县政府函复明伦堂关于邑内小学学额设置办法及中心国民学校补助办法讨论事项的公函【东莞市档案馆，东莞明伦堂档案 1-1-0069-06】

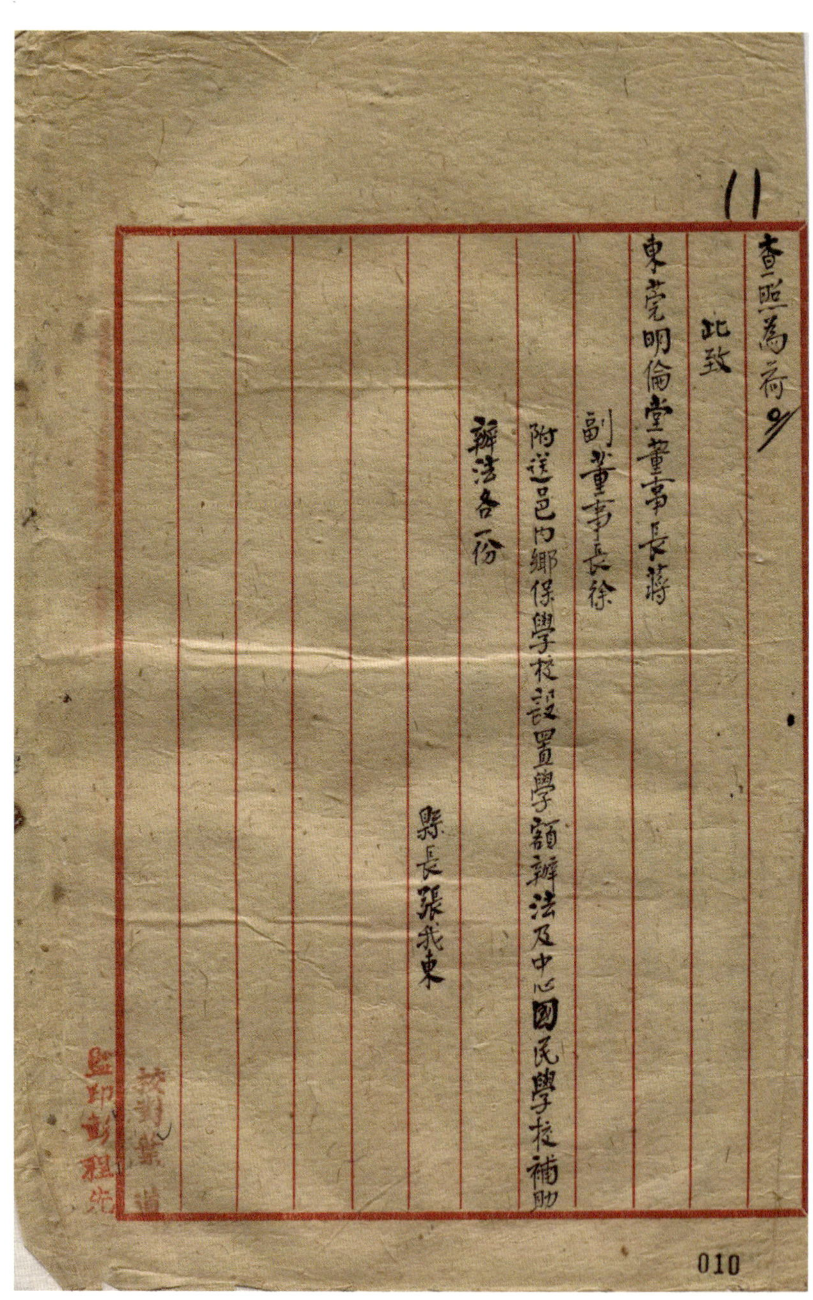
(1)

查照為荷。

此致

東莞明倫堂董事長蔣

副董事長徐

附送邑內鄉保學校設置學額辦法及中心國民學校補助辦法各一份

縣長張我東

監印彭程先
校對葉道

010

（接上页）【同上】

東莞明倫堂沙田經理局公報留學生掛號名數廣告

爲佈告事照得本局發給本年上季留學津貼業經登報定期六月二十日來局掛號七月　日發給津貼在案現因掛號之期已滿但未發給之前例先將各生到局掛號姓名登報止截以便按名攤分其有冒名來局掛號者亦請各界函知俾得將該名除去以杜偽冒茲將各生掛號姓名列後俾衆週知

（留學西洋學生）王文法　陳國燊　袁擢英　方學券　陳良士　丁紀才　盧大德　黎國材　劉百壽　王達生　謝志光　劉鉅泉　張金潤　彭嘉賢　翟俊千　江呂文　鄭輝　謝志媛　王燦芬　周鳳圖　譚聯標　袁宗鐸　葉恩溥　鍾琨瑜　劉克平　蘇溢光　劉兆錫（以上共二十七人）

（留學東洋學生）楊獨當　葉偉民（以上共二人）

（留學外省學生）謝育才　庾光宗　張潤林　湛景唐　黃兆雄　王學本　庾光奠　羅傑卿　葉邦彥　葉其相　陳慈聰　葉上林　梁晉壓　陳安良　劉泰　李國祥　陳樊強　林仲儀　張景陶　譚廣庸　王鏡澄　劉碩軾　譚澹如　梁健仁　鄧翰綸　曾澄溥（以上共二十六人）

（留學北京學生）羅嵩翰　徐光謙　蕭景慈　施少川　黃溥楨　鄧炳麟　容肇祖　張培燊　錢金城　羅應祥　容庾　張沛楙　張什銳　麥鸞　盧彭鏗　祁紹薪　張蔭麟　麥咸　盧翌　王啟後　葉沅芷　羅耀辰　羅瑤　李志居　袁婉蘭　張寶恒　鄺炫坤　祁錫蕃　鍾燮坤　葉毓茂　翟宗漢　黎仰樞　王紹曾　翟宗心　倫慧珠　歐鎣泉（以上共三十六人）

巳五一二六

明伦堂教育经费第二项支出为留学津贴及奖励金。清末东莞人到省城或赴京赶考，明伦堂会发给路费，考中的还送公车费，放出任官的另送旅费。民国以后，到西欧、美国、日本、北京、广州留学的每年都送不等额定的留学津贴。发给之前例先登报，以便学生携同凭证前来报名挂号，以凭支出，严防伪冒。一般在阳历 7 月 1 日发给头季留学津贴，则在登报之日起至 6 月 20 日止约一个月的时间内让学生报名挂号。留学国外或外省的学生，可由其亲属携凭证前来挂号。在发放津贴前数日，东莞明伦堂亦会将已报名挂号学生名数登报，供学生确认。【《东莞明伦堂沙田经理局公报留学生挂号名数广告》，《广州民国日报》，1926 年 5 月 17 日，第 2 版】

东莞明伦堂留学津贴办法[①]

（三十五年十月廿日　第三次董事会修正）

一.东莞明伦堂（以下简称本堂）为扶助莞籍邑外求学青年，每年拨谷八千担，为此项留学生津贴，其分配如下：

（一）国外高等教育级壹千担；

（二）国内高等教育级肆千担；

（三）邑外中等教育级叁千担。

二.凡莞籍学生现肄业于外国，经当地政府立案之大学者，得报领国外高等教育级津贴。但东洋、南洋、香港经该当地政府立案之大学，照国内大学待遇。

三.凡莞籍学生现肄业于下列院校之一者，得报领国内高等教育级津贴：

（一）国内公立或已立案之私立大学本科或研究院；

（二）国内公立或已立案之私立独立学院本科；

（三）国内公立或已立案之私立专科学校（如属五年制专科学校，须在三年级以上肄业）；

（四）国内公立或已立案之私立大学或独立学院，或专科学校附设二年以上专修科，一年以上训练班（此项训练班限于津贴曾在高级中学毕业而入班者）。

四.凡莞籍学生现肄业于下列学校之一者，得报领邑外中等教育级津贴：

（一）国内公立或已立案之私立五年制专科学校一二年级；

（二）国内公立或已立案之私立大学或独立学院或专科学校附设先修班及一年以上训练班（此项训练班系指未在高级中学毕业而入班者）；

（三）邑外公立或已立案之私立中学校；

（四）邑外公立或已立案之私立师范学校或职业学校其学级比照高级中学或初级中学者；

（五）香港、澳门中等学校曾在我国政府立案者。

五.国外（除香港澳门外）留学津贴不设中等教育级。

六.凡莞籍学生现肄业于国内外海陆空军及警官学校者，得比照相当学级，

---

① 东莞市档案馆，东莞明伦堂档案 1-7-0037-36。

分别报领各级津贴。

七．凡不属于上列各种校班之各种临时训练机构，或其他补习学校学生，概不发给津贴。

八．各级津贴依照学年分上下两期发给，上期（八月至翌年一月）津贴之报领期间，定由二月一日起至四月廿五日止，发给期间，定由五月六日起至月底止，下期（二月至七月）津贴之报领期间，定由八月一日起至十月廿五日止，发给期间定同十一月六日起至月底止。逾期报领，概不补发。

九．报领津贴时须取具学校发给之该学期在学证明书及学业操行成绩表（如属大学或独立学院或专科学校所附设训练班，报领高等教育级津贴者，并取具高级中学毕业证书），到本堂缴验，领填“报领津贴表”。其学业成绩平均不满六十分或操行成绩在“丁”等者，统不发给津贴。

十．每期所发津贴谷，系采用均分制，由各该级报领人数均分之，并得以发给期间谷价折合代金发给。但国外高等教育级每期每人不得超过拾五担，国内高等教育级每期每人不得超过五担，邑外中等教育级每期每人不得超过一担。

十一．本办法由三十五学年度起实行。

备考：本堂原拨定干谷壹万担作为莞籍邑外留学生津贴及邑内外学业奖励金，除留学生津贴八千担外，尚余式千担，作为设置学类及其他奖励金之用，其办法另定之。

东莞明伦堂学业奖励金办法案[①]

说明：查本案系在第二次董事大会时由教育社会组拟定办法十条，签请公决。嗣经第二次大会议决“交教育委员会议定办法提常会施行。”当今照交教育委员会第一次会议拟定办法九条，送经第三十六次常务会议议决“提大会决定”。合将该项办法提请。

附录：《东莞明伦堂学业奖励金办法》

（一）本堂为鼓励邑籍青年努力学业，每年拨谷七百担为学业奖励金。其分配如下：

1. 国内高等教育级二百担；

2. 国内中等教育级三百伍拾担；

3. 国内初等教育级一百伍拾担。

（二）凡莞籍学生现肄业于下列院校之一，而其学期学业成绩每科在七十分以上，平均在七十五分以上，操行成绩并在“乙”等以上者，得报领该学期高等教育级金。

1. 国内公立大学本科或研究院；

2. 国内公立独立学院本科；

3. 国内公立专科学校（如属五年制专科学校，须在三年级以上肄业）；

4. 南京私立金陵大学、南京私立金陵女子大学、上海私立沪江大学、杭州私立之江大学、上海私立东吴大学、上海私立震旦大学、上海私立大夏大学、北平私立燕京大学、北京私立协和医学院、北京私立辅仁大学、北平私立中法大学、北平私立朝阳大学、济南私立齐鲁大学、成都私立华西大学、广州私立岭南大学、广州私立国民大学、广州私立广州大学、广州大学私立光华医学院、香港大学、上海私立大同大学。

（三）凡莞籍学生现肄业于下列学校之一，而其学期学业成绩每科在七十分以上，平均在七十五分以上，操行成绩并在“乙”等以上者，得报领该学期中等教育级奖励金。

① 东莞市档案馆，东莞明伦堂档案 1-7-37-44。

1. 国内公立五年制专科学校一、二年级；

2. 国内公立中学校；

3. 国内公立职业学校及师范学校，其学级比照高级中学或初级中学者；

4. 东莞私立民生中学、广州私立岭南大学附属中学、广州私立培英中学、上海私立震旦大学附属中学、广州私立知用中学、广州私立协和中学、广州私立粤华中学、广州私立国民大学附属中学、广州私立培正中学、广州私立力行中学、广州私立教忠中学、广州私立中德中学、广州私立南武中学、广州私立培范中学、广州私立广州大学附属中学、广州私立真光中学、北平私立慕贞女子中学、上海私立南洋中学。

（四）凡莞籍学生现肄业于国内海陆空军或警官学校，而其学期学业成绩每科在七十分以上，平均在七十五分以上，操行成绩并在“乙”等以上者，得比照相当学级分别报领各该级奖励金。

（五）凡莞籍学生现肄业于邑内公立小学或各级国民学校小学部，或已立案之私立小学，而其学期学业成绩每科在七十分以上，平均在八十分以上，操行成绩并在“乙”等以上者，得报领该学期初等教育级奖励金，但每校学生领奖名额不得超过该校全体学生人数百分之五。

（六）各级奖励金依照学年分上下两期发给，上期（八月至翌年一月）奖励金之报领期定由二月一日起至四月二十五日止。发给期间定由五月六日起至月底止。下期（二月至七月）奖励金之报领期间由八月一日起至十月二十五日止。发给期间定由十一月六日起至月底止。逾期报领概不补发。

（七）报领奖励金时，领取其学校发给之该学期在学证明书及学业操行成绩表到本堂缴验，领填“报领学业奖励金表”。邑内中小学则由各该校代报代领。

（八）每月期所发奖励金谷源采用均分制，由各学级报领人数均分之，并得以发给期间谷价折合代金发给。但高等教育级奖励金每期每人不得超过两担。中等教育级奖励金每期每人不得超过一担。

（九）本办法由三十五年度起实行。

备跋：学业奖励金拨定干谷一千担，除本办法占用七百担外，尚余三百担作为各项比赛及学术奖励之用。其办法另附之。

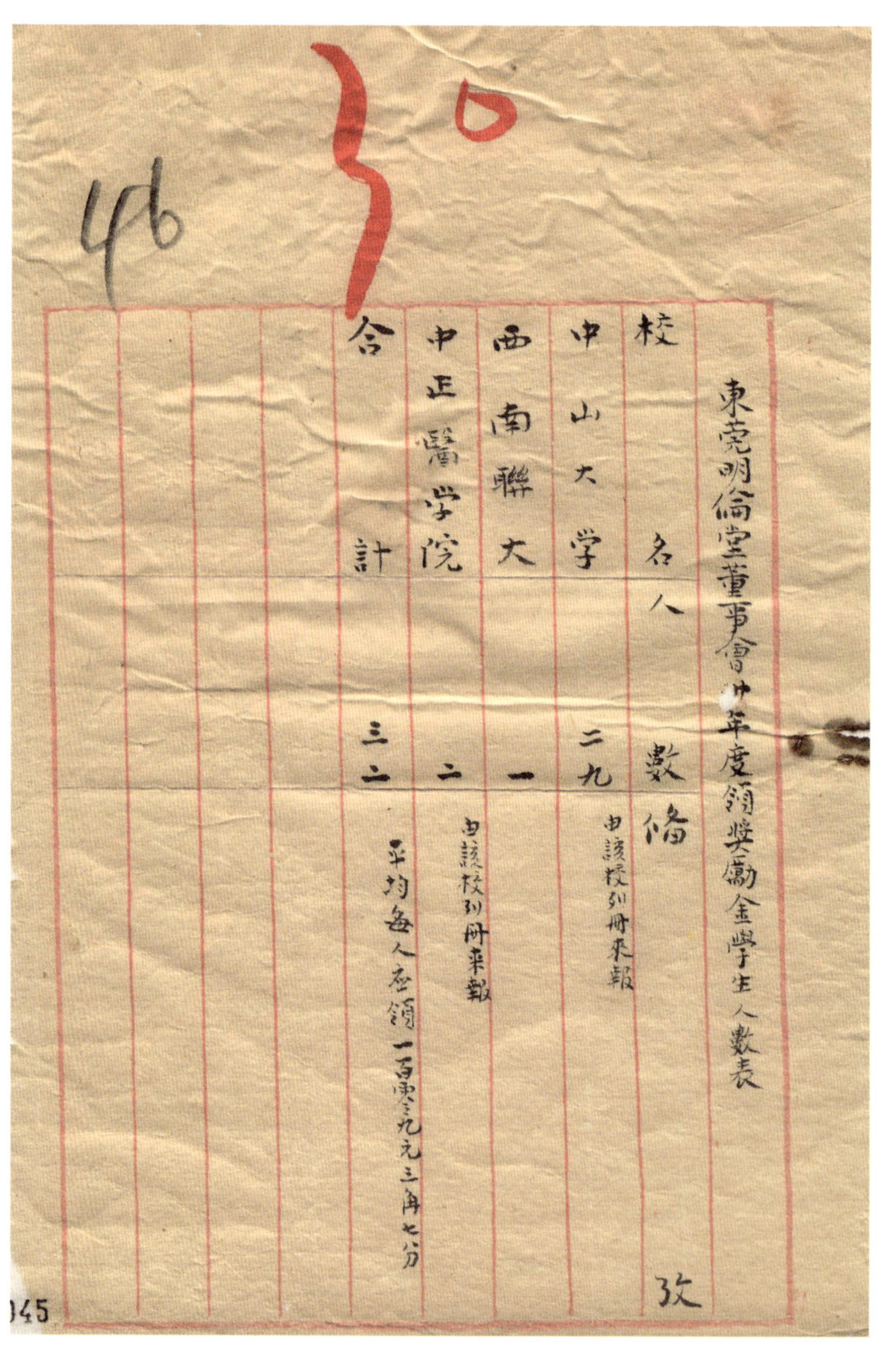

東莞明倫堂董事會卅年度領獎勵金學生人數表

校名	人數	備攷
中山大学	二九	由該校列冊來報
西南聯大	一	由該校列冊來報
中正醫学院	二	
合計	三二	平均每人應領一百零九元三角七分

1942 年度，东莞明伦堂董事会领取奖励金学生人数表【东莞市档案馆，东莞明伦堂档案 1-7-008-21】

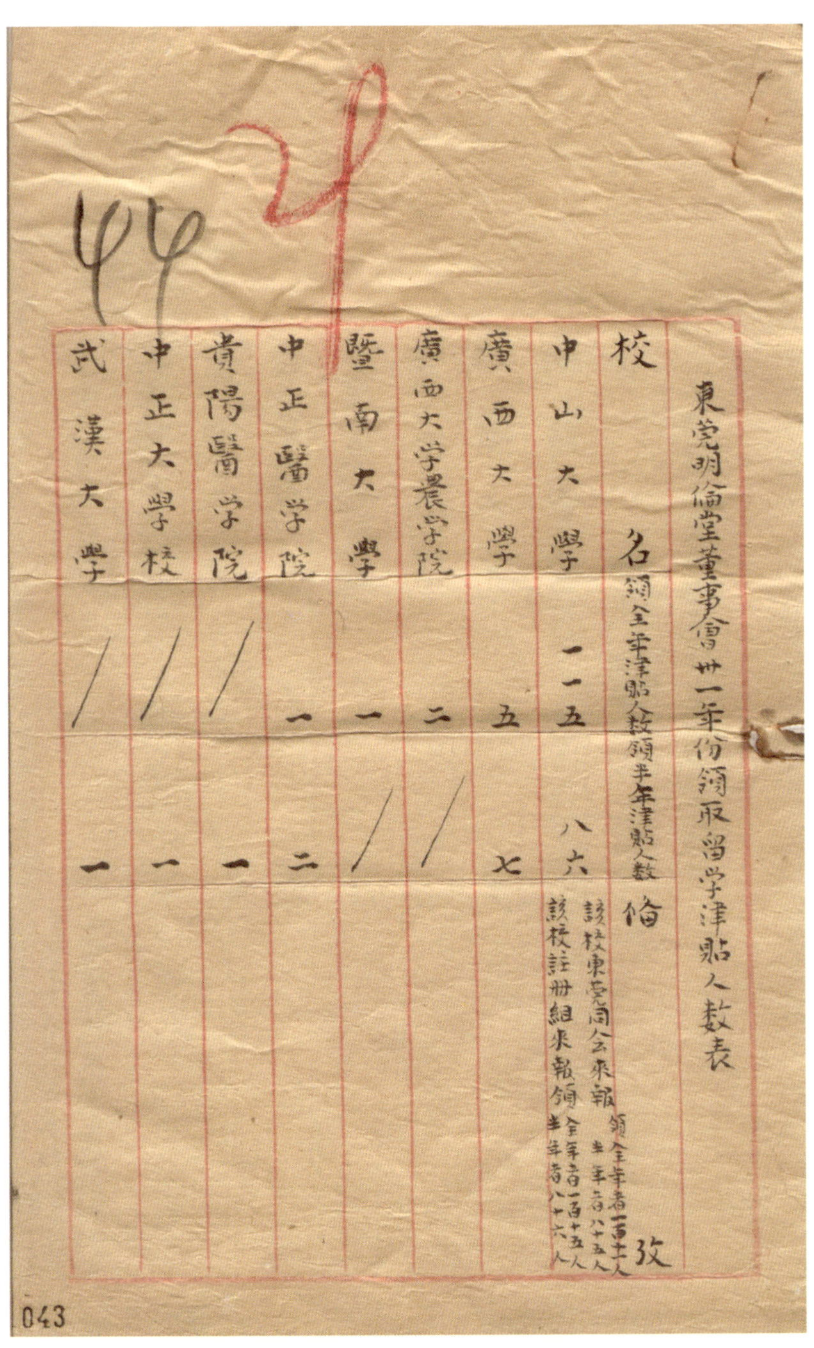

東莞明倫堂董事會卅一年份領取留學津貼人數表

校名	領全年津貼人數	領半年津貼人數	備攷
中山大學	一一五	八六	該校東莞同会來報 領全年者一百十五人 半年者八十六人 該校註冊組來報領 全年者一百十五人 半年者八十六人
廣西大學	五	七	
廣西大学農学院	二	/	
暨南大學	一	/	
中正醫学院	一	二	
貴陽醫学院	/	一	
中正大學校	/	一	
武漢大學	/	一	

1942 年，东莞明伦堂董事会领取留学津贴人数表【东莞市档案馆，东莞明伦堂档案 1-7-008-20】

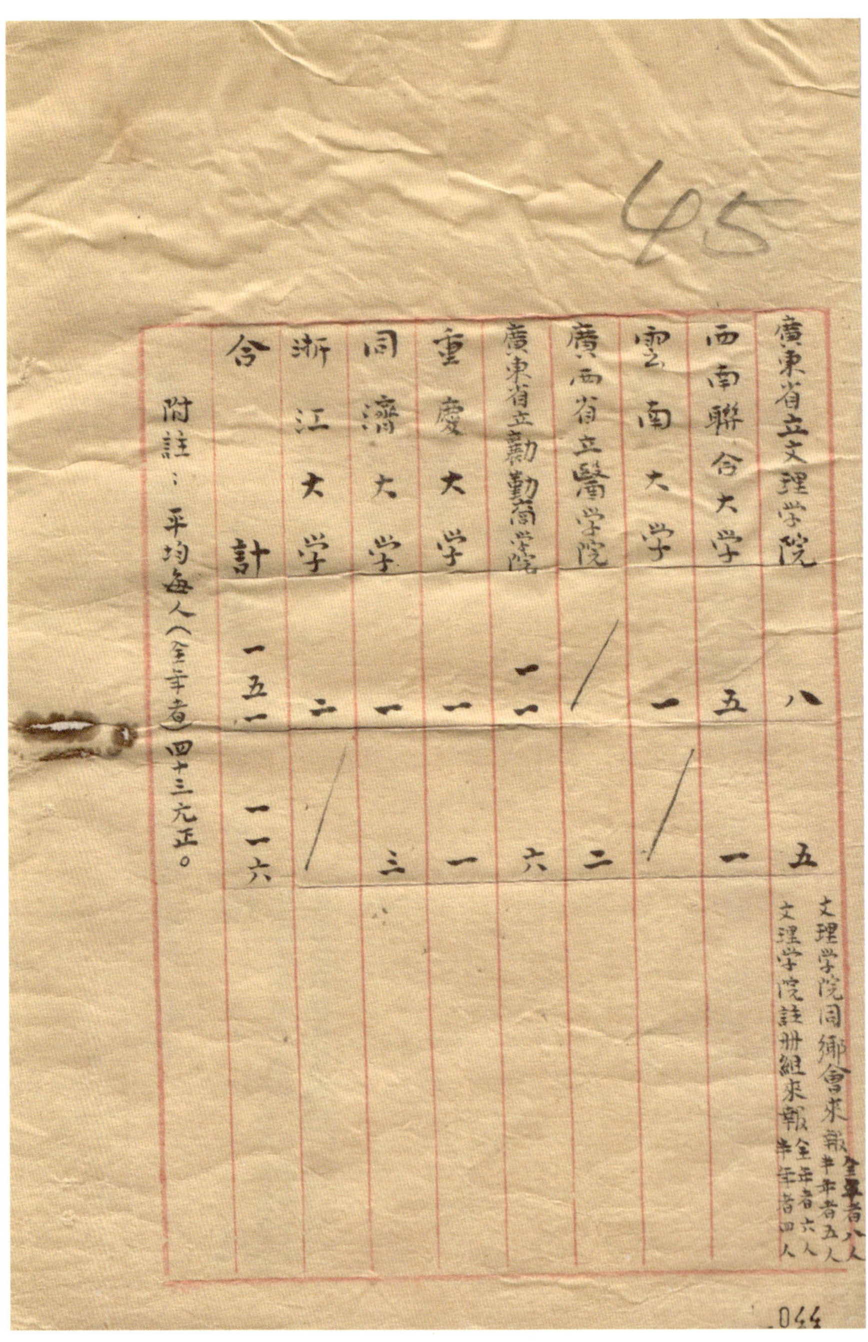
405

廣東省立文理学院	八	五
西南聯合大学	五	一
雲南大学	一	/
廣西省立醫学院	/	二
廣東省立勷勤商学院	一一	六
重慶大学	一	一
同濟大学	一	三
浙江大学	二	/
合計	一五一	一一六

文理学院同鄉會來報全年者八人 半年者五人
文理学院註册組來報全年者六人 半年者四人

附註：平均每人（全年者）四十三元正。

044

（续上页）【同上】

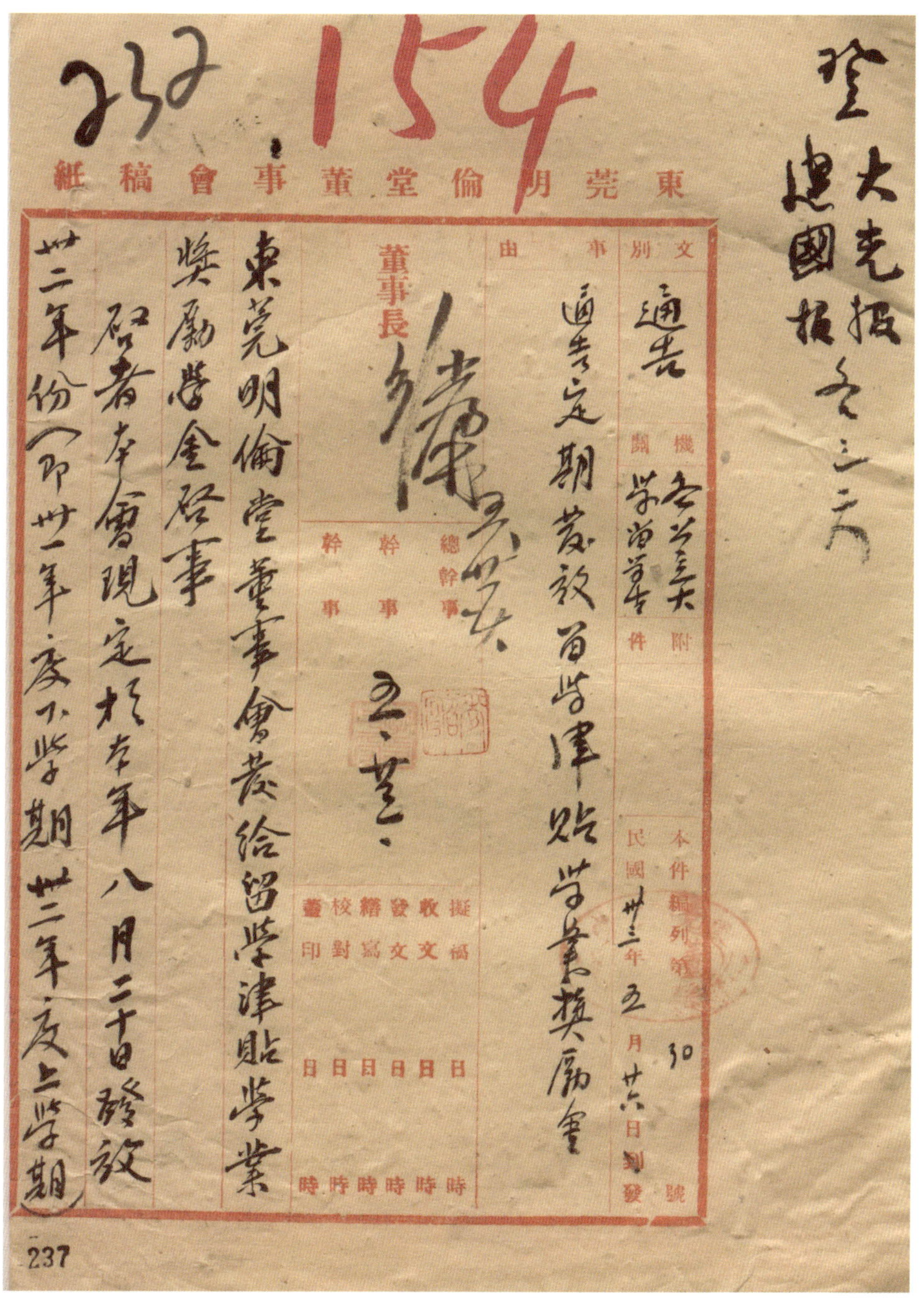

東莞明倫堂董事會稿紙

文別：通告

事由：通告定期發放留學津貼學業獎勵金

東莞明倫堂董事會發給留學津貼學業獎勵金啟事

啟者本會現定於本年八月二十日發放卅二年份（即卅一年度下學期、卅二年度上學期）

民國卅三年五月十六日到發

登大光報、建國報各三天

1944年5月16日，东莞伦明堂关于定期发放留学津贴学业奖励金的通告【东莞市档案馆，东莞明伦堂档案1-7-0022-42】

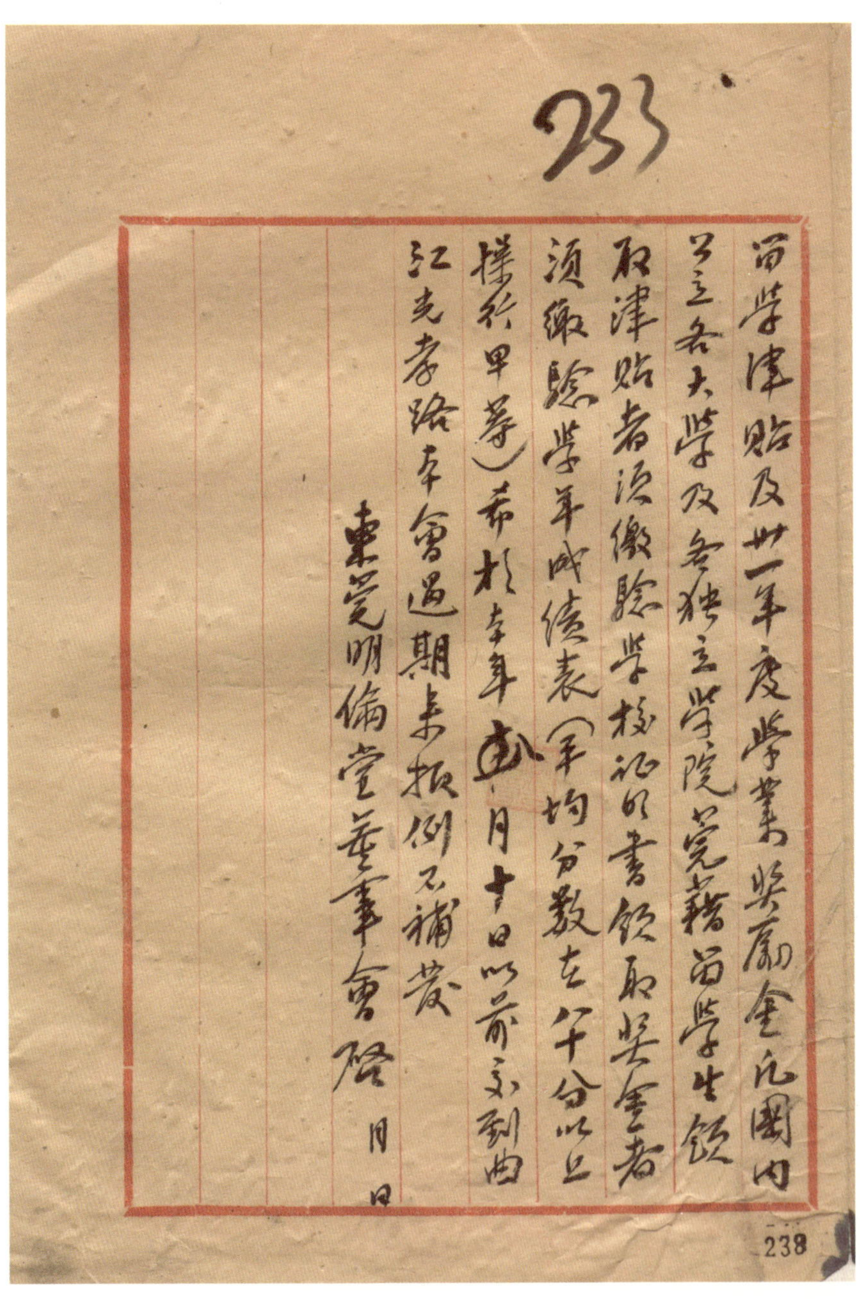

233

留學津貼及卅一年度學業獎勵金凡國內
公立各大學及各獨立學院莞籍留學生領
取津貼者須繳驗學校證明書領取獎金者
須繳驗學年成績表（平均分數在八十分以上
操行甲等）希於本年五月十日以前寄到曲
江先孝路本會過期未報例不補發
東莞明倫堂董事會啓　月　日

238

（续上页）【同上】

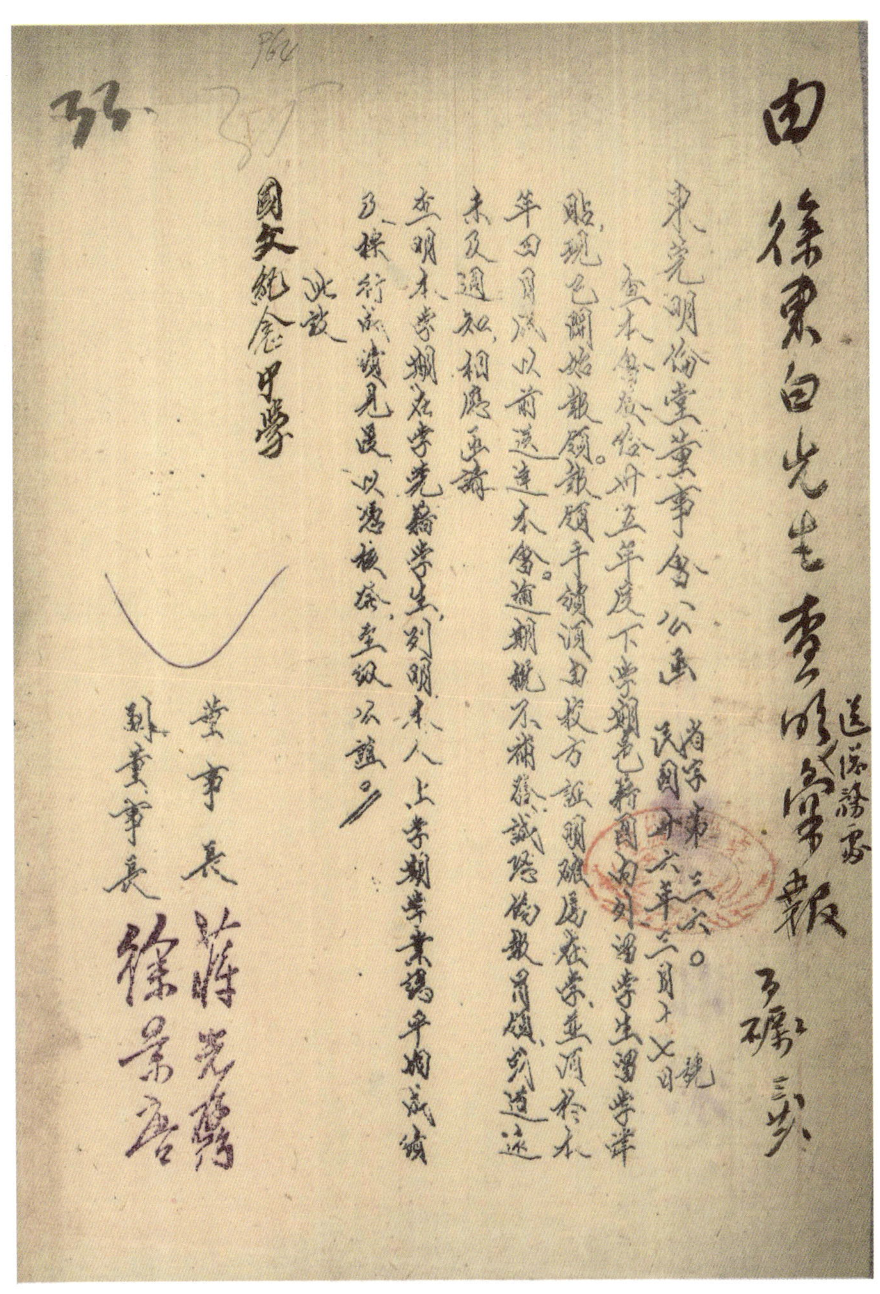

東莞明倫堂董事會公函　省字第三六〇號　民國卅六年三月十七日

查本會於卅五年度下學期莞籍國內外留學生留學津貼現已開始發領。發領手續須由校方証明確屬在學並須於本年四月底以前送達本會，逾期概不補發。誠恐尚有未及通知，相應函請

查明本學期在學莞籍學生，列明本人上學期學業總平均成績分數、操行成績送還，以憑核發。查照為盼。

此致

國文紀念中學

董事長　蔣光鼐

副董事長　徐景唐

1947 年 3 月 17 日，东莞明伦堂董事会发往国文纪念中学关于给东莞籍国内外留学生发放津贴的公函【中山市档案馆，东莞明伦堂档案 1-A［1］4-964-20-1】

國內大學生留學津貼支出明細表

民國三十五年度

學期	支出金額	均價	折合穀額	備考
	元	元	斤	
三十四年度下學期	33,180,000	301.00	110,232.56	領五萬元者四十八名領十一萬元者二百五十八名領十六萬元者十五名
三十四年度下學期	640,000	306.99	2,084.76	領十六萬元者四名
三十四年度下學期	1,499,997	696.39	2,153.96	領十一萬元者一名領十六萬元者八名補發卅二、三年度者六名
三十四年度下學期	535,572	1,141.00	485.00	補發卅三、四年度者一百二十九名領十六萬元者一名
三十五年度上學期	——	——	356,500.00	是期共發七百一十三名每名五百斤合如左數
三十五年度下學期	——	——	345,000.00	是期共發六百九十名每名五百斤合如左數
合計			816,456.28	

附註：各期學生名表另列

國內中學生留學津貼支出明細表

民國三十五年度

學期	支出金額	均價	合折穀額	備考
	元	元	斤	
三十四年度下學期	16,280,800	301.00	54,089.03	領一萬四千元者八十七名領一萬二千八百元者一千一百三十七名領二萬六千八百元者十九名
三十四年度下學期	76,800	306.99	250.17	領一萬二千八百元者六名
三十四年度下學期	108,600	696.39	148.77	領一萬二千八百元者六名領二萬六千八百元者一名
三十五年度上學期	——	——	148,325.00	是期共發一千七百四十五名每名八十五斤合如左數
三十五年度下學期	——	——	173,000.00	是期共發一千七百三十名每名一百斤合如左數
合計			375,812.97	

附註：各期學生名表另列

東莞明倫堂董事會徵信錄

三二

1946年度，东莞明伦堂分别发给国内大、中学生留学津贴支出明细表【《东莞明伦堂董事会民国三十五年度征信录》，1946年】

東莞明倫堂董事會徵信錄

國外大學生留學津貼支出明細表

民國三十五年度

學期	人數	每期津貼額	共支穀額	備考
三十四年度下學期	八名	斤 1,600	斤 12,800.00	名表另附
三十五年度上學期	十二名	1,500	18,000.00	名表另附
三十五年度下學期	八名	1,500	12,000.00	名表另附
合計			42,800.00	

三十四年度奬學金支出明細表

民國三十五年度

姓名	校別	奬學穀額		
		代金額	穀價	折合穀額
盧建明	省立法商學院	元 25,000		
蘇煒	省立法商學院	25,000		
方鎭標	國立中正醫學院	25,000		
莫浣英	國立復旦大學	25,000		
張似徽	省立法商學院	25,000		
小計		125,000	元 306.99	斤 407.18
胡顯澄	國立中山大學	25,000		
葉劍峰	國立中央政治大學	25,000		
盧建明	省立法商學院	18,750		
蘇煒	省立法商學院	18,750		
小計		87,500	696.39	125.65
省立惠州師範		50,000	1,141.00	44.00
合計		262,500		576.83

三三

1946年度，东莞明伦堂分别发给国外大学生留学津贴支出明细表；1946年度，奖学金支出明细表【《东莞明伦堂董事会民国三十五年度征信录》，1946年】

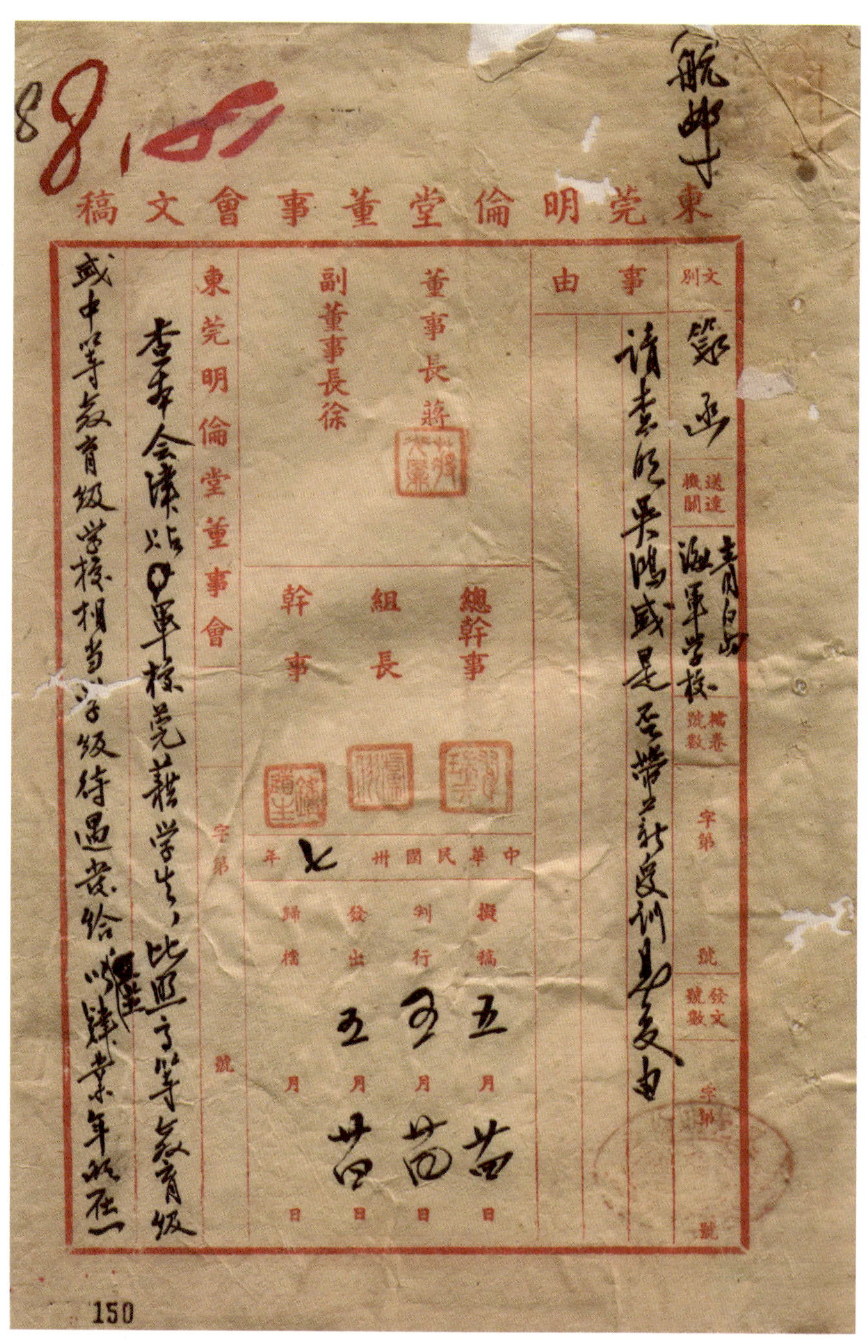
東莞明倫堂董事會文稿

文別	箋函
送達機關	青島海軍學校
卷號數	
字第　號	
發文號數	
字第　號	
事由	請查明吳鴻盛是否帶薪受訓見复由

董事長蔣

副董事長徐

總幹事

組長

幹事

東莞明倫堂董事會

中華民國卅七年

擬稿 五月廿日

判行 五月廿日

發出 五月廿日

歸檔　月　日

150

1948 年，东莞明伦堂董事会发往海军军官学校了解东莞籍学生吴鸿盛是否带薪受训等问题的调查函【东莞市档案馆，东莞明伦堂档案 1-1-0142-25】

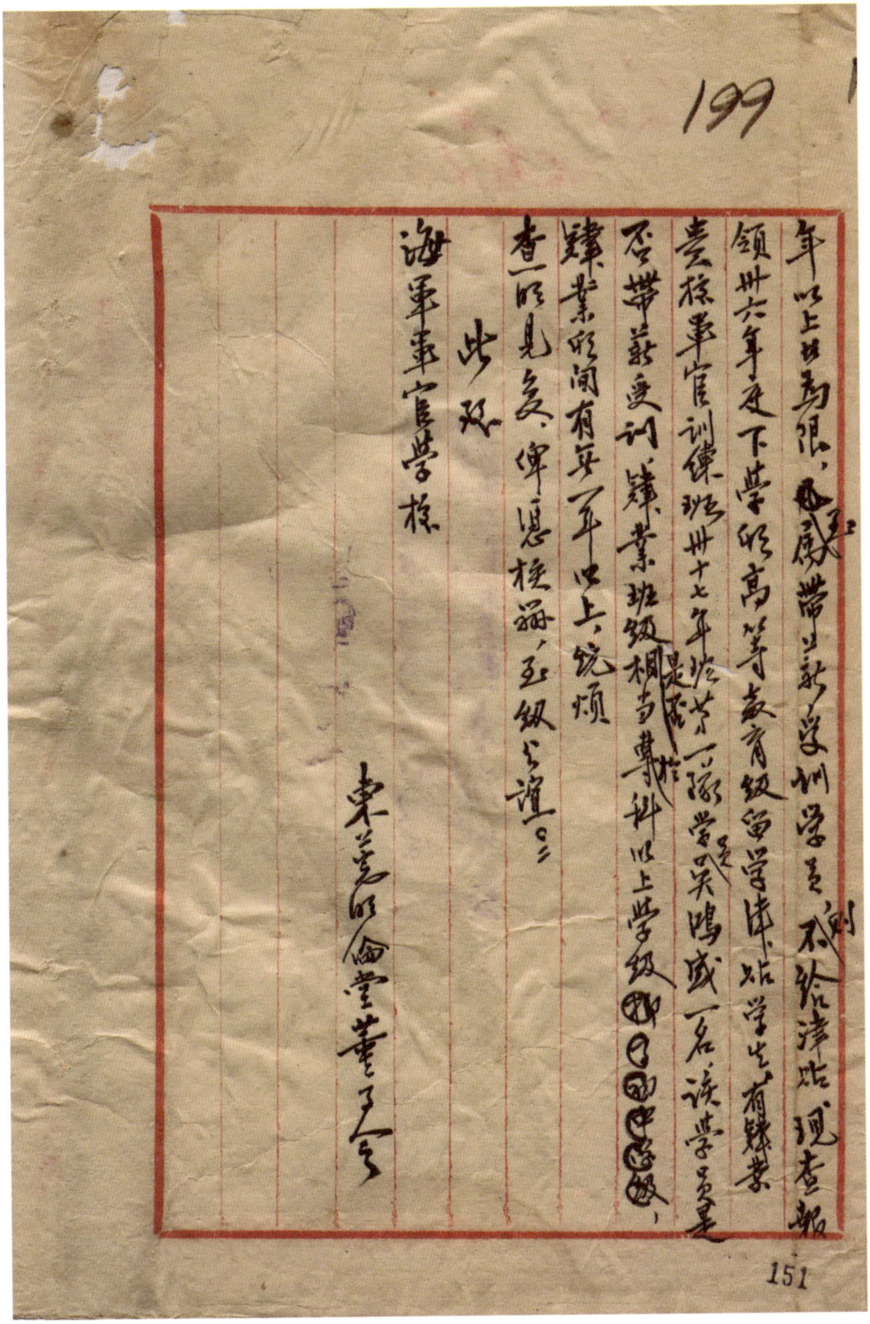
年以上者為限，其帶職受訓學員，則不給津貼，現查敝
領卅六年度下學期高等教育級留學津貼學生有肄業
貴校軍官訓練班卅七年班學一隊學員吳鴻盛一名，該學員是
否帶職受訓，肄業班級相當於專科以上學級，
肄業時間有無一年以上，統煩
查明見復，俾憑核辦，至紉公誼。
此致
海軍軍官學校
東莞明倫堂董事會
151

（续上页）【同上】

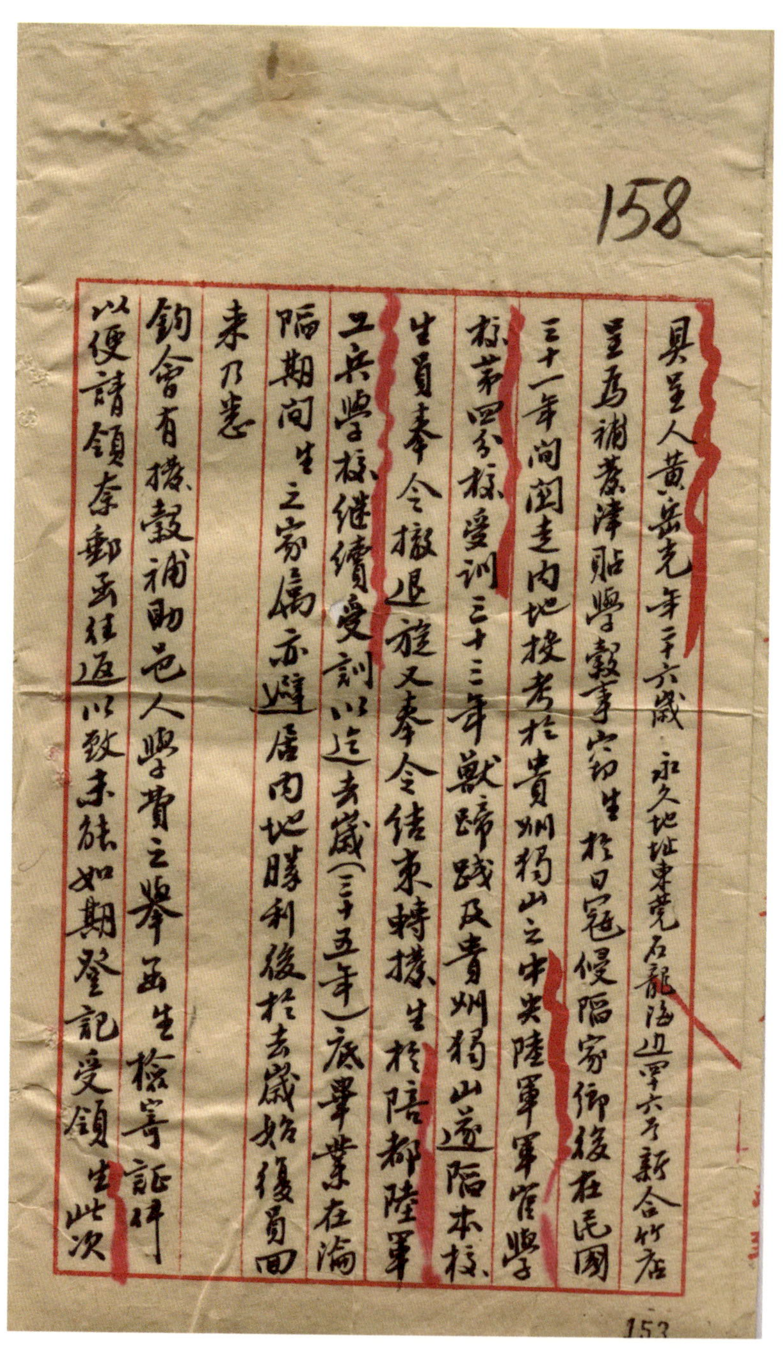

158

具呈人黃岳先 年二十六歲 永久地址東莞石龍海邊罗六十号新合竹店

呈為補發津貼學費事竊生 於日寇侵陷家鄉後在民國

三十一年間関走內地投考於貴州獨山之中央陸軍軍官學

校第四分校受訓三十三年敵蹤踐及貴州獨山遂陷本校、

生員奉令撤退旋又奉令結束轉撥生於陪都陸軍

工兵學校繼續受訓以迄去歲（三十五年）底畢業在淪

陷期間生之家屬亦避居內地勝利後於去歲始復員回

來乃悉

鈞會有撥款補助邑人學費之舉函生檢寄證件

以便請領奈郵函往返以致未能如期登記受領生此次

153

东莞籍学生黄岳先向东莞明伦堂董事会申请津贴的呈函【同上】

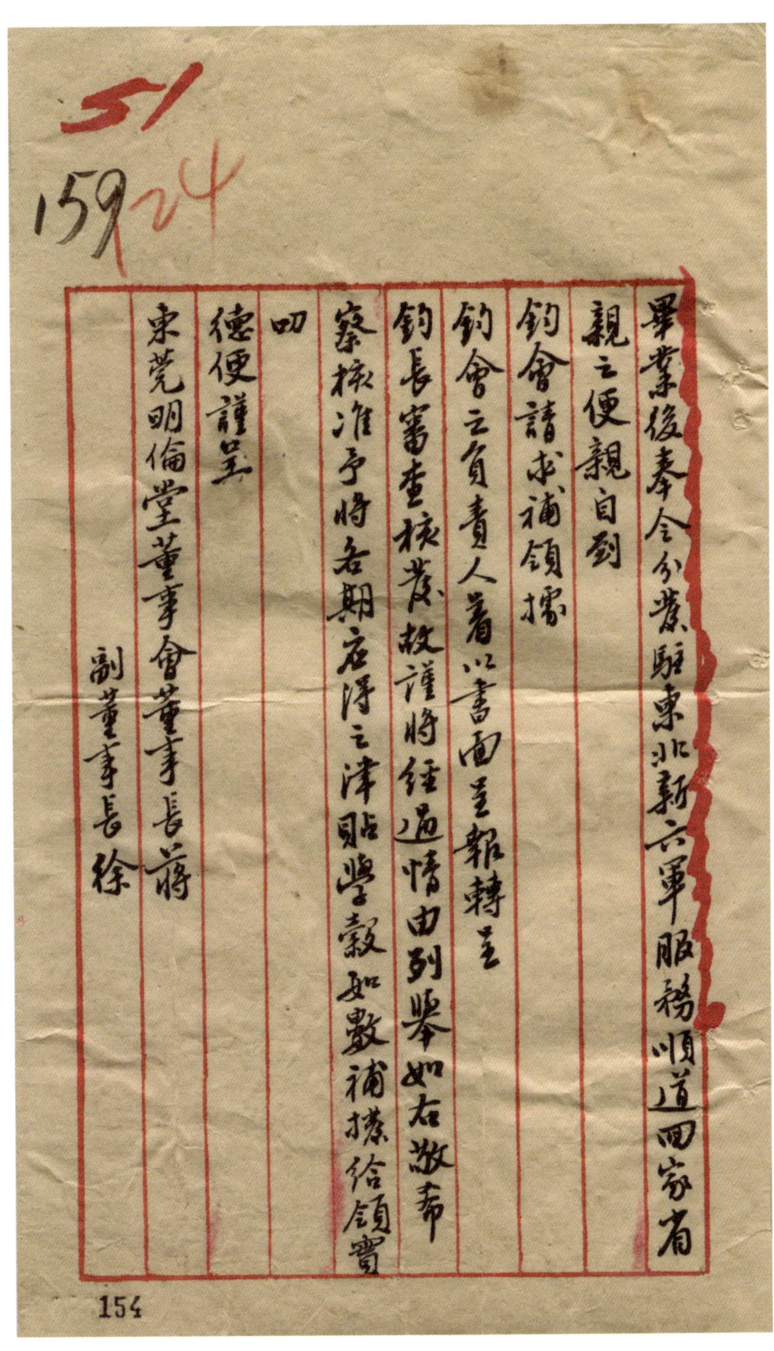
51
159 24

畢業後奉令分發駐東北新六軍服務順道回家省
親之便親自到
鈞會請求補領撥
鈞會之負責人着以書面呈報轉呈
鈞長審查核發故謹將經過情由列舉如右激希
察核准予將各期應得之津貼學款如數補撥給領實
叩
德便謹呈
東莞明倫堂董事會董事長蔣
副董事長徐

154

（续上页）【同上】

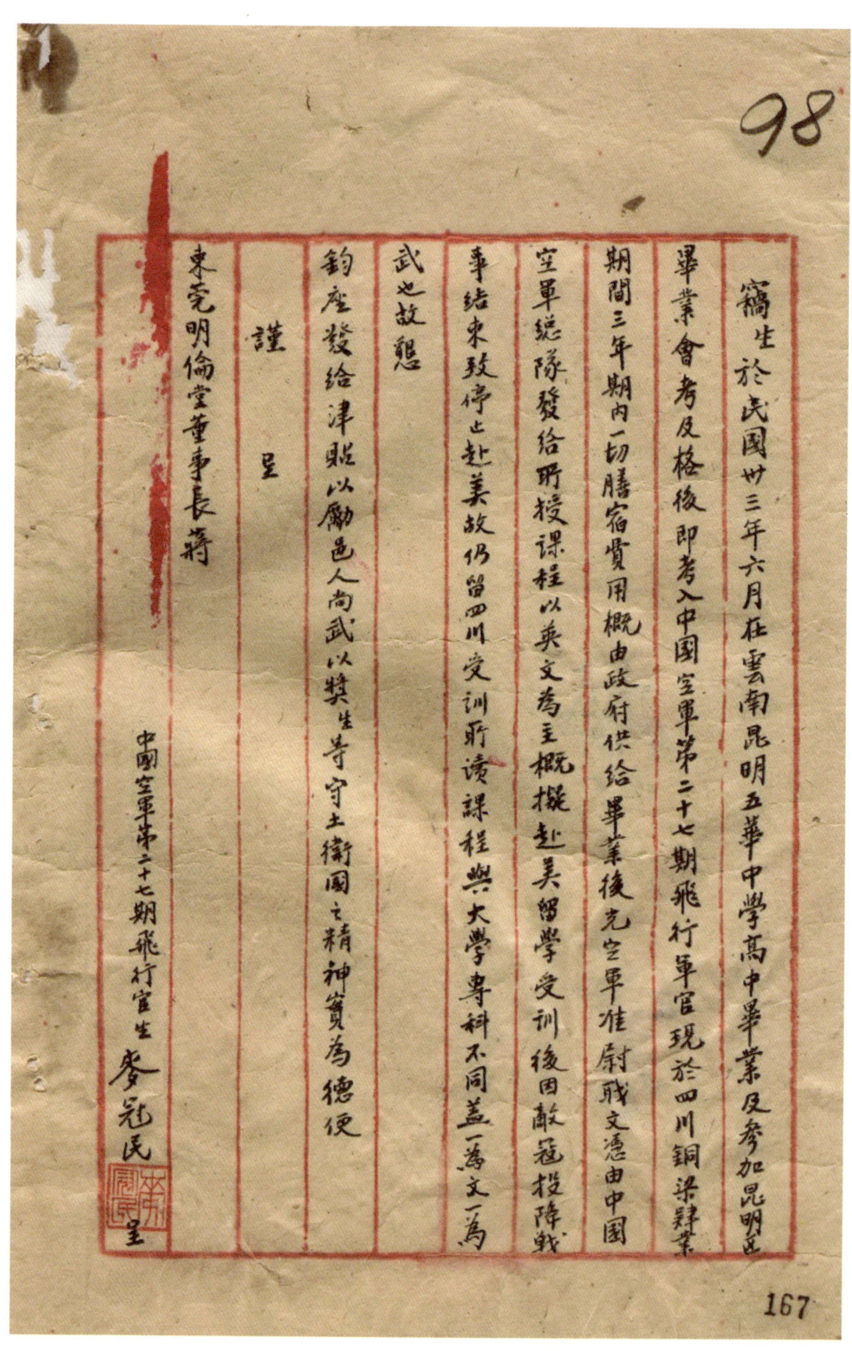
98

竊生於民國卅三年六月在雲南昆明五華中學高中畢業及參加昆明區畢業會考及格後即考入中國空軍第二十七期飛行軍官現於四川銅梁肄業期間三年期內一切膳宿費用概由政府供給畢業後充空軍准尉職文憑由中國空軍總隊發給所授課程以英文為主概擬赴美留學受訓後因敵寇投降戰事結束致停止赴美故仍留四川受訓所讀課程與大學專科不同蓋一為文一為武也故懇

鈞座發給津貼以勵邑人尚武以獎生等守土衛國之精神資為德便

謹　呈

東莞明倫堂董事長蔣

中國空軍第二十七期飛行官生　麥冠民（印）呈

167

东莞籍学生麦冠民向东莞明伦堂董事会申请津贴的呈函【同上】

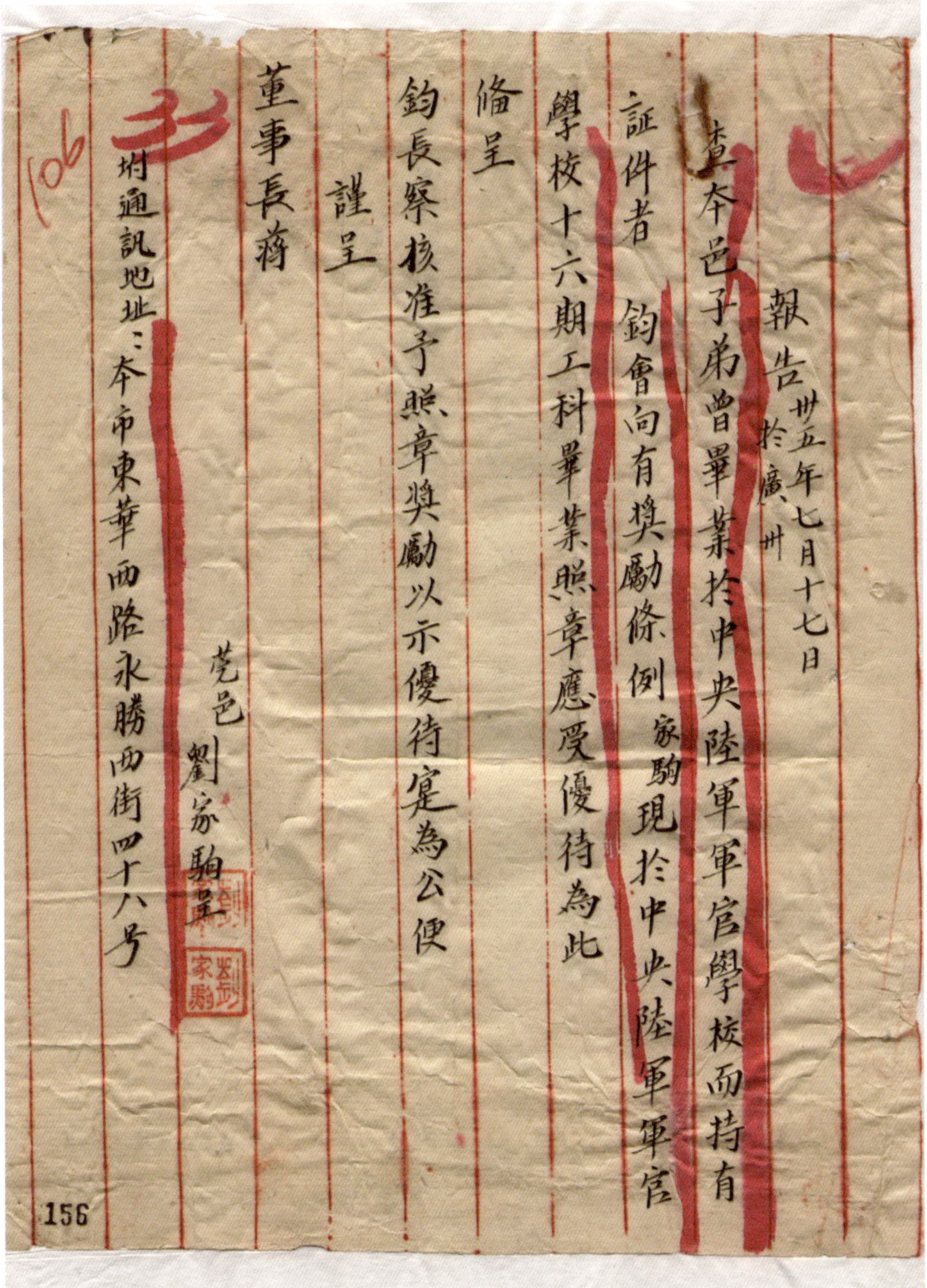

報告　卅五年七月十七日於廣州

查本邑子弟曾畢業於中央陸軍軍官學校而持有證件者鈞會向有奬勵條例家駒現於中央陸軍軍官學校十六期工科畢業照章應受優待為此

備呈

鈞長察核准予照章奬勵以示優待寔為公便

謹呈

董事長蔣

莞邑　劉家駒呈

附通訊地址：本市東華西路永勝西街四十八号

106

156

东莞籍学生刘家驹向东莞明伦堂董事会申请津贴的呈函【同上】

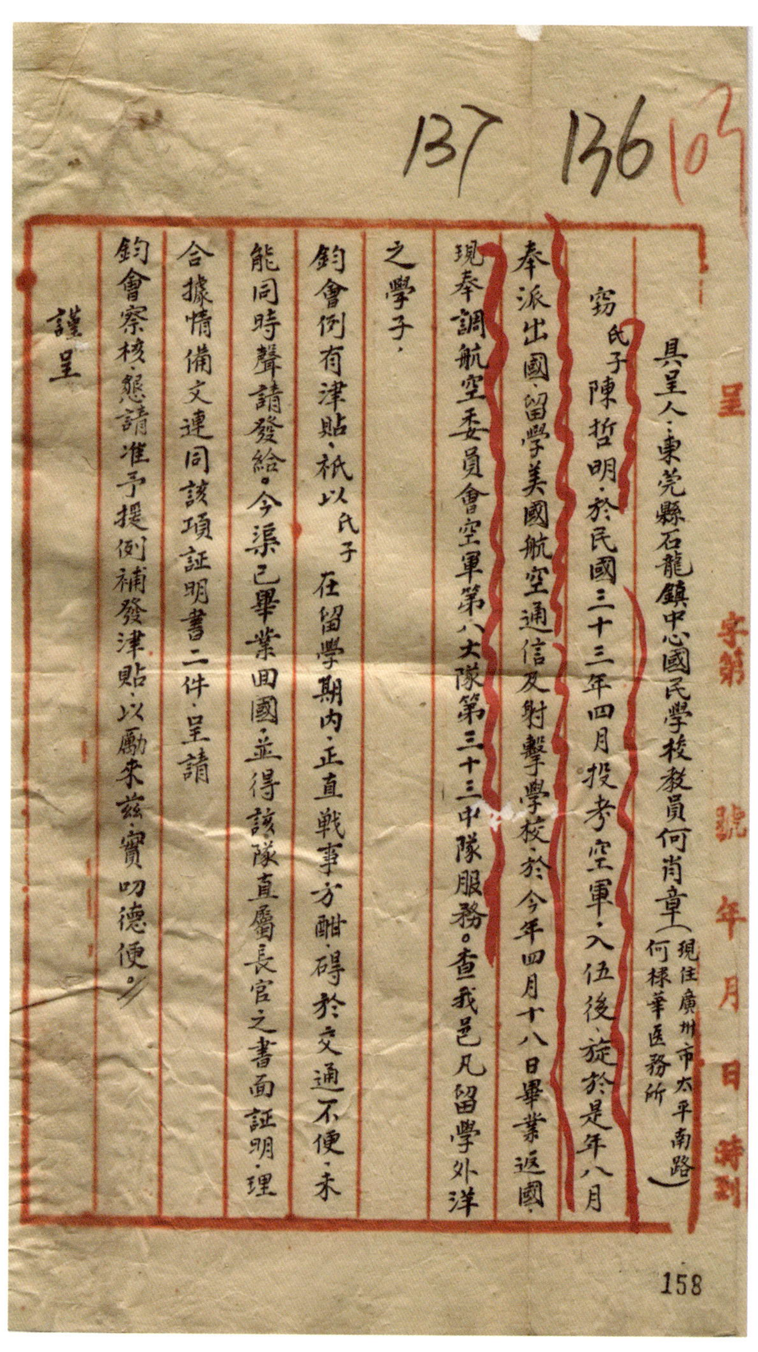

留学美国的东莞籍学生陈哲明向东莞明伦堂董事会申请留学津贴的呈函

【同上】

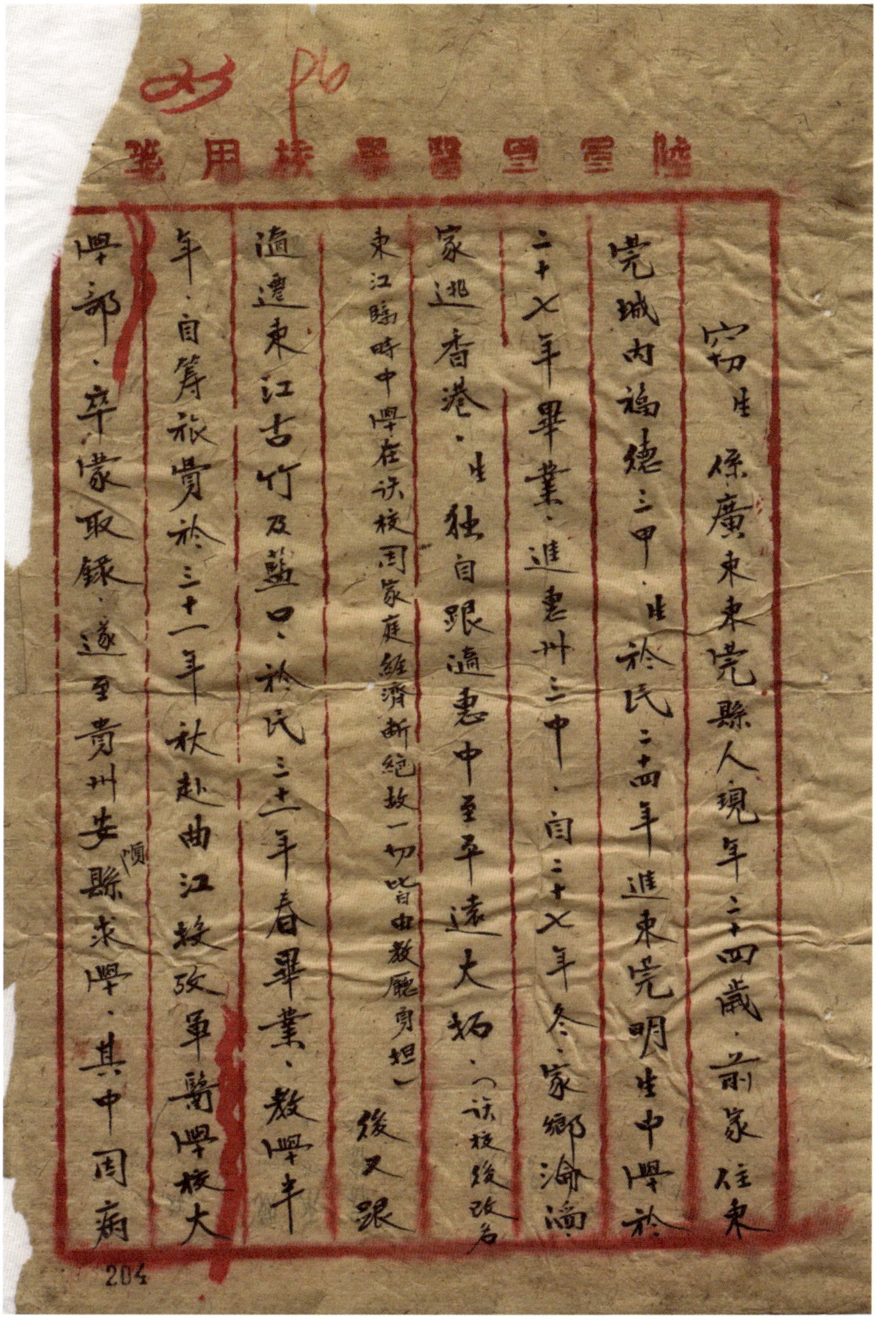

陸軍軍醫學校用箋

竊生係廣東東莞縣人，現年二十四歲，前家住東
莞城內福德三甲。生於民二十四年進東莞明生中學，於
二十七年畢業，進惠州三中。自二十七年冬，家鄉淪陷，
家逃香港，生獨自跟隨惠中至平遠大柘（該校後改名
東江臨時中學，在該校因家庭經濟斷絕，故一切皆由教廳負担）後又跟
隨遷東江古竹及藍口，於民三十一年春畢業，教學半
年，自籌旅費於三十一年秋赴曲江投考軍醫學校大
學部，幸蒙取錄，遂至貴州安順縣求學，其中困窮

204

陆军军医学校的东莞籍学生温汉隆向东莞明伦堂董事长蒋光鼐申请津贴的呈函【东莞市档案馆，东莞明伦堂档案 1-1-0142-37】

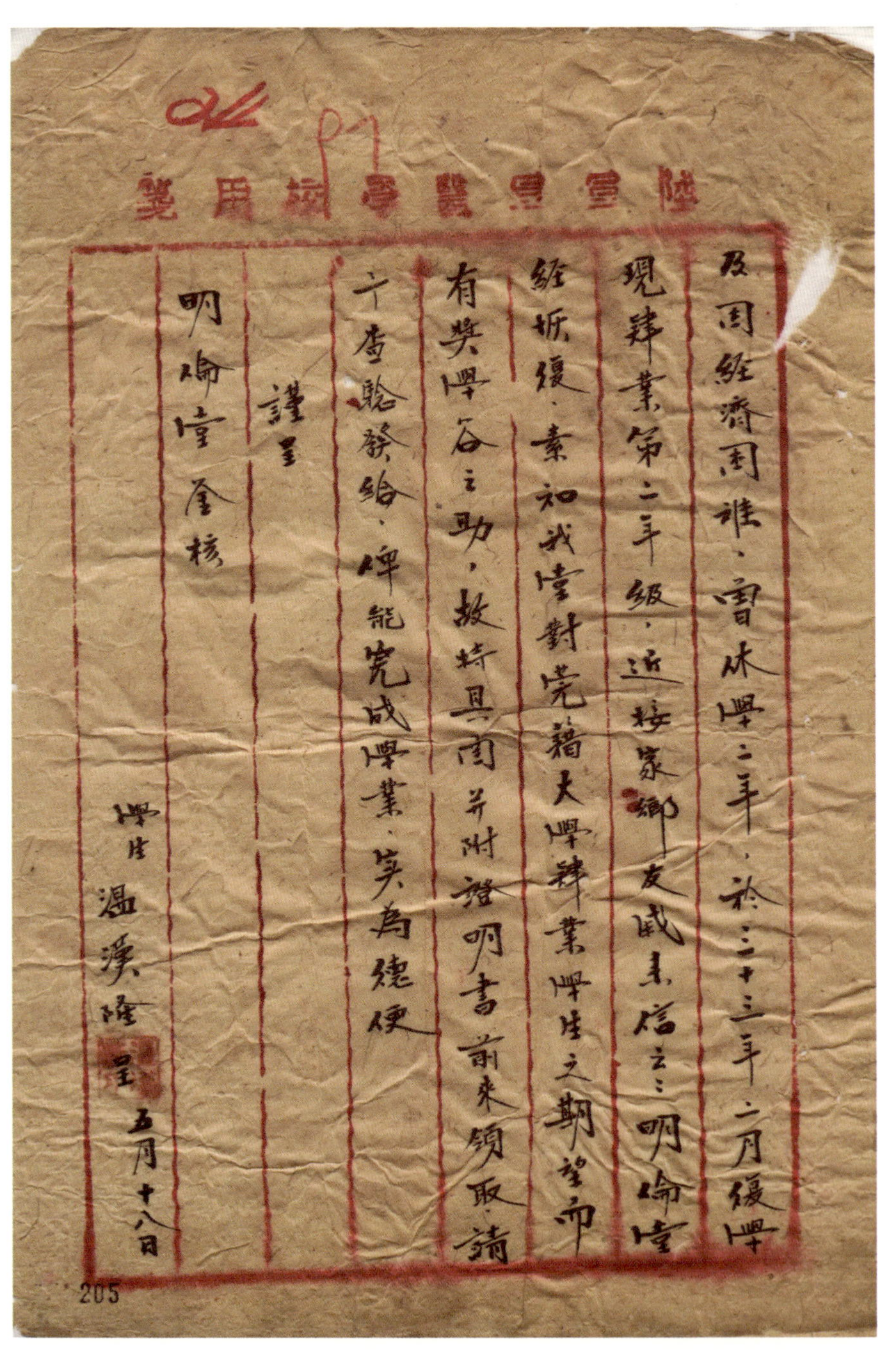

陸軍軍醫學校用箋

及因經濟困難，曾休學二年，於三十三年二月復學，現肄業第二年級，近接家鄉友戚來信云：明倫堂經拆復，素知我堂對莞籍大學肄業學生之期望而有獎學金之助，故特具函并附證明書前來領取，請亦查驗發給，俾能完成學業，實為德便

謹呈

明倫堂 鑒核

學生 溫漢隆 呈

五月十八日

205

（续上页）【同上】

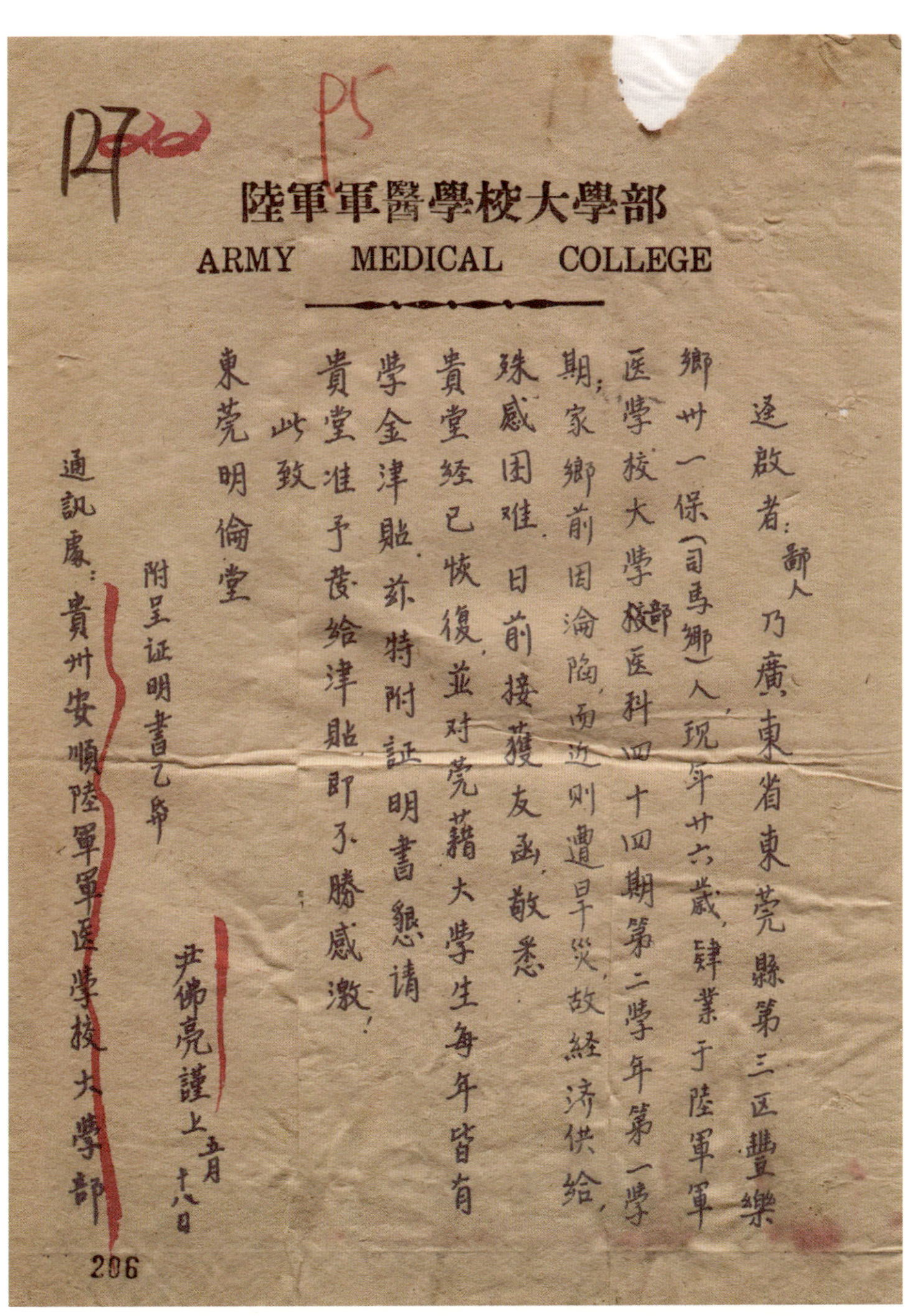

陸軍軍醫學校大學部
ARMY MEDICAL COLLEGE

逕啟者：鄙人乃廣東省東莞縣第三区豐樂鄉卅一保（司馬鄉）人，現年廿六歲，肄業于陸軍軍医學校大學部医科四十四期第二學年第一學期；家鄉前因淪陷，而近則遭旱災，故經濟供給，殊感困难，日前接獲友函，敬悉

貴堂經已恢復，並對莞籍大學生每年皆有學金津貼，茲特附証明書懇請

貴堂准予發給津貼，即不勝感激！

此致

東莞明倫堂

附呈証明書乙紙

尹佛亮謹上 五月十八日

通訊處：貴州安順陸軍軍医學校大學部

206

陆军军医学校的东莞籍学生尹佛亮向东莞明伦堂申请津贴的呈函【同上】

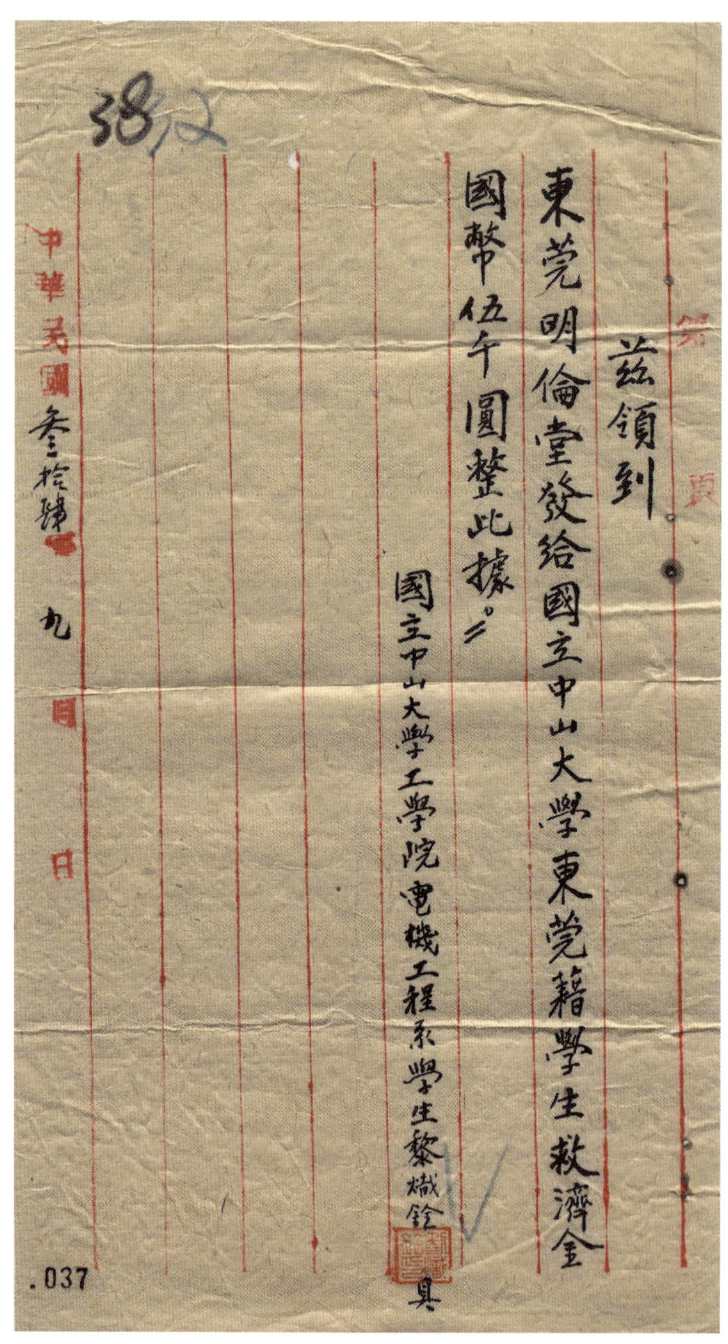
3812

茲領到

東莞明倫堂發給國立中山大學東莞籍學生救濟金

國幣伍仟圓整此據。

國立中山大學工學院電機工程系學生黎熾銓 具

中華民國叁拾肆年 九 月 日

.037

1945 年 9 月，国立中山大学东莞籍学生黎炽铨领取东莞明伦堂救济金的领条【东莞市档案馆，东莞明伦堂档案 1-2-0339-20】

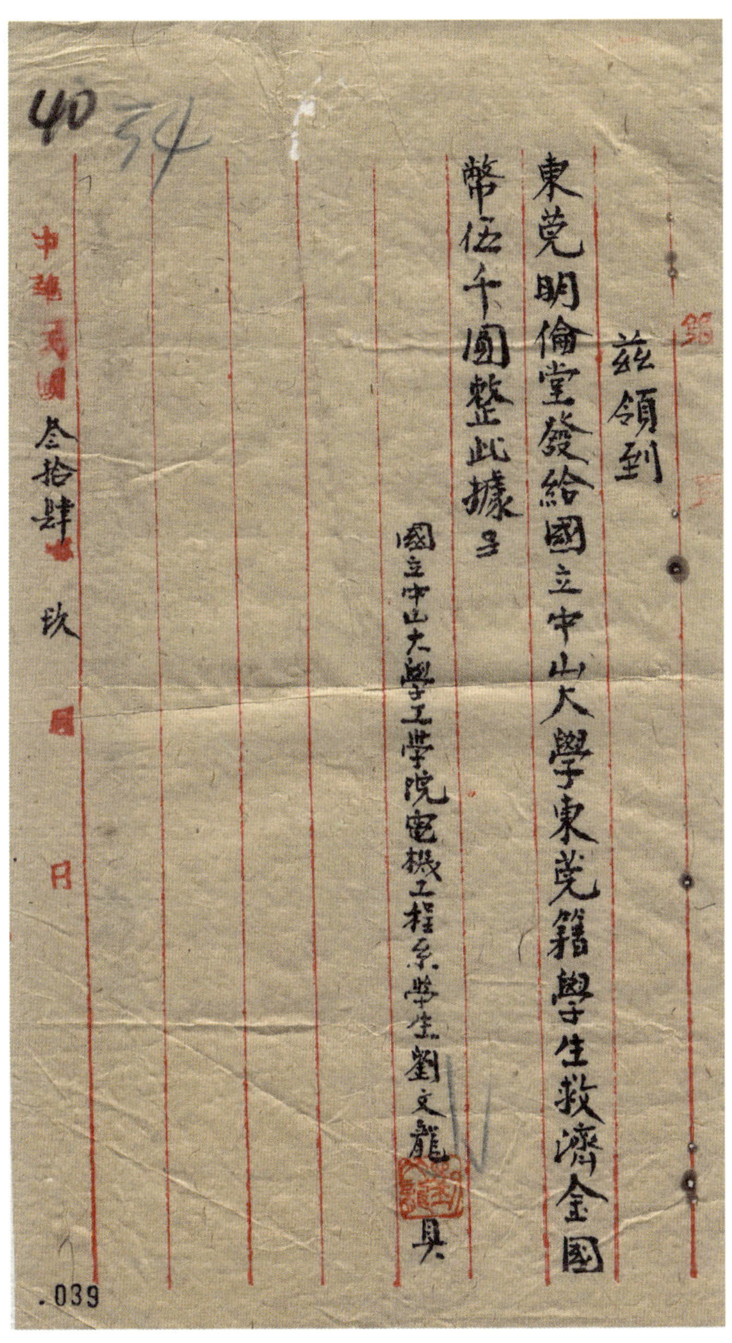
40 34

茲領到
東莞明倫堂發給國立中山大學東莞籍學生救濟金國
幣伍千圓整此據
國立中山大學工學院電機工程系學生劉文龍具
中華民國叁拾肆年玖月　日

.039

1945 年 9 月，国立中山大学东莞籍学生刘文龙领取东莞明伦堂救济金的领条【东莞市档案馆，东莞明伦堂档案 1-2-0339-22】

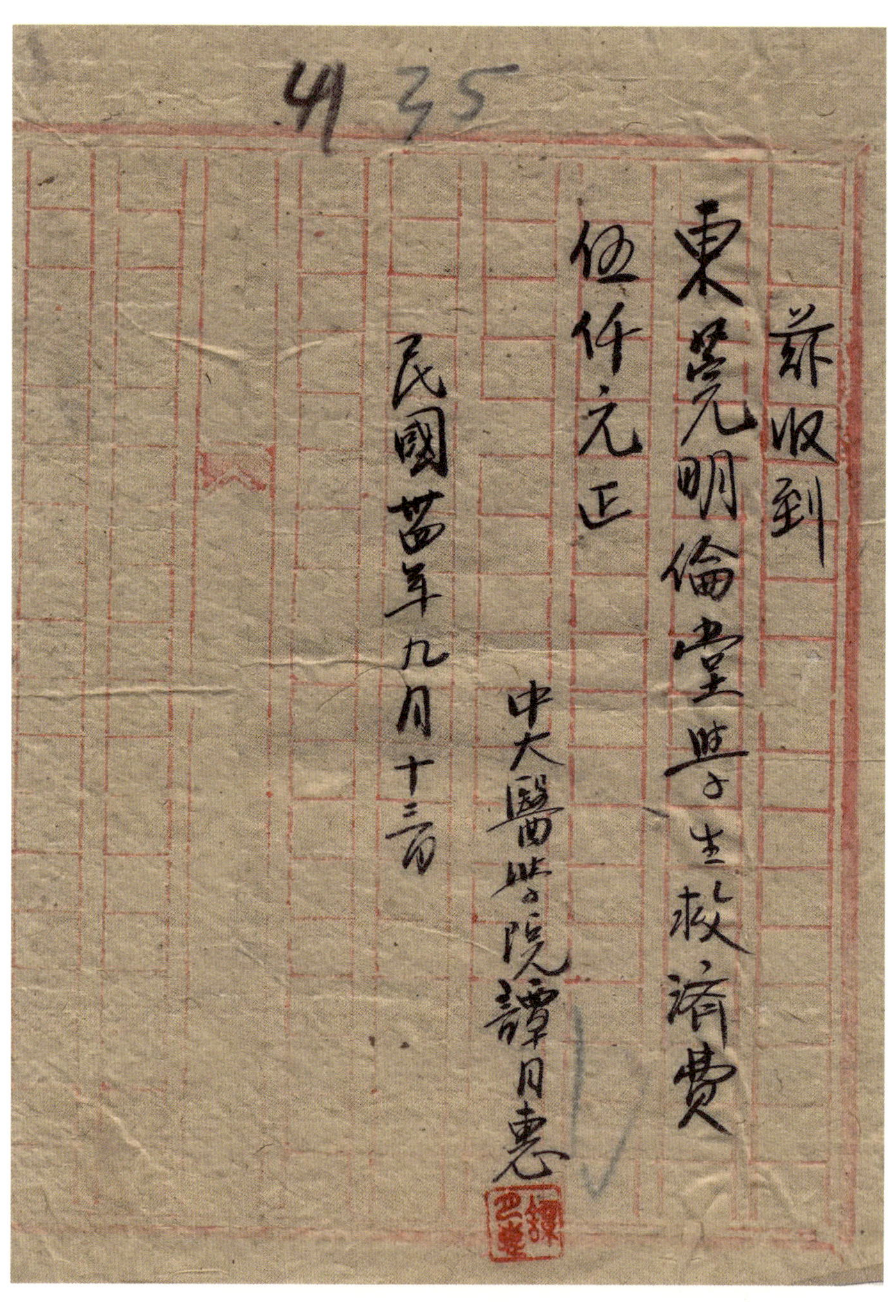

茲收到
東莞明倫堂學生救濟費
伍仟元正
中大醫學院譚月惠
民國卅四年九月十三日

1945年9月，中大医学院东莞籍学生谭月惠领取东莞明伦堂救济金的领条

【东莞市档案馆，东莞明伦堂档案1-2-0339-23】

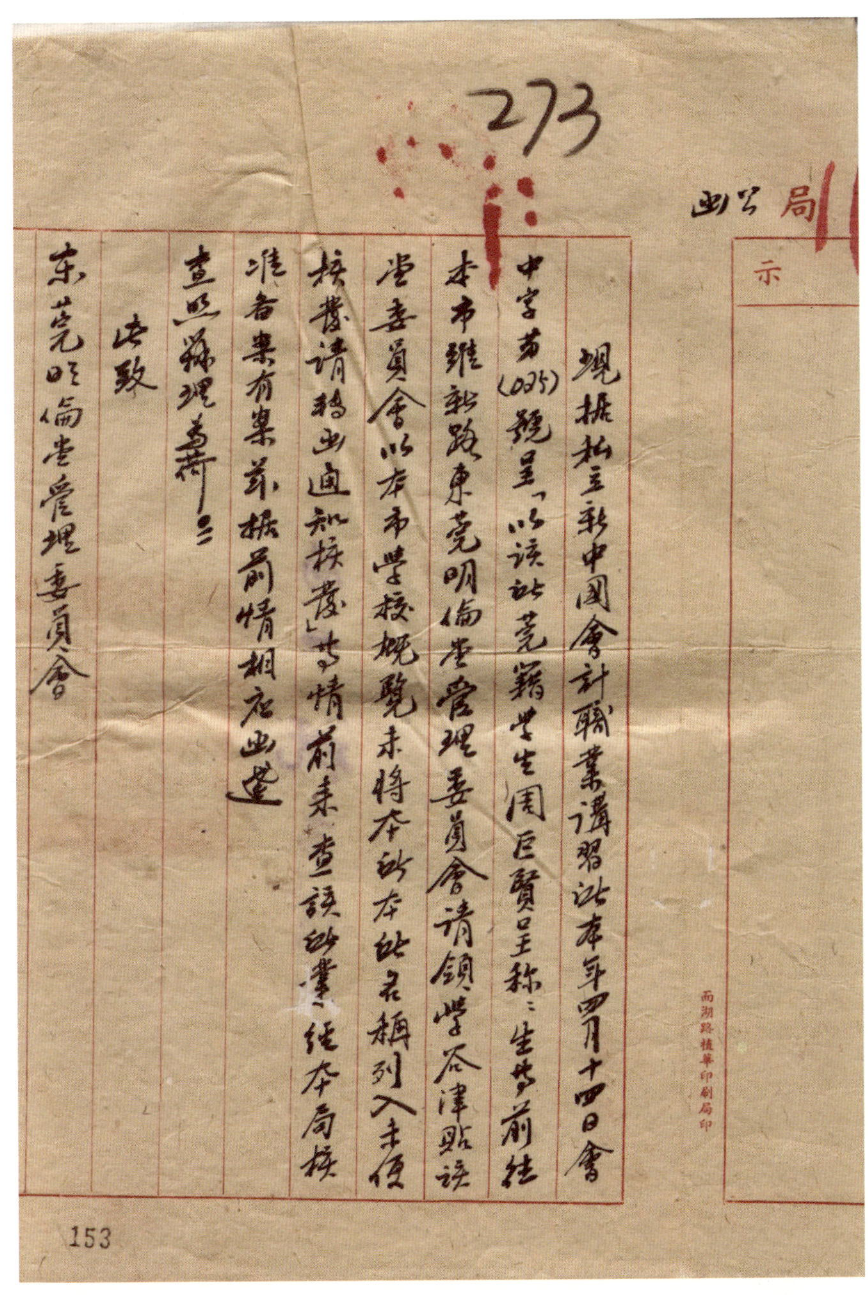

273

函公局

示

現據私立新中國會計職業講習所本年四月十四日會中字第(025)號呈「以該所莞籍學生周巨賢呈稱：生前往本市維新路東莞明倫堂管理委員會請領學谷津貼，該堂委員會以本市學校概覽未將本所校名稱列入，未便核發，請轉函通知核發」等情前來。查該所業經本局核准备案有案，茲據前情，相應函達查照辦理為荷。

此致

東莞明倫堂管理委員會

西湖路植華印刷局印

153

1948 年 5 月 13 日，私立新中国会计科职业讲习所呈请东莞明伦堂管理委员会核拨东莞籍学生学谷补助的函【东莞市档案馆，东莞明伦堂档案 1-2-0520-42】

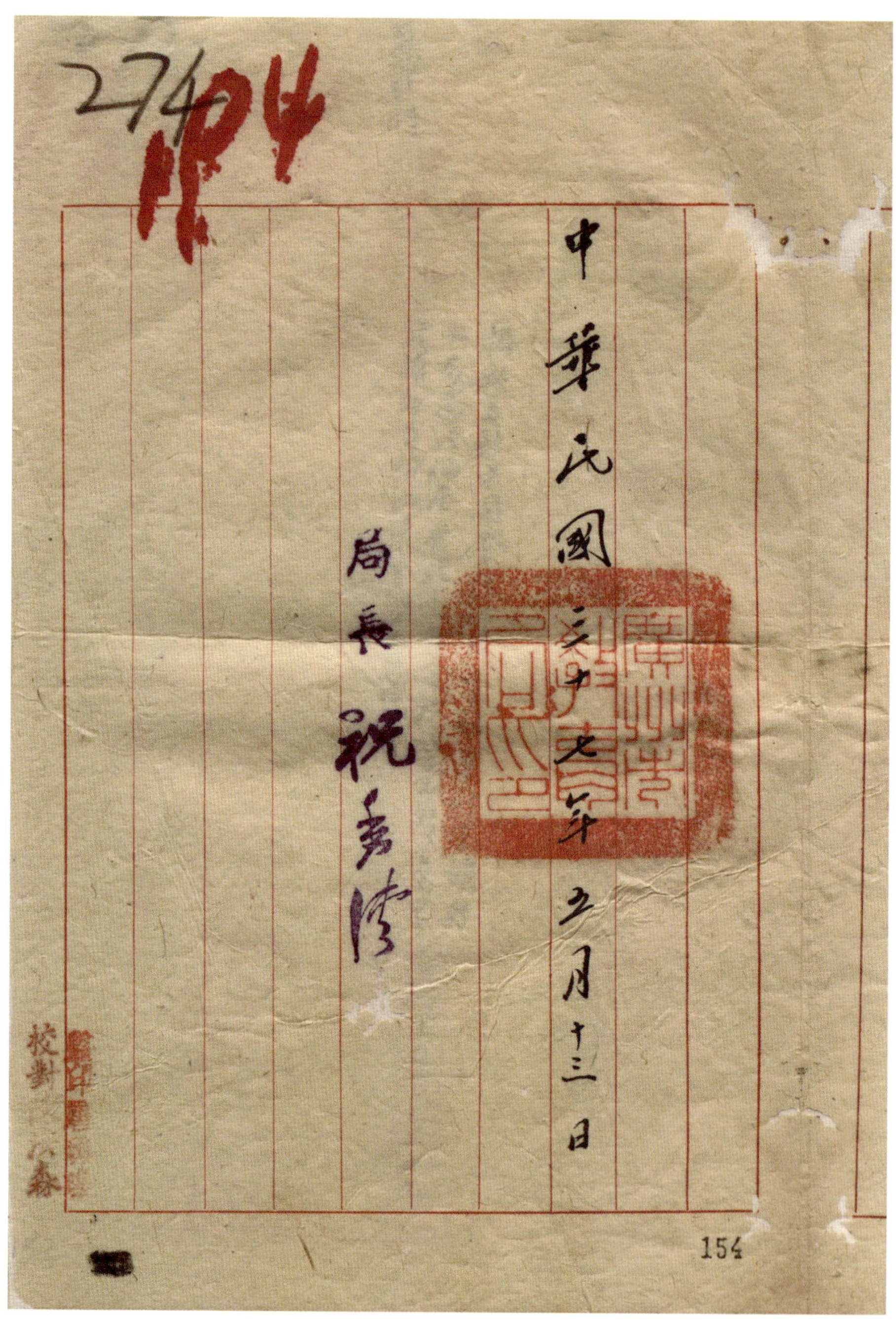

274

中華民國三十七年二月十三日

局長 祝秀俠

校對

154

（续上页）【同上】

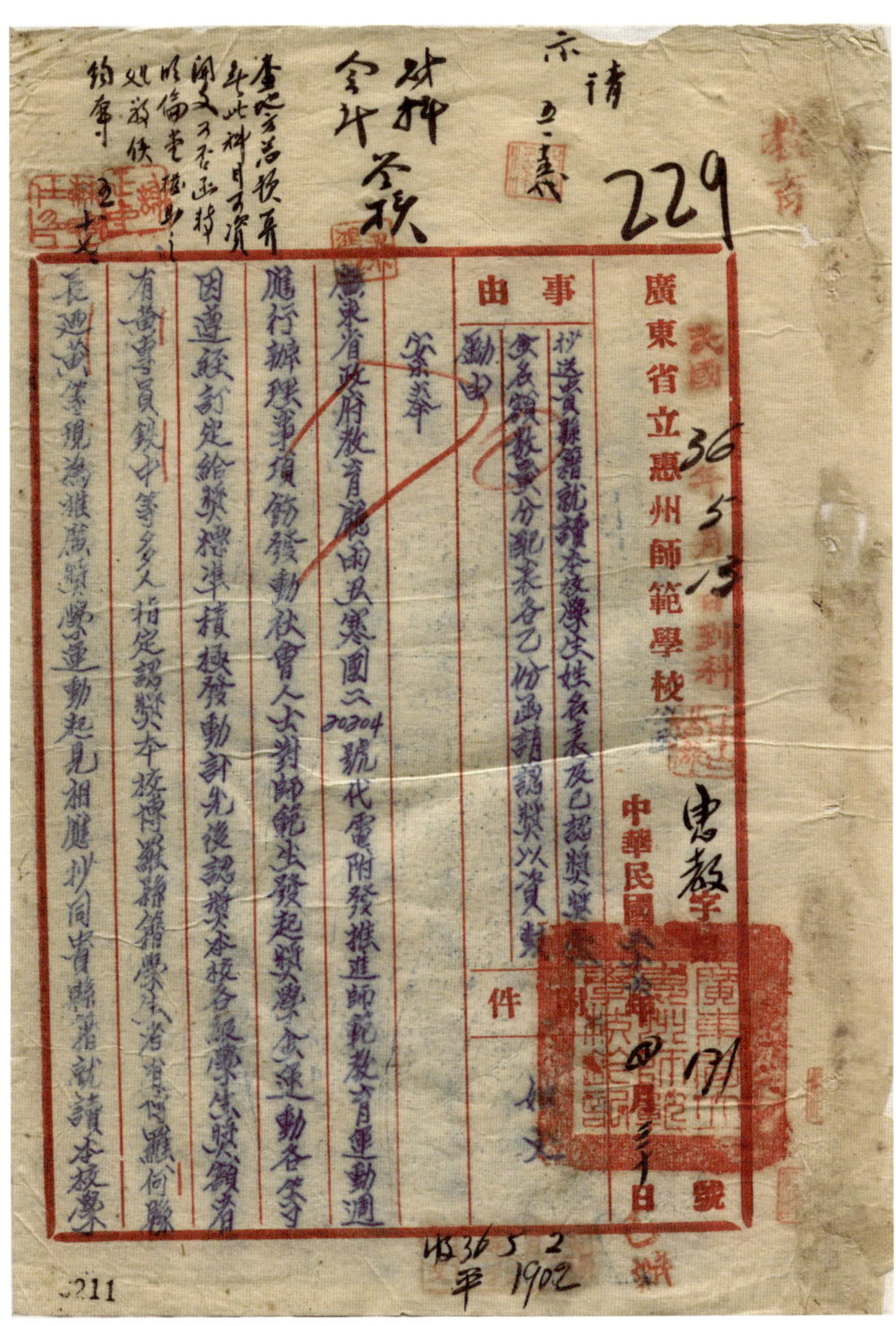

廣東省立惠州師範學校公函　惠教字第　號

中華民國三十六年五月十三日

事由：抄送貴縣籍就讀本校學生姓名表及已認獎學金名額數量分配表各乙份函請認獎以資鼓勵由

件：如文

案奉

廣東省政府教育廳丑寒(國二)20304號代電附發推進師範教育運動週應行辦理事項飭發動社會人士對師範生發起認獎學金運動各等因遵經訂定給獎標準積極發動計先後認獎本校各級學生獎額者有黃專員鎮中等多人指定認獎本校博羅縣籍學生者有博羅縣何縣長遜武等現為推廣獎學運動起見相應抄同貴縣籍就讀本校學

1947 年 5 月 13 日，惠州师范学校函请东莞县政府向该校东莞籍学生发放奖学金的函【东莞市档案馆，东莞明伦堂档案 1-2-0089-100】

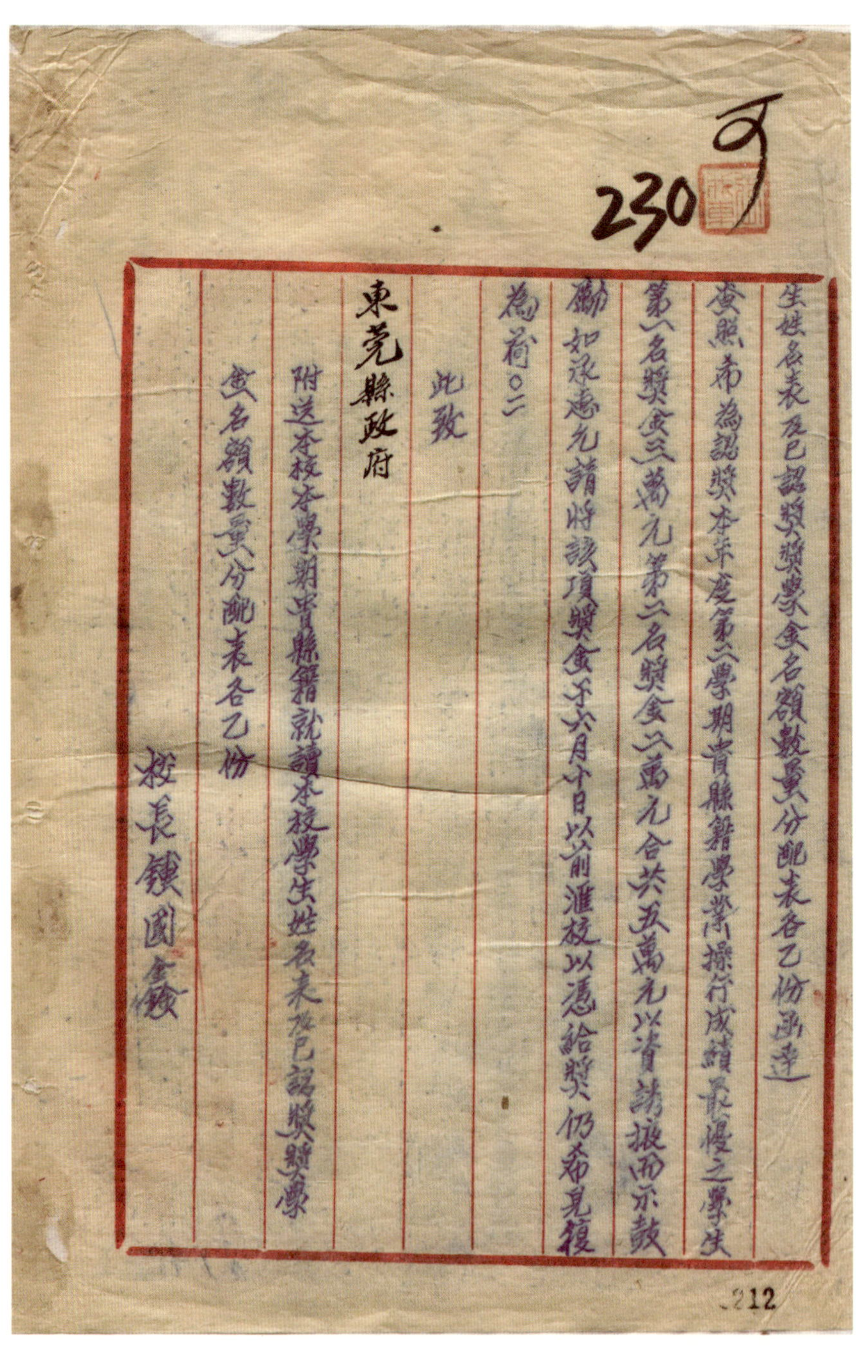

230

生姓名表及已認獎獎學金名額數目分配表各乙份函達
貴縣，希為認獎本年度第二學期貴縣籍學業操行成績最優之學生
第一名獎金三萬元，第二名獎金二萬元，合共五萬元，以資誘掖而示鼓
勵。如承惠允，請將該項獎金于六月十日以前匯校，以憑給獎，仍希見覆
為荷。
此致
東莞縣政府
附送本校本學期貴縣籍就讀本校學生姓名表及已認獎獎學
金名額數目分配表各乙份
校長錢國僉

212

（续上页）【同上】

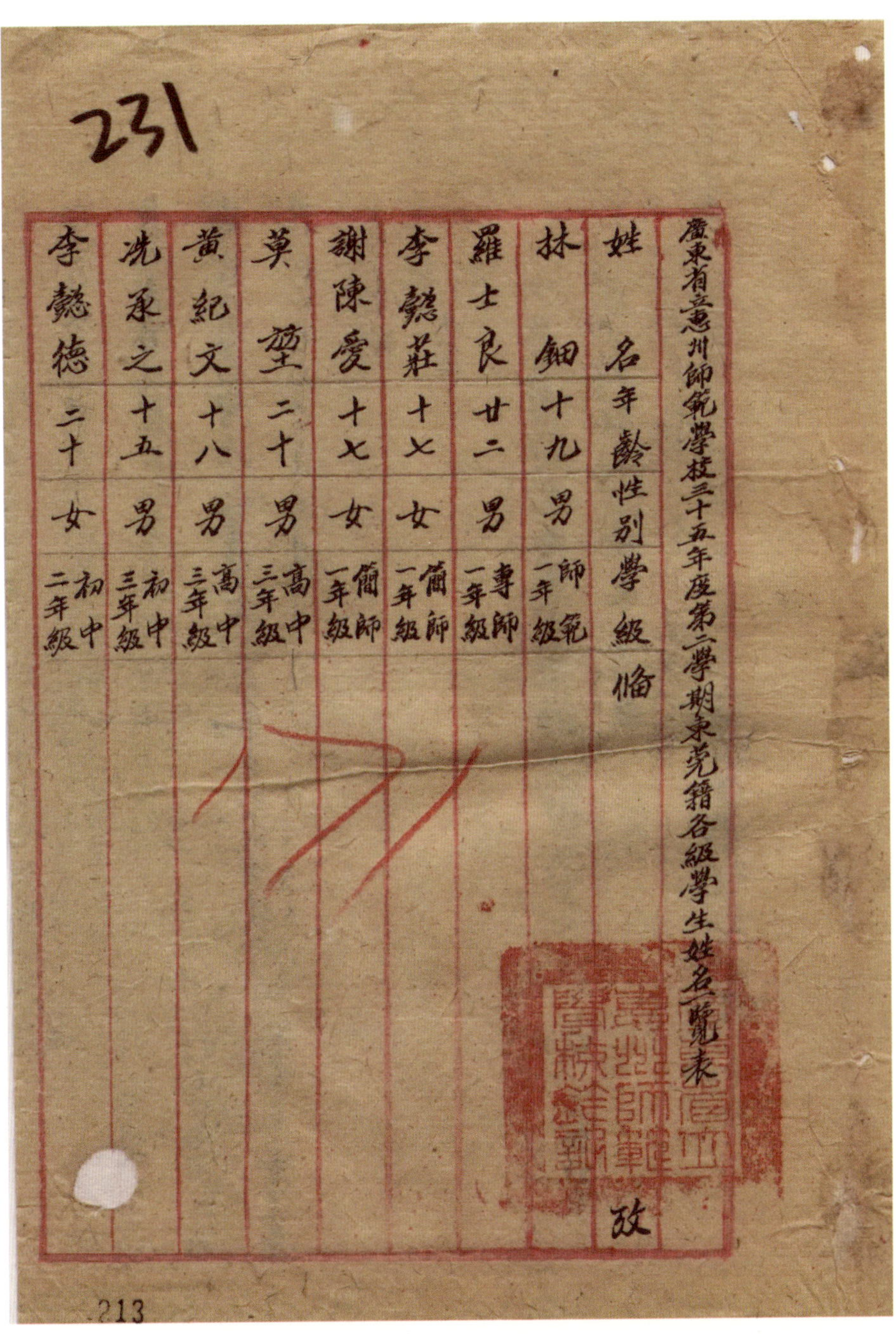

231

廣東省立惠州師範學校三十五年度第二學期東莞籍各級學生姓名一覽表

姓名	年齡	性別	學級	備攷
林鈿	十九	男	師範一年級	
羅士良	廿二	男	專師一年級	
李懿莊	十七	女	簡師一年級	
謝陳愛	十七	女	簡師一年級	
莫堃	二十	男	高中三年級	
黄紀文	十八	男	高中三年級	
冼承之	十五	男	初中三年級	
李懿德	二十	女	初中二年級	

213

1946 年度，广东省惠州师范学校东莞籍学生姓名一览表【同上】

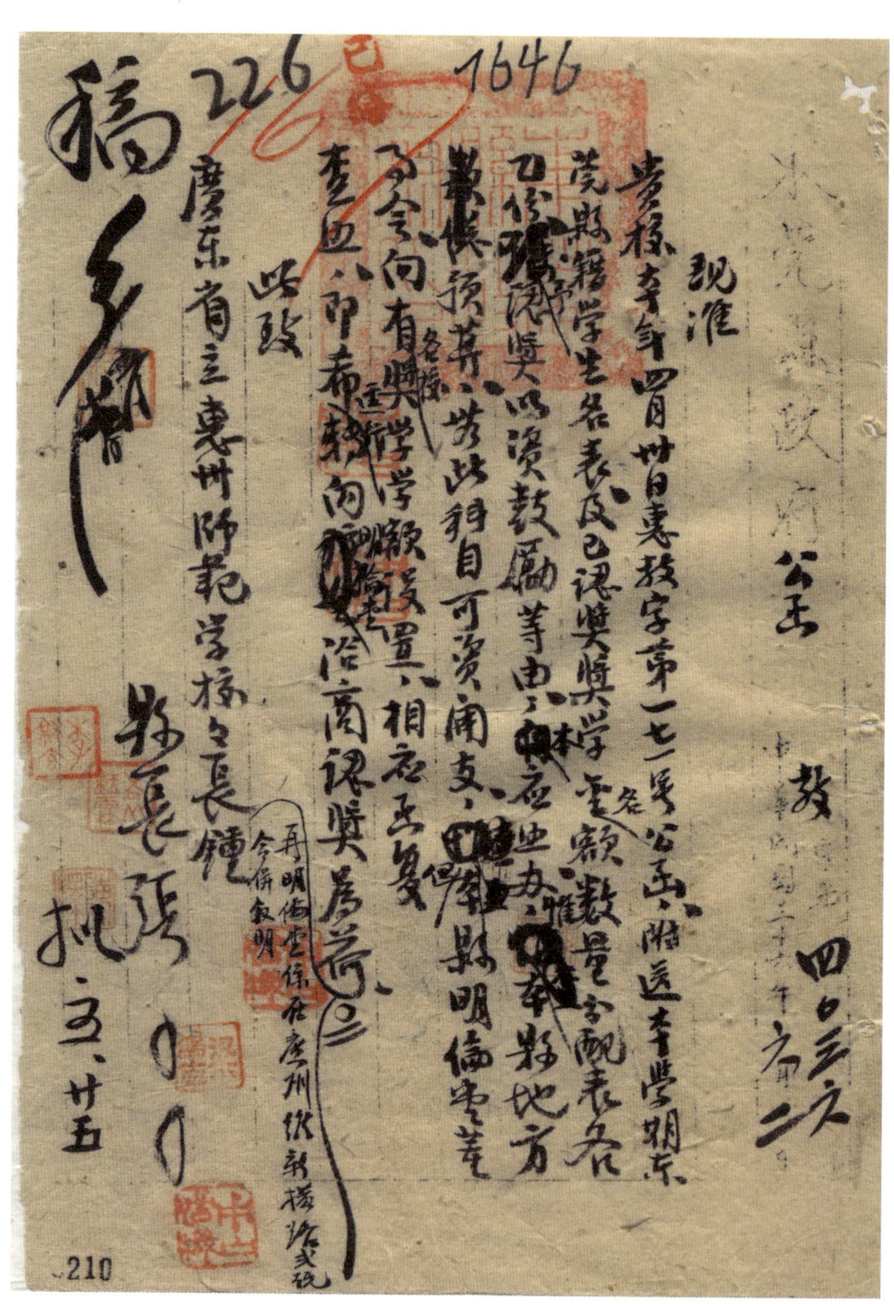

1947年5月25日，东莞县政府函复惠州师范学校可向东莞明伦堂洽商领取东莞籍学生奖学金的公函【同上】

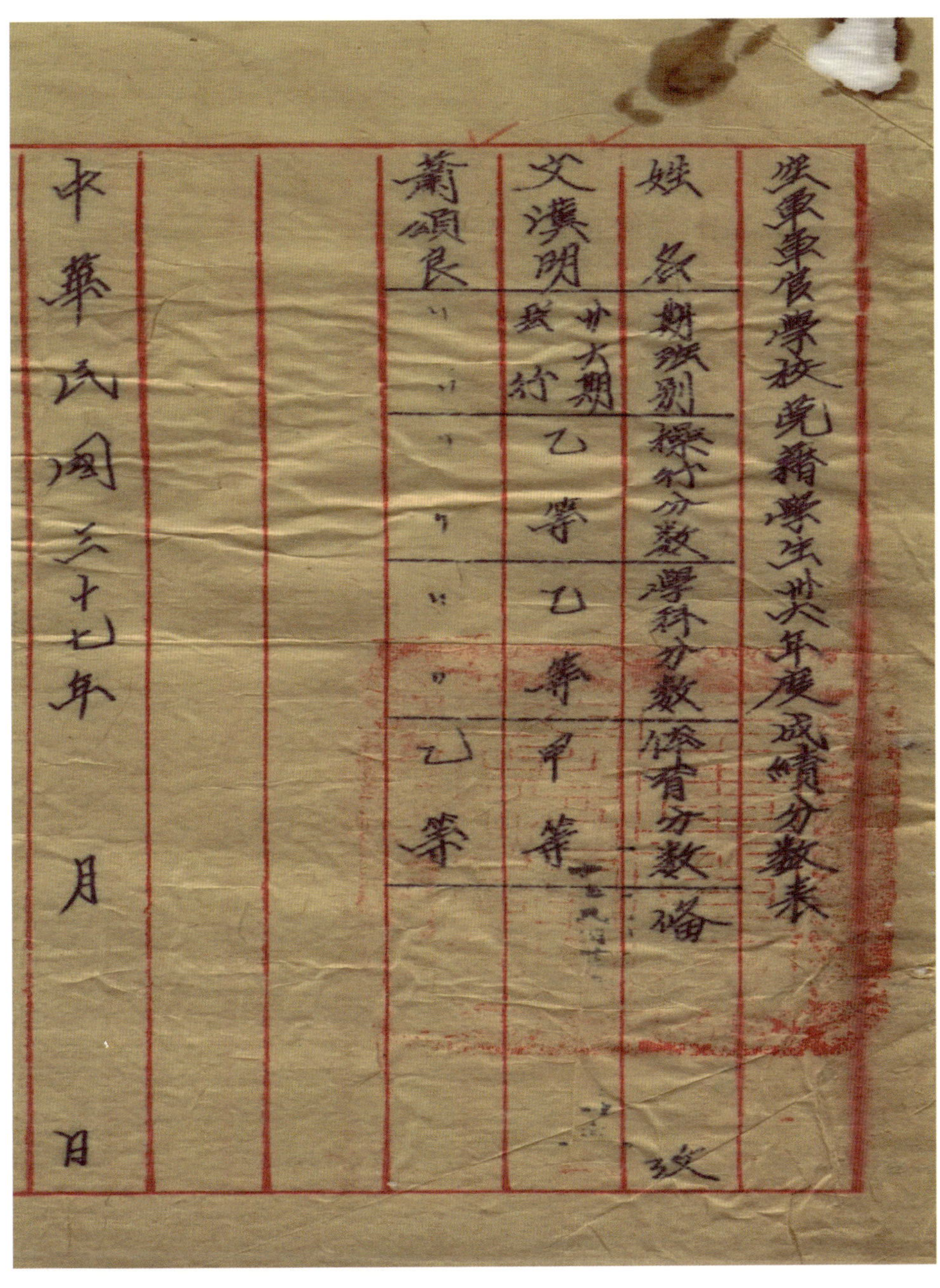

空軍軍官學校莞籍學生卅六年度成績分數表

姓名	期别	操行分數	學科分數	体育分數	備攷
文漢明	廿六期 飛行	乙等	乙等	甲等	
蕭頌良	〃	〃	〃	乙等	

中華民國三十七年 月 日

1948 年，空军学校东莞籍学生领取东莞明伦堂津贴的证明材料——成绩单

【东莞市档案馆，东莞明伦堂档案 1-1-0142-73】

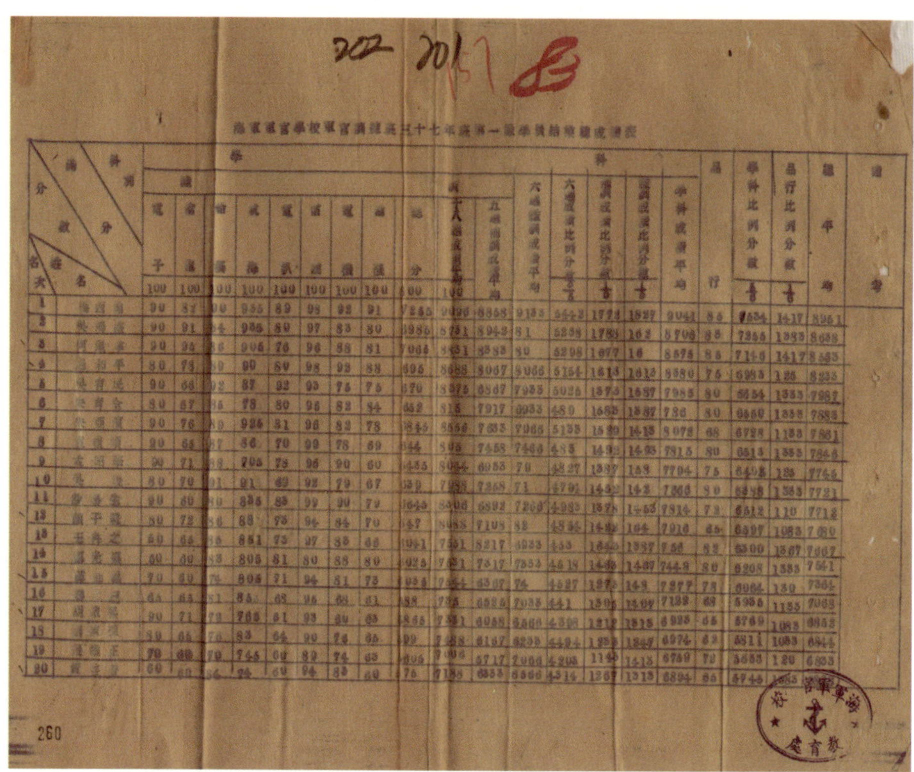

1948 年，海军军官学校第一期东莞籍学生领取东莞明伦堂津贴的证明材料——成绩表【同上】

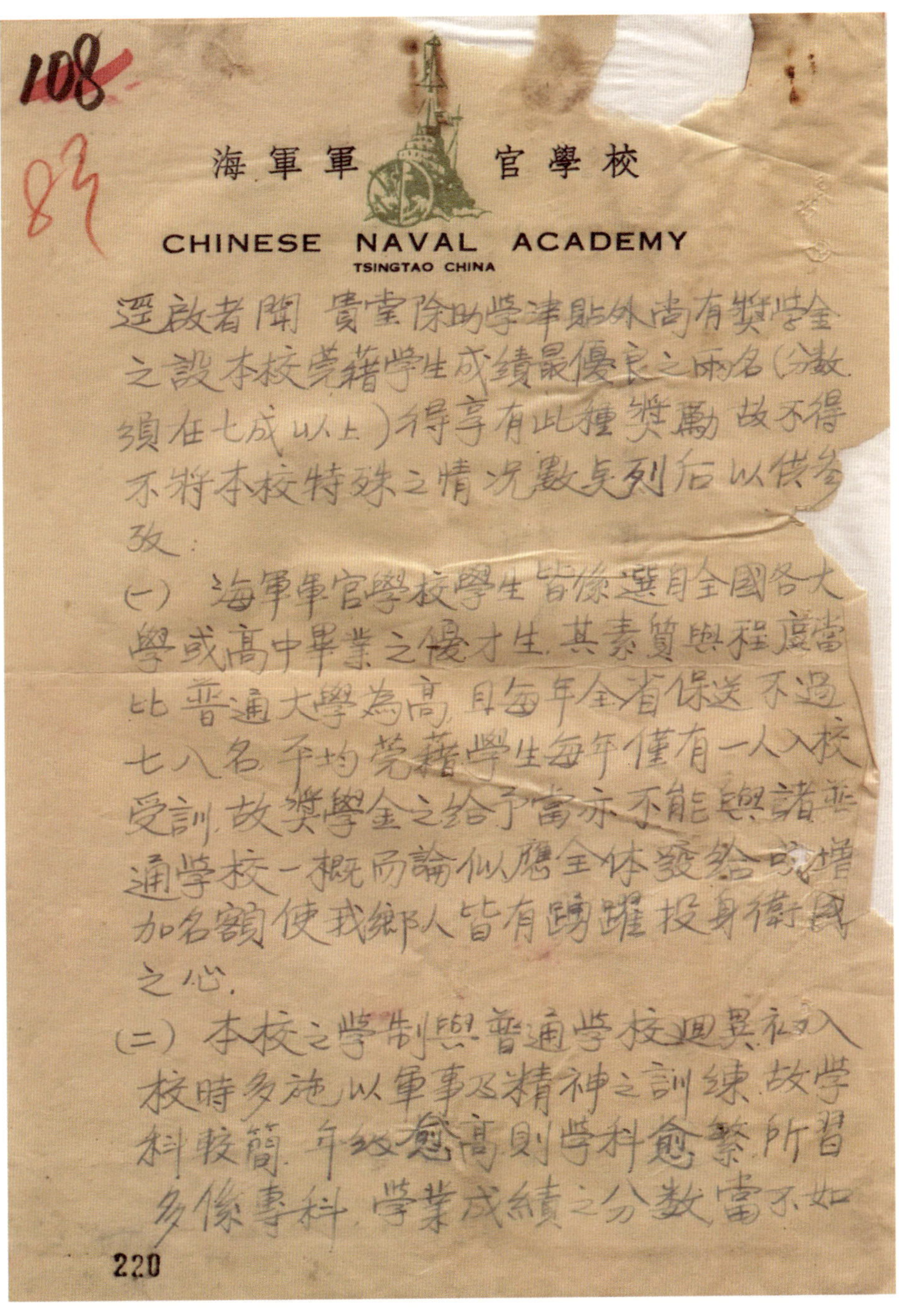
108
83

海軍軍官學校
CHINESE NAVAL ACADEMY
TSINGTAO CHINA

逕啟者 聞 貴堂除助學津貼外尚有獎學金之設本校莞籍學生成績最優良之兩名(分數須在七成以上)得享有此種獎勵 故不得不將本校特殊之情況數点列后以供参攷:

(一) 海軍軍官學校學生皆係選自全國各大學或高中畢業之優才生 其素質與程度當比普通大學為高 且每年全省保送不過七八名 平均莞籍學生每年僅有一人入校受訓 故獎學金之給予當亦不能與諸普通學校一概而論 似應全体發給或增加名額 使我鄉人皆有踴躍投身衛國之心.

(二) 本校之學制與普通學校迥異 初入校時多施以軍事及精神之訓練 故學科較簡 年級愈高則學科愈繁 所習多係專科 學業成績之分数當不如

220

海军军官学校王铁铮、李用彪致东莞明伦堂董事会关于学习成绩和申请领取奖学金的呈函【东莞市档案馆，东莞明伦堂档案 1-1-0142-68】

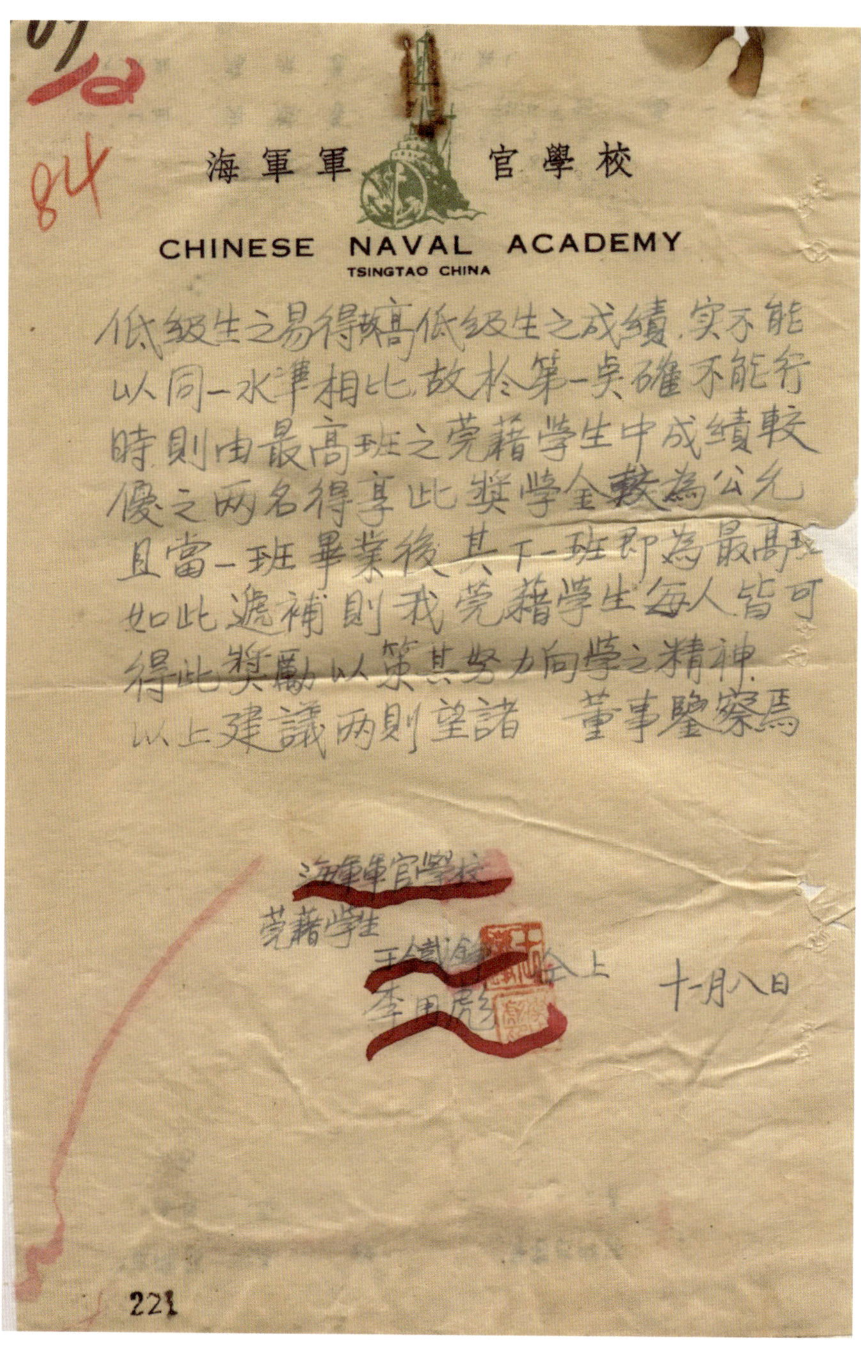

84

海軍軍官學校
CHINESE NAVAL ACADEMY
TSINGTAO CHINA

低級生之易得。故高低級生之成績，實不能以同一水準相比。故於第一點確不能行時，則由最高班之莞籍學生中成績較優之兩名得享此獎學金，較為公允。且當一班畢業後，其下一班即為最高班，如此遞補，則我莞籍學生每人皆可得此獎勵，以策其努力向學之精神。以上建議兩則，望諸　董事鑒察焉

海軍軍官學校
莞籍學生
王武[illegible]仝上
李甲彪
十一月八日

221

（续上页）【同上】

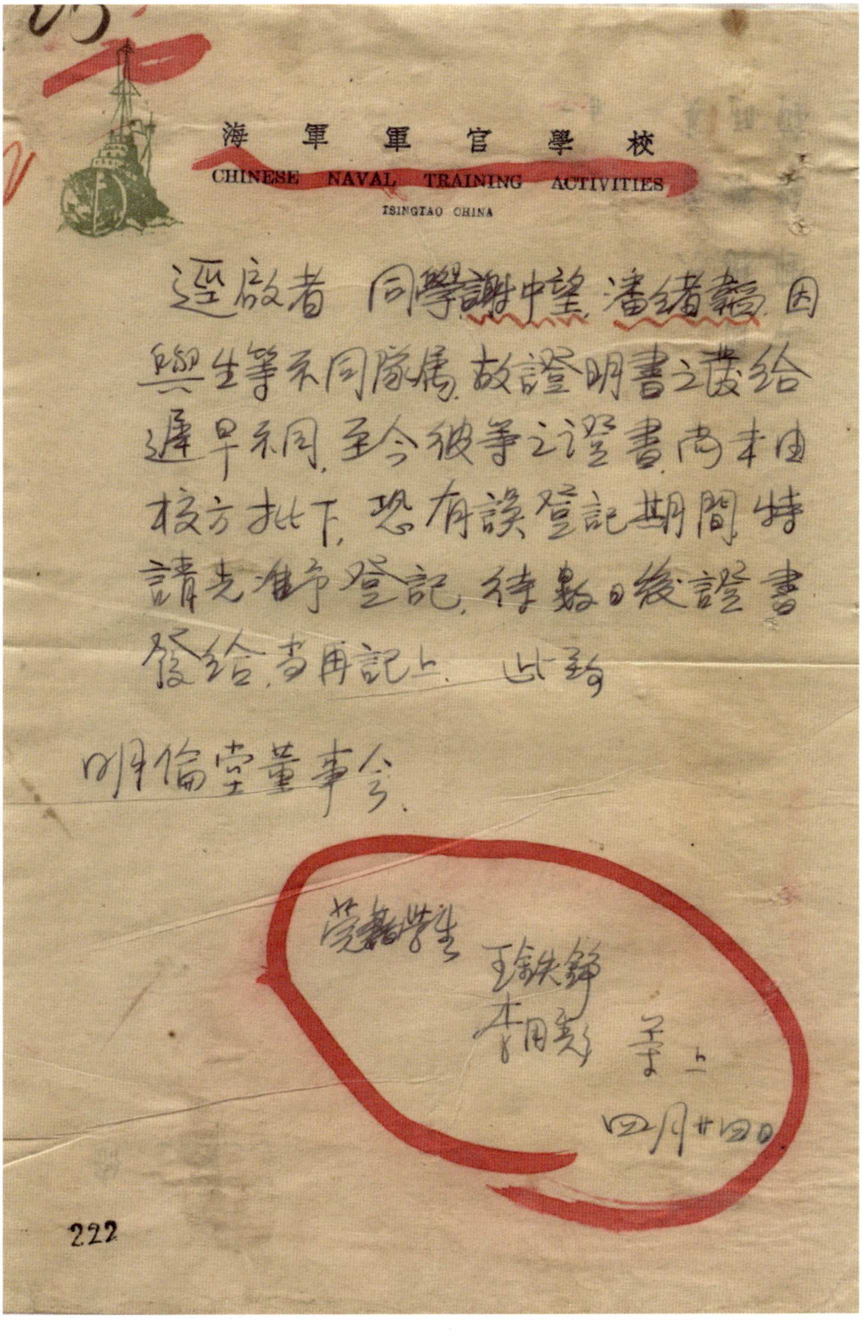

海軍軍官學校
CHINESE NAVAL TRAINING ACTIVITIES
TSINGTAO CHINA

逕啟者 同學謝中望、潘緒[illegible]，因與生等不同隊屬，故證明書之發給遲早不同，至今彼等之證書尚未由校方批下，恐有誤登記期間，特請先准予登記，待數日後證書發給，當再記上。此致

明倫堂董事會

莞籍學生 王鐵錚
李用彪 筆上
四月廿四日

222

海军军官学校王铁铮、李用彪致东莞明伦堂董事会关于学历证书的说明

【同上】

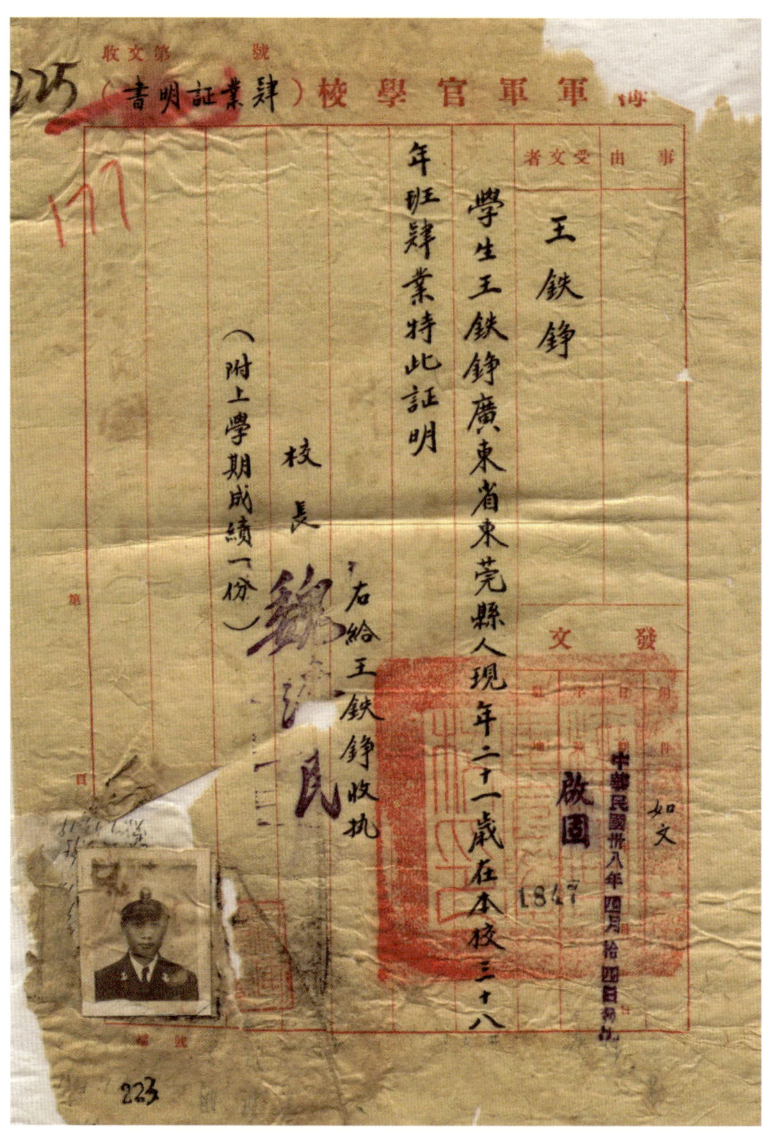

海軍軍官學校（肄業證明書）

收文第 號

事由

受文者：王鉄铮

學生王鉄铮廣東省東莞縣人現年二十一歲在本校三十八年班肄業特此証明

校長

（附上學期成績一份）

右給王鉄铮收執

發文

中華民國卅八年四月拾四日

啟固 1847

如文

海军军官学校为王铁铮提供的肄业证明书【同上】

東莞博物圖書館特刊

本館籌備之經過

本館之設，倡自民國十七年。時徐賡陶先生爲明倫堂委員長，始倡議建築。初擬就城內文源書舍附近覓地；旣而公議：讀書宜擇山林，而近城市者，莫若盂山公園內爲宜。乃決就宴林園故址，建館焉。建館之費，皆出於明倫堂。卽由廣州昌發公司投承建造，鳩工宅材，共費銀二萬八千餘元，於民國十八年工程始完。前向青山，俯臨碧池；四時之景，無不可愛；而地方幽靜，纖塵不到，誠讀書之佳處也。館旣落成，以購書及一切經費，皆無着；空房闃寂；窻破門封。民國二十年，彥陳儒先生以邑人任縣長；覺一邑之文化與圖書館之設備，最爲關係。莞館閒置，殊爲可惜，聘任鄧屺望，盧鋈球，盧瑞等爲籌備委員，組織籌備委員，負責籌備。每月撥支經費一百二十元，由縣政府與明倫堂共同分担，暫假借禪心院爲辦公地点。旋卽推定教育局長盧鋈球爲秘書，縣府庶務主任盧瑞爲會計，鄧屺望爲館長。是年九月正式成立籌備委員會，該會預算分配略列於下：

館長一員　月送伕馬二十元

書記一員　月支薪金四十元

七

东莞明伦堂教育经费的第三项支出是教育预备费，主要用于修建校舍、校具、图书馆等设施设备以及新办中学的开办费、社教费、宣传费等临时支出。上图是 1928 年东莞明伦堂出资筹建东莞博物图书馆情况的文献记载：“本馆之设，倡自民国十七年。时徐赓陶先生为明伦堂委员长，始倡议建筑……建馆之费，皆出于明伦堂……共费银二万八千余元，于民国十八年工程始完。”【东莞博物图书馆：《东莞博物图书馆特刊》，1935 年，第 7 页】

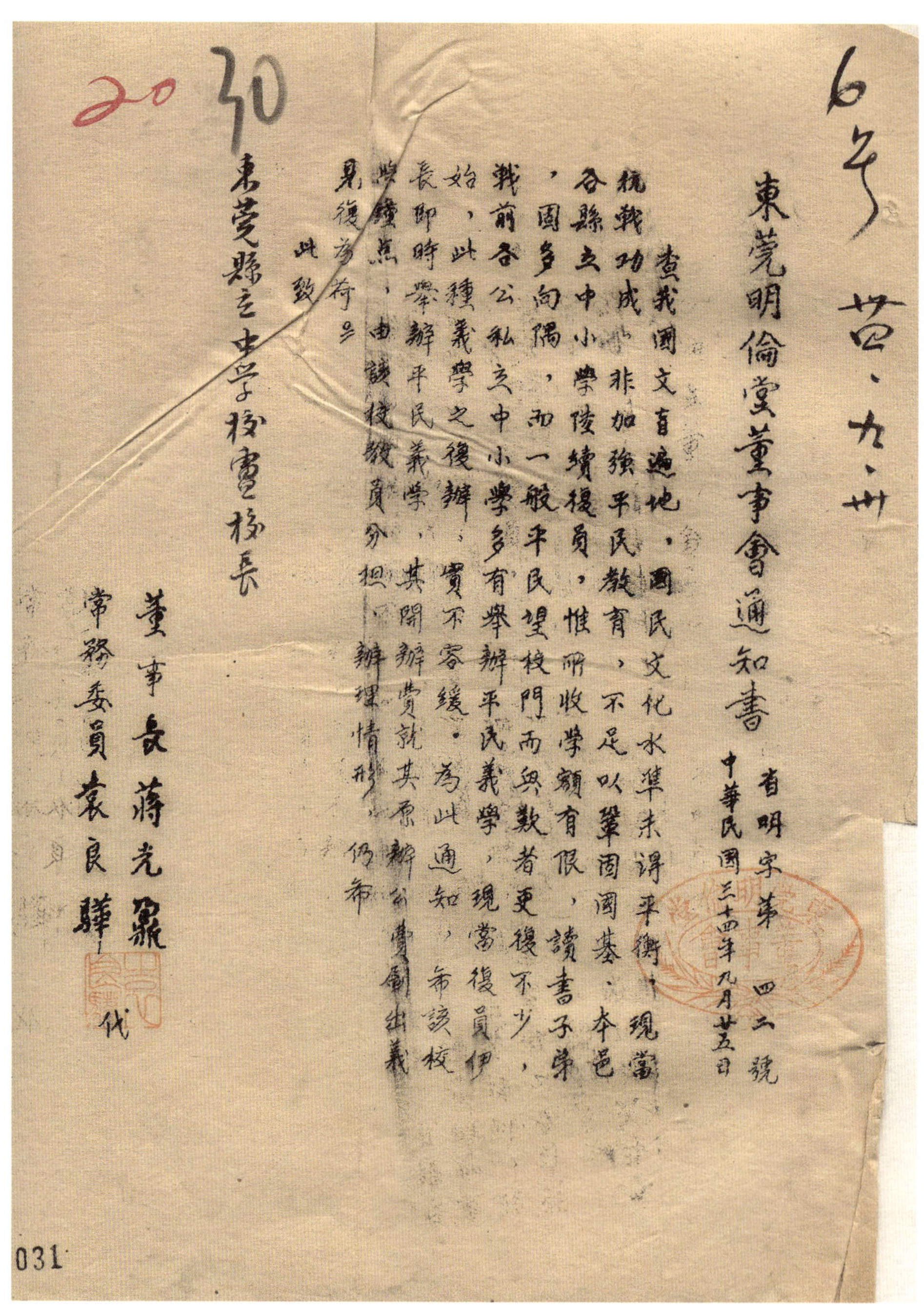

廿四、九、卅

東莞明倫堂董事會通知書

省明字第四二號

中華民國三十四年九月廿五日

查我國文盲遍地，國民文化水準未得平衡，現當抗戰功成，非加強平民教育，不足以鞏固國基、本邑各縣立中小學陸續復員，惟所收學額有限，讀書子弟，固多向隅，而一般平民望校門而興歎者更復不少，戰前各公私立中小學多有舉辦平民義學，現當復員伊始，此種義學之復辦，實不容緩。為此通知，希該校長即時舉辦平民義學，其開辦費就其原辦公費劃出義學鐘點，由該校教員分担，辦理情形，仍希見復為荷，此致

東莞縣立中學校曾校長

董事長 蔣光鼐

常務委員 袁良驊 代

1945 年 9 月，东莞明伦堂董事会致东莞县立中学关于举办义学的通知书

【东莞市档案馆，东莞明伦堂档案 1-7-0036-11】

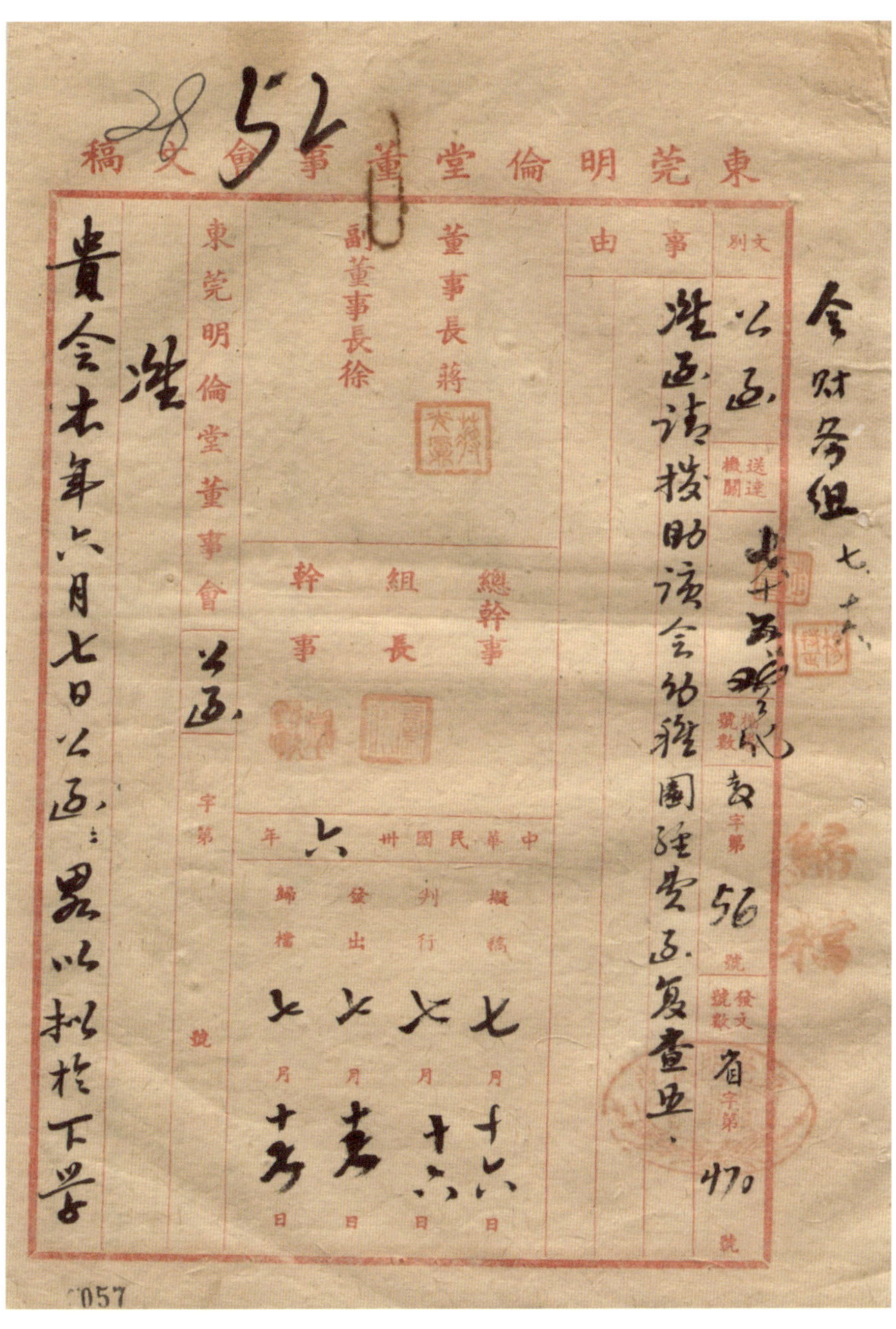

52

東莞明倫堂董事會文稿

令財務組 七.十六.

文別	公函
事由	准函請撥助該會幼稚園經費函復查照
發文號數	省字第470號

董事長蔣
副董事長徐

總幹事
組長
幹事

東莞明倫堂董事會公函 字第 號

中華民國卅六年

擬稿	判行	發出	歸檔
七月十六日	七月十六日	七月[illegible]日	七月[illegible]日

准
貴會本年六月七日公函：略以……

1947 年 7 月，东莞明伦堂致东莞新运妇委会关于拨给该会幼稚园经费的复函【东莞市档案馆，东莞明伦堂档案 1-7-0275-19】

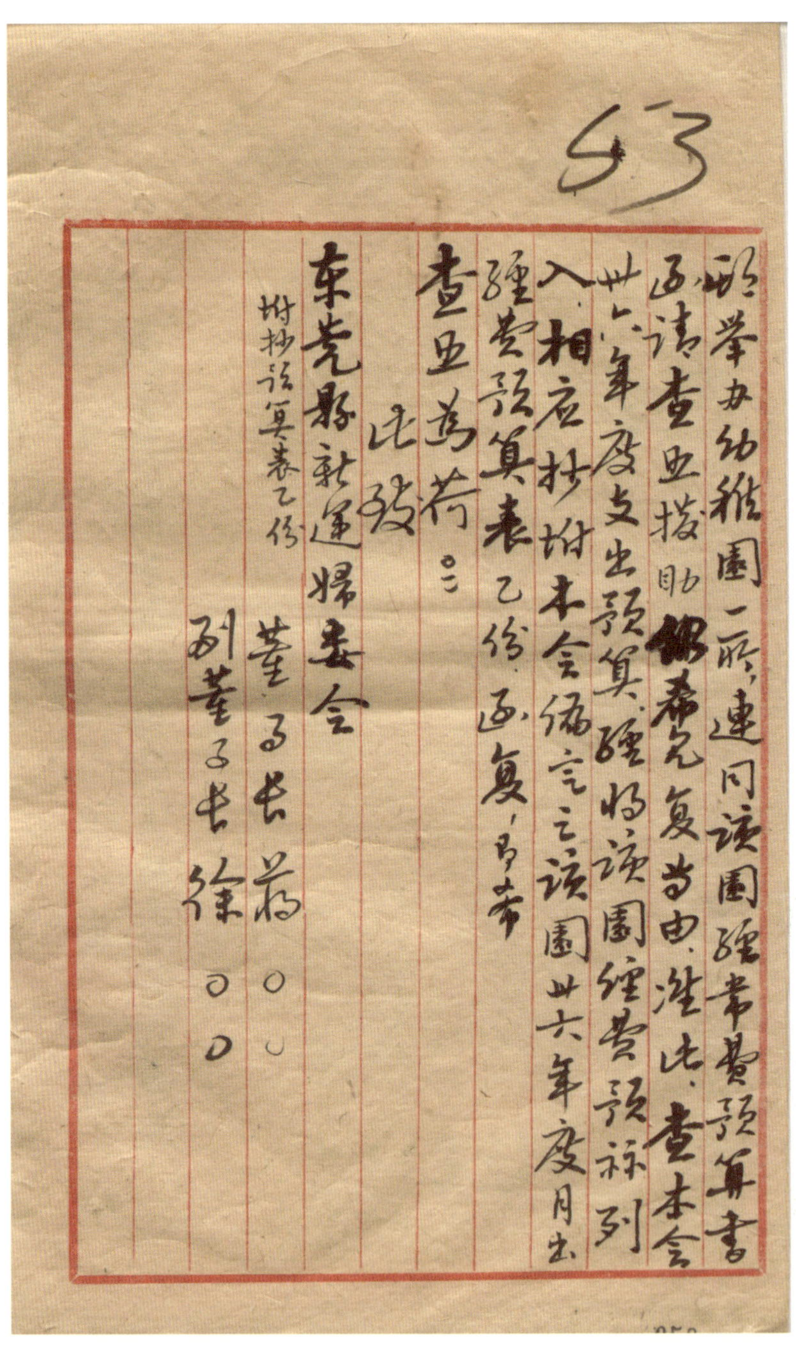

543

明举办幼稚园一所，连同该园经常费预算书
函请查照拨助，俾希允复，等由，准此，查本会
卅六年度支出预算，经将该园经费预算列
入，相应抄附本会编定之该园卅六年度月出
经费预算表乙份，函复，即希
查照为荷。
此致
东莞县新运妇委会
董事长 蒋○○
副董事长 徐○○
附抄预算表乙份

（接上页）【同上】

关于东莞明伦堂董事会为促进邑中教育文化事业的函[1]

（东莞明伦堂董事会公函　省字第一二〇号　民国三十四十二月）

本会为促进邑中教育文化事业起见，敦请本邑名流学者暨教育专家组会研究进行方针，业经开会多次议决要案、多起交本会核议执行有案。现准该会函送第二次座谈会会议录，内有第六案，“本邑教育消息应如何广为传播，请公决”一案，决议：“资助《东莞民国报》，增设教育栏，登载各项教育消息，各乡公所、各中心学校送阅一份，邮费纸费及资助费，统由明伦堂董事会负担，各乡公所、各中心学校收到后，应张贴公共场所，以广宣传等由。”函请核办过会。当经本会提付第三次常务董事会核议决议：“酌量补助《东莞民国报》办理等词。”记录在卷，自应照办。除由三十五年元月份起资助《东莞民国报》照办外，相应函请：

查照，一俟该《东莞民国报》送达贵所/校，即祈张贴公众场所，以广宣传而开民智。是荷。

此致

东莞县属各乡公所/各小学校

董事长　　蒋光鼐

常务董事　袁良骅　代

根据以上《关于东莞明伦堂董事会为促进邑中教育文化事业的函》可知，1945年，东莞明伦堂为促进莞邑教育事业的发展，还拿出经费资助《东莞民国报》，增设教育专栏，登载各项教育消息，广为宣传东莞教育。

① 东莞市档案馆，东莞明伦堂档案 1-7-0024-04。

二、东莞明伦堂与东莞卫生事业

1932 年，由蒋光鼐等人倡议集资及东莞明伦堂资助的虎门医院兴办于，有西医四名，护士五名，护士生十二名，助产士三名，药师二名，开设门诊与留医业务，有病床四十五张。①

1934 年至 1942 年间，由东莞明伦堂资助，东莞医院及普济医院分别开办了六期助产士与护士培训班，共培训了一百多人。②

东莞明伦堂与普济医院合建的西医施医赠药所【《东莞明伦堂董事会年刊》，1941】

① 东莞市地方志编纂委员会：《东莞市志》，广东人民出版社，1995 年，第 1263 页。

② 东莞市地方志编纂委员会：《东莞市志》，广东人民出版社，1995 年，第 1263 页。

东莞明伦堂与普济医院合办的护士助产学校【《东莞明伦堂董事会年刊》，1941 年】

东莞明伦堂与普济医院合办护士助产学校的员生合影【《东莞明伦堂董事会年刊》，1941 年】

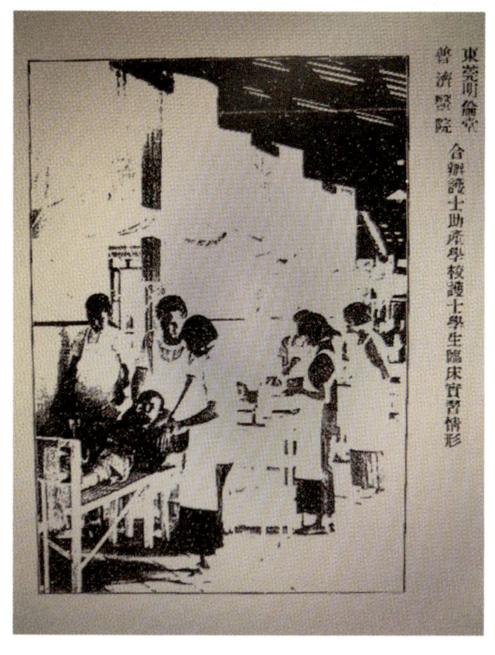

东莞明伦堂与普济医院合办护士助产学校护士学生临床实习情形【《东莞明伦堂董事会年刊》，1941 年】

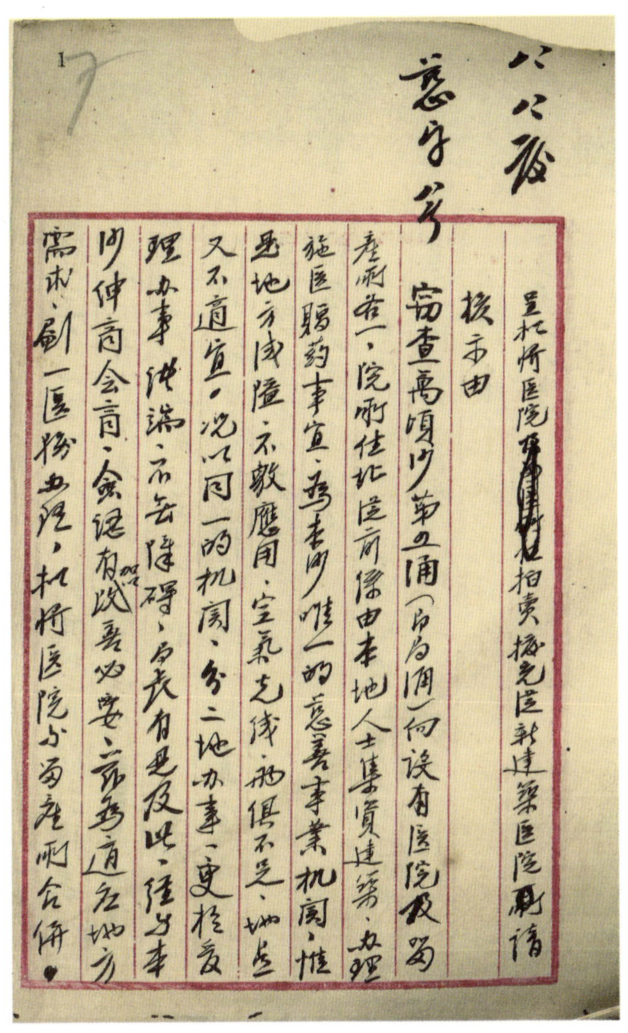

八八發
慈字第 号

呈拟将医院拍卖拨充新建筑医院祈请
核示由
窃查万顷沙第五涌（即西涌）向设有医院及留
产所者，院所住址从前系由本地人士集资建筑，办理
施医赠药事宜，为本沙唯一的慈善事业机关，惟
其地方浅隘，不敷应用，空气也浊，光线不足，加之
又不适宜，况以同一的机关，分二地办事，更极多
理办事殊感不便，觉有碍，本局有见及此，经与本
沙绅商会商，佥认有改善必要，並为適合地方
需求，创一医务处，拟将医院及留产所合併

民国期间，万顷沙相关人士集资在万顷沙第五涌建有一所简易的医院和留产所，用于施医赠药，成为万顷沙唯一的慈善事业机关。由于该院地方狭小，空气混浊，光线不足，再加上医院和留产所分隔两地，看病办事多有不便。1942 年，伪东莞明伦堂沙田经理局整理委员会认为有改善该医院之必要，经费一方面来源于该医院的拍卖，另一方面来自万顷沙绅商的募捐。上图为 1942 年 8 月 7 日，伪东莞明伦堂沙田经理局整理委员会向委员长呈拟将医院拍卖拨充新建筑医院的请示函。【中山市档案馆，东莞明伦堂档案 1-A1[1].6-306-2-1】

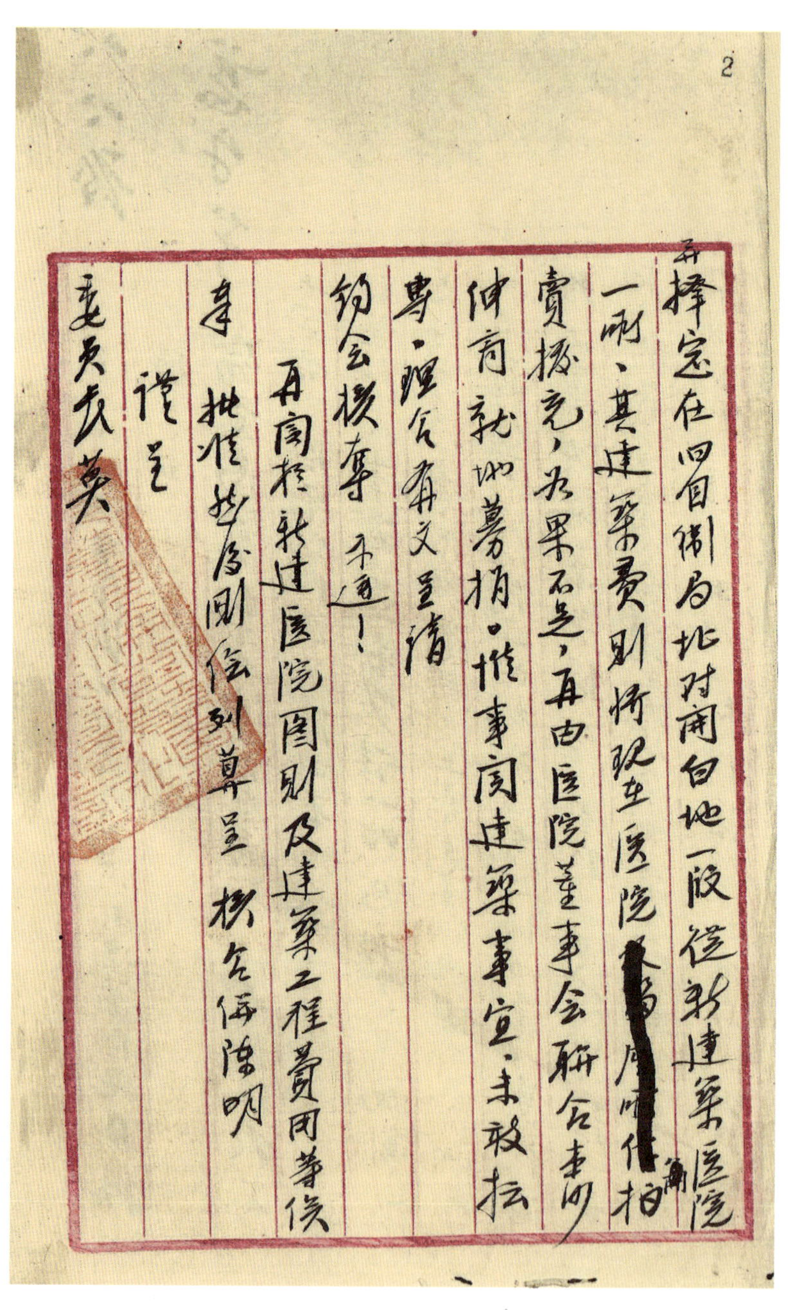
2

再擇定在四面街局北對開白地一段，從新建築醫院一所。其建築費則將現在醫院[illegible]房屋估拍賣撥充，如果不足，再由醫院董事會聯合本邑紳商就地募捐。惟事關建築事宜，未敢擅專，理合備文呈請

鈞會核奪示遵！

再關於新建醫院圖則及建築工程費用等，俟奉 批准後，將圖則估到算呈 核，合併陳明。

謹呈

主席袁英

（续上页）【中山市档案馆，东莞明伦堂档案 1-A1[1].6-306-2-2】

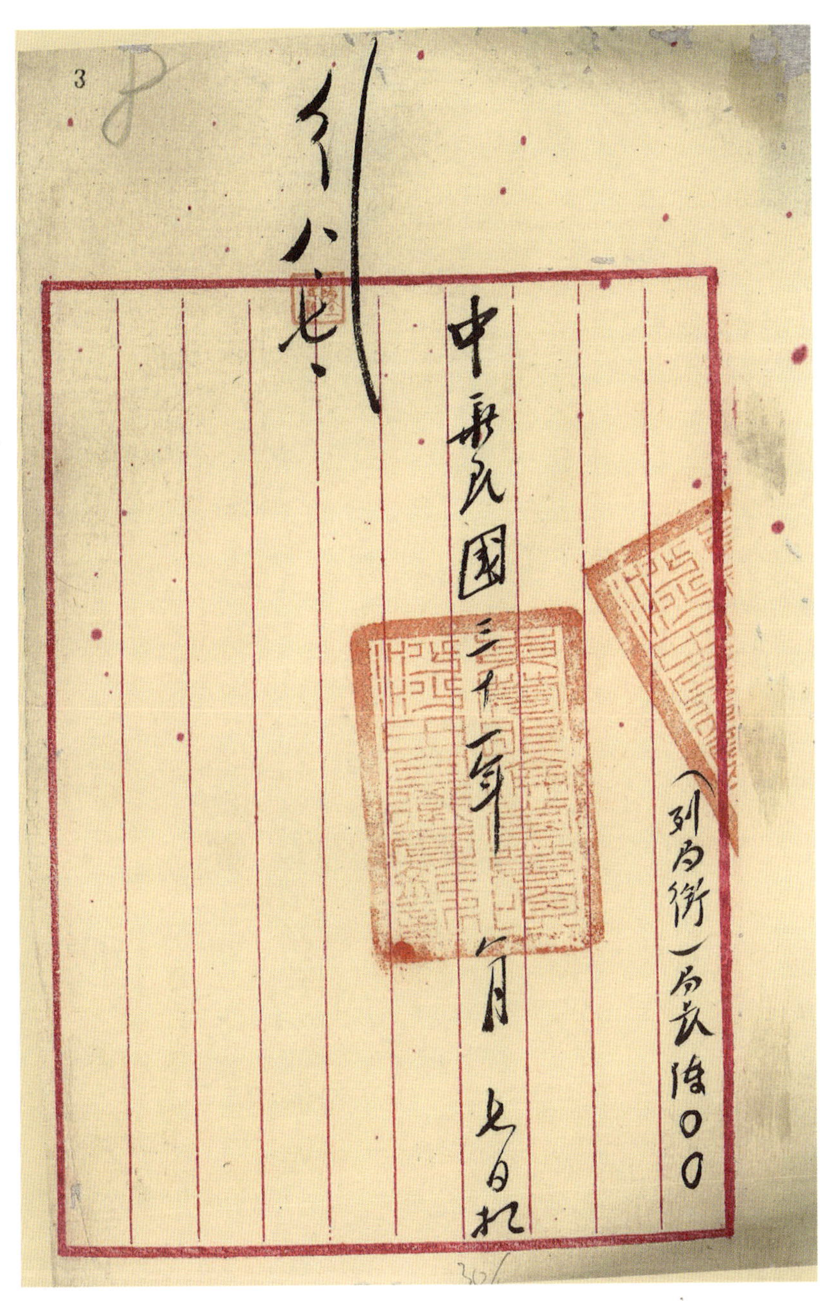

中華民国三十一年　月　七日札

（列局衔）局长陈〇〇

（续上页）【中山市档案馆，东莞明伦堂档案 1–A1[1].6–306–2–3】

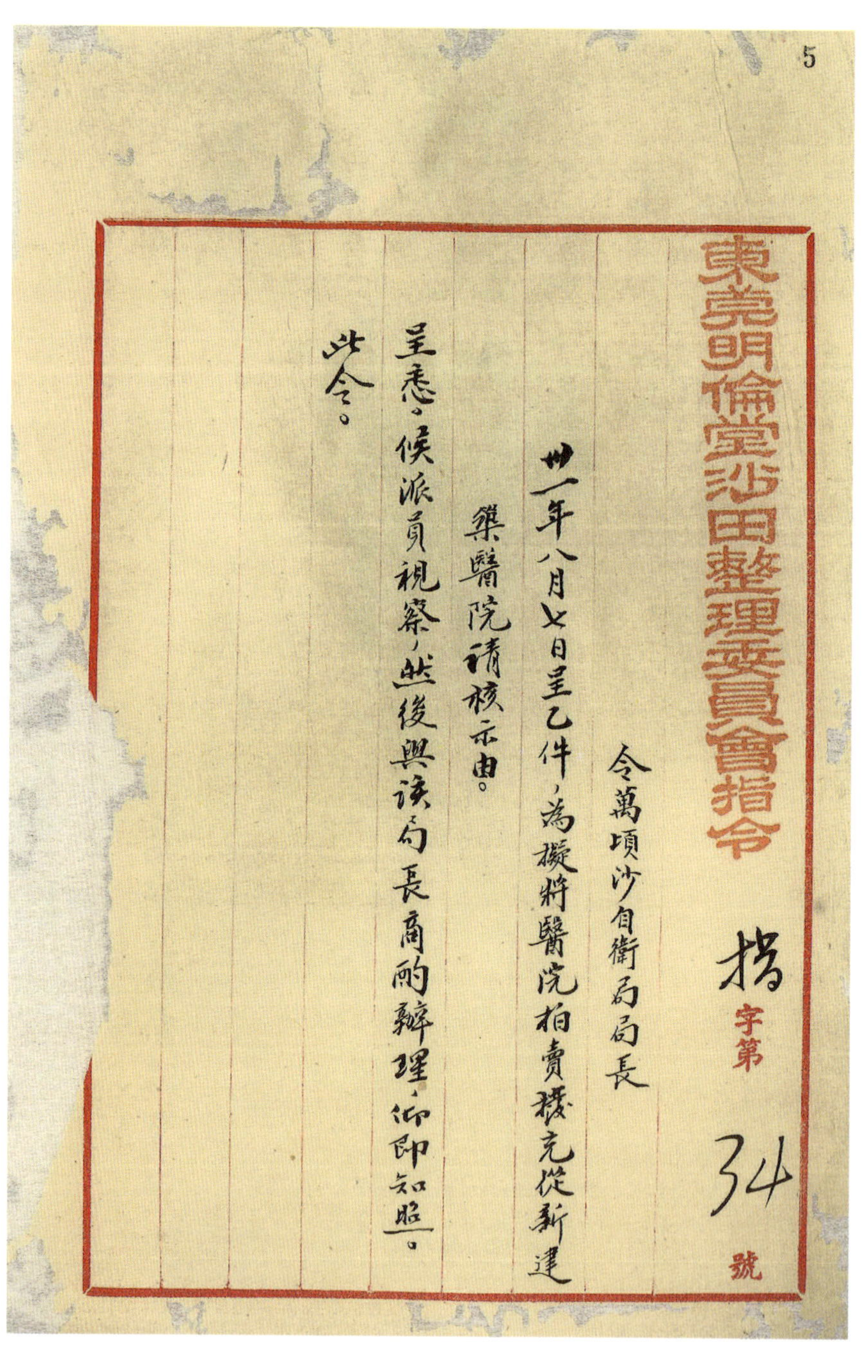

5

东莞明倫堂沙田整理委員會指令

揩字第34號

令萬頃沙自衛局局長

卅一年八月七日呈乙件，為擬將醫院柏賣撥充從新建築醫院請核示由。

呈悉。候派員視察，然後與該局長商酌辦理，仰即知照。

此令。

1942年8月19日，伪东莞明伦堂沙田整理委员会委员长下发关于办理医院的指令【中山市档案馆，东莞明伦堂档案 1–A1[1].6–306–2–5】

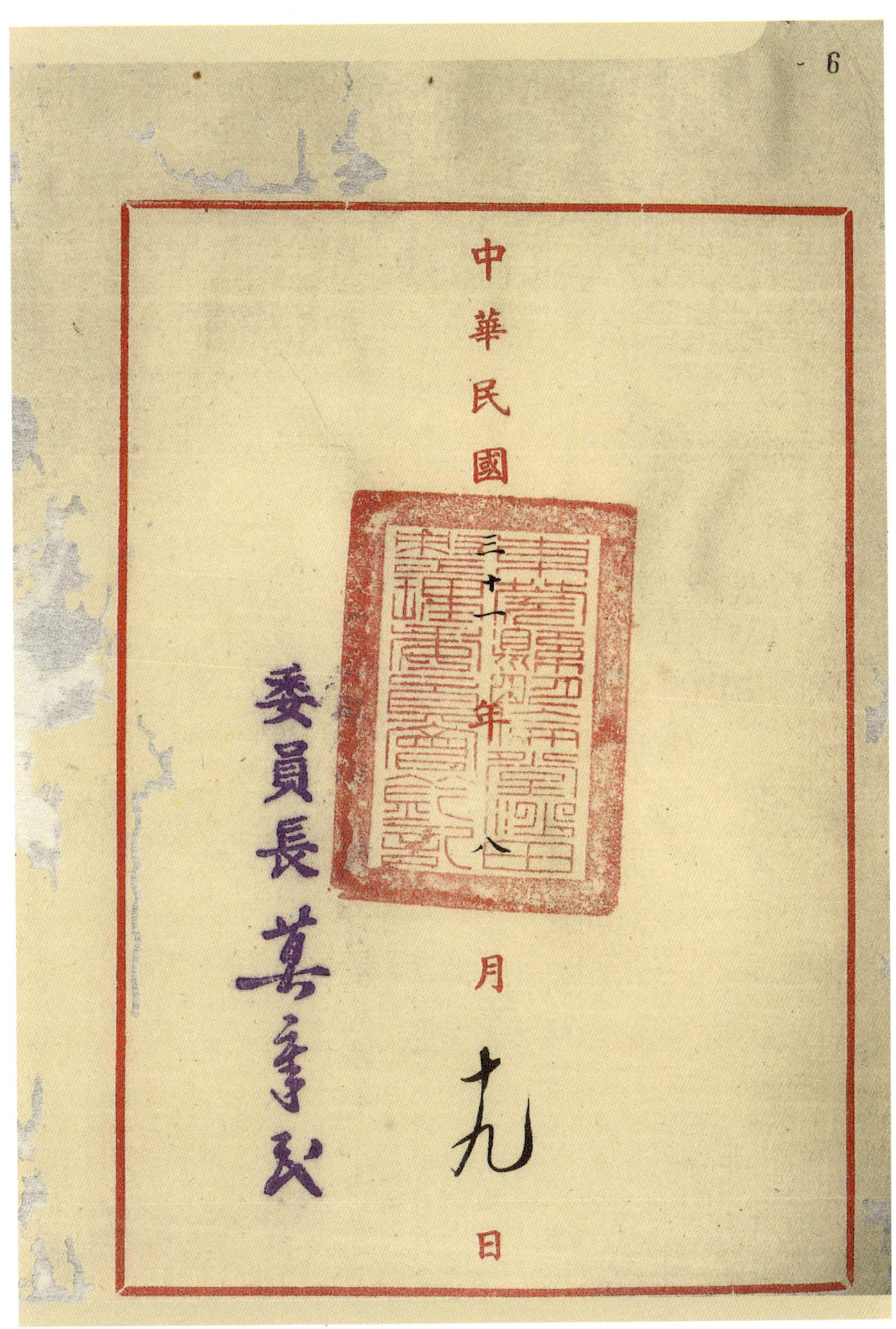

6

中華民國三十一年八月十九日

委員長 葛季民

（续上页）【同上】

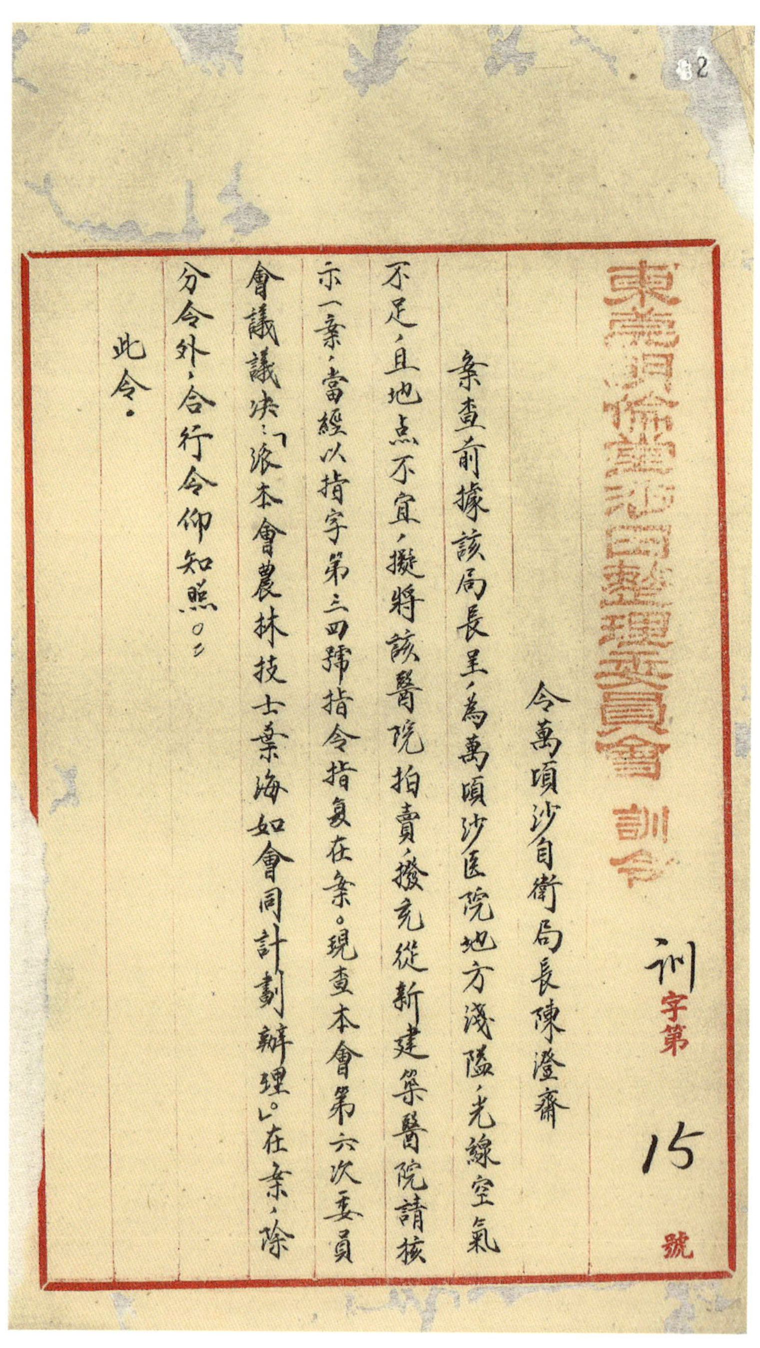

東莞明倫堂沙田整理委員會訓令

訓字第15號

令萬頃沙自衛局長陳澄齋

案查前據該局長呈，為萬頃沙医院地方淺隘，光線空氣不足，且地点不宜，擬將該醫院拍賣，撥充從新建築醫院，請核示一案，當經以指字第三四號指令指复在案。現查本會第六次委員會議議決：「派本會農林技士葉海如會同計劃辦理」。在案，除分令外，合行令仰知照。

此令。

伪东莞明伦堂沙田整理委员会委派叶海如办理新建医院一事的训令【中山市档案馆，东莞明伦堂档案 1-A1［1］.6-306-3-2】

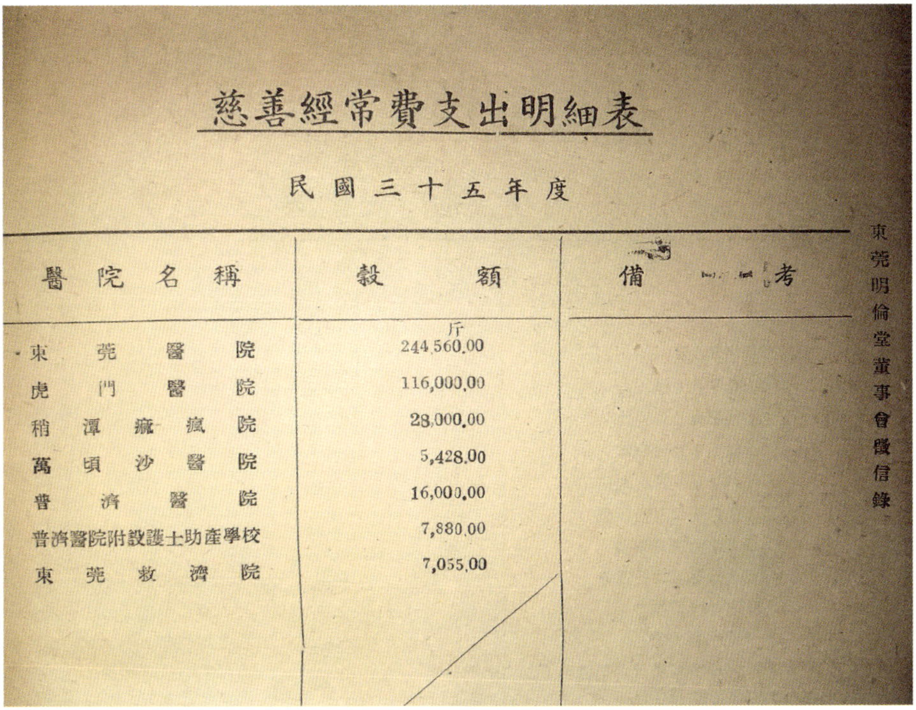

慈善經常費支出明細表

民國三十五年度

醫院名稱	穀額	備考
東莞醫院	斤 244,560.00	
虎門醫院	116,000.00	
稍潭痲瘋院	28,000.00	
萬頃沙醫院	5,428.00	
普濟醫院	16,000.00	
普濟醫院附設護士助產學校	7,880.00	
東莞救濟院	7,055.00	

東莞明倫堂董事會徵信錄

慈善经常费支出明细表

民国三十五年度

科目	支谷（斤）	科目	支谷（斤）
东莞医院	244560	稍谭麻风院	28000
虎门医院	116000	普济医院	16000
万顷沙医院	5428	普济医院附设护士助产学校	7880
东莞救济院	7055		

根据1946年《慈善经常费支出明细表》可知，东莞明伦堂资助东莞医院、稍潭麻风院、虎门医院、普济医院、赠医留产所、普济医院附设护士助产学校等卫生机构稻谷四十二万余斤。【《东莞明伦堂董事会民国三十五年度征信录·慈善经常费支出明细表》，1946年】

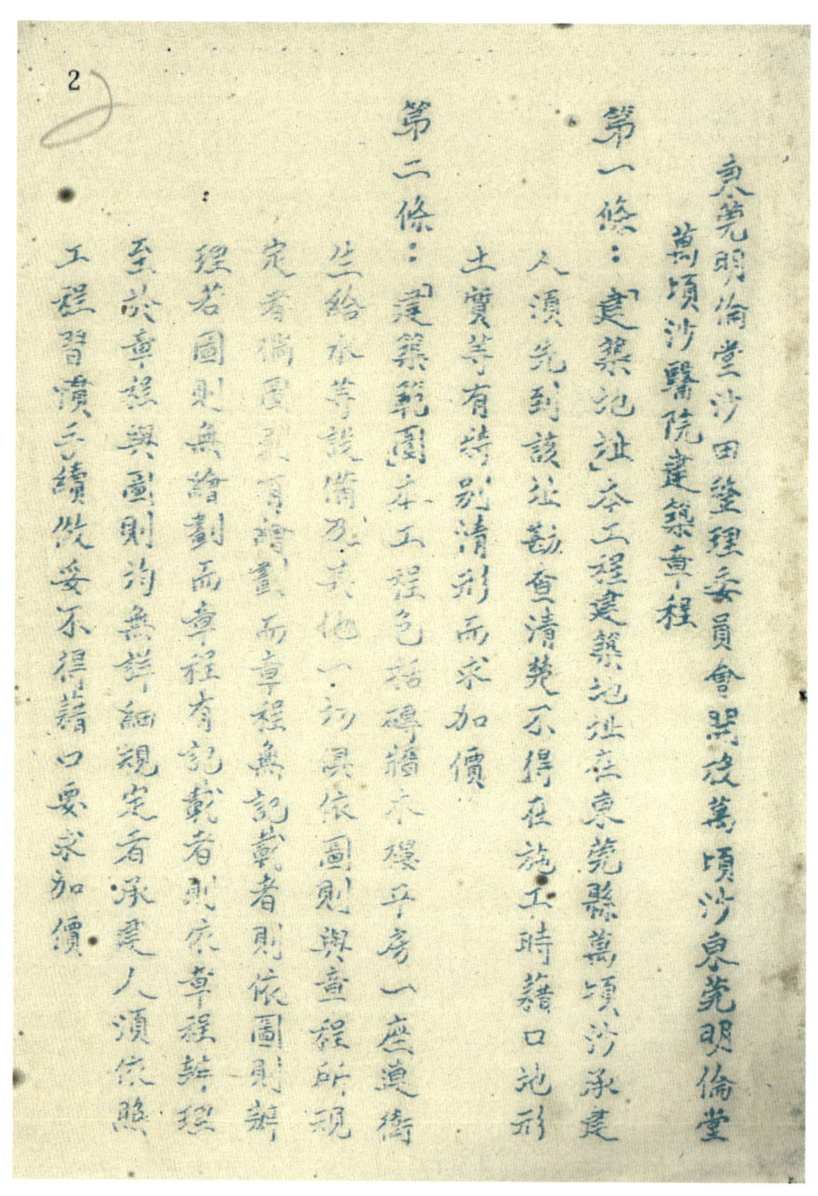

2

東莞明倫堂沙田整理委員會開投萬頃沙東莞明倫堂
萬頃沙醫院建築章程

第一條：「建築地址」本工程建築地址在東莞縣萬頃沙承建
人須先到該址勘查清楚不得在施工時藉口地形
土質等有特別情形而求加價

第二條：「建築範圍」本工程包括磚牆木樑平房一座連衛
生給水等設備及其他一切須依圖則與章程所規
定者須要齊置而章程無記載者則依圖則辦
理若圖則無繪劃而章程有記載者則依章程辦理
至於章程與圖則均無詳細規定者承建人須依照
工程習慣繼續做妥不得藉口要求加價

伪东莞明伦堂沙田整理委员会虽然提议并安排相关人员筹建万顷沙医院，但后来由于抗日战争全面爆发，万顷沙沦陷，此事暂且搁浅。直至1947年9月，东莞明伦堂联合东莞士绅合资兴建了东莞明伦堂万顷沙医院。上图为东莞明伦堂沙田整理委员会开投万顷沙医院建筑章程。【中山市档案馆，东莞明伦堂档案 1-A1[1].6-306-1-2】

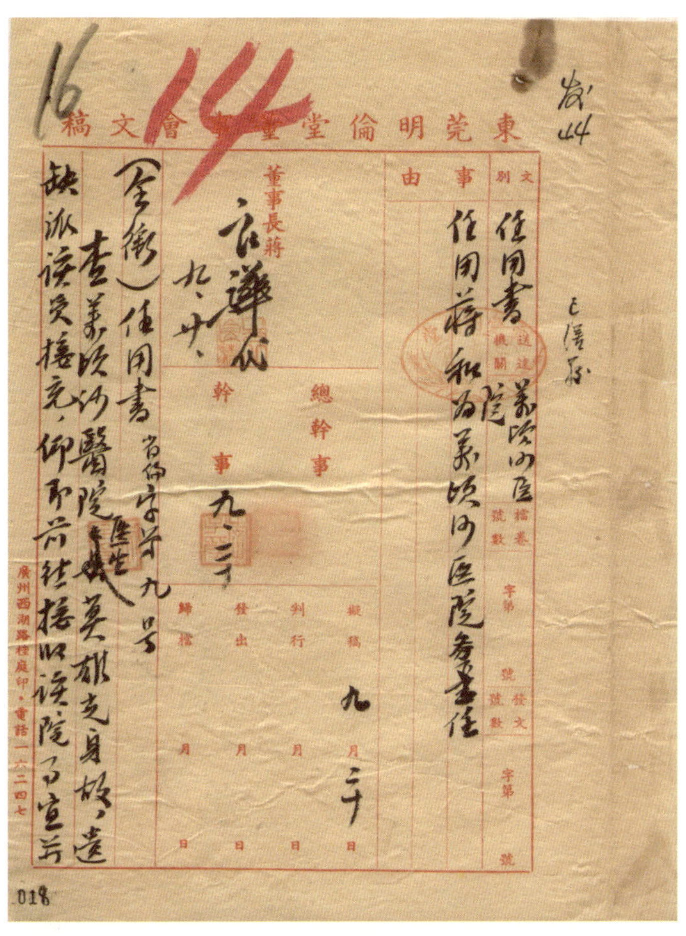
東莞明倫堂董事會文稿

竣工后的万顷沙医院位于万顷沙第五涌（今番禺万顷沙镇，时属东莞辖区），为六百平方米平房建筑。工作人员二十七人，其中医师二名、药师一名、护士长一名、护士三名、检验员一名、接生员一名。设门诊、留医两部，分内科、外科、接生、牙科及预防（预防注射、种牛痘）等科。病床三十张，除外科手术、接生器械以及一台显微镜、一个温箱外，无其他医疗设备。日诊一百人次左右。手术多在晚间进行，如阑尾、膀胱结石、肿瘤等。[①] 上图为东莞明伦堂董事会任用蒋和为万顷沙医院院务主任的任用书。**【东莞市档案馆，东莞明伦堂档案 1-7-0033-05】**

---

① 东莞市卫生局：《东莞市卫生志》，广东人民出版社，2006 年，第 164 页。

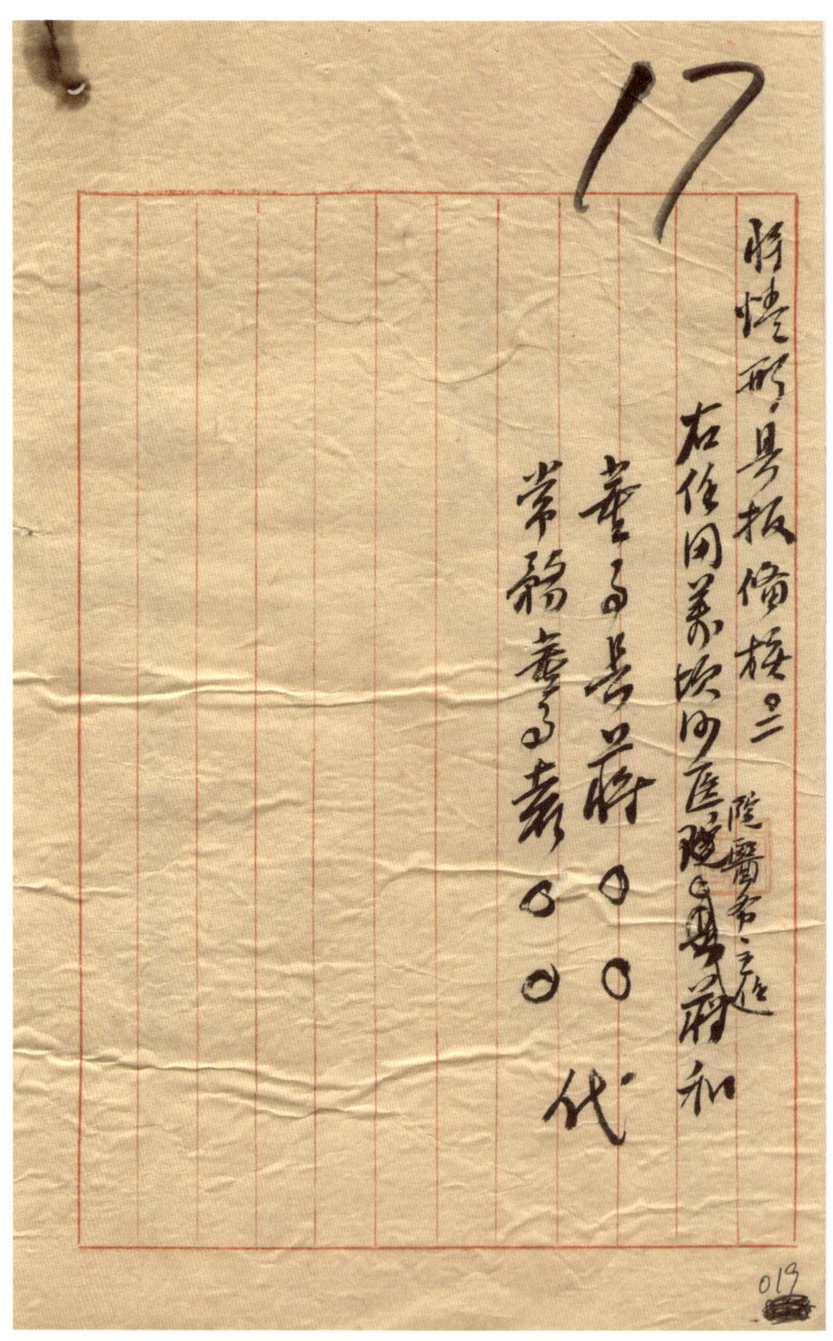

17

將情形具報備核。

右給同業坊河醫院院醫常主任蔣和

董事長蔣○○

常務董事袁○○代

019

（续上页）【同上】

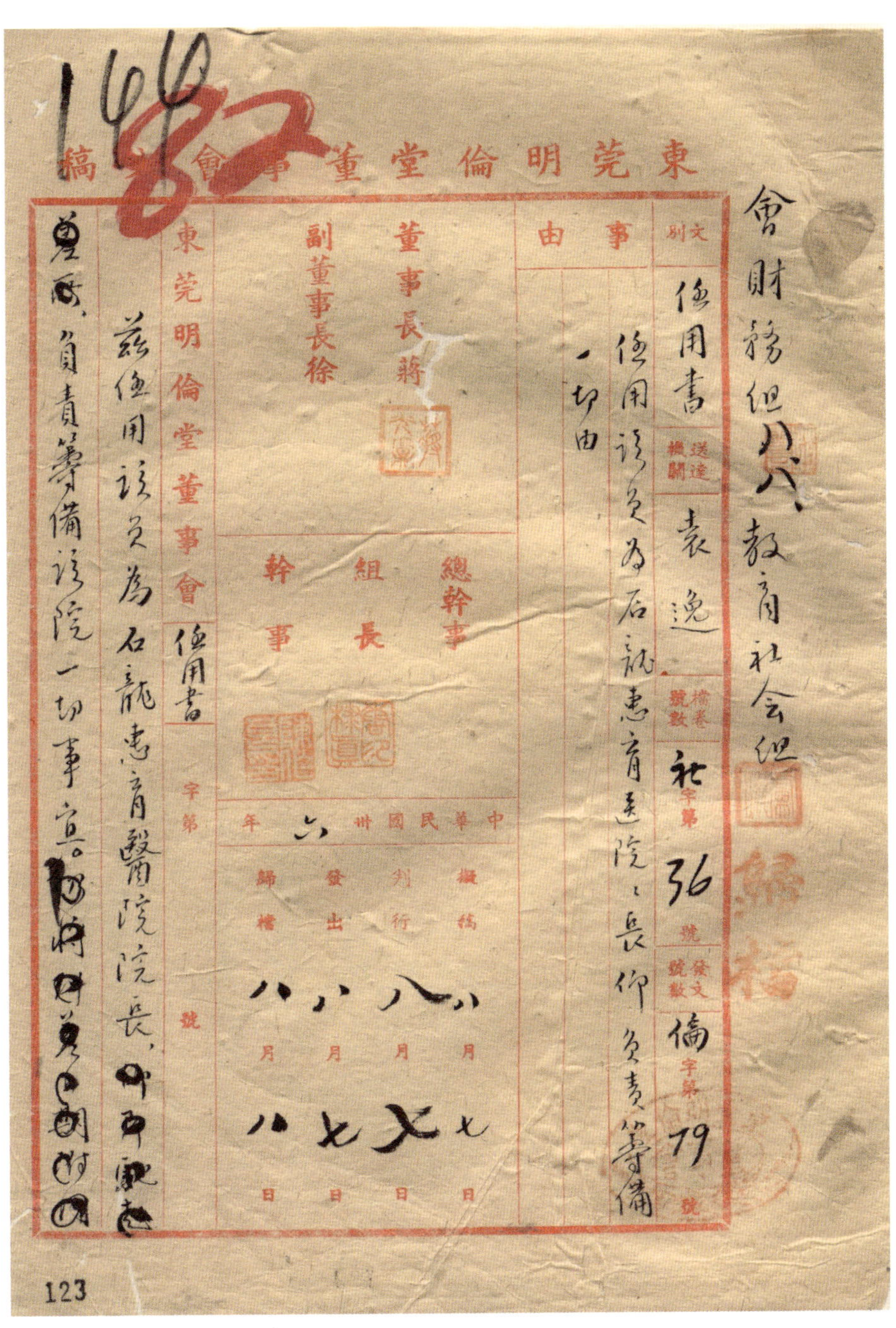

東莞明倫堂董事會稿

文別	僱用書
送達機關	袁逸
檔卷號數	社字第56號
發文號數	倫字第79號
事由	僱用該員為石龍惠育醫院院長仰負責籌備一切由

董事長蔣　副董事長徐

總幹事　組長　幹事

中華民國卅六年

擬稿 八月七日　判行 八月七日　發出 八月七日　歸檔 八月八日

東莞明倫堂董事會僱用書　字第　號

茲僱用該員為石龍惠育醫院院長，[illegible]

袁逸，負責籌備該院一切事宜[illegible]

會財務組　八　教育社會組

123

东莞明伦堂董事会任用袁逸为石龙惠育医院院长的任用书【同上】

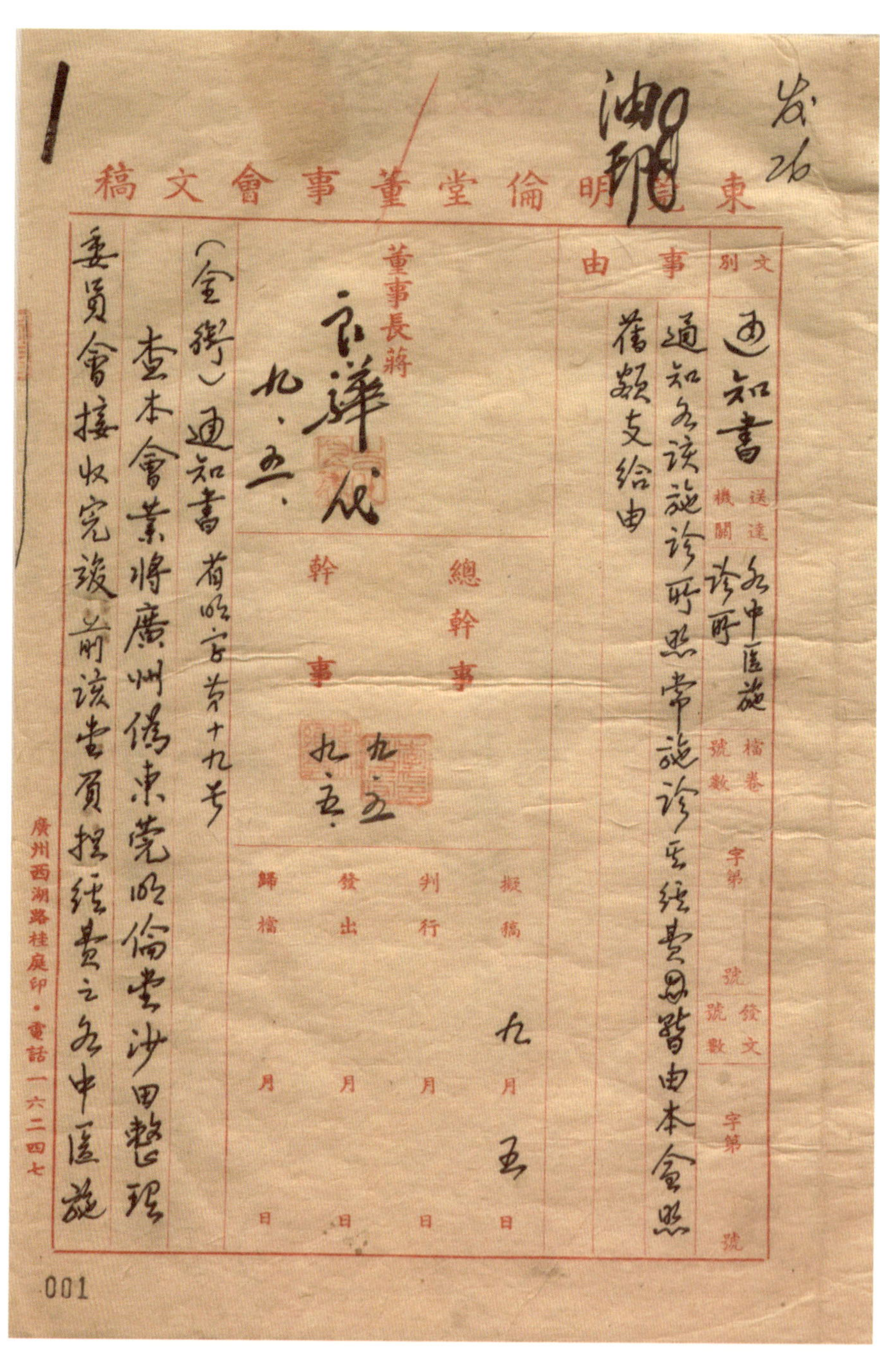

東莞明倫堂董事會文稿

文別：通知書

事由：通知各該施診所照常施診且經費照舊由本會照舊額支給由

送達機關：各中醫施診所

董事長蔣 九、五

總幹事

幹事 九、五

擬稿 九月五日

（全銜）通知書 前昭字第十九號

查本會業將廣州僑東莞明倫堂沙田整理委員會接收完竣，前該會原撥經費之各中醫施

廣州西湖路桂庭印·電話一六二四七

001

东莞明伦堂董事会通知各中医诊所照常施诊且经费由东莞明伦堂照旧额支给的通知书【东莞市档案馆，东莞明伦堂档案 1-7-0066-01】

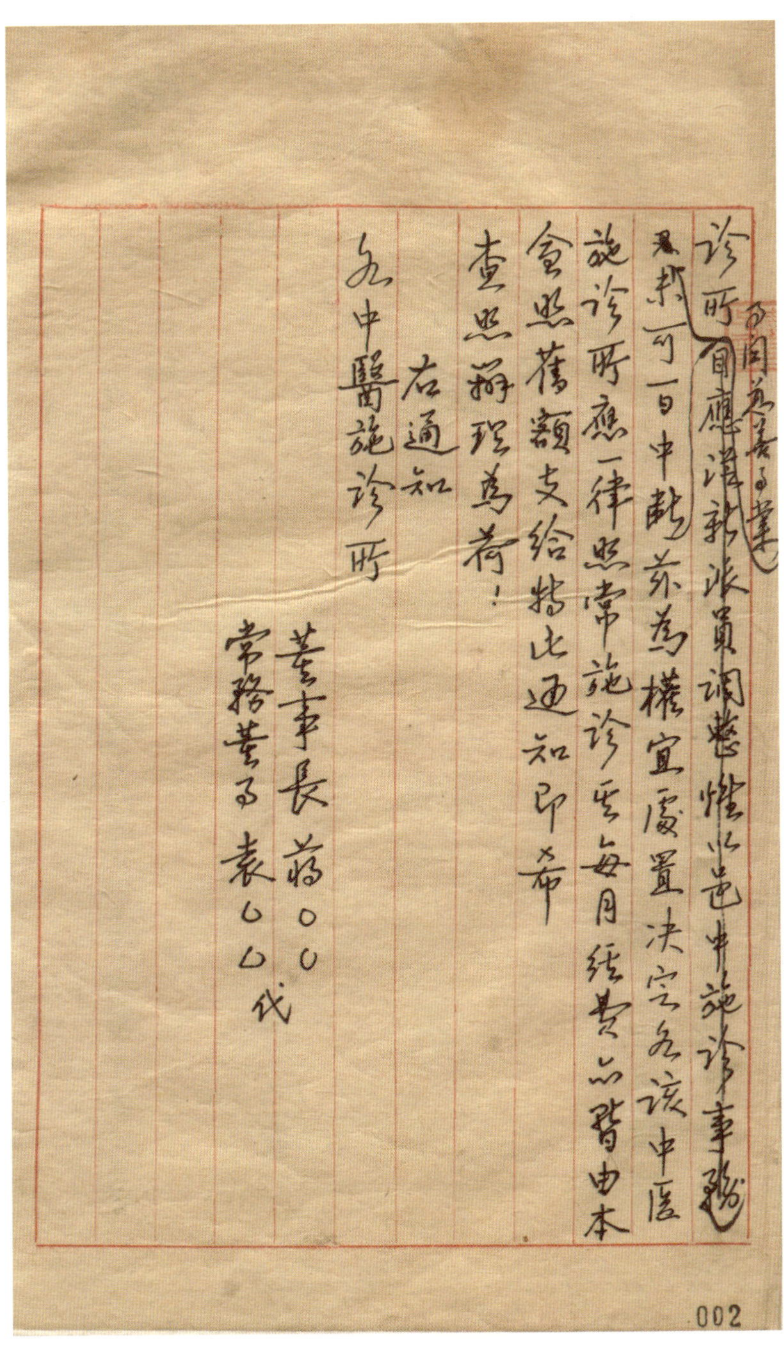
診所自應從新派員調整惟以邑中施診事務甚繁可由中醫兼為權宜處置決定各該中醫施診所應一律照常施診其每月經費亦皆由本會照舊額支給特此通知即希

查照辦理為荷！

右通知

各中醫施診所

董事長 蔣〇〇

常務董事 袁〇〇 代

002

（续上页）【同上】

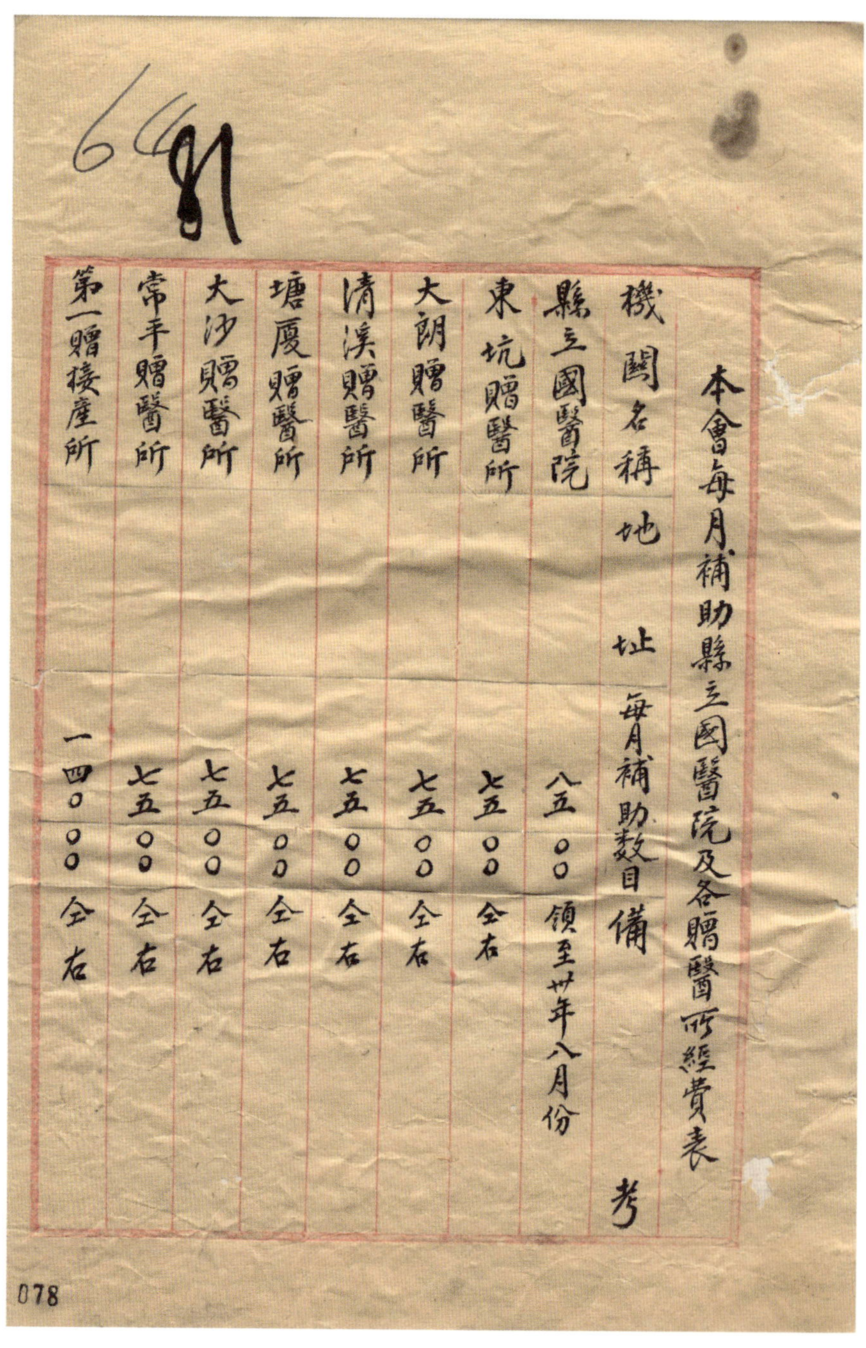

本會每月補助縣立國醫院及各贈醫所經費表

機關名稱	地址	每月補助數目	備考
縣立國醫院		八五〇〇	領至卅年八月份
東坑贈醫所		七五〇〇	仝右
大朗贈醫所		七五〇〇	仝右
清溪贈醫所		七五〇〇	仝右
塘厦贈醫所		七五〇〇	仝右
大沙贈醫所		七五〇〇	仝右
常平贈醫所		七五〇〇	仝右
第一贈接產所		一四〇〇〇	仝右

东莞明伦堂董事会每月补助县立国医院及各赠医所经费表【东莞市档案馆，东莞明伦堂档案 1-7-0017-29】

三、东莞明伦堂与东莞慈善事业

民国时期，东莞县慈善机构主要有东莞县善后救济会和冬令救济会。1941年，东莞明伦堂成立了东莞明伦堂施赈委员会；1942年，东莞明伦堂成立了万顷沙善社。除此之外，还有莞城的勉行善社、善宝善社、同善堂、广行善社，石龙的明善社、善庆堂，太平的溥善社，厚街的普仁善堂，大汾乡的兴善堂和济川乡的济川善堂。东莞明伦堂在东莞地方上的社会救济，主要通过以上慈善机构和善堂、善社办理。

东莞明伦堂施赈委员会组织章程①

一、名称：定名为东莞明伦堂施赈委员会；

二、宗旨：以救济本邑贫民，办理施赈为宗旨；

三、地址：设在东莞城内救济仓；

四、组织：由明伦堂派员二人协同县政府党部、各区公署、各社团如妇女会、商会、普济医院及其他善堂各派代表一人组构之；

五、委员人数：十五人至二十五人；

六、经费：委员均义务制委员，其下的官职员若干人，必要时酌送伕马费若干元由委员会函请明伦堂核发；

七、任务：本会任务暂行办理施粥赈济事宜；

八、附则：本章程如有未尽善时，由本会会议修改之。

---

①《东莞明伦堂沙田整田委员会民国三十年征信录》，1941年，第4页。

东莞明伦堂每年都有慈善经费预算，不仅负责东莞救济院的日常经费开支，而且在灾害之年，还要发放赈灾款，在县内各地施粥。据《东莞明伦堂沙田整理委员会民国三十一年度征信录》记载："施粥谷量六万斤，赈寒衣五千件"，其分配数量如下：

1942年度东莞明伦堂施粥占比表

区别	地点	数量
第一分会	莞城	百分之四十
第二分会	石龙	百分之三十
第三分会	太平	百分之一十
第四分会	中堂	百分之一十
第五分会	万顷沙	百分之一十

又据《东莞明伦堂董事会民国三十五年征信录》"慈善经常费支出明细表"记载：1946年，东莞明伦堂向东莞救济院支谷7332斤，[①] 赈灾款总额2625万元，主要分两期在县城、石龙、太平、常平、塘厦、中堂等六地施粥。[②]

1946年度办理东莞明伦堂董事会施粥数目表

<table>
<tr><th>时间</th><th>赈灾款（元）</th><th>区域</th><th>赈灾款（元）</th></tr>
<tr><td rowspan="6">1946年5月</td><td rowspan="6">15000000</td><td>县城</td><td>4500000</td></tr>
<tr><td>石龙</td><td>3750000</td></tr>
<tr><td>太平</td><td>3000000</td></tr>
<tr><td>常平</td><td>15000000</td></tr>
<tr><td>塘厦</td><td>15000000</td></tr>
<tr><td>中堂</td><td>750000</td></tr>
<tr><td rowspan="3">1946年11月</td><td rowspan="3">11250000</td><td>县城</td><td>1500000</td></tr>
<tr><td>石龙</td><td>3750000</td></tr>
<tr><td>太平</td><td>3000000</td></tr>
</table>

① 《东莞明伦堂董事会民国三十五年度征信录·1946年明伦堂慈善经常费支出明细表》，1946年。

② 《东莞市地方志·办理东莞明伦堂董事会施粥数目表》，1994年，第104页。

东莞明伦堂在施粥、发放寒衣的同时，还筹设了莞邑职业救济所。据《东莞明伦堂沙田整理委员会民国三十一年度征信录》记载：为收容失业贫民，实行以工代济，生产各种赈灾用品，东莞明伦堂成立了莞邑职业救济所。该所设所长一人，副所长一人。下设会计组、工务组、总务组。其中会计组设主任一人，会计和出纳若干；工务组设主任一人，技术员一个，事务员若干；总务组设主任一人，推销员、购料员、文员、事务员若干。职业救济所下辖草制厂、腐竹厂、棉织厂、麻织厂、陶瓷厂，共收容贫民工人数千人。[1] 其组织系统表如下：

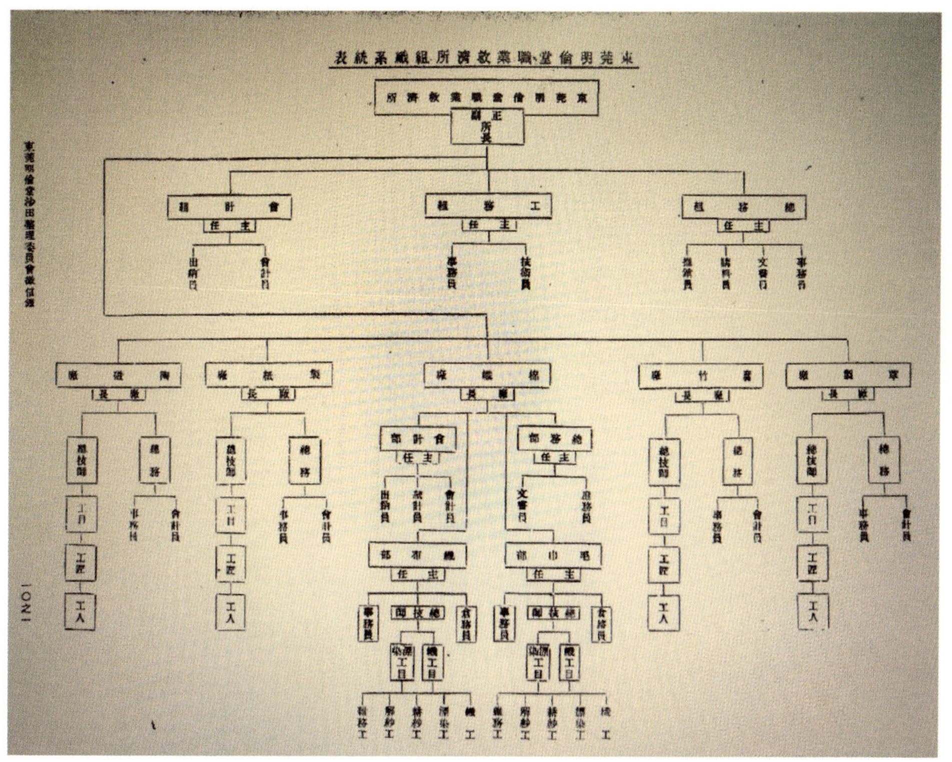

① 《东莞明伦堂沙田整理委员会民国三十年度征信录》，1941 年。

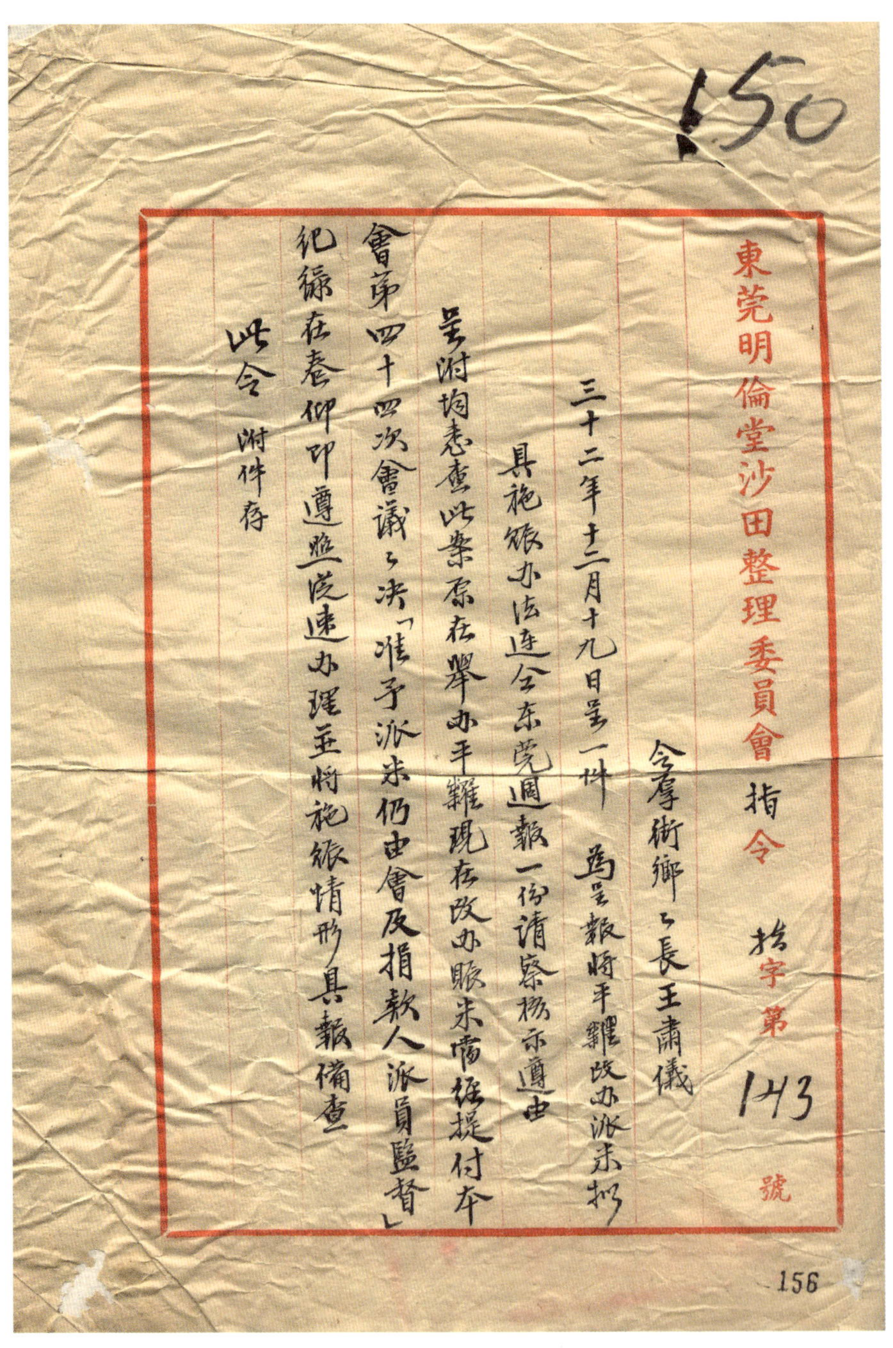

150

東莞明倫堂沙田整理委員會指令 指字第143號

令厚街鄉鄉長王肅儀

三十二年十二月十九日呈一件 為呈報將平糶改辦派米擬具施賑辦法連仝東莞週報一份請察核示遵由

呈附均悉查此案原在舉辦平糶現在改辦賑米需往提付本會第四十四次會議議決「准予派米仍由會及捐款人派員監督」紀錄在卷仰即遵照從速辦理並將施賑情形具報備查

此令 附件存

156

1943 年，东莞明伦堂沙田整理委员会给厚街乡王肃仪乡长施赈的指令【东莞市档案馆，东莞明伦堂档案 1-7-0020-27】

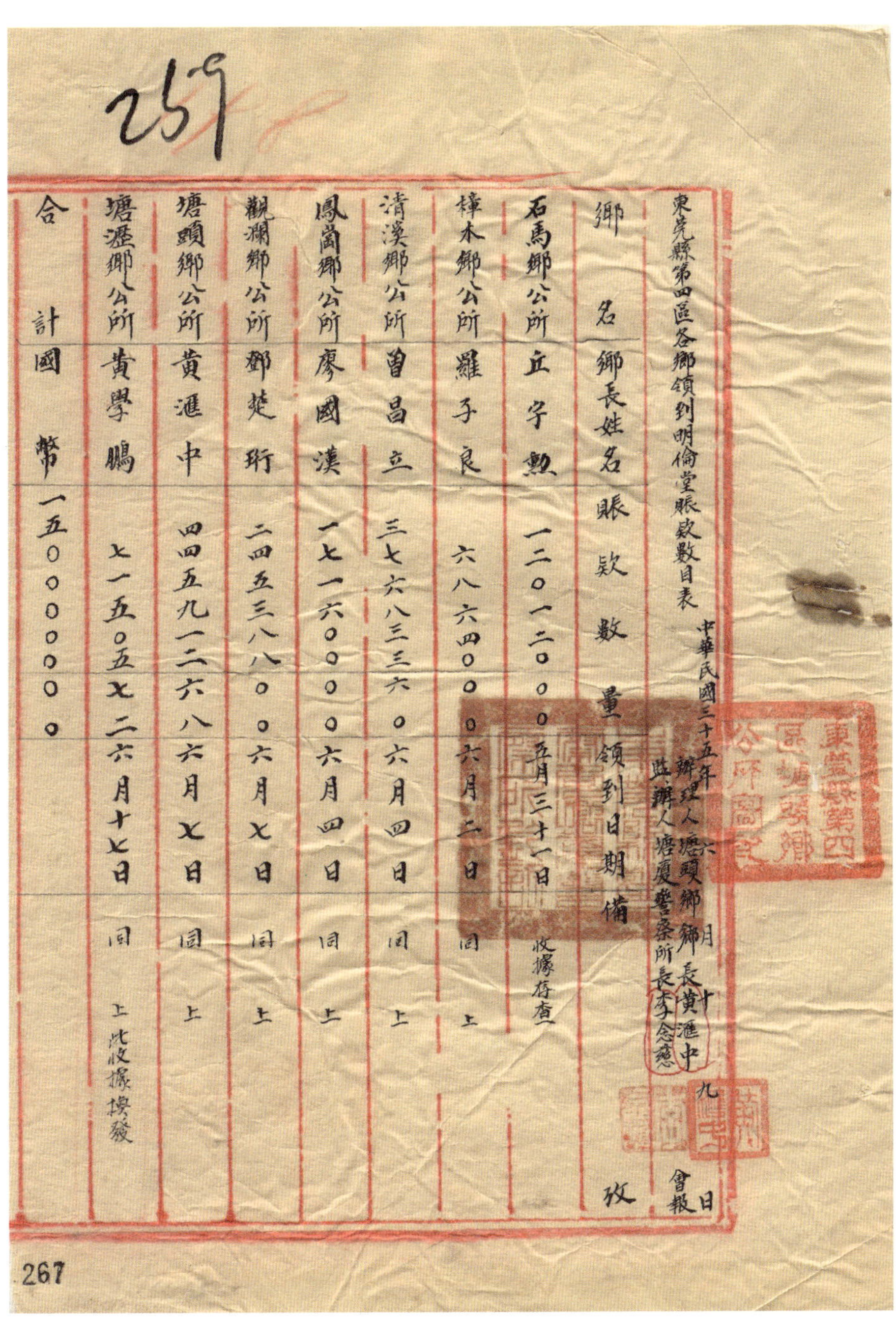

259

東莞縣第四區各鄉領到明倫堂賑款數目表

鄉名	鄉長姓名	賑款數量	領到日期	備攷
石馬鄉公所	丘子勲	一二〇一二〇〇〇	五月三十一日	收據存查
樟木鄉公所	羅子良	六八六四〇〇〇	六月二日	同上
清溪鄉公所	曾昌立	三七六八三三六〇	六月四日	同上
鳳崗鄉公所	廖國漢	一七一六〇〇〇〇	六月四日	同上
觀瀾鄉公所	鄧楚珩	二四五三八八〇〇	六月七日	同上
塘頭鄉公所	黃滙中	四四五九一二六八	六月七日	同上
塘瀝鄉公所	黃學鵬	七一五〇五七二	六月十七日	同上 此收據換發
合計	國幣	一五〇〇〇〇〇〇〇		

中華民國三十五年六月十九日
辦理人塘頭鄉鄉長黃滙中
監辦人塘廈警察所長李念慈
會報

267

1946 年，东莞县第四区各乡领到东莞明伦堂赈款数目表【东莞市档案馆，东莞明伦堂档案 1-7-0050-39】

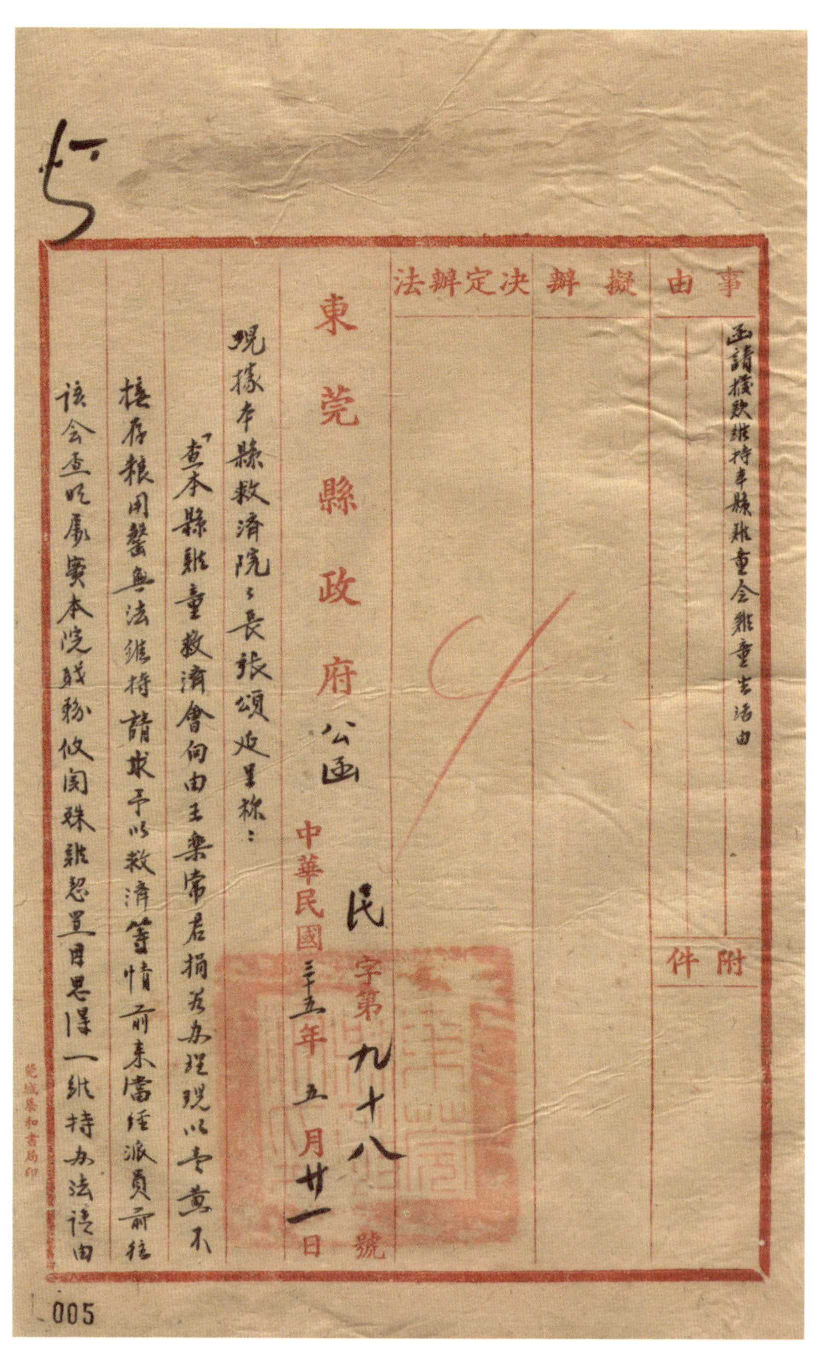

事由：函請撥款維持本縣難童會難童生活由

擬辦

決定辦法

附件

東莞縣政府公函　民字第九十八號

中華民國三十五年五月廿一日

現據本縣救濟院院長張頌堯呈稱：「查本縣難童救濟會向由王樂常君捐款办理，現以乏款不接，存糧用罄，無法維持，請求予以救濟等情前來，當經派員前往該会查明屬實，本院財務收闵，殊難恕置，自思得一紙持办法，請由

莞城泰和書局印

005

1946 年，东莞县政府函请东莞明伦堂拨款维持东莞县难童会难童生活的公函【东莞市档案馆，东莞明伦堂档案 1-7-0051-02】

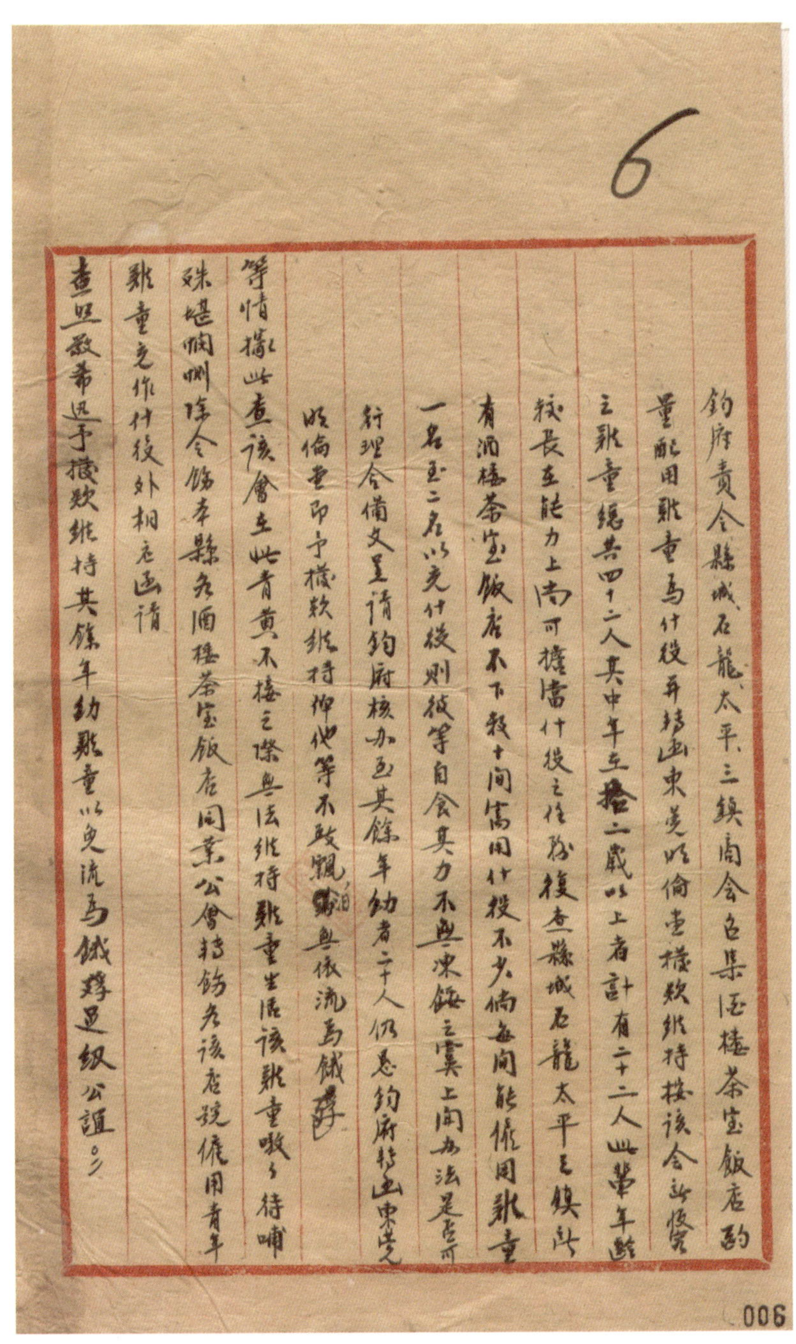
6

鈞府責令縣城、石龍、太平、三鎮商会召集酒樓茶室飯店酌
量配用歌童爲什役并請函東莞明倫堂撥款維持據該会函覆
之歌童總共四十二人其中年在拾二歲以上者計有二十二人此輩年齡
較長在能力上尚可擔當什役之任務復查縣城石龍太平三鎮共
有酒樓茶室飯店不下數十間需用什役不少倘每間能僱用歌童
一名至二名以充什役則彼等自食其力不無凍餒之虞上開辦法是否可
行理合備文呈請鈞府核办至其餘年幼者二十人仍懇鈞府轉函東莞
明倫堂即予撥款維持俾他等不致飄泊無依流爲餓莩
等情據此查該會在此青黄不接之際無法維持歌童生活該歌童嗷嗷待哺
殊堪憫惻除令飭本縣各酒樓茶室飯店同業公會轉飭各該店儘僱用青年
歌童充作什役外相應函請
查照敬希迅予撥款維持其餘年幼歌童以免流爲餓莩是紉公誼。

006

（继上页）【同上】

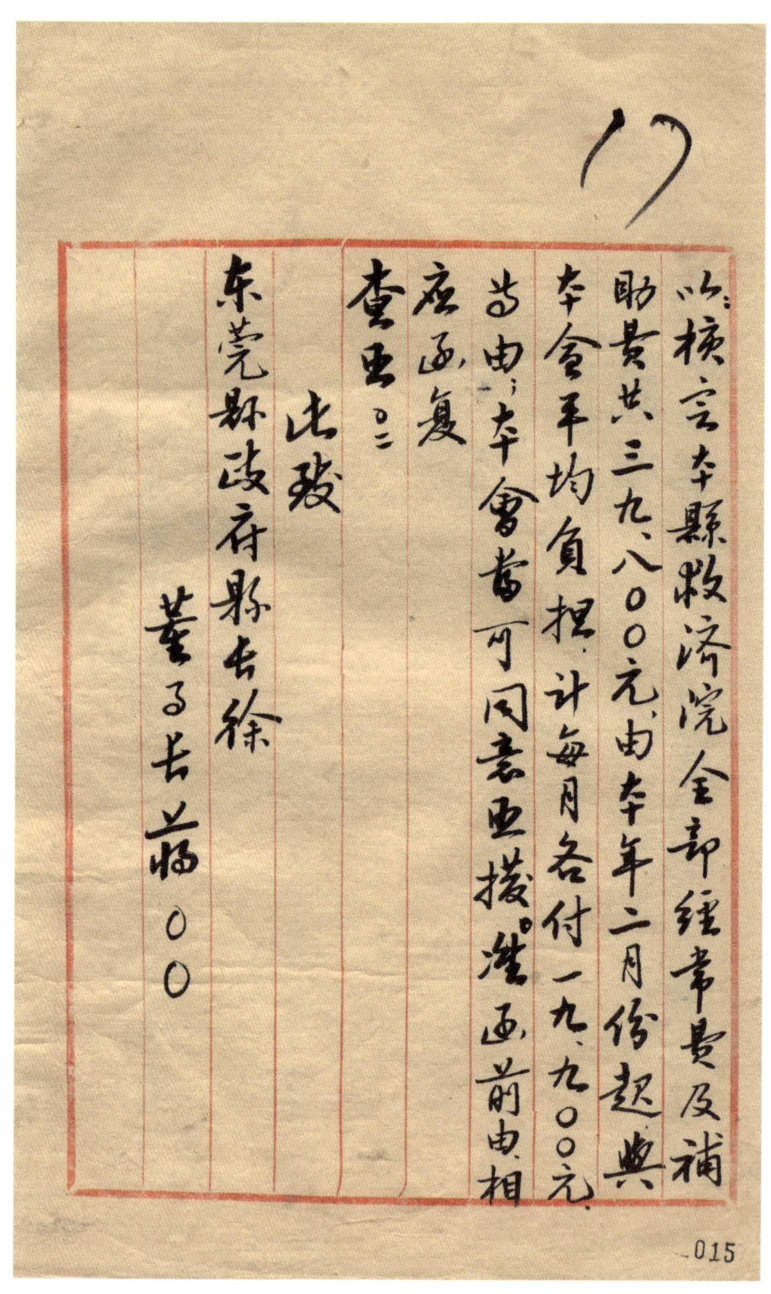
以據云本縣救濟院全部經常費及補助費共三九、八〇〇元，由本年二月份起與本會平均負担，計每月各付一九、九〇〇元等由，本會當可同意照撥。准函前由，相應函復
查照。
此致
東莞縣政府縣長徐
董事長蔣〇〇

东莞伦明堂董事长蒋光鼐致东莞县政府关于东莞明伦堂承担东莞县救济院全部经常费及补助费的函【东莞市档案馆，东莞明伦堂档案 001-7-0050-0004】

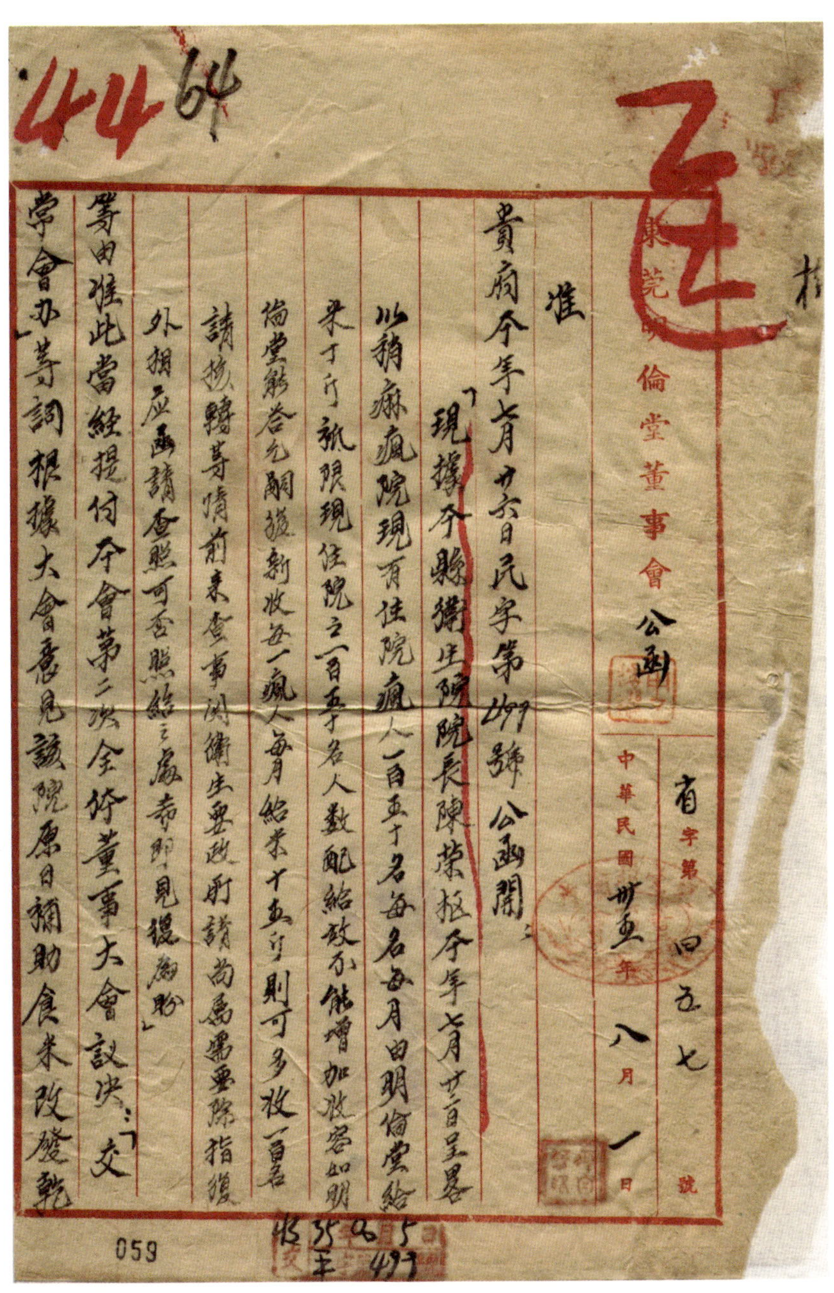

東莞明倫堂董事會 公函

准
貴府本年七月廿六日民字第497號公函開：「現據本縣衛生院院長陳榮枢本年七月廿日呈略以稍麻瘋院現有住院瘋人一百五十名，每名每月由明倫堂給米十斤，祇限現住院之一百五十名人數配給，致不能增加收容，如明倫堂能答允酌撥新收每一瘋人每月給米十五斤，則可多收一百名，請核轉等情前來，查事關衛生要政，所請尚屬需要，除指復外，相應函請查照，可否照給，並希即見復為盼」等由；准此，當經提付本會第二次全体董事大會議決：「交學會办」等詞，根據大會意見，該院原日補助食米改發乾

中華民國卅五年八月一日
省字第四五七號

1946 年 8 月，东莞明伦堂董事会致东莞县政府关于讨论解决麻风病人生活费问题的公函【东莞市档案馆，东莞明伦堂档案 1-1-0125-24】

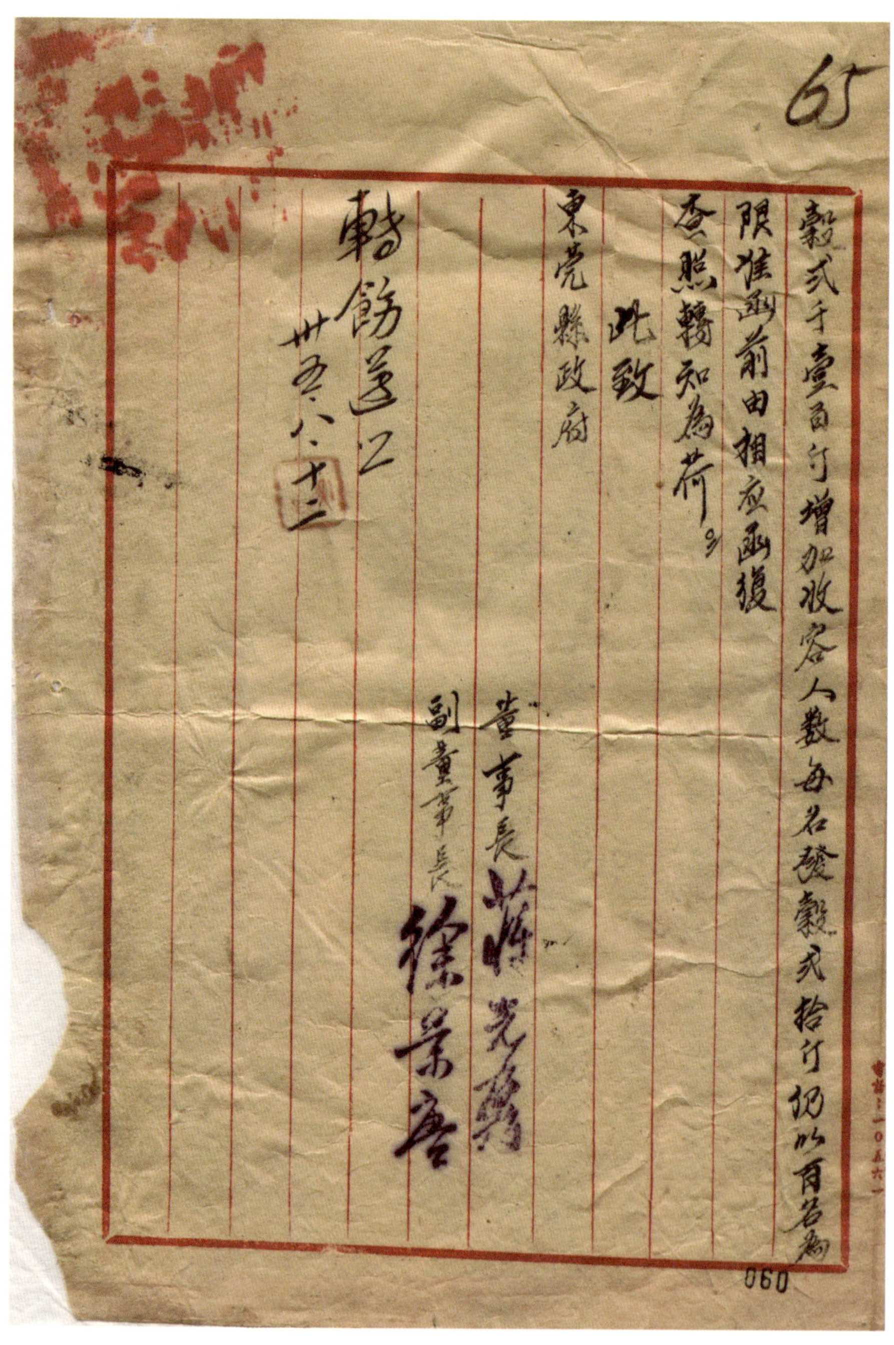

65

穀弍千壹百斤增加收容人數每名發穀弍拾斤仍以百名為
限准函前由相應函復
查照轉知為荷。
此致
東莞縣政府

董事長 蔣光鼐
副董事長 徐景唐

轉飭遵照
卅五、八、十三

060

（续上页）【同上】

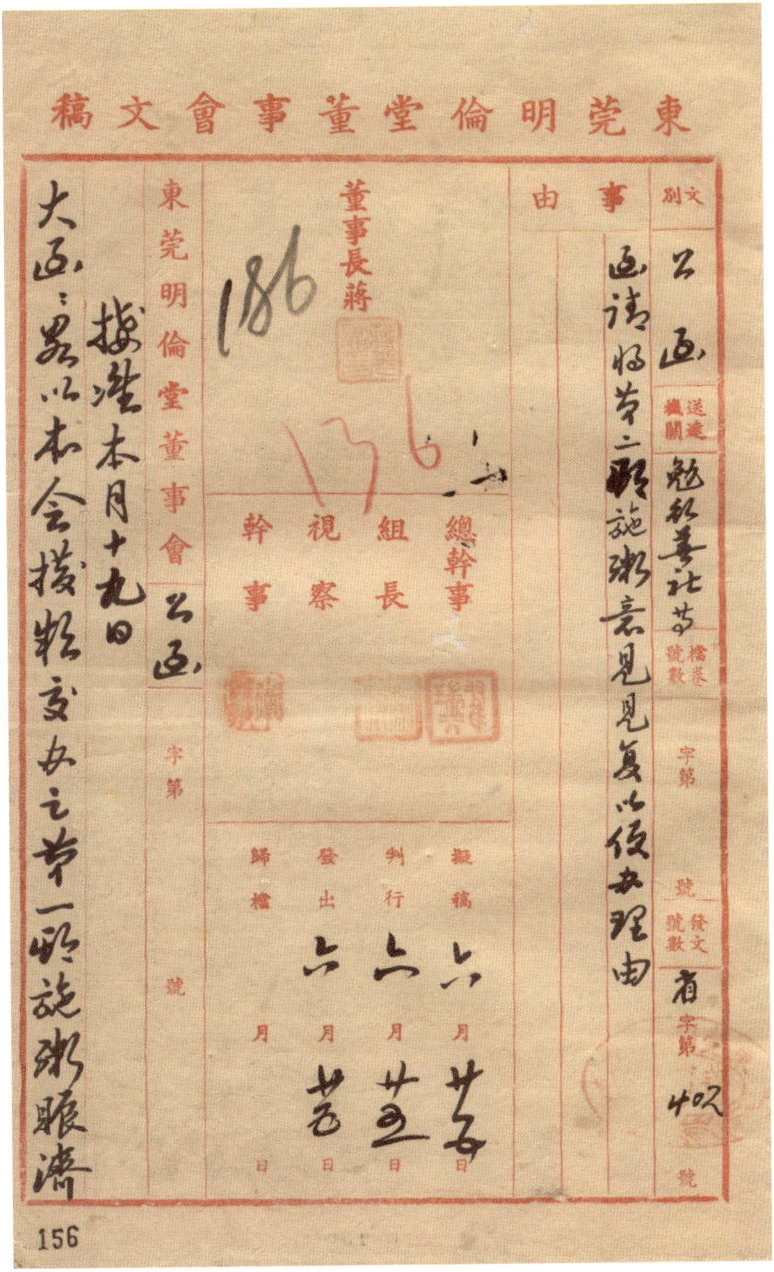

東莞明倫堂董事會文稿

文別	公函
事由	函請將第二期施粥意見見復以便辦理由
送達機關	勉行善社等
檔卷號數	字第 號
發文號數	肴字第 402 號

董事長蔣

總幹事　組長　視察　幹事

擬稿 六月廿五日　判行 六月廿五日　發出 六月廿五日　歸檔 月 日

東莞明倫堂董事會 公函 字第 號

撥准本月十九日

大函：略以本会撥粮交與之第一期施粥賑濟

156

1947 年 6 月，东莞明伦堂董事会函告勉行善社、同善堂、蓬瀛阁关于做好第二期施粥意见的公函【东莞市档案馆，东莞明伦堂档案 1-7-0050-29】

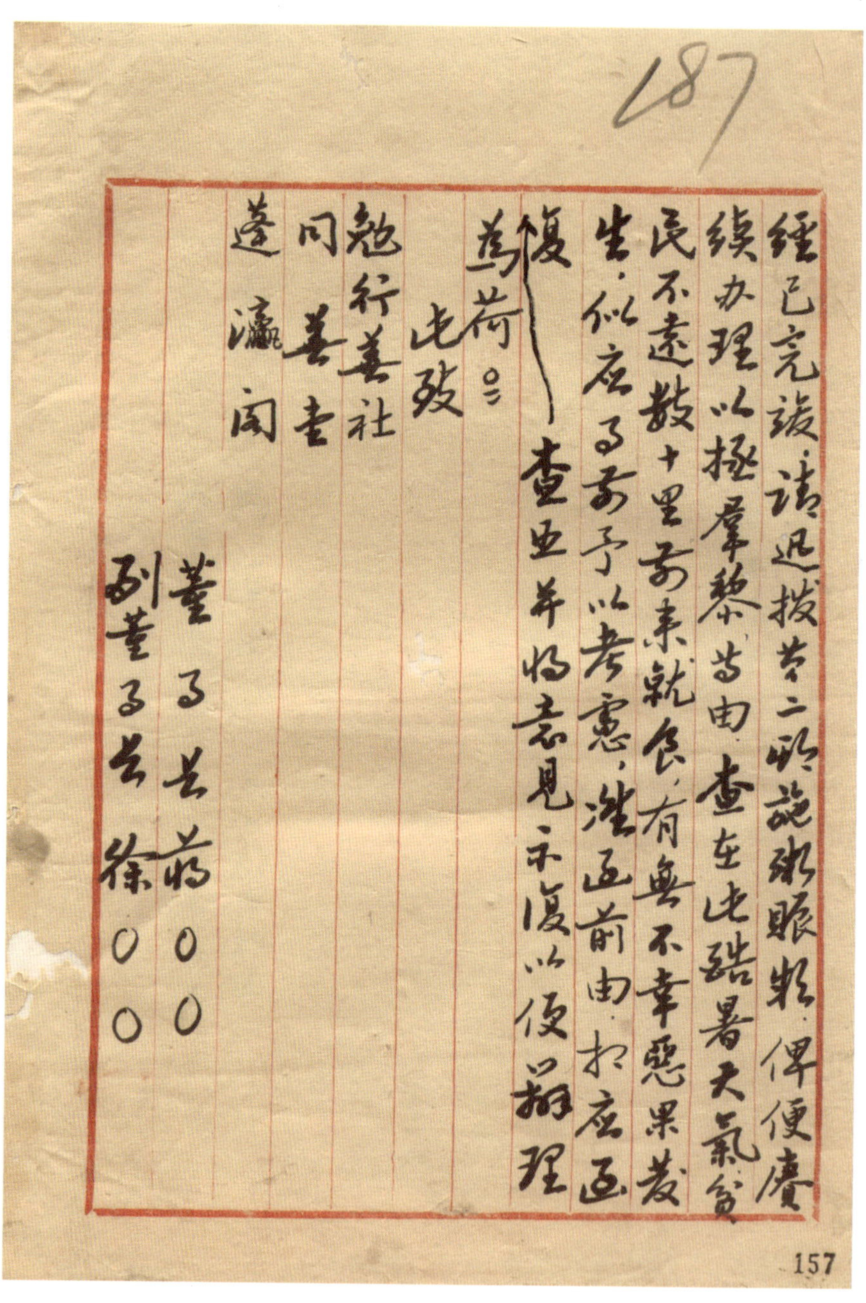

187

經已完竣，請迅撥第二期施粥賑糧，俾便賡續辦理，以拯群黎，等由。查在此酷暑天氣，貧民不遠數十里而來就食，有無不幸惡果發生，似應予以考慮，准函前由，相應函復，查照并將意見示復，以便辦理為荷。

此致

勉行善社

同善堂

蓬瀛閣

董事長 蔣〇〇

副董事長 徐〇〇

157

（续上页）【同上】

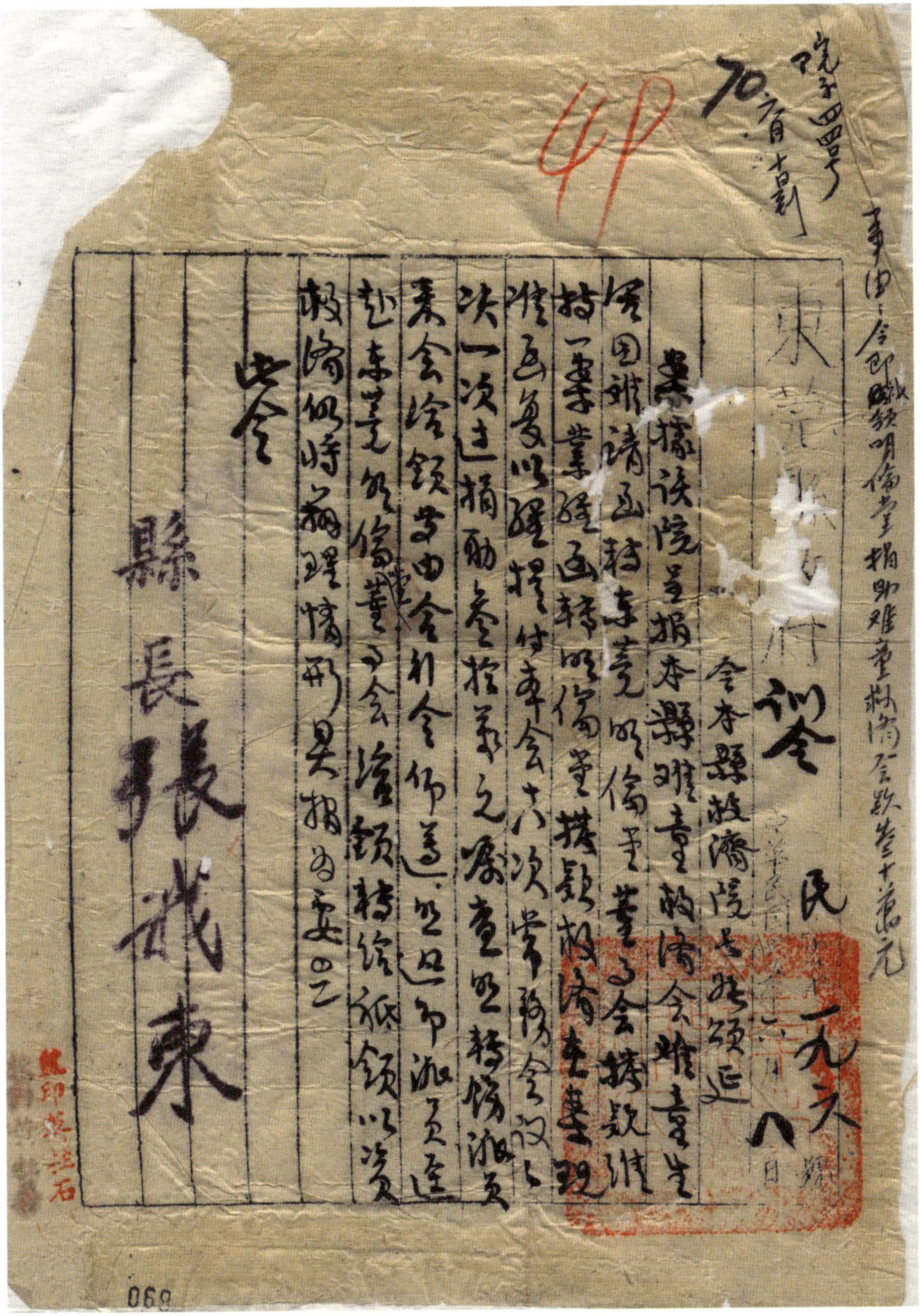

事由：令即飭該明倫堂捐助難童救濟會款叁十萬元

東莞縣政府訓令

令本縣救濟院長

案據該院呈稱：本縣難童救濟會難童生活困難請函轉東莞明倫堂董事會捐款維持一案，業經函轉明倫堂捐款救濟在案，現准函復以經提付本會十六次常務會議決一次過捐助叁拾萬元之處，當照轉飭派員來會繳領等由，合行令仰遵照，即派員逕赴東莞明倫堂董事會繳領轉給，據領以資救濟，仍將辦理情形具報為要。此令

縣長 張我東

1947 年，东莞县县长张我东令东莞明伦堂捐助难童救济会款三十万元【东莞市档案馆，东莞明伦堂档案 1-2-0331-29】

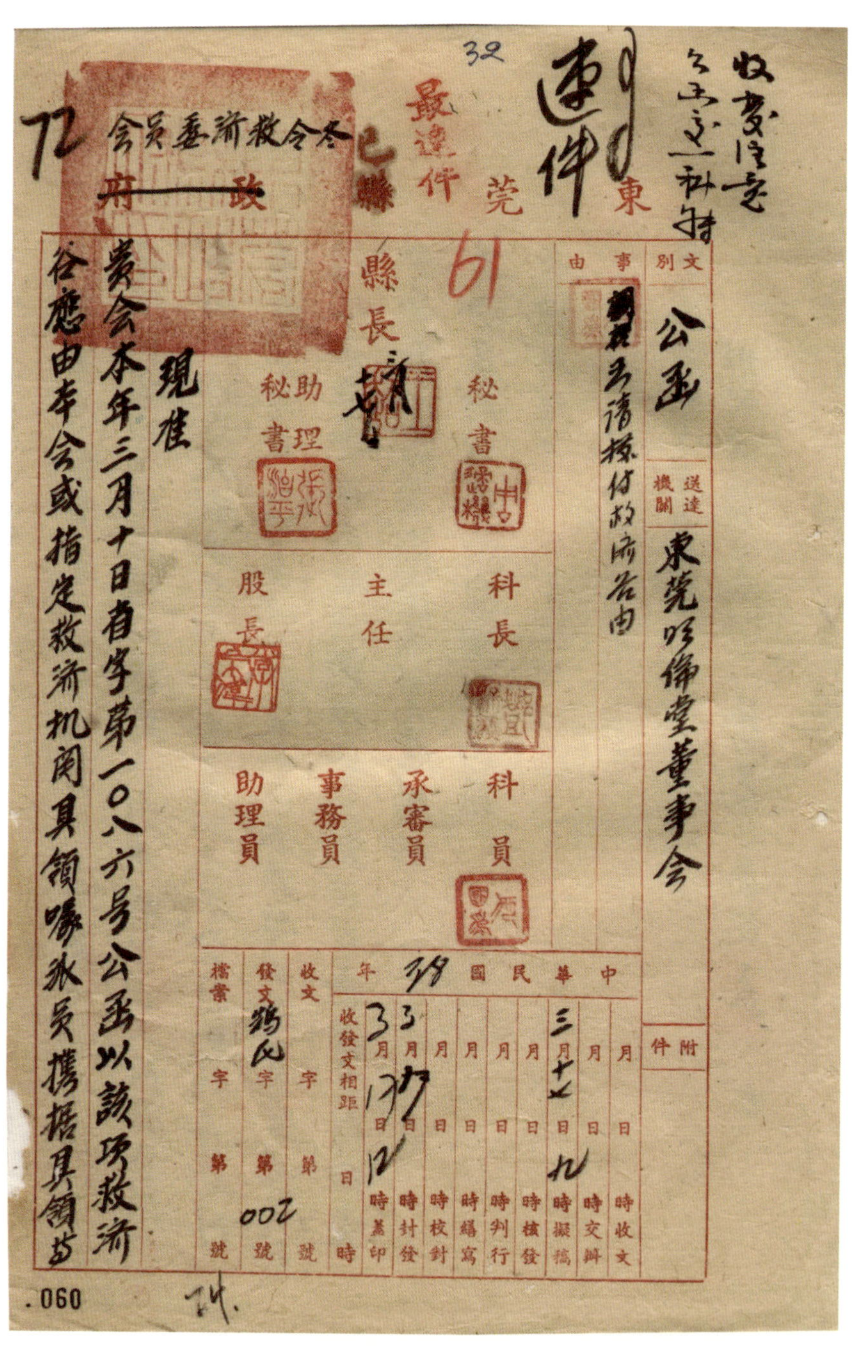

冬令救济委员会

~~府 政~~ 东莞县

最速件

文别：公函

事由：函请拨付救济谷由

送达机关：东莞明伦堂董事会

县长　秘书　助理秘书

科长　主任　股长

科员　承审员　事务员　助理员

中华民国 38 年

收文　字第　号

发文　字第 002 号

档案　字第　号

附件

现准

贵会本年三月十日省字第一〇八六号公函以该项救济谷应由本会或指定救济机关具领嘱派员携据具领等

.060

1949 年，东莞县冬令救济委员会致东莞明伦堂董事会关于拨付救济谷的公函【东莞市档案馆，东莞明伦堂档案 1-2-0326-37】

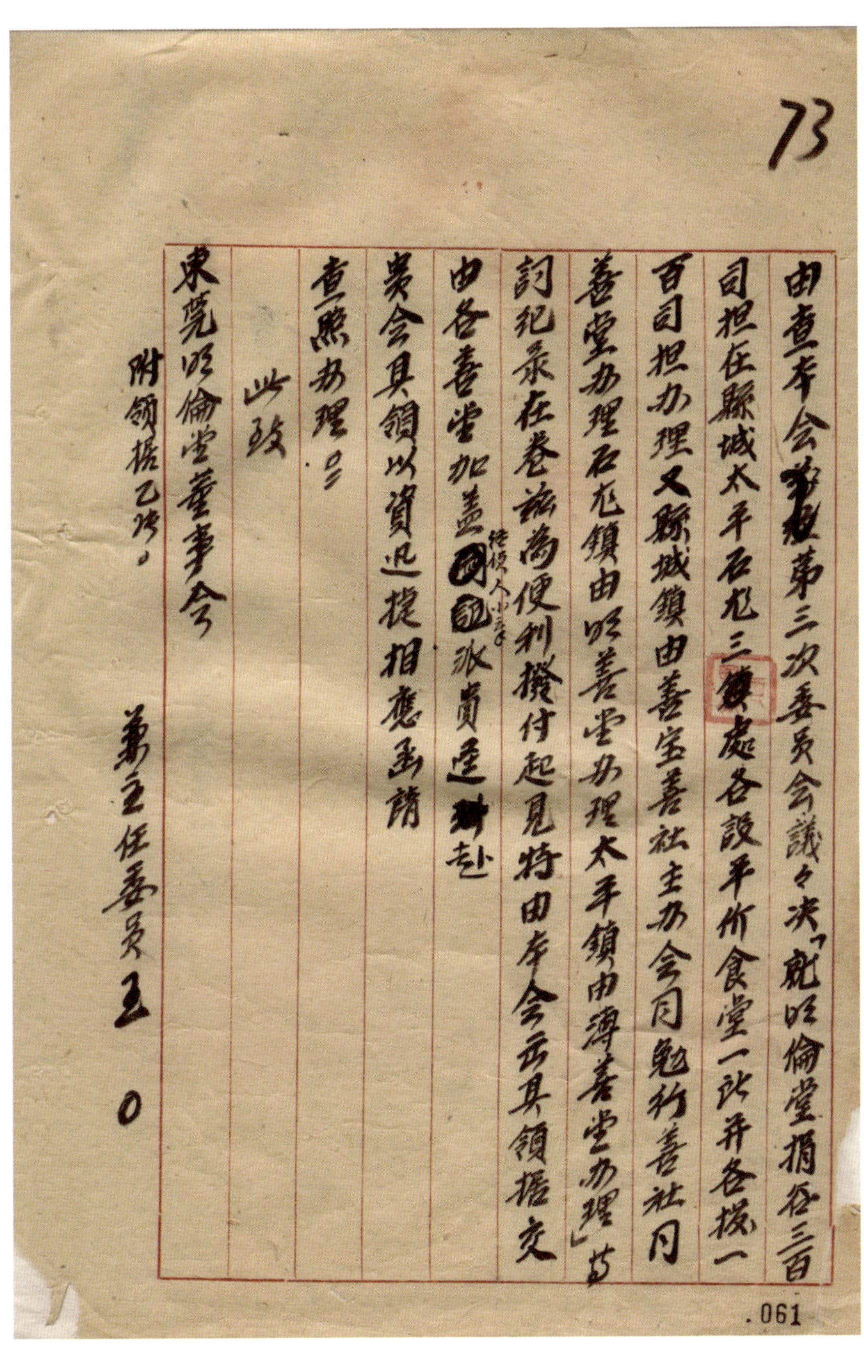

73

由查本會第三次委員會議々決，就明倫堂捐谷三百石担在縣城太平石龍三鎮處各設平價食堂一所并各撥一百石担办理又縣城鎮由寶善善社主办會同勉行善社月善堂办理石龍鎮由明善堂办理太平鎮由溥善堂办理」等詞紀錄在卷茲為便利撥付起見特由本會出具領據交由各善堂加蓋圖記（經領人小章）派員送赴
貴會具領以資迅捷相應函請
查照办理為荷
此致
東莞明倫堂董事會
附領據乙紙
兼主任委員 王 〇

.061

（续上页）【同上】

四、东莞明伦堂与东莞交通

公路年报（摘录）[1]

［民国14年(1925年)12月26日出版］

呈建设厅:

据东莞县呈拟征收明伦堂万顷沙田亩捐拨充筑路经费，应否照准，据情转请核示饬遵由。呈为呈请核示事。

现据东莞县县长毛秉礼呈称：查石龙、太平两处均系县属繁盛市场，亦为交通要道，前奉蒋总指挥面谕，将该两处马路赶速筹款兴建，以利交通。业经遵照设立公路筹办处，遴委本邑士绅分别担任，由县督同筹办并备文呈报在案。现拟先筑由县城至石龙一路，约计工程总需十余万元，非分行筹集，难底于成。兹据该筹办处绅董提议：县属明伦堂万顷沙有田四百顷，拟每亩征收五毫，主客各半，每年各可得贰万元。盖筹款筑路为地方莫大公益，明伦堂应负担一部分款项，理无可诿；即佃人现耕之田多系先年抵得，租价甚廉，近来谷价极昂，获利不少。为筑路计，负担一部分款项，亦属义不容辞。其办法由佃人先行交足每亩五毫，至交租时持据向明伦堂沙田经理局扣回贰毫半等语。业经共同议决：查核款既易集，亦不扰民，似可查照执行。理合备文呈请查核俯赐批准照办，俾得以明伦堂沙田经理局商酌开收，以维路政，实为公便。除呈广东民政厅外等情。据此查据所称，拟由明伦堂万顷沙田主佃户每亩征收五毫，筹集筑路，已共同议决有案，事尚可行，唯案关筹款，应否照准，局长未便擅专。陈除此候令复饬遵外，理合备文呈请查核，如何之处，仍候批示饬遵。

谨呈

广东省建设厅厅长孙

广东省公路局局长陈耀祖

① 东莞交通志编纂委员会:《东莞交通志》，岭南美术出版社，2010年，附录页。

東莞明倫堂沙田經理局委員會啓事

本會議築邑中公路需欵浩繁現議向萬頃沙各佃人籌措辦法如下(一)停付本息一年及認股三十五萬元(二)停付本息幷加租(三)取消契約分期還本以上三事約各佃人於五月二十七日正午十二時來局擇定照辦逾期不到作爲默認此啓

根据以上《公路年报》（摘录）可知，1925 年，东莞县长毛秉礼设立公路筹办处，计划兴建莞城至石龙、莞城至太平两处公路，预计工程费约十余万元。关于筑路经费，筹办处绅董提议：东莞明伦堂万顷沙有田四百顷，拟每亩征收五毫，主客各半（即明伦堂与耕佃人各负担二毫半），每年可得银二万元。其办法是由耕佃人先交足每亩五毫，到交租时，耕佃人持据向明伦堂沙田经理局扣回二毫半。谨呈广东省建设厅、广东省公路局候批。随后，由于毛秉礼调任，此事搁置。

1928 年 5 月 23 日，东莞明伦堂副董事长徐景唐复议修筑县内公路，在《广州民国日报》刊发《东莞明伦堂沙田经理局委员会启事》：“本会议筑邑中公路，需款浩繁。现议向万顷沙各佃人筹措办法如下：（一）停付本息一年及认股三十五万元；（二）停付本息并加租；（三）取消契约，分期还本。以上三事约各佃人于五月二十七日正午十二时来局择定照办，逾期不到，作为默认。此启”。【《东莞明伦堂沙田经理局委员会启事》，《广州民国日报》，1928 年 5 月 23 日】

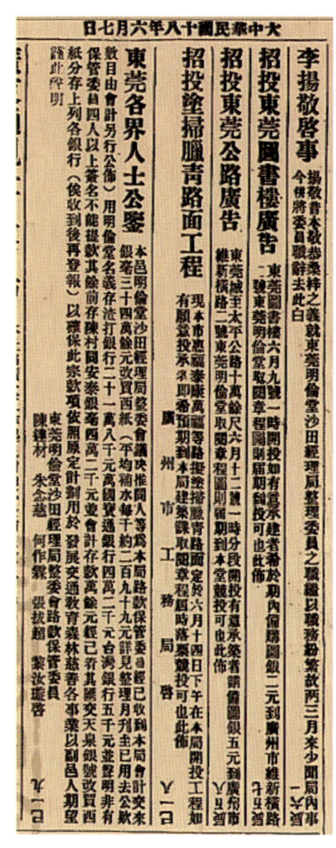
大中華民國十八年六月七日

李揚敬啓事 揚敬昔本敬恭桑梓之義就東莞明倫堂沙田經理局整理委員之職繼以職務紛紧故兩三月來少聞局內事今併將委員職辭去此白

招投東莞圖書樓廣告 東莞圖書樓六月九號一時開投如有意承建者希於期內備蓆圖銀二元到廣州市維新橫路二號東莞明倫堂取閱章程圖則屆期到投可也此佈

招投東莞公路廣告 東莞城至太平公路十萬餘尺六月十二號一時分段開投有意承築者請備圓銀五元到廣州市維新橫路二號東莞明倫堂取閱章程圖則屆期到本堂競投可也此佈

招投塗掃瀝青路面工程 現本市惠福泰康萬福等路擬塗掃瀝青路面定於六月十四日下午在本局開投工程如有願意投承者即希預期到本局建築課取閱章程屆時蒞票競投可也此佈 廣州市工務局啓

東莞各界人士公鑒 本邑明倫堂沙田經理局整委會議決推同人等為本局路款保管委員經已收到本局會計交來銀毫三十四萬餘元改買西紙（平均補水每千約二百九十九元詳見整理月刊至已用去公款數目由會計另行公佈）用明倫堂名義存渣打銀行二十一萬八千元萬國寶通銀行四萬二千元台灣銀行五千元並聲明非有保管委員四人以上簽名不能提款其餘前存陳村同安泰銀毫四萬二千元並會計存款萬餘元經已着其匯交天泉銀號改買西紙分存上列各銀行（俟收到後再登報）以確保此宗款項依照原定計劃用於發展交通教育森林慈善各事業以副邑人期望謹此聲明 東莞明倫堂沙田經理局整委會路款保管委員 陳達材 朱念慈 何作霖 張拔超 黎汝璇啓

1929 年，陈达材鉴于筑路之事累次被搁置，责令东莞明伦堂沙田经理局整理委员会下成立路款保管委员会。该委员会由陈达材、朱念慈、何作霖、张拔超、黎汝璇组成，负责保管筹措的修路经费。

1929 年 6 月 7 日，东莞明伦堂沙田经理局整委会路款保管委员会员在《广州民国日报》上刊登《东莞各界人士公鉴》：“本邑明伦堂沙田经理局整委会议决，推同人等为本局路款保管委员，经已收到本局会计交来银毫三十四万余元，改买西纸（平均补水每千约二百九十九元，详见《整理月刊》，至已用去公款数目，由会计另行公布。）用明伦堂名义存渣打银行二十一万八千元，万国宝通银行四万二千元，台湾银行五千元，并声明非有保管委员四人以上签名不能提款。其余前存陈村同安泰银毫四万二千元，并会计存款万余元，经已着其汇交天泉银号改买西纸，分存上列各银行（待收到后再登报），以确保此宗款项依照原定计划用于发展交通、教育、森林、慈善各事业，以副邑人期望。谨此声明。”【《东莞各界人士公鉴》，《广州民国日报》，1926 年 6 月 7 日】

1929 年 6 月 7 日，东莞明伦堂在《广州民国日报》上刊登《招投东莞公路广告》：“东莞城至太平公路十万余尺，六月十二号一时分段开投，有意承筑者，请备圆银五元到广州市维新横路二号东莞明伦堂取阅章程图，则届期到本堂竞投可也，此布。”【《招投东莞公路广告》，《广州民国日报》，1929 年 6 月 7 日】

1929 年 6 月 14 日，又将莞龙公路第一段、加高第四段与第五段桥边公路并第五段鳌峙塘涵洞分开招投。[①]

① 《招投东莞公路广告》，《广州民国日报》，1929 年 6 月 14 日。

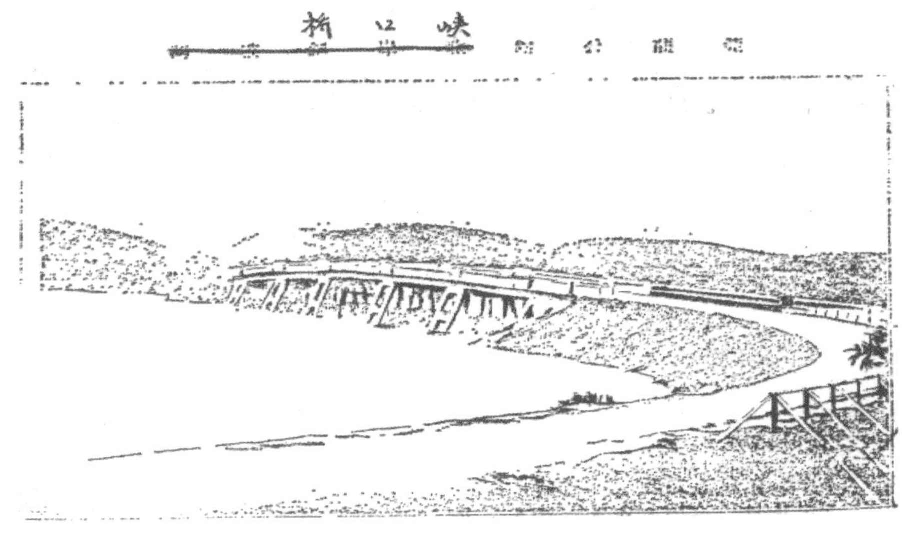

碑文：

峡　口　桥

东莞明伦堂沙田经理局整理委员会创建民国十八年岁首兴工年终落成长二百九十二尺阔二十三尺高三十七尺以钢筋三合土建成计划者土木工程硕士梁绰馀承建者集益隆公司建设费三万七千元乃吾国公路近今最新式之桥也。

代理委员长陈达材立

黎国材书

1929年初，明伦堂代理委员长陈达材又召集土木工程硕士梁绰余设计峡口桥。该桥位于莞龙路9K+112.4处，横跨东江支流寒溪水，因地处峡口乡域故名。该桥由集益隆公司承建，于1929年底建成，是一座五孔钢筋三合土梁桥，长292尺，宽23尺，高37尺，所用经费三万七千元，全部为东莞明伦堂筹措，该桥是当时国内设计先进的最新式公路桥梁之一。【《莞龙公路峡口桥》，《东莞交通志》，2010年，第114-115页；《峡口桥图》，《东莞县政府纪要》，1934年】

1929年8月,陈达材又在莞龙、莞太公路上招商行车,并包修路、铺石及种树等;[①] 1930年5月,莞太路和莞龙路正式通车。莞太路长27公里,莞龙路长12.5公里,是东莞县最早建成的县道。莞太路和莞龙路的建成,东莞明伦堂功不可没。

东莞明伦堂参与修筑的公路还有惠樟路（惠州至东莞樟木头）、宝太路（宝安至太平）太平段（太平至长安霄边）以及莞樟路（莞城至樟木头）。1927年,惠属人士集资建筑惠樟路,因该路通至东莞县境内的樟木头,为此,东莞明伦堂认股五千元。该路全长五十三公里,于1929年1月正式通车,是东莞县第一条开通的省道支线。[②]

函万顷沙佃债权维持会请转知各佃户民国十七年后新耕佃股筑太平公路由[③]

（第十号公函）

敬启者:

现准宝太路太平段公路发起人蒋光鼐等函称:查本邑明伦堂于民国十七年收佃人余利建筑莞龙、莞太公路,使两路同时完成行驶车辆,邑人称便。宝太路为东、宝两邑交通干道,且与国防亦属有关,比之莞龙、莞太,尤为重要。而宝太路宝安段完成已久,专候太平段造成接驳。若太平段久不建筑,不特于交通上、国防上均有妨碍,而于本邑体面影响甚大。兹查当时耕佃一二年年批尾者,仍需征收余利筑路,但十一年后新批耕佃尚未担任过该项义务,殊欠公平允爰,特函请贵会查照昔年征收佃人余利办法,着佃人照例将余利缴交广州市永汉路永丰银铺,汇交敝公司,作筑宝太路太平段公路经费,务使宝太路早日完成行驶车辆。而敝公司系属民办性质,凡佃人交来余利,仍一律发还股票,以示大公。素仰贵委员会热心公益,对于总理所谓"修治道路,以利民行"的遗训,尤为关心!相应函请贵委员会援案执行,使敝公司筑路经费有着,早日完成,以利交通,而巩固国防。如何之处,尚希见复为荷等由。准此案。经敝

① 《莞龙、莞太路招承行车》,《广州民国日报》,1929年8月1日。

② 东莞交通志编纂委员会:《东莞交通志》,岭南美术出版社,2010年。

③ 东莞交通志编纂委员会:《东莞交通志》,岭南美术出版社,2010年,附录页。

会第八十三次委员大会议决：转各佃户知照在案。相应录案函达，烦为查照转各佃户一体知照，仍希见复为荷！

此致

万顷沙承佃债权维持会

委员长李明生

民国20年（1931）4月12日

根据以上东莞明伦堂沙田经理局委员会委员长李明生签发的第十号公函：蒋光鼐等人发起修建宝太路太平段，修建费用希望按照明伦堂于民国十七年（1928）收佃人余利建筑莞龙、莞太公路的办法征集。据相关史料记载，万顷沙承佃债权维持会于民国十七年（1928）四月召开了万顷沙全体佃人大会，佃人认为已承担建筑莞龙、莞太公路之巨股，义务既尽，实难再负担宝太路。后来，宝太路太平段由蒋光鼐、王若周及太平当地人士集资建筑，东莞明伦堂认股二万元。该路段于民国二十二年底（1933）建成，1934年3月正式通车。该路段长18.68公里，属县道。

通过修路建桥，东莞明伦堂控制了东莞的公路运输经营权。莞龙、莞太两路行车，原由东莞全属公路长途汽车公司承办，1929年11月，该公司退办交回。1930年7月，东莞明伦堂将莞太路、莞龙路的行车权进行招商，最后由东莞龙太公路交通长途汽车有限公司投得。该公司有客车十辆，往来于石龙、莞城、太平之间，每月收入可达国币六千三百八十三元。①

1946年，明伦堂新旧董事袁良骅、罗瑶、翟瑞元、陈仲英、罗植椿、邓公达，前会计毛树珍等，与明伦堂的大耕家陈兆兰、邹殿邦、邬一夏筹划复办东莞龙太公司，召集董事会，由东莞明伦堂与陈兆兰各垫借十万元作为复员经费，设址广州东莞同乡会。东莞龙太公司下设龙太长途汽车交通公司，与广东省公路处接洽后，承办了莞龙、莞太两路的行车权。②

① 《东莞交通志·莞太长途汽车有限公司十九年决算收支比对表》，第180页。

② 《东莞龙太公司董事会召集董呈监察复员会议纪录》，1946年。

五、东莞明伦堂与东莞水利工程

民国后期，明伦堂又参与到东莞水利工程建设之中。不仅成立了水利组，由董事王应榆主持该项工作，还建立了水利方面的专账。

1946 年东莞明伦堂水利建设费专账支出明细表[①]

科目	摘要	谷额（斤）
潼湖围董会	东岸排水涵洞工程贷谷	150000
高埠村围董会	修围工程贷谷	50000
鳌峙塘合作社	峡口水闸工程及修围贷谷	50000
第二期查勘费	第二期水利工程及修围贷谷	1500
峡口工程测勘费	测勘峡口水利工程费	1900
峡内基围查勘费	测量峡内基围工程费	2200
视察工程旅费	水利组督导组织峡口水利合作社旅费	200
视察工程旅费	查勘本会经办水利工程旅费	800
合计		256600
本年度结存贷谷		543400
总计		800000

根据以上《1946 年东莞明伦堂水利建设费专账支出明细表》，1946 年，东莞明伦堂用于水利建设的预算 800000 斤谷，最后用谷 256600 斤，结余 543400 斤。【《东莞明伦堂董事会民国三十五年度征信录》：水利建设费专账支出明细表】

① 《东莞明伦堂董事会民国三十五年度征信录 · 水利建设费专账支出明细表》，1946 年。

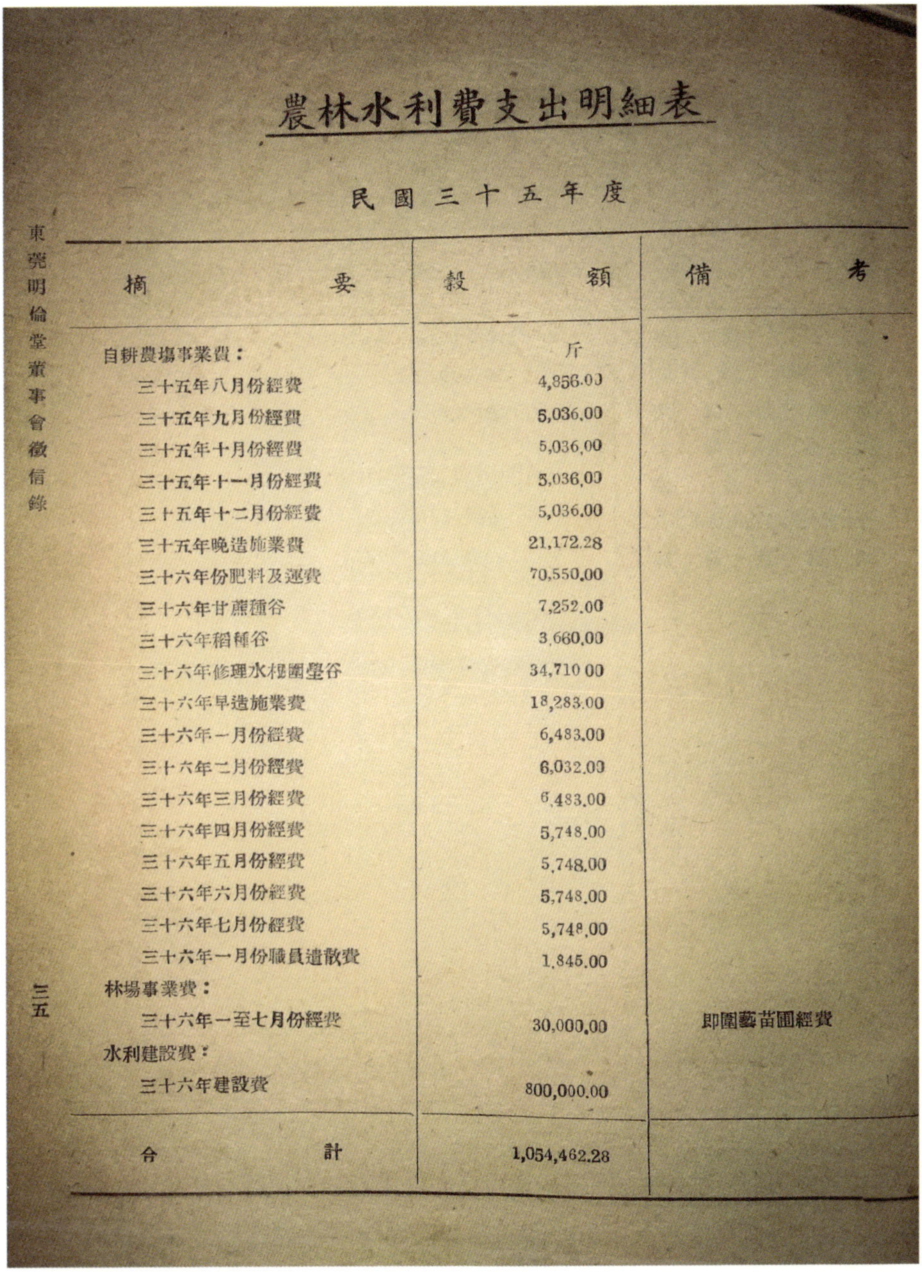

農林水利費支出明細表

民國三十五年度

摘要	穀額	備考
自耕農場事業費：	斤	
三十五年八月份經費	4,856.00	
三十五年九月份經費	5,036.00	
三十五年十月份經費	5,036.00	
三十五年十一月份經費	5,036.00	
三十五年十二月份經費	5,036.00	
三十五年晚造施業費	21,172.28	
三十六年份肥料及運費	70,550.00	
三十六年甘蔗種谷	7,252.00	
三十六年稻種谷	3,660.00	
三十六年修理水枧圍壆谷	34,710 00	
三十六年早造施業費	18,283.00	
三十六年一月份經費	6,483.00	
三十六年二月份經費	6,032.00	
三十六年三月份經費	6,483.00	
三十六年四月份經費	5,748.00	
三十六年五月份經費	5,748.00	
三十六年六月份經費	5,748.00	
三十六年七月份經費	5,748.00	
三十六年一月份職員遣散費	1,845.00	
林場事業費：		
三十六年一至七月份經費	30,000.00	即園藝苗圃經費
水利建設費：		
三十六年建設費	800,000.00	
合計	1,054,462.28	

東莞明倫堂董事會徵信錄 三五

1946年，东莞明伦堂农林水利费支出明细表【《东莞明伦堂董事会民国三十五年征信录·农林水利费支出明细表》，1946年】

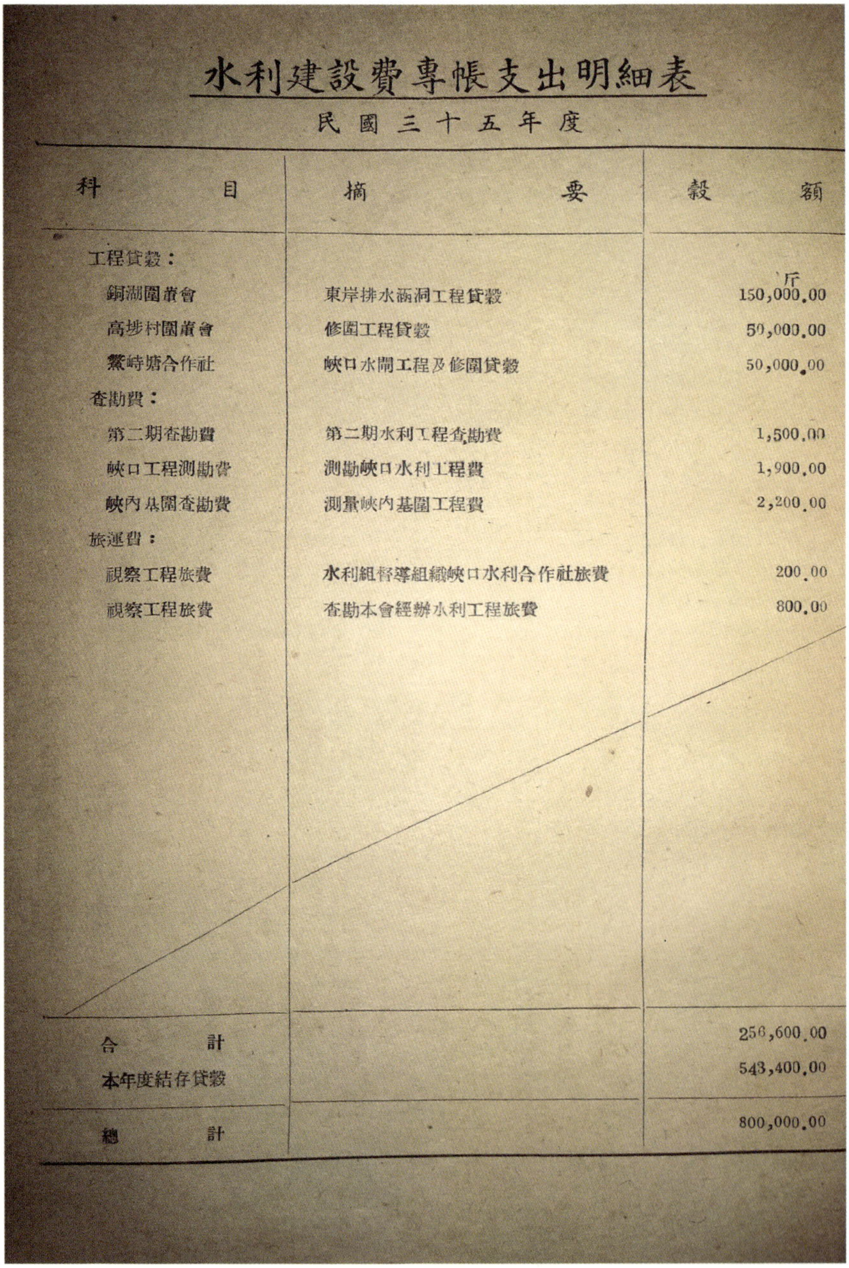

水利建設費專帳支出明細表

民國三十五年度

科目	摘要	穀額
工程貸穀：		
銅湖圍董會	東岸排水涵洞工程貸穀	斤 150,000.00
高埗村圍董會	修圍工程貸穀	50,000.00
鰲峙塘合作社	峽口水閘工程及修圍貸穀	50,000.00
查勘費：		
第二期查勘費	第二期水利工程查勘費	1,500.00
峽口工程測勘費	測勘峽口水利工程費	1,900.00
峽內基圍查勘費	測量峽內基圍工程費	2,200.00
旅運費：		
視察工程旅費	水利組督導組織峽口水利合作社旅費	200.00
視察工程旅費	查勘本會經辦水利工程旅費	800.00
合計		256,600.00
本年度結存貸穀		543,400.00
總計		800,000.00

1946年，东莞明伦堂水利建设费专账支出明细表【《东莞明伦堂董事会民国三十五年征信录·水利建设费专账支出明细表》，1946年】

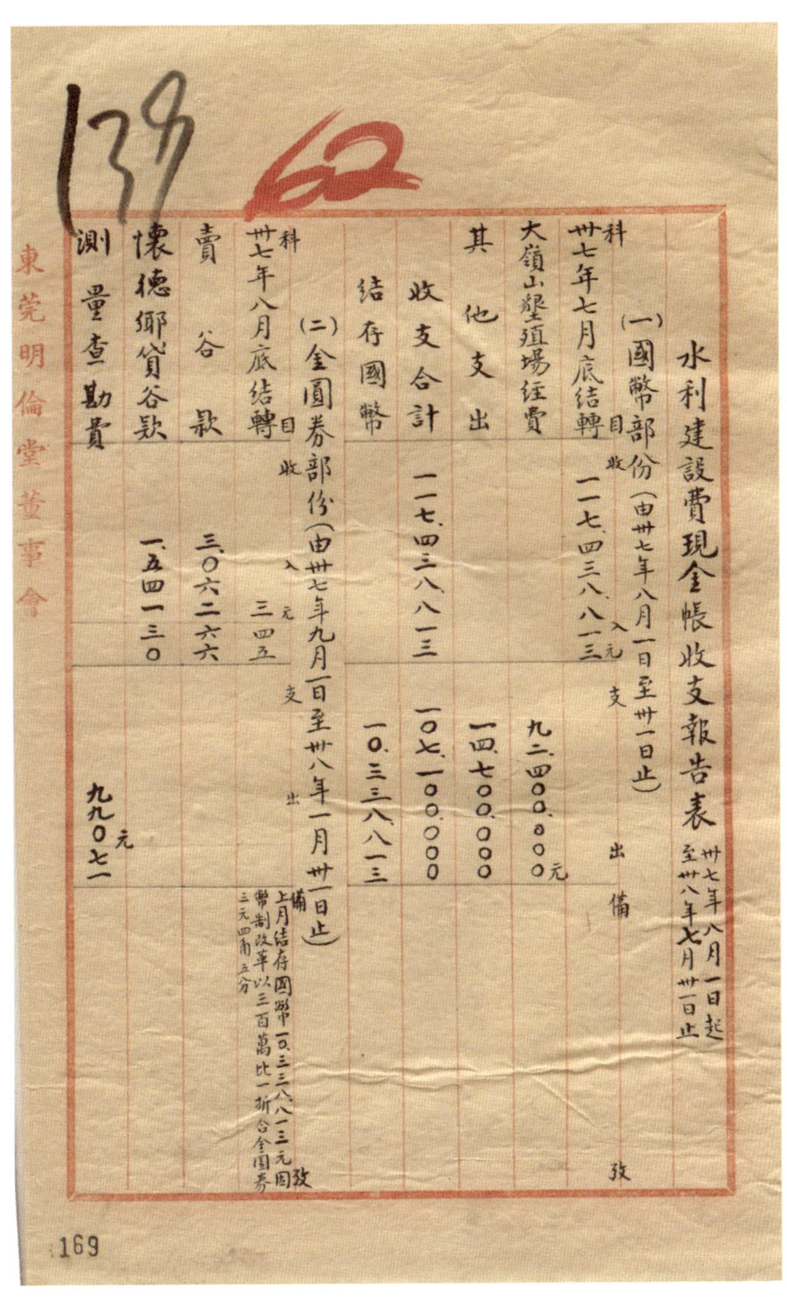

水利建設費現金帳收支報告表（廿七年八月一日起至卅八年七月卅日止）

(一)國幣部份(由卅七年八月一日至卅一日止)

科目	收入	支出	備攷
卅七年七月底結轉	一一七、四三八、八一三元		
大嶺山墾殖場經費		九二、四〇〇、〇〇〇元	
其他支出		一四、七〇〇、〇〇〇	
收支合計	一一七、四三八、八一三	一〇七、一〇〇、〇〇〇	
結存國幣		一〇、三三八、八一三	

(二)金圓券部份(由卅七年九月一日至卅八年一月卅一日止)

科目	收入	支出	備攷
卅七年八月底結轉	三四五元		上月結存國幣一〇、三三八、八一三元因幣制改革以三百萬比一折合金圓券三元四角五分
責谷款	三、〇六二六六		
懷德鄉貸谷款	一、五四一三〇		
測量查勘費		九九〇七一元	

東莞明倫堂董事會

169

1948 年 8 月 1 日至 1949 年 7 月 31 日，东莞明伦堂水利建设费现金账收支报告表【东莞市档案馆，东莞明伦堂档案 1-7-0141-12】

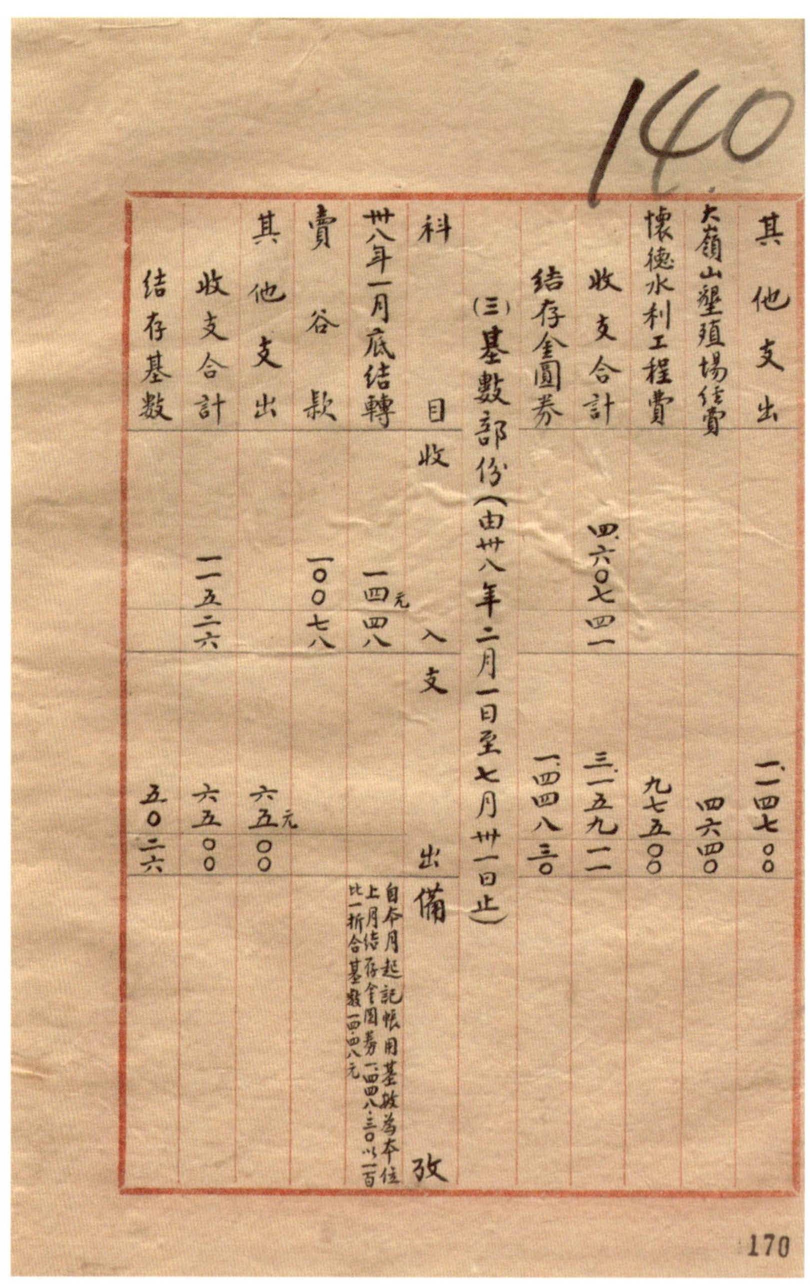

140

科目	收入	支出	備攷
其他支出		二一四七○○	
大嶺山墾殖場借貲		四六四○	
懷德水利工程費		九七五○○	
收支合計	四六○七四一	三一五九一二	
結存金圓券		一四四八三○	

(三)基數部份(由卅八年二月一日至七月卅一日止)

科目	收入	支出	備攷
卅八年一月底結轉	一四四八元		自本月起記帳用基數為本位上月結存金圓券一四四八三○以一百比一折合基數一四四八元
賣谷款	一○○七八		
其他支出		六五○○元	
收支合計	一一五二六	六五○○	
結存基數		五○二六	

170

1948 年 9 月 1 日至 1949 年 1 月 31 日，东莞明伦堂支付怀德水利工程费 97500 元（金圆券）。【同上】

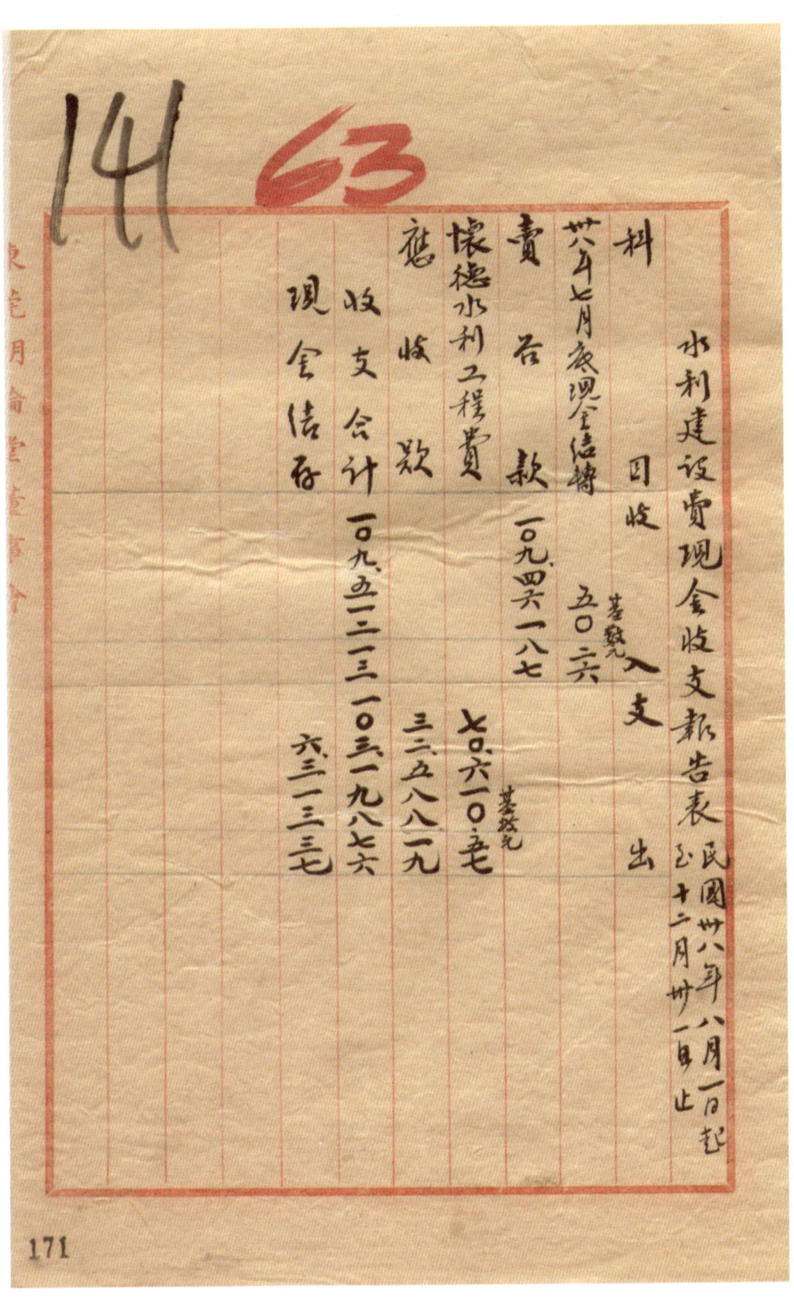

水利建設費現金收支報告表
民國卅八年八月一日起至十二月卅一日止

科目	收入	支出
卅八年七月底現金結轉	基數元 五〇、六六	
賣谷款	一〇九、四六一八七	
懷德水利工程費		基數元 七〇、六一〇.五七
應收款		三三、五八八一九
收支合計	一〇九、五一二一三	一〇三、一九八七六
現金結存		六、三一三三七

171

1949 年 8 月 1 日至 1949 年 12 月 31 日，东莞明伦堂水利建设费现金账收支报告表。根据报表，怀德水库工程费 70610.57 元。【同上】

据《东莞水利志》记载，东莞明伦堂主要参与了寒溪河涝整治工程建设，修建了怀德水库、南畲塱排水工程和潼湖局部排水工程。“寒溪水闸工程 1932 年动工兴建，先召各乡董会议，由地方任筹工费五万元，复商于明伦堂县绅贷款四万元，广东河治委员会贷款八万元。后工事过半而款不敷，因与县人李军长杨敬请于总司令陈公，商诸财政厅贷款五万元继之。”[①] 寒溪水闸工程 1953 年完成，保护农田面积 81000 亩。怀德水库位于东莞大岭山南，于 1946 年 3 月动工兴建，1949 年冬完成，是当时全省最早兴建且为最大的水库。

怀德分路土方工程合约[②]

立合约人：东莞明伦堂董事会（以下简称甲方）

兴承建商：怀德邓妹记（以下简称乙方）

订定工程合约如下：

兹由乙方向甲方承造怀德分路土方工程，愿遵照甲方图则及章程之规定办理。工程费单价：订明每立公方工谷伍司斤，依此单价照实做数量支发规定，由正式开工元日起限三拾个晴天内将工程全部完成。点交甲方验收。如乙方不能依期完成，则照本约所附工程简章第三条之规定办理。各项条例均经双方同意遵守，特立此约。甲乙方各持一份为凭。

附工程简单二份（共 8 条），草图二份。

立合约人：甲方：东莞明伦堂董事长蒋光鼐

乙方：邓妹记

中华民国三十八年二月七日

通讯处：怀德深巷坊妹记杂货店

保　店：怀德乡乡长邓奕光

通讯处：怀德乡乡公所

此外，东莞明伦堂还拨款支持东岸排水涵洞工程、峡口水闸工程、修围工程[③]、碧桃涌水利工程等建设。

---

① 《东莞水利志·东莞寒溪水闸记》，1990 年，第 219 页。

② 东莞市档案馆，东莞明伦堂档案 1-7-278-32。

③ 《东莞明伦堂董事会民国三十五年度征信录·水利建设费专账支出明细表》，1946 年。

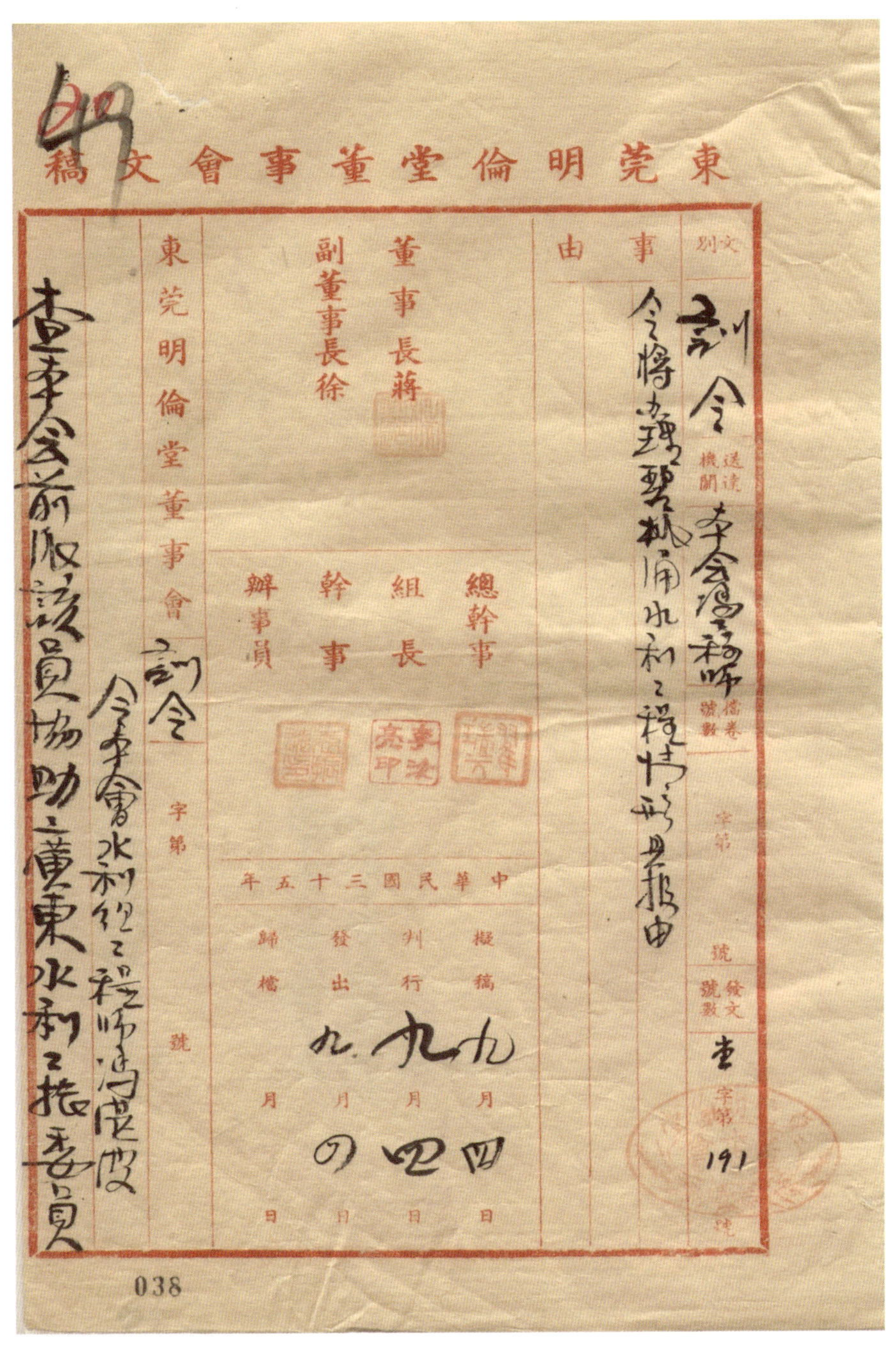

東莞明倫堂董事會文稿

文別	訓令
送達機關	本會水利工程師
事由	令將辦理碧桃涌水利工程情形具報由
董事長	蔣
副董事長	徐
總幹事	
組長	
幹事	
辦事員	
中華民國三十五年	
擬稿	九月四日
判行	九月四日
發出	九月四日
歸檔	月日
發文號數	字第191號

東莞明倫堂董事會訓令 字第 號

令本會水利工程師馮[illegible]

查本會前派該員協助廣東水利工振委員

038

1946 年，东莞明伦堂关于办理碧桃涌水利工程的训令【东莞市档案馆，东莞明伦堂档案 1-7-0293-13】

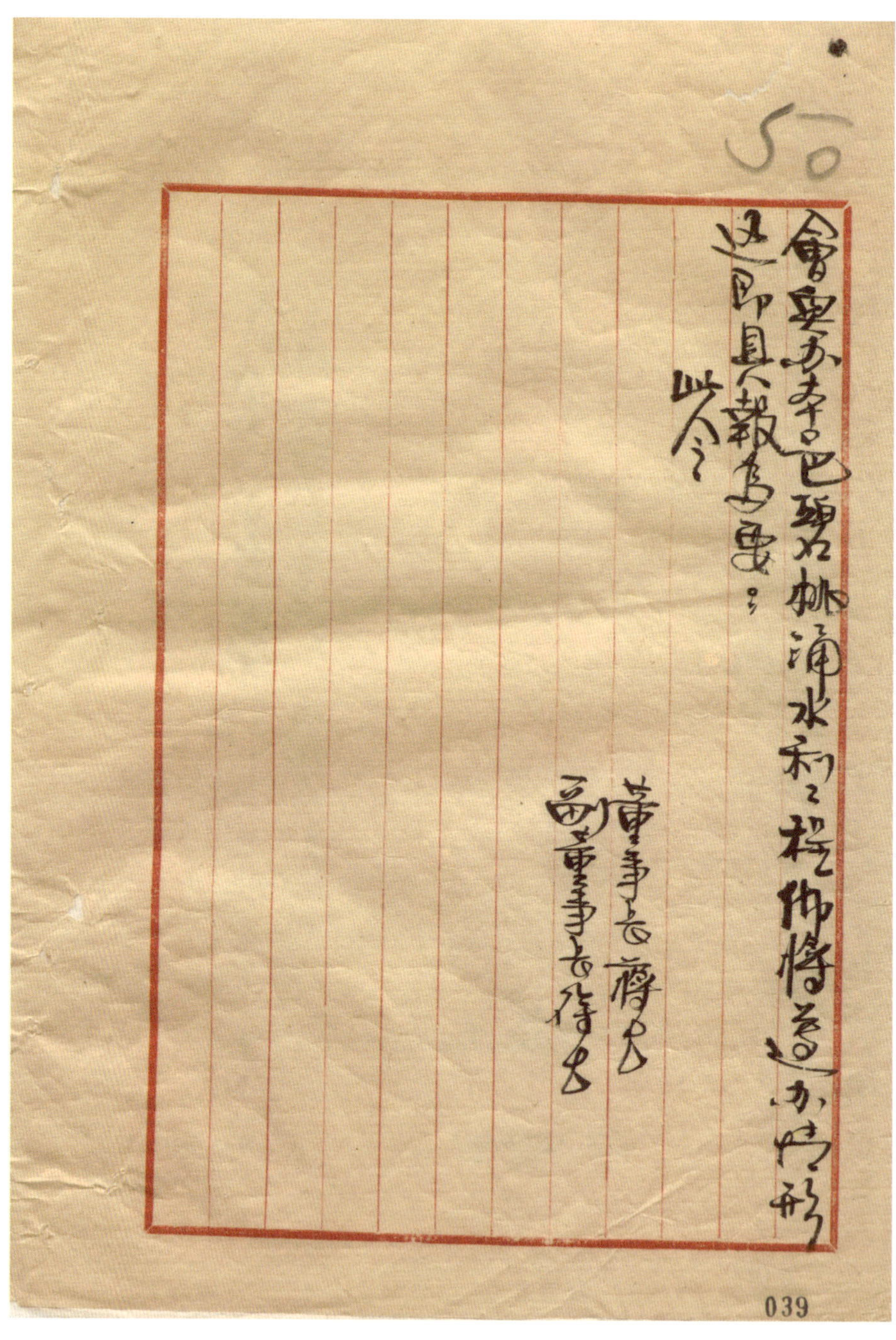
50

會要求李巴碧石桃浦水利工程仰將修造辦理情形
迅即具報為要為要
此令

董事長 蔣[illegible]
副董事長 [illegible]

039

（续上页）【同上】

东莞明伦堂董事会南畲塱排水工程施工进度旬报表（第四旬）①

（35年4月11日至35年4月20日）

施工地点：石龙南畲蓢	施工期限	四十个晴天	受益+		二万市亩	已拨工程费			9,869,748.77		尚需工程费估计				
工程项目	预定工程数量				本期工程总元	完成工程数量		每期工程折合完成%		折合全部工程	应发金额		工作人日数		备注
	全部工程数量	单位	本期工程数量	单价		本旬	累计	本旬	累计	工程%	本旬	累计	本旬	累计	
挖土	3000	立公方	1,950,000	650	120,685.50	185.67	1,678.07	0.062	0.559	13.468	120,685.50	1,090,745.50	343	1,453	本旬晴日天数：8.5天 连前晴日天数：38.5天
杉椿	187	枝	504,900	2,700			187					504,900			
防水费			350,000		50,000.00			0.129	0.942	4.031	50,000	330,000			
铺乱石		立公方		7,000			19.35					135,450			
1:2:9洋灰石灰砂砌礶石	48.54	立公方	631,020	13,000			24.27	0.500	0.500	3.898		315,510			
1:2:9洋灰石灰砂砌料石	16.63	立公方	212,864	12,800	258,048.00	20.16	37.66	1	1	2.630	258,048	482,048			
1:2:9洋灰石灰砂砌乱石	412.82	立公方	4,334,610	10,500	1,026,060.00	97.72	218.17	0.237	0.528	28.279	1,026,060	2,290,785			
闸门	2	度	340,000	170,000	170,000.00	1	2	0.500	1	4.201	170,000	340,000			
填土	450	立公方	225,000	500	34,050.00	68.10	68.10	0.151	0.151	0.419	34,050	34,050			
合计					1,658,843.50					56.926	1,658,843.50	5,523,488.50	343	1,453	

监工　【印章】【印章】　　工程师　【印章】　　工程师兼主任　【印章】　　35年4月20日填报

① 东莞市档案馆，东莞明伦堂档案1-7-56-17。